혼자서 따라하기 쉬운 모든 업무 10

국세청 법인세 결산조정 세무조사 경영상법 실무설명서

손원준 지음

법인업무의 기초부터 세무조사까지 대비하는 법인 실무 전문 서적

매출은 Maximize! 세금은 Minimize! 세금에 대해서 얼마나 준비하고 있나요?

저성장 시대 나의 경쟁력을 위해 실무에 필요한 지식은 얼마나 갖추고 있는가?

준비된 자에게 불황은 오히려 기회입니다!

철저한 실무지식을 쌓기 위해 본서가 함께합니다.

K.G.B
지식만들기
이론과 실무가 만나 새로운 지식을 창조하는 곳

책을 내면서

법인이 사업을 하면서 내야 하는 세금은 재화나 용역을 사고팔 때 내는 부가가치세와 1년간 번 소득에 대해서 내는 법인세가 있다.
이 같은 세금은 장부 작성과 적격증빙 관리를 통해 시작되고, 이를 근거로 세금을 계산 납부한다. 따라서 가장 중요한 절세의 시작은 올바른 장부 작성과 정확한 적격증빙의 수취다.
매달 발행하는 세금계산서를 통해 부가가치세가 관리되고 이를 통해 법인세의 기초 소득이 파악된다. 따라서 본서에서는 세금계산서 관리에서부터 법인세 신고, 그리고 세무조사 대비까지 법인에서 발생하는 모든 업무를 한 권의 책에 담고자 노력했다.
특히 법인 전문 실무서를 필요로 하는 실무자들이 많아 가결산과 결산을 통해 계정과목별로 법인세 세무조정 기초지식을 쉽게 쌓을 수 있도록 많은 사례를 수록했으며, 최근 경제 상황과 맞물려 늘어나는 세무조사에 대비해 적절한 지출관리와 세무관리 방법에 대해서 그 해법을 제시하고자 했다.
또한 실무를 하면서 경영과 관련해 수시로 접하는 상법 관련 내용을 추가함으로써 실무자들이 꼭 알아야 하는 노동법, 상법 지식을 추가로 쌓을 수 있도록 배려했다.

Chapter **01**

법인의 경비 처리와 증빙 관리

에서는 법인이 경비처리를 하기 위해서 필수적으로 관리해야 할 세무와 증빙, 부가가치세 신고 시 필요한 점검사항에 대한 기초지식을 알려주고자 했다.

Chapter **02**

법인 가결산과 결산 방법

에서는 가결산의 중요성과 방법, 결산의 방법과 결산순서 및 결산 회계처리 사례를 통해 실무자가 결산을 더욱 편리하게 할 수 있는 방법을 정리했다.

Chapter **03**

계정과목별 법인세 세무조정

에서는 법인세 세무조정이 꼭 필요한 계정과목별로 법인세법을 실무에 적용할 수 있게 사례와 함께 설명해 주고 있다. 즉 회계처리에 따른 세무조정 방법에 관해 사례를 들어 알려준다.

Chapter **04**

국세청 세무조사 대처 방법

에서는 세무조사에서 자주 걸리는 불법 사례와 이에 대한 올바른 처리 방법을 알려준다. 또한 조사관이 세무조사를 나왔을 때 대처할 수 있는 방법에 관해서도 자세히 알려주고 있다.

Chapter **05**

경영상법 업무처리

에서는 주주총회, 이사회, 대표이사와 관련된 상법 규정과 등기 등 실무에서 접하는 다양한 사례를 통해 기업경영에 대한 문제해결 능력을 증진시키고 있다.

본서는 전체 내용은 위와 같이 구성되어 있다.
몇 년간 경리쉼터라는 네이버 카페를 운영하면서 회사에서 발생하는 수많은 사례를 접했고, 궁금하지만 누구도 그 답을 제시해 주지 않는 수많은 사례를 보면서 그 해결 방법에 대해서 고민하고 해결해 나간 결과를 이 한 권의 책에 담아보려고 노력했다.
본서는 이론이 아닌 현장에서 업무를 하는 많은 실무자들이 궁금해하는 공통된 사항을 담아내고 있으며, 특정 회사에만 발생하는 그 빈도가 낮은 실무사례는 과감히 배제했다.
따라서 부족한 특이 사항은 본서를 기본으로 경리쉼터(https://cafe.naver.com/aclove) 카페에 가입해 활용하면 누구보다 쉽게 초보에서 고수로 발전할 수 있으리라 본다.
본서가 법인업무를 하는 많은 실무자에게 유익한 정보로 다가가기를 바라며, 부족한 내용을 앞으로 계속 보충해 나가고자 한다.

저자 손원준

CONTENTS

Chapter **01**

법인의 경비 처리와 증빙 관리

≫ 법인을 대표이사 개인 것처럼 운영하면 안 된다. ······ 34
≫ 법인이 사업 관련해서 고려해야 하는 세금 ······ 36
≫ 사업자 비용처리 방법과 이를 활용한 절세방법 ······ 38
1. 회사의 경비 처리 과정 ······ 38
3. 적격 증빙의 종류 ······ 39
4. 비용처리의 중요성 및 인건비, 복리후생비 항목 ······ 40
5. 4대 보험 및 비용처리의 중요성 ······ 40
6. 차량 및 관련 비용처리 방법 ······ 41
≫ 법인이 기본적으로 챙겨야 할 세무 관리 ······ 42
1. 현금결제 유도를 통해 매출을 누락하면 안 된다. ······ 42
2. 대표이사가 마음대로 가져가는 돈은 가지급금 발생 ······ 43
3. 소명이 안 되는 비용지출은 가지급금 ······ 43
4. 업무용승용차는 보험 가입 후 운행일지를 작성해 둔다. ······ 43
5. 적격증빙 수취를 누락 했어도 소명증빙은 구비 ······ 44
6. 거액의 경비 처리를 위해서는 인건비 신고가 필수 ······ 45
7. 법인카드의 사적 사용(사업 무관 지출) 금지 ······ 45
8. 장기 미수된 채권은 세금계산서 취소 말고 대손 처리 ······ 46
9. 정기 배당을 통해서 잉여금 관리를 한다. ······ 46
≫ 대표이사가 점검해야 할 세금 포인트 ······ 47
Tip 바지 사장의 세금 문제 ······ 49
Tip 장부 마감 전에 꼭 확인해야 할 세무 ······ 49
≫ 초보자도 업무의 시작은 적격증빙 관리부터 ······ 51
1. 세금계산서와 계산서 ······ 52
2. 신용카드매출전표와 지출증빙용 현금영수증 ······ 53

CONTENTS

3. 간이영수증 ···54
4. 원천징수영수증 ···55
5. 청첩장과 부고장 등 ···56
6. 소명을 쉽게 하기 위해서는 모든 거래는 통장 거래 ···58
7. 회삿돈을 개인적으로 지출한 경우 업무처리 ···58
» 법에서 인정하는 적격증빙의 올바른 수취와 관리 사례 ··· 60
1. 적격증빙을 안 받아도 문제없는 거래 ···60
2. 적격증빙을 받지 않은 경우 세무상 불이익 ···61
3. 적격증빙을 보관해야 하는 기간 ···62
» (전자)세금계산서 발행 및 전송 ··· 63
1. 세금계산서 발행 후 대금을 신용카드로 결제받은 경우 ···63
2. 신용카드 매출전표는 공제, 선택불공제, 당연불공제 ···65
» 법인카드 사용 원칙과 세무조사 대비 부정 사용 관리 ··· 67
1. 법인카드 사용 원칙 ···68
ㄴ 법인카드 사용의 기본원칙 ···68
ㄴ 법인카드 사용 시 주의 사항 ···68
Tip 법인카드 사용을 제한해야 하는 업종 예시 ···69
Tip 법인카드 사용을 제한해야 하는 구매 물품 예시 ···70
ㄴ 법인카드는 사용 규정을 만들어 사용하라 ···70
2. 법인카드 사용 관련 입증자료가 필요한 경우 ···78
Tip 법인카드 사용 관련 입증자료가 필요한 경우 ···78
3. 법인카드 개인 사용액의 업무처리 ···79
4. 법인카드 부정 사용에 주의하라 ···80
» 법인카드의 부정 사용유형으로 인한 해고 ··· 80
ㄴ 식대, 교통비, 주유비 등에 대한 법인카드 부정 사용 ···80
ㄴ 유흥업소 등 제한 업소에 대한 법인카드 부정 사용 ···80
ㄴ 법인카드 상품권 부정 구매 및 카드깡 의심 등 부정 사용 ···81
ㄴ 법인 개별카드 부정 사용 ···81
ㄴ 해외사용 ···81
ㄴ 신용카드 매출전표 상의 상호와 실제 사용한 상호 일치 여부 확인하기 ···81
5. 세무조사 시 중점 관리 항목 법인카드 사용 내역 ···82

CONTENTS

6. 법인카드 부정 사용 시 불이익 82
7. 2차 노래방 회식비 법인카드 사용 시 경비처리 83
Tip 회식비 법인카드 결제시 매입세액공제 83
Tip 지출 사실의 입증책임 84
8. 법인카드 마일리지나 포인트 등 법인카드 사용 관리법 85
» 임원(대표이사)에게 지출한 경조사비 비용처리 86
Tip 경조사 물품 지원 시 세무 처리 87
» 개인용 차량 업무용 이용 시 3가지 비용처리 방법 88
1. 지출 증빙으로 실비 정산하는 방법 88
Tip 차량 주유비 계산 공식 89
2. 자가운전보조금으로 대신하는 경우 89
3. 실비도 정산하고 자가운전보조금도 지급하는 경우 90
» 특수관계인에게 자산(차량)을 파는 경우 세무 처리 91
1. 업무용 승용차를 판매하는 경우 부가가치세 93
2. 개인사업자가 차량을 파는 경우 부가가치세 93
3. 특수관계인에게 차량을 파는 경우 법인세(소득세) 94
4. 개인이 개인에게 판매하는 경우 95
5. 개인이 법인에게 판매하는 경우 96
6. 법인이 개인에게 판매하는 경우 97
7. 법인이 법인에게 판매하는 경우 98
8. 특수관계인에게 사무실을 무상 임대하는 경우 100
» 승강기 교체에 따른 세무회계 102
» 부가가치세 신고 필수 점검 사항 105
1. 전자상거래, 온라인 거래는 각별히 주의한다. 105
2. 현금매출 부분은 꼭 확인한다. 106
3. 부가가치세 매입세액 관리 106
ㄴ 부가가치세 매입세액공제 확인 사항 106
ㄴ 부가가치세 신고 시 공제 불가 항목 107
4. 부가가치세 신고 시 유의 사항 109

CONTENTS

Chapter 02

법인 가결산과 결산 방법

» 가결산 필수 체크포인트 ····· 112

1. 가결산이 필요한 이유 ····· 112
2. 가결산으로 비용 부족분을 파악하라 ····· 113

ㄴ 창업비용은 철저히 비용처리 한다. ····· 114

ㄴ 인건비를 정상적으로 신고하자 ····· 114

ㄴ 임차료를 정확히 신고하자 ····· 115

ㄴ 상대방에게 세금계산서 등 증빙을 철저히 받자 ····· 115

ㄴ 채권 및 가지급금 관리를 철저히 하자 ····· 115

ㄴ 세액공제 및 세액감면 제도를 활용하자 ····· 116

ㄴ 배당 정책을 점검하자 ····· 116

» 연말 결산 전 미리 점검해야 할 7가지 ····· 117

1. 절세를 위한 임원의 연봉조정 ····· 117
2. 퇴직연금불입을 통한 이익조정 ····· 118
3. 세액공제 항목 점검과 배당 전략 ····· 118
4. 손실 예상 회사의 가업승계 ····· 119
5. 통장 잔고가 많고, 재고가 많다고 이익이 아니다. ····· 119
6. 회사 정관의 중요성을 인식하자 ····· 120
7. 회사의 재무비율을 파악한 후 관리하자 ····· 120

» 결산 관련해서 점검하고 유의할 사항 ····· 121

1. 결산할 때는 점검할 사항 ····· 121

ㄴ 재무제표의 정합성 검증 ····· 121

ㄴ 현금 및 예금 잔고 확인 ····· 121

ㄴ 재고자산 확인 ····· 122

ㄴ 고정자산 관리 ····· 122

ㄴ 투자자산 평가 ····· 122

ㄴ 유동/비유동 구분 ····· 122

ㄴ 가지급금, 가수금 정리 ····· 122

ㄴ 외상매출금, 미수금, 선급금, 선급비용 분석 ····· 123

CONTENTS

ㄴ 계약서, 세금계산서, 거래명세서 준비 ······123
ㄴ 손익계산서, 재무상태표 증감 분석 ······123
2. 결산 과정에서 유의해야 할 사항 ······123
ㄴ 부가세 및 원천세 신고의 중요성과 주의 사항 ······124
ㄴ 급여 회계처리와 결산 과정의 복잡성 ······124
ㄴ 수익과 비용 정리의 중요성 ······125
ㄴ 원가 명세서작성의 필요성과 주의점 ······125
ㄴ 재무상태표 마감 전 체크포인트 ······125
ㄴ 자본 항목 확인의 중요성 ······126
ㄴ 재무제표 검토의 필수사항 ······126
ㄴ 외부감사 기준과 회계처리의 중요성 ······127
ㄴ 투자자와 금융기관의 요구사항 ······127
ㄴ 세금계산서 처리와 회계처리 방법 ······127
3. 법인 결산 시 주의 사항 ······128
ㄴ 가지급금 관리의 중요성 ······128
ㄴ 임원 보수 규정을 만들어라 ······128
ㄴ 배당 정책을 점검하라 ······129
ㄴ 주주 및 자본금 변동 사항 고려 ······129
ㄴ 비상장 주식 가치 평가를 통한 절세 ······129
4. 결산 후에는 정리해 두어야 할 자료 ······130
≫ 결산할 때 준비해야 할 서류와 결산순서[세무사사무실 신고 대행 시 준비할 자료(결산 준비 서류)] ·· **131**
Tip 퇴직급여충당부채(확정기여형, 확정급여형 퇴직연금) 회계처리와 세무조정 ·134
Tip 회계감사를 안 받는 기업(퇴직급여충당부채 설정 안 해도 됨) ······134
Tip 회계감사를 받는 기업(퇴직급여충당부채 설정 O) ······135
Tip 합계잔액시산표에 가지급금 또는 가수금 있을 경우 ······135
≫ 결산 흐름과 결산 정리 사항 ······136
1. 회계장부의 흐름 ······136
2. 결산의 일반적인 순서 ······137
3. 프로그램을 활용한 결산순서 ······138
4. 결산 회계처리 사항 ······141
≫ 결산 시 결산분개와 마감분개 ······143

1. 손익계정 정리 ······143
ㄴ 선수수익 결산 정리 ······144
ㄴ 선급비용 결산 정리 ······145
ㄴ 미수수익 결산 정리 ······146
ㄴ 미지급비용 결산 정리 ······146
2. 소모품 미사용액의 정리 ······147
3. 유가증권 평가 ······147
4. 가지급금 및 가수금 정리 ······148
5. 부가가치세 상계 ······149
6. 외화자산 · 부채의 환산 ······149
7. 원가 확정 ······150
8. 재고자산감모손실(재고자산 실사에 의한 손실) ······151
9. 매출원가 계상 ······152
10. 장기차입금의 유동성 대체 ······152
11. 감가상각비 계상 ······153
12. 연차수당 결산분개 ······154
13. 대손충당금 결산분개 ······155
14. 퇴직급여충당부채 설정 ······155
ㄴ 퇴직금과 DB형 퇴직연금은 평균임금) ······156
ㄴ DC형은 임금총액 ······157
ㄴ 퇴직연금의 결산분개 ······157
15. 현금과부족 계정 정리 ······157
16. 법인세비용 계상 ······158
17. 당기순이익(손익)의 이익잉여금 대체 ······158

Chapter **03**

계정과목별 법인세 세무조정

» 법인세란 어떤 세금인가? ······164
1. 법인소득에 대한 세금 법인세 ······164
2. 법인세 과세 대상과 납세의무자 ······164

CONTENTS

CONTENTS

3. 사업연도 ··· 165
4. 법인세 납세지 ··· 167
» 알아두면 유익한 특수한 경우의 손금불산입 항목 ··· 169
1. 업무와 관련 없는 비용의 손금불산입 ··· 169
2. 자본거래 등으로 인한 손비의 손금불산입 ··· 169
3. 자산 평가차손의 손금불산입 ··· 170
Tip 투자손실 발생액 손금산입 ··· 170
» 세무조정 사항 정리 ··· 171
1. 결산 확정 수정분개를 위한 핵심 사항 ··· 171
2. 기업회계와 세법 차이로 인한 세무조정 필수항목 ··· 173
» 익금산입·익금불산입 ··· 175
1. 익금산입 ··· 175
ㄴ 사업수입금액 ··· 175
ㄴ 자산(재고자산 이외의 자산)의 양도금액 ··· 176
ㄴ 자산의 임대료 ··· 177
ㄴ 자산수증이익과 채무면제이익 ··· 177
Tip 자산수증이익으로 보지 않는 경우 ··· 177
ㄴ 채무의 출자전환으로 인한 채무면제이익 ··· 178
ㄴ 이익처분에 의하지 않고 손금으로 계상한 적립 금액 ··· 178
ㄴ 전기에 손금에 산입된 금액 중 환입된 금액 ··· 178
ㄴ 특수관계자로부터 자본거래에 의해 분여 받은 이익 ··· 179
ㄴ 특수관계자인 개인으로부터의 유가증권 저가매입액 ··· 179
ㄴ 동업기업 소득금액 배분 규정에 따라 배분받은 소득금액 ··· 180
ㄴ 의제배당 ··· 181
Tip 감자에 따른 의제배당 사례 ··· 181
ㄴ 임대보증금 등의 간주임대료 ··· 183
Tip 매출 누락에 따른 세무조정 ··· 185
Tip 가공자산 · 부채 및 부외자산 · 부채에 대한 세무조정 ··· 186
2. 익금불산입 ··· 187
ㄴ 주식발행초과금 ··· 187
ㄴ 감자차익 ··· 187

ㄴ 주식의 포괄적 교환차익 ······187
ㄴ 주식의 포괄적 이전 차익 ······187
ㄴ 합병차익(합병평가차익 제외) ······188
ㄴ 분할차익(분할평가차익 제외) ······189
ㄴ 자산수증이익과 채무면제이익 중 이월결손금의 보전에 충당한 금액 ······189
ㄴ 기타 익금불산입 ······190

» 손금산입·손금불산입 ······ 191

1. 손금산입 및 손금불산입의 구분 ······191
2. 손금산입 항목 ······193

ㄴ 판매한 상품 또는 제품에 대한 원료의 매입가액과 그 부대비용 ······193
ㄴ 양도한 자산의 양도 당시의 장부가액 ······193
ㄴ 인건비 ······193
ㄴ 고정자산의 수선비 ······193
ㄴ 고정자산에 대한 감가상각비 ······194
ㄴ 특수관계자로부터 자산 저가 양수 ······194
ㄴ 자산의 임차료 ······194
ㄴ 차입금이자 ······195
ㄴ 대손금 ······196
ㄴ 자산의 평가차손 ······197
ㄴ 제세공과금 ······198
ㄴ 영업자가 조직한 단체로서 법인이거나 주무관청에 등록된 조합 또는 협회에 지급한 회비 198
ㄴ 광산업의 탐광비(탐광을 위한 개발비를 포함한다) ······198
ㄴ 보건복지부 장관이 정하는 무료진료권 또는 새마을 진료권에 의해서 행한 무료진료의 가액 ····199
ㄴ 잉여 식품의 무상 기증 ······199
ㄴ 업무와 관련 있는 해외 시찰 · 훈련비 ······199
ㄴ 특별학급 또는 산업체 부설 중 · 고등학교의 운영비 또는 수당 ······200
ㄴ 근로자복지기본법에 의한 우리사주조합에 출연하는 자사주의 장부가액 또는 금품 201
ㄴ 장식 · 환경미화 목적의 사무실 복도 미술품 ······201
ㄴ 기술도입 사용료 ······201
ㄴ 업무상 손해배상금의 처리 ······203

Tip 부가가치세 매입세액불공제의 법인세법상 손금산입 ······204

CONTENTS

CONTENTS

» 인건비, 세금과공과의 비용처리와 세법상 비용인정 한도 ······ 205

1. 인건비 ······ 205

ㄴ 일반직원의 급여 ······ 205

ㄴ 임원의 급여 ······ 205

Tip 임원 급여 · 상여 등의 비용인정 조건 ······ 206

Tip 세법에서 말하는 임원의 범위 ······ 207

ㄴ 상여금 ······ 207

ㄴ 복리후생비 ······ 207

ㄴ 직장체육비, 직장연예비 등 복리후생적 비용 ······ 208

ㄴ 여비 · 교육훈련비 ······ 209

Tip 건강보험료 및 고용보험료 등의 비용처리 ······ 209

ㄴ 경조사비 ······ 210

ㄴ 임직원 또는 자녀의 교육비 ······ 210

ㄴ 임직원 소유 차량에 대한 차량 보조비 ······ 211

ㄴ 임원 간 단합 골프비 ······ 211

ㄴ 종업원 식당의 유지관리비 등 ······ 212

ㄴ 퇴직금 ······ 212

ㄴ 퇴직금의 법인세 처리 ······ 212

Tip 현실적인 퇴직이 아닌 경우 퇴직금 지급시 세무 처리 방법 ······ 213

ㄴ 퇴직위로금 ······ 214

Tip 비상근임원 사외이사 등에게 지급하는 제 수당 ······ 214

2. 타법인과 공동조직 · 사업 운영 발생 비용 ······ 215

Tip 법인의 자산을 임원 명의로 취득하는 경우 세무 처리 ······ 215

Tip 회사 대출한도 초과로 대표이사 명의로 은행에서 대출받은 경우 비용처리 · 216

3. 비용으로 인정되는 세금과 안 되는 세금 ······ 216

4. 비용인정 되는 공과금과 안 되는 공과금 ······ 218

5. 비용인정 되는 벌과금과 안 되는 벌과금 ······ 218

ㄴ 퇴직합의금 ······ 219

ㄴ 산재로 인한 보상금 및 사망합의금 ······ 220

Tip 직원에게 부과된 벌과금의 대납 시 세무 처리 방법 ······ 220

6. 조합비 · 협회비 ······ 220

» 업무용 승용차의 비용처리와 세법상 비용인정 한도 ······ 221
1. 적용 대상 차량과 비용 ······ 222
2. 손금 인정되는 업무용 사용금액 계산 방법 ······ 223
3. 업무전용자동차보험에 가입하고 운행일지 작성 세무조정 ······ 223
ㄴ 업무 사용 비율 ······ 224
ㄴ 운행기록 등을 작성 · 비치하지 않은 경우 업무사용비율 ······ 224
ㄴ 업무사용비율에 대한 특례 ······ 224
ㄴ 업무용 승용차 운행기록부의 작성 및 비치와 제출 ······ 225
ㄴ 유류비 지출 금액 계산 방법 ······ 226
4. 업무전용자동차보험에 가입하고 운행일지 미작성 세무조정 ······ 227
5. 업무전용자동차보험에 가입하지 않은 경우 세무조정 ······ 227
6. 업무 사용 제외 금액 손금불산입액의 소득처분 ······ 228
Tip 업무용 승용차의 절세방법 ······ 229
7. 업무용 승용차의 감가상각방법 ······ 229
ㄴ 감가상각비 한도초과액 계산 ······ 230
ㄴ 감가상각비 손금불산입액의 소득처분 ······ 231
ㄴ 감가상각비 한도초과액의 추인 방법 ······ 231
ㄴ 감가상각비 한도초과액의 이월손금산입 ······ 233
ㄴ 업무용승용차의 감가상각비 이월액 ······ 233
ㄴ 임차한 업무용승용차 임차료의 감가상각비 상당액 이월액 ······ 234
ㄴ 내국법인이 해산한 경우 감가상각비 ······ 234
ㄴ 개인사업자 폐업 시 감가상각비 ······ 234
ㄴ 임차한 업무용승용차 임차료의 감가상각방법 ······ 235
ㄴ 여신전문금융업법에 따라 등록한 시설대여업자로부터 임차한 승용차(리스 차량) 235
ㄴ 여객자동차 운수사업법에 따라 등록한 자동차 대여업자로부터 임차한 승용차(렌트차량) ··235
8. 승용차 처분 시(법인 및 개인) ······ 235
ㄴ 업무용승용차 처분손실의 처리 ······ 235
ㄴ 업무용승용차 처분이익의 처리 ······ 237
9. 가족회사 등 특정 법인 ······ 238
ㄴ 특례 적용 내용 ······ 238
ㄴ 특정 법인 ······ 238

CONTENTS

CONTENTS

Tip 개인 공동사업자의 업무 전용 자동차보험 가입 ······ 239
10. 차량운행일지를 작성하지 않아도 되는 경우 ······ 239
Tip 법인 고정자산에 등록 안 된 차량 경비인정 ······ 241
» **지급이자의 비용처리와 세법상 비용인정 한도 ······ 242**
1. 채권자 불분명 사채이자 ······ 243
2. 비실명 채권 · 증권의 이자 ······ 243
3. 건설자금이자 ······ 243
4. 업무무관자산 및 가지급금 등의 지급이자 ······ 245
Tip 가지급금에 대한 불이익과 해결 방법 ······ 246
» **업무 무관 부동산의 비용처리와 세법상 비용인정 한도 ······ 247**
1. 업무무관자산의 취득, 보유, 처분 시 세무상 처리 방법 ······ 247
2. 법인의 업무 범위 ······ 248
3. 업무와 관련이 없는 자산의 범위 등 ······ 249
4. 업무무관 부동산으로 보지 않는 유예기간 ······ 250
5. 취득 후 아예 업무용으로 사용하지 않고 양도한 경우 ······ 251
6. 특별한 사유에 의해 사용하지 못한 경우는 업무용으로 인정 ······ 252
» **금전소비대차계약서의 작성 ······ 253**
1. 금전소비대차계약서의 작성 ······ 253
2. 금전소비대차계약서 작성 시 세무상 주의 사항 ······ 254
3. 원천징수와 종합소득세 ······ 254
Tip 가지급금 줄 때 소비대차계약 체결하면 유리 ······ 255
» **가지급금과 가수금의 세무상 불이익과 해결 방안 ······ 256**
1. 회계와 세법상 가지급금과 가수금의 차이 ······ 257
ㄴ 회계상 가지급금과 가수금 ······ 257
ㄴ 세무상 가지급금과 가수금 ······ 257
ㄴ 회계상 가지급금과 세무상 가지급금의 차이점 ······ 257
2. 가지급금에 대한 세무상 불이익 ······ 258
ㄴ 가지급금에 대한 불이익 ······ 258
ㄴ 가수금에 대한 세무상 불이익 ······ 259
Tip 가지급금의 회계와 세무 상식 ······ 259
3. 가지급금의 문제점과 해결 방안 및 업무처리 ······ 260

ㄴ 가지급금에 대한 각종 불이익 ······ 261
ㄴ 가지급금을 대처하는 방법 ······ 261
ㄴ 가지급금의 해결 방법들 ······ 262
Tip 가지급금 미처분이익잉여금 이익소각으로 해결 ······ 262
4. 대표이사 변경으로 전 대표이사 가지급금의 처리 ······ 263
ㄴ 대표이사 변경이나 기업 인수로 인한 전 대표이사 가지급금 ······ 264
ㄴ 폐업 시 가지급금이 남아 있는 경우 ······ 264
5. 대표이사 가수금의 문제점과 해결 방안 및 업무처리 ······ 264
ㄴ 가수금 금액 상환 ······ 265
ㄴ 가수금에 대한 세무 처리 ······ 265
ㄴ 자본금으로 출자전환 ······ 266
ㄴ 가수금이 아닌 미지급 채권도 출자전환이 가능한가? ······ 266
ㄴ 출자전환을 위해서 준비할 서류 ······ 266
» 가지급금과 가수금의 회계처리와 세무조정 ······ 268
1. 법인과 대표이사 간에 약정이 없는 경우 ······ 269
ㄴ 원천징수 문제(이자소득 아니고 근로소득) ······ 271
ㄴ 상여처분 된 금액을 회사가 대납한 경우 ······ 272
2. 법인과 대표이사 간에 약정이 있는 경우 ······ 273
ㄴ 원천징수 문제(근로소득 아니고 이자소득) ······ 275
ㄴ 원천징수를 면제받는 경우 ······ 278
3. 대표자 상여 처분될 수 있는 주요 지출 ······ 279
Tip 법인 설립시 가장납입의 경우 가지급금으로 본다. ······ 280
Tip 결산 시 가계정 사용 금지 ······ 281
» 미수이자의 회계처리와 세무조정 ······ 282
1. 회계상 미수이자의 계상 ······ 282
2. 일반차입금 및 대여금에 대한 미수이자 ······ 283
ㄴ 차입금 이자비용에 대한 세무상 원리 ······ 283
ㄴ 차입금에 대한 원천징수 대상 이자수익 미수이자 실무 처리 ······ 283
3. 업무무관가지급금에 대한 미수이자 세무조정 ······ 284
ㄴ 이자율 및 상환기간에 대한 약정이 없는 가지급금 ······ 285
ㄴ 이자율 및 상환기간에 대한 약정이 있는 가지급금 ······ 285

CONTENTS

CONTENTS

└ 미수이자의 세무조정 ······285
└ 가지급금의 세무조정 ······287

≫ 대표이사에 관한 법인 차입금 가수금 정리 문제 ······288

1. 가수금의 회계상 문제 ······288
2. 가수금의 세무상 문제 ······289
└ 가수금의 장단점 ······289
└ 대표이사 개인 돈을 회사 사업상 용도로 사용하거나 빌려준 경우 관리 ······291

≫ 기업업무추진비의 비용처리와 세법상 비용인정 한도 ······294

1. 기업업무추진비로 보는 경우와 보지 않는 경우 ······295
└ 기업업무추진비로 보는 경우 ······295
└ 기업업무추진비로 보지 않는 경우 ······297

Tip 광고선전비, 복리후생비, 기부금, 회의비와 기업업무추진비 예시 ······298

2. 기업업무추진비 한도액 계산 ······299
└ 반드시 적격증빙을 갖추어야 한다. ······300
└ 기업업무추진비 한도 범위 내에서만 비용인정 된다. ······301
└ 기업업무추진비 손금불산입의 처리 방법(한도초과 업무추진비의 처리 절차) ···305

Tip 기업업무추진비 업무 관련성을 입증할 수 없는 경우 세무 처리 ······307

3. 기업업무추진비의 세무조정 사례 ······307

≫ 기부금의 비용처리와 세법상 비용인정 한도 ······309

1. 기부금의 개념상 구분 ······309
2. 기부금의 종류 ······310
3. 현물기부금의 평가 ······312
4. 기부금의 손익귀속시기 ······313
5. 기부금의 한도와 세무조정 ······313
6. 기부금 세무조정 사례 ······314

≫ 감가상각비의 비용처리와 세법상 비용인정 한도 ······317

1. 감가상각 대상 자산 ······317
2. 감가상각의 의미와 평가 방법 ······317
3. 감가상각비를 재무제표에 표시하는 방법 ······319
4. 제조업에서 감가상각비를 확인하는 방법 ······320
5. 감가상각을 안 해도 되나?(감가상각비를 장부에 반영 안 해도 되나?) ······321

Tip 감가상각의제 상각자산의 처분 시 처분손익 계산 ······ 323
ㄴ 법인세법상 감가상각은 결산조정 사항이다. ······ 324
ㄴ 법인세 면제 · 감면법인의 감가상각은 신고조정 사항이다. ······ 325
6. 감가상각시부인 계산 ······ 326
7. 즉시상각의제액(비용계상 한 것을 즉시 비용처리) ······ 328
ㄴ 취득단계 적용 ······ 329
거래 단위별로 100만 원 이하인 경우 ······ 329
금액과 상관없이 경비처리 가능한 경우 ······ 329
ㄴ 보유 단계 적용 ······ 331
ㄴ 폐기 단계 적용 ······ 332
8. 감가상각 범위 금액 결정요소 ······ 333
Tip 중고자산 취득 시, 감가상각 내용연수 ······ 337
9. 감가상각방법 ······ 338
ㄴ 감가상각방법을 마음대로 정할 수 있나요? ······ 338
ㄴ 감가상각방법의 변경 ······ 340
ㄴ 감가상각방법의 변경에 의한 처리 방법 ······ 341
10. 고정자산의 양도 ······ 341
11. 감가상각비의 신고조정 특례 ······ 342
Tip 감가상각비를 과소계상한 경우 경정청구 ······ 347
Tip 주차장 공사비용의 계정과목과 매입세액공제 ······ 348
Tip 엘리베이터의 교체 세무 처리 ······ 348
Tip 전기 감가상각을 누락한 경우 세무조정 ······ 349
Tip 감가상각비의 강제상각과 임의상각 ······ 349
12. 상각 완료 자산에 대한 자본적 지출액의 세무 처리 ······ 351
Tip 자본적지출을 수익적지출로 처리한 경우 세무상 문제와 조정 ······ 352
13. 미사용 자산 및 유휴자산의 감가상각 ······ 352
14. 내용연수가 경과한 자산의 감가상각 ······ 354
15. 감가상각비의 수정신고, 경정청구 ······ 354
Tip 감가상각비 손금 계상 누락에 대한 경정청구 ······ 355
Tip 의제 상각 규정을 적용하지 않는 세액공제 ······ 355
16. 소프트웨어의 감가상각 ······ 356

CONTENTS

CONTENTS

17. 감가상각비를 계산할 때 일할로 하는 것인지 월할로 하는 것인지? ················357
18. 국고보조금을 받는 경우 감가상각 ················358
ㄴ 자산 취득과 관련된 보조금 ················358
ㄴ 수익(특정 비용 보전) 관련 보조금 ················358

≫ 퇴직급여충당금과 퇴직연금충당금의 비용처리와 세법상 비용인정 한도 ················359

1. 기업회계와 세무회계의 차이 ················359
2. 퇴직급여 적립제도 ················360
ㄴ 사내 적립 : 퇴직급여충당금 설정 ················360
ㄴ 사외 적립 : 퇴직연금제도 ················361
3. (사내) 퇴직금의 세무조정 ················362
4. 확정급여형(DB형) 퇴직연금 세무 처리 ················363
ㄴ 확정급여형(DB형) 퇴직 연금 ················363
ㄴ 퇴직급여충당금의 세무 처리 ················363
총급여 ················364
퇴직급여 추계액 ················365
Tip 퇴직금 추계액 계산 시 정기상여금(성과급)과 비정기상여금(성과급) ················366
세법상 퇴직급여충당금 이월 잔액 ················367
퇴직금전환금 ················367
ㄴ 퇴직연금부담금의 세법상 손비처리 ················367
ㄴ 퇴직급여충당금의 세무조정 ················368
ㄴ 확정기여형(DC형) 퇴직연금의 퇴직급여충당금 ················370
5. 퇴직연금충당금(기업회계×, 세법○) ················370
ㄴ 확정급여형(DB형) 퇴직연금의 손금산입 ················370
ㄴ 확정기여형(DC형) 퇴직연금의 손금산입 ················371
6. 퇴직급여충당금과 퇴직연금충당금의 세무조정 ················374
ㄴ 세법상 내부적립 퇴직급여충당금 = 회계상 퇴직급여충당부채 ················374
ㄴ 세법상 외부적립 퇴직연금충당금 = 회계상 퇴직급여충당부채 ················375
ㄴ 실제 퇴직 시 연금지급 세무조정 ················375
ㄴ 세무조정의 이해 ················376
회계상 퇴직급여충당부채를 설정하고 퇴직연금에 가입한 경우 세무조정 ················376
회계상 퇴직급여충당부채를 설정하지 않고 퇴직연금에 가입한 경우 세무조정 377

7. 확정기여형 퇴직연금 미불입액의 회계처리와 세무조정 ······378
8. 관련 서식과 작성 순서 ······380
» 대손충당금의 비용처리와 세법상 비용인정 한도 ······381
1. 대손금 ······381
2. 대손충당금 ······383
3. 대손 사유에 따른 결산조정과 신고조정 ······385
Tip 거래처가 폐업한 경우 대손상각 ······387
Tip 채권을 포기한 경우 세무조정 ······389
Tip 외상대금을 대물변제한 경우 세무처리 ······390
» 자산의 취득과 평가 회계처리와 세무조정 ······391
1. 자산의 취득 ······391
ㄴ 일반적인 원칙 ······391
ㄴ 취득가액 계산 특례 ······392
2. 자산의 평가 기준 ······394
ㄴ 자산의 평가 기준 ······394
평가이익을 인정하는 경우 ······394
평가손실을 인정하는 경우 ······395
ㄴ 고정자산의 손상 ······396
ㄴ 고정자산의 재평가 ······396
3. 재고자산의 평가 ······396
ㄴ 재고자산 평가 방법의 종류 ······396
ㄴ 재고자산평가 방법 선택 ······396
ㄴ 평가 방법의 신고 및 변경 ······397
평가 방법의 신고 및 변경 신고 ······397
무신고 · 임의변경 시 평가방법 ······397
ㄴ 재고자산의 평가에 대한 세무조정 ······398
ㄴ 재고자산의 평가에 대한 특례 ······399
Tip 재고자산평가 시 유의 사항 ······400
Tip 재고자산의 수량이 부족한 경우 증빙처리 ······400
Tip 반품 시 재고자산(상품, 제품) 파손 시 손금산입 ······401
4. 유가증권의 평가 ······402

CONTENTS

CONTENTS

ㄴ 유가증권의 평가 방법 ···402
ㄴ 평가방법의 신고 및 변경 ···402
ㄴ 단기매매증권의 회계처리 ···403
ㄴ 단기매매증권의 취득 시 세무조정 ···404
ㄴ 단기매매증권평가손익에 대한 세무조정 ···404
ㄴ 단기매매증권처분손익에 대한 세무조정 ···406
ㄴ 매도가능증권의 회계처리 ···407
ㄴ 매도가능증권의 취득 시 세무조정 ···407
ㄴ 매도가능증권평가손익에 대한 세무조정 ···407
ㄴ 매도가능증권처분손익에 대한 세무조정 ···408
5. 외화자산 · 부채의 평가 ···409
ㄴ 외화자산 · 부채의 평가대상 ···409
ㄴ 외화자산 · 부채의 평가손익 ···410
환율적용과 외화평가손익의 세무조정 ···410
평가 전 원화 기장액 ···411
ㄴ 외화자산 · 부채의 상환차손익(외환차손익) ···412
ㄴ 외화통장 잔액을 맞추는 방법 ···412

» 가공자산 · 부채 및 가공경비의 세무조정 ···414
1. 가공채권 ···414
2. 가공 재고자산 ···414
3. 가공 원재료 ···415
4. 가공 고정자산 ···416
5. 가공 부채의 세무조정 ···419
6. 가공경비의 세무조정 ···419

» 매출누락 및 가공거래의 소득처분 ···420
1. 매출누락과 소득처분 ···420
2. 매출누락과 관련된 세금 ···420
3. 가공세금계산서(가공매입) 수취에 대한 세금 ···422

» 고정자산의 임의평가증 회계처리와 세무조정 ···424

» 국고보조금의 회계처리와 세무조정 ···425
1. 기업회계상 국고보조금의 회계처리 ···425

ㄴ 상환의무가 있는 국고보조금 ……426
ㄴ 상환의무가 없는 국고보조금 ……427
2. 국고보조금의 익금 귀속시기 ……427
3. 국고보조금 세무조정 ……428
ㄴ 자산취득 국고보조금의 세무조정 ……428
Tip 외부감사대상이 아닌 사업자의 자산취득 관련 국고보조금 회계처리 ……432
ㄴ 수익 관련 국고보조금 ……432
» 연차수당(연차충당부채)의 회계처리와 세무조정 ……434
1. 연차수당의 회계처리와 세무조정 ……434
ㄴ 연차수당의 회계상 비용과 세법상 손금의 처리 시기 ……435
Tip 연차수당을 빼고 중도 퇴사자 연말정산을 한 경우 ……437
ㄴ 연차휴가사용촉진을 안 한 경우 세무조정 사례 ……438
ㄴ 연차휴가사용촉진을 한 경우 세무조정 사례 ……439
2. 미지급급여에 대한 손익 귀속시기 ……440
전기오류수정손익 회계처리와 세무조정 ……442
1. 전기오류수정이익 ……444
ㄴ 전기 비용을 이중으로 처리하고 매입채무를 누락한 경우 ……444
Tip 이중 매입, 가공경비 등에 대한 세무조정 및 소득처분 ……446
ㄴ 전년도분 매출 누락 대금을 당기에 회수하는 경우 ……446
Tip 매출누락대금에 대한 세무조정 및 소득처분 ……446
2. 전기오류수정손실 ……447
ㄴ 전기 매입세금계산서 누락분 세무회계 ……448
ㄴ 전기 이전의 비용을 자산으로 처리한 경우 세무회계 ……449
ㄴ 전기오류수정손익을 법인세 수정신고 없이 당기에 처리하는 경우 ……449
ㄴ 전기 수익 누락 또는 비용 이중 금액을 전기오류수정이익으로 하는 경우 ……450
ㄴ 전기의 비용을 누락하였거나 수익을 이중으로 계상한 경우 ……450
ㄴ 전기 이전의 오류를 이익잉여금 항목으로 처리하는 경우 ……451
» 자산의 손상차손과 평가손실의 회계처리와 세무조정 ……453
» 소득처분과 세금 납부 의무 ……455
1. 사내유보(유보)(세무상 잉여금 증가) ……456
2. 사외유출(상여) ……457

CONTENTS

CONTENTS

ㄴ 대표자가 아니란 객관적 증빙 없는 한 등기부상 대표자를 말함 ······457
ㄴ 사업연도 중 대표자 변경 때는 각각 구분 귀속된다. ······458
3. 사외유출(배당) ······458
4. 사외유출(기타소득) ······459
5. 사외유출(기타사외유출)(법인, 사업 영위 개인 귀속) ······459
» 소득금액 변동통지서를 받은 경우 세무처리(소득처분 시 원천징수이행상황신고 및 자료처리 절차) ·· 464
1. 법인세 신고 시 익금산입액을 소득처분한 경우 ······465
ㄴ 원천징수의무자(법인) ······465
ㄴ 소득처분 받은 자(법인이 원천징수 신고 · 납부한 경우) ······465
2. 법인세 결정 · 경정 시 익금산입액을 소득처분 한 경우 ······465
ㄴ 정상사업 법인의 경우(소득금액 변동통지서 송달이 가능) ······465
ㄴ 법인의 소재가 불분명한 경우 등(통지서 송당 불능 시) ······466
3. 소득처분 시 원천징수불이행에 대한 징수 절차 ······466
» 법인세 과세표준 신고 및 세액의 납부 세무조정계산서 작성 흐름 ······468
1. 법인세 신고기한 ······469
2. 법인세 신고 시 꼭 제출해야 할 서류 ······469
3. 세무조정계산서의 구조와 법인세 신고 순서 ······470
4. 공제 · 감면의 신청 ······478
5. 전자신고 방법 ······478
6. 법인세의 납부 방법 ······478
» 법인세 신고 시 확인해 볼 내용 ······479
» 법인세 수정신고 대상과 제외 대상 ······483
1. 법인세 수정신고 대상에서 제외되는 경우 ······483
2. 법인세 수정신고 ······484
ㄴ 법인세 신고 이후 매출누락 사실을 알게 된 경우 ······484
ㄴ 법인의 전년도 이전 매출누락 수정신고 ······484
3. 수정신고에 따른 가산세 ······485
Tip 재무제표의 수정 사항에 대한 세무상 처리 방법과 회계의 차이 ······485
Tip 각종 세금의 수정신고서 작성 방법 ······486
Tip 내용연수를 착오 적용한 경우 경과한 사업연도의 감가상각비 ······487
» 법인세 중간예납 신고납부 방법 ······488

1. 중간예납 신고 · 납부대상 법인 ······488
ㄴ 중간예납 신고 의무가 있는 법인 ······488
ㄴ 중간예납 신고 의무가 없는 법인 ······489
2. 중간예납 신고 · 납부세액의 계산 ······489
ㄴ 직전 사업연도 실적 기준 중간예납 세액계산 ······490
ㄴ 당해 사업연도 실적 기준 중간예납 세액계산(가결산 방식) ······491
3. 중간예납 신고 및 납부 절차 ······493
4. 중간예납 세액의 수정신고 ······495
5. 중간예납 불성실 납부법인 ······495
ㄴ 중간예납 세액을 신고한 경우 ······495
ㄴ 중간예납 세액을 신고하지 않은 경우 ······495
ㄴ 미납부 가산세의 계산 ······496
6. 법인세 중간예납 Q&A ······496
» 법인의 폐업과 해산 및 법인 청산에 따른 법인세 신고·납부(청산소득에 대한 법인세) 509
1. 법인사업자의 폐업 신고 ······509
ㄴ 법인사업자의 사업 종료 ······509
ㄴ 법인 폐업 신고와 세금 신고 ······509
ㄴ 법인 폐업 시 법인세 신고 ······511
2. 법인해산과 청산 절차 ······511
Tip 휴면법인의 해산 간주와 영업 재개 ······512
ㄴ 해산과 청산 방법 ······512
ㄴ 해산 및 청산 과정에서 내야 하는 세금 ······513
3. 폐업 후 각 사업연도 소득에 대한 법인세 ······514
4. 청산소득에 대한 법인세 ······514
ㄴ 해산등기일의 잔여재산가액 ······515
ㄴ 해산등기일의 자기자본 ······515
5. 청산법인의 세금 환급금 발생 ······518
» 폐업해도 법인은 살아 있으니 법인세 신고납부는 해야 한다. ······519
1. 폐업해도 법인은 살아 있다. ······519
2. 폐업 후 반드시 왜 법인세 신고를 해야 하나? ······520
3. 추계소득에 대한 대표이사 상여 처분 ······521

CONTENTS

4. 법인세 신고를 누락한 경우 해결 방법 ······522
5. 청산소득에 대한 법인세 신고 ······523
6. 사업연도 의제 ······523
≫ 지점폐업 시 신고할 사항 ······525
1. 부가가치세와 법인세 ······525
Tip 지점폐업 시 간주공급 여부(부가가치세) ······526
2. 원천세와 지급명세서 ······527
3. 수정세금계산서 발행 ······528
4. 4대 보험 업무처리 ······528
≫ 법인세분 지방소득세의 납부 ······529
1. 납세의무자 ······529
2. 과세표준 및 신고 · 납부일 ······529
3. 부과 징수 금액의 계산 방법 ······530
ㄴ 사업장별 종업원 수와 건물의 연면적 등 이익기여도 비율로 안분계산 ······530
ㄴ 사업장 이전 시에도 납기 개시일 현재 관할 시 · 군의 안분 부과 ······530
ㄴ 신고 및 납부 ······530
Tip 법인세 수정 신고 · 납부 시 신고 · 납부 ······531
ㄴ 가산세 ······533
ㄴ 소액부징수 ······533
ㄴ 관련 서류 ······534
ㄴ 안분 세액의 수정신고 · 납부 ······534

Chapter **04**

국세청 세무조사 대처 방법

≫ 세무서에서 소명자료 요청을 받은 경우 대응 방법 ······536
1. 세무서 소명 요구의 증가와 중요성 ······536
2. 세무서에서 해명자료 요청을 받은 경우 대응 방법 ······538
3. 세무조사와 해명자료 제출안내문의 차이점 ······539
4. 해명자료 요청이 발생하는 원인과 사례 ······539
ㄴ 세금계산서와 관련한 불부합 자료 ······540

ㄴ 매입세액 부당 공제 ······ 540
ㄴ 세무조사 파생 자료 ······ 541
ㄴ 부가가치세 신고서 및 부속서류 분석에 의한 과세자료 소명 요구 ······ 541
ㄴ 법인세 종합소득세 신고서 및 부속서류 분석에 의한 과세자료 소명요구 ······ 542
ㄴ 지급명세서 소명요구 ······ 542
5. 해명자료 요청에 대응하는 방법 ······ 543
» 매출누락의 방지와 해명안내문 대처방법 ······ 545
1. 매출 누락 확인 방법과 가산세 ······ 545
2. 매출누락 국세청 해명안내문 받게 되는 이유와 불이익 ······ 546
ㄴ 국세청의 매출 파악 방법 ······ 546
ㄴ 해명안내문 수령 후 대응 절차 ······ 546
ㄴ 부가가치세 및 종합소득세 신고 누락 시 발생할 수 있는 불이익 ······ 547
ㄴ 부가가치세 신고 시 매출 누락 방지 방법 ······ 547
» 해명 요구에 따른 수정신고 ······ 548
» 소명요청이나 세무조사의 위험이 있는 습관적 지출 ······ 549
Tip 종합소득세 신고 시 탈세 소명요구에 주의할 10가지 ······ 551
» 불부합 자료 소명자료 제출안내문 ······ 552
» 세무조사의 원칙과 세무조사의 종류 ······ 555
1. 세무조사의 일반원칙 ······ 555
2. 세무조사의 종류 및 조사기간 ······ 557
3. 법인 · 소득세 조사 ······ 559
4. 부가가치세 조사 ······ 560
5. 자료상 조사 ······ 561
» 세무조사의 여러 가지 기법 ······ 562
1. 일반적 조사 기술 ······ 563
ㄴ 장부 기록의 대사 ······ 563
ㄴ 증빙서류의 대사 ······ 563
ㄴ 회계 계산의 대사 ······ 563
2. 개별적인 조사 기술 ······ 563
» 세무조사 사전 대비와 대처 방법 ······ 566
Tip AI 시대의 탈세 적발과 회사의 세무리스크 관리방안 ······ 567

CONTENTS

CONTENTS

Tip 세무조사 시 일반적 요구자료 ····· 569

» 성공하는 세무조사 대처 방법 ····· 570

1. 세무조사 시 준비 사항 ····· 570
2. 조사 대상에 선정되기 쉬운 경우 ····· 570
3. 조사 대상에 제외되기 쉬운 경우 ····· 571
4. 세무조사 시 대응 방안과 유의 사항 ····· 572
5. 조사 종결 후 대처방안 ····· 574
6. 탈세 자료의 처리 ····· 575
7. 경영자가 세무조사 시 유의할 사항 ····· 576
ㄴ 증빙서류의 철저 ····· 576
ㄴ 기업업무추진비는 카드로 ····· 576
ㄴ 통장의 분리 사용 ····· 576
ㄴ 가공거래는 하지 않는다. ····· 576
ㄴ 세무상 제도 활용 ····· 577
ㄴ 통상적인 형태를 벗어난 거래 관리 ····· 577
8. 재무팀이 세무조사 시 유의할 사항 ····· 577
ㄴ 지출증빙의 보관 ····· 577
ㄴ 전표 작성 ····· 577
ㄴ 최소한의 장부기장 ····· 577
ㄴ 4대 보험과 근로소득세 신고자료의 일치 ····· 578
ㄴ 국세 관련 업무 ····· 578
ㄴ 기타 사항 ····· 578
9. 법인이 세무조사 시 유의할 사항 ····· 578
ㄴ 법인이 사용, 소비하는 것은 모두 법인명의로 ····· 578
ㄴ 법인과 임직원의 구분을 명확히 ····· 578
ㄴ 매출누락이나 가공원가가 없도록 ····· 579
ㄴ 부동산 및 주식의 취득, 양도 ····· 579
ㄴ 기간이나 기한에 유의 ····· 579
ㄴ 각종 규정 비치 ····· 579

Tip 국세청의 최근 탈세 전산 분석시스템 ····· 580

» 자산, 부채, 자본 항목의 세무조사 ····· 582

» 수익과 비용항목의 세무조사 ···· 590
Tip 부가가치세 신고 · 경정 사항 연계 검토 ···· 594
» 업종별 세무조사 대처법 ···· 595
» 부가가치세, 법인세, 소득세 세무조사 대처 포인트 ···· 600
1. 부가가치세 세무조사 ···· 600
ㄴ 중점관리업종의 매출 누락 ···· 600
ㄴ 매입세액 등 부당 공제 ···· 601
ㄴ 유통 질서 문란 행위 ···· 602
2. 법인세, 소득세 세무조사 ···· 602
» 금융거래 세무조사 대처 포인트 ···· 604
1. 예금 잔액과 예금잔액증명서 상의 일치 여부 ···· 604
2. 예금이자 관리 ···· 605
3. 예금거래 기록 ···· 605
» 기업업무추진비의 세무조사 대처 포인트 ···· 606
1. 모든 기업업무추진비를 합산해 시부인 계산했는지? ···· 606
2. 건설 중인 자산 등에 포함된 기업업무추진비가 있는지? ···· 607
3. 가공 기업업무추진비가 있는지 조사 ···· 607
ㄴ 사적 경비를 기업업무추진비 등으로 계상하였는지 조사 ···· 608
ㄴ 해외기업업무추진비의 적정 여부 조사 ···· 608
ㄴ 기업업무추진비 증빙 요건의 적정 여부 조사 ···· 609
ㄴ 한도액 계산이 적정한지 조사 ···· 609
» 세무조사 적발 사례 ···· 610
1. 자료상 세무조사 사례 ···· 610
2. 제조업 세무조사 사례 ···· 611
ㄴ 계정과목 처리에 유의한다. ···· 611
ㄴ 가공의 인건비를 계상하였다. ···· 612
ㄴ 불공제 세금계산서로 공제받은 경우 ···· 612
3. 프랜차이즈 세무조사 사례 ···· 613
4. 병원의 세무조사 사례 ···· 613
5. 제약회사의 세무조사 ···· 615
6. 수출업의 세무조사 ···· 616

CONTENTS

CONTENTS

7. 나이트클럽, 모텔의 세무조사 ······616
8. 변호사 등 전문가의 세무조사 사례 ······617
9. 학원의 세무조사 사례 ······617
10. 룸살롱 등 유흥주점의 세무조사 사례 ······617
11. 인터넷 쇼핑몰 등의 세무조사 사례 ······618
12. 용역 수수료 가공계상의 세무조사 사례 ······618
13. 자녀 등에 대한 편법증여 세무조사 사례 ······619

» 세무조사 때 이건 꼭 걸린다. ······621

Tip 부동산 취득을 시작으로 모든 세무조사의 연결고리가 완성된다. ······623

» 법인카드 사적 사용에 관한 세무조사 대처 포인트 ······624

1. 법인카드의 사적 사용 ······624
2. 법인카드의 사적 사용이 발생했을 때 세무처리 ······625
3. 법인카드의 사적 사용을 적발하는 국세청 방법 ······626
4. 법인카드 사적 사용 입증 증빙 ······629

» 세금 환급(경정청구 컨설팅)이 발생하는 대표적인 유형 ······631

1. 연말정산 간소화 서비스를 너무 믿다가 발생하는 연말정산 환급 ······631
2. 채용을 늘리면 고용증대세액공제와 중소기업사회보험료 세액공제 ······632
3. 사업용 자산을 구매했으면 통합투자세액공제 체크 ······632
4. 창업한 스타트업일 때는 창업 중소기업 세액감면 ······633

» 세무조사 파생자료의 처리 ······634

1. 과세자료의 내용 ······634
2. 자료 내용이 사실인 경우 파생 자료 소명 ······634

ㄴ 부가가치세 수정신고 ······635

ㄴ 법인세 수정신고 ······635

ㄴ 인정상여에 대한 수정신고 ······635

ㄴ 자료 내용이 사실과 다른 경우 파생자료 소명 ······636

Tip 위장 · 가공 자료상 혐의자료 과세자료의 소명 ······636

Tip 세금계산서 등 불부합 자료의 소명방법 ······637

Tip 탈세 자료의 처리 ······637

Chapter 05

경영상법 업무처리

» 실무자가 반드시 점검해야 할 정관 규정 ······ 640
1. 꼭 점검해야 할 정관 규정 ······ 640
ㄴ 임원 보수와 상여금, 그리고 퇴직금 지급 규정 ······ 640
Tip 임원(대표이사) 급여를 인상 또는 인하하고자 하는 경우 ······ 641
정관의 정비 ······ 642
임원 보수지급 규정을 만든다. ······ 643
주주총회 결의 ······ 643
ㄴ 중간배당 규정 ······ 643
ㄴ 주식 양도제한 규정 ······ 644
ㄴ 공증을 받아둔다. ······ 644
Tip 정관변경 시, 등기부등본 변경 등기를 해야 할 사항 ······ 645
» 대표이사가 합법적으로 법인의 돈을 가져가는 3가지 방법 ······ 646
1. 급여로 가져가는 방법 ······ 646
2. 퇴직금으로 가져가는 방법 ······ 646
3. 배당금으로 가져가는 방법 ······ 647
4. 급여와 배당보다는 세 부담이 적은 퇴직급여 ······ 648
» 정기(현금) 배당의 절차와 방법 ······ 649
1. 사전 검토 및 준비 ······ 649
2. 배당기준일 설정 및 공고 ······ 650
3. 이사회 결의 ······ 650
4. 이사회 결의내용 신고 · 공시 ······ 650
5. 주주총회 결의 ······ 650
6. 배당통지서 발송 ······ 651
7. 배당금 지급 및 원천세 납부 ······ 651
» 중간배당의 절차와 방법 ······ 652
1. 중간배당의 요건 ······ 652
2. 중간배당의 절차 ······ 652
3. 중간배당의 한도 ······ 653

CONTENTS

CONTENTS

4. 고려해야 할 법률문제 ······ 653
5. 배당금의 세금 신고 ······ 655
» 법인 대표이사 급여 책정은 얼마를 해야 하나? ······ 656
1. 대표이사 급여 처리의 특징 ······ 656
2. 근로자 보수와 임원 보수의 차이점 ······ 657
3. 대표이사 급여의 결정요소 ······ 658
4. 기본원칙과 급여 책정의 중요성 ······ 659
5. 대표이사의 적정 급여 책정 ······ 660
» 대표이사 퇴직금 처리와 세금 전략 안내 ······ 661
1. 퇴직금 규정과 손금산입 한도 ······ 662
2. 대표이사 퇴직금 지급 시 유의 사항 ······ 664
ㄴ 대표이사라도 아무 때나 퇴직금을 지급하면 안 된다. ······ 664
ㄴ 무보수 대표이사의 퇴직금 계산 ······ 664
ㄴ 퇴직금을 포기해도 퇴직소득세가 과세될 수 있다. ······ 665
퇴직금을 포기하는 경우 고려해야 할 세금 ······ 665
대표이사 퇴직금 포기 대처법 ······ 666
» 상법상 이사(임원)에 관한 규정 ······ 667
1. 주주총회에서 선임하는 등기이사 ······ 667
2. 상법상 등기이사의 종류 ······ 668
ㄴ 사내이사 ······ 668
ㄴ 사외이사 ······ 668
ㄴ 기타 비상무이사 ······ 668
3. 임원에 대한 등기 ······ 669
ㄴ 취임등기 ······ 669
ㄴ 중임등기 ······ 670
ㄴ 퇴임등기 ······ 671
ㄴ 임원 변경 등기 방법 ······ 672
4. 이사의 임기와 보수 ······ 672
ㄴ 이사의 임기 ······ 672
ㄴ 이사의 보수 ······ 673
5. 비등기이사 ······ 674

6. 등기이사와 비등기이사의 차이점 ······674
7. 실무상 명칭은 임원 ······675
≫ 세법상 임원에 관한 규정 ······677
1. 세법상 임원의 범위 ······677
2. 임원 보수지급 규정의 중요성 ······677
3. 임원의 인건비 처리 시 주의할 사항 ······679
ㄴ 급여와 관련해서 주의할 사항 ······679
ㄴ 상여금 지급과 관련해서 주의 사항 ······680
ㄴ 퇴직급여 지급과 관련해서 주의 사항 ······680
ㄴ 기타 주의 사항 ······681
4. 대표이사 급여의 경비인정 범위 ······681
Tip 임원 퇴직금 한도 초과액의 원천징수이행상황신고서 작성법 ······682
≫ 법인 대표이사 변경시 할 일 ······683
1. 법인등기 변경 ······684
ㄴ 서류 준비(대표이사 사임 및 취임 등기) ······685
ㄴ 등기소 접수 ······685
2. 법인인감 카드 계속 사용신청 ······685
3. 사업자등록증 변경 ······686
4. 4대 보험 관련 변경 ······687
5. 영업신고증 변경 ······688
6. 통신판매업신고증 변경(해당 시) ······688
7. 공장등록증, 중소기업확인서, 기업부설연구소 인정서 변경 ······688
8. 각종 계약서 변경 ······689
9. 렌트카 및 리스 차량 ······689
10. 외국인 근로자를 채용하고 있는 사업장 ······690
11. 도장 변경 ······690
12. 원천세 신고 및 지급명세서 제출 ······690
≫ 직원이 임원으로 승진할 때 업무처리 ······691
1. 근로자 지위 변경 ······691
2. 인사 발령 및 통지 ······691
3. 새로운 계약 체결 ······692

CONTENTS

CONTENTS

4. 퇴직금 및 퇴직소득세 처리 ··· 693
ㄴ 퇴직금 처리 ··· 693
Tip 임원이 근로자성을 인정받아 근로자라면 발생하는 문제 ··· 694
ㄴ 세법상 퇴직소득세 규정 ··· 694
5. 임원 변경 등기절차 ··· 695
6. 4대 보험 처리 ··· 695
ㄴ 적용 대상 4대 보험 ··· 695
ㄴ 직원에서 임원으로 승진 시 고용보험은 상실 신고 ··· 697

» 가족회사 가족의 업무처리 ··· 699

1. 가족회사의 상시근로자 수 ··· 699
ㄴ 가족 4명에 가족이 아닌 직원 1명인 경우 상시근로자 수는? ··· 699
ㄴ 상시근로자에 대표의 가족도 포함이 되나요? ··· 700
2. 세금 업무처리 ··· 700
3. 증빙 업무처리 ··· 701
4. 4대 보험 업무처리 ··· 701
ㄴ 사업주와 동거하고 있는 친족의 경우 ··· 702
ㄴ 사업주와 동거하지 않는 친족의 경우 ··· 702
Tip 가족 인건비 처리 후 절세와 증빙관리 ··· 703

Chapter 01

법인의 경비 처리와 증빙 관리

법인을 대표이사 개인 것처럼 운영하면 안 된다.

사장은 회사업무의 최고 집행자를 의미한다.

개인회사를 흔히 자영업자라고 하기도 하고, 개인회사의 대표를 법인의 대표이사와 구분해 사장 또는 대표라고 부른다(대표이사라고는 안 함).

대표이사는 상법상의 용어이다.

상법상 회사의 의사결정은 이사회가 하고, 이사회의 대표가 바로 대표이사이다. 계약 등 중요한 결정을 내리는 대표라는 의미다.

상법상 법인은 사람과 같은 인격을 부여받았지만, 실제 현실에서는 사람과 같이 경제 활동을 할 수 있는 실존하는 존재가 아니므로 법인의 실체적인 경제활동을 대표이사가 법인을 대신해서 하는 것이다.

우리가 흔히 생각하는 대표이사가 실제로는 법인을 운영하고 직원을 고용하며, 각종 지시를 하지만 법률상으로는 대표이사도 법인이라는 사장에 고용된 일반직원과 같다고 보고 업무처리를 해야 한다. 물론 세법상, 고용보험 적용상 일반직원과 다른 예외적인 사항도 있지만, 법률상 지위는 위에서 설명한 바와 같다는 것이다.

구 분	개인회사	법인
최고 우두머리	사장 개인	법인(인격을 가진 회사)
의사결정	사장 개인	이사회, 주주총회
회사의 소유주	사장 개인	법인의 주주

구 분	개인회사	법인
사장(대표이사)의 지위	회사 = 사장 개인 것	회사 = 법인 것 대표이사 = 우두머리인 법인을 대신해 회사를 경영하는 사람(의사결정기구인 이사회의 대표). 따라서 법인에 고용된 사람
1인 회사(법인)	회사 = 사장 개인 것	회사 = 법인 것 대표이사 = 법인을 대신해 일하는 사람
결론	회사는 사장 개인의 것으로 회사의 자금을 마음대로 가져가고 가져올 수 있다.	회사는 법인의 것으로 대표이사는 단지 법인을 대신해 법인이라는 사장에 고용돼 대표적인 활동을 할 뿐 법인이 대표이사 개인 것이 아니다. 1인 법인이라도 법률상 법인이 대표이사 개인 것이 아니다. 따라서 자본을 대표이사 개인이 마음대로 가져오고 가져갈 때는 횡령이 될 수 있으며, 마음대로 쓰면 가지급금으로 세무상 불이익이 있다. 가져가려면 급여, 상여금, 퇴직금으로 받거나 배당의 절차를 거쳐야 한다.

법인이 사업 관련해서 고려해야 하는 세금

구 분		마감일	필요 서류	비고
판매에 대한 세금 부가가치세	예정신고·납부	4월과 10월 부가가치세 예정신고 납부	부가세 신고서, 세금계산서 합계표 등 각종 공제 증빙 서류	법인은 4번 신고납부
	확정신고·납부	1월과 7월 부가가치세 확정신고 납부		
소득에 대한 세금 법인세	예정신고·납부	8월 31일 법인세 중간예납	법인세 중간예납 신고납부계산서, 법인세 과세표준 및 세액조정계산서, 소득금액조정합계표, 표준대차대조표 및 표준손익계산서	법인세의 예정신고는 중간예납
	확정신고·납부	3월 31일 법인세 신고납부(사업 종료 후 3개월 이내)	법인세 과세표준 및 세액조정계산서, 표준손익계산서, 표준대차대조표, 각종 공제 증빙 서류 등	
인건비에 대한 세금 원천징수	매달 원천징수	매달 10일 원천징수 신고납부	원천징수이행상황신고서, 원천징수 영수증 등	
	연말정산	2월 말까지 연말정산 후 3월 10일 연말정산 신고납부	근로소득 원천징수영수증, 의료비, 교육비, 보험료 납입 증명서, 기부금 영수증 등 공제 증빙서류	회사에서 국세청 자료를 활용해 자동으로 진행되나, 부가 공제를 추가할 수 있음

구 분		마감일	필요 서류	비고
인건비에 대한 세금 원천징수	**종합소득세 확정 신고(개인소득세)**	5월 31일 개인소득에 대한 확정신고납부 연말정산을 안 한 근로자 및 다시 하는 근로자도 확정신고	종합소득세 신고서, 근로소득 원천징수영수증, 사업 소득 관련 서류, 공제 증빙 서류 등	11월 31일까지 중간예납 세액납부

[유의 사항]

전자신고 : 국세청 홈택스를 통해 전자신고를 할 경우, 보다 편리하고 신속하게 신고를 완료할 수 있다.

증빙 서류 보관 : 모든 세금 신고와 관련된 증빙 서류는 최소 5년간 보관해야 한다. 세무조사 시 필요할 수 있다.

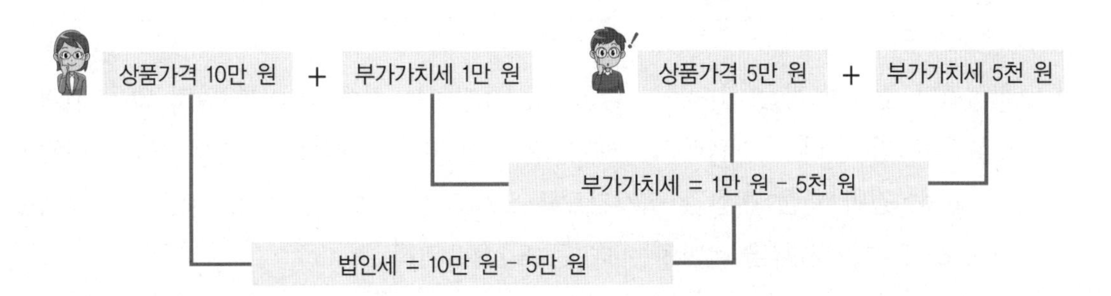

사업자 비용처리 방법과 이를 활용한 절세방법

회사의 경비 처리 과정

경비처리의 중요한 점은 신속성과 정확성을 유지하는 것이다. 이를 위해 많은 기업이 전산화된 경비 처리 시스템이나 솔루션을 도입하여 효율적으로 데이터를 관리하고 있다. 특히, 경비 지출 현황을 실시간으로 모니터링할 수 있는 시스템은 내부통제를 강하게 하여 부정 사용을 예방하는 데 큰 도움이 된다.
결국, 경비처리는 기업의 재무 안정성을 높이는 중요한 과정이며, 올바른 절차와 시스템을 통해 지속적으로 개선해 나가는 것이 필요하다.
경비처리 과정은 기업의 재무관리에 있어 매우 중요한 단계다. 규정된 절차를 따르지 않으면 법적 문제나 경영적으로 불이익을 초래할 수 있다. 주요 단계는 다음과 같다.

1 비용 승인

경비를 지출하기 전에 특정 금액 이상의 비용은 상급 관리자나 재무 부서의 승인을 받아야 한다. 이 과정은 예산을 준수하고 비용의 적정성을 검토하는 데 필수적이다. 이를 통해 불필요한 지출을 예방할 수 있다.

2 비용 기록 및 분류

승인된 경비는 회계 시스템에 기록되어야 한다. 이 단계에서 각 경비에 대해 적절한 비용계정으로 분류해야 하는데, 예를 들어 재료 구매비용은 재고 계정이나 원자재 계정으로 분류할 수 있다. 이러한 기록은 회계의 투명성을 높이고, 향후 재무 보고 시 중요한 기준을 제공한다.

3 결제 처리

비용이 적절히 기록된 이후에는 실제로 결제가 이루어져야 한다. 대개 회사는 직원에게 급여를 지급하거나 공급자에게 지급하는 방식으로 처리된다. 결제는 회계 시스템에 반영되어야 하며, 이는 기업의 전체 재무 상태에 영향을 미치는 중요한 단계다.

4 회계처리

결제가 완료되면 해당 경비는 회계 시스템에서 회사의 재무 보고서에 반영된다. 이 과정에서 필요한 모든 증빙자료를 갖추고, 세무 처리를 위해 적절한 보고를 하는 것이 중요하다.

5 영수증 및 증빙자료 관리

경비 처리를 위해서는 영수증 및 증빙자료를 철저히 관리해야 한다. 특히 법인카드 사용 시 영수증 관리가 번거롭다는 점이 직원들에게 큰 불편함으로 지적되고 있다. 이에 따라 전자적인 경비 관리 솔루션의 도입이 많은 기업에서 검토되고 있다. 이러한 솔루션은 종이 영수증 대신 디지털 방식으로 관리를 가능하게 하여 효율성이 높다.

적격 증빙의 종류

적격증빙은 법이 인정한 증빙(= 법정지출증빙)으로, 세금계산서, 계산서, 신용카드 매출전표, 지출증빙용 현금영수증 등이 있다.

세금계산서는 반드시 전자세금계산서로 발급해야 하며, 개인사업자는 직전년도 매출이 8천만 원 미만일 때는 종이 세금계산서 발행도 가능하다. 하지만 관리의 편의를 위해서는 무조건 전자세금계산서의 사용을 권한다.
부가가치세를 내지 않는 면세사업자의 매출에 대해서는 계산서와 신용카드, 체크카드 사용도 적격증빙으로 인정된다.
만약 적격증빙을 받지 못하더라도 소명이 가능하면 비용처리가 가능하지만, 대신 2%의 가산세를 내야 한다.
신규사업자나 직전 연도 매출액이 4,800만 원 미만인 소규모 사업자는 적격증빙을 받지 않아도 불이익이 없다.

비용처리의 중요성 및 인건비, 복리후생비 항목

법인은 매출에 상응하는 다양한 비용을 고려해야 하며, 이에 따라 적절한 세금계산서의 수취가 필요하다.
해외에서 수입할 경우 수입신고필증(인보이스)이 필요하고, 일반적으로는 국내에서 구입한 상품에 대해 세금계산서와 같은 적격증빙이 요구된다.
인건비는 세무서에 신고해야 비용인정이 가능하며, 음식점의 경우 업종 특성상 인건비를 신고하지 않는 경우가 많아 주의가 필요하다.
또한, 복리후생비 항목으로 직원의 식대나 유니폼 비용 등이 포함되며, 사회 통념상 타당한 금액은 비용으로 인정받을 수 있다.
경조사비 지급 시 청첩장 등 적절한 증빙을 마련하면, 20만 원까지는 비용인정이 가능하다.

4대 보험 및 비용처리의 중요성

4대 보험료 회사부담분은 비용 처리할 수 있으므로 절세효과가 있다.
사업장에서 발생하는 월세와 관리비는 비용처리가 가능하며, 개인소유 건물에서 사업을 운영할 경우 대출 이자비용도 비용으로 인정된다.

전기료 등 공과금에 대한 세금계산서 발급이 필요하며, 해당 기관에 사업자등록증을 제출하여 회사의 사업자등록 내역이 기록된 지로 영수증을 받는다.
직원 경조사비는 복리후생비로 처리되며, 거래처에 대한 경조사비는 업무추진비로 분류되어 청첩장이나 부고장 사진 등으로 20만 원까지 비용으로 인정된다.

차량 및 관련 비용처리 방법

업무용 차량에 대한 비용으로는 주유비, 자동차세, 보험료, 주차비가 포함되며, 비용처리가 가능하다.
사업자금 목적으로 사용된 대출의 이자비용도 비용처리가 가능하며, 실질적으로 사업에 사용되었다는 것을 입증해야 한다.
광고비와 사무용품 구매비용도 각각 광고선전비와 소모품비로 비용처리가 된다.
직원 보험료는 연 70만 원 이하의 금액에서 비용처리가 가능하며, 이를 초과하면 근로소득으로 부과된다.
고정자산으로 간주되는 100만 원 초과의 자산은 내용연수에 따라 나누어 비용 처리되며, 컴퓨터 관련 부품은 예외적으로 즉시 비용처리가 가능하다.

법인이 기본적으로 챙겨야 할 세무 관리

현금결제 유도를 통해 매출을 누락하면 안 된다.

최근 신용카드 사용으로 현금매출이 많이 줄었지만, 할인 등을 통해 현금결제를 유도하고 매출을 자연스럽게 매출을 누락하는 형태의 탈세가 많다. 소액인 경우 코인노래방, 오락실, 헬스장, 자판 기업 등 아직 현금결제가 남아 있는 업종이 대부분이다.

그리고 현금결제를 유도하면서 필수적으로 따라오는 방법이 사업용 계좌 또는 법인계좌가 아닌 가족이나 지인 등 타인 계좌로 받는 방법이다.

금액이 큰 실내인테리어 건설업, 체육시설(실내골프장, 무술학원, 필라테스, 요가 등), 학원, 미용실 등이 타인 계좌를 이용하는 대표적인 업종이다.

또한 세원 추적이 어렵다는 이유로 해외에서 용역을 제공하거나 통관 없이 제품을 수출하는 경우 매출 누락으로 이어지는 경우가 많다. 해외 고액 연봉 운동선수(프로게이머), 외국인, 외국기업 용역제공업체, 해외 보따리상 등이 대표적이다.

이와 같은 매출 누락은 매출 누락으로 국세청에 잡힌 납세자의 소득금액이 현저히 낮음에도 예금, 주식 등 금융자산이 고액으로 증가하거나, 아파트, 상가 등 부동산을 취득하거나, 고가의 자동차를 취득한 경우 '자금출처조사' 라는 세무조사를 통해 적발되는 사례가 대부분이다. 즉 소득은 해당 부동산을 취득할 만큼 되지 않는데, 고가의 아파트를 구매하고 고급 차량을 운행하는 경우가 대표적이다.

또한 매출누락을 한 경우 해당 사업장은 해당 업종의 평균 소득률보다 현저하게 낮을 수밖에 없다. 따라서 세금 신고 시 업종 평균에 맞추려는 사업자가 많다.

대표이사가 마음대로 가져가는 돈은 가지급금 발생

대표이사가 법인의 현금과 예금 등 자산을 이유 없이 가져가고 적격증빙을 첨부하지 않는 경우 가지급금이 발생한다.

가지급금은 법인자금 인출에 따른 이자가 발생(연이자 4.6%)하고 동 이자를 내지 않는 경우 법인세를 증가시킴과 동시에 대표자 상여로 처분되어 대표자의 근로소득세를 증가시키는 악순환이 반복된다. 또한 가지급금이 고액인 경우 법인자금 배임, 횡령 문제도 발생할 수 있으며, 결국은 세무조사의 대상이 될 수 있다.

대표이사가 변경되거나 폐업하면 모든 가지급금이 정리되는 것으로 오해하는 실무자가 많은데, 가지급금은 직접 현금 및 이와 유사한 가치가 있는 것으로 해결하지 않으면 끝까지 따라다닌다는 점을 반드시 알아야 한다.

소명이 안 되는 비용지출은 가지급금

법인계좌 등에서 이유를 알 수 없는 지출이나 임직원이 증빙 없이 사용하는 지출은 결국 가지급금이 될 확률이 매우 높다. 이유를 알 수 없는 지출을 줄이고 지출내역을 명확하게 관리하기 위해서는 적격증빙을 첨부하는 것이 최선이지만 적격증빙을 제출하지 않는 인원이 상당히 많다. 따라서 법인계좌에서 지출 시 '적요', '내통장 표시' 등을 활용해 업무추진비의 경우 상대방 업체의 상호를 기재해 두거나 상대방 이름 또는 지출 이유를 메모해 두는 습관을 들이는 것도 중요하다.

특히 대표이사의 개인 가사용 지출은 꼭 이를 구분 기재해 둔다.

업무용승용차는 보험 가입 후 운행일지를 작성해 둔다.

법인명의 승용차는 '업무전용자동차보험'에 꼭 가입한다. 미가입 시 관련 비용이 모두 비용이 부인되고, 대표이사 등에게 상여처분되어 대표자의 세금이 증가한다. 또한, 고액 승용차는 반드시 운행일지를 작성한다. 미작성으로 인해 비용처리가 일부 부인되면 대표이사 등에게 상여처분되어 이 또한 대표자의 근로소득세가 증가하는 원인이 된다. 따라서 고액 승용차는 운행일지 작성을 꼭 한다.

업무전용자동차보험이란 보험 가입 시 운전자 특약을 임직원으로 한정하는 것을 말한다. 여기서 임직원이란 다음의 자를 말한다.

❶ 기명피보험자(보험 증권상 피보험자란에 이름이 기재된 사람)

❷ 기명피보험자와 근로계약을 체결한 직원(계약직 포함)

❸ 기명피보험자와 계약 관계에 있는 자로서 기명피보험자의 업무를 위해 피보험차를 운행하는 자

❹ 기명피보험자의 운전자 채용을 위한 면접에 응시한 지원자

업무전용자동차보험에 가입하면 1,500만 원은 무조건 비용인정이 된다.

그리고 차량운행일지를 작성하지 않는다고 직접적인 가산세 대상이 되지는 않는다. 다만 업무용승용차 관련 비용명세서를 제출하지 않은 경우와 제출하더라도 손금산입한 금액 중 명세서에 사실과 다르게 기재된 경우 가산세가 부과된다. 따라서 업무용승용차 관련비용 명세서를 정확히 작성해 가산세 부담을 지지 않으려면 차량운행일지의 작성을 권한다.

적격증빙 수취를 누락 했어도 소명증빙은 구비

법인에서 사업용으로 지출했으나 세금계산서, 카드사용 등 적격증빙을 누락한 경우 지출 금액의 2%를 가산세로 부담하고, 지출 사실을 소명하는 경우 경비로 인정받을 수 있다. 다만 업무추진비는 개인사업자를 제외한 법인은 반드시 법인카드를 사용해야 한다.

업무추진비는 개인사업자는 개인카드를 사용해도 문제가 없지만 법인은 법인카드를 사용하지 않으면 지출 사실을 소명해도 비용인정 자체가 안된다. 물론 비용인정이 안되는 대신 가산세도 없다.

간혹 지출결의서만 작성하면 모든 적격증빙 문제가 해결되는 것으로 오해하는 실무자가 있는데, 이는 내부관리 목적뿐만 아니라 혹시 모를 소명 문제를 해결하기 위한 일종의 방편일 뿐이지 적격증빙을 대신해 주지는 않는다.

거액의 경비 처리를 위해서는 인건비 신고가 필수

직원, 프리랜서, 일용근로자에게 인건비를 지출했으나 신고를 누락한 경우 비용처리가 불가능하다. 특히 평소에 세금을 누락한 후 세금 신고 때 자료 부족으로 인건비 신고 가능 여부를 문의하는 경우가 많은데, 평소에 신경 써서 인건비 신고를 해두어야 한다. 특히 가족회사의 경우 일하지 않는 가족 인건비를 가짜로 신고하는 때도 많지만, 오히려 반대로 일하는 가족의 급여를 바빠서 챙길 시간이 없다는 이유로 신고 안 하는 경우도 많으니, 이점에 주의한다.

일하지 않는 가족의 인건비를 비용처리하는 것은 탈세지만, 일한 가족의 인건비를 비용처리 안 하는 것은 세금을 국가에 기부하는 행위다.

그리고 가족 인건비를 대표이사 한 사람에게 몰지 말고 가족에게 분산 처리한다.

❶ 직원들에게 지급하는 명절 상여, 휴가비, 복리후생비 등은 과세소득이므로 근로소득세 신고납부 후 경비처리한다. 특히 계정과목 상 복리후생비로 처리한다고 무조건 비과세 처리되는 것이 아니고 세법에서 규정한 것만 비과세되므로 주의한다.

❷ 프리랜서에게 지급하는 인건비는 근로소득이 아닌 사업소득이다. 따라서 사업소득으로 3.3% 원천징수 후 신고·납부를 한다.

법인카드의 사적 사용(사업 무관 지출) 금지

사업 초기에는 법인카드의 한도가 적고, 통장 개설이 어려운 경우가 많다. 따라서 법인카드보다는 체크카드의 사용을 고려해 보는 것도 하나의 방법이 될 수 있다. 또한 통장 개설이 어려운 경우 본인이 개인적으로 사용하는 주거래 은행에서 법인통장을 개설하는 것도 하나의 요령이 될 수 있다.

법인카드는 발급과 동시에 자동으로 국세청에 등록이 된다. 개인사업자가 사업용 카드를 별도로 등록해야 하는 점과 차이가 있다. 즉 개인사업자는 사업용 신용카드를 홈택스에 별도로 등록해야 하지만 법인카드는 자동 등록된다. 따라서 사업과 무관한 병원, 미용실, 마트, 자녀 교육비, 주택관리비 등 지출을 법인카드로 사용하고 별도로 사용액을 법인통장으로 돌려받지 않으면 가지급금 처분되어 대표이사의 근로소득세가 급격히 증가하는 요인이 된다.

실무자는 대표이사 사적 지출에 대해서 어떻게 처리하는지 문의하는 경우가 많은데, 이는 대표이사의 통장에서 법인통장으로 돌려받지 않으면 대표자의 상여로 소득처분 후 근로소득세를 신고·납부해야 한다.

그리고 지출에 대한 적격증빙을 첨부하지 못할 때는 법인통장에 해당 지출의 사용내역을 메모해 두는 것도 통장관리를 효율적으로 하는 방법이다.

장기 미수된 채권은 세금계산서 취소 말고 대손 처리

중소기업으로 매출 발생 후 2년이 지났지만, 대금을 받지 못한 경우 세법상으로 대손처리가 가능하다. 법인세 비용처리는 물론, 부가가치세도 환급이 가능하다.

세금계산서 발행 후 해당 업체의 부도로 세금계산서 발행을 취소하려는 사업자가 있는데, 단순 부도라는 이유로 세금계산서 발행을 임의로 취소하면 안 된다.

정기 배당을 통해서 잉여금 관리를 한다.

배당을 한꺼번에 하면 세금 부담이 커질 수 있다. 따라서 3월 재무제표 확정 시 배당을 결의하면 세금과 건강보험료 등을 아끼고 법인자금을 출금할 수 있다.

배당결의액이 1인당 연간 2천만 원을 넘지 않으면 종합과세 되지 않고 건강보험료도 납부하지 않는다. 단 배당결의(3월 말) 이후 3개월 내 배당금을 인출하지 않으면 지급이 의제되어 세금이 부과되므로 6월 말 전에 배당금을 인출해야 한다.

적절한 배당을 통해 가지급금을 정리하는 지혜가 필요하다. 즉 대표자가 주주인 경우는 법인으로부터 배당을 받아 가지급금을 상계하는 방법이 있다. 다만, 배당소득세는 부담해야 한다. 2천만 원 이하에 대해서는 15.4% 배당소득세를 부담하고, 2천만 원을 초과하는 부분은 종합과세 된다. 는 점을 고려해 의사결정을 한다.

참고로 창업 초기라면 대표이사 1인에게 지분을 몰아주기보다는 가족에게 지분을 나누어주면 배당소득이 분산되어 세금을 줄일 수 있다. 따라서 대표이사 배우자 자녀 2인이 있다면 지분을 30%, 30%, 20%, 20% 등으로 쪼개는 것도 절세의 한 방법이다.

대표이사가 점검해야 할 세금 포인트

법인세 계산은 일반적으로 회계사무실이나 경리담당자가 계산하게 되지만 대표이사도 법인세 계산이 어떻게 됐는지를 알아야 회사의 세금이 줄어든다는 것을 명심해야 한다.

매출액 대비 세금을 비교하자

전년도와 당해 연도 매출액 대비 세금을 계산해 보자. 이때는 세금을 매출액으로 나눠서 전년도 대비 증감 비율이 큰 경우에는 그 이유를 살펴보아야 한다.
일반적으로 회사에 특별한 경우가 아니고서는 매출 대비 비용 항목이 거의 비례하기 때문에 이러한 비율을 분석하는 것은 세금 계산의 문제점을 가장 잘 집어내는 방법이다.

손익계산서 항목을 검토하자

법인세는 손익계산서 항목과 밀접한 관련이 있다. 손익계산서에서는 매출액, 매출원가, 판매비와 관리비, 당기순이익을 검토하자.
전년도와 당해 연도의 매출원가, 판매비와 관리비, 당기순이익을 매출액으로 나눈 비율을 비교해서 전년도 대비 큰 변동이 있는 항목이 있다면 그 이유를 회계사무소나 경리담당자에게 물어보자

매출원가를 매출액으로 나누어라.

일반적으로 매출액 대비 매출원가 비율이 큰 경우가 많은데, 이것은 재고자산 금액이 잘못 계상된 경우가 그 원인이다.

일반적으로 재고자산을 조정해서 사장님의 요구 세금을 맞추는 경우가 많은데, 아주 잘못된 관행이다. 재고자산은 다음 연도의 매출원가에 영향을 미치게 되고, 적절한 판매가격을 계산하는데 기초가 되는 원가계산에 오류를 발생시켜 회사의 재무전략을 망치는 지름길이다.

판매비와 관리비를 매출액으로 나누어라.

매출액 대비 판관비 비율이 전년도와 차이가 크다면, 판관비 항목 중 전년도와 차이가 있는 내용이 있는지 파악하자.

보통 인건비의 경우는 연말정산 한 금액과 일치해야 하므로, 회사가 지급한 인건비가 제대로 계상되어 있는지? 검토하자. 대표이사가 사용한 업무추진비도 일정 한도 내에서 비용으로 인정되므로 제대로 계상되어 있는지? 보고, 감가상각비나 퇴직급여충당금 같은 비용은 반영이 됐는지 보자

가지급금 내용 파악

재무상태표에서는 매출채권이나 건물 및 비품 등 자산과 외상매입금, 지급어음, 차입금 내용이 제대로 계상되었는지 파악하자. 특히 가지급금이나 가수금 내역은 대표이사가 가장 잘 알고 있는 내용으로서 가지급금이 많은 경우 회사에서 임의대로 가져간 금액이 많다는 것이므로 세무상 불이익을 받는다.

대부분 지출은 했는데 증빙을 받지 못한 금액인 경우가 많으므로 증빙을 챙기는 것이 절세의 출발점이라는 것을 명심하자.

세금이 많은 경우 분납 하자

납부할 세액이 1,000만 원을 초과하는 경우 2회에 걸쳐 분납할 수 있으므로 분납을 최대로 활용한다.

TIP 바지 사장의 세금 문제

다른 사람이 사업을 하는데 명의를 빌려주면 다음과 같은 불이익을 받게 되므로 주민등록증을 빌려주거나 주민등록등본을 떼어 주는 행위는 절대로 하지 않는 것이 좋다.

1. 명의를 빌려 간 사람이 내야 할 세금을 대신 내야 한다.

명의를 빌려주면 명의대여자 명의로 사업자등록이 되고 모든 거래가 이루어진다. 그러므로 명의를 빌려간 사람이 세금을 신고하지 않거나 납부를 하지 않으면 명의대여자 앞으로 세금이 고지된다.

물론, 실질 사업자가 밝혀지면 그 사람에게 과세한다. 그러나 실질 사업자가 따로 있다는 사실은 명의 대여자가 밝혀야 하는데, 이를 밝히기가 쉽지 않다. 특히 명의대여자 앞으로 예금통장을 개설하고 이를 통해서 신용카드 매출 대금 등을 받았다면 금융실명제 하에서는 본인이 거래한 것으로 인정되므로, 실사업자를 밝히기가 더욱 어렵다.

2. 소유 재산을 압류당할 수도 있다.

명의를 빌려 간 사람이 내지 않은 세금을 명의 대여자가 내지 않고 실질 사업자도 밝히지 못한다면, 세무서에서는 체납된 세금을 징수하기 위해 명의 대여자의 소유 재산을 압류하며, 그래도 세금을 내지 않으면 압류한 재산을 공매처분해서 세금에 충당한다.

3. 건강보험료 부담이 늘어난다.

지역가입자의 경우 소득과 재산을 기준으로 보험료를 부과한다. 그런데 명의를 빌려주면 실지로는 소득이 없는데도 소득이 있는 것으로 자료가 발생하므로 건강보험료 부담이 대폭 늘어나게 된다.

TIP 장부 마감 전에 꼭 확인해야 할 세무

① 부가가치세 신고한 매출액과 시산표 상 매출액의 일치 여부 확인
② 현금, 보통예금 기말 잔액 확인
③ 매출채권, 매입채무의 거래처별 기말 잔액 확인
④ 자산 항목부터 잔액 및 거래처 확인
⑤ 자산 항목 중 선급비용 확인

⑥ 예수금 분개와 잔액이 맞는지 확인

⑦ 급여신고액과 판관비 항목의 급여 계정과목 금액이 맞는지 확인

⑧ 판관비 항목 중 이상 여부 확인

⑨ 최종적으로 손익 확인

⑩ 퇴직급여충당금 설정액 확인

⑪ 감가상각 금액 결정

⑫ 매출원가를 계산해야 하는 회사라면 원가 명세서 작성을 전체적으로 확인

결산은 한 해의 사업실적을 객관적으로 평가할 수 있는 자료를 산출하는 과정이므로, 최대한 자의성을 배제하고, 기업회계기준에 맞게 이뤄지도록 유의할 필요가 있다.

초보자도 업무의 시작은 적격증빙 관리부터

업무를 시작하면 제일 먼저 해야 할 일은 세법에서 인정하는 적격증빙을 챙기는 일이다.

세법에서는 건당 3만 원 초과 거래를 할 때는 세금계산서, 계산서, 신용카드 매출전표, 지출 증빙용 현금영수증 4가지 증빙만을 적격증빙으로 인정한다.

그리고 건당 3만 원 이하 거래를 할 때는 간이영수증도 적격증빙으로 인정해 준다.

반면 흔히 사용하는 거래명세서나 지출결의서는 세법에서 인정하는 적격증빙이 아니다.

<table>
<tr><th colspan="2">구 분</th><th>종 류</th></tr>
<tr><td colspan="2">세법에서 인정하는 적격증빙</td><td>세금계산서, 계산서, 신용카드 매출전표, 지출증빙용 현금영수증</td></tr>
<tr><td rowspan="2">적격증빙이 아닌 거래 증빙</td><td>무조건 적격증빙이 아닌 경우</td><td>거래명세서, 지출결의서</td></tr>
<tr><td>건당 금액 또는 지출 성격에 따라 적격증빙이 될 수 있는 경우</td><td>아래의 경우는 세법에 규정한 적격증빙은 아니지만, 예외적으로 적격증빙과 동일한 기능을 하는 증빙이다.
• 건당 20만 원까지만 적격증빙이 되는 경우 : 청첩장, 부고장
• 건당 3만 원까지만 적격증빙이 되는 경우 : 간이영수증
• 급여 등 인건비 지출 : 원천징수영수증
• 전기료, 가스료, 수도료 등 공과금 : 본사의 사업자등록 내역이 기록되어 있는 지로용지. 지로용지에 본사의 사업자등록 내역이 안 나올 수 있으므로 결제 시 통장 자동 이체가 아닌 사업용 신용카드 결제를 걸어둘 것을 권한다.</td></tr>
</table>

사업 준비 과정에서는 사업자등록번호가 없는데, 세금계산서를 어떻게 받는지 고민할 수도 있다. 이 경우는 사업자등록번호 대신 주민등록번호를 기재한 후 발급받는다. 다만, 사업자등록증이 나온 이후에는 주민등록번호로 세금계산서를 발급받으면 안 된다는 점을 명심해야 한다.

세금계산서와 계산서

세금계산서는 과세 사업자(일반과세자 + 간이과세자)가 과세물품이나 용역을 거래할 때 발급하는 증빙이고, 계산서는 면세사업자가 면세 물품이나 용역을 거래할 때 발급하는 증빙이다.
면세사업자는 과세물품이나 용역거래를 하지 못하며, 과세물품이나 용역거래를 위해서는 과세 사업자로 다시 사업자등록증을 발급받아야 한다.
결론은 사업자등록증은 과세 사업자, 면세사업자로 구분되어 발급되지만, 이와 상관없이 과세물품은 세금계산서를 면세 물품은 계산서를 발행해야 한다.
예를 들어 음식점을 운영하는 과세 사업자라도 음료수(과세)를 구매할 때는 세금계산서를 발급받고, 식자재(면세)를 구매할 때는 계산서를 발급받는다.
세금계산서와 계산서는 발급 방식에 따라 종이 세금계산서와 전자세금계산서로 발급되는데, 전자세금계산서는 발급과 동시에 홈택스에 자동 등록되어 별도로 등록 및 관리가 필요 없으나. 종이 세금계산서는 수기로 작성해 발급받고 홈택스에 자동등록이 되지 않으므로 별도로 등록 및 관리가 필요하다(거래처로부터 종이 세금계산서를 받았다면 실물 보관 후 세금 신고 시 비용 처리해 준다.). 따라서 업무를 줄이기 위해서는 전자 세금계산서를 주고받는 것을 추천한다.

구 분	증빙 관리
과세사업자	• 세금계산서 발행 기준 : 사업자등록증 상 과세 사업자, 면세사업자 구분 없이 파는 물품이 과세면 세금계산서 발행, 면세면 계산서 발행. 따라서 면세사업자는 과세물품을 팔고자 하는 경우 과세 사업자로 사업자등록증 변경 • 일반과세자 : 세금계산서 발행 가능

구 분	증빙 관리
	• 간이과세자 : 연 매출 4,800만 원 미만 간이과세자는 세금계산서 발행 불가 • 간이과세자 : 연 매출 4,800만 원~1억 400만 원 미만 간이과세자는 세금계산서 발행 가능
면세사업자	• 계산서 발행이 원칙. 과세물품을 팔고자 하는 경우 과세 사업자로 사업자등록증 변경

신용카드매출전표와 지출증빙용 현금영수증

체크카드나 신용카드를 사용할 경우 국세청에 기록이 남기 때문에 영수증을 따로 보관하지 않아도 된다.

현금결제를 하는 경우도 사업자등록번호로 지출 증빙용 현금영수증을 발급받으면 영수증을 보관할 필요가 없다. 단, 세금 신고 시 매입세액공제 및 비용처리가 잘 됐는지 반드시 다시 한번 확인한다.

참고로 신용카드 매출전표를 발급받으면 세금계산서를 별도로 발급받지 않아도 된다.

구 분	적격증빙	신용카드 매출전표나 지출 증빙용 현금영수증
과세거래	세금계산서	세금계산서와 동일한 기능을 하는 과세용 신용카드 매출전표나 지출 증빙용 현금영수증이 된다.
면세거래	계산서	계산서와 동일한 기능을 하는 면세용 신용카드 매출전표나 지출 증빙용 현금영수증이 된다.

세금계산서 발행 후 나중에 신용카드로 결제받는 경우 적격증빙은 세금계산서가 되고, 신용카드 결제는 단지 외상 대금에 대한 결제 수단으로써의 역할만 한다. 따라서 세금 신고는 세금계산서를 기준으로 따라가면 된다.

그리고 세금계산서 대신 신용카드 매출전표나, 지출 증빙용 현금영수증을 받은 경우는 해당 신용카드 매출전표나 현금영수증이 세금계산서 기능을 한다.

구 분		비용인정과 매입세액공제
신용카드 매출전표	법 인 카 드	업무용으로 사용한 경우 비용인정, 매입세액공제. 단, 업무추진비는 매입세액불공제
	개 인 카 드	업무용으로 사용한 경우 비용인정, 매입세액공제. 단, 업무추진비는 비용불인정, 매입세액불공제
현 금 영 수 증	지출증빙용	업무용으로 사용한 경우 비용인정, 매입세액공제. 단, 업무추진비는 매입세액불공제
	소득공제용	원칙은 연말정산 시 개인의 소득공제 목적으로 활용. 단, 업무용으로 사용한 경우 지출 증빙용으로 변경하는 경우 비용으로 인정받고, 개인의 소득공제 목적으로는 사용 못 함.

간이영수증

간이영수증은 사업자가 서비스나 물품을 상대방에게 제공한 후 발행하는 영수증이다. 형태는 세금계산서와 유사할 수 없지만, 매입세액공제를 받을 수 없는 증빙이다.

구 분	적격증빙
3만원 이하	적격증빙으로써의 역할을 한다. 다만, 부가가치세 신고 때 매입세액공제는 받을 수 없다.
3만원 초과	적격증빙 역할을 하지 못한다.

간이영수증은 3만 원 이하 지출을 할 때만 적격증빙 역할을 하며, 3만 원 초과 지출 시에는 앞서 설명한 세금계산서 등 적격증빙을 반드시 받아야 한다. 즉, 업무와 관련 있고 건당 거래금액이 3만 원 이하일 때는 소득세나 법인세 납부 시 간이영수증으로 비용인정은 받을 수 있다. 다만, 부가가치세 신고 때는 매입세액공제를 받을 수 없다. 참고로 실제로는 3만 원 초과 거래를 하면서 간이영수증 2~3장을 이용해 3만 원 이하로 발행하는 때는 같은 날 동일 업체에서 발행한 간이영수증을 모두 합산한 금액이 1건으로 간주되어 적격증빙 역할을 하지 못한다.

구 분	매입세액공제	비용처리
세금계산서, 계산서, 신용카드매출전표, 지출증빙용 현금영수증	가능	가능
간이영수증	불가능	3만 원 이하 거래 시 가능

[예시 1] 과세물품을 11만 원(부가가치세 1만 원 포함)에 구입한 경우

세금계산서 등 적격증빙을 받은 경우	간이영수증을 받은 경우
• 1만 원은 부가가치세 신고 때 매입세액공제 • 10만 원은 법인세나 소득세 신고 때 비용인정	• 매입세액불공제 • 비용불인정. 비용으로 인정받기 위해서는 거래금액의 2%를 증빙불비가산세로 납부

[예시 2] 과세물품을 22,000원에 구입한 경우

세금계산서 등 적격증빙을 받은 경우	간이영수증을 받은 경우
• 2천 원은 부가가치세 신고 때 매입세액공제 • 2만 원은 법인세나 소득세 신고 때 비용인정	• 매입세액불공제 • 비용인정

원천징수영수증

인적용역을 사용한 대가는 원천징수 후 원천징수영수증을 발급한 후 세무서에 신고하게 의무화되어 있으므로, 해당 원천징수영수증이 적격증빙으로 세법에 규정되어 있지 않아도 인적용역 관련 지출에 관해서는 적격증빙과 유사한 기능을 한다.
물론 인건비는 부가가치세 과세 대상이 아니므로 원천징수영수증으로 매입세액공제는 불가능하다.

구 분	증빙서류
근로소득	근로소득 원천징수영수증
퇴직소득	퇴직소득 원천징수영수증
자유직업소득	사업소득 원천징수영수증

구 분	증빙서류
전문적 인적용역, 사업 사회서비스업	공급자는 면세계산서를 발급하거나 소득 지급자가 작성 · 발급한 원천징수영수증을 제출하면 작성 · 발급한 것으로 본다.
기타소득	일반 원천징수영수증, 일반 지급명세서 3장(기타소득이라고 표시)

청첩장과 부고장 등

임직원의 경조사비용은 복리후생비이고 거래처 경조사비는 업무추진비에 해당한다.
그리고 청첩장과 부고장에 대해서도 원천징수영수증과 마찬가지로 세법에서는 적격증빙으로 규정하고 있지 않다. 하지만 거래처 경조사비는 사회 통념상 발생하는 것이 현실이다. 따라서 이를 인정해 주고 있는데, 다만 그 금액을 경조사비 + 화환 값해서 총 20만 원까지만 청첩장이나 부고장에 의해 확인되는 경우 인정해 주고 있다.
반면 임직원의 경조사비는 회사의 규정이나 관행에 비추어 사회통념상 타당한 금액이라면 금액과 관계없이 인정해 준다.

1 거래명세서

거래처끼리 주로 사용하는 거래명세서는 거래 내역을 상세히 기록하기 위한 거래장부이지 세법에서 인정하는 적격증빙은 아니다.
따라서 거래명세서를 주고받을 때는 적격증빙인 세금계산서도 함께 반드시 받아야 한다.
거래명세서 작성 시에는 공급하는 자, 공급받는 자, 거래일, 인수자, 품목 등을 상세히 기재한다.
세금계산서처럼 본사와 거래처용 총 2장을 작성해 한 장씩 나눠 가지면 된다.

2 지출결의서

지출결의서는 제목 그대로 중요 지출 내역을 결제받기 위한 서류라고 보면 된다. 즉,

사내 문서이다. 따라서 법적인 효력을 가지는 서류가 아니다. 지출결의서 뒤에는 항상 법에서 인정하는 적격증빙을 첨부해야 한다. 증빙이 없으면 지출결의서로 대체한다고 법에서 인정해 주는 것은 아니다.

그러면 작성하기에 귀찮은데 작성 안 해도 되냐고 따지는 사람이 있다. 물론 사내 문서이므로 작성 여부의 결정은 회사가 하면 된다. 다만, 적격증빙이 없으면 전액 비용인정을 못 받지만, 지출결의서라도 작성해 비용지출 사실을 소명하면 2% 가산세를 부담하고 비용인정을 받을 기회가 있다는 점은 알고 있었으면 한다.

예를 들어 출장비를 일비로 지급한다고 세금계산서 등 적격증빙을 받지 않아도 되는 예외로 착각하는 실무자도 있다. 하지만 세법에서는 예외를 인정하지 않으므로, 건당 3만 원 초과 지출 시에는 다른 비용지출과 마찬가지로 세금계산서 등 적격증빙을 수취해야 경비인정을 받을 수 있다.

또한 출장비에 대해서 세금계산서 등 적격증빙을 받는 대신 지출결의서를 작성한다고 해서 해당 지출결의서를 세금계산서와 같이 적격증빙으로 인정해 주는 세법상 예외가 있는 것도 아니다. 즉 지출결의서는 회사에서 임의로 작성하는 사적 증빙이지 세법에서 인정하는 적격증빙이 될 수 없다.

결론은 적격증빙이 없으면 지출결의서가 적격증빙을 대신하는 것도, 적격증빙의 역할을 하는 것도 아니다. 다만 그래도 지출결의서를 작성하라고 하는 이유는 출장비(일비)에 대한 적격증빙이 없는 경우 해당 비용에 대해 100% 비용인정을 못 받는데, 지출결의서라도 작성하는 경우 지출 사실이 인정되면 지출액의 2%를 가산세로 부담하는 대신 100% 비용처리가 가능하기 때문이다.

물론 업무추진비의 경우는 세금계산서 등 적격증빙을 받지 못한 경우 지출결의서를 작성해도 무조건 비용인정을 받을 수 없다.

참고로 실무자들이 헷갈리는 게, 결과적으로는 똑같은 출장비인데 일비라고 명칭을 바꾸거나 똑같은 복리후생비인데 그 명칭을 바꾸어 버리면 뭐 특별한 예외가 있는지 생각하는 것이다.

그러나 세법에서는 명칭과 관계없이 그 지출 성격에 따라 판단하므로 그 실질을 보고 업무 처리를 하면 된다.

만일 명칭을 보고 결정이 된다면 세금 내기 좋아하는 사람 빼고는 다 세금 안내는 명칭을 사용하지 않을까?

구 분	내 용
성격	적격증빙이 아닌 사적 증빙이다. 따라서 작성 여부는 회사의 결정 사항이며, 그 형식도 법에서 정한 것이 아니므로 회사 자체적으로 만들어서 사용하면 된다.
목적	상사에 대한 보고 및 적격증빙을 못 받았을 때 소명자료의 역할을 한다.
관리	지출명세서를 작성해도 지출에 따른 적격증빙을 첨부해 두어야 한다.

소명을 쉽게 하기 위해서는 모든 거래는 통장 거래

통장 거래란 법인사업자의 경우에는 법인통장을 말하며, 개인사업자의 경우에는 사업용 계좌를 말한다. 물론 법인사업자가 대표이사 통장으로 거래하거나 개인사업자가 개인 계좌를 통해 거래한다면 실지 거래 사실 입증에 도움이 될 수 있으나 과세 관청에서 개인적 거래로 오해할 수 있어서 법인통장이나 사업용 계좌의 사용을 적극 권장 한다. 특히 현금거래를 하면서 배우자나 가족 명의 통장으로 받는 경우는 탈세로 오해받을 수 있으니 혹시 해당 거래가 발생하면 즉시 배우자나 가족통장에서 법인통장(사업용 계좌)으로 이체해야 한다.

사업자가 거래 사실을 입증할 때 가장 객관적이고 확실한 방법은 금융자료를 제시하는 것이다. 법인사업자의 경우 반드시 법인통장으로 거래하는 것을 생활화해야 하고 개인사업자의 경우 사업용 계좌를 통해 거래하는 것을 생활화해야 한다. 만일 과거의 거래가 위장(세금계산서를 잘못발행) · 가공 거래(실물 거래 없이 세금계산서만을 발행) 판정을 받고 사업자가 실지 거래 사실을 입증하지 못한다면 세금을 추징당할 수 있는데, 이때 실지 거래 사실을 입증할 수 있는 핵심 증빙서류가 바로 통장 거래이다.

회삿돈을 개인적으로 지출한 경우 업무처리

❶ 법인 대표이사의 개인적인 회삿돈 사용액은 대표이사에 대한 급여로 처리 후 원천징수를 한다. 물론 개인적인 회삿돈 사용액을 나중에 돌려주는 경우 회사가 대표이

사에게 빌려준 것으로 보아 원금뿐만 아니라 적정 이자도 함께 받아야 하는 것이 원칙이다. 만일 실질적으로 받는 이자가 가중평균이자율과 당좌대월이자율 중 법인이 선택한 방법보다 적으면 동 차액에 대해서 손금불산입으로 법인세를 추가 부담하게 될 뿐만 아니라 대표이사 개인적인 급여로 보아 소득세도 추가 부담하게 된다.

❷ 대표이사 개인적인 법인카드 사용액은 회사의 비용으로 인정받을 수 없을 뿐만 아니라 부가가치세 신고 시 매입세액공제도 받을 수 없다. 우선 들키지 않을 것이라고 비용으로 처리하는 경우 발각 시 세금을 추징당하고 가산세의 부담도 생긴다.

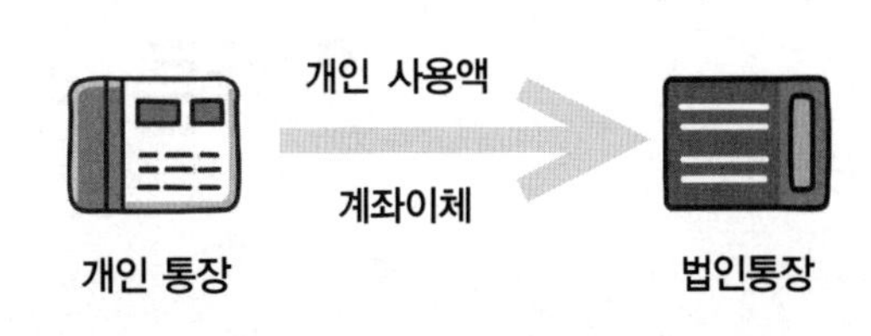

그리고 일부 실무자가 대표이사 개인적 지출에 대해서 회계처리 방법을 물어보는 때가 있는데, 대표이사 개인적 지출은 회사업무와 관련 없는 지출이므로 회계처리를 하지 않는 것이 원칙이다.

❸ 참고로 개인회사 사장님이 임의로 가지고 가는 회삿돈은 인출금 계정으로 처리하며, 법인과는 달리 커다란 제재는 없다.

개인사업자는 특히 가사 관련 비용을 회사경비로 처리하면 안 된다.

개인회사 사장님 회삿돈 개인 사용액

↓

인출금(자본금에서 차감)

법인 대표이사 회삿돈 개인 사용액

↓

가지급금(인정이자 계산 익금산입)

법에서 인정하는 적격증빙의 올바른 수취와 관리 사례

건당 거래금액이 3만 원을 초과하는 재화 또는 용역을 구입하면서 비용을 지급한 경우 적격증빙을 받아서 5년간 보관해야 한다.

<table>
<tr><th colspan="2">지출내역</th><th>금액 기준</th><th>적격증빙</th></tr>
<tr><td rowspan="2">업무추진비</td><td>경조사비</td><td>한 차례 20만 원 초과(20만 1원부터)</td><td rowspan="2">세금계산서, 계산서, 신용카드매출전표, 지출증빙용 현금영수증, 필요적 기재 사항이 기록되어 있는 지로영수증(영수증은 안됨). 단 경조사비는 20만 원까지는 청첩장, 초대장 등 경조사를 증명할 수 있는 서류가 적격증빙이 된다.</td></tr>
<tr><td>경조사비를 제외한 업무추진비</td><td>한 차례 3만 원 초과(3만 1원부터)</td></tr>
<tr><td colspan="2">업무추진비를 제외한 일반비용</td><td>한 차례 3만 원 초과(3만 1원부터)</td><td>세금계산서, 계산서, 신용카드매출전표, 지출증빙용 현금영수증, 필요적 기재 사항이 기록되어 있는 지로영수증(영수증은 안됨)</td></tr>
<tr><td colspan="2">원천징수 하는 세금</td><td>금액 기준 없음</td><td>원천징수영수증</td></tr>
</table>

적격증빙을 안 받아도 문제없는 거래

면제 대상 거래	면제 대상 거래의 종류
적격증빙 수취대상 제외 사업자	• 국가 및 지방자치단체 • 비영리법인

면제 대상 거래	면제 대상 거래의 종류
	• 금융보험업을 영위하는 법인 • 국내사업장이 없는 외국 법인과 비거주자 • 연 매출 4,800만 원 미만 읍면지역 간이과세자(단, 읍면지역에 신용카드가맹점인 경우 신용카드매출전표를 받아야 한다.)
적격증빙 수취대상 면제거래	• 농어민과의 거래 • 원천징수 대상 사업소득자로부터 용역을 공급받는 경우 원천징수영수증으로 증빙을 대체한다. • 건물 · 토지 구입 • 택시운송용역을 제공받은 경우 등 요즘은 신용카드 결제를 많이 하므로 신용카드매출전표를 증빙으로 받아서 보관하는 것이 좋다.
적격증빙 수취대상 면제거래(반드시 경비 등 송금명세서 제출)	• 연 매출 4,800만 원 미만 간이과세자에게 임대료를 지불하는 경우 • 개인으로부터 임가공용역을 제공받는 경우 • 연 매출 4,800만 원 미만 간이과세자인 운송업자(용달, 화물 등)에게 운임을 지불하는 경우 • 연 매출 4,800만 원 미만 간이과세자로부터 재활용 폐자원(고물, 파지 등)을 구입하는 경우 • 항공법에 의한 상업서류 송달용역을 제공받는 경우 • 공인중개사에게 중개수수료를 지급하는 경우 • 통신판매에 따라 재화 또는 용역을 공급받은 경우

적격증빙을 받지 않은 경우 세무상 불이익

객관적인 자료에 의해 그 지출 사실이 확인되는 경우는 비용으로 인정되지만, 대신 증빙불비가산세를 납부해야 한다. 단, 업무추진비는 적격증빙을 받지 못한 경우 객관적인 자료에 의해서도 아예 비용인정 자체가 안 되지만, 증빙불비가산세도 납부하지 않는다.

구 분	증빙불비가산세
업무추진비	세금계산서를 수취하지 않거나 법인카드를 사용하지 않은 경우 비용 자체가 인정되지 않는 대신 증빙불비가산세도 없다. 단 개인사업자는 개인카드도 인정이 된다.
업무추진비를 제외한 비용	업무추진비를 제외한 비용은 소명이 되는 경우 비용인정이 되는 대신 증빙불비가산세를 내야 한다.

적격증빙을 보관해야 하는 기간

소득세 또는 법인세를 계산할 때 비용으로 처리하는 경비는 그 비용의 지출에 대한 증빙서류를 받아 확정신고기한 종료일로부터 5년간 보관해야 한다. 다만, 5년이 경과한 결손금을 공제받은 자는 해당 결손금이 발생한 과세기간의 증빙서류를 공제받은 과세기간의 신고기한으로부터 1년이 되는 날까지 보관해야 한다. 따라서 현재 결손 상태인 사업자의 경우 지출증빙의 보관이 5년보다 길어질 수 있다는 점에 유의해야 한다.

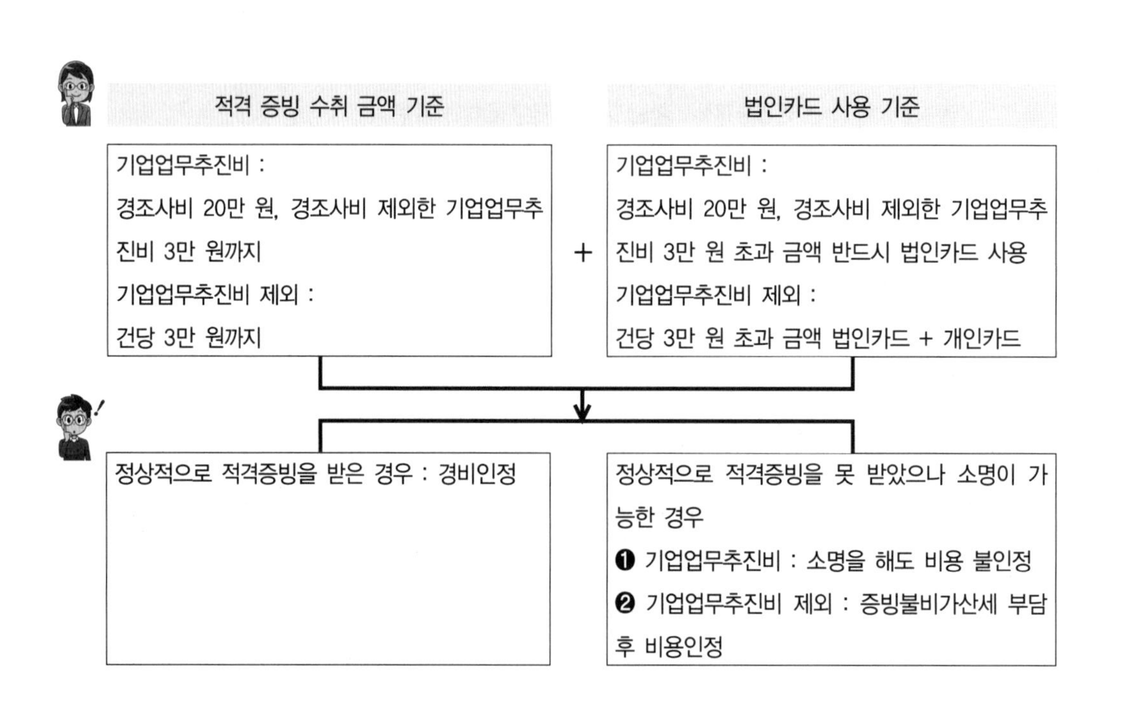

(전자)세금계산서 발행 및 전송

세금계산서 발행 후 대금을 신용카드로 결제받은 경우

세금계산서는 증빙 역할, 신용카드 매출전표는 결제 수단의 역할을 한다고 보면 된다. 따라서 세금 신고는 세금계산서를 기준으로 한다.

세금계산서는 대금 결제일에 발급하는 것이 아니라 재화나 용역을 공급한 공급 시기(부가가치세 신고 귀속시기)에 발급해야 한다. 따라서 재화가 공급되는 시점에 발급한 세금계산서는 적법한 세금계산서이고, 추후 대금결제만 신용카드로 결제된 것일 뿐이다.

이 경우 공급자 및 공급받는자 모두 세금계산서를 기준으로 부가가치세를 신고 · 납부 한다. 따라서 세금계산서 발급시기와 신용카드 결제시기가 과세기간을 달리해도 세금계산서를 기준으로 부가가치세를 신고·납부한다. 이때 매출자는 신용카드매출전표 여백에 "00년 00월 00일 세금계산서 발행분"을 표기하여 발급해야 하고, 신용카드매출전표는 그 거래 사실이 속하는 과세기간에 대한 확정신고를 한 날로부터 5년간 보관해야 한다.

중복발급에 대한 가산세는 적용되지 않는다.

외상매출금을 신용카드로 결제하였을 때 부가가치세 신고 방법은 다음과 같다.

❶ 신용카드 전표 이면에 당초 세금계산서 발행일을 기재하여 대금결제용임을 기재하여 발급한다.

❷ 신용카드 대금결제 분은 매출로 인식하지 않고 외상매출금에 대한 회수로 계정과목 회계처리한다.

❸ 해당 외상매출금은 세금계산서 발행분으로 부가가치세 신고가 되었으므로 해당 신용카드매출전표 발행분은 과세표준에서 제외되어야 한다.
신용카드매출전표와 세금계산서가 중복으로 발행된 경우는 세금계산서를 기준으로 부가가치세를 신고 및 납부한다는 점에 주의한다.
중복발행 자체는 가산세 부과 대상이 아니나, 부가가치세 신고 시 매입세액을 중복으로 공제받는 경우는 가산세 대상이 되므로 이중 공제되지 않도록 특히 주의한다.

신용카드매출전표등 발행금액 집계표

년 제 기 (월 일 ~ 월 일)

※ 아래의 작성방법을 읽고 작성하시기 바랍니다.

1. 제출자 인적사항

① 상호(법인명)	② 성명(대표자)
③ 사업장 소재지	④ 사업자등록번호

2. 신용카드매출전표등 발행금액 현황

구분	⑤ 합계	⑥ 신용 · 직불 · 기명식 선불카드	⑦ 현금영수증	⑧ 직불전자지급수단 및 기명식선불 전자지급수단
합계				
과세 매출분				
면세 매출분				
봉사료				

3. 신용카드매출전표등 발행금액(⑤ 합계) 중 세금계산서(계산서) 발급명세

⑨ 세금계산서 발급금액		⑩ 계산서 발급금액	

신용카드매출전표등 발행금액(⑤ 합계) 중 세금계산서(계산서) 발급명세(⑨ · ⑩): ⑨ 세금계산서 발급금액란에는 ⑤ 합계란의 과세 매출분 합계금액 중 세금계산서를 발급한 금액을 적고, ⑩ 계산서 발급금액란에는 ⑤ 합계란의 면세 매출분 합계금액 중 계산서를 발급한 금액을 각각 적는다.

◆ 월합계세금계산서를 발급하고 신용카드로 대금결제를 받을 수 있으나, 재화 또는 용역을 공급하고 신용카드매출전표 등을 발급한 경우는 (월합계)세금계산서를 발급할 수 없음(법규 부가 2010-122, 2010.05.17.)

◆ 자동차 타이어를 도 · 소매하는 사업자가 타이어를 공급하고 공급받는 자에게 세금계산서를 교부한 후 세금계산서 외상 매출분에 대하여 신용카드로 결제받아 신용카드매출전표를 발행하고 세금계산서 발행분을 매출로 신고한 경우 당해 신용카드매출전표 발행분은 과세표준에 포함하지 아니하는 것임(부가, 부가 46015-154, 2001.01.20.)

◆ 사업자가 재화를 외상으로 공급하고 세금계산서를 교부한 후 외상 대금을 신용카드로 결제한 경우는 세금계산서 매출분(교부분)에 의하여 부가가치세를 신고하는 것이며 신용카드집계표상의 대금 결제금액은 부가가치세 신고 대상에서 제외되는 것임(부가 46015-1613, 1996.8.9.)

신용카드 매출전표는 공제, 선택불공제, 당연불공제

국세청에서 해당 신고 기간 분에 대한 신용카드 사용 내역을 조회하면 공제받을 금액의 합계액이 표시됨을 알 수 있다. 물론 부가가치세 매입세액공제와 불공제 여부는 본인이 직접 선택해서 결정하고 신고 시 불성실 신고에 대한 모든 책임도 본인이 져야 한다. 즉 국세청 홈택스에 사업용 신용카드를 등록해서 쓰지만, 홈택스에 사업용 신용카드를 등록했다고 해서 무조건 알아서 공제되는 것은 아니다.

애매한 지출 항목에 대해서는 선택 불공제로 구분되며, 사업용으로 지출한 비용일 경우는 선택 불공제를 공제로 변경해서 부가가치세를 공제받을 수 있다. 이에 대해 잘 모르는 사업자가 많아 당연히 받아야 하는 공제를 놓치거나 받지 말아야 할 공제를 받는 경우가 발생한다.

이는 홈택스 > 국세납부 > 계산서 · 영수증 · 카드 > 신용카드 매입 > 사업용 신용카드 사용내역 > 사업용 신용카드 매입세액공제 확인/변경에서 변경할 수 있다. 따라서 반드시 확인 후 부가가치세 신고를 해야 한다.

구 분	공급자 업종 및 사업자 구분	매입세액 공제 여부 결정
공제	일반과세자 및 간이과세자(세금계산서 발급사업자) 거래분 중 [선택불공제] 대상에 해당하지 않는 경우로 부가가치세 세액공제 및 종합소득세(법인세) 신고 때 필요경비로 인정된다.	
	부가가치세 일반과세자로서 선택 또는 당연히 불공제에 해당하지 않는 거래	매입세액공제가 가능하며, 매입세액공제 대상이 아닌 경우 불공제로 수정 가능
선택불공제	일반과세자 및 간이과세자(세금계산서 발급사업자) 거래분 중 거래처업종이 음식점, 숙박, 마트, 항공운송, 승차권, 주유소 등 자동차 관련 업종, 과세유흥업소, 자동차 구입비, 기타(식당, 사우나, 골프연습장, 온천, 공연 · 영화입장료, 운전학원, 과세 진료비, 기타 식료품 소매업 등)인 경우로, 부가가치세 매입세액공제 대상에 해당하는 경우 [공제]로 수정이 가능하다. 2023년 7월 거래부터 실제 판매자 정보가 불분명한 오픈마켓 및 판매(결제)대행업체 결제 내역을 선택불공제 항목으로 분류하였으니 해당 내역 중 사업용 지출로 판매자 정보가 표시되는 경우 [공제]로 수정한다.	
	사업 무관, 접대 관련, 개인 가사 지출, 비영업용 자동차 등은 불공제 대상 [예] 음식, 숙박, 항공운송, 승차권, 주유소, 차량 유지, 과세유흥업소, 자동차 구입, 골프연습장, 목욕, 이발 등	불공제 대상으로 분류되었으나 사업 용도로 이용한 건은 공제로 수정 항공운송, 승차권, 성형수술, 목욕, 이발 등의 지출은 매입세액불공제 대상임
당연불공제	거래처가 간이 · 면세사업자인 거래분으로, 부가가치세 세액공제는 어려우나 종합소득세(법인세) 신고 때 필요경비로 인정된다. 2024년 1월 거래부터 「목욕 · 이발 · 미용업, 여객운송업(전세버스 제외), 입장권 발행 사업, 과세 진료 용역, 과세 동물 진료, 무도학원 · 자동차운전학원」 은 당연불공제 항목으로 분류한다.	
	간이과세자 및 면세사업자와 거래	매입세액공제 불가

[주] 매입세액불공제가 법인세나 소득세 신고 때 비용인정 자체가 안 된다는 의미는 아니며, 단지 부가가치세 신고 때 매입세액불공제 될 뿐 법인세나 소득세 신고 때 업무 관련 지출이라면 비용인정은 된다.

법인카드 사용 원칙과 세무조사 대비 부정 사용 관리

법인카드를 사용할 때, 사업적 목적이 아닌 개인적 용도로 사용하면 세무조사에서 적발될 수 있다. 특정 가맹점, 예를 들어 미용실, 사우나, 동물병원 등에서의 사용은 세무조사에서 문제가 된다.

1인 법인 운영자는 법인 목적과 개인 목적의 신용카드를 명확히 구분해야 하며, 이는 절세에 도움이 된다.

법인카드 사용 내역에서 과도한 금액의 지출이 발생하면, 재무제표와 맞지 않아 의심받을 수 있다. 특히 영업사원이 다수 있는 회사에서 법인카드를 이용한 탈세나 횡령이 발생할 수 있어 주의가 필요하다.

카드 사용 내역을 정기적으로 확인하지 않으면 영업사원들의 사적 사용이 회사 관리 시스템에 적발되지 않을 위험이 있다.

직원들이 법인카드를 사용할 때, 반드시 업무와 관련해서 사용하고 있는지 확인해야 하며, 이를 분기마다 적정하게 점검해야 한다.

직원들과의 회식 시 법인카드를 사용하는 경우, 이와 관련된 증거자료를 남겨야 세무조사에 대비할 수 있다.

일부 회사에서는 법인카드를 이용할 수 있는 날짜를 규정하며, 예를 들어 주말에는 사용하지 못하도록 하는 시스템을 운영하고 있다.

직원들에게 복리후생 목적으로 사용하는 경우는 국세청에서도 인정하므로, 대표가 아닌 직원에게 경비가 지출되는 것은 괜찮다.

하지만 이도 과도한 지출의 경우 세무조사에 대응하기 위해서는 준비가 필수적이다.

나중에 회식 관련 지출을 소명하려면, 당시 상황에 대한 기록이 없으면 어려움이 발생할 수 있으며, 이에 따라 비용 소명이 힘들어질 수 있다. 따라서 증거자료를 남기기 위해 반드시 해당 지출을 기록하고 사진으로 남기는 것도 하나의 방법이다.

법인카드 사용 원칙

1 법인카드 사용의 기본원칙

❶ 법인카드는 법인 명의의 신용카드나 체크카드를 말하며, 개인사업자와 달리 사용내역 확인이 가능하지만, 해외사용 내역은 확인할 수 없다.
❷ 법인카드는 법인의 업무와 관련된 비용만 공제 및 경비 처리가 가능하며, 개인적 사용에 대해서는 회사의 경비로 처리하면 안 된다.
❸ 업무 관련 물품 구매(예 : 컴퓨터, 사무용품, 사무실 가구 등)는 법인카드로 지출할 수 있으며, 경비 처리도 가능하지만 가사 관련 비용, 개인적 지출은 인정받을 수 없으니 스스로 해당 내역을 빼야 한다.
❹ 출장 비용이나 임직원 교육비 또한 법인카드로 결제 시 비용처리가 가능하며, 이는 법인의 업무와 관련된 지출이어야 한다.
❺ 개인적인 용도의 가구 구매는 법인의 업무와 관련이 없는 비용으로, 이 경우 부가가치세 공제와 법인세 신고 시 경비 처리가 되지 않는다.

2 법인카드 사용 시 주의 사항

❶ 직원의 복리후생 목적으로 간식이나 소모품을 구매하는 경우 설명만 잘하면 문제가 되지 않는다.
❷ 법인카드를 주말이나 야간에 사용하는 것은 국세청 기준상 업무와 무관할 수 있지만, 연장근무 등 업무와 관련된 경우는 문제가 없다. 따라서 연장근무 내역 등을 소명할 수 있으면 법인카드 사용이 문제가 되지 않는다.
법인카드를 주말이나 야간에 사용하는 것과 관련하여, 세무조사 시 국세청이 법인카드 사용 내역 확인을 요구할 수 있다. 따라서, 법인카드를 주말이나 야간에 사용한

경우에도 업무와 관계된 구매임을 입증할 수 있어야 하며, 이를 입증하지 못하면 세금추징 대상이 될 수 있다.

❸ 명절선물 구매는 법인의 업무 관련 비용으로 인정되며, 소득세법상 열거된 비과세 항목이 아니므로 근로소득세를 납부해야 한다.

❹ 법인카드로 상품권 구매 시, 직원 포상이나 거래처 선물로 쓸 수 있지만, 직원에게 지급된 부분은 근로소득세를 납부해야 한다.

❺ 상품권 사용 시 상품권 수불대장을 작성하여 관리해야 하며, 미작성 시 법인 비용으로 인정받지 못할 수 있다.

특히 다음의 지출은 각별히 신경 써 관리를 해야 한다.

- 업무시간 외 주말, 공휴일, 심야, 새벽에 사용하는 경우
- 사업장과 거리가 먼 곳에서 사용하는 경우
- 동일한 거래처에서 여러 차례 분할 사용하는 경우
- 현금화가 쉬운 사치성 물품(금, 귀금속, 주류, 골프용품 등)을 구매하는 경우
- 가족 및 친인척을 동반하여 출장을 가는 경우
- 백화점에서 명절선물이나 상품권을 구매할 경우

구매한 상품권을 어느 거래처에게 전달하였는지까지 연계해서 관리한다.

- 마트의 경우 가사 경비로 분류될 가능성이 크므로 직원 간식비용 및 사무용품 관련 비용을 비용으로 인정받으려면 구매내역이 나와 있는 영수증을 같이 보관하는 것도 하나의 방법이다.
- 고급 술집과 골프장 비용의 경우 업무추진비로 처리가 가능하나, 사용 빈도와 금액이 과다하게 많으면, 문제가 될 수 있다. 또한 골프장은 임직원 체력단련비로는 복리후생비 처리가 어려운 것이 현실이다.
- 피부과, 성형외과 등 미용과 관련된 병원비 지출액

TIP 법인카드 사용을 제한해야 하는 업종 예시

1. 일반유흥주점 : 접객 요원을 두고 술을 판매하는 유흥주점(룸살롱, 단란주점, 가라오케, 가요주점, 요정, 비어홀, 맥주 홀, 카페, 바, 스넥 칵테일 등)

룸살롱 등은 접대목적으로 사용할 경우가 많으므로 반드시 법인카드로 결제하는 것이 좋으나, 너무 잦은 사용과 거액의 사용은 문제가 될 소지가 많이 있다.

2. 무도 유흥주점 : 무도시설을 갖추고 술을 판매하는 유흥주점(클럽, 극장식 주점, 나이트클럽, 카페, 스텐드바, 유흥주점 등)
3. 위생업종 : 아미용실, 피부미용실, 사우나, 안마시술소, 발 마사지, 네일아트 등 대인 서비스
4. 레저업종 : 실내외 골프장, 노래방, 노래연습장, 사교춤교습소, 전화방, 비디오방, 골프연습장, 헬스클럽, PC방
국세청은 골프장에서의 임직원 체력 단련은 복리후생비로 인정해 주지 않고 있다. 따라서 골프장에서 사용한 법인카드는 복리후생비보다는 기업업무추진비로 처리하는 것이 좋다.
5. 사행업종 : 카지노, 복권방, 오락실, 카지노에서는 법인카드를 사용하지 않는 것이 좋다.
6. 기타업종 : 성인용품점, 총포류 판매
7. 기타주점 : 대포집, 선술집, 와인바, 포장마차, 간이주점, 맥주 전문점, 생맥주집
위 내용은 직원 복리후생비 처리상의 법인카드 사용 제한 업종이고, 기업업무추진비 지출 시에는 예외일 수 있다.

TIP 법인카드 사용을 제한해야 하는 구매 물품 예시

1. 금, 은, 보석 등 귀금속류
2. 양주 등 고가의 주류
3. 골프채, 골프가방, 골프화, 골프공 등 골프용품
4. 영양제, 비타민제 등 건강보조식품
5. 향수, 선글라스 등 고급 화장품이나 액세서리류

법인카드는 공식 행사 등 특별한 경우를 제외하고는 주류 구매에 사용을 제한해야 한다.

3 법인카드는 사용 규정을 만들어 사용하라

법인카드 사용 규정을 정해서 공금을 사적으로 사용하는 일이 없도록 임직원에게 사용 범위와 법인카드 사용 시 사용신청서 또는 지출결의서를 작성토록 하고, 사용 후 반드시 적격증빙을 첨부하는 등 관련 가이드라인을 교육하는 것도 가장 좋은 방법이다.
물론 이를 위해서는 경영자의 의지가 가장 중요하다.
법인카드 사용신청서는 인터넷에서 서식을 쉽게 다운로드 받을 수 있다.
사용 일자와 장소, 예상 금액, 지출 목적 등을 기록할 수 있다. 이때, 신청서에 작성한 금액과 실제 지출액이 다를 경우에는 그에 대한 사유도 반드시 확인해야 한다.

[별지 제1호서식]

법인카드 □ 발 급 / □ 재발급 신청서

소 속 :

신청자 :

카드 번호					–					–					–				

1. 발급신청에 관한 사항

부서명		용도	

2. 사고 신고에 관한 사항

일 자	년 월 일	신고일자	년 월 일
신고내용			

3. 재발급 신청에 관한 사항

재발급	구 분	□ 분실 □ 훼손(교체) □ 기타
	사 유	

[별지 제2호서식]

법인카드 관리대장

번호	부서명	카드번호	유효기간	결제계좌	한도(백만원)	용도	비고

[별지 제3호서식]

법인카드 한도 증액 신청서

소 속 :

신청자 :

일 자 :

카드 번호					–					–					–				

변경 전 한도		변경 후 한도	
증액 사유			
비 고			

[별지 제4호서식]

법인카드 휴일 및 심야 사용신청서

담당	팀장

소 속 :

신청자 :

일 자 :

카드 번호					–					–					–				

사용 예정 일시	20 년 월 일 00:00
사용 목적	
예산 과목	
사유	※ 휴일 또는 심야 사용 사유
비고	

[별지 제5호서식]

업무추진비 집행계획(내역)

년 월 일

(단위 : 원)

부 서 명		집 행 자	
사용 일자		장 소	
집행 대상(인원)	※ 회사(기관)명, 부서, 성명		
집행 목적	※사업추진, 업무협의 등 구체적 명기		
집행 사유(내역)	※ 집행계획 제출 시, 집행 사유(구체적 회의, 협의 내용) 명기 ※ 집행 내역 제출 시, 품목(석식, 기념품 등), 참석인원 등		
예상 금액	※ 사전 제출 시 작성	실집행액	※ 사후 제출 시 작성
비 고	※ 관련 자료 첨부 등		

[별지 제6호서식]

하이브리드카드 결제 취소사유서

소 속 :

사용자 :

카드 번호					-					-					-				

사용일시	20 년 월 일 00:00 (최초 결제일)
취소일시	20 년 월 일 00:00 (취소 요청일)
사용처	
원 결제금액	원
취소 금액	원
발생 수수료	원
취소 사유	
수수료 처리 방안	ex) 현금 처리 또는 ○○○○비 집행 예정

[별지 제7호서식]

항공마일리지 신고서

<table>
<tr><td>소 속</td><td></td><td>직 급</td><td></td><td>성 명</td><td></td></tr>
<tr><td rowspan="3">출장내역</td><td>출장명</td><td colspan="4"></td></tr>
<tr><td>일정</td><td colspan="4">년 월 일 ~ 년 월 일(박 일)</td></tr>
<tr><td>출장지</td><td colspan="4"></td></tr>
<tr><td rowspan="3">항공권</td><td>좌석 등급</td><td colspan="4">□ Business Class □ Economy Class □ 기타</td></tr>
<tr><td>정액 운임</td><td colspan="4"></td></tr>
<tr><td>청구 금액</td><td colspan="4"></td></tr>
<tr><td colspan="6">마일리지 변동 사항</td></tr>
<tr><td colspan="3">여정 1</td><td colspan="3">여정 2</td></tr>
<tr><td>기존</td><td colspan="2">마일(항공)</td><td>기존</td><td colspan="2">마일(항공)</td></tr>
<tr><td>변동</td><td colspan="2">□ 적립 □ 사용</td><td>변동</td><td colspan="2">□ 적립 □ 사용</td></tr>
<tr><td>사용방법</td><td colspan="2">□ 구매 □ 업그레이드</td><td>사용 방법</td><td colspan="2">□ 구매 □ 업그레이드</td></tr>
<tr><td>누적</td><td colspan="2">마일(항공)</td><td>누적</td><td colspan="2">마일(항공)</td></tr>
<tr><td>보유 마일리지</td><td colspan="5">마일(항공), 마일(항공)</td></tr>
<tr><td colspan="6">위와 같이 항공운임 및 항공마일리지 사용내역을 신고합니다.

년 월 일

신 고 인 성 명 (서명 또는 인)</td></tr>
</table>

※ 공무로 인해 보유하게 된 마일리지에 대해서만 신고한다.

※ 정액 운임은 항공운임 총액을 말하며, 청구 금액은 공적 마일리지를 활용한 이후에 필요한 항공운임의 총액을 말한다.

※ 마일리지 변동 사항은 항공사가 다른 경우 여정별로 나눠서 기입하며, 동일한 항공사를 이용한 경우 합산하여 작성할 수 있다.

※ 보유 마일리지는 항공사별로 작성하되, 금번 출장으로 인한 마일리지 변동내역이 반영된 마일리지를 말하며, 변동사항이 없는 경우에도 보유한 마일리지에 대해 작성한다.

[별지 제8호서식]

법인카드 반납 신청서

소 속 :

신청자 :

일 자 :

카드 번호					–					–					–				

사 유	
비 고	

[별지 제9호서식]

법인카드 지출지연 사유서

소 속 :

사용자 :

카드 번호					–					–					–				

사용일시	20 년 월 일 00 : 00
사용금액	
사용처	
예산과목	
사유	

[별지 제10호서식]

법인카드 사용확인서

소　속 :

사용자 :

카드 번호					–					–					–				

사용일시	20 년 월 일 00 : 00
사용금액	
사용처	
사유	
입금 증빙	※ 오인 사용한 금액을 법인계좌에 입금한 증빙 첨부

[별지 제11호서식]

법인카드 해외사용 신청서

소　속 :

사용자 :

일　자 :

카드 번호					–					–					–				

사용 예정 기간	20 년 월 일 ~ 20 년 월 일
사용 목적	
예산 과목	
사용 예정 금액	
비고	

법인카드 사용 관련 입증자료가 필요한 경우

경비의 투명성을 높이기 위해 지급되는 카드인 만큼 법인카드 사용 규정은 엄격해야 한다.

법인카드 사용 시 업무와 직접적인 관련이 없는 경우에는 업무와 관련이 있음을 증명해야 하는 자료가 필요하다.

TIP 법인카드 사용 관련 입증자료가 필요한 경우

다음의 지출에 대해서는 경비에서 부인될 소지가 크므로 사용내역 및 이유를 자세히 기록해 두는 것이 좋다.

① 근무일이 아닌 공휴일 또는 주말 사용 시

② 평소 업무 장소에서 멀리 벗어난 곳이거나 업무 장소 외에서 사용 시

③ 정상적인 업무시간 외, 심야 혹은 새벽에 사용 시

④ 본인이 아닌 친인척이 사용하거나 친인척을 동반한 출장, 기타 장소에서 사용한 경우

⑤ 특정 장소에서 여러 차례 걸쳐서 집중적으로 사용된 경우

⑥ 현금화하기 쉬운 품목 또는 사치성 물품 구매 시(상품권, 금, 골프용품, 고가의 주류 등)

⑦ 병원, 미용실 등 업무와 관련성이 없어 보이는 곳에서 사용한 경우

복리후생비 차원으로 병원비를 결제하는 경우 개인카드로 결제한 후 복리후생비로 처리하는 것이 좋다.

⑧ 한 거래처에서 같은 날 여러 번 분할 해서 사용한 경우

⑨ 마트 사용액

대부분 가사 경비인 경우가 많아 경비가 부인되기 쉬우나, 직원 부식비, 사무용품 관련 경비는 비용인정이 가능하다. 다만, 업무 관련성을 입증할 만한 사용내역 영수증 등을 별도로 모아 보관해 두는 것이 좋다.

⑩ 미용실, 사우나, 스포츠센터

일부 업종을 제외하고는 법인사업과의 연관성을 찾기 어렵다. 대부분 개인적인 지출에 해당해 경비가 부인되므로, 업무와 관련성이 있다면 반드시 입증할 만한 서류를 준비해 두어야 한다.

법인카드는 반드시 지출 내역이 업무와 관련이 있음을 입증할 수 있어야 한다.

업무와 무관하다고 판단되는 항목의 경우 법인세법상 비용으로 인정이 안 된다.

비용으로 인정되지 않는 경우 부가가치세 신고 시 매입세액공제가 되지 않아 사용한 금액에 따라 당연히 부가가치세가 증가하는 것은 물론 입증자료가 없어 경비가 인정되지 않으므로 납부해야 하는 법인세가 늘어나거나 가산세가 발생하게 된다.

부당한 신고에 대해서는 약 20~40%까지의 가산세가 발생할 수 있으니 꼭 주의하길 바란다.

법인카드 사용내역은 세무조사 시 주의 깊게 살펴보는 항목 중 하나이다.

법인카드를 업무 목적으로 사용하지 않고 사적인 용도로 사용하면 회사와 사용자 모두에게 세금 부담이 증가함을 잊지 말아야 한다. 특히 회사대표는 이점을 잊지 말고 사적 사용에 관한 규정을 완비하고 지출내역을 꼭 검증하는 시스템을 마련해야 한다.

[법인카드 사용 후 경비인정을 못 받는다면]

법인	개인
• 부가가치세 신고 시 공제되지 않기 때문에 사용 금액의 10%만큼 부가가치세가 증가한다. • 법인세법상 경비인정도 부인되어 납부할 법인세 증가, 가산세가 발생한다. • 법인세의 부당 신고에 대해서는 20%~40%까지 가산세를 부담할 수도 있다.	• 업무상 사용을 인정받지 못한 금액은 법인카드 사용자의 소득(급여, 상여 등)으로 보기 때문에 근로소득세가 부과된다. • 소득 증가에 따른 4대 보험도 증가한다.

법인카드 개인 사용액의 업무 처리

법인카드를 사적으로 사용한 경우는 개인 통장에서 법인통장으로 사적 사용액을 입금해 주어야 한다. 또한, 사적인 사용액에 대해서는 법인의 경비로 처리하면 안 된다.

❶ 법인사업자의 대표이사나 등기이사의 경우 법인카드를 굳이 사용하지 않아도 업무와 관련된 것에 한해 본인의 개인카드를 사용한 후 회사경비로 증빙 처리할 수 있다. 단 업무추진비는 반드시 법인카드를 사용해야 한다.

❷ 개인카드 사용 시 개인 종합소득세 공제보다, 사업자 부가가치세 그리고 법인세 공제로 활용하는 것이 더 많은 세금 공제 혜택을 받을 수 있다.

❸ 회사 지출로 비용처리 한 사용내역의 경우 개인 세금에 포함되지 않기 때문에 연말정산 시 공제자료로 제출하면 안 된다.

법인카드 부정 사용에 주의하라

1 법인카드의 부정 사용유형으로 인한 해고

영업활동비, 업무추진비, 선물비 등에 대한 법인카드 부정 사용이 가장 흔한 유형인데, 법률적 판단 시 대략 아래와 같은 사항들을 쟁점으로 본다.

- 회사의 지침이나 규정에 제시된 방법대로 사용했는지?
- 정해진 금액, 용도로 사용했는지?
- 활동비 지출에 대해 주기적으로 결재나 승인을 받았는지?
- 부정 청탁법 위반 여지는 없는지?
- 사적 사용으로 의심되는 사정들이 얼마나 있는지(휴일 · 휴가 시 사용, 자택 인근에서 사용 등)?
- 상대 고객 등에 대한 사용 소명 정도
- 위반 금액이나 횟수, 기간 등

2 식대, 교통비, 주유비 등에 대한 법인카드 부정 사용

- 회사의 지침이나 규정에 제시된 방법대로 사용했는지?
- 정해진 금액, 용도로 사용했는지?
- 식대 한도나 용도를 넘어서 사용했는지(회의비, 회식비 등)?
- 교통비나 주유비의 경우, 용도나 범위를 넘어서 사용했는지(실제 업무와 직결되지 않는 사용, 사적 · 공적 사용 범위가 혼재된 사용 등)?
- 주기적 승인이나 결재 여부
- 위반 금액이나 횟수, 기간 등

3 유흥업소 등 제한 업소에 대한 법인카드 부정 사용

- 클린카드 등 규정이나 지침에 설정된 제한 여부
- 제한 업소 해당 여부나 확인 가능성

- 사용의 불가피성
- 위반 금액, 횟수 및 기간 등

4 법인카드 상품권 부정 구매 및 카드깡 의심 등 부정 사용

법인카드로 상품권을 과다하게 구매하여 사용하는 경우가 증가함에 따라 국세청은 법인카드로 거액의 상품권을 구매하는 경우도 체크하고 있다.

- 규정, 지침상 상기 제한 설정 여부
- 부정 구매의 구체적 경위나 불가피성 정도
- 카드깡 또는 현금화 의심 사정의 정도
- 위반 금액, 횟수 및 기간 등

5 법인 개별카드 부정 사용

- 개별 법인카드 사용 관련 규정이나 지침 및 사용 관행 세부적 내용에 대한 부합 여부
- 상기 규정, 지침 위반에 대한 구체적 경위나 불가피성
- 위반 금액 반환, 정산 요구에 대한 근로자 측의 구체적 반응

6 해외사용

해외의 경우 건당 3만 원 이상 사용 시 적격증빙을 수취해야 하는 제한이 없어 신용카드를 사용할 수 없는 곳이라면 일반영수증을 수취해도 무방하다.

7 신용카드 매출전표 상의 상호와 실제 사용한 상호 일치 여부 확인하기

간혹 세금탈루 등의 목적으로 위장 상호로 등록된 가맹점으로 카드를 결제시키는 경우가 있는데 위장 상호로 등록된 가맹점이 세금 상의 문제가 있을 경우 경비가 인정되지 않을 수 있으므로 주의해야 한다.

세무조사 시 중점 관리 항목 법인카드 사용 내역

법인카드 사용 내역은 세무조사 시 주의 깊게 살펴보는 항목 중에 하나다.
법인카드를 업무 목적으로 사용하지 않고 사적인 용도로 사용하면 회사와 사용자 모두에게 세금 부담이 증가한다는 점을 잊지 말아야 한다. 법인대표는 이점을 잊지 말고 사적 사용에 관한 규정을 완비하고 지출내역을 꼭 검증하는 시스템을 마련해야 한다.

법인카드 부정 사용 시 불이익

업무와 연관이 되어 법인카드를 사용했다고 인정받지 못하게 된다면 법인과 개인에게 불이익이 따른다.
부적절한 법인카드사용으로 인해 발생하는 세금추징은 부가가치세, 법인세, 그리고 대표이사의 소득세까지 포함되어 큰 불이익을 초래할 수 있다.
❶ 부가가치세 매입세액이 불공제되며, 이에 따른 과소 납부액에는 10%의 신고 불성실 가산세와 연 8.03%의 납부 불성실 가산세가 부과된다.
❷ 법인카드사용 금액이 비용으로 인정되지 않아 법인세의 추징이 이루어지며, 이 경우에도 10%의 신고불성실가산세와 연 8.03%의 납부불성실가산세가 적용된다.
❸ 비용으로 인정되지 않은 법인카드사용 금액은 법인대표의 근로소득으로 간주되어 대표이사는 소득세를 납부해야 한다.

1 법인

① 부가가치세 신고 시 공제가 되지 않기 때문에 사용 금액의 10%만큼 부가가치세가 증가한다.
② 법인세법상 경비인정도 부인되어 납부할 법인세도 증가하며, 가산세가 발생한다.
③ 법인세의 부당 신고에 대해서는 20%~40%까지의 가산세를 부담할 수도 있다.

2 개인

① 업무상 사용을 인정받지 못한 금액은 법인카드 사용자의 소득(급여, 상여 등)으로 보기 때문에 소득세를 추가 납부한다.

② 소득 증가에 따른 4대 보험 부과액도 증가한다.

③ 업무에 사용한 법인카드로 인해 적립된 포인트나 마일리지의 경우 직원이 개인적으로 사용할 때도 소득세가 과세 될 수도 있다.

단, 개인카드로 업무 관련 비용을 사용하고 난 뒤에 해당 영수증을 회사에 제출하고 정산을 받는 경우는 법인세법상 경비인정이 가능하다. 또한 업무추진비의 경우에는 법인카드로 결제해야만 세법상 비용으로 인정될 수 있다는 점은 항상 유의해야 한다.

2차 노래방 회식비 법인카드 사용 시 경비처리

1차 회식 후 2차 노래방에 간 비용을 법인카드로 결제하면 비용인정을 받을 수 있을까?

회식 후 사회통념상 타당한 외부 음식점, 술집, 노래방 등 유흥업소 등에서 회식비를 사용했다면 "사업과 직접 관련이 없는 지출"로 봐 매입세액공제가 불가능하다는 해석과 반대로 사내규정에 의해 회식비를 지출한 경우 사회통념상 타당한 금액에 대해서 단지 외부 음식점 및 술집, 노래방 등 유흥업소에서 지출했다는 사실만으로 사업과 직접 관련이 없다고 할 수 없으므로 매입세액공제가 가능하다는 해석이 있을 수 있다.

TIP 회식비 법인카드 결제시 매입세액공제

부가가치세 과세사업을 영위하는 법인이 사내 규정에 의하여 종업원의 회식비 또는 사외 회의비를 사회통념상 인정가능한 정도의 범위에서 법인카드를 이용하여 지출하고 일반과세자로부터 공급가액과 세액이 구분된 신용카드매출전표 등을 발급받은 경우 당해 매입세액은 매출세액에서 공제가 가능한 것임(서삼 46015-10413, 2001.10.08.)

여기서 사회통념상 타당하다고 인정되는 범위란 룸살롱, 단란주점 등 유흥업소 등 상식적으로 수긍하기 어려운 장소를 제외한 건전한 장소 즉, 음식점, 노래만 부르는 노래방에서 이루어지는 직원의 사기진작을 위한 비용은 인정받을 수 있을 것이다.

다만, 회식비에 대해 명확한 기준과 금액의 범위를 정하고 있지 않으므로 기업들의 지출 관행, 법인의 매출액 규모, 이익의 규모, 경기 상황, 과거의 회식비 지출 실적 등에 따라 조금씩 달라질 수 있다. 즉, 그 빈도가 자주 반복적이지 않고 통상적인 법인에서 지출되는 것으로 인정되는 수준 이내의 것이라면 비록 그 금액이 노래방 등이라도 인정받을 수 있을 것이다.

과세당국의 입장에는 회식비의 경우 보수적인 입장에서 "법인의 업무와 직접 관련이 적다고 인정되는 경비" 로 볼 수 있으며, 일부 기업업무추진비 한도가 부족한 회사가 "업무추진비를 변칙으로 회식비로 처리하는 사례" 가 종종 있으므로 2차 노래방, 유흥주점 비용 등은 매입세액이 공제되는 복리후생비에 해당하지 않는다고 판단할 가능성이 크다.

예컨대 직원들이 업무시간 이외의 노래방 등에서 회식을 한 것에 대하여 신용카드매출전표를 수취하여 매입세액공제를 받은 경우 그 금액이 크고 자주 발생한다면 과세당국에서는 기업업무추진비와 관련하여 지출한 비용으로 의심하여 그 내역을 소명하라고 할 수 있다.

복리후생 목적으로 사용한 것이라는 입증 서류(참석자 및 사용시간, 장소)를 제출하도록 요구할 것이다. 따라서 회식 목적, 회식 장소, 회식 참가자 명단, 지출 금액을 기재한 "회식비 지출 내역서"를 작성 비치하여, 과세당국의 소명 요구 시 기업업무추진비가 아닌 회식비라는 것을 입증할 수 있다면 매입세액공제가 가능하다.

결론은, 법인의 지출과 관련하여 과세처분의 적법성에 대한 입증책임은 원칙적으로 과세관청에게 있는 것이나, 법인의 입증책임에 의하여 기업업무추진비 관련 지출이 아님을 입증하는 것이 합리적이므로 회식비 등 유사 기업업무추진비 항목은 사회통념상 타당하다고 인정되는 범위 안에서 객관적인 증빙을 갖추어 놓는 것이 필요하다.

TIP 지출 사실의 입증책임

과세처분의 적법성에 대한 입증책임은 과세 관청에게 있으므로 과세소득 확정의 기초가 되는 필요경비도 원칙적으로 과세 관청이 그 입증책임을 부담하나, 필요경비공제는 납세의무자에게 유리한 것일 뿐 아니라 필요경비의 기초가 되는 사실관계는 대부분 납세의무자의 지배 영역 안에 있는 것이어서 과세 관청으로서는 그 입증이 곤란한 경우가 있으므로, 그 입증의 곤란이나 당사자 사이의 형평을 고려하여 납세의무자가 입증케 하는 것이 합리적인 경우는 입증의 필요를 납세의무자에게 돌려야 함(대법원 91누10909, 1992.07.28.).

법인카드 마일리지나 포인트 등 법인카드 사용 관리법

세무조사를 받을 때 마트 같은 경우에는 가끔 조사관에 따라서 사용 내역을 요청하는 경우가 있다. 국세청에 법인카드 사용 내역이 나오긴 하지만, 총금액이 나오지, 금액의 세세한 항목이 나오진 않기 때문이다.

그러므로 가끔 내역이 안 나오게 신용카드 매출전표를 받으라고 요령을 가르쳐주는 예도 있지만 세무조사 시 의심받을 가능성이 크니 이런 행위는 안 하는 것이 좋다.

그리고 직원과 임원의 경조사비 내역을 카드로 결제한 경우가 있다.

화환 등을 예로 들 수가 있는데, 이런 경우에도 직급별로 화환을 어떤 금액까지 지급하는지, 이런 규정도 마련해 두면 더욱 좋다. 또한 출장비의 경우는 반드시 내부 규정을 두어 직급별로 항공비와 숙박료, 일비 등의 기준을 마련해 두는 것을 추천한다. 세무조사 때 요청을 받는 경우가 종종 있다.

그리고 전기세, 우편 요금 등도 법인카드로 사용할 수가 있다. 4대 보험료도 법인카드로 낼 수 있다. 심지어 세금도 법인카드로 결제가 가능하다.

개인적으로 정기적으로 발생하는 세세한 지출은 가능하면 법인카드에서 자동으로 나가게 할 수 있으면 걸어두는 것을 권한다.

법인카드를 쓰면 법인카드 마일리지가 쌓인다.

개인적으로 써도 되나요? 이런 질문도 많이 한다.

마일리지나 포인트는 임직원이 개인적으로 쓰면 안 된다.

회사 비용으로 쓰고 회사가 결제해서 얻은 이득이기 때문에, 이것을 개인적으로 쓴다는 것은 부당한 이득이 될 수 있다.

그리고 임직원이 마음대로 사용했다면 근로소득으로 간주되기 때문에 이 마일리지 포인트 등은 회사경비로 다시 쓰일 수 있도록 장치를 마련해 두어야 한다.

업무시간 외에 쓰는 비용에 대해서는 결제 규정을 잘 갖추어 조사에 대비하는 것도 한 방법이다.

예를 들어 직원과 함께 워크샵을 가면 주말을 끼는 경우도 있다.

이런 경우에 규정에 따라서 품의서를 올리면 된다.

임원(대표이사)에게 지출한 경조사비 비용처리

법인세 집행 기준 19-19-19(임원에 대한 경조비 등의 손금산입)
① 출자자인 임원에게 지급한 경조비 중 사회통념상 타당하다고 인정되는 범위 안의 금액은 이를 각 사업연도의 소득금액 계산상 손금에 산입한다.
② 임원의 순직과 관련하여 지급하는 장례비나 위로금 등으로서 사회통념상 타당하다고 인정되는 범위 안의 금액은 이를 해당 사업연도의 손금에 산입할 수 있다.

사회 통념상이라는 말에 대해서 세법상 명확하게 규정된 바는 없으나(거래처는 세법상 20만 원으로 규정) 일반적으로 사람들에게 용인되는 현실적으로 가능한 객관적인 금액 정도라고 생각하면 무방하다. 따라서 객관성을 주기 위해 경조사비에 대한 사내 규정을 만들어 운영하며, 이를 초과하여 지급하는 경조사비는 급여로 보아 회계처리를 해야 할 것이다.

경조사비와 관련한 지출의 증빙은 다음을 참고한다.

① 결혼 : 청첩장

② 출산 : 주민등록등본

③ 회갑, 칠순 : 호적등본 또는 주민등록등본

④ 사망 : 제적등본 또는 사망진단서

⑤ 학자금 : 등록금 영수증

참고로 지출한 경조사비 성격이 대표이사 동창 등 개인적으로 부담해야 할 성질의 비용을 회사가 부담하는 경우는 손금불산입하고 대표이사에 대한 상여로 본다(법인, 조심 2013서0095, 2013.11.20.). 따라서 법인은 업무무관 지출로 비용인정을 못 받고, 대표이사는 근로소득세를 내야 한다.

구 분		적격증빙
건당 20만 원까지	인정되는 증빙	세금계산서, 계산서, 현금영수증, 신용카드매출전표
		청첩장, 부고장, 모바일 청첩장, 부고 알림 문자 · 메시지 등
건당 20만 원~	인정되는 증빙	세금계산서, 계산서, 현금영수증, 신용카드매출전표
	인정 안 되는 증빙	청첩장, 부고장, 모바일 청첩장, 부고 알림 문자 · 메시지 등을 받으면 전액 비용으로 불인정

위 20만 원에는 화환 포함 금액이다.
같은 회사의 직원이 각각 경조사비를 한 거래처에 지출하는 경우 모두 합산한 금액을 기준으로 판단한다.

TIP 경조사 물품 지원 시 세무 처리

1. 직원에게 지급하는 경조사 물품:
복리후생비로 처리되며, 사회통념상 타당하다고 인정되는 금액이라면 전액 비용으로 인정된다. 이는 회사 내규와 임직원의 직위, 연봉 등을 종합적으로 감안하여 정당하다고 판단되면 전액 비용으로 인정받을 수 있다.

2. 거래처 등 외부인에게 지급하는 경조사 물품
기업업무추진비로 처리되며, 건당 20만 원 이내일 때 비용으로 인정된다. 초과 금액은 적격증빙을 구비해야 비용으로 인정받을 수 있다.

개인용 차량 업무용 이용 시 3가지 비용처리 방법

개인용 차량은 주로 개인적인 용도로 사용되기 때문에 그와 관련된 비용을 사업소득에서 공제하기는 어렵다.
개인용 차량의 경우 유류비 일부 등 개인용 지출과 업무용 지출의 구분이 확실한 경비는 비용으로 인정받을 수 있지만, 보험료 등 그 구분이 애매모호한 비용은 비용으로 인정받지 못한다. 즉 개인용 차량비용을 사업소득에서 공제하기 위해서는 사업과의 직접적인 관련성을 명확히 입증해야 한다.
임직원 개인 명의 차량을 법인의 업무용으로 이용하는 경우 다음의 세 가지 방법으로 비용처리를 한다. 다만, 다음 세 가지의 경우 모두 법인의 사규 등으로 관련 규정의 제정이 선행되어야 한다.

지출 증빙으로 실비 정산하는 방법

임직원 소유 차량을 법인의 업무수행에 이용하고 소요된 실제 여비를 정산하는 경우 해당 정산 금액은 전액 손금에 산입한다.
영업사원이 고객을 방문하거나, 사업장과 거래처를 오가는 등 사업과 직접적인 관련이 있는 경우에는 유류비, 통행료 등을 비용으로 인정받을 수 있다.
이 경우, 적격증빙을 통해 사업과 관련된 사용을 명확하게 증명할 수 있어야 하며, 이를 위해 운행기록부를 작성하고, 출장 기록 등을 보관해 두는 것이 좋다.
⊙ 차량운행일지 : 어떤 업무로 차량을 사용했는지, 주행 거리를 기록한 운행일지를

작성해 두는 것을 적극적으로 권한다. 운행일지는 사용 날짜, 목적지, 운행 목적, 주행 거리를 포함해야 한다.

- 통행료 영수증 : 고속도로 통행료, 주차료 등의 영수증을 보관해야 한다.
- 유류비 영수증 : 주유 내역을 확인할 수 있는 영수증을 보관해야 한다.
- 정비 내역 : 차량 정비 내역을 확인할 수 있는 영수증을 보관해야 한다.

실제 주유 비용을 회사에 청구하고, 회사는 해당 금액을 계산한 후 지급한다.

TIP 차량 주유비 계산 공식

계산 공식 : 총 주행 거리 ÷ 연비 × 유가 = 예상 주유비

[예시]

서울에서 부산까지 거리 : 400km(네이버 등 포털사이트의 지도 서비스를 이용하여 출발지와 도착지 간의 총 이동거리를 측정)

연비 : 15km/L

평균 유가 : 2,000원/L(오피넷 사이트의 국내 평균 유류 가격을 기입하거나 주유소 영수증에 기입된 금액을 적고, 영수증을 첨부한다)

예상 주유비 : 400km ÷ 15km/L × 2,000원/L = 약 53,333원

주유 시점과 업무 내용이 근태 기록과 일치해야 한다. 해당 직원이 연차휴가 등으로 쉬는 날 주유하거나 주휴일에 주유하는 경우 세무상 불이익을 받을 수 있다.

개인 차량을 업무용으로 사용할 경우, 주유비 외에도 차량 유지보수 비용에 대한 보조금 지급 여부 확인도 필요하다.

자가운전보조금을 받는 직원에게 시내 출장(시외출장은 제외) 등에 든 실제 여비를 지급하면, 자가운전보조금을 개인의 근로소득으로 보고 소득세를 원천징수 해야 한다.

회사마다 다른 비용처리 규정이 있을 수 있으므로, 반드시 회사 내규를 확인해야 한다.

자가운전보조금으로 대신하는 경우

법인이 해당 임직원에게 정액으로 차량 지원금을 지급하는 경우 손금으로 인정하며, 해당 임직원의 근로소득에 해당한다. 다만, 종업원의 소유 차량을 종업원이 직접 운

전하여 법인의 업무수행에 이용하고 시내출장 등에 소요된 실제 여비를 받는 대신에 그 소요경비를 당해 사업체의 규칙 등에 의하여 정해진 지급 기준에 따라 받는 금액 중 월 20만 원 이내의 금액은 비과세 근로소득에 해당한다.

즉 근로소득자는 소득세법상 자가운전보조금을 비과세로 받을 수 있다. 일반적으로 월 20만 원까지 비과세 혜택을 받을 수 있으며, 회사 규정에 따라 지급 기준이 달라질 수 있지만, 세법상 회사 규정에 따라 지급하는 시내출장비에 한해 자가운전보조금 20만 원을 한도로 비과세 해주고 있다.

회사 규정상 20만 원을 초과해서 지급할 수는 있지만, 비과세는 월 20만 원까지만 된다.

참고로 업무수행과 관계없이 모든 직원에게 자가운전보조금으로 20만 원을 지급하고 비과세 처리하는 경우가 있는데, 이는 불법이다.

실비도 정산하고 자가운전보조금도 지급하는 경우

종업원이 시내출장 등에 따른 여비를 별도로 받으면서 연액 또는 월액의 자가운전보조금을 받는 경우 시내출장 등에 따라 소요된 실제 여비는 실비변상적인 급여로 비과세하나, 자가운전보조금은 근로소득에 포함되어 과세한다(소통 12-12…1). 다만 시외출장비용은 자가운전보조금 규정의 적용 대상에서 제외되는 금액이므로 시내출장비는 자가운전보조금 비과세 규정을 적용하고, 시외출장비에 대해서만 적격증빙에 의해 실비 정산해 주는 경우 근로자 입장에서는 비과세를 적용받고, 회사입장에서는 시내출정비와 시외출장비 모두 비용인정이 된다.

구 분		적격증빙
시내출장비	자가운전보조금	근로소득 비과세
	자가운전보조금 + 실비정산	실비정산액은 적격증빙에 의해 비용인정, 자가운전보조금은 과세
시외출장비		자가운전보조금과 별도로 적격증빙 첨부 시 실비정산하고 비용인정. 자가운전보조금 규정은 시내출장비만 적용 대상

특수관계인에게 자산(차량)을 파는 경우 세무 처리

자기의 사업용 고정자산인 승용차를 무상 양도하는 경우 해당 자산의 시가상당액(특례기부금이나 특수관계인 아닌 단체에 대한 일반기부금의 경우에는 장부가액)은 법인의 장부상 기장 내용과 관계없이 실제 지출 내용에 따라 손금(근로자에 대한 급여의 성격 등), 업무추진비(특정 거래처 등), 기부금(업무와 관련 없이 증여한 것), 부당행위계산 부인(특수관계인에 대한 증여) 등의 적용을 받을 수 있다.

재화의 공급은 계약상 또는 법률상의 모든 원인에 의하여 재화를 인도 또는 양도하는 것으로 법인이 과세사업에 사용하던 승용차를 판매하는 경우 및 증여하는 경우 매입세액공제 여부와 상관없이 거래 상대방에게 시가를 과세표준으로 하여 세금계산서를 발급해야 한다. 다만, 직원에게 무상으로 양도하는 개인적 공급 및 자기의 고객이나 불특정다수인에게 재화를 증여하는 사업상 증여에 해당하는 경우는 시가를 과세표준으로 하여 기타 매출로 신고하면 된다.

결론적으로 유상이든 무상이든 업무용 차량이 매각되면 부가가치세를 내야 한다.

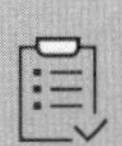

특수관계인과의 거래에서 저가 또는 무상으로 양도 시에는 부당행위계산 부인 규정이 적용된다.

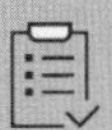

유상이든 무상이든 세금계산서를 발행한다.

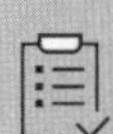

매입세액공제 차량이든 매입세액불공제 차량이든 상관없이 판매 시에는 세금계산서를 발행해야 한다.

자산으로 계상한 후 감가상각 여부와도 상관없이 세금계산서를 발행한다.

취득 시 매입세액공제 여부와 상관없다.

1. 업무용으로 사용한 적이 없는 차량의 처분

부동산임대업을 영위하는 개인사업자가 당해 임대 사업에 사용된 적이 없는 개인 명의의 차량을 처분하는 경우, 이는 부가가치세 납세의무가 없으므로 세금계산서를 발급할 수 없는 것입니다(부가, 부가가치세과-671, 2013.07.24.).

2. 면세사업에 사용하던 차량의 처분

면세사업자가 면세사업에 사용하던 자산을 매각할 경우는 면세사업과 관련하여 부수되는 재화의 공급으로 부가가치세가 면제되는 것이며, 이 경우 계산서를 발행해야 함(서면 · 인터넷 · 방문 상담 3팀-1744, 2006.08.09.).

3. 과세사업에 사용하던 차량의 처분

부가가치세 과세사업을 영위하는 사업자가 자기의 과세사업에 사용하던 사업용자산인 소형 승용자동차를 매각하는 경우 당해 자동차의 취득 시 매입세액공제 여부 및 공급받는 자의 매입세액공제 여부와 관계없이 부가가치세가 과세되는 것입니다. 다만, 자기의 과세사업에 사용하였는지? 여부는 사실관계 등을 종합적으로 검토하여 사실 판단해야 하는 것입니다(부가, 서면 인터넷 방문상담 3팀-406, 2006.03.06.).

이와 관련된 귀 질의의 경우 붙임 관련 참고 자료의 조세 법령과 질의회신 사례【(서면 3팀-1561, 2005.09.16.)외 2건】를 보내드리니 참고하시기 바랍니다.

(서면 3팀-1561, 2005.09.16.)

부가가치세 과세사업을 영위하는 사업자가 자기의 과세사업에 사용하던 사업용자산인 소형 승용자동차를 매각하는 경우 당해 자동차의 취득 시 매입세액공제 여부 및 공급받는 자의 매입세액공제 여부와 관계없이 재화의 공급에 해당되어 부가가치세가 과세되는 것으로 세금계산서를 그 공급받는 자에게 발급하여야 하는 것임.

4. 과세사업에 중고 차량의 처분

과세 사업자가 중고 차량을 양도하는 경우는 재화의 공급으로서 부가가치세의 과세대상이며, 비사업자 또는 면세사업자가 양도하는 경우는 부가가치세의 과세대상에 해당하지 아니하는 것임(간세 1235-2434, 1977.08.09.).

업무용 승용차를 판매하는 경우 부가가치세

사업용 자산을 매각할 때는 매입하는 사람에게 세금계산서 등 증빙을 발행하고 부가가치세 신고 시 부가가치세를 내야 한다. 업무용 승용차의 경우 경차나 9인승 이상 승합차, 화물차 등은 취득하는 시점에 부가가치세를 공제받지만, 나머지 차량은 부가가치세 불공제 대상이다.

그렇다면 업무용 승용차는 취득할 때 부가가치세를 불공제 받았는데 매각 시에도 부가가치세를 내야 할까?

결론은 내야 한다. 세법에서는 사업자가 비영업용 승용차(여기서 영업용은 택시나 렌터카 등을 의미하며, 일반적으로 사업상 출퇴근이나 미팅, 직원용 업무 차량은 비영업용)를 업무에 사용하다가 처분하는 경우는 부가가치세가 과세 되며, 세금계산서를 발행해야 한다. 취득 시 부가가치세 매입세액공제 여부나 공급받는 자의 매입세액공제 여부와는 관계없이 세금계산서를 발급하고 부가가치세를 내게 하고 있다.

구 분	특수관계 외의 자	특수관계인
세금계산서 발행	발행	발행
부가가치세	매출로 신고	매출로 신고(직원 판매 등 간주공급에 해당하는 때는 기타매출로 신고)
법인세(소득세)	부당행위계산 미고려	부당행위계산 고려

개인사업자가 차량을 파는 경우 부가가치세

승용자동차가 개인사업자의 과세사업에 사용하던 차량이 아니라 개인사업자 개인이 개인 명의로 취득하여 가사용(출퇴근용)으로 사용하던 차량이라면 동 차량의 매각은 부가가치세 과세 대상이 아니며, 세금계산서 발급 대상도 아니다.

그러나 개인사업자가 과세사업에 사용하기 위해 사업자등록번호(사업장 명의)로 취득한 비영업용승용차의 매입 및 유지 관련 부가가치세 매입세액은 공제되지 않는 것이나(소득세 신고 시에는 비용인정), 과세 사업자가 과세사업에 사용하던 승용자동차를 처분하는 경우는 부가가치세가 과세 되는 것이다.

구 분	세무상 처리
개인사업자가 개인용도(가사용)로 사용한 차량의 처분	세금계산서 미발급, 부가가치세를 과세 안 함
개인사업자가 과세사업 용도로 사용한 차량의 처분	세금계산서 발급, 부가가치세를 과세 함
개인사업자가 면세사업 용도로 사용한 차량의 처분	계산서 발급, 부가가치세 과세 안 함

특수관계인에게 차량을 파는 경우 법인세(소득세)

특수관계자에게 자산을 부당하게 저가 또는 고가로 파는 경우 부당행위계산부인 규정이 적용된다.

1 특수관계인의 범위

구 분	범 위
친족 관계	① 6촌 이내의 혈족 ② 4촌 이내의 인척 ③ 배우자(사실상의 혼인 관계에 있는 자 포함)
경제적 연관관계	① 임원과 그 밖의 사용인 ② 본인의 금전이나 재산으로 생계를 유지하는 자 ③ ① 및 ②의 자와 생계를 함께하는 친족
경영지배 관계	본인이나 위 친족 등이 30% 이상 주식을 보유하고 있는 경우

주 위 30% 규정은 국세기본법상 규정으로 법인과 거래 시에는 한가지 주의할 내용이 있다. 법인세법에서는 1% 이상 지분을 보유한 주주를 특수관계자라고 규정하고 있다. 30%가 아니다. 이같이 특수관계자의 범위는 세법마다 약간씩 달리 규정하고 있다.

2 세무 처리 방법

시가 9천만 원, 대가 5천만 원, 당초 취득 금액 3천만 원인 것으로 가정 시 과세 문제를 살펴보면 다음과 같다.

거래당사자		판매자 과세 내역
판매자	구매자	
개인	개인	부당행위 : 양도 시가 양도차익 : 9천만 원 – 3천만 원 = 6천만 원
개인	법인	
법인	개인	부당행위 : 4천만 원 익금산입 양도차익 : 9천만 원 – 5천만 원 = 4천만 원(무상일 때는 9천만 원) 4천만 원 상여 등 소득처분
법인	법인	부당행위 : 4천만 원 익금산입 양도차익 : 9천만 원 – 5천만 원 = 4천만 원(무상일 때는 9천만 원) 4천만 원 기타사외유출 소득처분

개인이 개인에게 판매하는 경우

1 소득세 과세

법인과의 거래와 마찬가지로 특수관계 있는 개인에게 증여한 경우는 자산의 시가를 총수입금액에 산입하고 특수 관계없는 개인에게 증여한 경우는 비지정 기부금이 되어 증여 당시의 시가가 필요경비 불산입한다.

2 부가가치세 과세

증여한 개인이 사업을 영위하는 부가가치세법상 사업자인 경우는 재화 공급의 특례 중 무상 공급에 해당하여 증여 당시 자산의 시가를 과세표준으로 하여 부가가치세를 납부한다.

3 소득세 과세(수증자)

수증자가 개인사업을 하는 경우로서 개인사업자의 사업용자산을 무상으로 수증받은 경우는 해당 물품의 시가를 총수입금액에 산입해야 한다. 다만, 자산수증이익을 이월결손금 보전에 충당한 경우는 총수입금액에 산입하지 않는다.

4 상속세 및 증여세 과세

수증자가 개인사업과 관련 없이 자산을 수증받은 경우는 증여에 해당하므로 증여받은 재산의 시가를 기준으로 증여세를 납부한다.

개인이 법인에게 판매하는 경우

1 소득세 과세

증여한 개인이 개인사업을 영위하는 자로서 상품 등 사업용 자산을 특수관계 있는 법인에게 무상으로 증여한 경우는 자산의 시가를 총수입금액에 산입한다.
증여한 개인이 개인사업을 영위하는 자로서 상품 등 사업용 자산을 특수 관계없는 법인에게 증여한 경우는 기부금에 해당하여 수증을 받은 법인이 특례기부금 단체나 일반기부금 단체가 아닌 경우에는 증여 당시의 시가를 필요경비불산입 한다.

2 부가가치세 과세

증여한 개인이 사업을 영위하는 부가가치세법상 사업자인 경우는 재화 공급의 특례 중 무상 공급에 해당하여 증여 당시 자산의 시가를 과세표준으로 하여 부가가치세를 납부한다.

3 법인세 과세(수증자)

법인이 개인으로부터 자산을 무상으로 수증받은 경우는 자산수증이익에 해당하여 수증받은 자산의 시가가 익금산입되어 선 과세 된다. 다만 자산수증이익 중 이월결손금을 보전하는 데 충당한 금액은 익금산입하지 않는다.

4 조세특례제한법상 과세

법인과 법인 간의 거래와 마찬가지로 재무구조 개선계획에 따라 주주 등이 자산을 증여하는 경우로서 수증받은 자산을 양도하여 2026년 12월 31일 이내에서 일정기한까지 일정 금융채권자의 부채상환에 전액 사용하는 경우는 증여받은 날이 속하는 사업연도의 종료일 이후 3개 사업연도의 기간 중 익금산입하지 아니하고 그다음 3개 사업연도의 기간 동안 균분한 금액 이상을 익금산입하는 특례를 적용받을 수 있다.

5 상속세 및 증여세 과세

수증받은 법인이 지배주주(친족 포함)가 직접 또는 간접적으로 보유하는 주식 보유비율이 30% 이상인 특정 법인에 해당하고 증여하는 개인이 상속세 및 증여세법상 특수관계인에 해당하는 경우는 지배주주 등이 동 재산을 증여받은 것으로 본다.
구체적으로는 증여받은 재산을 법인세법상 시가로 평가한 금액에서 자산수증이익을 익금산입 함으로써 부담한 법인세 상당액을 차감한 잔액에 각 지배주주의 지분율을 곱한 금액을 증여이익으로 하며, 동 증여 이익이 1억원 이상의 경우는 동 증여이익에 대해 증여세를 납부해야 한다. 즉 수증받은 법인이 특정 법인에 해당하는 때에 자산수증이익에 대해 법인세를, 특정 법인의 주주는 증여 이익에 대해 증여세를 납부하는 것이다.

법인이 개인에게 판매하는 경우

1 법인세 과세

법인이 특수관계 있는 개인에게 자산을 무상으로 증여할 때는 부당행위계산부인이 적용되어 자산의 시가를 익금산입하고 특수관계 있는 개인에게 배당, 상여, 기타소득으로 소득처분을 해야 하며, 특수관계 있는 개인은 동 소득처분 금액에 대해 소득세를 부담해야 한다.

법인이 특수관계가 없는 개인에게 자산을 무상으로 증여한 경우는 법인과 법인 간의 거래와 마찬가지로 비지정 기부금에 해당하여 장부가액과 시가 중 큰 금액이 손금불산입 된다.

2 부가가치세 과세

부가가치세법상 과세 문제도 법인과 법인 간의 거래와 마찬가지로 재화 공급의 특례 중 무상 공급에 해당하여 증여 당시 자산의 시가를 과세표준으로 하여 부가가치세를 납부한다.

3 소득세 과세(수증자)

수증자가 개인사업을 하는 경우로서 법인이 제조 · 생산 · 판매하는 물품을 수증받은 경우는 법인의 판매 금액을 총수입금액에 산입하고 그 외 물품을 수증받은 경우는 해당 물품의 시가를 총수입금액에 산입해야 한다. 다만, 자산수증이익을 이월결손금 보전에 충당한 경우는 총수입금액에 산입하지 않는다.

4 상속세 및 증여세 과세

수증자가 개인사업과 관계없이 자산을 수증받은 경우는 증여에 해당하므로 증여받은 재산의 시가를 기준으로 증여세를 납부한다.

법인이 법인에게 판매하는 경우

1 법인세 과세

법인이 특수관계 있는 법인에게 자산을 무상으로 증여한 경우 부당행위계산부인에 해당하여 자산의 시가를 익금산입 한다.

법인이 특수 관계없는 법인에게 자산을 무상으로 증여한 경우는 기부금에 해당한다. 따라서 증여대상 법인이 특례기부금 지정단체, 일반기부금 지정단체에 해당하지 않는 경우는 비지정 기부금에 해당하여 장부가액과 시가 중 큰 금액이 손금불산입한다.
즉 법인의 자산을 증여하여 법인의 순자산이 실질적으로 감소했음에도 손금불산입을 통해 각 사업연도의 소득은 증가하게 되는 결과가 된다.

2 부가가치세 과세

법인이 다른 법인에게 자산을 무상으로 증여한 경우는 재화공급의 특례 중 무상공급에 해당하여 증여 당시 자산의 시가를 과세표준으로 하여 부가가치세를 납부한다.
즉 무상공급으로 거래징수한 부가가치세가 없더라도 부가가치세를 납부한다.
따라서 법인이 자산을 무상으로 증여한 경우는 신중히 검토해야 하며, 특수관계인 간 거래가 아닌 경우로서 저가로 공급한 경우는 과세 문제가 발생하지 않으므로 약간의 양도 대금을 수령하는 것이 유리할 수 있다.

3 법인세 과세(수증자)

법인이 자산을 무상으로 수증받은 경우는 수증받은 시점에 과세하지 않더라도 자산의 양도 시 자산처분이익을 통해 과세된다.
이러한 이유로 자산의 저가 양수에 대해서는 저가 양수 시점에 과세하지 않고 있다.
하지만 법인이 자산을 무상으로 수증받은 경우에 자산수증이익을 익금으로 규정하고 있어 수증받은 자산의 시가가 익금산입되어 선 과세된다.
따라서 결손법인이 아닌 한 법인이 자산을 수증받는 경우는 신중히 검토해야 하며, 자산을 무상으로 수증받는 것보다 약간의 양수 대금을 지급하여 자산의 무상 수증이 아닌 자산의 저가 양수 형태를 취하는 것이 훨씬 유리하다. 다만 자산수증이익 중 이월결손금을 보전하는 데 충당한 금액은 익금산입하지 않는다.

4 조세특례제한법상 과세

법인이 자산을 무상으로 수증받는 경우 자산수증이익에 해당하여 수증받은 사업연도에 익금산입하는 것이 원칙이지만, 재무구조개선계획에 따라 주주 등이 자산을 증여하는 경우로서 수증받은 자산을 양도하여 2026년 12월 31일 이내에서 일정기한까지 일정 금융채권자의 부채상환에 전액 사용하는 경우는 증여받은 날이 속하는 사업연도의 종료일 이후 3개 사업연도의 기간 중 익금산입하지 아니하고 그다음 3개 사업연도의 기간 동안 균분한 금액 이상을 익금산입하는 특례를 적용받을 수 있다.

특수관계인에게 사무실을 무상 임대하는 경우

1 임대인의 세금

사업자가 대가를 받지 않고 무상으로 타인에게 용역을 공급하면 용역의 공급으로 보지 않는다.
그러나 사업자가 특수관계인에게 사업용 부동산임대 용역 등을 공급하는 것은 용역의 공급으로 본다. 왜냐하면 사업자가 자신의 용역대가를 받지 아니하고 공급함으로써 다른 사업자와의 과세형평이 침해된다고 보고 있기 때문이다.

부가가치세

❶ 특수관계인에게 부동산을 무상으로 임대하였다면 공급한 부동산임대 용역의 시가를 공급가액으로 하여 부가가치세 과세표준을 신고해야 한다.
❷ 부동산임대 용역의 시가란 적정임대료로 보면 되고 적정임대료 계산은 아래와 같다.

임대료 = [부동산 시가 × 50% − 부동산에 대해서 받은 전세금 · 보증금] × 정기예금 이자율

❸ 사업자가 특수관계인에게 사업용 부동산의 임대 용역을 공급하는 것은 용역의 공급으로 보아 부가가치세가 과세 되는 것으로서, 공급한 용역의 시가를 공급가액으로 보는 것이며, 시가를 과세표준으로 하는 경우 이에 대해서 세금계산서를 발급할 의무는 없다.

소득세

부동산을 무상으로 임대하게 되면 임대인에게는 부당행위계산부인 문제가 발생할 수 있다. 소득세법에 의하면 특수관계인에게 용역을 무상으로 제공하고(직계존비속에게 주택을 무상으로 사용하게 하고 직계존비속이 실제 그 주택에 거주하는 경우는 제외) 조세부담을 부당하게 감소시킨 것으로 보게 되며, 시가와 거래 가액의 차액이 3억원 이상 또는 시가의 5% 이상의 경우 그 차액에 대해서 소득세를 부과할 수 있다.

2 임차인의 세금

임차인에게는 무상으로 부동산을 임대하는 때는 임대인에게 부가가치세와 소득세의 과세 문제가 발생하지 않는다. 대신에 무상으로 임차함으로써 발생하게 되는 이익에 대해서 증여세가 과세될 수 있다.

❶ 특수관계인의 부동산을 무상으로 사용하여 이익을 얻은 경우는 해당 이익에 상당하는 가액을 이익을 얻은 자의 증여재산 가액으로 한다. 특수관계인이 아닌 자 간의 거래인 경우는 거래의 관행상 정당한 사유가 없는 때에만 적용한다.

❷ 증여재산 가액은 부동산 무상사용을 개시한 날을 증여시기로 하여 5년마다 5년간의 부동산 무상사용 이익에 대하여 한꺼번에 증여세가 과세되는 것이며, 5년간의 증여재산 가액이 1억 원 미만의 경우는 제외한다. 부동산 사용 이익의 계산은 아래와 같다. 시가가 약 13억 원 이상의 부동산을 무상 사용해야 증여세가 과세되므로, 예를 들어 12억 상당의 부동산을 무상으로 임차하게 되면 증여세는 부과되지 않는다.

부동산 무상 사용 이익 = 부동산 가액 × 2% × 3.79079(부동산 가액은 상증법 제60조에서 평가한 가액임)

이같이 특수관계인 간에 부동산을 무상으로 임대하게 되면 임대인에게는 부가가치세와 소득세, 그리고 임차인에게는 증여세 과세 문제가 발생할 수 있다. 따라서 부동산을 무상으로 임대하는 경우는 사전에 일정 수준의 임대료를 설정하여 임대차계약을 맺고 세금신고를 한다. 또한, 부동산 가액이 13억을 초과하지 않는 부동산에 대해서 임대해야 증여세 문제도 발생하지 않을 것이다.

승강기 교체에 따른 세무회계

감가상각과 매입세액공제

건물의 부속 설비가 노후화되어 교체하는 경우는 건축물과 구분하여 구축물 등 별도의 업종별 자산으로 회계처리가 가능하며, 건축물이 아닌 별도의 업종별 자산의 내용연수를 적용하여 감가상각이 가능하다. 물론 교체에 따른 부가가치세 부담금은 매입세액공제가 가능하다.

일반기업회계기준에 따르면 유형자산을 구성하는 주요 구성요소의 내용연수가 관련 유형자산의 내용연수와 상이한 경우 별도의 자산으로 처리하며, 교체된 자산은 재무상태표에서 제거해야 한다(기업회계기준서 문단 10.14).
K-IFRS의 경우, 유형자산을 구성하는 일부의 원가가 당해 유형자산의 전체 원가에 비교하여 유의적이라면, 해당 유형자산을 감가상각할 때 그 부분은 별도로 구분하여 감가상각하고(K-IFRS 제1016호 문단 43), 대체된 부분의 장부금액을 추정하여 이를 제거해야 한다(K-IFRS 제1016호 문단 70).
관련 규정 : K-IFRS 제1016[유형자산], 일반기업회계기준 제10장[유형자산]

승강기(엘리베이터, 에스컬레이터, 그 밖의 승강시설) 교체 취득세

지방세법 제104조 제10호 및 동법 시행령 제76조에서 건축법상의 대수선과 승강기 등 건축물에 부수되는 시설물의 1종 이상을 설치하거나 수선하는 것은 "개수"에 의한 취득으로 보아 취득세를 과세하도록 규정하고 있고, 동법 시행령 제82조의3에서 취득세의 과세표준이 되는 취득가격은 과세대상 물건의 취득시기를 기준으로 그 이전에 당해 물건을 취득하기 위하여 거래상대방 또는 제 3자에게 지급하였거나 지급하여야 할 일체의 비용(직접 · 간접비용)으로 규정하고 있다.

법인이 미관지구 내의 당해 법인 소유 건축물에 대한 대수선 공사에 대하여 외부 형태 변경 공사비용 부분은 자본적 지출로, 나머지 공사 비용 부분은 수익적 지출로 법인 장부에 적었다 하더라도 지방세법상 대수선 등 "개수" 에 해당하는 공사가 이루어졌다면 당해 건축물의 "개수" 에 해당하는 공사비는 법인의 회계처리와 관계없이 취득세 과세표준에 포함하는 것이 타당하다.

"개수"란 다음 각 목의 어느 하나에 해당하는 것을 말한다.

가. 「건축법」 제2조 제1항 제9호에 따른 대수선

나. 건축물 중 레저시설, 저장시설, 도크(dock) 시설, 접안시설, 도관시설, 급수 · 배수시설, 에너지 공급시설 및 그 밖에 이와 유사한 시설(이에 딸린 시설을 포함한다)로서 대통령령으로 정하는 것(시행령 제5조제2항)을 수선하는 것

다. 건축물에 딸린 시설물 중 대통령령으로 정하는 시설물(시행령 제6조)을 한 종류 이상 설치하거나 수선하는 것

시행령 제6조(시설물의 종류와 범위) 법 제6조 제6호 다목에서 "대통령령으로 정하는 시설물"이란 다음 각 호의 어느 하나에 해당하는 시설물을 말한다.

1. 승강기(엘리베이터, 에스컬레이터, 그 밖의 승강 시설)
2. 시간당 20킬로와트 이상의 발전시설
3. 난방용 · 욕탕용 온수 및 열 공급시설
4. 시간당 7천560킬로칼로리급 이상의 에어컨(중앙조절식만 해당한다)
5. 부착된 금고
6. 교환시설
7. 건물의 냉난방, 급수 · 배수, 방화, 방범 등의 자동 관리를 위하여 설치하는 인텔리전트 빌딩 시스템 시설
8. 구내의 변전 · 배전 시설

「건축법」 제2조 제1항 제9호에 따른 대수선

"대수선"이란 건축물의 기둥, 보, 내력벽, 주계단 등의 구조나 외부 형태를 수선 · 변경하거나 증설하는 것으로서 대통령령으로 정하는 것을 말한다.

제3조의2(대수선의 범위) 법 제2조 제1항 제9호에서 "대통령령으로 정하는 것"이란 다음 각 호의 어느 하나에 해당하는 것으로서 증축 · 개축 또는 재축에 해당하지 아니하는 것을 말한다.

1. 내력벽을 증설 또는 해체하거나 그 벽 면적을 30제곱미터 이상 수선 또는 변경하는 것
2. 기둥을 증설 또는 해체하거나 세 개 이상 수선 또는 변경하는 것
3. 보를 증설 또는 해체하거나 세 개 이상 수선 또는 변경하는 것
4. 지붕틀(한옥의 경우에는 지붕틀의 범위에서 서까래는 제외한다)을 증설 또는 해체하거나 세 개 이상 수선 또는 변경하는 것
5. 방화벽 또는 방화구획을 위한 바닥 또는 벽을 증설 또는 해체하거나 수선 또는 변경하는 것
6. 주계단 · 피난계단 또는 특별피난계단을 증설 또는 해체하거나 수선 또는 변경하는 것
7. 삭제
8. 다가구주택의 가구 간 경계벽 또는 다세대주택의 세대 간 경계벽을 증설 또는 해체하거나 수선 또는 변경하는 것
9. 건축물의 외벽에 사용하는 마감재료(법 제52조 제2항에 따른 마감재료를 말한다)를 증설 또는 해체하거나 벽면적 30제곱미터 이상 수선 또는 변경하는 것

부가가치세 신고 필수 점검 사항

부가가치세 신고 준비는 매출과 매입 두 가지 측면에서 이루어져야 한다.
큰 실수 중 하나는 매출 누락이며, 이는 나중에 가산세 부과로 이어질 수 있다.
매출의 정확성을 확보하기 위해서는 세금계산서 발행, 신용카드 매출, 그리고 지출증빙용 현금영수증 확인을 철저히 해야 한다.
2025년 12월 거래에 대한 세금계산서는 2026년 1월 10일까지 발행되어야 하며, 기한을 넘기면 지연 발행 가산세가 부과된다.
수기 세금계산서를 발행한 경우, 해당 내역이 신고에서 누락되지 않도록 꼼꼼히 확인해야 하며, 작은 실수도 큰 문제로 이어질 수 있다.

전자상거래, 온라인 거래는 각별히 주의한다.

다양한 판매 채널에서의 매출을 정확히 준비하는 것은 부가가치세 신고에 있어서 매우 중요하다.
신용카드 매출, 자사몰, 오픈마켓 및 배달어플에서의 매출 자료는 각각 여신금융협회, 결제 대행사 및 배달 업체에서 제공하는 자료를 통해 확인할 수 있다.
매출 금액 집계 과정에서 실수가 발생할 수 있으므로, 홈택스 자료와 집계한 매출 자료를 반드시 비교해 정확성을 검증해야 한다.
홈택스에서는 신용카드 및 판매·결제 대행 매출 자료를 조회할 수 있으며, 현금영수증 매출은 별도로 확인해야 한다.

홈택스 자료와 집계한 자료 간의 차이가 발생하는 경우, 하나는 각 플랫폼에서 부가가치세 신고자료를 집계하는 과정에서 특정 판매 플랫폼 매출이 누락되는 경우가 있다. 두 번째는 일부 판매 플랫폼 매출이 홈택스 자료에 반영되지 않는 경우다. 이러한 상황이 발생하게 되면 홈택스 자료와 각 플랫폼별 매출 데이터를 하나씩 비교해서 문제 원인을 파악해야 하는데, 이 과정은 매우 중요하다.

현금매출 부분은 꼭 확인한다.

매출 신고와 관련해서 마지막으로 꼭 확인해야 할 사항이 바로 현금매출이다. 고객으로부터 현금으로 직접 받거나 무통장입금으로 처리된 매출이 있다면, 이 부분을 신고해서 누락하지 않도록 주의해야 하는데, 현금매출은 전자적인 기록이 없으므로 쉽게 놓칠 수 있는 부분이지만, 만약에 누락이 돼서 적발된다면 나중에 가산세 불이익을 받을 수 있다.

특히 주의할 점은 현금매출 중 현금영수증을 발행한 내역이 있는 경우에는 집계과정에서 중복으로 매출에 포함될 가능성이 있다. 이 경우 현금영수증 발행 내역과 일반 현금매출 내역을 꼼꼼히 분리해서 체크하는 것이 중요하다.

부가가치세 매입세액 관리

1 부가가치세 매입세액공제 확인 사항

부가가치세 신고 시 매입세액공제를 받기 위한 조건은 세금계산서, 신용카드 매입, 또는 지출증빙용 현금영수증과 같은 적격증빙을 받아야 한다. 적격증빙이 없는 사업 관련 매입은 매입세액공제가 불가능하다는 점을 반드시 기억해야 한다.

사업 관련성이란 사업에 필요한 재화나 용역을 매입했을 때만 부가가치세 공제가 가능하다는 의미이다. 즉 사업과 관련이 없는 개인용품을 사업자등록번호로 구입하더라도 부가가치세 공제는 불가능하다.

사무실용품처럼 사업 관련성이 인정되는 경우는 부가가치세 공제가 가능하지만, 개인적 용도로 구매한 물건은 공제가 되지 않는다.

2025년 12월 거래에서 세금계산서를 1월 10일 이전에 요청하여 발급받아야 하며, 이후 발급받으면 세금계산서 지연 수취 가산세가 부과될 수 있다.

지출증빙용 현금영수증은 사업자등록번호로 발행되어야 하며, 소득공제용으로 발행된 경우 부가가치세 공제가 불가능하므로 소득공제용 현금영수증은 홈택스를 통해 지출증빙용 현금영수증으로 변경하는 절차를 거쳐야 한다.

2 부가가치세 신고 시 공제 불가 항목

사업용 매입이라 하더라도 세법에 따라 부가가치세 공제가 되지 않는 항목들이 존재한다.

❶ 거래처 접대를 위한 식사비나 선물 구매비 등 업무추진비와 관련된 매입은 매입세액공제가 불가능하다.

❷ 업무용 승용차 관련 비용, 즉 구매비용, 렌탈비 및 유지비 등은 대부분 부가가치세 공제 대상이 아니다. 특히 9인승 이상의 승합차 및 화물차, 경차를 제외한 승용차가 이에 해당한다.

❸ 여객운송업 관련 비용인 항공권, KTX, 고속버스 요금, 택시비는 부가가치세 공제가 불가능하며, 적격증빙을 받았다 하더라도 부가가치세 공제가 되지 않는다.

❹ 해외 운송비는 부가가치세 영세율이 적용되어 공제가 불가능하므로, 신용카드로 결제하더라도 환급 신청이 불가능하다. 특히 수출 관련 사업자들은 주의해야 한다.

❺ 면세사업자나 직전 연도 매출액 4,800만 원 미만인 간이과세자로부터 재화나 용역을 구매하였을 경우, 부가가치세 공제가 되지 않는다.

면세사업자는 농산물, 수산물 등을 판매하며 부가가치세 납부가 면제되기 때문에, 이들로부터 구매한 물건이나 서비스는 공제 대상이 아니다.

직전 연도 매출액 4,800만 원 미만인 간이과세자는 세금계산서를 발행할 수 없으므로, 이들로부터 현금형 수취나 신용카드 매입을 하더라도 부가가치세 공제를 받을 수 없다. 다만 세금계산서 발급 가능 간이과세자로부터 받은 적격증빙은 매입세액공제를 받을 수 있다.

사업자의 과세 유형은 홈택스에서 신용카드 사용 내역 다운로드나 사업자등록번호

입력을 통해 확인할 수 있다.

❻ 가족이나 직원 명의의 신용카드로 사업 관련 매입 시 부가가치세 공제가 가능하지만, 제3자 명의의 카드 사용 시 공제가 불가능하다.

구 분		법인	개인사업자
매입세액공제액	일반적인 매입세액	손금불산입	손금불산입
매입세액불공제액	❶ 본래부터 공제되지 않는 매입세액 가. 영수증을 발급받은 거래분의 매입세액 나. 부가가치세 면세사업 관련 매입세액 다. 토지 관련 매입세액 라. 비영업용 소형승용자동차의 구입 · 유지에 관한 매입세액 마. 기업업무추진비 및 유사 비용의 지출에 관련된 매입세액 바. 간주임대료에 대한 부가가치세	손금산입	손금산입
	❷ 의무불이행 또는 업무 무관으로 인한 불공제 매입세액 가. 세금계산서의 미수취 · 불분명 매입세액 나. 매입처별 세금계산서합계표의 미제출 · 불분명 매입세액 다. 사업자등록 전 매입세액 라. 사업과 관련 없는 매입세액	손금불산입	손금불산입

추가로 세금계산서(신용카드 매출전표 동일)를 받아도 매입세액공제가 안 되는 업종이 있는데, 이는 특히 주의해서 관리해야 한다. 특히 출장 중 지출하는 비행기, 고속버스, 고속철도, 택시 이용료와 국외 지출액은 반드시 매입세액불공제 처리를 해야 한다.

① 목욕, 이발, 미용업

② 여객운송업(국내외 출장 등을 위해 사용한 비행기, 고속버스, 고속철도, 택시) 단, 전세버스 운송 사업 제외(출장 여비교통비 중 호텔 등 숙박의 경우는 업무 관련의 경우 매입세액공제가 된다.)

③ 입장권을 발행하여 영위하는 사업(공연 · 놀이동산 입장권)

④ 부가가치세가 과세되는 진료용역을 공급하는 사업(성형수술 등)

⑤ 부가가치세가 과세되는 수의사가 제공하는 동물진료용역

⑥ 부가가치세가 과세되는 무도학원 · 자동차운전학원
⑦ 기타 노점, 행상을 하는 자
⑧ 국외 사용액(출장 여비교통비 중)
국내의 과세 사업자(연 매출 4,800만 원 미만 간이과세자 제외)로부터 세금계산서 또는 신용카드매출전표를 수취한 경우 매입세액공제가 가능한 것이므로, 국내 사업자가 아닌 자로부터 재화 등을 공급받는 해외 사용분에 대해서는 매입세액공제가 되지 않는다.
⑨ 대표자 식비(예외 : 직원이 있는 경우 공제 가능)

부가가치세 신고 시 유의 사항

첫째, 고정 거래처에 대한 월합계 매출 · 매입 세금계산서 매수 확인
고정 거래처의 거래 및 임대료, 전기료, 관리비, 통신비, 기장료 등 매월 정기적인 거래의 세금계산서 매수와 금액을 확인해서 누락 하는 것이 없는지 반드시 확인한다.
둘째, 거래처의 사업자등록번호 및 공급가액의 내용 확인
상호가 같은 경우나 지점과 거래하는 경우는 사업자등록번호가 다르더라도 이를 동일한 것으로 입력할 수 있으므로 반드시 사업자등록번호를 확인해야 하며, 아울러 구매확인서 등을 발행하는 영세율 적용 업체는 구매확인서와 세금계산서의 금액을 반드시 대사해야 한다.
셋째, 팩스로 받는 경우의 세금계산서 문제
팩스로 받을 경우는 매출과 매입의 구별이 어려우므로 반드시 공급자와 공급받는 자를 구별해서 처리해야 하며, (−)세금계산서가 있는지도 확인해야 한다.
넷째, 폐업자, 비사업자, 면세사업자의 세금계산서 유무
면세사업자 및 폐업한 공급자로부터 받은 세금계산서 상 매입세액은 불공제되며, 각종 가산세가 부과될 수 있다.
고정 거래처뿐만 아니라 최초 거래를 시작할 경우는 국세청 홈페이지에 거래상대방의 과세 유형 및 폐업 여부를 조회해서 거래 후 피해가 없도록 해야 한다.
다섯째, 위장 및 가공 혐의의 거래 관리

일시적이고 단기간의 고액 거래, 고정 거래처가 아닌 자와의 고액 거래, 매입과 매출이 동시에 발생하는 거래, 취급 업종과 다른 무관한 거래, 원거리 사업자와의 잦은 거래, 거래 횟수가 적으면서 거래금액이 일정 단위로 표시되는 거래 등 세무서에서 위장 및 가공거래로 분류될 수 있으므로 세금계산서 검토 시 유의해야 한다.

여섯째, 부가가치율 관리

당해 사업자의 부가가치율이 동업자 평균 부가가치율에 미달하거나 초과하는 경우 실물거래 없이 세금계산서를 받거나 발행한 거래가 없는지 검토해야 한다. 고액의 매출, 매입 세금계산서가 있는 경우에는 대금 수수 증빙이나 거래명세표, 입금증, 계약서 등 부대 증빙 서류를 꼼꼼히 챙겨 놓아야 한다.

일곱째, 영세율 등에 대한 조기환급 신고

영세율이 적용되는 경우는 반드시 전자신고 후에 관련 서류를 제출해야 한다. 만약 제출하지 못했을 때는 가산세가 붙는다.

고정자산을 취득하였을 때는 관련 세금계산서와 계약서, 거래명세표 및 입금표 등 차후 환급 조사에 대비해서 관련 서류를 준비해 두어야 한다. 조기환급 신고할 때 미리 국세환급 계좌 신고를 해두면 환급 세액을 편리하게 수령할 수 있다.

Chapter 02

법인 가결산과 결산 방법

가결산 필수 체크포인트

가결산은 사업장의 연말 세무 관리를 위해 필수적인 작업으로 사업장의 현재 상황을 주기적으로 파악해야 한다는 점이 강조된다.
연말에 세무 관련 세금 문제를 미리 인식하고 대비하는 것이 중요하며, 이를 통해 불필요한 가산세와 세금 문제를 예방할 수 있다.
가결산 보고서에는 사업장의 매출, 인원 유지, 비용 부족 여부 등 중요한 정보가 담겨 있어, 이를 통해 사후관리와 절세 포인트를 지속적으로 확인해야 한다.
마지막으로, 사업장에서는 세액 공제 및 감면 조건을 유지하고 있는지 자주 점검해야 하며, 이는 비용 관리와 함께 필수적인 절차로 언급된다.

가결산이 필요한 이유

❶ 가결산의 주요 목적은 연간 순이익을 예측하고 누락된 비용을 점검하여 법인세 신고를 효율적으로 하기 위함이다.
❷ 법인 가결산은 개인사업자의 가결산과 유사하지만, 법인세와 이를 개인화할 때 발생하는 소득세를 동시에 고려해야 하므로 더 많은 주의가 필요하다.
가. 법인 가결산에서 2025년 예상 순익 파악은 과세표준 산정의 필수 요소다.
나. 기대치와 가결산의 예상 순익을 비교함으로써 누락된 비용이나 적격 증빙을 확인하여 추가 비용 반영의 기회를 찾는다.
다. 인건비 신고 누락이 있다면 원천세 수정신고 등을 통해 법인 비용으로 반영할 수 있는 기회가 있다.

라. 비용 증빙 관리의 중요성은 미수취 증빙으로 인해 가산세가 발생할 수 있으며, 자금 사용의 불명확성이 대표 이사에게 세금 부담을 주는 결과를 초래할 수 있다.

마. 법인소득이 높은 경우, 임직원 상여 지급이나 퇴직연금 추가 불입을 통해 순익을 조정하는 전략을 고려할 수 있다.

❸ 가결산은 기업의 부채비율 관리를 통해 신용등급에 큰 영향을 미치며, 부채비율을 낮추기 위해서는 자본금 증대가 필요하다.

❹ 가결산은 가수금과 가지급금 관리를 촉진한다.

더불어 외상매출금 및 외상매입금 관리로, 직원의 횡령과 같은 문제를 발견할 수 있으며, 행정적인 세부 사항을 정확하게 정리하는 것이 중요하다.

❺ 가결산은 매출 관리에 필수적이며, 연초에 설정한 매출 목표 달성을 위해 필요한 자금을 확보하기 위해 중요하다.

매출이 목표에 미치지 못할 경우, 마케팅 전략을 조정하여 매출 증대를 도모할 수 있다.

❻ 개인사업자는 성실신고 확인 제도가 있어 기준 금액 초과 시 법인전환 제한이 따르므로, 사전에 관리가 필요하다.

❼ 외부감사 대상이 되는 기준 금액을 사전에 파악하여 미리 대응해야 하며, 이를 위해 가결산이 필요하다.

가결산은 모든 세무사가 제공하지는 않으며, 특히 작은 업체에서는 필요성에 대한 인식이 낮을 수 있다.

가결산으로 비용 부족분을 파악하라

가결산의 핵심은 부족한 비용을 명확히 파악하는 것이며, 많은 사업장에서 실제 지출된 비용이 제대로 신고되지 않는 경우가 많다.

인건비를 줄여 신고하는 경우 이에 따라서 비용처리가 덜 되는 문제를 겪는다.

국세청은 업종별 소득률을 기준으로 비용 부족을 판단하며, 매출이 일정 수준 이상일 경우 평균 소득률에 비해 비용이 적게 처리되면 문제가 될 수 있다.

임차료가 누락되는 사례도 흔하며, 이는 간이과세자나 개인으로부터 임차하는 경우 발생하는 문제다. 이 경우 임차료를 계좌 이체하는 방법을 통해 경비처리한다.
창업 초기 비용 처리 또한 깜빡하기 쉬운 부분으로, 계약서나 지급내역이 있을 경우 반드시 비용으로 인식해야 한다.
인건비를 줄여서 신고하면 경비가 부족하다.
일부 사업자는 인건비를 신고할 때, 4대 보험 부담을 줄이기 위해 실제 지급액보다 적게 신고하는 경우가 많은데, 이는 비용처리가 줄어드는 결과를 낳아 결국 세금을 증가시키는 요인이 된다.

1 창업비용은 철저히 비용처리 한다.

사업 초기에는 초기 투자 비용이 발생하는데, 세금계산서 등을 받지 않아 부가가치세 매입세액공제를 받지 못하는 경우와 현금으로 결제하는 일이 많아 정확한 비용 관리가 안 되는 경우가 많다.
이런 결제 방식에서도 세금계산서는 사업자등록번호 대신 주민등록번호로 받고, 계약서나 지급내역이 있다면 비용처리가 가능하므로, 이를 방지하려면 사업 초기부터 철저한 증빙관리가 필요하다.
따라서 기장대리 시 이러한 내역을 적극적으로 전달하여 비용처리를 요청한다.
특히 권리금과 인테리어비용은 그 금액이 많으므로 빠뜨리지 않도록 주의해야 한다.

2 인건비를 정상적으로 신고하자

신용불량자 직원, 외국인 노동자 등으로 인해 인건비 신고를 누락하는 경우가 잦다.
또한 인건비 상승으로 인해 가족 구성원들이 함께 일하는 경우도 많아지고 있으며, 이를 정확하게 측정할 필요성이 있다.
가족 인건비를 가짜로 많이 넣어도 문제지만 소규모 사업장의 경우 가족에게 지급된 인건비도 정상화하려는 노력이 필요하며, 이를 정상적으로 처리하지 않으면 세금 부담이 증가한다.
그뿐만 아니라 배우자와 함께 장사를 하고 있어도 배우자에게 인건비 지급이 중요하며, 이는 법적으로도 문제가 없다.
정확한 인건비 처리를 통해 세금을 줄일 수 있다.

3 임차료를 정확히 신고하자

많은 사업자가 월세가 비용 처리될 것이라고 자연스럽게 생각하지만, 실제로는 누락되는 경우가 많다. 특히 건물주가 간이과세자이거나 사업자등록을 안 한 개인사업자인 경우 세금계산서가 누락될 수 있다.
임대차 계약서와 계좌이체 내역이 있으면 세법에서 비용처리를 인정하므로, 이러한 정보를 숙지하는 것이 중요하다.

4 상대방에게 세금계산서 등 증빙을 철저히 받자

상대방이 세금계산서를 미발행해 줌으로 인해 원재료나 상품의 누락이 빈번하게 발생한다.
거래명세서로도 비용처리가 가능하지만, 가산세의 위험이 있고 세무대리인이 파악하기 어려운 경우가 많다. 따라서, 상대방의 증빙 발행이 누락된 경우 즉시 상대방에게 세금계산서 발행을 요청해야 한다.

5 채권 및 가지급금 관리를 철저히 하자

❶ 거래처별 채권의 회수 가능 여부를 점검하고, 회수 불가능한 채권에 대해서는 세법상 비용처리 요건을 충족하는지 점검 후 대손 처리를 통해 비용에 반영한다.
❷ 가지급금은 법인이 대표자에게 돈을 빌려준 것으로 간주되어 인정이자가 발생하고, 이와 동시에 상여처분되어 법인소득의 증가와 대표이사 개인 근로소득세의 증가로 이어진다.
❸ 법인의 차입금 중 가지급금 비율에 대한 이자비용은 법인세 계산 시 인정받지 못해(업무 무관 차입금이자 손금불산입), 가지급금이 많을수록 법인세 부담이 증가하게 된다.

❹ 가지급금 관리는 정책자금 대출이나 은행 심사에 영향을 미칠 수 있으므로, 체계적인 관리가 필요하다.

❺ 재무비율은 대출 심사에 중대한 영향이 있으며, 부채비율이 300% 이상일 경우 신규 대출에 문제가 생길 수 있으므로 주의가 필요하다.

6 세액공제 및 세액감면 제도를 활용하자

고용증대세액공제는 상시근로자 수 증가에 따라 큰 금액이 공제되는 대표적인 공제제도이다.

고용증대세액공제와 중소기업 사회보험료 공제가 통합되어 통합세액공제가 시행되고 있다.

7 배당 정책을 점검하자

법인 가결산 시 배당가능이익을 미리 예상하여 배당금 지급 여부를 점검하는 것이 중요하다.

배당소득의 경우 분리과세가 가능해 소득이 높을수록 절세 효과가 더욱 커질 수 있으며, 배당금 지급 시 주주 별로 2천만 원 이하로 설정하는 것이 좋다. 따라서 배당을 모아 두었다가 한 번에 하는 경우 종합소득에 포함되어 고액의 세금을 낼 수 있으므로 적절한 배당을 하는 것이 좋다.

법인의 주식 가치 확인은 증여 시 절세 전략 수립에 필수적이며, 주식 가치가 낮을수록 세금 부담이 줄어드니 이점을 고려해 적절한 시기에 증여가 이루어지는 것이 좋다.

연말 결산 전 미리 점검해야 할 7가지

절세를 위한 임원의 연봉조정

기업은 연말 가결산을 통해 당기 재무 현황을 체크해서 이익을 파악한 후, 이익이 많이 난다고 해서 없던 비용을 만들어 낼 수는 없다.

그러나 어느 정도 법인에서 자율적으로 할 수 있는 부분이 대표이사의 연봉 변동이다. 올해 이익에 비해서 대표의 연봉이 너무 적다고 생각할 때는 연봉을 연도 중이라도 올리는 게 좋다. 가끔 법인 대표이사는 본인의 연봉이 많아서 소득세와 4대 보험료가 너무 많이 나오는 것이 싫다는 이유로 회사 이익 규모에 비해서 연봉을 너무 낮게 책정하는 경우가 있다.

그러나 비용처리를 적게 해서 쌓인 이익잉여금으로 결국 배당이 종합소득세로 과세될 수 있으므로, 이익이 큰 회사의 경우에는 대표이사의 연봉을 올리는 게 절세에 맞다. 즉 이익이 큰 경우에는 대표의 연봉을 적정 수준으로 상향 조정하는 것이 법인세 절세에 효과적일 수 있다.

그리고 직원들의 연봉은 연봉계약서로 어느 정도 정해져 있으므로, 대표이사와 직원들의 연말 상여를 고려해 보는 것도 비용 처리하는 데 도움이 될 수 있다. 직원의 경우에는 상여가 딱히 문제가 되진 않지만, 임원의 경우에는 상여를 한도 규정을 넘어서서 지급하면 법인세 신고 때 손금불산입 되므로 주의해야 한다. 즉 임원의 보수 및 상여는 한도 규정을 반드시 준수해야 하며, 이를 위반하면 비용인정을 못 받을 수 있다.

즉 임원의 보수나 상여 등은 정관의 규정에 따라 가져가야지 가져가고 싶은 대로 가져가면, 나중에 비용으로 인정을 못 받을 수 있으므로 규정을 반드시 확인하고, 그 한도 내에서 가져간다.
회사는 연말 전에 미리 손익을 파악해 보고, 상여의 규모를 책정하는 게 좋다.
그리고 꼭 상여 외에도 우리 회사가 올해 이익이 많은 특별한 이유가 있다면, 특별 상여 또는 성과급을 고려해 보는 게 좋다.

퇴직연금 불입을 통한 이익조정

퇴직연금은 매년 불입하는 비용에 대해서 비용처리가 가능하므로, 이 방법을 적극적으로 활용한다.
이익이 큰 회사는 임직원이 퇴직연금에 가입되어 있다면, 추가적인 불입을 통해서 추가 비용인정을 받을 수 있다.
임직원의 퇴직금은 한도 규정이 있는데, 직원의 한도 규정은 이 금액까지는 무조건 지급해야 한다는 규정이고, 임원의 한도는 이 금액을 넘으면 비용으로 인정하지 않겠다는 규정이다.
따라서 직원은 법에서 정한 최소한의 퇴직금은 반드시 지급해야 하며, 임원의 경우에는 정관에 따른 한도 이내에서만 지급해야 비용으로 인정된다.
특히 이익이 많을 경우 퇴직연금의 추가불입을 통해 절세 효과를 누릴 수 있고, 이익이 적을 경우 불입 금액을 줄여 손실을 줄일 수 있다. 따라서 연말에 일시에 불입하는 옵션도 존재하므로, 이 부분을 체크한 후 잘 활용한다.

세액공제 항목 점검과 배당 전략

법인 회사가 세금 절감을 위해 창업 감면 및 통합고용세액공제 등 세액공제와 감면을 적절히 활용하면 법인세를 크게 줄일 수 있다. 세액감면은 법인세가 거의 없는 회사라면 굳이 비용을 더 넣는 데 집중할 필요가 없다.
그리고 비용처리를 많이 하는 방법 외에도 법인세를 내고, 쌓여 있는 누적 이익잉여금을 적절히 어떻게 배당할 것인지 말 것인지 미리 연말에 고민해 둘 필요가 있다.
물론 급여도 받아 가고 배당도 받아 가면 세금 걱정이나 4대 보험료 걱정이 있을 수 있다.

그렇다면 급여가 없는 주주가 있는 경우 해당 주주를 적극 활용하는 것도 좋은 방법일 수 있다.

참고로 계속 쌓여가는 이익잉여금 때문에 내 주식을 자녀에게 줄 때 가치가 너무 올라서 고민이 된다면, 세금이나 4대 보험료를 내더라도 배당을 적극 활용하는 게 주식 이전 전에 도움이 될 수도 있다. 특히 이익이 계속해서 상승하는 회사는 올해가 주식 가치가 가장 낮은 해이기 때문에, 특수관계자에게 주식을 이전해야 한다면, 배당을 적극 활용해서 주식 가치를 떨어뜨리는 게 더 이득이 될 수도 있다.

손실 예상 회사의 가업승계

손실이 발생하는 경우, 대표의 연봉을 줄이는 방안을 고려할 수 있다. 왜냐하면 회사에 이익이 없어서 자금도 줄고, 대표에게 줄 돈이 없어서 미지급금으로 쌓이면, 회사의 부채가 계속 늘어나고, 이렇게 되면 회사의 부채비율도 나빠지기 때문에 대출을 일으킬 때도 악영향을 미친다. 또한 법인이 어떤 계약을 할 때도 부채비율 때문에 안 좋은 영향을 미칠 수 있다.

반면 손실 상황에서 주식을 가족에게 이전하는 것이 세금을 절감하는 좋은 기회가 될 수 있다.

나 혼자 100% 주주인 법인이라면 손실이 날 때 자녀 등 특수관계자에게 주식을 이전하는 경우 주식 가치가 떨어져 있으므로 세금을 적게 낼 수 있다.

통장 잔고가 많고, 재고가 많다고 이익이 아니다.

재고자산의 개념을 잘 알아야 한다. 내가 물건을 많이 가지고 있다고 해서 이익이 늘어나는 것이 아니고, 재고자산을 많이 구매했다고, 구매비용 전체가 비용처리되는 게 아니다, 그렇게 산 물품을 팔았을 때 그 판 부분에 대한 금액만큼만 원가, 즉 비용처리가 될 수 있다.

또한 통장 잔고도 회사의 이익과 비례하는 게 아니기 때문에 이 부분을 착각하면 안 된다. 통장 잔고는 여러 기간 동안 영업활동의 결과로 쌓인 것이지 특정 시점의 이익을 나타내주지는 않는다.

회사 정관의 중요성을 인식하자

기업은 임원의 보수와 퇴직금 규정을 정관에 포함시켜 비용처리를 원활하게 해야 한다.

손익 구조를 보고 임원의 보수 변동과 연말 상여를 지급하면, 근거 규정을 확인해야 하는데, 법인을 설립할 때 정관에 아무 규정 없이 표준 정관으로 만들었다면, 지금이라도 정관을 수정해서 임원 보수나 상여 규정을 넣고, 퇴직금 규정도 넣어 비용 처리하는 데 문제가 없도록 해야 한다.

회사의 재무비율을 파악한 후 관리하자

대출이나 유동비율 등 재무제표의 비율이 중요한 회사들은 꼭 연말 전에 검토해야 한다. 미리 연말 전 재무제표가 확정되기 전에 충분히 검토해서 회사의 이익, 부채, 유동자산 등을 기준에 맞게 준비해 두는 것이 좋다.

결산 관련해서 점검하고 유의할 사항

결산은 재무제표를 작성하는 과정으로, 매우 중요한 업무로 여겨진다. 하지만 결산은 실무에서 직원들이 가장 어려워하는 업무 중 하나로, 많은 어려움을 동반한다.
또한, 원천세나 부가가치세와 같은 업무는 상대적으로 빠르게 처리될 수 있지만, 결산은 주기적으로 진행되기 때문에 실무자가 어디서부터 손을 대야 할지 모르는 경우가 많다.

결산할 때는 점검할 사항

1 재무제표의 정합성 검증

재무상태표와 손익계산서의 등식이 맞는지 확인한다. 예를 들어, 자산 = 부채 + 자본, 이익잉여금 = 전기 누적 이익잉여금 + 당기순이익 등이 맞는지 확인한다.

2 현금 및 예금 잔고 확인

현금과 예금 잔고 금액이 재무제표와 일치하는지 확인한다. 현금시재는 계좌에 입금하고 0원으로 만들어준다.

3 재고자산 확인

실제 재고자산의 수량이 수불부와 일치하는지? 여부를 확인한다. 일치하지 않는 수량의 가치만큼은 재고자산감모손실로 비용 처리해 준다. 또한, 순실현가능가치를 검토한 후 재고자산평가손실을 반영해 준다.

4 고정자산 관리

고정자산 중에 못쓰게 된 자산이 있는지 확인하고, 이를 제거한다. 고정자산관리대장에서 남은 고정자산의 잔존가치 합계가 재무상태표 상 유형자산, 무형자산 금액과 일치하는지 확인한다.

5 투자자산 평가

투자자산의 가치가 취득 당시의 가치와 여전히 동일한지 평가한다. 예를 들어, 자회사 투자 지분의 가치가 계속 손실을 내고 있어 1억 원이 안 되는 가치를 가진 회사로 평가된다면 그 차액만큼 평가손실로 인식해 준다.

6 유동/비유동 구분

유동자산과 비유동자산을 구분하여, 1년 이내에 회수할 수 있는 자산은 유동자산, 1년 이내에 갚아야 하는 부채는 유동부채로 분류한다. 1년 이상이라면 비유동자산, 비유동부채로 분류한다.

7 가지급금, 가수금 정리

출처를 제대로 모르는 자산 또는 부채인 가지급금, 가수금이 재무제표에 있는 것을 확인하고, 이를 제거한다. 이는 회계감사뿐만 아니라 세무적으로도 큰 불이익을 받을 수 있기 때문이다.

8 외상매출금, 미수금, 선급금, 선급비용 분석

외상매출금, 미수금, 선급금, 선급비용은 모두 일종의 채권이다. 이를 분석하여, 못 받을 돈이 있는지 확인 후 대손충당금을 비용으로 인식한다.

9 계약서, 세금계산서, 거래명세서 준비

거래처와 실제로 이루어진 거래가 맞는지, 계약에 따라 정상적으로 진행된 거래가 맞는지 확인한다. 중요한 거래에 대해서는 계약서를 반드시 구비하고, 세금계산서와 거래명세서상 금액이 장부에 기록된 금액과 일치하는지 다시 확인한다.

10 손익계산서, 재무상태표 증감 분석

손익계산서와 재무상태표 각 계정별로 금액이 얼마나 늘거나 줄었는지, 월/분기/연 단위로 비교한다. 금액이 심하게 증가하거나 감소해서 튀어 보이는 계정이 있으면 그 원인을 확인한다. 이 과정에서 계정이 잘못 기표된 오류를 발견하는 경우가 많기 때문에 결산에 문제없는지 최종적인 셀프체크를 해볼 수 있다.

결산 과정에서 유의해야 할 사항

❶ 부가가치세와 원천세 신고 시 세금계산서 및 공급가액의 누락 여부를 반드시 확인해야 하며, 외국에서 수입한 물품의 경우 부가가치세 신고 시 관련 내용을 반드시 검토해야 한다.
❷ 재무제표 작성 시, 계정과목의 수가 많을수록 결산의 난이도가 증가하며, 직원 급여와 같은 인건비의 분류가 정확해야 재무제표의 정확성을 유지할 수 있다.
❸ 각 계정의 입력 사항이 정확해야 하며, 특정 계정과목의 누락을 최소화하기 위해, 결산 시 기초 재고와 매입, 판매 관련 문서를 정확히 반영해야 한다.
❹ 재무제표를 작성 후에도 외부감사 기준에 대한 검토가 필수적이며, 감사 기준에 부합하지 않는 경우 법적제재가 있을 수 있으므로 주의해야 한다.

❺ 특히 자본 항목의 출자나 배당의 변동 사항도 정기적으로 확인해야 하며, 이러한 사항들의 누락이 향후 법인세 관련 문제를 유발할 수 있다.

1 부가세 및 원천세 신고의 중요성과 주의 사항

첫째, 부가세 및 원천세 신고 시 세금계산서의 정확한 반영을 확인해야 하며, 특히 수입세금계산서는 외국에서 발생하는 거래의 세무 처리에 주의해야 한다.
그리고 수입하는 과정에서 발생할 수 있는 운송료와 개별소비세의 포함 여부를 고려하여 실제 회계처리 금액과 지급 금액이 다를 수 있음을 인지해야 한다.
또한, 부가가치세 신고 시 공급가액을 누락하고 부가가치세만 입력하는 경우가 발생할 수 있고, 이는 재무제표 작성 시 누락으로 이어질 수 있음을 유의해야 한다.
나아가, 해외에서 상품을 매입하고 국내에서 판매하는 경우 매출이 발생할 수 있으므로 신용카드 전표 등의 매입 세금계산서 누락을 방지하기 위한 철저한 점검이 필요하다.
마지막으로, 원천세 신고 시 급여 내용 등을 포함하여 누락된 사항이 없는지를 반드시 확인하는 과정이 필요하다.

2 급여 회계처리와 결산 과정의 복잡성

결산 작업은 계정과목이 많을수록 난이도가 높아지며, 이는 수익, 비용 및 자산, 부채 계정과목에도 적용된다.
손익계산서에서 직원 급여와 같은 항목은 다양한 방식으로 표기될 수 있으며, 적절한 회계처리 과정에서 원가 명세서로 전송이 필요하다.
급여를 처리할 때, 공장 직원이나 임원 구분을 통해 자동으로 원가 또는 판매 관리비로 분류될 수 있지만, 초기 단계에서는 금액이 올바른지 확인하는 것이 중요하다.
급여대장과 손익계산서의 전표 총액을 비교해야 하며, 임원 급여와 직원 급여, 상여 등이 혼합되어 있을 경우 파악이 어려운 문제가 발생한다.
결산단계에서는 사업소득세 및 기타 소득세를 포함해 모든 신고된 인건비가 누락 없이 반영되는지를 중점적으로 확인해야 한다.

3 수익과 비용 정리의 중요성

결산 과정에서 수익과 비용의 확인 및 정리는 실무에서 매우 중요한 작업이다.
광고비와 같은 특정 비용 항목은 매출에 미치는 영향을 분석하기 위해 세부적으로 기록할 필요가 있다.
운반비와 같은 회사의 필수 비용은 별도로 기재하여 재무제표의 신뢰성을 높일 수 있다.
확인 작업을 통해 계정과목을 정리함으로써 상거래에서 발생하는 비용처리의 정확성을 높이는 것이 중요하다.
적격 증빙이 없는 비용은 부가가치세 신고 시 문제가 될 수 있으며, 이에 대한 정확한 처리가 요구된다.

4 원가 명세서 작성의 필요성과 주의점

매출에 대응되는 원가는 상품, 제품, 공사원가로 나뉘며, 상품의 경우 원가 명세서가 필요하지 않지만, 제품은 원가명세서 작성이 필요하다.
제품 원가는 원재료, 인건비, 외주가공비를 포함하며, 손익계산서에서 심플하게 표현하면 이해에 어려움이 생겨 원가 명세서의 필요성을 강조한다.
원가 확인을 위해 기초 재고, 단기 매입을 고려한 종합에서 기말재고를 제외하여 팔린 원가를 계산하는 방식이 사용된다.
결산 과정에서 재무제표입력 시 주의해야 할 점은 재고 및 원가의 정확한 확인과 처리를 통해 실수를 줄여야 한다.

5 재무상태표 마감 전 체크포인트

재무상태표 마감 전에 확인해야 할 몇 가지 사항이 있으며, 특히 자산부채 계정의 상태를 점검해야 한다.
부가가치세, 미지급 세금, 미수금, 가지급금, 가수금과 같은 항목들은 반드시 명확히 정리되어야 하며, 회계상에 남아 있어서는 안 된다.

결산자료를 마감할 때, 허위 정보나 오해를 초래할 수 있는 계정의 사용을 피해야 하고, 세법상의 규정을 고려해야 한다.
합계잔액시산표와 같은 서식을 활용하여 차변과 대변의 금액을 확인하고 필요시 조정하여 명확한 재무 상태를 유지해야 한다.

6 자본 항목 확인의 중요성

자본 항목은 재무상태표의 중요한 내용으로, 반드시 확인해야 하며, 출자, 감자, 투자 등의 활동을 놓치면 투자자가 실망할 수 있다.
출자나 감자, 배당이 없더라도 주주 간의 주식 이동 현황을 확인하는 것이 필수적이며, 이를 소홀히 하면 법인세 신고 시 문제가 발생할 수 있다.
주식변동 상황을 제출하지 않을 경우 가산세가 부과되므로, 정확한 자본 기록이 중요하다.
작업 효율 때문에 계정과목을 건너뛰는 경우가 발생할 수 있으며, 모든 거래처 원장을 철저히 확인하는 것이 필요하다.

7 재무제표 검토의 필수사항

재무제표 작성 후, 회사의 요구사항이 관련된 재무비율을 파악하는 것이 중요하다.
특히 부채비율은 타인자본에 대한 의존도를 나타내며, 높은 부채비율은 대출 심사에 불리하게 작용할 수 있다. 그러므로 이를 줄여야 한다.
유동비율은 회사의 현금화 능력을 판단하는 지표로, 높을수록 대출 심사에서 유리하다.
유동자산과 유동부채를 고려하여 유동비율을 정확히 계산하는 것이 필요하며, 특정 상황에 따라 부채 항목의 분류를 조정함으로써 유동비율을 개선할 수 있다.
따라서, 재무제표 작성 후에는 동일 영업을 진행했는지 확인하고, 과거의 패턴과 일치하는지를 검토해야 한다.

8 외부감사 기준과 회계처리의 중요성

외부감사는 회계기준에 맞춰 기업의 재무제표가 작성되었는지를 확인하는 작업으로, 세법 기준에 맞게 처리한 사항이 회계기준에 적절치 않으면 감사보고서에서 "재무제표는 회계기준에 맞게 작성되지 않았습니다."라는 의견 거절이 나올 수 있다.
결산 과정에서 효율성을 높이기 위해서는 재무제표를 작성하는 목적에 적합하게 처리해야 하며, 목적에 맞춘 결산은 완벽하지 않더라도 유용한 정보를 제공해야 한다.
세법 기준과 회계기준 간의 차이로 인해, 비용 자산분류의 적정성을 확인해야 하며, 감사 기준에 맞지 않은 처리는 문제가 될 수 있다.
최종적으로, 감사 기준을 준수하기 위해 회계처리를 신중히 해야 하며, 기본적인 업무 처리를 통해 팀원들과 협력하여 외부감사에 효과적으로 대처할 수 있다.

9 투자자와 금융기관의 요구사항

투자자는 회사의 운영 상태에 대해 궁금해하며, 회사가 투자자에게 긍정적으로 보이기 위해 자본 항목을 정확하게 기재해야 한다.
거래처의 요구사항을 수용하여 손익 결산과 자본 항목을 제대로 기재함으로써, 투자자와의 관계를 원활하게 유지할 수 있다.
금융기관은 대출 연장이나 신규 대출을 위해 회사의 재무제표를 요구하며, 이는 회사 운영에 큰 영향을 미친다.
금융기관은 회사의 신용도를 판단하기 위해 이익, 부채비율, 유동비율 등을 중점적으로 살펴본다.
회사는 금융기관에 유리한 방식으로 회계처리를 통해 자금을 효율적으로 융통할 수 있도록 해야 한다.

10 세금계산서 처리와 회계처리 방법

국고보조금은 영업외수익으로 관리되며, 특정 비용 보전을 위해 받은 보조금은 비용과 상계하여 처리해야 한다. 이렇게 하면 영업에서 손실이 나더라도 국고보조금으로 인해 당기순이익이 발생할 수 있다.
보조금을 판매관리비와 상계하면 판매관리비가 줄어들어 영업이익이 발생하는 구조가 형성된다.
선수금을 결산 시 처리할 때는 실제 매출 발생 시점을 지켜야 한다. 하지만 매출 인식 시기를 앞당겨 포함시키는 것이 회사에 유리하게 작용할 수 있다는 점도 고려해야 한다.
부채비율을 줄이기 위해 대여금을 은행에 보고하는 방식이 있으며, 이를 통해 회사의 자금 융통에도 도움이 될 수 있다.
회계처리는 완벽해야 할 필요는 없으며, 중요한 항목에 집중하여 효율적으로 진행하고 필요한 정보를 충실히 제공하는 것이 중요하다.

법인 결산 시 주의 사항

1 가지급금 관리의 중요성

가지급금은 법인에서 출금된 돈 중 지급 명목이 확인되지 않는 금액을 의미하며, 주로 대표이사가 가져간 것으로 간주된다.
증빙이 없는 경우, 정리되지 않은 가지급금이 계속 쌓이게 되면, 불이익이 발생할 수 있다.
대표적인 것이 가지급금 인정이자다. 가지급금이 연간 1억 원일 경우, 4.6%의 인정이자를 계산해 법인소득과 대표이사의 근로소득으로 부과된다.
또한 법인의 차입금 중 가지급금 비율에 대한 이자비용은 법인세 계산 시 비용으로 인정받지 못해(지급이자 손금불산입), 가지급금이 많을수록 법인세가 높아질 수 있다.
이러한 가지급금의 내용 확인과 정리는 세금뿐만 아니라 대출 심사 등에서 불이익을 피하는 데에도 중요하다.

2 임원 보수 규정을 만들어라

임원 보수 규정 중 특히 상여금 관련 규정은 정관, 주주총회 또는 이사의 결의에 의해 결정된 기준에 따라 지급된 금액만 비용인정 된다. 만약 정관이나 주주총회, 이사의 결의에 따른 임원상여금 규정이 없는 경우, 지급된 상여금은 법인 세무상 전혀 비용으로 인정되지 않는다. 따라서 지급된 임원상여금이 정관이나 주주총회, 이사의 결의에 따라 지급되었는지, 그리고 기준 초과 금액이 없는지 체크한다.

3 배당 정책을 점검하라

법인은 법인세를 납부하고 개인 주주는 배당 시 다시 배당소득세를 납부한다. 따라서 법인결산 시, 배당금은 개인소득세 절세에 유리하게 활용될 수 있어 신중히 다뤄야 하는 사항이다.

개인별 금융소득이 2천만 원을 넘지 않으면 분리과세로 15.4%의 원천징수 소득세만 납부해도 되므로 배당소득이 다른 소득과 합산되지 않으면, 높은 소득세율이 적용되지 않아 절세에 유리하다.

반면, 개인별 금융소득이 2천만 원을 넘고 근로소득이나 사업소득이 높은 경우 종합소득세가 적용돼 높은 누진세율로 인해 세금 부담이 증가하므로, 배당금 지급을 검토해 주주별 연간 2천만 원 이내로 설정하는 것이 좋다.

4 주주 및 자본금 변동 사항 고려

주주와 자본금은 법인의 가장 기본적인 사항으로, 이 변동 사항이 법인세 신고에 반드시 반영되어야 한다. 즉 주주나 자본금 변동이 있을 경우, 법인세 신고 시 주식 등의 변동 사항 명세서를 제출해야 하며, 미제출 또는 잘못 제출된 경우는 불성실 가산세가 부과될 수 있다.

특히, 세무 대리인을 통해 신고하는 경우, 자본금 및 주주 변동 내용을 반드시 전달해야 하며, 그 반영 여부를 확인해야 한다.

5 비상장 주식 가치 평가를 통한 절세

회사의 주식 가치 평가가 중요하며, 이는 상속이나 증여 시 절세 전략 수립에 영향을 미친다.

비상장 주식 가치가 높을수록 증여세나 양도세가 증가하므로, 가업 승계를 위한 계획 수립 시 적기를 고려해야 한다.
배우자나 자녀에게 지분을 증여할 때는 주식 가치가 낮은 것이 증여세 부담을 줄여 줄 수 있고, 배당소득을 분산하여 소득세 절세 효과를 볼 수 있다.
세법상 비상장 주식 가치는 순자산 가치와 순수입 가치의 가중평균을 통해 산출되며, 이는 전문적인 평가가 필요하다.
일반 비상장법인의 경우, 순자산은 60%, 순수입은 40%로 가중 평균하여 주식 가치를 계산하며 최근 순익이 높을수록 주식 가치가 올라간다는 점은 참고로 알아둔다.

결산 후에는 정리해 두어야 할 자료

- 재무제표 : 손익계산서, 재무상태표, 현금흐름표 등 주요 재무제표를 정리하여 기업의 재무 상태를 한눈에 파악할 수 있도록 한다.
- 회계장부 : 모든 거래 내역이 기록된 회계장부를 정리하여, 필요시 쉽게 조회할 수 있도록 한다.
- 세무자료 : 세금 신고를 위한 자료를 정리하고, 세무 관련 문서 및 영수증을 보관한다.
- 예산 대비 실적 분석 : 예산과 실제 실적을 비교하여 차이를 분석하고, 향후 개선점을 도출한다.
- 주요 지표 분석 : 매출성장률, 이익률, 자산회전율 등 주요 재무지표를 정리하여 경영 성과를 평가한다.
- 주요 계약서 및 문서 : 계약서, 협약서 등 중요한 문서를 정리하여 필요시 쉽게 접근할 수 있도록 한다.
- 내부 감사 자료 : 내부 감사 결과 및 개선 사항을 정리하여 향후 운영에 반영할 수 있도록 한다.

결산할 때 준비해야 할 서류와 결산순서

세무사사무실 신고 대행 시 준비할 자료(결산 준비 서류)

아래의 체크리스트를 가지고 결산에 필요한 모든 서류를 준비한다.

❶ 과세기간동안의 모든 수입, 지출 증빙, 전표, 입금표, 카드 영수증이 없을 시 카드 사용내역서 준비

❷ 과세기간 종료일 현재의 거래처별 외상매출금, 미수금, 미수수익

❸ 과세기간 종료일 현재의 거래처별 외상매입금, 미지급금, 미지급비용

❹ 자산(차량운반구, 기계장치 등)취득 및 처분 내역(변동 내역)

❺ 받을어음 및 지급어음 대장 및 할인 내역

❻ 사업연도 종료일 현재의 재고자산 현황

❼ 근로소득세 철과 각종 4대 보험 관련 서류

❽ 부가가치세 신고서 내역(특히 수입금액과 차이가 나는 항목 유의)

- 가공매입 · 매출 여부 및 위장매입 · 매출 여부 파악
- 업종별 부가가치율의 파악
- 폐업자와 휴업 자와의 거래 여부 확인

❾ 업종별 추가 서류

- 도소매업 : 판매장려금, 매출할인, 매입할인 등 영업외수익, 비용의 서류
- 건설업 : 현장별 도급계약서(장기 공사가 있을 시 주의 요망 : 부가가치세 신고 시 수취)
- 수출입 관련업 : 수출신고필증, 수입신고필증, 구매확인서 및 신용장

❿ 기타 증거서류 준비

제출 내역	비고(2025년 귀속 기준)
통장거래 내역	2025년 1월 1일~2025년 12월 31일 기준 법인통장 사본(정기예금 통장, 외환 통장, 적금통장, 부채 통장 등 법인명의 모든 통장) : 기중에 받은 통장 내역 이외 통장이 있다면 수취해야 함
신용카드 해외 사용 내역	결제분이 2025년이 되도록 조회
일반 전표	간이 영수증 등 부가가치세 신고 시 미반영 자료
인보이스 및 수출입 관련 신고필증, 명세서	해당하는 경우에만 제출
매출채권 및 미지급금 잔액	2025년 12월 31일 기준 잔액 12월말 거래처별 외상 매출 및 외상 매입 미수금, 미지급금 내역서
받을어음, 지급어음	어음이 있을 경우 받을어음, 지급어음장, 어음 입금 내역 및 할인 내역
리스내역서	금융 및 운용리스 계약서 사본 및 상환스케쥴표
기말 재고자산 잔액	2025년 12월 31일 기준 잔액 도소매업종 : 상품재고, 제조업 : 원재료, 재공품, 제품재고
국고보조금 사업비 지원 내역	국고보조금 지원처별로 정리
연구소 조직도 및 연구 인력 현황(퇴사한 연구원 포함)	연구소가 있으며, 연구인력개발비 세액공제를 희망하는 경우 연구소 등록증, 등록 연구원 명단
연구비 계정별 원장	
연구과제 총괄표	
퇴직연금 가입 시 증빙자료	해당하는 경우만 제출 연금보험 납입증명서 : 연금보험료 불입액 및 운용, 취급수수료 표시된 서류 퇴직연금 : ① 퇴직연금 불입내역서(확정기여형, 확정급여형 공통) ② 퇴직연금 결산내역서(확정급여형)
법인명의 보험증서 사본	화재보험, 상해보험(직원), 자동차보험, 배상 및 책임보험, 단체보험 등 보험기간이 명시된 자료
4대 보험 연간 납입 내역서	
법인통장 이자소득 지급명세서	법인 예금, 적금 등의 이자소득 원천징수영수증 : 은행사이트에서 발급 가능

제출 내역	비고
법인 대출 금융거래 확인서(금융거래조회서) 법인 대출 연장 및 신규 가입 시 대출약정서	해당하는 경우만 제출 부채(차입금)증명원, 대출이자 내역서 : 2025년 원리금 및 이자 상환 내역과 대출잔액을 확인할 수 있어야 한다.
국세, 지방세 세목별 과세증명서	민원24에서 발급 가능 국세납세사실증명서, 지방세 납부확인서(지방세 세목별 과세증명서)(지방세 납세증명서 아님)
고정자산 변동 유무	① 건물, 시설 장치, 차량운반구, 기계장치 비품 등 폐기 처분한 내용 ② 할부구입 시 할부 상환 내역서
사용권 계약서	① 특허권, 상품권, 실용신안권 등 사본 ② 인허가증 등
사업장 주소지 변동 유무	보증금, 월세, 사업장 주소지 변동 내역이 있을 경우 수취 ① 사업자등록증 ② 법인등기부등본(말소 사항 포함) 가. 대표이사 주소 변경, 대표이사(취임, 사임), 사내이사(취임, 사임), 감사 변경 나. 본점 이전, 지점설치 및 이전, 폐지 다. 상호변경, 목적추가 및 변경 등 ③ 임대차 계약서
주식변동 유무	변동된 경우 12월 말 기준 주주명부 ① 법인등기부등본(말소 사항 포함) ② 주주명부 ③ 이사회 의사록

⊙ 거래처에서 받은 적격증빙 입력 완료

신용카드, 현금영수증, 간이영수증, 공과금 영수증 등 수거자료 중 입력누락분이 없는지 확인한다.

⊙ 부가가치세 신고 후 수정세금계산서 발행 및 지연 발행된 부분이 있을 수 있으므로 부가가치세 신고 시 전자 매출/매입 세금계산서 및 계산서가 누락 없이 처리되었는지 확인한다.

⊙ 매입매출전표에 입력된 분개처리 내역을 확인한다.

⊙ 부가가치세 신고서 과세표준명세서 금액과 손익계산서상 매출액 일치 여부를 확인한다.

⊙ 신고된 인건비 등(근로소득, 일용근로소득, 퇴직소득, 사업소득, 기타소득, 이자 · 배당소득) 내역과 손익계산서 비용처리의 일치 여부를 확인한다.

⊙ 원천징수이행상황신고서, 지급명세서 제출분(근로소득, 일용근로소득, 퇴직소득, 사업소득, 기타소득, 이자 · 배당소득) 과 손익계산서 비용처리(인건비, 이자비용, 지급수수료 등)의 일치 여부를 확인한다.

⊙ 부가가치세 신고서상 고정자산 매입 처리된 부분이 고정자산 등록이 되어있는지 확인한다.

⊙ 부가가치세 분개

⊙ 법인통장 입력 완료 및 거래처 원장 정리 : 법인통장 입력 완료 후 12월 말 잔액과 일치 여부를 확인한다.

⊙ 합계잔액시산표의 자산 부채 항목, 거래처 원장과 확인(거래처 원장 정리작업)

⊙ 국세 납세사실증명서, 지방세 납부확인서(지방세 세목별 과세증명서) 회계처리 확인

⊙ 4대 보험 12월분 미지급비용 계정과목 정리

⊙ 보험료 당기 비용과 선급비용 정리 : 선급비용명세서 확인 후 보험료 분개 처리 정리(일부 선급비용 대체)

⊙ 퇴직급여충당부채 설정 분개

퇴직급여충당부채(확정기여형, 확정급여형 퇴직연금) 회계처리와 세무조정

회계감사를 안 받는 기업(퇴직급여충당부채 설정 안 해도 됨)

① 퇴직연금제도 가입 안 한 경우 : 퇴직급여충당부채 설정 분개 필요 없음

② 확정기여형 퇴직연금 가입 : 불입시 손금처리한다. 퇴직급여충당부채 설정 대상이 아니다.

③ 확정급여형 퇴직연금 가입 : 신고조정을 통하여 불입액 손금 처리, 퇴직급여충당부채 설정 여부 선택 → 조정 시 세무조정 필요

회계감사를 받는 기업(퇴직급여충당부채 설정 O)

① 퇴직연금제도 가입 안 한 경우 : 퇴직급여추계액까지 퇴직급여충당부채 설정 → 조정 시 세무조정 필요

② 확정기여형 퇴직연금 가입 : 불입시 손금처리한다. 퇴직급여충당부채 설정대상이 아니다. 일부 확정기여형 가입안 한 인원(혼합형 포함)은 퇴직급여충당부채를 설정한다.
③ 확정급여형 퇴직연금 가입 : 퇴직급여추계액까지 퇴직급여충당부채 설정 → 조정 시 세무조정 필요

⊙ 대손상각비 분개 : 대손충당금 및 대손금조정명세서에서 당기 대손상각비 한도액 확인하여 분개 처리

⊙ 고정자산(유형자산, 무형자산) 감가상각비 회계처리

⊙ 손익계산서 "판매비와 관리비" 계정과목 정리(분배)

⊙ 합계잔액시산표와 거래처 원장 비교(자산부채 항목 확인)

합계잔액시산표에서 현금 및 가지급금, 가수금을 제외한 나머지 자산부채 거래처 원장과 일치 여부 확인

⊙ 합계잔액시산표 중 비용항목 확인

가. 세금과공과로 처리할 부분 잡손실로 처리되어 있는지? 확인

나. 세금과공과 적요부분 상세히 적혀있는지 확인

다. 각 비용항목 중복 및 과다 여부 체크

⊙ 가지급금 및 가수금 정리

⊙ 현금일괄 잔액 검토

계정별 원장에서 가지급금, 가수금을 확인하여 거래처 코드(대표이사 등)가 걸려있지 않은 것 정리

⊙ 가지급금과 가수금 합계잔액시산표와 거래처 원장 비교 일치 여부 확인

합계잔액시산표에 가지급금 또는 가수금 있을 경우

가지급금등의인정이자조정(갑, 을)에서 가지급금 인정이자 금액 확인 후 (차) 미수수익 (대) 이자수익 일반전표 입력 분개 처리

가. 직전년도 가지급금 인정이자 정리

나. 가지급금 주임종단기채권, 가수금은 주임종단기채무

⊙ 결산분개 및 이익잉여금, 결손 분개

① 결산자료입력 - 기말재고 입력 후 전표 추가 ➜ ② 제조원가명세서 ➜ ③ 손익계산서 ➜ ④ 이익잉여금처분계산서 ➜ ⑤ 재무상태표

결산 흐름과 결산 정리 사항

회계장부의 흐름

거래 발생 분개 후 총계정원장에 전기				
거 래	5월 30일 외상매출금 100만원이 입금되었다.			
분 개	(차변) 보통예금 1,000,000		(대변) 외상매출금 1,000,000	
총계정원장에 전기	보통예금		외상매출금	
	5/30 외상매출금 1,000,000			5/30 보통예금 1,000,000

시산표(일계표, 월계표) 작성	각종 보조장부 작성

재무제표 작성

결산 정리 사항	결산 정리 사항이 아닌 항목
❶ 재고자산(상품계정 등)의 정리 실지재고조사법에 의한 매출원가 계산 재고자산감모손실 및 평가손실 계산 ❷ 단기매매금융자산의 평가 ❸ 매출채권 등 대손충당금 설정(대손액 추산) ❹ 유형자산의 감가상각 및 재평가, 무형자산의 상각 ❺ 외화자산 및 부채의 평가 ❻ 충당부채의 설정(제품보증충당부채 등) ❼ 자산의 손상차손 및 손상차손환입 ❽ 법인세 추산액(미지급법인세 계상 등) ❾ 소모품 결산 정리 ❿ 임시 가계정 정리(현금과부족, 가지급금, 가수금, 미결산 등) ⓫ 제 예금의 이자수익 등 가. 요구불예금 현금합산 나. 금융상품의 초단기 · 단기 · 장기 구분 다. 사용 제한 여부 확인 라 미수이자 계상 ⓬ 차입금 이자비용 가. 유동성장기부채 대체 여부 나. 미지급이자 계상	❶ 계속기록법에 의한 매출원가 계산 ❷ 선급금, 선수금, 미수금, 미지급금 ❸ 은행계정조정표 작성 ❹ 기중에 실제 대손액 처리(매출채권이 회수불능되어 대손충당금과 상계 등) ❺ 자산을 처분하여 처분손익 인식(설비자산 처분손익 인식 등) ❻ 잉여금처분(배당금의 지급 등) ❼ 충당부채의 지급 ❽ 소모품 구입

결산의 일반적인 순서

❶ 매출, 매입 전표 입력 완료(수입금액 확정)

- 매출 : 수입금액에 대한 검사 및 신용카드 금액, 현금 수입금액 확인
- 매입 : 가공매입이나 위장매입이 있는지 확인

❷ 부가가치세 신고서 입력

- 전자신고 시 확인증 수수할 것
- 부가가치세 대급금, 예수금 정리

❸ 급여자료입력

- 4대 보험의 적정한 산정 여부
- 근로소득세 지급 내역과 통장의 내역 확인(법인인 경우)

❹ 통장 정리(법인)

❺ 자산과 부채 과목 정리

- 자산 : 외상매출금, 미수금, 미수수익, 재고자산, 선급금 정리
- 부채 : 외상매입금, 미지급금, 미지급비용, 선수금 정리

❻ 어음, 입금표 등 입력

❼ 일반 전표 입력

❽ 보험료, 대출금이자, 차량 할부금이자, 증빙이 없는 비용(임대료 등)입력

❾ 합계잔액시산표에서 계정별 원장 확인

❿ 거래처 원장에서 자산, 부채 거래처별 잔액 확인

⓫ 고정자산 등록(회사등록 전년도에서 이월 후, 당해 취득 분 입력, 내용연수, 감가상각방법 선택)

⓬ 미상각분 감가상각 계산에서 유형자산 명세 출력

⓭ 결산자료 입력 : 대손충당금, 감가상각비 입력, 제조업과 건설업은 제조(공사)원가를 이어준다.

⓮ 현금 및 예금 정리 : 가지급금 등 추가

⓯ 합계잔액시산표에서 가지급금과 가수금의 적절한 대체 및 기타 활동

- 손익계산서, 제조(공사)원가 명세서, 이익잉여금처분계산서(법인만), 재무상태표를 차례로 작성
- 재무제표 출력 후 검토
- 표준재무제표 작성

결산이 모두 끝나면 세무조정 단계로 들어간다.

프로그램을 활용한 결산순서

⊙ 현금을 제일 나중에 맞춘다. 그 외엔 상관이 없다. 합계시산표를 확인한다.

⊙ 1년 동안 경비 사항(전표 입력)

⊙ 재고자산 증가 · 감소 확인 ➜ 재고자산감모손실(원가성이 있으면 매출원가 포함)

⊙ 외상 채권 · 채무 확인 ➜ 외상매출금, 외상매입금 회수 · 지급

⊙ 어음 회수지급 확인(받을어음 · 지급어음)

어음할인, 배서양도 대손금 확인(부도, 파산 등 대손상각비)

⊙ 차입금(차입금 내역 확인) ➜ 이자비용 확인, 부채증명서와 일치

⊙ 법인통장(보통예금 · 당좌예금 확인) ➜ 예치금명세서와 일치

⊙ 유형자산(취득 감가상각 처분 등) ➜ 고정자산대장과 일치

⊙ 예수금 : 급여(급여대장) ➜ 4대 보험과 일치

: 부가세예수금, 부가세대급금 ➜ 부가가치세 신고한 것과 일치

⊙ 매출 확인(부가세 신고서)

⊙ 채무면제이익, 자산수증이익, 보험차익 확인

⊙ 이자수익(선납 세금) 확인

⊙ 매출원가(제조원가) 확인 ➜ 원재료 확인

⊙ 세금과공과 확인 ➜ 제세공과금

⊙ 영수증, 세금계산서, 계산서, 카드, 현금영수증 ➜ 경비 확인

⊙ 증여 · 출자금은 거의 변동 사항 없다.

더존 프로그램의 결산은 크게 두 개의 단계를 거쳐서 이루어진다.

결산자료의 입력 ➜ 재무제표의 마감

결산자료의 입력은 자동결산과 수동결산 두 가지로 나뉜다. 즉 프로그램상에 금액만 입력하면 자동으로 결산분개를 해주는 자동결산 항목과 프로그램 사용자가 직접 결산분개를 하고 입력해야 하는 수동결산 항목이 있다. 자동결산 항목과 수동결산 항목은 각각 다음과 같다. 순서는 수동결산 후 자동결산을 한다.

1 수동결산 항목

결산 정리 사항에 대한 결산 대체분개 전표를 작성, 일반전표 입력메뉴에서 입력하여 결산하는 방법이다.

수동결산 항목은 사용자가 관련된 결산분개를 수동으로 일반전표상에 직접 입력해야 한다.

❶ 선급비용의 계상

❷ 선수수익의 계상

❸ 미지급비용의 계상

❹ 미수수익의 계상

❺ 소모품 미사용액의 정리

❻ 외화자산부채의 환산

❼ 유가증권 및 투자유가증권의 평가

❽ 가지급금, 가수금의 정리

❾ 부가세예수금과 부가세대급금의 정리

2 자동결산 항목

프로그램에서 결산 흐름에 맞추어 화면에 표시되는 결산 정리 항목에 해당 금액만 입력하면 자동으로 분개 되어 결산이 완료되는 방법으로, 결산자료입력 메뉴에서 작업한다.

자동결산 항목은 '결산/재무제표'에서 "결산자료입력" 화면을 열어서 각 해당하는 금액을 입력한 후 "F7" key 또는 "추가"의 툴바를 클릭하면 '일반전표에 결산분개를 추가할까요?" 하는 메시지가 나올 때 "Y(Yes)"를 클릭하면 자동으로 일반전표에 결산 관련 분개를 추가하게 된다.

❶ 재고자산의 기말재고액

❷ 유형자산의 감가상각비

❸ 퇴직급여충당부채 전입액과 단체급여충당부채 전입액

❹ 매출(수취)채권에 대한 대손상각

❺ 무형자산의 감가상각액

❻ 준비금 환입액 및 전입액

❼ 법인세(소득세) 등

위의 순서에 따라 결산자료의 입력이 완료되면 다음은 각 재무제표를 마감하게 되는데 여기에서 마감이란 곧 각 재무제표를 조회하여 열어보고(확인) 닫아주는 것이다. 즉 사용자가 재무제표를 열어서 확인하는 순간 프로그램상에서 계산하여 처리하게 되는 것이다. 재무제표는 반드시 다음의 순서에 따라 확인해야 제대로 반영이 된다.

제조원가명세서 ➜ 손익계산서 ➜ 이익잉여금처분계산서 ➜ 재무상태표

위의 순서대로 각 재무제표를 열어서 확인하면 결산에 대한 모든 관계가 종료된다. 다만, 1년에 대한 결산이 아니고 6월까지의 결산의 경우 6월의 일반전표에 결산자료를 입력하고 각 재무제표도 6월 말로 열어서 확인해야 한다. 그리고 모든 것을 7월로 이월해야 계속되는 거래에 문제가 없다.

결산 회계처리 사항

결산 항목	정리자료	차변		대변	
상품 재고액 수정	기초상품 재고액 100원	매입	100	이월상품	100
	기말상품 재고액 200원	이월상품	200	매입	200
현금과부족 정리	현금과부족 차변 잔액 80원 원인불명	잡손실	80	현금과부족	80
	현금과부족 대변 잔액 50원 원인불명	현금과부족	50	잡이익	50
단기매매 증권평가	기말 장부가액 150원	단기매매증권평가손실	50	단기매매증권	50
	기말 결산일 현재 100원				
	기말 장부가액 150원	단기매매증권	30	단기매매증권평가이익	30
	기말 결산일 현재 180원				
매출채권 대손추산	기말매출채권 잔액 700원	대손상각비	20	대손충당금	20
	전기 대손충당금 잔액 50원				
	대손추산율 10%				
유형자산 감가상각	정액법 : 취득가액 1,000원	감가상각비	100	감가상각누계약액	100
	내용연수 10년				

결산 항목	정리자료	차변		대변	
	정율법 : 취득가액 1,000원	감가상각비	50	감가상각누계약액	50
	상각율(감가율) 5%				
무형자산 감가상각	특허권 500원 5년간 상각	무형자산상각비	100	특허권	100
유형자산 손상차손	2023년 1월 1일에 기계장치를 현금 100에 취득(잔존가치 없고, 내용연수 10년, 정액법). 2024년 12월 31일 기계장치 손상징후 포착. 기계장치의 순공정가치는 50, 사용가치는 55로 하락 가정	1. 2023년 1월 1일 기계장치 2. 2023년 12월 31일 감가상각비 3. 2024년 12월 31일 감가상각비 유형자산손상차손	 100 10 10 25	 현금 감가상각누계액 감가상각누계액 손상차손누계액	 100 10 10 25
		MAX[50, 55] – (100 - 20) = 손상차손			
대손충당금 설정	대손충당금 설정	대손상각비	100	대손충당금	100
	대손충당금 환입	대손충당금	50	대손충당금환입	50
퇴직급여충당부채 설정	퇴직금추계액 100, 전기 말 남아 있는 충당금 70	퇴직급여	30	퇴직급여충당부채	30
퇴직연금	DB형으로 100 사외적립 할 경우(부담금 납부시 분개	퇴직연금운영자산	100	보통예금	100
	퇴직연금 DB형 결산분개 시	퇴직급여	100	퇴직급여충당부채	100
외화자산 · 부채	외화 장기차입금 장부상 환율 1,100원, 결산일 현재 환율 1,200	외화환산손실	100	장기차입금	100
	외화 장기차입금 장부상 환율 1,200원, 결산일 현재 환율 1,100	장기차입금	100	외화환산이익	100
가지급금과 가수금의 정리	가지급금 잔액 180원	여비교통비	180	가지급금	180
	여비교통비 지급 누락				
	가수금 잔액 130원	가수금	130	외상매출금	130
	외상매출금 회수 누락				
인출금 정리	인출금 500원 자본금에 대체	인출금	500	자본금	500
법인세비용	법인세 추산액 110, 법인세 중간예납 납부 선납세금 50	법인세비용	110	선납세금 미지급법인세	50 60

결산 시 결산분개와 마감분개

결산 정리와 관련되는 부분에 있어서는 일반적으로 상품 등 재고자산 기말재고액의 파악 즉 매출원가 계산 부분이 있다.
다음에 감가상각비, 대손충당금, 각종 평가와 관련되는 부분, 퇴직급여충당부채 설정하는 것, 가지급금, 가수금 설정, 소모품, 현금과 부족, 선수수익, 선급비용, 미수수익, 미지급비용, 부가세 정리하는 부분, 선납 세금, 법인세 계산하는 부분 등 전체적으로 요렇게 결산이 이루어져야 한다.
프로그램상 결산자료를 입력할 때 일반 전표 입력에 직접 입력하는 부분이 있고, 자동으로 회계 처리되는 부분이 있다.
매출원가 계산은 반드시 자동으로 회계처리를 해야 한다. 그렇지 않으면 오류가 나타난다.
건물 감가상각비나 대손충당금, 퇴직급여충당부채 같은 경우에는 직접 또는 자동 중 하나를 선택할 수 있다. 나머지 단기매매증권의 평가, 외화자산부채 평가, 가지급금, 가수금 정리하는 부분이라든가, 소모품, 현금 관련 부분에 있어서는 반드시 일반전표에서 직접 처리를 한다.

손익계정 정리

선급비용, 미지급비용, 미수수익, 선수수익 계상(기간별 수익 · 비용 안분)

구분		차변	대변	
비용	이연	선급비용	비용 계정과목	미경과액
	예상	비용 계정과목	미지급비용	
수익	이연	수익 계정과목	선수수익	미경과액
	예상	미수수익	수익 계정과목	
소모품	비용처리법	소모품	소모품비	미사용액
	자산처리법	소모품비	소모품	
선급비용(자산처리법)		비용 계정과목	선급비용	경과액
선수수익(부채처리법)		선수수익	수익 계정과목	경과액

❶ 수익의 이연(선수수익)

당기에 받은 수익 중 차기에 해당하는 것을 선수수익으로 처리한다.

❷ 비용의 이연(선급비용)

당기에 지불한 비용 중 차기에 속한 비용을 선급비용으로 처리한다.

❸ 수익의 예상(미수수익)

❹ 비용의 예상(미지급비용)

1 선수수익 결산 정리

이미 받은 수익 중에서 차기 이후에 해당하는 수익분까지 수입이 먼저 이루어진 경우이다. 따라서 손익계산서에는 해당 수익을 줄여주고, 재무상태표에는 이 금액만큼 선수수익이라는 부채를 기록한다(결산 시점을 기준으로 미리 받은 이자(수익의 선불조건)).

이자수익	×××	선수수익	×××

예를 들어 10월 1일 1년분 이자 12만 원을 받은 경우

10월	11월	12월	1월	2월	3월	4월	5월	6월	7월	8월	9월
당기분(3만 원) 12만 원 × 3/12			차기(다음 연도) 분 (9만 원) 12만 원 × 9/12								

시기	거래내용	차변		대변	
당기중	10월 1일 1년분 이자 12만 원 수취	현금	120,000	이자수익	120,000
당기말	9개월분 이자 선수취	이자수익	90,000	선수수익	90,000
차기초	재수정(재대체)분개	선수수익	90,000	이자수익	90,000

2 선급비용 결산 정리

이미 지급한 비용 중에서 차기 이후에 해당하는 비용 분까지 지급이 먼저 이루어진 경우이다. 따라서 손익계산서에는 해당 비용을 줄여주고, 재무상태표에는 이 금액만큼 선급비용이라는 자산을 기록한다(결산 시점에 미리 지급한 이자(비용의 선불 조건)).

선급비용	×××	이자비용	×××

예를 들어 10월 1일 1년분 임차료 12만 원을 지급한 경우

10월	11월	12월	1월	2월	3월	4월	5월	6월	7월	8월	9월
당기분(3만 원) 12만 원 × 3/12			차기(다음 연도) 분 (9만 원) 12만 원 × 9/12								

시기	거래내용	차변		대변	
당기중	10월 1일 1년분 임차료 12만 원 지급	임차료	120,000	현금	120,000
당기말	9개월분 임차료 선지급	선급비용	90,000	임차료	90,000
차기초	재수정(재대체)분개	임차료	90,000	선급비용	90,000

3 미수수익 결산 정리

수익이 발생하였으나 결산 시점일 현재까지 수입이 이루어지지 않은 경우이다. 따라서 손익계산서 대변에 해당 수익을 기록하고, 재무상태표에는 미수수익이라는 자산을 기록한다(결산 시점에 아직 받지 않은 이자, 임대료 등(수익의 후불 조건)).

미수수익	×××	이자수익	×××

예를 들어 1월 1일 3개월분 임대료 3만 원을 받은 경우

1월	2월	3월	4월	5월	6월	7월	8월	9월	10월	11월	12월
당기 수입 3만원			당기 미수취분 9만원								

시기	거래내용	차변		대변	
당기중	1월 1일 3개분 임대료 3만원을 받은 경우	현금	30,000	임대료	30,000
당기말	9개월분 임대료 미수취	미수수익	90,000	임대료	90,000
차기초	재수정(재대체)분개	임대료	90,000	미수수익	90,000

4 미지급비용 결산 정리

비용이 발생하였으나 결산 시점일 현재까지 지급이 이루어지지 않은 경우이다. 따라서 손익계산서 차변에 해당 비용을 기록하고, 재무상태표에는 미지급비용이라는 부채를 기록한다(결산 시점에 아직 지급하지 않은 이자(비용의 후불 조건)).

이자비용	×××	미지급비용	×××

예를 들어 1월 1일 3개월분 이자 3만 원을 지급한 경우

1월	2월	3월	4월	5월	6월	7월	8월	9월	10월	11월	12월
당기 지출 3만원			당기 미지급분 9만원								

시기	거래내용	차변		대변	
당기중	1월 1일 3개분 이자 3만 원을 지급한 경우	이자비용	30,000	현금	30,000
당기말	9개월분 이자비용 미지급	이자비용	90,000	미지급비용	90,000
차기초	재수정(재대체)분개	미지급비용	90,000	이자비용	90,000

소모품 미사용액의 정리

소모품 구입 시 자산으로 처리한 경우와 비용으로 처리한 경우 둘 다 미사용 소모품에 대한 정리 분개를 해야 한다.

❶ 소모품 구입 시 자산으로 처리한 경우의 분개

(구입 시)

소모품	×××	현금	×××

(결산수정분개)

소모품비	×××	소모품(사용액)	×××

❷ 소모품 구입 시 비용으로 처리한 경우의 분개

(구입 시)

소모품비	×××	현금	×××

(결산수정분개)

소모품(미사용액)	×××	소모품비	×××

유가증권 평가

회사가 타 회사 주식을 보유하고 있고 외부감사를 받는 법인만 해당한다.

보유하고 있는 주식을 시장가격으로 조정하는 작업이다.

만일 우리 회사가 A 회사 상장주식을 100주(취득가 주당 10,000원) 보유하고 있다면 주식에 대한 장부가는 1백만 원인데, 기말 시점에서 주식가격을 보았더니 주당 12,000

원인 경우

매도가능금융자산 200,000	매도가능금융자산평가이익 200,000

주 100주 × 2,000원 = 200,000원

정리자료	차변	대변
기말 장부가액 150원 기말 결산일 현재 100원	단기매매금융자산평가손실 50	단기매매금융자산 50
기말장부가액 150원 기말 결산일 현재 180원	단기매매금융자산 30	단기매매금융자산평가이익 30

가지급금 및 가수금 정리

회계처리시 현금 입출 목적이 확실하지 않은 부분에 대해 가지급금이나 가수금으로 처리한 내용이 장부상에 있을 수 있다.

가지급금과 가수금은 그대로 두면 안 되고 사유를 확인하여 적절한 계정으로 대체한다.

정리자료	차변	대변
가지급금 잔액 180원 여비교통비 지급 누락	여비교통비 180	가지급금 180
가수금 잔액 130원 외상매출금 회수 누락	가수금 130	외상매출금 130

반면 가지급금이나 가수금이 대표이사나 주주가 인출, 납입한 금액이 확실하다면 대여금이나 차입금으로 대체한다.

단기대여금 ×××	가지급금 ×××

가수금 ×××	단기차입금 ×××

부가가치세 상계

부가세 예수금과 부가세 대급금을 서로 상계시켜 준다.

보통 분기별로도 하는데, 기말에는 반드시 정리를 해줘야 한다.

금액이 당연히 다르므로 금액 큰 쪽의 계정에 잔액이 남게 된다.

❶ 부가세예수금이 많은 경우

차변	금액	대변	금액
부가세예수금	200,000	부가세대급금	100,000
		미지급세금	100,000

❷ 부가세대급금이 많은 경우

차변	금액	대변	금액
부가세예수금	100,000	부가세대급금	200,000
미수금	100,000		

[주] 두 계정 잔액 중 작은 쪽의 금액을 써주면 부가세예수금이나 대급금 둘 중 한 개의 계정 잔액은 '0'이 된다.

부가세 예수금과 대급금의 차액을 미지급금이나 미수금으로 대체할 수도 있는데 실무적으로는 그냥 둔다.

차변	금액	대변	금액
부가세예수금	×××	부가세대급금	×××

외화자산 · 부채의 환산

기말에 화폐성 외화자산(외화현금, 외화예금, 외화채권, 외화보증금, 외화대여금, 외화매출채권)과 부채(외화채무, 외화차입금, 외화사채)를 적절한 환율로 평가하였을 때의 원화 금액과 장부상에 기록되어 있는 금액과의 사이에 발생하는 차액을 재무제표에 반영한다.

차변	금액	대변	금액
외화자산 · 부채 [주]	×××	외화환산이익	×××

[주] 외화외상매출금, 외화예금 등

차변	금액	대변	금액
외화환산손실	×××	외화자산 · 부채 [주]	×××

환율 \ 과목	외화자산 (= 받을 돈)		외화부채 (= 갚은 돈)	
	차변	대변	차변	대변
상 승	외화자산	외화환산이익	외화환산손실	외화부채
하 락	외화환산손실	외화자산	외화부채	외화환산이익

원가 확정

원가에 사용된 원재료의 금액을 원재료비와 상계 처리하여 비용 처리하면 원재료의 금액은 감소하고, 원재료비 금액은 증가하게 된다.

원재료비	×××	원재료	×××

하지만 이 원재료비 또한 원가에 포함되어야 하므로 원재료비를 다시 재공품과 상계 처리한다.

재공품	×××	원재료비	×××

원가에 사용된 노무비, 경비 또한 원가에 포함되어야 하므로 재공품으로 상계 처리한다.

사용된 계정과목별로 모두 추가한다.

재공품	×××	노무비(급여, 복리후생비 등)	×××
		경비	×××

지금까지 당기 총제조 비용(원재료비, 노무비, 경비)을 모두 재공품으로 상계 처리한다.

이 재공품은 제품을 만들기 위해서 사용된 비용이므로 제품으로 상계 처리한다.

제품	×××	재공품	×××

당기 총제조비용과 당기 완성품 제조원가를 합한 금액이 당기에 사용된 매출원가다. 매출원가를 차변에 입력하여 매출원가가 증가시키고 사용된 제품의 금액은 대변에 입력하여 감소시킨다.

재고자산감모손실(재고자산 실사에 의한 손실)

보통 상품 판매를 하는 회사들은 재고가 있고 이 재고의 확인을 위해 12월 31일에 재고자산 실사를 한다.

평소에 장부나 회계 시스템에 재고 입/출고를 기록하지만, 기말에는 재고조사를 통해 실제로 얼마 남았는지? 맞춰 본다.

전기에 100개의 재고가 있는 상태에서 기중에 100개의 재고를 구매했고, 1년간 아무런 재고 변동이 없다면 기말에 재고 역시 200개이다.

기중에 100개의 재고를 구매했고, 1년간 재고자산을 150개 판매했다면 기말재고는 50개(기초 100 + 당기 매입 100 - 판매 150)일 것이다.

여기서 기말재고라고 표현되는 부분이 재무상태표에 작성 시 표시된다.

만일 장부상 재고가 50개였는데, 실사를 해보니 45개라면 장부 기록이 잘못되었거나 5개가 없어진 것이다.

5개는 장부상 기재가 잘못되지 않았는지 확인해 보고 장부상 기재가 잘못된 것이 아니면 분실한 것으로 보아야 한다.

재고자산 원가가 개당 1만 원이라면 아래와 같이 표기한다.

재고자산감모손실	50,000	상품(재고자산)	50,000

단, 무조건 감모손실로 잡으면 안 되고 장부와 실제 거래를 대조하여 장부 누락 여부, 오기 여부를 확인한 후 소명이 안 될 경우만 반영해야 한다.

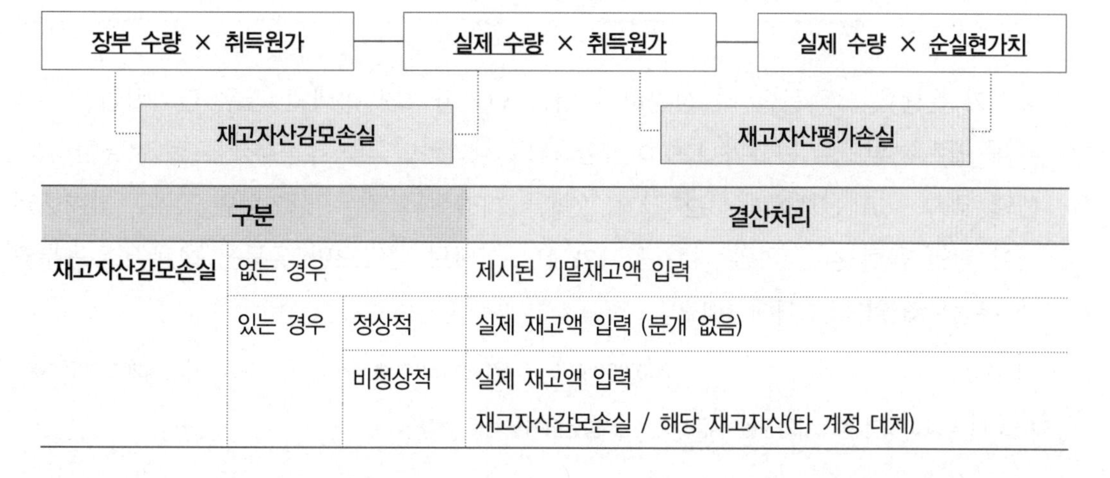

구분			결산처리
재고자산감모손실	없는 경우		제시된 기말재고액 입력
	있는 경우	정상적	실제 재고액 입력 (분개 없음)
		비정상적	실제 재고액 입력 재고자산감모손실 / 해당 재고자산(타 계정 대체)

구분	결산처리
재고자산평가손실	장부 재고액 입력 재고자산평가손실(매출원가) / 재고자산평가충당금

국제회계기준인 IFRS를 적용받는 법인의 경우 기말재고자산 평가를 하는 것이며, IFRS를 적용받지 않는 개인사업자 등의 일반 중소기업자들은 기말재고자산 평가를 하지 않는다.

재고자산 계정의 위험과 중요성을 고려하여 감사 범위를 결정하게 되나, 일반적으로 감사인의 판단으로 표본 추출한 리스트를 실사한다. 재고 수량뿐만 아니라 재고관리 방법 또한 중요하게 검토하는 대상이니 참고하기를 바란다.

매출원가 계상

상품 판매를 하는 회사의 경우 해당한다. 상품매출에 대응되는 매출원가를 계상하는 것이다. 매출원가 공식을 사용하면 된다.

매출원가 = 기초상품 재고액 + 순매입액 - 기말상품 재고액

매출원가	×××	상품	×××

장기차입금의 유동성 대체

회사가 은행에서 차입할 때 상환해야 하는 만기가 1년 이내일 경우 단기차입금(유동부채)으로 분류하고 만기가 1년 이상인 경우 장기차입금(비유동부채)으로 분류한다.

만일 회사가 A 은행에서 3년 만기, 2억을 대출했을 경우 장기차입금으로 기록했던 것은 만일 올해 결산 기말 기준 만기가 1년 이내로 남았으면 유동성 대체(비유동부채 → 유동부채)를 해주어야 한다.

장기차입금	200,000,000	유동성장기부채	200,000,000

주 둘 다 부채이지만 장기차입금을 유동부채인 유동성장기부채로 대체

감가상각비 계상

장부상 유/무형자산이 있는 경우 감가상각비를 계상해 주어야 한다. 회계감사를 안 받는 회사는 감가상각비를 계상하지 않아도 문제는 없다. 다만 세법상 감면을 받는 회사는 반드시 계상해야 한다.

보통 회계프로그램에 고정자산을 등록하면 월별 또는 연도별 감가상각해야 할 금액을 보여준다.

<유형자산>

만일 공기구비품 취득가가 1,000만 원이고, 이번 연도 감가상각비가 200만 원이라면 다음과 같다.

감가상각비	2,000,000	감가상각누계액	2,000,000

정리자료	차변		대변	
정액법 : 취득가액 1,000원 내용연수 10년	감가상각비	100	감가상각누계액	100
정율법 : 취득가액 1,000원 상각율(감가율) 5%	감가상각비	50	감가상각누계액	50

<무형자산>

만일 SW 취득가가 1,000만 원이고, 감가상각비가 200만 원이라면 다음과 같다.

무형자산상각비	2,000,000	소프트웨어	2,000,000

정리자료	차변		대변	
특허권 500원 5년간 상각	무형자산상각비	100	특허권	100

연차수당 결산분개

올해 연차 사용 여부 확인/정리(회계)

다음으로 작년(2024년)에 설정한 올해분(2025년) 연차를 정리해야 한다.

작년(24년 말) 24년 12월 31일 분개를 다음과 같이 했다면

급여	500,000	미지급비용	500,000

➡ 2025년 연차수당 분 인식

이 상태에서 2025에 연차 사용분과 미사용분(연차수당 지급분)을 구분한다.

위 연차수당 분이 50만 원이고 80%의 연차를 사용했을 경우

<2025년 12월 31일 2025년 연차 사용분>

미지급비용	400,000	급여	400,000

➡ 2025년 연차 사용분 차감

<2025년 12월 31일 2025년 연차 미사용분>

분개 없음

<2026년 1월 31일 연차수당 지급시>

미지급비용	100,000	보통예금	100,000

➡ 2025년 연차 미사용분 수당 지급

이러면 2024년 말의 연차 관련 비용, 부채는 다 정리가 된다.

2 내년 연차를 인식(회계)

우선 결산 시 내년에 지급되는 연차를 금액으로 계산하여 비용 및 부채로 인식해야 한다.

이때 금액은 직원들이 내년에 연차를 한 번도 가지 않은 것으로 가정하고 계산한다.

개인별 통상임금을 계산한다.

계산된 개인별 통상임금에 개인별 연차 개수를 곱하면 연차수당이 산출된다.

전체 직원 합계액으로 분개한다. 만일 내년에 전체 직원이 사용가능 한 연차가 160개, 통상임금이 1만 원이면 160일 × 1만 원 = 160만 원이 회사에서 인식할 부채가 된다.

<2025년 12월 31일>

급여	1,600,000	미지급비용	1,600,000

➡ 2026년 연차수당 분 인식

대손충당금 결산분개

대손예상액 > 대손충당금 잔액

정리자료	차변		대변	
기말매출채권 잔액 700원	대손상각비	20	대손충당금	20
전기 대손충당금 잔액 50원				
대손추산율 10%				

대손예상액 < 대손충당금 잔액(대손상각 화면에 (-)로 표시되는 경우)

➡ 환입시키는 분개를 일반전표 입력(12월 31일)

대손충당금	×××	대손충당금환입	×××

퇴직급여충당부채 설정

매년 말에 퇴직급여충당부채를 설정하려면 그 금액을 측정할 수 있어야 한다. 측정은 퇴직급여추계액으로 설정하는데, 이는 해당 사업연도 종료일 현재 재직하는 임원 또는 사용인 전원이 퇴직할 경우 퇴직금으로 지급돼야 할 금액을 추정해 계산한 금액이다. 연말에 모든 종업원이 동시에 퇴직할 일은 거의 발생하지 않겠지만, 일단 기업회계기준에서는 퇴직급여추계액 전액을 퇴직급여충당부채로 설정하도록 하고 있다.

구 분	퇴직급여충당부채
퇴직금 추정액 〉 현재 설정된 퇴직급여충당부채	퇴직급여충당부채를 추가로 계상
퇴직금 추정액 〈 현재 설정된 퇴직급여충당부채	퇴직급여충당부채를 환입

❶ 퇴직급여충당부채 설정 : 당기에 적립할 퇴직금을 입력한다.

[일반전표 입력]

퇴직급여 ××× / 퇴직급여충당부채 ×××

또는 환입시

퇴직급여충당부채 ××× / 퇴직급여 ×××

❷ 퇴직연금 적립

당기에 은행이나 보험에 적립할 금액을 입력한다.

[일반전표 입력]

퇴직연금운용자산(DB형) ××× / 보통예금 ×××

퇴직급여(DC형) ××× / 보통예금 ×××

퇴직금을 산출하기 위해 연간 임금총액(DC형)과 평균임금(DB형)의 개념을 사용하고 있다.

그 취지는 동일하나 산출 기준(기간 · 임금 포함 범위)은 다르므로 퇴직금 계산 시 유의해야 한다.

1 퇴직금과 DB형 퇴직연금은 평균임금)

평균임금은 산정 사유가 발생한 날 이전 3개월 동안에 근로자에게 지급된 임금의 총액을 그 기간의 일수로 나눈 금액을 말하며, 법정 퇴직금은 30일분 이상의 평균임금 × 계속근로연수로 계산한다. 이 경우 일시적 · 돌발적 사유로 인하여 지급됨으로써 그 지급 사유의 발생이 불확정적인 임금은 평균임금 계산 시 제외한다.

2 DC형은 임금총액

연간 임금총액은 사용자가 근로의 대가로 근로자에게 지급하는 일체의 금품 중 명칭 불문, 근로의 대가, 사용자가 근로자에게 지급 조건을 충족하는 경우를 말한다.

포함되는 항목	제외되는 항목
• 기본급, 직무 · 직책수당 등 정기적 · 일률적으로 지급하는 고정급 임금 • 시간외근무수당, 연차유급휴가근로수당 등 실제 근로 여부에 따라 지급금액이 변동되는 수당 • 생산장려수당, 위험수당 등 근 무성적과 관계없이 매월 일정 금액을 일률적으로 지급하는 수당 • 그 외 근로의 대가로 취업규칙 등에 사용자에게 지급의무가 있는 임금 항목	• 인센티브, 경영성과급 등 기업이윤에 따라 일시적 · 불확정적으로 지급되는 성과급 • 결혼축의금, 조의금 등 복리후생적으로 보조하거나 혜택으로 부여하는 금품 • 출장비, 업무추진비 등 실비변상으로 지급되는 금품 • 임시로 지급된 임금 · 수당과 통화 외의 것으로 지급된 임금

3 퇴직연금의 결산분개

구 분	DC형		DB형		비고
지급시 회계처리	퇴직급여 보통예금	100 100	퇴직연금운용자산 보통예금	100 100	DC형은 지급액이 모두 비용처리가 되고, DB형은 퇴직연금운용자산으로 처리한다.
퇴사시 회계처리	회계처리	없음	퇴직급여충당부채 퇴직연금운용자산	100 100	DC형은 불입하면 퇴직금 지급 의무를 다한 것이고, DB형은 근로기준법상의 퇴직금을 지급해야 한다.
결산시 회계처리	퇴직급여 미지급비용	100 100	퇴직급여 퇴직급여충당부채	100 100	DC형의 경우 퇴직금추계액에 대해서 미납액을 미지급비용으로 회계처리하며, DB형은 퇴직금추계액이 퇴직급여충당부채로 계상되어야 한다.

현금과부족 계정 정리

장부상 현금과 실제 현금 보유 잔액이 다를 경우 정리를 해줘야 한다.

혹시 발생하고 이유도 모르는 경우는 잡손실로 처리하고 보유 현금과 맞춰준다.

정리자료	차변		대변	
현금과부족 차변 잔액 80원 원인불명	잡손실	80	현금과부족	80
현금과부족 대변 잔액 50원 원인불명	현금과부족	50	잡이익	50

법인세비용 계상

외감법인의 경우 발생 기준에 따라 법인세를 당기에 반영해 줘야 한다. 만일 2024년 결산을 한다고 하면 법인세비용은 2025년 3월 말에 확정 · 납부하게 되나 2024년 실적으로 인한 법인세이므로 해당 연도에 표시해 주어야 한다. 단, 법인세는 세무조정 등 복잡한 절차를 거쳐야 하므로 외감법인이 아닌 곳에서는 납부 기준으로 법인세를 반영해도 된다.

<외감법인 : 2024년 12월 31일 발생 시점>

법인세비용	×××	미지급법인세	×××

<비외감법인 : 2025년 3월 31일 납부 시점>

법인세비용	×××	보통예금	×××

당기순이익(손익)의 이익잉여금 대체

회계의 구조상 당기순이익(당해연도 1년 동안 발생한 순이익)이 발생한 만큼 회사가 보유하고 있는 회계상 잉여금이 늘어나게 된다. 따라서 순이익이 발생한 만큼 이익잉여금(회사의 순이익 합계)으로 대체(개인기업의 경우 자본금에 대체)하고 또한 이익잉여금을 미처분이익잉여금으로 대체하는 분개가 결산분개로써 장부에 들어가게 된다. 회계프로그램에서 결산분개를 누르면 자동으로 마감을 해준다.

당기순이익(손익) → 이익잉여금 → 미처분이익잉여금으로 대체

개인사업자의 인출금 결산 정리

개인기업의 기업주가 회사 매장 내의 상품이나 현금 등을 개인용도로 사용하는 경우, 그 사용 금액만큼 자본금이 감소한다. 이러한 개인적 사용이 빈번할 경우 매번 자본금을 감소시켜 차변에 기록하면 그만큼 자본금계정이 복잡해진다는 단점이 있다.
그러므로 자본금에 대한 평가계정인 '인출금' 계정을 설정하여 기록했다가 결산 시 일괄하여 자본금계정에서 차감 대체한다.

정리자료	차변		대변	
기업주가 현금을 개인적으로 사용시	인출금	80	현금	80
기업의 상품을 개인적으로 사용하는 경우	인출금	50	매입(원가)	50
기말 결산시 인출금 정리	자본금	130	인출금	130

결산 마감분개

마감분개 순서
수익계정의 마감
비용계정의 마감
집합손익 계정의 마감
이익이나 손실을 이익잉여금으로 대체

회계의 5요소 중 자산, 부채, 자본은 기업의 경제적 자원과 그 자원의 재무 조달을 보여주는 요소이다. 이들 요소는 한 회계기간에 끝나는 회계 요소가 아니다. 예를 들어, A 기업의 20X1년 12월 31일(회계기간 20X1년 1월 1일부터 20X1년 12월 31일까지), 즉 기말의 자산이 100,000원이고 부채가 30,000, 자본이 70,000이라고 하자. 한 회계기간이 종료되고 20X2년 1월 1일이 도래했을 때

A기업의 자산은 0인가?

부채는 0인가?

자본은 0인가?

회사를 폐업하지 않는 이상 자산, 부채, 자본은 남아 있다.

20X2년 1월 1일 A 기업의 자산은 100,000원, 부채는 30,000원이며 이 기업의 자본은 70,000원이다.

반면 수익과 비용은 기업의 일정 기간 즉 1년간의 경영성과(1년 동안 벌어드린 돈)를 보여주는 것이다. 한 회계기간인 1년 동안 수익이 100,000원이고 비용이 50,000원이라고 하면 1년간 이익은 50,000원으로, 해당 회계기간에 50,000원의 이익이 증가해서 50,000원의 총자산이 증가한 것이다. 이는 재무상태표의 이익잉여금에 합산되어 나타난다.

그리고 다음 연도에는 새로운 수익과 비용을 계산하기 위해 다음 회계기간이 시작되었을 때 수익 0원 비용 0원으로 만들고 시작한다. 이를 마감분개라고 한다. 즉 새로운 회계기간에 수익과 비용은 0으로 시작해서 그 회계기간 동안의 경영 성과를 보여준다.

구 분		
20X1년	재무상태표	자산 100,000원 = 부채 30,000원 + 자본 70,000원
	손익계산서	수익 100,000원 − 비용 50,000원 = 이익 50,000원
20X2년	재무상태표	자산 150,000원 = 부채 30,000원 + 자본 70,000원 + 20X1년 이익 50,000
	손익계산서	수익 ?원 − 비용 ?원 = 이익 ?원 결산 마감분개 후 수익 0원, 비용 0원으로 시작

수익계정과 비용계정의 마감이란 수익계정과 비용계정을 모두 제거하여 0으로 만드는 것이다.

예를 들어, 용역수익이 10만 원이고 급여가 3만 원이라고 가정하면 기중에 분개에서는 다음과 같이 기록한다.

현금	100,000	용역매출	100,000

급여	30,000	현금	30,000

현금계정은 자산 항목이므로 마감을 하지 않는다.

용역수익은 수익계정이므로 대변에 기록되어 있는데 마감 즉 용역수익을 0으로 만들기 위해 대변에 있는 용역수익을 차변으로 제거한다.

용역매출	100,000	?	?

위와 같이 분개하면 대변에 나타나는 분개가 없으므로 복식부기의 원리에 맞지 않는다. 따라서 임시로 집합손익이라는 계정과목을 대변에 기록한다.

용역매출	100,000	집합손익	100,000

수익계정과 마찬가지로 급여라는 비용 계정과목도 마감 즉 0으로 제거한다. 이를 위해서 차변에 기록되어 있는 급여계정을 대변으로 제거한다.

?	?	급여	30,000

위와 같이 분개하면 역시 차변에 계정과목이 기록되지 않는다. 따라서 차변에 임시로 집합손익이라는 계정과목을 기입한다.

집합손익	30,000	급여	30,000

위의 분개를 다시 정리하면

현금	100,000	용역매출	100,000
급여	30,000	현금	30,000
용역매출	100,000	집합손익	100,000
집합손익	30,000	급여	30,000

이제 용역수익은 0이고 급여도 0이다. 그러나 집합손익계정의 대변 합계 10만 원 차변합계 3만 원으로 대변에 잔액이 7만 원이 남는다. 집합손익계정도 임시계정이므로 대변에 남아있는 집합손익 7만 원을 차변으로 제거한다.

집합손익	70,000	?	?

대변에는 어떤 회계 요소가 기록될까?
용역수익 10만 원이 발생하고, 급여가 3만 원이 지급되어 이 기업의 경영성과 7만 원은 기업이 벌어들인 돈, 즉 자본 항목 중 이익잉여금이다. 그러므로 다음과 같이 분개한다.

집합손익	70,000	자본(이익잉영금)	70,000

손익계산서 계정과목은 위와 같은 복잡한 절차를 거치게 되지만, 재무상태표 계정과

목은 총계정원장 상의 잔액을 그대로 옮겨 적기만 하면 되므로, 손익계산서의 계정들처럼 별도의 다른 계정과목에 숫자를 모으는 절차가 필요 없다.
따라서 총계정원장 상에서 잔액을 “차기이월” 로 기재하여 차변과 대변을 일치시켜 올해를 마감하고, 내년에 사용할 깨끗한 새 장부에 계정과목별 이름을 견출지에 만들어 붙인 다음 맨 위 줄에 동 잔액을 “전기이월” 란에 기재해 놓으면 다음 연도에 새로운 장부가 된다.
그런데 결산 마감분개는 실무적으로는 필요가 없다.
회계프로그램에서는 결산 마감이라는 메뉴 버튼을 몇 번 클릭하면 자동으로 마감분개가 이루어지기 때문이다. 그러나 그 원리는 알아둘 필요가 있다.

Chapter 03

계정과목별 법인세 세무조정

법인세란 어떤 세금인가?

법인소득에 대한 세금 법인세

법인세란 법인이 얻은 소득에 대해서 그 법인에게 과세되는 국세이다. 즉, 주식회사와 같이 법인 형태로 사업을 하는 경우 그 사업에서 생긴 소득에 대해서 부과하는 세금으로, 기업 소득세라 할 수 있다. 개인이 소득세를 납부하는 것과 같이 법인은 소득세법의 적용을 받지 않고 법인세법에 의해서 법인세를 부담하게 된다. 여기서 법인이란 주식회사, 합자회사, 합명회사, 유한회사 등의 영리법인과 사립학교 등의 비영리법인을 말한다. 비영리법인의 경우 공익사업(= 비수익 사업)에는 과세하지 않고 수익사업에만 과세한다.

법인세 과세 대상과 납세의무자

법인은 매 사업연도에 발생한 소득에 대한 법인세와 비사업용 토지 등 부동산 양도차익에 대한 법인세 및 청산 시 청산소득에 대한 법인세, 미환류소득에 대한 법인세를 납부하는 것이다. 즉 다음의 소득을 납부하면 된다.

과세소득별 / 법인유형별		각 사업연도 소득에 대한 법인세	비사업용 토지 등 양도차익에 대한 법인세 (10%)	청산소득에 대한 법인세	미환류소득에 대한 법인세
내국법인	영리법인	국내외의 모든 소득 : 9%~24%	비사업용 토지 등의 양도차익의 법인세 과세 : 10%(미등기 40%) 법인주택 주거용 · 건축물 양도차익 : 20%(미등기 40%)	해산(합병) 시의 청산소득 : 9%~24%	자기자본 500억 원 초과 법인의 미환류소득 : 20%
	비영리법인	국내외의 모든 수익사업에서 생긴 소득	위와 같음 : 과세	납세의무 없음 (국가 귀속)	해당 없음
외국법인	영리법인	국내 원천소득	위와 같음 : 과세	납세의무 없음	해당 없음
	비영리법인	국내 원천소득 중 수익사업에서 생긴 소득	위와 같음 : 과세	납세의무 없음	해당 없음

위에서 내국법인이란 국내에 본점, 주사무소, 사업의 실질적 관리 장소를 둔 법인을 말한다. 또한 영리법인이란 영리를 목적으로 하는 법인을 말하며, 비영리법인이란 영리가 아닌 사업을 목적으로 하는 법인을 말한다.

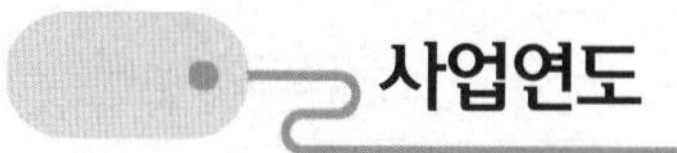

사업연도

사업연도란 법인의 소득을 계산하는 1회계기간을 말하며, 법인의 사업연도는 다음과 같다.

1 일반적인 경우

구 분	사업연도
원칙	법령이나 법인의 정관에서 정하는 1 회계기간. 다만, 그 기간은 1년을 초과할 수 없다. 즉 1년을 초과하지 않는 범위 내에서 임의로 정할 수 있다.
법령이나 법인의 정관에 규정이 없는 경우	사업연도를 정해서 신고한 사업연도로 한다.
신고하지 않은 경우	매년 1월 1일부터 12월 31일까지

2 신설법인의 최초 사업연도

<table>
<tr><th>구 분</th><th>최초 사업연도 개시일</th></tr>
<tr><td>원칙</td><td><table>
<tr><th>구 분</th><th>사업연도 개시일</th></tr>
<tr><td>내국법인</td><td>설립등기일</td></tr>
<tr><td>외국법인</td><td>* 국내사업장이 있는 외국법인 : 국내사업장을 가지게 된 날
* 국내사업장이 없는 외국 법인으로서 국내 원천 부동산소득 또는 국내 원천 부동산 등 양도소득이 있는 법인 : 그 소득의 최초 발생일</td></tr>
</table></td></tr>
<tr><td>특례</td><td>설립등기일 전에 생긴 손익을 최초 사업연도의 손익에 산입한 경우는 최초 손익 발생일(최초 등기일과 최초 손익 발생일 중 빠른 날)</td></tr>
</table>

3 사업연도의 변경

사업연도를 변경하려는 법인은 그 법인의 직전 사업연도 종료일로부터 3개월 이내에 변경 신고를 해야 한다. 신고기한까지 신고하지 않은 경우 변경 신고 한 해당 사업연도에는 변경되지 않고 다음 사업연도부터 사업연도가 변경된다.

사업연도가 변경된 경우 종전의 사업연도 개시 일부터 변경된 사업연도 개시일 전일까지를 1사업연도로 한다. 다만, 그 기간이 1개월 미만의 경우에는 변경된 사업연도에 그 기간을 포함한다.

신설법인은 최초 사업연도가 경과하기 전에는 사업연도를 변경할 수 없다.

합병, 청산 등 특수한 경우의 사업연도(사업연도 의제)

구 분	사업연도
해 산	* 해산한 경우 : 사업연도 개시일로부터 해산등기일까지와 해산등기일의 다음 날부터 사업연도 종료일까지를 각각 1사업연도로 본다. * 청산 중인 내국법인의 잔여재산가액이 확정된 경우 : 사업연도 개시일로부터 잔여재산가액 확정 일까지를 1사업연도로 본다. * 청산 중인 법인이 사업을 계속하는 경우 : 사업연도 개시 일부터 계속 등기일까지의 기간과 계속 등기일의 다음 날부터 그 사업연도 종료일까지의 기간을 각각 1사업연도로 본다.

구 분	사업연도
합병 및 분할	* 합병으로 해산하는 법인 : 사업연도 개시 일부터 합병등기일까지의 기간을 소멸법인의 1사업연도로 본다. * 분할로 해산하는 법인 : 분할로 인하여 해산한 법인의 사업연도는 사업연도 개시일로부터 분할등기일까지를 1사업연도로 본다.
조직변경	조직을 변경한 경우 당해 법인의 사업연도는 조직변경 전 사업연도가 계속되는 것으로 본다.

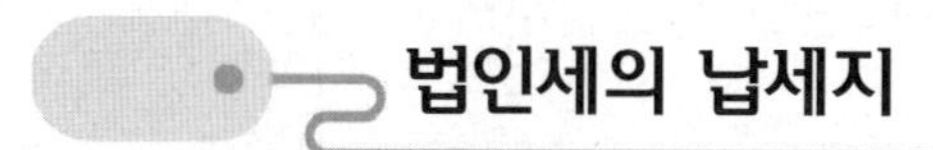

법인세의 납세지

1 법인세 납세지

구 분		납세지
내국법인	일반적인 경우	등기부상 본점 또는 주사무소 소재지(국내에 본점 또는 주사무소가 없는 경우 사업의 실질적 장소)
	법인으로 보는 단체	* 사업장이 있는 경우 : 단체의 사업장 소재지, 주된 소득이 부동산임대소득인 단체는 그 부동산의 소재지. 둘 이상의 사업장 또는 부동산을 가지고 있는 단체의 경우에는 주된 사업장 또는 주된 부동산의 소재지 * 사업장이 없는 경우 : 단체의 정관 등에 기재된 주사무소의 소재지. 정관 등에 주사무소에 관한 규정이 없는 경우 대표자 또는 관리인의 주소
외국법인		* 국내사업장이 있는 경우 국내사업장 소재지. 둘 이상의 국내사업장이 있는 경우에는 주된 사업장 소재지 * 국내사업장이 없는 외국 법인으로서 부동산소득 또는 양도소득이 있는 경우 : 각각 그 자산의 소재지. 이 경우 둘 이상의 자산이 있는 외국 법인은 신고한 장소

2 납세지 변경

법인은 납세지가 변경된 경우 그 변경된 날부터 15일 이내에 변경 후의 납세지 관할 세무서장에게 신고한다. 다만, 납세지 변경 신고의 법정기일이 경과한 후라 하더라도 신고를 한 경우에는 신고한 날로부터 변경된 등기부상의 본점 · 주사무소의 소재지를 법인의 납세지로 한다. 다만, 사업자등록 정정신고를 한 경우에는 납세지 변경 신고를 한 것으로 본다.

3 납세지 지정

납세지가 법인의 납세지로서 부적당하다고 인정되는 경우 지방국세청장이나 국세청장은 납세지를 지정할 수 있다.
납세지를 지정하였을 때는 그 법인의 당해 사업연도 종료일부터 45일 이내에 이를 통지해야 한다.

4 원천징수 한 법인세의 납세지

구 분	원천징수 한 법인세 납세지
원 칙	원천징수의무자인 법인의 법인세 소재지
특 례	원천징수의무자인 법인의 지점 · 영업소 · 그 밖의 사업장이 독립채산제에 따라서 독자적으로 회계처리를 하는 경우 : 그 사업장 소재지
법인이 지점 · 영업소 · 그 밖의 사업장에서 지급하는 소득에 대한 원천징수 세액을 본점 등에서 전자 계산조직 등에 의해서 일괄 계산하는 경우로서 본점 등의 관할 세무서에 신고하거나 사업자 단위로 관할 세무서장에게 등록한 경우 : 선택에 의해서 해당 법인의 본점 · 주사무소를 해당 소득에 대한 법인세 원천징수 세액의 납세지로 할 수 있다.	

알아두면 유익한 특수한 경우의 손금불산입 항목

업무와 관련 없는 비용의 손금불산입

내국법인이 각 사업연도에 지출한 비용 중 다음의 금액은 당해 사업연도의 소득금액 계산에 있어서 이를 손금에 산입하지 않는다(법인세법 제27조).

❶ 업무와 관련이 없는 자산을 취득·관리함으로써 발생하는 비용, 유지비, 수선비 및 이와 관련되는 비용

❷ 법인이 직접 사용하지 아니하고 다른 사람(주주 등이 아닌 임원과 소액주주인 임원 및 직원 제외)이 주로 사용하고 있는 장소·건축물·물건 등의 유지비·관리비·사용료와 이와 관련된 지출금

❸ 주주(소액주주 제외) 또는 출연자인 임원 또는 그 친족이 사용하고 있는 사택의 유지비·관리비·사용료와 이와 관련된 지출금

자본거래 등으로 인한 손비의 손금불산입

주식할인발행차금, 잉여금의 처분을 손비로 계상한 금액, 건설이자의 배당금 등 자본거래로 인한 것은 법인의 손금에 산입하지 않는다.

주식할인발행차금	자본금 증자 시 발생하는 비용
주식할인발행차금이란 주식발행가액이 액면가액에 미달하는 경우 그 미달하는 금액으로 말하며, 주식할인발행차금은 주식발행 연도부터 또는 증자 연도부터 3년 이내의 기간에 매기 균등액을 상각하고 동 상각액은 이익잉여금 처분으로 한다. 다만, 처분할 이익잉여금이 부족하거나 결손이 있는 경우에는 차기 이후 연도에 이월하여 상각할 수 있다.	자본금을 증자하는 경우 발생하는 비용은 주식할인발행차금으로 처리해야 한다, 다만, 실무에서 금액적으로 중요하지 않은 자본금 증자 비용은 지급수수료 등으로 처리해도 무방할 것이다. 다만, 이 경우 자본금 증자 비용은 손금산입 대상이 아니므로 세무조정에서 손금불산입한다.

자산 평가차손의 손금불산입

내국법인이 보유하는 자산 및 부채의 장부가액을 평가증 또는 평가감(감가상각 제외)한 경우에는 그 평가일이 속하는 사업연도의 소득금액 계산에 있어서 당해 자산 및 부채의 장부가액은 그 평가하기 전의 가액으로 한다(손금불산입 한다). 단, 아래의 경우에는 예외적으로 평가손실(손금산입)을 인정한다(법인세법 제22조, 제42조).

❶ 재고자산, 주식 등을 저가법으로 신고하여 평가하는 경우(법령 제74조 ① 2)

❷ 재고자산 중 파손, 부패 등의 사유로 인하여 정상가액으로 판매할 수 없는 경우

❸ 유형자산으로서 천재 · 지변 또는 화재, 법령에 의한 수용 법령, 채굴예정량의 채진으로 인한 폐광 등의 사유로 인하여 파손 또는 멸실된 때(법령 제78조 ①)

❹ 주권상장법인 또는 코스닥상장법인 등이 발생한 주식 등으로서 그 발행법인이 부도가 발생한 경우 또는 회생 계획인가의 결정을 받았거나 부실징후기업이 된 경우의 당해 주식 등(법령 제78조 ②)

❺ 주식 등을 발행한 법인이 파산한 경우의 당해 주식 등

투자손실 발생액 손금산입

정리계획 인가 결정에 따른 주식 무상소각액 손금산입(법인 46012-1111, 1999.03.26.)

주식의 발행법인이 회사정리법에 의한 정리계획의 인가결정에 따라 주식을 무상소각하는 방법에 의해 자본금 전액을 감자하고 소멸되는 경우, 당해 주식을 보유하고 있는 법인은 주식소각의 효력이 발생함으로써 주주 권리가 소멸된 날이 속하는 사업연도에 투자주식의 가액을 손금에 산입하는 것임.

세무조정 사항 정리

결산확정 수정분개를 위한 핵심 사항

<table>
<tr><th>계정과목</th><th>손익인식 회계처리 조정</th><th>세무 상 판단</th></tr>
<tr><td>현금, 현금등가물(3개월 내), 단기금융상품 (1년 내) · 예금 등의 기간경과 이자 인식 여부 · 미수수익 계상 기간별 대응</td><td>모든 기업(금융기관 포함)이 발생주의 적용으로 기간별 자동 수익 반영하고 보정함(현금수입이 없었어도 미수수익 계상함. 못 받는 금액은 대신에 대손충당금을 적극 인식)
<table>
<tr><th colspan="2">결산 반영</th><th>익금여부</th></tr>
<tr><td colspan="2">결산 미반영
(미수 반영 안 함)</td><td>수익 아니고
익금산입 아님.</td></tr>
<tr><td rowspan="2">결산
반영</td><td>원천징수 분</td><td>수익계상 돼도
익금불산입 처리</td></tr>
<tr><td>원천징수 안 되는 것</td><td>수익계상 되고
자동 익금산입됨.</td></tr>
</table></td><td>• 수입이자 할인액 : 소득세법상 수입시기에 속하는 연도(계산 확정 · 인출 · 만기 등 권리 금액 확정), 그러나 결산 시 기간경과 대응 이자 상당액을 수익으로 계상한 경우는 계상연도의 익금임(적극적 계상 주의 인정하며 일부러 익금불산입 하지는 않음). 원천징수(14%) 분은 결산상 미수수익 계상해도 익금불산입 하며, 향후 입금 시 익금산입하는 바 원천징수 선납 세액과 같은 시기로 대응시킴.
• 금융, 증권 · 자금 대부업 : 실제 현금수입일(현금주의), 그러나 이자 선금의 선이자 수익은 제외</td></tr>
<tr><td>대손금의 회수</td><td>과거 대손충당금 감액 금액을 다시 증액시켜 충당금 복귀함.</td><td>세무상으로는 익금산입하고 유보로 반영 후 대손충당금 손금산입액과 조정함.</td></tr>
<tr><td>매출채권의 만기 전 · 기한 전 매각할인</td><td>거래 은행과 차입약정이나 여신한도 범위 내 매출채권을 담보 제공하면 차입금과 지급이자로 회계(회계이익이 낮은 회사가 적용 유리)</td><td>기업회계에서 차입금 담보로 회계 반영 하였다면 그대로 기간이자만 손금, 나머지 선급비용은 다음 연도의 손금으로 회계 대체 분개</td></tr>
</table>

계정과목	손익인식 회계처리 조정	세무상 판단
: 회사가 임의 선택한 회계처리방법대로 세무상 인정됨.	(차) 현금 96 (대) 차입금 100 지급이자 2 선급비용 2 (받을어음이 외부로 나가더라도 담보제공 되는 개념임) • 매출채권의 완전 양도(상환청구권 있어도 가능)이면 매각 손실 전액을 당기 비용 처리함. (차) 현금 95 (대) 매출채권 100 매각손실 5(받을어음 등)	그러나 기업회계 상 판단에 의거 매출채권의 완전 양도로 하였다면 매각 손실 전액이 당기 손금으로 인정됨(즉, 회사가 자신의 회계이익 계산 판단에 따라 기업회계 상의 재무제표에 계상 반영한 대로 세법이 따라감
유가증권 시가평가 한 평가증 · 감	시장성 유가증권은 12월 31일 현재의 종가(실제는 증권시장 납회일 종가)로 평가증감 하여 영업외수익 혹은 영업외비용에 반영	유가증권은 취득원가에 의하므로 세무상은 익금불산입, 손금불산입 유보한 후 실제 양도 시점에 손금 인식함(자전거래 매각 손익, 위장 매각 손익도 실제는 평가증감 개념이므로 익금, 손금불산입함).
관계회사주식의 지분법 평가	자회사의 손익내용에 따라 지분법 평가 반영 : 당기 항목은 당기손익 반영, 잉여금 사항은 이익잉여금 증감 반영	당기손익 회계 반영된 지분법 평가손익은 세무상 손금 · 익금불산입 유보한 후 향후의 현금배당금 실제 입금 시점에 익금 · 손금 환입으로 과세이연함.
관계회사 배당금 등	현금배당만 영업외수익 반영하며 주식배당, 무상증자 등은 모두 주식 수만 증가시킨 후 연말에 주당 시가로 평가하여 증감인식	주식배당 · 무상증자 등 잉여금 재원 등은 의제배당으로 하여 익금산입하고 유보로 반영함(그러나 유가증권 평가익은 익금불산입 △유보함).
종업원 당기 결산이익의 성과배분 상여금	12월 31일에 급여 · 상여금으로 비용 · 원가 반영이 원칙이므로 노사 합의 된 성과상여금을 이익잉여금처분계산서에서 당기순이익의 처분(분배금)하면서 미지급 반영하면 손익계산서의 회계이익 과대계상으로 회계감사상 한정사항이 될 수 있음	당해 연도의 손익계산서 비용 · 원가로 처리하지 않아도 다음 연도 주주총회에서 통과되면 세무조정에 의하여 당해 연도의 법인세 신고 시 손금산입하고 잉여금 감액 반영할 수 있으나 회계감사 받지 않는 소기업만 해당.
원자재 구입 관련 금융에 대한 지급이자	뱅커스 유산스 이자는 당기 비용, 공급자신용 이자는 재고 원가에 가산 가능(그러나 취득가액과 구분하여 지급이자로 계상 시 당기비용으로 인정)	회계처리와 같음.

기업회계와 세법 차이로 인한 세무조정 필수항목

계정과목	기업회계 반영 · 처리원칙	세무조정 방법 및 세무회계 반영
할부판매 매출 손익	인도기준 원칙, 현재가치로 평가 반영	기업회계 상 회수약정 기준 선택하면 회수기준 적용
도급공사 수익인식	작업 진행기준(진행률의 합리적 추정)	• 장기 도급 : 진행기준(기준경비율 등 적용) • 단기 : 완성 인도기준
예금 등 금융상품 이자수입	발생주의로 연말 전후 기간 귀속 미수수익 계상 (차) 미수수익 (대) 이자수익	금융 예금이자의 실제 지급 시점의 이자수익 원천징수 시점과 맞추기 위해 익금불산입(△유보).
매출채권 등 매각 · 할인	• 차입금 담보조건이면 차입금, 지급이자 계상 • 완전 양도 조건이면 채권 감액, 손실 계상	기업회계와 같아짐(기업회계 반영대로 세무인식하므로 세무조정 사항 발생 없음
종업원 결산 성과이익 배분	가능한 당기손익 계산서의 급여 원가 반영 해야(회계연구원 질의회신 2001-KQA 23)	손익계산서 반영 안 하고, 잉여금처분으로 하면서 손금산입(△유보)하여 당기 과세소득 감소시킴.
건물 감가상각방법	정율법 · 정액법 중 선택 가능	정액법만 인정, 정률법으로 가속상각 했다면 손금부인 후 나중에 추인
연도 중 취득자산 상각		신규 취득 후 월할 상각(1개월 미만은 1개월로 봄)으로 기업회계와 같아짐.
감가상각 내용연수	합리적 기간 내 강제 감가상각, 미상각 하면 감사의견 한정 · 부적정이며, 전기손익 반영	손익이 나쁘면 미상각 가능(내용연수 자동연장 효과), 세무상으로는 상각대상금액이 뒤로 밀림.
보유 주식의 무상증자 배당금 수입	주식 수만 증가시키고 배당금수익 처리 안 함(연말에는 시가법으로 평가).	이익잉여금 재원은 익금산입(+ 유보), 자본잉여금 재원의 무상증자는 익금산입 안 함.
보유 유가증권 평가 방법	시가법(시가주의로 평가하여 평가손인 인식)	원가법(원가주의이므로 평가손익은 손금, 익금불산입)
합병거래 시 합병손실 등	부(-)의 영업권으로 무형자산 감액(-)	합병차익으로 보아 익금산입(토지 · 건물 등 평가차익에 일시상각충당금 등으로 대응 손금산입 가능)
이연자산 계상과 평가	이연자산 없어지고, 무형자산으로 분류	• 창업비 : 당기 비용처리 항목임(단, 2003년 1월 1일 이전은 5년 내 균등 상각).

계정과목	기업회계 반영 · 처리원칙	세무조정 방법 및 세무회계 반영
		• 연구비 : 당기 비용 • 개발비 : 20년 이내 비례 상각(무신고 시 5년 균등 상각)
매출채권의 대손충당금	연말 채권을 미래 관점으로 보아 대손 추산액 반영	1% 혹은 실제 대손 실적 비율(실제 대손 ÷ 전년 채권)로 손금산입 반영 ⇨ 주로 한도 초과액이 손금불산입 됨.
국고보조금 취득 고정자산	비유동자산 가액에서 국고보조금을 감액 충당금(－)으로 반영	국고보조금을 익금산입하고 대신에 대응 손금산입해야 과세이연시킴.
채권의 현재가치 평가 반영	모든 자산에 도입되고, 해당 차액은 비용 · 손실 반영됨.	장기 연불 거래만 적용, 금전대차 거래는 적용 안 됨. 채권계정조정 감액도 대손금 개념으로 포함시킴.
특수관계자 대여금 이자	거래상대방과의 실제 약정이자로 이자 인식	이자율은 가중평균이자율과 당좌대출이자율 중 선택 적용하며, 이보다 높은 차입금 이자율이 있는 경우에는 높은 차입금 이자율로 적용한다.

익금산입·익금불산입

익금이란 법인의 순자산을 증가시키는 거래로 인해서 발생하는 수익의 금액을 말한다. 법인의 순자산을 증가시키는 거래로 인해서 발생한 수익의 금액에 해당하기만 하면 그 발생 원천이 무엇이든지 간에 상관없이 모두 익금에 해당한다.

익금산입

1 사업수입금액

사업수입금액이란 법인이 정관 · 등기부상 목적으로 하는 사업에서 발생한 수입금액으로서 기업회계에서는 통상 매출액으로 표현되며, 영업 형태에 따라 수입금액, 도급금액, 판매 금액 및 보험료액 등으로 속성을 구분할 수도 있고 손익계산서상의 표시에는 통상 매출액이라는 대과목 아래에 세 분류로서 당해 법인의 업무 성격에 적합한 계정과목을 사용한다.

법인세법상으로는 매출액이란 표현 대신 통상 수입금액으로 표현하고 있다. 과거에는 수입금액의 범위와 업종을 열거하였으나 모든 사업수입금액이라 하면서 표준산업분류표의 분류 개념과 일치시키고 있다.

사업수입금액은 총매출액에서 매출에누리와 환입 및 매출할인을 차감한 금액으로 한다.

자산(재고자산 이외의 자산)의 양도금액

자산의 양도란 일반적인 재고자산의 양도 외에 비경상적이고 일시적인 양도, 즉 고정자산이나 투자자산 등의 양도를 주로 규정하는 것으로 해석할 수 있다.

영업양도

자산에는 각 개별재산뿐 아니라 재산의 집합체도 양도 대상이다. 이를 영업양도라 하는데 영업양도 금액 전액이 자산 양도 금액이 된다. 여기서 양도가액은 영업양도 계약상의 총대가라고 볼 수 있는데 각각의 개별자산 대응 금액의 안분 금액이나 회계처리와 관계없이 총액을 익금산입한다.

자산처분손익의 세무조정

기업회계	법인세법
자산의 양도 금액에서 장부가액을 차감한 잔액을 자산처분 손익으로 당기손익에 반영한다. ➜ 순액법 회계처리	재고자산 이외의 양도가액은 익금 항목, 양도 당시의 장부가액은 손금 항목으로 규정하고 있다. ➜ 총액법 회계처리
회사가 계상한 자산처분손익과 세법상 자산처분손익이 순액으로 차이가 나는 경우에만 세무조정을 한다.	

자기주식

자기주식의 양도 및 매각으로 인한 가액은 익금산입한다.
그러나 실제 매각이 아니고 자전거래매각익, 특수관계인에게 매각 후 재취득 관련 이익은 실질적 매각·거래 이익이 아니라 일종의 평가이익으로 보므로 익금산입하지 않는다.
세무상으로는 당초 취득가액과 매각금액과의 차이 금액은 익금이나 손금으로 처리한다. 또한, 매입소각하거나 상환 일까지 보유하기 위해 자기사채를 취득하면 취득일까지의 이자 상당액을 지급이자로 하여 원천징수하고, 자기사채의 발행가액과 취득가액과의 차액을 취득일이 속하는 사업연도의 손익에 산입한다.

구분		처분이익(소각이익)	처분손실(소각손실)
자기주식의 처분	자산의 양도	익금 항목	손금 항목
자기주식의 소각	감자	익금불산입 항목	손금불산입 항목

3 자산의 임대료

법인의 주된 수입이 부동산임대로 인한 수익이라면 그 업태는 부동산업 중 부동산임대업에 해당하며, 동산임대로 인한 수익이라면 사업서비스업 중 기계 및 장비임대업 등에 해당해서 매출액으로 처리한다.

그러나 임대업 등을 정규적인 업으로 하지 않아도 임대로 인한 수익이 발생할 수 있으며, 여기서 말하는 자산의 임대료는 정규적인 업으로 하지 않는 경우의 임대료를 말한다.

임대료를 매기 받기도 하지만 최초에 미리 입회금 · 가입금 등으로 받기도 하는데 이러한 금액도 임대료로 한다.

이같이 향후의 사용 수익을 보장한 경우라도 익금의 귀속연도는 장래의 사용수익기간에 걸쳐 안분하지 않고 받기로 한 사업연도의 수익으로 계상한다. 단, 탈퇴 시 반환이 명백히 약속된 경우는 임대료라 볼 수 없고 보증금으로 보아야 한다.

4 자산수증이익과 채무면제이익

법인이 타인으로부터 자산을 무상으로 증여받음으로써 얻은 이익을 자산수증이익이라고 하고, 채무를 면제받거나 법률에 의해서 채무가 소멸되어 얻는 이익을 채무면제이익이라고 한다.

그리고 자산수증이익과 채무면제이익은 익금산입한다.

TIP 자산수증이익으로 보지 않는 경우

❶ 수출품 제조에 있어서 수입업자의 요청에 따라서 수입업자가 제공하는 자재(수입업자의 상표 등을 인쇄 · 자수한 원단의 일부 또는 고유상표화된 단추 · 바클 · 순수상표 등)를 반드시 부착하게 되어있는 경우 동 자재를 수입업자가 수출품 제조업자에게 무환으로 보내주는 경우 동 자재의 가액

❷ 법인의 대표이사 개인소유의 부동산을 임대차계약에 의해서 무상 또는 적정가액 이하의 가액으로 영리법인에게 사용 수익하게 한 것은 등기부상의 명의변경이 아니므로 당해 부동산을 증여한 것으로 볼 수 없다(소유권 이전만 자산수증이익임).
❸ 특수관계에 있는 자가 인수를 포기한 비상장법인의 주식을 상속세 및 증여세법 시행령에 의해서 평가한 가액보다 저렴한 가액인 액면가액으로 인수한 경우 그 평가액과 액면가액과의 차액은 무상으로 받은 자산으로 인정하지 않는다(포기주식 가치가 없는 경우).
❹ 법인이 개인회사로부터 현물출자에 의해서 자산을 취득한 경우 당해 현물출자 자산 중 한국감정원의 감정가격 결정 시 평가에서 제외된 도로로 사용되는 토지와 평가 가치가 없는 기계 공구가 포함되어 있는 경우에 동 평가 제외 자산은 무상으로 증여받은 자산으로 보지 않는다(가치 없다는 개념).
❺ 이사회의 결의에 의해서 대표이사의 명의로 금융기관의 대출을 받아 법인세를 납부하고 이를 차후에 변제하기로 하였으나 이를 부채로 계상하지 않은 경우에도 이는 자산수증이익으로 볼 수 없다(아직 거래가 성립되지 않았으므로).
그러나 법인의 장래 상환의무가 전혀 없이 타인이 대신 납부한 법인세는 자산수증이익에 해당한다(거래성립이므로).

5 채무의 출자전환으로 인한 채무면제이익

법인이 채무를 출자 전환하는 경우로서 주식의 시가(시가가 액면가액에 미달하는 경우는 액면가액)를 초과해서 발행된 금액은 채무면제이익으로 익금으로 본다.
예를 들어 액면가액 100, 시가 200, 발행가액 400인 경우 시가와 액면가액의 차액인 100은 주식발행초과금으로 익금불산입하며, 발행가액과 시가의 차액인 200은 채무면제이익으로 익금산입한다.

6 이익처분에 의하지 않고 손금으로 계상한 적립 금액

배당평균적립금 · 감채적립금 등의 적립금은 이익처분에 의해서 적립해야 한다. 이익처분에 의하지 않고 적립금을 비용으로 계상한 경우 그 비용계상 금액은 익금으로 본다.

7 전기에 손금에 산입된 금액 중 환입된 금액

전기에 지출한 금액을 환입 받거나 전기에 설정한 충당금이나 준비금을 환입한 경우는 당초 손금 항목인지에 따라 익금 항목인지를 결정한다. 당초 손금 항목이 환입된 경우는 익금 항목이나 손금불산입 항목이 환입된 경우는 익금불산입 항목이다.
참고로 전기에 자산의 취득원가로 처리한 것을 당기에 환입하는 경우는 해당 자산에서 차감한다. 손금에 산입된 금액 중 환입된 금액의 유형을 살펴보면 다음과 같다.
❶ 세법상 손금으로 인정된 대손금이 그 후 환입되는 경우
❷ 보험계약의 해약으로 인해서 지급된 단체퇴직보험료 등이 환입되는 경우
❸ 세법상 손금으로 인정되는 재산세를 현금으로 지급한 후 과오납으로 인해서 환급받을 경우
❹ 세법상 손금산입 반영 설정된 충당금이나 준비금을 환입하는 경우

전기의 처리	당기의 환입	예시
손금항목	익금항목	대손금, 재산세, 충당금이나 준비금 환입
손금불산입 항목	익금불산입 항목	법인세 환급, 대손금 부인액의 환입액, 퇴직급여충당금 부인액의 환입액
자산의 취득원가로 계상한 금액	취득원가에서 차감	취득세의 환입액 등

8 특수관계자로부터 자본거래에 의해 분여 받은 이익

법인이 자본거래에 의해서 특수관계자로부터 이익을 분여 받은 경우 그 분여 받은 이익을 익금으로 본다. 이에는 특수관계자인 법인 간 합병 시의 불공정비율합병(증권거래법에 따라 합병비율을 산정해서 합병한 경우는 제외), 법인증자 시 전환사채 · 신주인수권의 부당가액 포기나 고가 인수, 자본감소(감자) 시의 불균등 비율 감자와 관련된 분여이익을 말한다.

9 특수관계자인 개인으로부터의 유가증권 저가매입액

법인이 특수관계가 있는 개인으로부터 유가증권을 시가보다 저가로 매입하는 경우 시가와 매입가액의 차액을 익금산입한다.

적용 요건

❶ 특수관계 있는 개인으로부터의 매입

특수관계 있는 개인으로부터 매입한 경우에 한해서 적용되며, 특수관계 있는 법인으로부터 매입한 경우는 이 규정이 적용되지 않는다.

❷ 유가증권

일반적으로 재산적 가치가 있는 증권으로서 주식 · 출자금, 채권 등이 해당한다.

❸ 시가보다 저가로 매입

시가란 특수관계자가 아닌 제3자 간의 정상적인 거래에 의해서 형성된 객관적인 교환가치를 말하며, 유가증권의 시가가 불분명한 경우에는 상속세 및 증여세법을 준용해서 평가해야 한다.

저가 매입 차액의 처리

❶ 익금산입 시기 : 그 매입일이 속하는 사업연도

❷ 저가 매입 차액의 세무조정

저가 매입 차액은 익금산입 유보처분해서 당해 유가증권의 세무 계산상의 취득가액에 가산한 후, 동 유가증권 양도 시 손금산입한다.

구 분	저가 매입 차액의 처리	세무 계산상 자산 취득가액
특수관계 있는 개인으로부터 저가매입한 경우	익금산입 유보처분 ⇨ 매입 시 과세	시가(저가 매입 차액을 유가증권 취득가액에 가산)
기타의 저가매입 경우	익금으로 보지 아니함 ⇨ 처분 시 과세	취득가액

10 동업기업 소득금액 배분 규정에 따라 배분받은 소득금액

동업기업의 동업자 군별 배분 대상 소득금액은 각 과업연도의 종료일에 해당 동업자 군에 속하는 동업자들에게 동업자 간의 소득분배 비율에 따라 배분한다. 이에 따라 법인이 배분받은 소득금액은 익금산입한다.

11 의제배당

상법상 이익배당에는 해당하지 않지만, 법인이 감자 · 잉여금의 자본 전입 · 해산 또는 합병 · 분할한 경우 법인의 이익이나 잉여금을 실질적으로 배당하는 것과 같은 다음의 경제적 이익은 주주 또는 출자자인 법인의 각 사업연도 소득금액 계산상 익금에 산입한다.

감자·탈퇴·퇴사의 경우

주식의 소각이나 자본의 감소로 인해서 주주가 취득하는 금전의 가액과 기타 재산가액의 합계액 또는 사원의 퇴사, 탈퇴나 출자의 감소로 인해서 사원이나 출자자가 취득하는 금전 또는 기타 재산의 합계액이 당해 주식 등을 취득하기 위해서 소요된 금액을 초과하는 경우 그 초과액을 배당으로 보아 익금에 산입한다.

의제배당액 = 주주 등이 취득하는 금전, 기타 재산 가액의 합계액 − 당해 주식 등의 취득가액

TIP 감자에 따른 의제배당 사례

납입자본금이 15억 원(1주당 액면가 : 1만 원, 발행주식수 : 15만 주), 잉여금이 7억 원인 법인이 자본금 5억 원을 기존 주주의 지분비율에 따라 감자하면서 1주당 15,000원씩 지급하는 경우

당해 법인의 발행 주식의 40%를 소유하고 있던 갑 법인(1주당 취득가액 10,000원)의 의제배당액을 계산하면 다음과 같다.

❶ 갑 법인이 취득하는 금전 = 15,000원 × 50,000주 × 40% = 300백만 원

❷ 당해 주식의 취득가액 = 10,000원 × 50,000주 × 40% = 200백만 원

❸ 의제배당액 : ❶ − ❷ = 100백만 원

현금 300백만 원 / 관계회사주식 200백만 원

의제배당 100백만 원 ⇨ 익금산입

감자법인의 회계처리(감자차손은 잉여금과 상계 처리)

자본금 500백만 원 / 현 금 750백만 원

감자차손 250백만 원

잉여금 250백만 원 / 감자차손 250백만 원

잉여금을 자본 전입하는 경우

법인이 잉여금의 일부 또는 전부를 자본에 전입함으로써 주주 또는 출자자인 법인이 취득하는 자산의 가액은 의제배당에 해당한다.

❶ 자본 전입 시 의제배당에 해당하는 잉여금

- 이익잉여금
- 합병평가차익 등과 분할평가차익 등
- 자산재평가법의 규정에 의한 토지의 재평가차액에 상당하는 재평가적립금
- 소각일로부터 2년 이내 자본에 전입하는 자기주식소각익 등
- 소각 당시 주식의 시가가 취득가액을 초과하는 경우는 소각일로부터 2년이 경과한 후 자본에 전입하는 자기주식소각익을 포함
- 기타 의제배당에서 제외되는 잉여금 이외의 잉여금

❷ 자본전입 시 의제배당에서 제외되는 잉여금

- 주식발행 액면 초과액
- 주식의 포괄적 교환차익
- 주식의 포괄적 이전차익
- 감자차익
- 합병차익(규정에 의한 합평평가차익 등 제외)
- 분할차익(규정에 의한 분할평가차익 등 제외)
- 자산재평가법에 의한 재평가적립금(토지의 재평가차액에 상당하는 금액 제외)
- 소각 당시 주식의 시가가 취득가액을 초과하지 아니하는 경우로서 소각 일부터 2년이 경과한 후 자본에 전입하는 자기주식소각익

자기주식이 있는 법인이 잉여금을 자본에 전입한 경우

법인이 자기주식 또는 자기 출자지분을 보유한 상태에서 자본전입 시 의제배당에서 제외되는 잉여금의 전부 또는 일부를 자본에 전입함에 따라 당해 법인 외의 주주 등의 자본 비율이 증가한 경우 증가한 지분비율에 상당하는 주식 등의 가액은 의제배당으로 보아 익금산입 한다.

해산의 경우

주주 등이 해산법인으로부터 잔여자산가액의 분배로 취득하는 금전과 기타 재산가액의 합계액이 당해 주식 등을 취득하기 위해서 소요된 금액을 초과하는 경우 그 초과

액은 의제배당에 해당한다.

합병의 경우

피합병법인의 주주가 합병 후 존속법인 또는 신설법인으로부터 취득하는 주식 · 출자의 가액과 금전 기타 재산가액의 합계액이 피합병법인의 주식 등을 취득하기 위해서 소요된 금액을 초과하는 경우 그 초과액은 의제배당에 해당한다.

분할의 경우

분할법인의 주주가 분할신설법인 등으로부터 분할로 인해서 취득하는 주식의 가액과 금전 기타 재산가액의 합계액이 분할법인의 주식취득을 위해서 소요된 금액을 초과하는 경우 그 초과액은 의제배당에 해당한다.

12 임대보증금 등의 간주임대료

추계결정의 경우

장부 기타 증빙의 미비 등으로 추계 결정하는 경우는 모든 법인에 대해서 적용한다.

구 분	내 용
적용배제	없다. 따라서 주택과 그 부수 토지를 임대하는 때에도 계산 대상이다.
계산방법	당해 사업연도의 보증금 등의 적수 × 정기예금이자율 ÷ 365
세무조정	간주임대료는 추계사업수입금액을 의미하므로 그 자체로는 소득처분 대상이 아니다. 추계과세표준과 결산상 법인세비용차감전순이익과의 차액을 익금산입하고 상여로 처분한다.

추계결정 이외의 경우

❶ 부동산임대업을 주업으로 하는 법인(비영리법인 제외)일 것

법인의 사업연도 종료일 현재 자산총액 중 임대 사업에 사용된 자산가액이 50% 이상인 법인

임대 사업에 사용된 자산 중에는 주택임대에 공하는 자산가액을 포함(법인46012-2896, 1996.10.18.)하며, 자산가액은 기준시가에 의한다.

❷ 차입금이 자기자본의 2배(적수 기준)를 초과하는 법인일 것

사업연도 중 합병·분할, 증자·감자 등에 따라 자기자본의 변동이 있는 경우 당해 사업연도 개시 일부터 자기자본 변동일 전일까지의 기간과 변동 일부터 당해 사업연도 종료일까지의 기간으로 나누어 계산한 자기자본의 적수를 합한 금액을 자기자본의 적수로 한다.

❸ 부동산 및 부동산상의 권리를 대여하고 임대보증금을 받는 경우이다. 따라서 차량이나 기계장치 등을 대여한 경우는 간주익금의 계산대상이 아니다.

구 분	내 용
적용배제	주택과 그 부수 토지를 임대하는 경우는 계산 대상이 아니다.
계산방법	(당해 사업연도의 보증금 등의 적수 − 임대용 부동산의 건설비 상당액의 적수) × 정기예금이자율/365 − 당해 사업연도의 임대 사업 부분에서 발생한 수입이자와 할인료 · 배당금 · 신주인수권처분익 및 유가증권처분익의 합계액
세무조정	익금산입하고 기타 사외유출로 처분한다.

간주익금의 계산 방법

임대보증금 등의 간주익금은 다음 산식에 의해서 계산하며, 익금에 가산할 금액이 "0"보다 적을 때는 이를 없는 것으로 본다. 이 경우 적수는 매월 말 현재의 잔액에 경과일수를 곱해서 계산할 수 있다.

[적수의 계산]

적수의 계산은 보증금 등의 매일 잔액의 합계액을 원칙으로 하되, 매월 말 현재의 잔액에 경과일수를 곱해서 간편하게 할 수도 있다. 임대보증금 등을 임대 사업을 개시한 날부터 먼저 받거나 늦게 받을 경우도 임대보증금 적수는 임대 개시 일부터 계산한다.

[건설비 상당액의 계산]

임대용 부동산의 건설비 상당액이란 건축물의 취득가액(자본적 지출액을 포함, 재평가차액 및 토지 취득가액을 제외)으로 하고 그 적수는 다음에 의해서 계산한다.

$$\text{임대용 부동산의 건설비 적수 총계} \times \frac{\text{임대면적의 적수}}{\text{건물연면적의 적수}}$$

지하도를 건설해서 국유재산법 기타 법령에 의해서 국가 또는 지방자치단체에 기부채납하고 지하도로 점용허가(1차 무상 점용허가 기간에 한함)를 받아 이를 임대하는 경우 다음과 같이 계산한다.

$$\text{지하도의 건설비 적수 총계} \times \frac{\text{임대면적의 적수}}{\text{임대 가능 면적의 적수}}$$

[정기예금이자율]

정기예금이자율은 서울특별시에 본점을 둔 은행의 계약기간 1년의 정기예금이자율 평균을 고려해서 기획재정부장관이 정하는 이자율을 말한다.

[금융수익]

수입이자와 할인료 · 배당금 · 신주인수권처분익 및 유가증권처분익(유가증권의 매각익에서 매각손을 차감한 금액으로 하고, 그 차감액이 (−)인 경우에는 0으로 봄)의 합계액을 말한다. 여기서 금융수익은 발생주의에 따른 금액을 말하므로 세법상 손익 귀속시기가 도래하지 않았더라도 금융수익으로 차감한다.

TIP 매출 누락에 따른 세무조정

구 분	세무조정
외상매출금을 누락 한 경우	익금산입 : 매출채권(부가가치세 포함 금액) ⇨ 유보 손금산입 : 부가가치세 예수금 ⇨ △유보

구 분	세무조정
현금을 누락 한 경우	❶ 원칙적인 현금매출 누락 익금산입 : 매출채권(부가가치세 포함 금액) ⇨ 상여 손금산입 : 부가가치세 예수금 ⇨ △유보 ❷ 현금매출 누락액을 수정신고 기한 내에 회수하는 경우 매출누락 시 : 익금산입 가지급금 ⇨ 유보 회수 시 : 손금산입 가지급금 ⇨ △유보

TIP 가공자산 · 부채 및 부외자산 · 부채에 대한 세무조정

구 분	세무조정
가공자산	장부에는 계상되어 있으나 실물자산은 없는 경우 ⇨ 매출채권의 경우 : 매출채권 회수 회계처리 누락 ⇨ 재고자산의 경우 : 현금매출을 누락 ⇨ 고정자산의 경우 : 고정자산 처분 거래 누락 [세무조정] 손 금 산 입 : 자산 감액(△유보) 손금불산입 : 귀속불분명 금액(상여)
가공부채	장부에는 계상되어 있으나 채권자가 없는 부채 익 금 산 입 : 채무면제이익(유보)
부외자산	장부에는 계상되어 있지 않으나 실물자산이 존재하는 경우 익 금 산 입 : 자산수증이익(유보)
부외부채	장부에는 계상되어 있지 않으나 채권자가 존재하는 부채 [세무조정] ❶ 대응되는 자산이 불분명한 경우 손 금 산 입 : 부채 증액(△유보) 손금불산입 : 귀속 불분명 금액(상여) ❷ 대응되는 자산을 누가 유용 중에 있고 회수할 것이 객관적으로 입증되는 경우 손 금 산 입 : 부채 증액(△유보) 익 금 산 입 : 가지급금(유보)

익금불산입

1 주식발행초과금

주식발행초과금이란 주식의 액면금액을 초과하여 발행한 경우 발행 금액과 액면금액의 차액을 말한다.

2 감자차익

감자차익은 자본금을 감자하는 경우 자본금의 감소액이 주주에게 환급한 금액과 결손보전에 충당된 금액을 초과할 경우는 그 초과액을 말한다.

3 주식의 포괄적 교환차익

예를 들어 기존의 회사 사이에서 완전 자회사가 되려는 갑회사의 주식 전부를 모회사가 되려는 을회사에 이전하고 그 대가로 신주를 배정받아 자회사 갑회사의 주주가 모회사 을회사의 주주가 되는 것을 포괄적 교환이라고 한다. 이를 통해 을과 갑 두 회사는 모회사와 자회사의 관계가 성립하게 된다.
주식의 포괄적 교환차익은 다음과 같다.

> 주식의 포괄적 교환이익 = 완전 자회사의 순자산 가액 - 주식교환발급금 - 이전한 자기주식의 장부가액 - 완전 모회사의 자본금 증가액

4 주식의 포괄적 이전 차익

주식의 포괄적 이전이란 기존의 회사가 단독 또는 공동으로 완전 모회사를 설립하고 기존회사의 주식을 완전 모회사에 이전하고 완전 모회사는 주식을 발행해서 발급한 것을 말한다. 이 경우 기존의 회사는 완전 모회사의 자회사가 되며, 기존회사의 주주는 완전 모회사의 주주가 된다.

주식의 포괄적 이전 차익은 다음과 같다.

주식의 포괄적 이전 차익 = 완전 자회사의 순자산가액 - 주식교환발급금 - 완전 모회사의 자본금

5 합병차익(합병평가차익 제외)

합병차익은 합병법인이 피합병법인으로부터 승계한 순자산가액이 피합병법인의 주주에게 지급한 합병대가(주식의 액면가액과 합병발급금)를 초과하는 경우 그 초과액을 말한다.

합병차익 = 승계한 순자산가액 - (발급주식의 액면가액 + 합병발급금)

발급 주식을 액면가액으로 평가한 경우

구 분	계산 방법	세무조정
합병평가차익	승계한 자산가액 - 피합병법인의 자산가액	익금 항목
합병감자차익	피합병법인의 자본금 - 합병대가	익금불산입 항목
잉여금 승계	익금불산입 항목인 자본잉여금, 익금 항목인 자본잉여금과 이익잉여금의 순서로 승계받는 것으로 봄	익금불산입 항목

발급 주식을 시가로 평가한 경우

발급 주식을 시가로 평가하는 경우는 잉여금은 모두 의제배당으로 과세되므로 합병차익 중 합병평가차익만을 구분하고 그 이외의 구성요소는 구분하지 않는다.

합병평가차익 = 승계한 순자산 가액 - (피합병법인의 자산가액 + (발급 주식의 시가 - 합병발급금) - 피합병법인의 자기자본)

6 분할차익(분할평가차익 제외)

분할이란 하나의 회사를 둘 이상의 회사로 나누는 것을 말하며, 분할차익은 다음과 같다.

분할차익 = 승계한 순자산가액 – (발급 주식의 액면가액 + 분할발급금)

발급주식을 액면가액으로 평가한 경우

구 분	계산 방법	세무조정
분할평가차익	승계한 자산가액 – 분할법인의 자산가액	익금 항목
분할감자차익	분할법인의 자본금 – 분할대가	익금불산입 항목
잉여금 승계	익금불산입 항목인 자본잉여금, 익금 항목인 자본잉여금과 이익잉여금의 순서로 승계받는 것으로 봄	익금불산입 항목

발급주식을 시가로 평가한 경우

발급주식을 시가로 평가하는 경우는 잉여금은 모두 의제배당으로 과세되므로 분할차익 중 분할평가차익만을 구분하고 그 이외의 구성요소는 구분하지 않는다.

분할평가차익 = 승계한 순자산가액 – (분할법인의 자산가액 + 분할대가(시가) – (분할법인의 자산합계액 – 부채합계액)) – 감면 · 세액공제

7 자산수증이익과 채무면제이익 중 이월결손금의 보전에 충당한 금액

자산수증이익과 채무면제이익은 익금에 해당한다. 다만, 법인의 재무구조개선을 지원하기 위해서 자산수증이익과 채무면제이익으로 이월결손금의 보전에 충당한 경우는 그 금액을 익금불산입 한다.

자산수증이익과 채무면제이익을 이월결손금의 보전에 충당하는 방법은 이월결손금과

직접 상계하는 것은 물론 자산수증이익과 채무면제이익을 기업회계기준에 의해서 영업외수익으로 계상하고 자본금과 적립금조정명세서(갑)에 동 금액을 이월결손금에 충당한다는 뜻을 표시하는 세무조정으로 익금불산입(기타처분) 한 것도 인정된다. 즉, 특별한 절차가 필요한 것은 아니다.

8 기타 익금불산입

❶ 채무의 출자전환으로 인한 채무면제이익 중 법 소정 요건 구비 금액

❷ 이월익금

❸ 손금불산입 된 금액의 환입액

❹ 지주회사가 자회사로부터 받은 배당 소득금액 중 일정 금액

❺ 부가가치세 매출세액

❻ 국세 또는 지방세의 과오납금 환급금 이자

손금산입·손금불산입

손금산입 및 손금불산입의 구분

손금은 자본 또는 출자의 환급, 잉여금의 처분 및 손금불산입으로 규정된 것을 제외한 순자산을 감소시키는 손비를 말한다.

손금 항목	손금불산입 항목
재고자산의 매입가액과 판매부대비용	
양도한 자산의 장부가액	
여비와 교육훈련비	임직원 아닌 지배주주 및 그 특수관계자의 여비와 교육훈련비
영업자가 조직한 단체에 대한 조합비와 협회비	
법 소정 자산의 평가차손	법 소정 자산 이외의 자산의 평가차손
광고선전비	
인건비	❶ 비상근 임원 보수 중 부당행위계산 부인 해당액 ❷ 노무출자사원의 보수 ❸ 지배주주 및 특수관계자에 대한 과다 지급 인건비 ❹ 임원상여금 한도 초과액 ❺ 임원퇴직금 한도 초과액
제세공과금	❶ 조세 중 법인세비용 · 매입 부가가치세 · 개별소비세 · 교통 · 에너지 · 환경세 · 주세, 증자 관련 등록면허세

손금 항목	손금불산입 항목
	❷ 공과금 중 임의적 부담금과 제재목적 부과금 ❸ 벌과금, 가산세와 징수불이행 세액, 가산금과 체납처분비
기업업무추진비	❶ 건당 일정 금액 3만 원(경조사비는 20만 원) 초과분 중 적격증빙 미수취분 ❷ 기업업무추진비 한도초과액
기부금	❶ 특례기부금 한도초과액 ❷ 일반기부금 한도초과액 ❸ 비지정기부금
지급이자	❶ 채권불분명 사채이자 ❷ 비실명 채권 · 증권이자 ❸ 건설자금이자 ❹ 업무무관자산 등 관련이자
수선비	
감가상각비	감가상각비 한도초과액
특수관계자로부터 양수한 자산의 장부가액이 시가(실제 취득가액이 시가에 미달하는 경우는 실제 취득가액)에 미달하는 경우 그 미달액에 대한 감가상각비 상당액	
비용으로 처리한 장식 · 환경미화 등을 위한 소액미술품	
기타의 손비 광산업의 탐광비, 무료진료의 가액, 업무와 관련 있는 해외시찰비 · 훈련비, 맞춤형 교육을 위한 지출, 업무와 관련해서 지출한 손해배상금(징벌적 성격의 손해배상금* 및 화해 결정에 따른 지급 금액 중 실손해를 초과하여 지급한 금액은 손금불산입(국외에서 지급한 징벌적 손해배상금 포함) 손금불산입), 기증한 잉여식품의 장부가액, 우리사주조합에 출연하는 자산주의 장부가액 또는 금품, 보험업을 영위하는 법인이 기업회계기준에 의해서 계상한 구상손실	❶ 자본거래 등 : 잉여금의 처분을 손비로 계상한 금액, 배당건설이자, 주식할인발행차금(신주발행비 포함) ❷ 업무무관비용 : 업무무관자산의 유지비와 관리비, 업무무관자산의 취득을 위한 차입비용, 출자임원에게 제공한 사택의 유지비, 타인이 주로 사용하는 자산에 대한 비용

손금산입 항목

1 판매한 상품 또는 제품에 대한 원료의 매입가액과 그 부대비용

기업회계기준에 따른 매입에누리 금액 및 매입할인 금액을 제외한다.
일반적으로 이러한 항목은 매출원가 혹은 제조원가 개념이다.
그러나 매입에누리 받은 금액, 매입할인 받은 금액 등은 매입가액에서 제외한 후 이들을 차감한 잔액만 매입원가로 반영한다. 즉, 순액주의로 매입원가를 기록한 후 세무상 반영한다.
반면 판매부대비용은 판매수수료, 지급수수료, 운반비 및 보관료, 광고선전비, 기타의 부수 경비, 매출할인, 매출에누리, 판매장려금, 사은품, 경품, 조건부 지급 등의 실제 지급액을 말한다.

2 양도한 자산의 양도 당시의 장부가액

양도한 자산의 양도 당시의 장부가액이 손비로 계상되는 것은 당연하다. 이는 역사적 원가주의(자산을 최초 취득한 시점의 원가로 장부에 기록하는 것)에 따라 수익을 창출하기 위해서 희생된 원가이기 때문이다. 이는 감가상각자산이나 비상각자산 모두에 적용되는데 감가상각 적용대상 자산의 경우는 상각 후의 장부잔액이 양도가액의 소멸원가이다. 양도자산의 상각부인액이나 시인부족액은 각 자산별 장부 잔액에 가감되어 세무상의 장부가액을 계산해야 한다.

3 인건비

4 고정자산의 수선비

당기 지출시 손금산입되는 수선비는 수익적 지출로서 당해 고정자산의 원상을 회복하는 정도의 지출이어야 하므로 당초 능력을 유지하는 것 이상이면 수선비가 아니다.
즉, 유형고정자산의 유지 · 관리에 드는 비용으로서 수선한 자산의 사용 가능 기간(내용연수)을 연장하지 않고 또 그 자산의 가치를 증가시키지 않는 수선으로서 단지 파손 · 고장 등의 복구를 위한 목적으로 지출되는 금액을 말한다. 구체적 지출 형태로는 일상적인 점검조정, 소모 부품 등을 위해서 지출되는 경상적 유지비, 파손 부분의 대체 등에 지출되는 부분적 대체 보상비 등을 들 수 있다.

수익적 지출의 형태로서, 건물 또는 벽의 도장, 파손된 유리나 기와의 대체, 기계의 소모된 부품의 대체와 벨트의 대체, 자동차의 타이어 튜브의 대체, 재해를 입은 자산에 대한 외장의 복구 · 도장 · 유리의 삽입, 기타 조업가능한 상태의 유지 등이 있다.

5 고정자산에 대한 감가상각비

6 특수관계자로부터 자산 저가 양수

특수관계자 간의 거래에서 정상시가를 초과한 장부 반영 차액(= 장부 반영액 - 정상시가 장부 반영액 ≧ 시가인 경우)은 거래 부인하며, 손금불산입 처리한다.

그러나 기업회계기준 상 장부에 계상한 고정자산 장부가액이 시가에 미달하는 경우(즉 장부 반영액 < 시가인 경우임)로서 실제 취득가액이 시가를 초과하면 시가와 장부에 계상한 가액과의 차액에 대한 적정 감가상각비를, 실제 취득가액이 시가에 미달하면 실제 취득가액과 장부계상 가액과의 차이에 대한 감가상각비를 손금산입한다는 것이다.

7 자산의 임차료

세법상의 임차료는 실질적으로 임차료의 성격을 띠는 모든 금액을 포함한다. 따라서 전기료나 수도료도 포함된다.

이 밖에 건물 소유주가 보험 계약자 및 피보험자로 되어있는 보험계약의 화재보험료를 임차인이 부담한다면 명목은 보험료나 실제로 임차료의 성격을 가지므로 손금산입되는 임차료로 봄이 타당하다.

토지를 일정기간 사용한 후 소유권을 무상 양도하는 조건에서 타인 토지 위에 건축물을 신축하면 당해 건축물 취득가액은 선급 임차료로 보아 사용 계약기간 동안 안분해서 손금산입한다. 여기서 사용기간이 연장되거나 사용기간이 확정되지 않으면 당해 건물의 신고내용연수 동안을 사용기간으로 해서 안분계산해서 손금산입한다.

그러나 사업연도 말 현재 기간이 경과하지 않은 임차료는 선급비용으로 처리해서 손금불산입한 후 실제 임차 기간에 안분해서 각 사업연도의 임차료 상당액을 손금산입한다.

8 차입금이자

차입금의 범위와 이자의 손금산입

법인은 사업자금을 타인자본과 자기자본 형태로 조달하는데, 자기자본은 자본금 · 출자금 · 자본잉여금 등 법인의 주주가 사업을 위해 투자한 자금이며, 이에 대한 자본대가는 배당이나 분배금 등의 명목으로서 법인의 손금으로 인정되지 않는다. 반면에 차입금은 법인과 독립된 외부의 자금 원천으로부터 조달한 자금인데, 이에 대해서는 자금 사용대가, 즉 지급이자와 할인료 등의 금융비용이 지출된다. 이를 일반적으로 차입금 이자라고 하는데, 합리적 범위 내의 금액이라면 전액 손금산입된다.

타인 명의 차입금에 대한 이자의 손비인정 여부

타인 명의로 되어있는 차입금이라도 실질적으로 법인의 부채로 인정되면 실질과세원칙의 개념에 의거 법인의 차입금으로 보며, 당해 차입금에서 발생하는 이자도 당해 법인의 손비가 된다.

또한, 사업을 포괄적으로 양수하는 경우 채무 명의변경이 아직 실시되지 않아 차입금의 명의인이 다른 경우가 있을 수 있는데, 인수일 이후에 발생한 지급이자는 아직 사업포괄 양도자 명의로 되어있는 부채라 할지라도 양수한 법인의 손비가 된다.

부외부채에 대한 이자 불산입

법인 장부에 반영된 개인 사채의 이자도 채권자가 명백하고 관련 이자지급명세서와 원천징수가 분명히 되어있으면 지급이자는 손금산입된다. 즉, 사채이자가 손금산입되려면 사채이자의 귀속자도 명확해서 원천징수 문제나 지급명세서의 제출도 객관성에 문제가 없어야 한다.

그러나 계상된 부외 부채액의 상대 계정이 정리 손실, 가공자산 등으로서 불분명 지출 금액이라면 조세법상의 제재적 차원에서 손금불산입이 타당하다.

조건부융자의 최소 상환금 초과 실시료

매출액의 일정 비율을 받는 조건부융자의 경우 최소 상환액 이상 금액의 로열티 및 실시료는 별도 구분해서 비용인정 한다.

대금의 지급 지연이자와 조건부이자

자산의 취득가액에 포함시킬 성질의 것이 아닌 것으로 물품 대금의 확정 후 당해 대금 지급 지연에 따라 당해 금액이 소비대차로 전환되면 이로 인한 이자는 지급이자로 본다. 이밖에 수출품 생산 집하 자금의 이자도 손금산입된다.

재고자산의 취득 관련 지급이자

원재료 매입 등 재고자산 취득과 관련한 지급이자도 금융비용으로 손금산입이 원칙이며, D/A 수입 자재 이자 및 유전스 이자도 금융비용으로 당기 손금이 가능하다.

9 대손금

부가가치세 매출세액 미수금으로서 회수할 수 없는 것 중 대손세액공제를 받지 않는 것을 포함한다.

법인은 일상적 영업 과정에서 구매자로부터 외상으로 판매함에 따라 외상매출금, 받을어음 등의 채권을 보유하는데, 도산 · 도피 · 상호 견해 차이 등으로 못 받는 경우가 생길 수 있다.

이러한 회수불가능 금액을 대손금이라고 하는데 이는 법인이 확보한 자산 일부를 포기하는 것이므로 순자산 감소의 일종이고 따라서 손금산입한다.

부가가치세법상 대손세액공제 받은 미수금은 손금산입 안 됨

부가가치세 미수금도 대손 되면 대손금의 손금산입이 가능하지만, 회수불능 부가가치세에 대해 대손세액공제를 적용받은 금액은 법인 차원에서 불이익이 없는 경우이므로 손금산입이 적용되지 않는다.

대손금의 손익귀속 사업연도와 대손충당금과의 상계

법인은 보유한 채권의 변제불능 등을 예상하여 미리 대손충당금 등을 설정할 수 있다. 대손충당금을 설정한 법인에 세법상 손금에 해당하는 대손금이 생기면 당해 대손충당금과 우선으로 상계해야 한다.

그러나 대손금이 설정된 대손충당금의 잔액을 초과해서 발생하면 초과 차액은 직접 당해 연도의 손비로 처리한다.

대손금의 귀속 사업연도

대손이 발생하면 이미 계상반영한 대손충당금과 대손 발생 연도에 상계처리하며, 대손충당금이 없으면 당해 연도에 대손금으로 비용 반영한다. 여기서 대손충당금이 없거나 부족하면 당해 연도에 추가로 설정해서 손금산입함으로 결국 대손금을 대손충당금과 상계처리하는 것도 당해 연도에 손금 처리하는 것과 같은 뜻이 된다.

그리고 일단 대손금으로 손금산입한 법인의 채권이 그 후의 사업연도에 다시 회수될 경우는 회수된 날이 속하는 사업연도의 익금산입 한다.

세무상 인정되는 대손금의 범위

세무상 손금 인정되는 대손금은 그 발생 사유로서 파산 · 형 집행 · 폐업 · 사망 · 실종 등으로 회수할 수 없다고 판명된 채권만 해당한다.

10 자산의 평가차손

현행 세법상 자산의 평가손실을 손금에 산입할 수 있는 경우는 다음 두 가지가 있다. 그 하나는 평가 방법 중 저가법 또는 시가법에 의해서 재고자산을 평가하는 경우 원가가 시가보다 높을 때는 시가에 의해서 재고자산을 평가하게 되므로 자연히 재고자산평가손실이 생기게 된다. 다른 하나는 세법상 자산 중에서 파손 · 부패 그 밖의 사유로 인해서 정상가격으로 판매할 수 없는 자산이 있을 때는 처분 가능한 시가로 평가함으로써 평가손실이 발생할 수 있다.

이상 두 가지 경우는 법인소득 계산상 자산의 평가손실을 손금에 산입할 수 있지만,

그 이외의 재고자산평가손실을 손금에 산입하는 데에는 많은 어려움이 있다. 왜냐하면, 재고자산평가손실은 원가를 시가로 조정하는 회계적 절차이므로 대부분 경우 시가를 결정하는 것이 사실 판단에 의존하게 되기 때문이다. 따라서 앞에서 기술한 내용 이외의 것으로 자산의 평가손실을 세무상 손금으로 인정하고자 할 때는 그 법인의 내부 통제기능을 고려해서 처리된 거래증빙이 건전한 사회통념상 인정되는 것이어야 한다. 즉, 임의 평가차손은 손금불산입한다.

11 제세공과금

12 영업자가 조직한 단체로서 법인이거나 주무관청에 등록된 조합 또는 협회에 지급한 회비

영업자가 조직한 단체인 조합이나 협회에 대한 회비는 일반회비이건 특별회비이건 회원으로서 의무 금액 및 상호협의 금액은 모두 손금산입된다. 이러한 조합 · 협회는 법인격이 있는 때도 있으며, 법인격이 없더라도 주무관청에 등록된 조합이나 협회이면 가능하다.

그러나 법인격도 없으면서 주무관청에 등록되지 않은 조합이나 협회는 일종의 임의 단체로서 이들에 대한 회비는 무조건 손금산입되는 것이 아니다.

지출의 성격에 따라 임직원의 개인적 편의 금액은 급여, 상여, 업무 관련성이 없으면 업무무관경비, 접대성 경비는 기업업무추진비이며, 기부금이라면 비지정 기부금으로 손금불산입 된다.

13 광산업의 탐광비(탐광을 위한 개발비를 포함한다)

광산업은 초기 투자비가 많이 소요되는 불확실 산업이므로 초기탐광비 · 개발비의 손금산입을 별도로 규정한 것이다. 생산비는 대응 원가로서 당연히 사업연도의 손비이므로 특별히 탐사비와 개발비를 발생한 사업연도의 손비로 인정한 것은 장래 수익에 대응되는 것이라 할지라도 이연 처리할 필요가 없음을 의미한다.

왜냐하면, 광산업은 광상, 광맥이 발견되기까지는 탐사, 개발을 위한 탐사시설 고정자산의 감가상각비와 동원한 자금의 금리 부담이 과중하다. 또한, 경제성을 지닌 광맥의 발견은 위험부담이 크므로 초기에 이러한 발생 비용을 세무상 손금산입 처리함으로써 납세 부담을 줄일 수 있고, 회계의 기본기능인 기업의 재무 상태와 경영성과를 적정히 보수적으로 공시할 수 있기 때문이다. 법인세법은 탐광비와 탐광을 위한 개발비를 손비의 항목으로 규정하고 있을 뿐 그 구체적인 내용에 대해서는 언급이 없으므로 특정의 지출이 탐광비에 해당하는지의 판단은 일반적으로 공정 · 타당하다고 인정되는 기업회계의 내용에 따라야 할 것이다.

14 보건복지부 장관이 정하는 무료진료권 또는 새마을 진료권에 의해서 행한 무료진료의 가액

보건복지부 장관이 정하는 무료 진료권이나 새마을 진료권에 의해서 행한 무료 진료의 가액은 발생 사업연도에 이를 전액 손비로 산입한다. 또한, 의료업의 병원개설 허가 조건에 부수하는 무료 진료비도 손금산입되는 범위에 포함된다.

15 잉여 식품의 무상 기증

음 · 식료품의 제조업 · 도매업 또는 소매업을 영위하는 내국법인이 잉여 식품을 무상으로 기증하는 경우 그 가액은 발생 사업연도에 손금에 산입한다.
일반적으로는 무상 기증의 경우 일반기부금으로 분류되거나 업무무관지출, 사업과 관련 없는 비용으로 손금불산입이 원칙이지만, 잉여 식품의 실제 활용으로 자원 낭비를 막고 불우이웃을 위한 사회복지지원 대책의 하나로 국가나 지방자치단체에 잉여 식품 활용 사업자로 등록한 자 또는 잉여 식품 활용 사업자가 지정한 자에게 무상으로 기증해야 한다.

16 업무와 관련 있는 해외 시찰·훈련비

업무수행 상 필요한 해외여행의 판정 기준

임원 또는 사용인의 해외여행과 관련해서 지급한 여비는 법인의 업무수행 상 필요한 해외여행인지? 여부에 적절하면 여비로서 전액 손비로, 부적절한 금액은 근로소득으로 간주해서 손비로 인정되는 등 손비 구성항목이 달라지는데, 그 구분 기준은 여행 목적 지역 · 경로 · 기간 등을 모두 고려해서 판정한다. 즉, 업무에 직접 · 간접적으로 관련 있으면 손비로 인정된다.

여기서 합리적 필요 인정 금액 초과액은 임원 · 사용인의 급여로 한다.

해외여행 동반자 여비의 손금산입 여부

임원의 여행 동반이 신체장애로 인한 상시보호자 동반, 국제회의 배우자 동반 필수요건, 기타 전문기능인(외국어 통역자 · 전문능력 위촉자 등) 동반인 경우는 손비로 인정된다.

업무상 불필요한 여행이 병행된 여비의 안분계산 손금산입

임원 또는 사용인이 업무수행을 위해 해외여행을 함에 있어서 당해 여행과 관련해서 관광여행을 병행하는 경우가 많다.
이같이 법인의 업무수행이나 수익 창출과 관련해서 필요하다고 인정할 수 없는 여행을 겸하는 경우는 각각의 여행 기간에 따라 해외 여비를 안분계산해야 한다.

법인업무에 직접 관련된 부분은 손금산입

관광여행 기간에도 법인업무와 관련된 부분의 비용은 손금산입한다. 즉, 임직원의 해외여행 기간에 있어 여행지, 수행한 일의 내용 등으로 보아 법인의 업무와 직접 관련이 있는 것이 있다고 인정될 때는 법인이 지급하는 그 해외여행에 드는 여비 가운데 법인의 업무에 직접 관련이 있는 부분에 들어간 비용(왕복 교통비는 제외한다)은 여비로서 손금산입한다.

17 특별학급 또는 산업체 부설 중·고등학교의 운영비 또는 수당

초 · 중등교육법 등은 학교법인이 아닌 일반법인도 산업체에 근무하는 청소년을 위해서 특별학급 및 산업체 부설 중 · 고등학교를 운영할 수 있도록 규정하고 있다. 학교 운영비가 법인의 사업 관련 직접 경비는 아니지만, 근로청소년 지원 및 산학협동 지원 목적에서 일반법인의 이러한 특별학급 및 부설 중 · 고등학교의 운영과 관련한 제반 비용은 전액 법인의 손금으로 산입하도록 규정하고 있다.
이러한 학교 운영비에는 교원에 대한 인건비, 제반 피복비, 교재비 및 기타 학교 운영에 드는 통상적인 비용들이 업무 수행과 관련한 손비로 인정되는 범위 내 금액이다. 또한, 학교 시설 자산투자액도 운영 경비로서 감가상각방법(세법상 매년 한도금액 계산)으로 손금산입된다.
그리고 기업과 교육기관 간 계약에 따라 채용을 조건으로 설치 · 운영되는 직업교육훈련 과정, 학과 등의 운영비로 지출하는 금액과 현장실습 수업에 참여하는 학생에게 지급하는 수당도 업무와 직결되는 것과 관계없이 손금산입한다.

18 근로자복지기본법에 의한 우리사주조합에 출연하는 자사주의 장부가액 또는 금품

법인의 근로복지기본법에 의한 우리사주조합에 출연하는 자사주의 장부가액 또는 어떤 종류의 법인 금품도 종업원의 복리후생 지원 및 우리사주조합의 활성화 차원에서 법인의 비용처리 행위에 대해 손금산입한다.
법인이 우리사주조합에 자기 회사 주식 외의 부동산이나 금품을 출연하는 경우 손금산입할 출연자산의 가액은 시가에 의한다. 여기서 이러한 시가와 장부가액과의 차액을 익금산입한다.
여기서 우리사주조합에 출연하는 자사주는 법인이 보유하거나 취득해서 우리사주조합에 출연하는 자사주를 말하는데, 증자 방식에 의해서 자사주를 배정하는 것은 포함하지 않는다.

19 장식·환경미화 목적의 사무실 복도 미술품

장식 · 환경미화 등의 목적으로 사무실 복도 등 여러 사람이 볼 수 있는 공간에 상시 비치하는 미술품의 취득가액을 그 취득한 날이 속하는 사업연도의 손금산입한 경우는 그 취득가액이 거래 단위별로 1천만 원 이하인 것에 한해서 비용인정 한다. 따라서 거래 건이 5건이면 1년에 5천만 원(= 1,000만 원 × 5)도 당기 손금이 가능하다.

20 그 밖의 손비로서 그 법인에 귀속되었거나 귀속될 금액

기술도입 사용료

경상기술료와 고정기술료의 손금산입 방법

일반적으로 경상기술료는 계약 제품이 판매된 사업연도의 손금으로 계상하는 데 경상기술료를 제품의 제조 수량에 일정 요율을 적용해서 지급하는 방법이라면 제품 제조가 완료된 사업연도에 손금으로 계상한다. 여기서 계약 제품의 판매 및 제조 수량이 확정된 사업연도 후에 변동된 경우는 기간손익 수정 손익으로 처리해서 손금 및 익금산입한다. 경상기술료의 손금 계산 방법에 있어서 제품의 순매출액에 일정률을 곱해서 지급하는 경상기술료라 할지라도 이는 일반적으로 제품 제조원가에 해당하므로 당기의 기말재고자산과 매출원가에 안분계산해서 손금산입한다. 물론 제조에 관한 기술이 아니고 판매나 경영관리에 관한 기술료라면 판매비와 일반관리비로 처리해서 전액 당기 손비로 처리한다.

계약상 경상기술료의 선급이 분명하다면 선급비용으로 계상해서 계약기간 동안 안분하고, 그렇지 않은 경우는 기술료 선급금과 동일하게 취급해서 이연자산으로 계상·상각하면 된다.

그러나 현실적으로 고정기술료에서 경상분과 선급분의 구분이 곤란하므로 고정기술료 지급액 자체를 지급·발생 시 손비로 처리할 수도 있다.

기술료 지급 시 부담한 원천징수 세액 상당액의 손금산입

국내사업장 없는 비거주자나 외국법인과의 계약에 따라 기술 사용료를 지급하는 경우 지급하는 법인은 법인세나 소득세를 원천징수 해서 납부해야 한다. 외국과의 기술도입 및 용역계약에서 총액을 계약하고 원천징수 세액을 뺀 나머지만 송금하는 계약도 있지만, 순액지급하고 발생하는 세금은 국내의 대가 지급법인이 전액 부담하는 계약도 있다. 이같이 원천징수 세액 상당액을 법인이 대신 부담하기로 하는 계약조건이라면, 당해 원천징수 세액 상당액도 지급대가의 일부로 보아 손금산입한다. 즉, 순액 지급계약의 경우 세금 포함 총액이 손금산입된다는 뜻이다. 계산상 원천징수 대상이 되는 사용료의 과세표준은 지급하기로 약정한 금액÷(1－원천징수 세율)이 되며 총액 계산된 금액(gross－up)이 비용처리 된다.

업무상 손해배상금의 처리

손해배상금의 손금산입 방법

법인의 귀책 사유로 인해 지급한 손해배상금 등은 재판의 예와 일반적인 기준에 비추어 사회통념상 타당하다고 인정되는 범위 내에서 손금으로 인정되며, 법인의 임원 또는 사용인의 행위 등으로 인해 법인이 지급한 손해배상금도 당해 행위가 법인의 업무수행과 관련된 것이고, 고의 또는 중과실이 아닌 경우로서 일반적으로 발생할 수 있는 손해배상금은 법인의 손금으로 본다.

따라서 회사 종업원인 운전기사가 업무수행 중에 일으킨 교통사고에 대해서 회사가 피해자의 유가족에게 지급한 보상비는 타 법률에 따라서 구상권을 행사할 수 있는 경우를 제외하고는 손금으로 계상할 수 있고, 당해 종업원에 대한 근로소득으로도 보지 않는다. 한편, 보험에 가입해서 보험금을 지급받은 경우는 실제 배상금의 지급액에서 보험금 수령액을 차감한 금액을 손금으로 처리해야 하며, 공사 시행 중 발생한 사고에 대한 배상금 지급액은 당해 공사원가로 손금산입하는 것이다.

기타 손해 배상적 성질 비용의 손금산입

법인소득 금액 계산상 손해 배상적인 성질의 비용을 손금에 산입하는 경우를 열거하면 다음과 같은데 모두 확정일자 혹은 결정 고지 일에 손금산입한다.

❶ 우발적인 공사 사고로 인한 치료비 및 합의보상금
❷ 법인의 관리 소홀 등으로 인한 맨홀 사고 배상금
❸ 환경보전법에 의한 공단 내 거주자의 피해보상비
❹ 산업재해보상보험법 규정 외의 보상금 지급액 중 합당한 범위 내의 금액
❺ 환경보전법상 공단 거주자 피해보상비로서 납부하는 부담금
❻ 법인의 업무수행과 관련해서 피해당한 인근 주민에게 편의시설의 제공을 위해 소요된 비용 중 사회통념상 타당하다고 인정되는 범위 내의 금액
❼ 법원의 판결에 의해서 지급되는 위자료
❽ 상대방의 손실 · 복구비 등

TIP 부가가치세 매입세액불공제의 법인세법상 손금산입

구분	매입세액불공제 항목	세무조정
손금산입	비영업용 소형 승용자동차의 구입유지에 관련된 매입세액	• 구입 관련 매입세액 : 자본적 지출 • 유지 관련 매입세액 : 차량유지비(손금)
	기업업무추진비 관련 매입세액	기업업무추진비로 보아 기업업무추진비 한도 시부인 계산
	토지조성을 위한 자본적 지출 관련 매입세액	토지에 대한 자본적 지출
	간주임대료 매입세액	임차인이나 임대인 중 부담한 자의 손금
	영수증(간이 세금계산서) 분 매입세액	지출 내용에 따라 손금 또는 자본적 지출
손금불산입	등록 전 매입세액	손금불산입
	사업과 관련 없는 매입세액	손금불산입
	세금계산서 미수취 · 미제출 부실기재 분 매입세액	손금불산입

인건비, 세금과공과의 비용처리와 세법상 비용인정 한도

인건비

세무상으로 급여는 대다수 비용으로 인정되지만 몇 가지 비용으로 인정되지 않는 항목이 있는데, 살펴보면 다음과 같다.

1 일반직원의 급여

회사 입장에서 처리	직원 입장에서 처리
손금산입(급여 · 상여 · 성과급 모두)	근로소득세 과세

2 임원의 급여

대 상	회사 입장에서 처리	임원 입장에서 처리
임원	손금산입	근로소득세 과세
비상근임원	원칙적으로 손금산입하나 부당행위계산 부인의 대상이 되는 부분은 손금불산입	자유직업소득 · 사업소득 등으로 처리할 수 있고, 근로소득세 과세도 가능하다.
신용출자사원	손금산입	근로소득세 과세
노무출자사원	손금불산입(노무 자체가 출자이므로 배당으로 보기 때문이다.)	배당소득세 과세

주 개인회사 사장의 급여는 필요경비불산입 즉, 비용으로 인정받지 못한다.

주 법인이 지배주주 등(그의 특수관계인 포함)인 임원 · 사용인에게 정당한 사유 없이 동일 직위에 있는 지배주주 등외의 임원 · 사용인에게 지급하는 금액을 초과해서 지급하는 경우 그 초과 금액은 비용 불인정하고 상여로 처분한다.

위에서 임원의 급여에 포함되는 항목을 살펴보면 다음과 같다.

- 매월 지급하는 현물급여
- 소유자산을 부당하게 저가로 매도하였을 경우 자산의 가액과 양도가액과의 차액에 상당하는 금액으로서 그 금액이 매월 일정한 것
- 토지 또는 건물의 무상대여로 인한 금액으로 그 금액이 대략 매월 일정한 경우
- 매월 부담하는 주택 전기료 · 수도료 · 가스료 등 개인적 비용
- 매월 지급하는 정액의 기업업무추진비
- 임원이 입회하고 있는 단체의 회비
- 임원을 수치인으로 하는 정기 보험료 부담액

그리고 세법에서 말하는 임원의 범위는 다음과 같다.

- 법인의 회장 · 사장 · 부사장 · 이사장 · 대표이사 · 전무이사 · 상무이사 등 이사회의 구성원 전원의 청산인
- 합명회사 · 합자회사 및 유한회사의 업무집행사원 또는 이사
- 감사
- 기타 이에 준하는 직무에 종사하는 자

그리고 이사 대우 등은 직무에 실질적으로 종사하는지? 여부에 따라 임원의 해당 여부를 판단한다.

TIP **임원 급여·상여 등의 비용인정 조건**

❶ 정관의 규정 또는 주주총회 · 사원총회 등에 의해서 결의된 지급한도액의 범위 내일 것

예를 들어 주주총회의 결의에서 임원의 보수액은 연액 1천만 원 이내로 함이라고 정했다면 이 금액을 초과하는 금액은 비용으로 인정되지 않는다.

❷ ❶의 한도 내의 금액이라도 임원 개개인의 지급액이 그 임원의 직무의 내용, 그 법인의 수익 및 그 사용인에 대한 급여 지급 상황, 동종업종 및 유사 규모 회사의 상황 등을 종합적으로 고려해 과도한 경우 비용인정이 안 된다.

가. 직무의 내용(예 : 사장, 전무, 상무, 이사 등)

나. 직무에 종사하는 정도(상금 또는 비상금)
다. 경과 연수
라. 그 법인의 업종 · 규모 · 소재지 · 수익의 상황 및 사용인에 대한 급여의 지급 상황
마. 그 법인과 동종 사업을 영위하는 법인으로 그 사업의 규모 및 수익의 상황 등이 유사한 것의 임원에 대한 보수의 지급 상황 등

TIP **세법에서 말하는 임원의 범위**

❶ 법인의 회장 · 사장 · 부사장 · 이사장 · 대표이사 · 전무이사 · 상무이사 등 이사회의 구성원 전원의 청산인
❷ 합명회사 · 합자회사 및 유한회사의 업무집행사원 또는 이사
❸ 감사
❹ 기타 이에 준하는 직무에 종사하는 자
그리고 이사 대우 등은 직무에 실질적으로 종사하는지? 여부에 따라 임원의 해당 여부를 판단한다.

3 상여금

대 상	회사 입장에서 처리	임직원 입장에서 처리
사용인	손금산입(이익처분에 의한 상여금은 손금불산입)	근로소득세 과세
출자임원 (주주, 사원, 임원)	❶ 정관, 주주총회, 사원총회, 이사회 결의로 결정된 급여 지급 기준 범위 내의 상여금(손금산입) ❷ 지급 기준 초과 상여금(손금불산입) ❸ 이익처분 상의 상여금(손금불산입)	일정액은 근로소득, 초과액은 손금불산입하고, 배당소득으로 과세한다.
비출자임원	손금산입(이익처분에 의한 상여금은 손금불산입)	근로소득세 과세

4 복리후생비

근로환경을 개선해서 근로자의 근로의욕을 고취해 생산능률의 향상을 꾀하기 위해서 간접적으로 부담하는 시설비 및 경비 등을 복리후생비 명목으로 지출하는데, 이러한 지출이 업무와 관련된 비용이라면 세무상 비용인정이 가능하나 업무와 관련 없이 지급되는 경우는 비용인정이 안 된다. 이러한 복리후생적 비용 외에 인건비 등도 업무와 직접적인 관련이 없는 경우에는 비용인정이 안 되나, 비용인정을 위해서는 근로소득세를 과세해야 한다.

손금산입	손금불산입
❶ 직장체육비, 직장연예비, 직장회식비, 우리사주조합의 운영비 [예시] 직원회식비 및 행사 경비 그리고 야간근무 직원에게 지급한 여비교통비 ❷ 건강보험료, 노인장기요양보험료, 고용보험료, 국민연금 사용자 부담금 [예시] 고용보험료 중 개산보험료는 납부한 날이 속하는 사업연도의 손금에 산입하며, 개산보험료와 확정보험료의 차액을 추가 납부하는 보험료는 추가 납부할 금액이 실제로 확정되는 날이 속하는 사업연도가 된다. ❸ 직장보육시설의 운영비(법인이 임의로 설치한 시설도 포함) 및 기타 임원 또는 사용인에게 사회통념상 타당하다고 인정되는 범위 안에서 지급하는 경조사비 [예시] 직장보육시설의 운영비가 아닌 당해 보육시설 자체의 건축비 또는 구입비는 법인경리 일부로서 법인의 기타 사업용 자산과 동일하게 처리한다.	손금산입 항목을 제외한 모든 복리후생비 [예시] 법인의 대표이사가 부담해야 할 보험료를 당해 법인이 부담한 때에는 각 사업연도의 소득금액 계산상 손금에 산입하지 않는다(법인 46012-1815, 2000.8.25.). 이와 유사한 경우로서 출자 임원이나 사용인 각 개인이 부담해야 할 복리후생비를 법인이 부담한 때에는 부당행위계산의 부인 규정을 적용하여 손금 부인하고 그 상대방에 대한 인건비 등으로 처리해야 한다.

직장체육비, 직장연예비 등 복리후생적 비용

법인이 임직원의 업무수행 상 발생하는 직장체육비, 직장연예비, 직장회식비, 우리사주조합의 운영비, 건강보험료 등 사용자 부담금, 직장보육시설의 운영비 및 기타 임원 또는 사용인에게 사회통념상 타당하다고 인정되는 범위 안에서 지급하는 경조사비 등은 복리후생적 비용으로 비용인정이 된다. 다만, 법인의 임원이나 사용인을 위한 지출이 아니거나 사회통념상 범위를 초과해서 지출되는 비용은 인정되지 않는다.

구 분	세무 처리
사내 동호인 단체에 대한 지원금	법인이 사용인의 복지후생 조직인 사용인단체에 사용인의 복리후생을 위하여 지출한 금액은 모든 사용인의 복리후생 증진 목적으로 복리후생비로 사용된 금액에 한하여 법인의 손금산입 하며, 사용인이 조직한 사내운동회(낚시회, 등산회 등)에 보조금을 지급하는 경우 그 금액이 사회통념상 적정하고 근로자에게 직접 귀속되지 아니하는 때에는 근로소득에도 가산하지 아니함(법인 22601-1865, 1992.9.1.).

구 분	세무 처리
아마추어선수단의 운영비	법인에 소속된 아마추어 럭비축구단을 운영하기 위하여 지출하는 비용은 당해 법인의 각 사업연도 소득금액 계산상 그 지급 의무가 확정된 날이 속하는 사업연도의 손금에 산입함(법인 46012-3300, 1997.12.17.).
직원 주택금융 이자의 보전액	법인이 종업원의 주택구입 시 금융기관으로부터 받은 대출금에 대한 이자 중 일부를 보전해 주는 경우, 해당 이자 보전액은 해당 법인의 손금에 산입하지 아니하는 것임(법규과-1708, 2011.12.22. 및 법인-1043, 2011.12.28.).

여비·교육훈련비

법인의 업무와 관련해서 지출되는 여비 · 교육훈련비는 당연히 지출사업 연도에 비용인정이 된다. 물론 거래처나 고객 및 기타 법인에 대한 업무와 관련된 여비 · 교육비도 법인의 수익 창출과 관련된 금액이라면 비용인정이 된다.

그러나 통상적인 지출 금액이 아니거나 수익 창출과 관련성이 없는 접대 · 향응목적이라면 기업업무추진비로 보아 손금산입 한도를 계산해야 하며, 업무 및 수익에 관련이 없는 금액이라면 업무무관비용으로 비용인정이 안 된다. 또한, 법인 임원 · 사용인이 아닌 지배주주 등에게 지급한 여비나 교육훈련비는 업무 관련성이 있더라도 비용불인정을 원칙으로 하고 있다.

예를 들어 임원 또는 사용인이 업무수행을 위해 해외연수 및 시찰 시 관광여행을 병행하는 경우 관광에 든 비용은 업무와 관련된 비용이 아니므로 해외 여비를 업무관련 비용과 안분계산해서 비용처리하고 나머지는 근로소득세를 과세하면서 비용인정을 받는다.

TIP 건강보험료 및 고용보험료 등의 비용처리

구 분	지급하는 법인	근로자
사용자(회사) 부담분	손금 인정(복리후생비)	근로소득세 비과세
회사대납 사용인(근로자)부담분	손금 인정(상여금)	근로소득세 과세

경조사비

법인이 당해 법인의 임원 기타 사용인에게 지급한 경조금 중 사회통념상 타당하다고 인정하는 범위 안의 금액에 대해서는 지급받은 임원 기타 사용인에 대한 복리후생비로 보아 이를 당해 사업연도의 소득금액 계산에 있어서 손금에 산입할 수 있다.

경조사비는 각종 축의금, 조의금 및 장례비 등을 말하며, 출자 임원에게 지급하는 경조비, 임원의 순직과 관련하여 지급하는 장례비나 위로금 등으로서 사회통념상 타당하다고 인정되는 범위 안의 금액을 포함한다(기본통칙 19-19…13 및 19-19…32).

- 법인이 업무수행 중 발생한 재해로 인하여 사망한 사용인에게 지급하는 위로금으로서 사회통념상 적정하다고 인정되는 범위 내의 금액은 손금에 산입하는 것이나 이 경우 사고 발생 원인이 업무와 관련이 있는지 또는 보상금이 사회통념상 적정한 금액인지? 여부는 사실 판단할 사항임(법인 46012-2747, 1998.9.24.).
- 사용인이 업무와 관련 없는 교통사고로 인하여 사망한 데 대하여 지급한 위로금은 소득세법상 근로소득에 해당하는 경우를 제외하고는 법인의 손금에 산입할 수 없음(법인 22601-1725, 1989.5.1.). 즉 근로소득으로 처리 후 손금산입이 가능하다.
- 법인의 업무수행 과정에서 일시 고용한 종업원이 작업 중 사고로 인하여 상해를 당한 경우 이와 관련하여 지출되는 치료비, 위자료의 성질이 있는 급여 및 보상비는 사회통념상 타당하다고 인정되는 범위 내의 금액으로 법인의 손금에 산입할 수 있는 것이나, 산업재해보상보험법에 의하여 보상받을 수 있는 금액이 있는 경우 그에 상당하는 금액은 그러하지 아니함(법인 22601-948, 1987.4.16.).

임직원 또는 자녀의 교육비

법인이 임원 또는 사용인에게 지급하는 자녀교육비 보조금은 그 임원 또는 사용인에 대한 인건비로 보아 손금에 산입한다. 또한 불우종업원에게 지급하는 생계비 및 학비 보조금은 인건비로 보아 이를 각 사업연도의 소득금액 계산상 손금에 산입한다.

- 사규 등에 의하여 학교장의 추천 없이 수학하고 있는 종업원 또는 수학 중의 자녀가 있는 종업원에게 학자금 또는 장학금을 지급한 때에는 그 지급액은 법인의 손비로 보고 그 지급받는 종업원에 있어서는 근로소득으로 봄(법인 22601-3300, 1986.11.8.).

- 법인이 종업원에게 직접 학자금으로 지급하지 아니하고 당해 법인의 사용인이 조직한 노동조합에 조합원 자녀의 학자금 등 명목으로 지출하는 보조금은 각 사업연도 소득금액 계산상 손금에 산입할 수 없음(법인 46012-2597, 1999.7.8.).
- 법인의 주주 임원인 자가 국내 대학 등에서 6개월 이상의 장기 교육이 필요한 최고경영자과정을 수업하는 경우 당해 수업내용 등으로 보아 주주 임원 개인이 부담할 것을 법인이 대신 부담하는 경우는 업무무관비용으로 보아 손금에 산입하지 아니하는 것이나, 당해 수업 내용이 업무와 관련된 것이고, 회사 내부 규정에 의하여 특정 임원 등이 아닌 경우에도 차별 없이 수업할 수 있는 것으로서 당해 교육내용 등이 사규화 되어있는 경우는 손금에 산입한다. 업무 관련 여부 등은 사실판단 함. 그리고 법인의 임원이 업무와 관련되거나, 신경영 습득을 위하여 각종 단체에서 주최하는 세미나에 참석하고, 세미나 일반경비에 충당되는 사회통념의 참석 비용을 지출하는 경우 그 지출비용은 법인의 손금에 해당함(서이-17, 2005.1.3.).

임직원 소유 차량에 대한 차량 보조비

임직원 소유 차량에 대한 차량 보조비를 손금산입하기 위해서는 당해 차량을 법인의 업무에 직접적이고 계속적으로 사용되는 사실이 확인되어야 한다.
법인의 업무용으로 전혀 사용되고 있지 않거나 그 사용 빈도가 극히 미미하여 업무용 차량으로 인정할 수 없는 정도라면 그 차량 보조비는 법인의 손금에 산입할 수 없다. 따라서 이를 소명하기 위해서는 차량운행일지를 작성해 두는 것이 좋다.
다음으로 손금산입할 차량 보조비의 한도액은 법인의 업무용으로 실제 소요된 비용이 될 것이나, 당해 지급기준을 법인의 사규 등에서 합리적으로 정하고 그에 따라 지급하는 경우는 전액 손비로 인정될 수 있다.

임원 간 단합 골프비

법인이 임원 또는 사용인의 복리후생을 위하여 지출하는 비용은 손금으로 인정되는 것이나, 특정 임원들 간의 경영관리 회의와 단합 및 사기 증진을 위해 골프장 이용료로 지출한 비용은 건전한 사회통념과 상관행에 비추어 정상적인 법인의 지출로 인정할 수 없으므로 법인의 손금에 산입할 수 없는 것이며, 해당 임원의 상여로 처분한다(서이-1259, 2005.8.3.).

종업원 식당의 유지관리비 등

종업원단체가 운영하는 종업원용 식당에 실질적인 종업원의 복지증진 목적으로 법인이 동 식당 시설에 대한 유지관리비 및 식 재료비의 일부를 부담하는 것은 법인의 손금에 해당한다(법인 22601-2490, 1987.9.12.).

5 퇴직금

퇴직금의 법인세 처리

세무상 실제로 퇴직 시 지급하는 퇴직금은 종업원의 경우 전액 비용으로 인정되나 임원의 경우 정관상의 규정에 따른 금액 한도 내에서 비용으로 인정된다.
그리고 이를 비용으로 인정받기 위해서는 퇴직금의 지급 시 퇴직소득세를 원천징수하고, 원천징수영수증을 증빙으로 보관해야 한다.

<table>
<tr><th>대 상</th><th colspan="2">회사 입장에서 처리</th><th>임직원 입장에서 처리</th></tr>
<tr><td>사용인</td><td colspan="2">종업원의 현실적인 퇴직으로 인해 지급하는 모든 퇴직금은 비용으로 인정된다. 따라서 현실적 퇴직이 아님에도 퇴직금을 지급하는 경우는 이를 비용으로 인정하지 않는 세무조정이 필요하다. 세법에서 규정하는 현실적인 퇴직은 실지로 퇴직하는 경우를 말한다.</td><td>퇴직소득세 과세</td></tr>
<tr><td rowspan="3">임원(출자임원, 비출자임원과 상장법인의 소액주주 포함)</td><td>정관에 규정되어 있는 경우</td><td>정관에 퇴직금 · 퇴직위로금으로 규정되어 있는 규정액 범위 내의 금액과 근로기준법상 금액 중 큰 금액 범위 내에서 손금산입, 초과액은 손금부인</td><td rowspan="2">❶ 퇴직금 중간 정산액 · 직원의 퇴직소득으로 비용 반영된다.
❷ 임원도 퇴직금 중간 정산 가능(비용처리). 단, 연봉제로 전환되면서 퇴직금이 없어지는 조건이다.
❸ 규정 범위 내 금액은 퇴직소득세 과세, 초과액은 근로소득세 과세
❹ 조기 퇴직금(ERP)도 규정에 있는 금액은 퇴직소득, 규정 없는 임의성 금액은 근로소득으로 과세한다.</td></tr>
<tr><td>정관에 규정되어 있지 않은 경우</td><td>퇴직 전 1년간 총급여액(손금부인 상여금 제외) × 10% × 근속연수 주
주 1년 미만은 월수로 계산하고, 1개월 미만은 없는 것으로 본다.</td></tr>
<tr><td colspan="3">임원의 퇴직금 중간 정산액도 충당금에서 감액처리하고 손금산입함.</td></tr>
</table>

TIP 현실적인 퇴직이 아닌 경우 퇴직금 지급 시 세무 처리 방법

사용자 부담금을 기초로 하여 현실적인 퇴직을 원인으로 지급받는 소득은 퇴직소득에 해당한다. 다만, 현실적인 퇴직 사유가 발생하였으나 퇴직급여를 실제로 지급받지 않는 경우 퇴직으로 보지 않고, 현실적인 퇴직 사유에는 해당하지 않지만, 퇴직금 중간 지급 사유에 해당하여 지급받는 퇴직금은 퇴직소득으로 본다.

1. 소득세법에 따른 퇴직 판정의 특례

현실적인 퇴직 사유를 열거하고 있지 않으며 퇴직 판정의 특례(소득세법 시행령 제43조)를 두고 있다.

1-1. 현실적인 퇴직 사유가 발생하였으나 퇴직금 미수령 시 퇴직으로 보지 않는 경우

❶ 종업원이 임원이 된 경우

❷ 합병 · 분할 등 조직변경, 사업양도 또는 직간접으로 출자 관계에 있는 법인으로의 전출

❸ 동일한 사업자가 경영하는 다른 사업장으로의 전출(2015년 2월 3일 이후 전출하는 경우부터 적용)

❹ 법인의 상근 임원이 비상근임원이 된 경우

❺ 비정규직 근로자(기간제근로자 또는 단시간근로자)가 정규직 근로자로 전환된 경우

1-2. 계속근로기간 중 미리 퇴직금 수령하여 퇴직으로 보는 경우

❶ 근로자퇴직급여보장법에 따른 퇴직금 중간 정산 사유에 해당하는 경우

근로자는 아래의 사유로 긴급자금이 필요한 경우에는 회사에 퇴직금 중간 정산을 요구할 수 있음(근로자퇴직급여보장법시행령 제3조 1항)

- 무주택자인 근로자가 본인 명의로 주택을 구입하는 경우
- 무주택자인 근로자가 주거를 목적으로 전세금 또는 보증금을 부담하는 경우
- 근로자, 근로자의 배우자, 근로자 또는 근로자의 배우자와 생계를 같이 하는 부양가족이 질병 또는 부상으로 6개월 이상 요양하는 경우
- 근로자가 중간 정산 신청일부터 역산하여 5년 이내에 파산선고를 받거나, 개인회생절차개시 결정을 받은 경우
- 임금피크제를 실시하여 임금이 줄어드는 경우

임금피크제는 사용자가 기존의 정년을 연장하거나 보장하는 조건으로 단체협약 및 취업규칙 등을 통하여 일정 나이 등을 기준으로 임금을 줄이는 제도를 말한다.

- 천재지변 등 고용노동부 장관이 정하는 사유에 해당하는 경우

고용노동부 고시 제2015-30호(2015.7.6.) : 태풍, 홍수, 호우, 강풍, 지진(지진해일 포함), 그 밖에 이에 준하는 자연현상으로 인하여 발생하는 재해

❷ 법인의 임원이 향후 퇴직급여를 지급받지 않는 조건으로 연봉제로 전환하는 경우(2015년까지만 적용)

❸ 근로자퇴직급여보장법에 따라 퇴직연금제도가 폐지되는 경우

2. 법인세법에 따른 현실적인 퇴직 사유

현실적인 퇴직 사유를 열거하고 있으며 현실적인 퇴직으로 지급한 금액은 손금산입(법인세법 시행령 제44조 2항)한다.

❶ 사용인이 임원으로 취임

❷ 임원 또는 사용인이 법인의 조직변경, 합병, 분할 또는 사업양도에 의하여 퇴직
❸ 근퇴법에 따라 퇴직급여를 중간 정산하여 지급한 때
❹ 임원이 연봉제로 전환함에 따라 향후 퇴직급여를 지급하지 않는 조건으로 퇴직금 정산(2015년까지만 적용)
❺ 정관 등에 따라 퇴직급여를 중간 정산하여 임원에게 지급
현실적으로 퇴직하지 않은 임원 또는 사용인에게 지급한 퇴직급여는 해당 임원 또는 사용인이 현실적으로 퇴직할 때까지 이를 특수관계자에 대한 업무무관가지급금으로 본다. 한편 법인해산에 따라 퇴직하는 임원 또는 사용인에게 지급하는 해당 수당 또는 퇴직위로금 등은 최종 사업연도의 손금으로 한다.

퇴직위로금

퇴직금 지급 규정에 따라서 지급하는 퇴직위로금은 퇴직급여에 속하므로 퇴직소득세를 원천징수 한다.
내국법인이 해산에 따라 퇴직하는 임원 또는 사용인에게 지급하는 해산 수당 또는 퇴직위로금 등은 최종 사업연도의 손금으로 한다.

TIP 비상근임원 사외이사 등에게 지급하는 제 수당

구 분	세무 처리	비고
근무 일수나 기여도에 따른 보수	근로소득으로 처리한다.	근무 일수나 기여도보다 너무 과하거나 비상근임원이 대주주나 친인척 등이면 배당소득으로 처리(손금불산입)
상여금 지급	정관이나 주주총회에 의한 지급 기준 범위 내의 금액은 근로소득으로 처리한다.	지급 기준 초과 지급은 배당소득으로 손금불산입 처리한다.
퇴직금 지급	정관이나 주주총회에 의한 지급 기준 범위 내의 금액은 퇴직소득으로 처리한다.	지급 기준 초과 지급은 배당소득으로 손금불산입 처리한다.
주주총회나 이사회 참석으로 인한 비용 지급	실비를 변상해 주는 정도의 체재비, 교통비(항공료 등)는 비과세 처리한다.	초과 과다지급액은 근로소득으로 처리한다.
근무와는 별도로 고문, 강사료 지급	자유직업소득으로 사업소득 처리(3.3%로 원천징수) 한다.	실무상 근로소득으로 원천징수가 가능하다. 그러나 고용관계가 없는 경우는 일시적 용역으로 기타소득으로도 처리한다.

타법인과 공동조직 · 사업 운영 발생 비용

법인이 타법인과 동일 조직을 운영하거나 사업을 공동으로 행함에 따른 발생 원가나 지출금액 중 당해 법인의 수익과 합리적으로 대응되는 금액은 비용인정이 되나, 타당한 이유 없이 합리적 배분 금액을 초과하는 금액은 법인의 업무무관 과다경비가 되어 비용으로 인정되지 않으며, 당 법인과 타 법인의 관계에 따라 주주이면 배당소득, 다른 관계라면 기타사외유출 등으로 소득처분 한다.

<table>
<tr><th>구 분</th><th>세무 처리</th></tr>
<tr><td>업무무관비용</td><td>다음 항목은 증빙 서류를 충족한 경우에도 손금불산입한다.
❶ 업무무관 부동산 및 동산의 관리비 · 유지비 · 수선비
❷ 법인이 직접 사용하지 않고 다른 사람(비출자임원 · 소액주주임원 · 사용인 제외)이 주로 사용하는 장소 · 건축물 · 물건 등의 유지비 · 관리비 · 사용료
❸ 출자 임원(소액주주임원 제외) 또는 그 친족의 사택 유지비 · 사용료
❹ 뇌물(외국 공무원 뇌물 포함)
❺ 노동조합 및 노동조합조정법을 위반해서 노동전임자에게 지급하는 급여</td></tr>
<tr><td>공동경비부담액</td><td>다음의 분담 비율을 초과하는 금액은 손금불산입한다.
❶ 출자 공동사업(특수 · 비 특수관계 포함) : 출자 비율
❷ 비출자 공동사업
<table>
<tr><th>구 분</th><th>세무 처리</th></tr>
<tr><td>특수관계</td><td>매출액 비율(직전 또는 해당 사업연도 중 선택), 다만, 공동 행사비는 참석인원 수 비율, 공동 구매비는 구매 금액 비율을 적용할 수 있으며, 국내 광고선전비는 국내 매출액, 국외 광고선전비는 수출액 비율로 할 수 있다.</td></tr>
<tr><td>비특수관계</td><td>약정 분담 비율. 단, 약정 비율이 없는 경우 특수관계 기준 적용</td></tr>
</table>
주 법인이 선택하지 않은 경우 직전 사업연도의 매출액 비율을 선택한 것으로 보며, 선택한 사업연도부터 연속해서 5개 사업연도 동안 적용해야 한다.</td></tr>
</table>

TIP **법인의 자산을 임원 명의로 취득하는 경우 세무 처리**

부동산 명의자와 실질 귀속자가 다르더라도 사실상 실질 귀속인 법인사업에 사용하는 것이 확인되는 경우 법인 자산으로 본다(국세기본법 기본통칙 14-0…4).

그러나 실제 법인의 소유인데 직원 개인 명의로 하면 원칙적으로 부동산실명법 위반으로 과징금이 부과되고, 법률 위반으로 형법도 적용될 수 있다. 따라서 회사에서 임원에게 자금을 대여해주고 임원 명의로 구입해도 법인 장부에 해당 자산을 고정자산 계정으로 계상하였다면 회사 소유자산이 되며, 이러한 사실 확인이 된 경우 대여금의 이자수익은 장부에 반영하지 않아도 된다.

반면, 개인 명의 자산으로 등재되어 있고 회사 장부상에서도 해당 자산계정이 아니고 해당액을 직원에 대한 대여금으로 반영하면 외관상으로는 직원 개인 자산으로 보아야 하며, 직원에 대한 자금대여로 보아 인정이자를 장부에 반영해야 한다.

TIP **회사 대출한도 초과로 대표이사 명의로 은행에서 대출받은 경우 비용처리**

회사 대출한도 초과로 인해서 회사 명의로 대출을 받지 못하고 대표이사가 대표이사 명의로 대출을 받아 회사의 운영자금으로 사용하면서 이자는 회삿돈으로 내는 경우 두 가지 경우를 생각해 볼 수 있으며, 국세청 등의 답변 내용을 참조해도 두 가지로 의견이 나누어지는 것을 볼 수 있다.

첫째, 회사의 차입거래는 회사와 은행 간 거래가 아닌 회사와 대표이사 간의 거래로 회사에서 직접 은행에 이자를 납부하는 것이 아니라 회사가 대표이사에게 대표이사가 은행에 각각 이자를 지급하는 것으로 보아, 법인은 대표이사에게 가중평균이자율 또는 당좌대출이자율 이상을 지급하면 안 되며, 이자 지급 시 법인이 이자소득세를 원천징수 해서 신고 · 납부 하는 경우

둘째, 비록 대표이사의 명의를 빌려 자금을 차입한 경우라고 해도 실질적으로는 회사자금 운용을 위해서 회사가 은행에서 빌린 거나 같다고 보아 실질과세의 원칙에 따라 회사는 이자비용으로 회사 비용처리를 해도 세무상 문제가 없는 경우

위의 두 가지 경우 정상적인 거래에서는 두 번째 처리 방법이 타당하리라고 본다.

그러나 두 번째 방법이 인정받기 위해서는 은행에서 회사통장으로 자금이 입금되고 이자비용을 은행에 직접 입금시키는 등 객관적인 증빙자료를 구비 해두어야 할 것으로 보인다.

반면 세무 당국에 의해서 조금이라도 의심이 가는 경우 첫째 방법으로 처리될 가능성이 크므로 실질적으로 회사자금 운용을 목적으로 대표이사 명의로 차입을 한 경우에는 투명성 있는 회계처리가 절실히 필요하다.

비용으로 인정되는 세금과 안 되는 세금

1 일반적인 세금의 비용처리

구 분	종 류
손금 항목	관세, 취득세, 인지세, 증권거래세, 종합부동산세, 등록면허세, 주민세(균등 분, 재산분), 재산세, 자동차세, 지방소득세 종업원분, 지역자원시설세

구 분	종 류
손금불산입 항목	❶ 법인세 또는 법인 지방소득세와 각 세법에 규정된 의무불이행으로 인하여 납부하는 세액 · 농어촌특별세 ❷ 부가가치세 매입세액(단, 면세사업 관련분 등 제외) ❸ 반출했으나 판매하지 아니한 제품에 대한 개별소비세 · 교통 · 에너지 · 환경세, 주세의 미납액. 다만, 제품가격에 그 세액을 가산한 경우는 제외) ❹ 증자 관련 등록면허세(신주발행비 등) ❺ 가산금 · 체납처분비 · 가산세 · 각 세법상 의무불이행으로 인한 세액 ❻ 내국법인이 외국법에 따라 외국에서 납부한 ❶과 같은 성질의 제세공과금 ❼ 원천징수의무자가 원천징수 세액을 징수하지 아니하고 대신 납부한 원천징수 세액 ❽ 제2차 납세의무자로서 납부한 법인세 등(다만, 출자법인이 해산한 법인으로부터 잔여재산을 분배받은 후 해산한 법인의 법인세를 제2차 납세의무자로서 납부한 경우는 다른 제2차 납세 의무자 등에게 구상권을 행사할 수 없는 부분에 한하여 손금에 산입할 수 있다) ❾ 세금계산서를 제출하지 아니함으로써 공제받지 못한 부가가치세 매입세액
부가세 : 농어촌특별세, 교육세, 지방교육세는 본세와 동일하게 처리	

주 취득 단계의 세금(취득세) : 즉시 비용으로 인정되지 않고 자산의 취득원가에 가산한 후 감가상각이나 처분 과정을 거치며 손금에 산입한다.

주 보유 단계의 세금(재산세 · 자동차세 · 종합부동산세) : 손금으로 인정하는 것이 원칙이나 업무와 관련 없는 자산에 대한 것은 업무무관비용에 해당하므로 손금불산입한다.

2 부가가치세의 비용처리

구 분		법인세법상	소득세법상
부가가치세법상 공제되는 일반적인 매입세액		손금불산입	필요경비산입
부가가치세법상 공제되지 않는 매입세액	❶ 본래부터 공제되지 않는 매입세액 가. 영수증을 발급받은 거래분의 매입세액 나. 부가가치세 면세사업 관련 매입세액 다. 토지 관련 매입세액 라. 비업무용 소형승용자동차의 구입 · 유지에 관한 매입세액 마. 기업업무추진비 및 유사 비용의 지출에 관련된 매입세액 바. 간주임대료에 대한 부가가치세	손금산입 자산의 취득원가나 자본적지출 해당분은 일단 자산으로 계상한 후 추후 손금 인정	필요경비산입 자산의 취득원가나 자본적지출 해당분은 일단 자산으로 계상한 후 추후 필요경비 인정

구 분		법인세법상	소득세법상
	❷ 의무불이행 또는 업무 무관으로 인한 불공제 매입세액 가. 세금계산서의 미수취·불분명 매입세액 나. 매입처별 세금계산서합계표의 미제출 · 불분명 매입세액 다. 사업자등록 전 매입세액 라. 사업과 관련 없는 매입세액	손금불산입 자산으로 계상할 수 없음	필요경비불산입 자산으로 계상할 수 없음

비용인정 되는 공과금과 안 되는 공과금

손금산입하는 공과금	손금불산입하는 공과금
❶ 상공회의소 회비 ❷ 영업자가 조직한 단체로서 법인 또는 주무관청에 등록된 조합 · 협회비 ❸ 교통유발부담금, 폐기물부담금, 국민연금 사용자 부담금, 개발부담금 등	❶ 법령에 의하여 의무적으로 납부하는 것이 아닌 공과금 ❷ 법령에 의한 의무의 불이행 또는 금지 · 제한 등의 위반을 이유로 부과되는 공과금 : 폐수배출부담금, 장애인고용부담금

주 토지에 대한 개발부담금은 즉시 손금으로 인정하지 않고 토지의 취득원가를 구성한 후 처분 과정을 거치며 손금에 산입한다.

영업자단체의 조합 협회비는 법정단체(법인 또는 주무관청에 등록)의 일반회비는 손금(공과금)산입 하나, 법인단체의 특별회비(유공 회비) 및 임의단체의 일반회비와 특별회비는 일반기부금으로 처리한다.

비용인정 되는 벌과금과 안 되는 벌과금

벌금, 과료(통고처분에 의한 벌금 또는 과료에 상당하는 금액을 포함), 과태료(과료와 과태금을 포함)는 부과 징수권자가 국가 또는 지방자치단체이어야 하며, 법률이나 명령 위반에 관해서 법령에 근거해서 부과된 경우 비용으로 인정되지 않으나 개인과 개인 또는 개인과 회사, 회사와 회사 등 사계약의 위반으로 인해 부과되는 벌과금이나 손해배상금, 피해보상합의금 등은 비용 인정된다. 그 내용을 살펴보면 다음과 같다.

손금산입	손금불산입
❶ 사계약상의 의무불이행으로 인해서 부과하는 지체상금(정부와 납품 계약으로 인한 지체상금은 포함하며, 구상권 행사가 가능한 지체상금은 제외함) ❷ 보세구역에 장치된 수출용 원자재가 관세법상의 장치기간 경과로 국고귀속이 확정된 자산의 가액 ❸ 연체이자 등 가. 철도화차 사용료의 미납액에 대해 가산되는 연체이자 나. 산업재해보상보험법의 규정에 의한 산업재해보상보험료의 연체료 다. 국유지 사용료의 납부지연으로 인한 연체료 라. 전기요금의 납부지연으로 인한 연체가산금	❶ 법인의 임원 또는 종업원이 관세법을 위반하고 지급한 벌과금 ❷ 업무와 관련해서 발생한 교통사고 벌과금 ❸ 산업재해보상보험법의 규정에 의해 징수하는 산업재해보상보험료의 가산금 ❹ 금융기관의 최저예금지불준비금 부족에 대해서 한국은행법의 규정에 의해 금융기관이 한국은행에 납부하는 과태료 ❺ 국민건강보험법의 규정에 의해 징수하는 가산금 ❻ 외국의 법률에 의해 국외에서 납부하는 벌금

1 퇴직합의금

합의금은 그 성격에 따라 근로소득, 퇴직소득, 기타소득으로 구분되는 것으로 당해 합의금이 부당해고 기간을 대상으로 실질적으로 부당해고인 것은 인정되나 복직이 되지 않는 상태로 당해 해고기간의 급여를 법원의 조정에 따른 합의인 조정조서에 의해서 지급받는 것이라면 퇴직소득(퇴직급여 지급 기준에 해당하는 금액인 경우)으로 볼 수 있으며, 부당해고에 따른 명예훼손 등에 대한 손해배상 차원에서 지급된 보상금은 과세대상소득에 해당하지 않는 것이고, 민·형사상의 이의제기 또는 소송 제기를 하지 않을 것을 조건으로 법적 지급 의무 없이 합의하는 합의금 성격이라면 기타소득에 해당한다.

2 산재로 인한 보상금 및 사망합의금

임직원의 사망 시 지급하는 사망합의금은 법인의 비용으로 처리한다. 종업원의 산재로 인한 피해에 대해서 보상을 해주었다면 해당 비용은 지출한 사업연도의 법인의 비용에 해당하며, 보상금을 수령하는 자의 비과세 근로소득으로 보므로, 지출한 연도의 비용으로만 계상하면 된다. 즉 회사는 비용처리를 하고 수령한 직원은 근로소득으로 보나 이는 비과세로 규정을 하고 있으므로 과세는 되지 않는다.

TIP 직원에게 부과된 벌과금의 대납 시 세무 처리 방법

현행 법인세법에서는 법인이 납부 또는 대납한 벌과금을 비용불인정 하고 있다. 이 경우 법인대납 한 벌과금이 법인의 업무수행과 관련이 있는 경우에는 사용인에게 부과되었더라도 법인에게 귀속된 금액으로 보아 비용불인정하고, 기타사외유출로 소득처분 해야 한다. 참고로 법인의 업무 수행과 관련이 없는 경우 및 법인의 업무수행과 관련이 있더라도 회사의 내부 규정에 의해서 원인유발자에게 변상 조치하기로 되어있는 경우는 비용불인정하고, 당해 원인유발자에 대한 상여로 소득처분 (근로소득세 납부)해야 한다.

구 분	세무 처리
대납한 벌과금이 법인의 업무수행과 관련이 있는 경우	법인에게 귀속된 금액으로 보아 비용불인정하고, 기타사외유출로 소득처분 한다.
대납한 벌과금이 업무수행과 관련이 없는 경우 및 법인의 업무수행과 관련이 있더라도 회사의 내부규정에 따라 원인유발자에게 변상 조치하기로 되어있는 경우	회사는 비용불인정하고 당해 원인유발자에 대한 상여로 소득처분 후 상여에 대한 근로소득세를 원천징수 · 납부 한다.

조합비 · 협회비

구 분	세무조정
법정단체에 대한 회비 : 영업자가 조직한 단체로서 법인이거나 주무관청에 등록된 조합 · 협회에 지급한 회비	일반 회비 : 전액 손금 특별 회비 : 일반기부금(한도 내 손금)
임의단체에 대한 회비 : 임의로 조직한 조합 · 협회에 지급한 회비	모든 회비 : 일반기부금(한도 내 손금)

업무용 승용차의 비용처리와 세법상 비용인정 한도

업무용 승용차 관련 비용 중 업무용 사용금액에 해당하지 않는 금액은 손금불산입한다. 회사업무를 위하여 사용하였으나 부가가치세 공제 차량에 해당하지 않는다면 매입세액공제는 받지 못하나, 비용처리는 가능하다. 단, 임직원전용자동자보험 가입과 운행기록부 작성 여부에 따라 비용인정 조건이 달라진다.

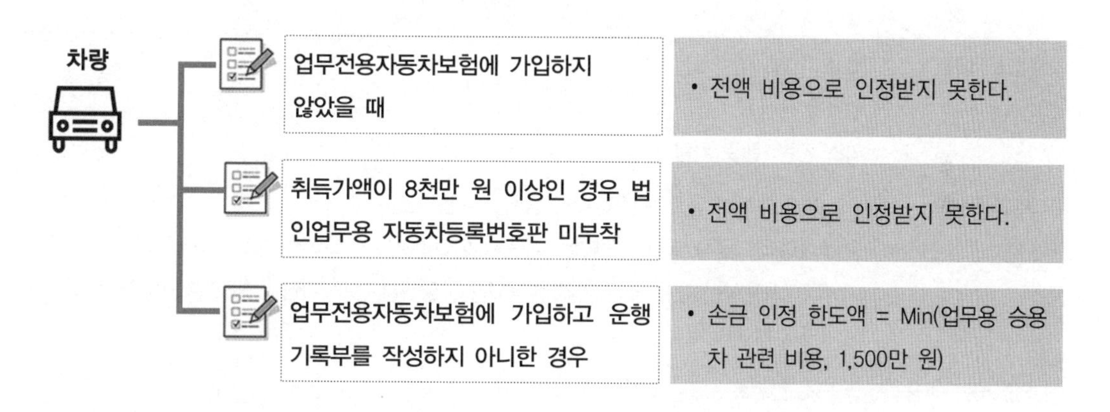

운전자의 범위는 법인의 임직원으로 한정된다(당해 법인과 계약 관계에 있는 업체의 임직원도 포함되지만, 임직원의 가족 · 친족은 반드시 제외해야 함).
법인차량 중 업무전용자동차보험에 가입해야 하는 자동차는 승용차다. 택시나 화물차 등은 사적 용도로 사용할 개연성이 낮아 동 보험에 가입하지 않더라도 세법상 비용으로 인정된다.
렌터카 회사에서 차량을 빌려 사용한다면 렌터카 회사에서 업무전용자동차보험에 가입해야 한다.

그리고 법인뿐만 아니라 개인사업자도 2024년부터 모든 복식부기 의무자가 의무가입 대상이다.

적용 대상 차량과 비용

1 적용 대상 차량

다음 중 어느 하나에 해당하는 승용차는 적용 대상에서 제외한다.

❶ 운수업, 자동차판매업, 자동차임대업, 운전학원업, 기계정비업 또는 시설대여업에서 사업상 수익을 얻기 위해 직접 사용하는 승용자동차

❷ 한국표준산업분류표 중 장례식장 및 장의 관련 서비스업을 영위하는 법인이 소유하거나 임차한 운구용 승용차

구 분	개인 및 법인
해당 차량	개별소비세를 내는 차량 • 업무용 승용차 • 리스 차량, 렌트 차량 포함
제외 차량	• 1,000CC 이하의 경차, 9인승 이상 승합차, 화물차 • 운수업(여객, 물류), 자동차판매업, 자동차 임대업(렌트), 대여업(리스회사), 운전학원업 등에서 직접 사용하는 승용차, 경비업 출동 차량, 장례업 운구 차량, 연구개발 목적으로 허가받은 자율주행 자동차
인정되는 비용	• 리스료, 렌트료 • 감가상각비, 임차료(운용 리스료) ➜ 한도 규정이 있다. • 유류비, 보험료, 수리비, 자동차세, 통행료 및 금융리스 부채에 대한 이자 비용 ➜ 승용차를 취득 · 유지 · 관리하기 위해 지출된 비용

2 적용 대상 비용

개별소비세 부과 대상 승용차의 감가상각비, 임차료, 유류비, 보험료, 수리비, 자동차

세, 통행료 및 금융리스 부채에 대한 이자비용 등 승용차 취득 · 유지비용의 지출이 대상이다.

구 분	손금산입
감가상각비, 임차료(운용리스료)	한도 규정에 따라 손금산입한다.
유류비, 보험료, 수리비, 자동차세, 통행료 및 금융리스 부채에 대한 이자비용	한도 규정이 없으므로 원칙적으로 운행일지를 작성한 경우 전액 손금으로 인정된다.

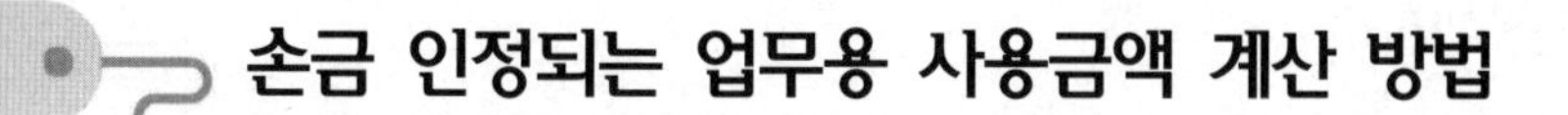

손금 인정되는 업무용 사용금액 계산 방법

구 분	세무 처리
승용차 관련 비용이 연간 1,500만 원 이하인 경우(부동산임대업 500만 원)	임직원 전용 자동차보험에 가입 필요(법인 차만 적용) ➜ 운행기록 작성 없이 전액 비용인정
승용차 관련 비용이 연간 1,500만 원 초과인 경우(부동산임대업 500만 원)	임직원 전용 자동차보험에 가입(법인 차만 적용) 시에 1,500만 원보다 비용인정을 더 받으려면 운행일지 작성이 필요하다. [예] 자동차 관련 총비용이 3천만 원인 경우(전용보험은 가입) ➜ 운행기록을 통해 업무용 사용 비율 60%를 입증한 경우 1,800만 원(3천만 원 × 60%) 비용인정 ➜ 운행기록을 작성하지 않은 경우 1,500만 원만 비용인정
업무용 승용차 비용 명세서를 제출하지 않으면 손금산입액(신고액) 전체의 1%를 가산세로 내야 한다. 사실과 다르게 제출한 경우는 신고액 중 명세서와 다르게 작성해 제출한 금액의 1%가 가산세로 부과된다. 따라서 실무상 가산세를 피하려면 차량운행일지를 작성해야 한다.	

업무전용자동차보험에 가입하고 운행일지 작성 세무조정

임직원 전용 자동차보험(렌트카 임대차 특약에 가입한 차 포함)에 가입한 경우 업무용 승용차 관련 비용에 업무 사용 비율을 곱한 금액을 업무 사용 금액으로 손금에 산입하고, 초과 금액은 손금불산입한다.

손금 인정 한도액 = 해당 사업연도의 업무용 승용차 관련 비용 × 업무 사용 비율 × (업무 전용 자동차보험 실제 가입 일수 ÷ 사업연도 중 업무전용자동차보험 의무가입일 수)

업무 사용 비율 = 승용차별 운행기록상 업무용 주행거리 ÷ 총 주행거리

[주] 법인이 임직원 전용 자동차보험에 가입한 경우 손금 한도는 차량 대당 계산을 한다.

[주] 운행기록 양식 등 구체적 사항은 국세청장이 정한다.

1 업무 사용 비율

업무사용비율은 업무용 승용차 운행기록부상 총 주행거리 중 업무용 사용 거리가 차지하는 비율을 말한다.

업무사용비율 = 승용차별 운행기록상 업무용 주행거리 ÷ 총 주행거리

업무용 주행거리란 거래처 및 대리점 방문, 회의 참석, 고객미팅, 판촉 활동, 출근 및 퇴근 등을 위해 주행한 거리를 말한다.

2 운행기록 등을 작성·비치하지 않은 경우 업무사용비율

❶ 1,500만 원(부동산임대업 500만 원) 이하의 경우 : 100%

❷ 1,500만 원(부동산임대업 500만 원)을 초과하는 경우 : 1,500만 원(부동산임대업 500만 원) ÷ 업무용 승용차 관련 비용

사업연도 중 일부 기간만 보유한 경우 = 1,500만 원(부동산임대업 500만 원) × $\frac{\text{보유기간 · 임차 기간 월수}}{12}$

월수가 1개월 미만의 경우는 1개월로 한다.

3 업무사용비율에 대한 특례

2016년 3월 31일 이전의 업무사용비율을 계산할 때 업무사용비율은 2016년 4월 1일부터 해당 사업연도의 종료일까지 계산되는 업무사용비율과 동일한 것으로 본다. 다만, 법인이 별도의 기록을 통해서 업무용 사용을 입증하는 경우는 이를 합산해서 업무사용비율을 계산할 수 있다.

예를 들어 4월부터 배포된 운행기록부를 보고 업무사용비율이 정해지면 앞 달 3달치도 소급해서 동일하게 적용한다는 것이다.

4월~12월 치의 업무사용비율이 90%가 나왔다고 가정하면 앞 3개월 치도 그냥 90%로 본다. 따라서 3월까지 수리비 등이 크게 들어갔고, 업종 특성상 많이 쓰는 달이면 꼭 운행기록부를 기록하는 것이 유리하다. 운행기록부를 작성하면 3개월분에 대해서 운행기록부에 따라 인정을 받을 수 있기 때문이다.

2016년 3월 31일 이전에 업무용 승용차를 처분하거나 임차계약이 종료된 경우는 해당 업무용 승용차에 대한 2016년 1월 1일부터의 업무사용비율은 100%로 본다.

4 업무용 승용차 운행기록부의 작성 및 비치와 제출

내국법인은 업무용 승용차별로 운행기록 등을 작성 · 비치해야 하며, 납세지 관할 세무서장이 요구할 경우 이를 즉시 제출해야 한다. 동 규정은 2016년 4월 1일부터 시행한다. 즉, 업무용 승용차 운행기록부는 신고 · 납부 시 항상 제출하는 것이 아니라 납세지 관할 세무서장이 요구할 경우 제출하는 것이다.

구 분	제출 서식
법인	업무용 승용차 관련 비용 명세서(별지 제29호 서식)
개인사업자	업무용 승용차 관련 비용 명세서(별지 제63호 서식)

업무용 승용차 관련 비용을 손금산입하여 신고한 사업자가 업무용 승용차 관련 비용 명세서 미제출 및 불성실 제출한 경우 가산세를 내야 한다.

구 분	가산세 계산
미제출	업무용 승용차 관련 비용 손금산입액(신고액) 전체 × 1%
불성실 제출	업무용 승용차 관련 비용 손금산입액(신고액) 중 명세서상 사실과 다르게 제출한 금액 × 1%

5 유류비 지출 금액 계산 방법

차량과 관련해서는 감가상각비, 유류비, 수선비, 주차비, 통행료, 리스 · 렌탈 비용, 자동차세, 보험료 등이 발생한다.

회사마다 규정이 달라서 출장에 따른 여비 규정으로 여비로 정해진 비용을 지급하는 방식과 실제 운행한 거리에 따라 유류비와 차량 소모품비용을 지원하는 등의 방식이 있다.

하지만 개인차량의 감가상각 등 추가 비용이 발생하는데, 회사는 유류비, 통행료만 지원하는 경우 직원의 불만이 발생할 수 있으므로 노사간 합의가 필요하다.

일반적으로 회사 규정은 공무원 여비 지급 규정 및 공기업의 차량 관리 기준을 참고로 해서 정한다.

근무지가 아닌 집 등에서 출발할 때는 출발지부터 목적지까지 운임을 주는데 근무지 출발할 때보다 금액이 넘는 경우는 근무지를 기준으로 준다.

또 금요일 하루 출장인데, 집이 그 동네여서 월요일날 돌아와도 날짜와 상관없이 교통비는 다 준다.

자가용 여비 계산 시 유의할 점은 자가용 동승자에게는 운임을 지급하지 않으며, 2명 이상이 같은 목적으로 출장을 다녀왔을 경우 1대의 차량으로 이용하는 것을 원칙으로 한다.

연료비 = ① 여행거리(km) × ② 유가(리터당 가격) ÷ ③ 연비로 계산한다.

① 여행거리는 출발지와 도착지 간의 거리로 계산하며, 경유지가 있는 경우에는 경유지를 포함해서 거리를 계산한다.

거리 계산은 도로공사나 민간 제공 사이트(네이버, 다음 지도)를 활용할 수 있다.

② 유가는 출장 시작일 유가를 적용한다. 한국석유공사(오피넷)에 고시된 평균 판매가격을 참고하면 된다.

유류비의 리터당 가격은 오피넷(www.opinet.co.kr/user/main/mainView.do)에서 해당 일자를 조회한다.

③ 연비는 유종에 따라 달리 적용한다. 연비 기준은 인사혁신처 공무원 보수 등의 업무 지침에 규정되어 있다.

휘발유 - 11.97km/L, 경유 - 12.52km/L, LPG - 8.83km/L,

하이브리드 - 15.37km/L, 플러그인하이브리드 - 10.61km/L, 전비 2.84km/kwh
전기차 - 5.22km/kwh(전비), 수소차 - 94.9km/kg
예를 들어 서울~세종 간 150km를 휘발유 차량으로 왕복으로 출장 다녀왔을 때 자가용 여비를 계산해 보면 다음과 같다(유가는 1,800원으로 가정).
150km × 1,800원 ÷ 11.97 × 2(왕복) = 약 45,200원
고속도로 톨비(통행료)나 주차비는 이용하였을 경우 영수증 금액으로 추가 청구한다.

업무전용자동차보험에 가입하고 운행일지 미작성 세무조정

임직원 전용 자동차보험에 가입하고 운행일지를 작성하지 않은 경우 손금 인정 한도액은 다음과 같다.

손금 인정 한도액 = Min(업무용 승용차 관련 비용, 1,500만 원)

[주] 운행기록은 승용차별로 작성·비치해야 하며, 과세 관청의 요구가 있을 경우 즉시 제출해야 한다.
[주] 사적으로 사용한 승용차 관련 비용은 사용자의 급여로 보아 근로소득세를 과세한다.
[주] 2016년 4월 1일 이후 기존에 가입했던 자동차보험의 만기가 도래하여 임직원 전용 자동차보험에 가입한 경우 또는 2016년 4월 1일 이전에 가입했던 자동차보험의 만기가 도래하기 전에 업무용 승용차를 처분하거나 임차계약이 종료된 경우는 2016년 1월 1일부터 가입한 것으로 본다.
[주] 1,500만 원 부분은 월할 계산한다. 예를 들어 신규법인이 7월 1일 개업한 경우 1,500만 원 × 6/12의 금액으로 한다.

업무전용자동차보험에 가입하지 않은 경우 세무조정

업무전용자동차보험(렌트카 임대차 특약에 가입한 차 포함)은 해당 법인의 임직원 또는 협력업체 임직원이 해당 법인의 업무를 위해 운전하는 경우만 보상 대상인 자동차보험으로 해당 사업연도에 가입되어 있어야 한다.
법인이 임직원 전용 자동차보험에 가입한 경우 손금 한도는 차량 대당 계산을 하며, 업무전용자동차보험에 가입하지 아니한 경우 전액 손금불산입 된다. 일부 가입 시에는 가입된 기간만 비용인정이 된다. 다만, 업무전용자동차보험에 가입하지 않은 승용차의 업

무사용비율에 대해서 기획재정부장관이 정해서 고시하는 조사 · 확인 방법에 따라 별도로 확인을 받은 경우는 그 확인된 업무사용 비율에 업무용 승용차 관련 비용을 곱한 금액이 손금으로 인정된다.

구 분	개인	법인
비용인정 조건	• 사업과 관련된 비용 • 감가상각 한도액 범위 내에서 비용인정	
비용인정 범위	• 사업자별로 1대까지는 업무전용자동차보험에 가입하지 않아도 되나, 2대가 되면 추가되는 1대부터는 업무용승용차는 업무전용자동차보험에 의무적으로 가입하고, 운행기록을 작성해야 하며, 운행기록을 통해 입증된 업무 사용 비율만큼 비용인정(운행일지를 작성하지 않은 경우 승용차 1대당 1,500만 원까지만 인정) • 공동사업장을 1 사업자로 보아 구성원 수에 상관없이 승용차 1대까지는 업무전용자동차보험에 가입하지 않아도 되나, 2대가 되면 추가되는 1대부터는 업무전용자동차보험에 가입해야 한다. • 복식부기의무자 중 성실신고대상자에 해당하지 않는 개인사업자는 업무전용자동차보험에 가입하지 않은 경우 업무용승용차 관련비용의 50%만 비용으로 인정된다(미가입시 최대 연간 7백 5십만 원까지만 비용으로 인정되고 초과하는 금액은 경비 불인정 된다.). 반면, 성실신고대상자와 전문직 종사자는 24년부터 100% 업무용승용차 관련 경비 전액이 불인정한다.	임직원 전용 자동차보험에 의무 가입하고, 운행기록을 작성해야 하며, 운행기록을 통해 입증된 업무 사용 비율만큼 비용인정(운행일지를 작성하지 않은 경우 승용차 1대당 1,500만 원까지만 인정)

업무 사용 제외 금액 손금불산입액의 소득처분

업무용 승용차 관련 비용 중 업무 관련 제외 금액으로 손금불산입 된 금액이 사외에 유출된 것이 분명한 경우에는 그 귀속자에 따라 다음과 같이 배당, 이익처분에 의한 상여, 기타소득, 기타사외유출로 처분한다. 귀속이 불분명한 경우에는 대표자에게 귀속된 것으로 봐 상여처분한다.

구 분	소득 귀속
❶ 귀속자가 주주(임원 또는 사용인인 주주 등을 제외)	그 귀속자에 대한 배당(배당소득세)
❷ 귀속자가 임원 또는 사용인	그 귀속자에 대한 상여(근로소득세)
❸ 귀속자가 법인이거나 사업을 영위하는 개인인 경우	기타사외유출. 다만, 그 분여된 이익이 내국법인 또는 외국법인의 국내사업장의 각 사업연도 소득이나 거주자 또는 비거주자의 국내사업장의 사업소득을 구성하는 경우에 한한다.
❹ 귀속자가 위 ❶부터 ❸외의 자인 경우	그 귀속자에 대한 기타소득
개인사업자는 배당, 상여 등의 소득처분이 없으므로 인출로 처분해서 개인사업자의 사업소득 금액에 포함된다.	

TIP 업무용 승용차의 절세방법

- 한도 부인된 금액 중 사업 무관 비율만큼은 상여 처분되어 근로소득세와 4대 보험이 증가하니 차량 관련 비용이 1,500만 원을 초과하지 않도록 한다.
- 차량 가격이 비싸면 한도가 초과할 가능성이 크니 감가상각비가 낮은 차량을 이용한다.
- 부가가치세 공제 대상 차량은 한도 없이 전액 경비인정 가능하니 부가가치세 공제 차량을 이용한다.
- 법인차량이 다수인 경우 유지비를 분산해서 한도 금액인 1,500만 원을 초과하지 않도록 한다.
- 운행일지를 작성해서 사업 관련 비율이 최소한 80% 이상 될 수 있도록 준비한다.

업무용 승용차의 감가상각방법

감가상각비(임차의 경우 감가상각비 상당액)는 매년 800만 원(부동산임대업 400만 원)을 한도로 손금산입하며, 업무용승용차처분손실도 감가상각비와 동일하게 적용한다. 무조건 5년 정액법으로 상각한다. 800만 원을 초과하는 감가상각비 한도초과액은 해당 사업연도의 손금에 산입하지 않고 다음 연도 이후로 이월해서 손금에 산입한다.

구 분	감가상각비
2015년 12월 31일 이전 취득한 업무용승용차	종전에 신고한 상각방법과 내용연수를 적용해서 계산한 금액
2016년 1월 1일 이후 취득한 업무용승용차	무조건 내용연수 5년을 적용한 정액법으로 감가상각을 해야 한다(강제상각).

1. 회사 계상 감가상각비 = 500만원
2. 5년 정액법 강제상각을 한 세무상 감가상각비 = 700만원인 경우
3. 시인부족액 = 1 - 2 = △200만원(손금산입, △유보)

1 감가상각비 한도초과액 계산

1. 감가상각비 한도초과액 손금불산입액 계산

감가상각비 한도초과액 = [업무용승용차 별 감가상각비(상당액*) × 운행기록상 업무사용비율**] - 800만 원 × 해당 사업연도의 개월 수 ÷ 12

* 임차료 중 감가상각비 상당액 : 리스 · 렌탈의 경우 임차료에서 보험료, 자동차세 등을 제외한 금액(시행규칙에서 규정)

** 운행기록을 작성하지 않은 경우 업무사용비율 계산 방법

업무용승용차 관련 비용이 1,500만 원 이하의 경우 : 100%

업무용승용차 관련 비용이 1,500만 원 초과의 경우 : 1,500만 원 ÷ 업무용 승용차 관련 비용

2. 감가상각비(상당액) 및 처분손실 한도초과액 이월 방법

위에서 계산한 감가상각비 한도 초과액은 손금불산입하며, 업무용 승용차 처분 손실로서 800만 원을 초과하는 금액은 해당 사업연도에 손금불산입한다. 임차 기간이 종료된 이후 또는 처분한 경우 그다음 사업연도부터 이월 금액 중 800만 원씩 균등하게 손금산입한다.

임차가 종료된 날 또는 처분한 날로부터 10년째 되는 사업연도에도 800만 원씩 균등하게 손금산입한다(10년 이후에도 동일하다).

개인	법인
• 감가상각비 × 업무사용비율 1년 800만 원까지만 감가상각 인정 • 리스, 렌트 차량의 경우 임차료 중 1년 800만 원까지만 비용인정 임차를 종료한 날부터 10년이 경과한 날이 속하는 사업연도에 1년 800만 원까지만 비용인정	• 감가상각비 × 업무사용비율 1년 800만 원까지만 감가상각 인정 • 리스, 렌트 차량의 경우 임차료 중 1년 800만 원까지만 비용인정 임차를 종료한 날부터 10년이 경과한 날이 속하는 사업연도에 1년 800만 원까지만 비용인정

- 리스차량의 경우 감가상각비 상당액 = 임차료 - 보험료 - 자동차세 - 수선유지비
- 리스차량이 수선유지비를 구분하기 어려운 경우 (임차료 - 보험료 - 자동차세) × 7%를 수선유지비로 한다.
- 렌트 차량의 감가상각비 상당액 = 임차료 × 70%

감가상각비 손금불산입액의 소득처분

구 분	소득처분
자기 차량의 감가상각비 한도 초과액(자본금과 적립금 조정명세서 사후관리 / 개인은 유보소득조정명세서)	손금불산입(유보) 처분
리스차량 및 렌트 차량의 한도 초과액	손금불산입(기타 사외유출)

감가상각비 한도초과액의 추인 방법

구 분	소득처분
자기 차량의 경우 한도에 미달하는 금액	과목별 소득금액 명세서상 손금산입(△유보)
리스차량과 렌트 차량	업무용 승용차 관련 비용 명세서에서 미달하는 금액만큼 손금산입(기타) 처분

업무전용자동차보험 미가입, 감가상각비 500만 원, 그 외 차량 유지비 300만 원

계산 내역

1. 업무사용금액 시부인 : 업무사용비율 0%, 800만 원 전액 비용 부인
2. 감가상각비 시부인 : 전액 경비가 부인되므로 감가상각비도 전액 비용 부인

업무전용자동차보험 가입, 감가상각비 500만 원, 그 외 차량 유지비 300만 원

계산 내역

1. 업무사용금액 시부인 : 업무용승용차 관련 비용이 1,500만 원 이하이므로 300만원 전액 비용인정
2. 감가상각비 시부인 : 업무사용금액 중 감가상각비가 500만원(500만 원 × 100%)이고, 800만 원 한도 이내이므로 전액 비용인정

업무전용자동차보험 가입, 감가상각비 900만 원, 그 외 차량 유지비 100만 원

계산 내역

1. 업무사용금액 시부인 : 차량 관련 비용이 1,500만 원 이하이므로 업무사용비율 100% 100만 원 전액 비용인정
2. 감가상각비 시부인 : 업무사용금액 중 감가상각비가 900만 원(900만 원 × 100%)으로 감가상각비 한도인 800만 원을 초과하므로 한도초과 100만 원(손금불산입, 유보)

업무전용자동차보험 가입, 운행일지 미작성, 감가상각비 2,000만 원, 그 외 차량 유지비 100만 원

계산 내역

1. 업무사용금액 시부인
운행일지를 미작성했으므로 1,500만 원까지만 업무비용 인정, 600만원(2,100만 원 − 1,500만 원)은 비용 부인
업무사용비율 : 1,500만원 / 2,100만원 = 71.4%
2. 감가상각비 시부인
업무사용금액 중 감가상각비가 14,280,000원(2,000만원 × 71.4%)이므로 감가상각비 한도 초과액인 6,280,000원(14,280,000원 − 8,000,000원)은 감가상각비 처리 불인정

업무전용자동차보험 가입, 운행일지 작성, 감가상각비 2,000만 원, 그 외 차량 유지비 100만 원

계산 내역

1. 업무사용금액 시부인 : 업무사용비율이 100%로 100만 원 비용인정
2. 감가상각비 시부인 : 2,000만 원(2,000만원 × 100%)이므로 감가상각비 한도 초과액인 1,200만 원은 감가상각비 불인정(손금불산입, 유보)

2025년 1월 1일에 5,000만 원짜리 승용차를 구입했다. 업무전용 자동차보험에 가입하고 운행기록부를 작성했다. 연간 총 주행거리 20,000km 중 18,000km가 업무용으로 사용되었다. 유류비, 보험료로 800만원을 지출했다.

계산 내역

1. 비용 내역
감가상각비 = 5,000만원 ÷ 5년 = 1,000만원(5년 정액법)
기타비용(유류비, 보험료 등) = 800만원
총비용: 1,800만원
2. 업무사용비율
업무사용비율 = 18,000km/20,000km = 90%

3. 인정되는 비용

비용인정 금액 = 1,800만원 × 90% = 1,620만원

부인되는 비용 = 1,800만원 × 10% = 180만원(손금불산입, 상여)

4. 감가상각비

업무용 감가상각비 = 1,000만원 × 90% = 900만원

감가상각비 한도 = 800만원

초과액 = 900만원 - 800만원 = 100만원(손금불산입, 유보)

차량운행기록부 미작성, 차량 관련 비용이 1,500만원을 초과하지 않는 경우	차량운행기록부 미작성, 차량관련 비용이 1,500만원을 초과하는 경우
A법인(제조업, 12월말 법인)이 2025년 1월 1일 4천만 원 승용차를 구입한 후, 임원이 2025년 업무전용자동차보험에 가입하고 차량운행기록부를 미작성, 해당연도 차량관련비용 자동차보험료 50만원, 유류비 200만 원, 자동차세 50만원, 감가상각비 800(4,000만 원 ÷ 5년)만원 계상하여 총 차량 관련 비용은 1,100만 원이다.	B법인(제조업, 12월말 법인)이 2025년 2억원의 승용차를 구입한 후, 임원이 2025년 업무전용자동차보험에 가입하고 차량운행기록부를 미작성, 해당연도 차량 관련 비용 자동차보험료 200만 원, 유류비 1,600만 원, 자동차세 200만 원을 계상하였고, 감가상각비(2억 원 ÷ 5년 = 4,000만 원)는 미계상한 경우
[해설] 회사가 계상한 차량 관련 유지비용 1,100만 원은 총인정 비용 1,500만 원(감가상각비 한도 8백만 원) 한도 내이므로 세무조정 없이 전액 인정 50만 원 + 200만 원 + 50만 원 + 800만 원 = 1,100만 원	[해설] 1. 감가상각비 회사 미계상 세무조정 4,000만 원 손금산입(유보) 20억 원 ÷ 5년 = 4,000만 원 ※ 업무사용비율 : 25% 1,500만 원 ÷ 총비용 6,000만원(4,000만원 + 2,000만원) 2. 업무외 사용금액 손금 부인액 4,500만 원 손금불산입(상여) 총비용(6,000만 원) - [총비용(6,000만 원) × 업무사용비율(25%)] 3. 감가상각비 한도초과액 200만 원 손금불산입(유보) [감가상각비(4,000만 원) × 업무사용비율(25%)] - 800만 원

감가상각비 한도초과액의 이월손금산입

업무용승용차의 감가상각비 이월액

800만 원을 초과하는 감가상각비 한도 초과액은 해당 사업연도의 손금에 산입하지 않고, 다음 연도 이후 감가상각비가 800만 원에 미달하는 금액을 한도로 손금에 산입한다. 소득처분은 △유보로 처분한다.

예를 들어 당해 연도에 감가상각비가 1,000만 원으로 800만 원 한도를 초과한 경우 초과한 200만 원은 다음 연도에 감가상각비가 600만 원 발생한 경우 200만 원을 손금으로 추인한다.

일반(유보) 및 리스·렌트(기타

Min(❶, ❷)

❶ Max[(800만 원 – 해당연도 감가상각비·감가상각비 상당액), 0]

❷ 감가상각비 한도 초과 이월액

임차한 업무용승용차 임차료의 감가상각비 상당액 이월액

리스차량이나 렌트차량으로 임차한 업무용승용차는 해당 사업연도의 다음 사업연도부터 해당 업무용 승용차의 업무 사용 금액 중 감가상각비 상당액이 800만 원에 미달하는 경우 그 미달하는 금액을 한도로 손금에 산입하고 기타로 소득처분 한다.

내국법인이 해산한 경우 감가상각비

법인이 해산(합병・분할 또는 분할합병에 따른 해산 포함)한 경우에는 감가상각비 상당액, 매각 손실에 따른 이월된 금액 중 남은 금액을 해산등기일(합병・분할 또는 분할합병에 따라 해산한 경우에는 합병등기일 또는 분할등기일을 말함)이 속하는 사업연도에 모두 손금에 산입한다.

개인사업자 폐업 시 감가상각비

복식부기의무자가 사업을 폐업하는 경우는 이월된 금액 중 남은 금액을 폐업일이 속하는 과세기간에 모두 필요경비에 산입한다.

5 임차한 업무용승용차 임차료의 감가상각방법

리스 차량 또는 렌트 차량의 승용차별 감가상각비 상당액은 다음과 같이 계산한다.

여신전문금융업법에 따라 등록한 시설대여업자로부터 임차한 승용차(리스 차량)

리스차량의 감가상각비(상당액) = Max[(임차료 − (보험료, 자동차세, 수선유지비), 임차료 − (보험료, 자동차세) × 93%]

여객자동차 운수사업법에 따라 등록한 자동차 대여업자로부터 임차한 승용차(렌트차량)

렌트차량의 감가상각비(상당액) = 승용차임차료 × 70%

승용차 처분 시(법인 및 개인)

구 분	세무 처리
처분이익 발생시	처분이익은 100% 과세 된다.
처분손실 발생시	한해 800만 원만 비용인정 된다(초과액 손금불산입, 기타사외유출). 나머지 처분 손실 한도 초과액은 다음 사업연도부터 800만 원을 균등하게 손금산입(기타)하다 800만 원 미만으로 떨어지는 때 모두 손금산입

1 업무용승용차 처분손실의 처리

업무용승용차 처분손실 손금불산입 = 업무용승용차 처분손실 − 800만 원 × 사업연도 월수 ÷ 12
업무용승용차 처분손실 = 취득가액 − 감가상각누계액 + 감가상각비 손금불산입액 − 양도가액

업무용승용차 처분손실의 손금불산입액은 해당 사업연도의 다음 사업연도부터 800만 원을 균등하게 손금에 산입하되, 남은 금액이 800만 원 미만인 사업연도에 남은 금액을 모두 손금에 산입한다(월할 상각은 하지 않음).

- 매각 연도 이전 감가상각비 한도 초과액이 있는 경우 처분연도에 전액 손금추인하며, 처분손실은 세무상 금액으로 하되, 800만 원을 초과하는 금액은 다음연도 이후 매년 800만 원을 한도로 손금 추인한다.
- 내국법인이 해산(합병 · 분할 또는 분할합병에 따른 해산을 포함한다)한 경우에는 이월된 금액 중 남은 금액을 해산등기일(합병 · 분할 또는 분할합병에 따라 해산한 경우에는 합병등기일 또는 분할등기일을 말한다)이 속하는 사업연도에 모두 손금에 산입한다.
- 복식부기의무자가 사업을 폐업하는 경우는 이월된 금액 중 남은 금액을 폐업일이 속하는 과세기간에 모두 필요경비에 산입한다.

업무용승용차를 처분하여 1,000만 원의 처분손실이 발생했다.

계산 내역

1. 처분손실 손금산입액

손금산입액 = Min(① 처분손실 잔액, ② 800만원)
= Min(처분손실 잔액 1,000만원, 손금산입 한도 800만원)
= 800만원

한도 초과액 = 1,000만원 − 800만원 = 200만원(기타사외유출)

2. 이월 손금산입 처리

다음 사업연도부터 800만원을 한도로 균등하게 손금산입, 이 경우, 다음 사업연도에 남은 200만원(기타) 전액 손금산입 가능

[주] 처분손실 한도 : 업무용승용차 처분손실은 800만원을 한도로 손금산입이 가능하다. 따라서 800만원을 초과하는 금액은 당해 연도에 손금불산입하고 기타사외유출로 처분한다. 사업연도가 1년인 법인의 경우, 처분손실 한도 800만원은 월할계산하지 않는다.

[주] 이월 손금산입 : 손금불산입된 금액은 다음 사업연도부터 800만원을 한도로 균등하게 손금에 산입한다.

[주] 감가상각비 한도 초과액 처리 : 처분연도 이전에 감가상각비 한도초과액이 있는 경우, 처분연도에 전액 손금으로 추인한다.

[주] 업무사용비율 고려 : 처분손실 계산 시 업무사용비율을 고려해야 한다. 업무용으로 인정되지 않는 부분은 손금불산입 처리해야 한다.

[주] 처분이익 발생 시 : 처분이익이 발생한 경우에도 업무사용비율을 적용하여 과세대상 이익을 결정해야 한다.

취득가액 80,000,000원, 감가상각누계액 35,000,000원, 장부가액 45,000,000원, 양도가액 30,000,000원, 처분손실 15,000,000원

계산 내역

1. 처분손실 = 장부가액 45,000,000원 − 양도가액 30,000,000원 = 15,000,000원

손금산입액 = Min(① 처분손실 잔액, ② 800만원)

= Min(처분손실 잔액 1,500만원, 손금산입 한도 800만원)

= 800만원

한도 초과액 = 1,500만원 − 800만원 = 700만원(기타사외유출)

2. 이월 손금산입 처리

다음 사업연도부터 800만원을 한도로 균등하게 손금산입. 이 경우, 다음 사업연도에 남은 700만원(기타) 전액 손금산입 가능

2 업무용승용차 처분이익의 처리

업무용승용차를 매각하는 경우 그 매각가액을 매각일이 속하는 과세기간의 소득금액을 계산할 때 익금에 산입한다.

업무용승용차를 처분하여 1,200만 원의 처분이익이 발생했다. 해당 차량의 업무사용비율은 80%였다.

계산 내역

1. 업무사용비율 80% 적용 세무상 인정되는 처분이익 = 1,200만원 × 80% = 960만원(익금산입, 유보)
2. 업무사용 외 처분이익 1,200만원 − 세무상 인정되는 처분이익 960만원 = 240만원(손금불산입, 상여)

업무용 승용차를 5년 전에 5,000만 원에 구입하여 사용하다가, 올해 2,000만원에 처분하였다. 이 승용차에 대해 그동안 매년 1,000만 원씩 감가상각을 했고, 연간 800만 원까지만 세법상 손금으로 인정받았다.

계산 내역

1. 회계상 감가상각비 = 1,000만원 × 5년 = 5,000만 원
2. 세법상 손금 인정 감가상각비 = 800만 원 × 5년 = 4,000만 원
3. 세법상 장부가액 = 5,000만원 − 4,000만원 = 1,000만원

4. 처분가액 = 2,000만 원
5. 처분이익 = 2,000만원 – 1,000만원 = 1,000만 원
6. 업무사용 비율(80%)에 해당하는 처분이익 = 1,000만원 × 80% = 800만원(익금산입, 유보)
7. 비업무사용 비율(20%)에 해당하는 처분이익 = 1,000만원 × 20% = 200만원(손금불산입, 상여)

가족회사 등 특정 법인

다음의 특정 법인은 업무용 승용차 관련 비용 규정을 적용할 때 다음의 특례를 적용한다.

1 특례 적용 내용

- **업무용승용차 관련 비용 규정을 적용할 때 1,500만 원을 각각 500만 원으로 한다.**
- **감가상각비 한도 초과액 규정을 적용할 때 800만 원을 각각 400만 원으로 한다.**
- **처분손실에 대한 한도액 적용 시 800만 원을 각각 400만 원으로 한다.**

2 특정 법인

특정 법인이란 다음의 요건을 모두 갖춘 내국법인을 말한다.

❶ 해당 사업연도 종료일 현재 내국법인의 지배주주 등이 보유한 주식 등의 합계가 해당 내국법인의 발행주식총수 또는 출자 총액의 50%를 초과할 것

❷ 해당 사업연도에 부동산임대업을 주된 사업으로 하거나 다음의 금액 합계가 기업회계기준에 따라 계산된 매출액(가~다의 금액이 포함되지 않은 경우는 이를 포함하여 계산함)의 50% 이상일 것.

내국법인이 2 이상의 서로 다른 사업을 영위하는 경우는 사업별 사업수입금액이 큰 사업을 주된 사업으로 본다.

가. 부동산 또는 부동산상 권리의 대여로 인해서 발생하는 수입 금액(임대보증금 등의 간주익금을 포함함)

나. 소득세법에 따른 이자소득의 금액

다. 소득세법에 따른 배당소득의 금액

TIP 개인 공동사업자의 업무 전용 자동차보험 가입

1. 사업자당 1대는 업무용 승용차 전용보험에 가입하지 않아도 무방하며 일반 자동차보험 가입으로 운행 시 기존과 동일하게 연 1,500만 원 한도 내에서 경비처리가 가능하다.
2. 추가 1대의 경우 임직원 전용 보험 가입이 필수이며, 가입하지 않은 경우는 50%(성실신고의무자 및 전문직사업자는 2024년부터는 100% 비용 불인정)만 비용으로 인정받을 수 있으므로 연 750만 원 한도 내에서 경비처리가 가능하다.

공동사업자의 경우, 사업자의 정의를 공동사업자 각자로 보는 것인지 아니면 사업자등록번호를 기준으로 전체 사업장을 하나의 사업자로 보는 것인지 구체적인 해석이 필요하다. 공동사업자 등 부득이하게 차량 2대로 경비처리하는 경우는 공동사업자 각 개인 기준이 아닌 사업자등록 기준으로 1대를 제외한 나머지 차량에 대해 업무용자동차 전용 보험에 가입해야 한다.

예를 들어 국세청 상담 내용을 기준으로 하면 2인의 공동사업자가 각각 1대의 차량을 업무용으로 운행하는 경우 사업자등록번호가 1개이니 2대째부터 업무용 차량 전용 보험에 가입해야 한다(1명은 가입). 즉, 미가입 시 1대만 100% 인정되고, 나머지는 업무용 승용차 전용 보험에 가입하지 않으면 성실신고확인대상자는 비용인정이 되지 않는다. 3명이 공동사업자인 경우 1대를 제외한 2대에 대해서 가입해야 한다.

차량운행일지를 작성하지 않아도 되는 경우

만일 차량운행기록부를 작성하지 않고 업무용 승용차 관련 비용이 1,500만 원 이하가 될 경우 업무사용비율이 100% 이상이 된다. 따라서 감가상각비를 포함한 승용차 관련 비용이 1대당 1,500만 원 이내이고 차량의 감가상각비가 800만 원 이하라면 차량운행기록부를 작성하지 않아도 세무상 100% 업무용으로 간주된다.

따라서 연식이 조금 오래된 차량은 차량운행기록부를 작성할 필요가 별로 없다.

연 1,500만 원 (감가상각비를 포함) 이상의 비용을 인정받으려면, 운행일지 작성이 필요하다.

구 분	법 인	개인사업자
대상 사업자	모든 법인	복식부기 의무자
대상 차량 (부가가치세 매입세액불공제 차량)	대상 사업자가 소유 · 임차한 자동차로서 개별소비세 부과 대상 승용자동차 [제외 대상 차량 : 부가가치세 매입세액공제 차량] • 정원 8인승을 초과하는 것과 배기량 1,000cc 이하의 것으로서 길이 3.6m 이하이고 폭이 1.6m 이하인 것	

구 분	법 인	개인사업자
	• 사업자가 사업상 수익을 얻기 위하여 직접 사용하는 사업용 승용자동차(경차, 승합차, 택시 등) ① 운수업, 자동차판매업, 자동차임대업, 운전학원업, 「경비업법」에 따른 기계 경비업무를 하는 경비업과 이와 유사한 업종 ② 「여신전문금융업법」 제2조 제9호에 해당하는 시설대여업 ③ '한국표준산업분류표' 상 장례식장 및 장의 관련 서비스업을 영위하는 사업자가 소유하거나 임차한 운구용 승용차	
관련 비용	감가상각비, 임차료, 유류비, 자동차세, 보험료, 수리비, 통행료 등 업무용 승용차의 취득 · 유지를 위하여 지출한 비용	
임직원 전용자동차 보험	• 임직원 전용 자동차보험 미가입 시 전액 / 운행기록부 미작성 시 1,500만 원 초과 금액 및 운행기록부 작성 시 업무외 사용 비율 금액은 해당 차량 사용자(불분명한 경우에는 대표자)에 대한 상여로 보아 급여에 합산되어 소득세가 부과된다. • 사업연도 중 일부 기간만 가입한 경우 가입기간을 안분하여 일할계산한 관련 비용을 손금산입 ※ 개인사업자는 2대 이상의 모든 복식부기의무자 가입 의무	
운행일지 작성	• 승용차 관련 비용이 연간 1,500(500)만 원 이하인 경우 승용차 관련 비용이 연간 1,500(부동산임대업을 주업으로 하는 내국법인 등의 경우 500)만 원 이하인 경우 차량운행일지 작성 없이 전액 비용 인정된다. 업무사용비율 = 1,500만 원 ÷ 업무용 승용차 관련 비용 • 승용차 관련 비용이 연간 1,500(500)만 원 초과인 경우 승용차 관련 비용이 연간 1,500(500)만 원 초과인 경우 1,500(500)만 원 초과 금액을 비용 공제받기 위해서는 운행일지 작성이 필요하다. 업무사용비율 = 승용차별 운행일지 상 업무용 주행거리 ÷ 총 주행 거리	
감가상각비 · 임차료 한도	감가상각비와 임차료 중 감가상각비 상당액으로서 연간 800(부동산임대업을 주업으로 하는 내국법인 등의 경우 400)만 원 한도로 손금 산입, 한도 초과분은 이월 즉, 감가상각비는 최대 연 800만 원, 초과분은 이월된다.	
내용연수	내용연수 5년, 정액법 강제상각	
처분손실	연간 800(부동산임대업을 주업으로 하는 내국법인 등의 경우 400)만 원까지 손금산입하고 초과 금액은 이월	
가산세	업무용 승용차 관련 비용을 손금산입하여 신고한 사업자가 업무용 승용차 관련 비용명세서 미제출 및 불성실 제출하게 되면 관련 비용의 1%를 가산세로 부과하게 된다.	

TIP 법인 고정자산에 등록 안 된 차량 경비인정

승용차의 유지비용은 나중에 사업소득이 발생할 때 보험료, 주유비, 감가상각비, 통행료 등 차량 관련 비용이 필요경비(손금)에 산입되어 세금을 줄일 수 있어서 좋다.

업무용승용차 손금불산입 특례 적용 대상이 아닌 간편장부대상자의 경우 고정자산 등록 후 감가상각을 하고 안 하고 여부는 사업자의 결정 사항이나 복식부기 의무자(법인 포함)의 경우 차량유지비 경비인정을 위해서는 차량을 고정자산 등록 후 감가상각을 강제로 해야 하며, 관련 차량유지비도 고정자산으로 등록 후 경비처리하는 것이 타당하다고 판단된다.

포터, 경차 등 업무용 승용차 손금불산입 특례 적용 대상 차량이 아니더라도 고정자산으로 잡혀있어야 관련 경비를 차량유지비 등으로 처리할 수 있다. 고정자산이 재무상태표상 확인이 되지 않는데 감가상각비나 차량유지비로 경비처리를 하는 것은 논리적으로 맞지 않다.

법인 명의로 포터 및 경차를 구입했다면 고정자산으로 등록한 후 관련 경비를 처리한다.

혹시 개인사업자 중 차량을 고정자산으로 등록하는 경우 나중에 판매 시 부가가치세를 내야 할 것 같으니, 고정자산을 등록 안 하면 평소에는 차량유지비로 경비 인정받고, 판매 시에도 등록이 안 된 차량이니 부가가치세를 안 내도 된다는 계산으로 머리를 굴린다면 이는 원칙적으로 허용되는 방법이 아니니 업무용으로 사용한다면 고정자산 등록 후 감가상각비를 경비처리하는 것을 권한다.

지급이자의 비용처리와 세법상 비용인정 한도

법인의 각 사업연도 소득계산 상 차입금의 지급이자는 원칙적으로 손금에 산입하나 채권자 불분명 사채이자(사채시장의 노출 유도), 비실명 채권 · 증권의 이자(금융실명제 정착), 건설자금이자(고정자산의 취득원가), 업무무관자산에 대한 지급이자(비생산적 차입금 사용 억제)는 손금불산입한다.

지급이자 손금불산입 규정 적용 순서 및 지급이자의 범위

❶ 채권자가 불분명한 사채이자
❷ 비실명 채권 · 증권의 이자 · 할인액 또는 차익
❸ 건설 자금에 충당한 차입금의 이자
❹ 업무무관자산 및 가지급금 등의 취득 · 보유와 관련한 지급이자

지급이자에 포함되는 것	지급이자에 포함되지 않는 것
• 금융어음 할인료 • 회사정리인가 결정에 의해 면제받은 미지급이자 • 금융리스료 중 이자 상당액 • 사채할인발행차금상각액 • 전환사채 만기보유자에게 지급하는 상환할증금	• 상업어음 할인액 • 선급이자 • 현재가치할인차금상각액 • 연간 지급 수입에 있어 취득가액과 구분해 지급이자로 계상한 금액 • 지급보증료 · 신용보증료 등 • 금융기관 차입금 조기상환 수수료

채권자 불분명 사채이자

사채이자는 금융기관이 아닌 개인 또는 법인으로부터 자금을 차입하는 것을 말하며, 차입금에 대한 이자수익은 원칙적으로 수익을 얻는 채권자에게 과세해야 하나, 채권자가 불분명하면 채권자에게 과세할 수 없으므로 이를 규제하기 위해 채권자 불분명 사채이자는 손금불산입한다.

참고로 채권자가 분명하고 소득자가 파악되어 이자소득으로 원천징수(비영업대금이므로 총소득 × 25%) 하는 경우의 지급이자는 손금산입된다.

채권자가 불분명한 사채이자는 소득귀속자 불분명 지출이므로 대표자 상여로 처분한다. 차입금 이자에 대해서 귀속자는 파악되지 않지만, 원천징수 세액을 납부한 경우, 납부한 원천징수 세액은 기타사외유출로 처분한다. 참고로 채권자 불분명 사채이자의 범위는 다음과 같다.

- 채권자의 주소 · 성명을 확인할 수 없는 차입금(다만, 거래일 현재 주민등록표에 의해서 거주 사실이 확인된 채권자가 차입금을 변제받은 후 소재 불명이 된 경우의 차입금에 대한 이자를 제외함)
- 채권자의 능력 · 자산 상태로 보아 대여한 것으로 인정할 수 없는 차입금
- 채권자와의 금전거래 사실 · 거래 내용이 불분명한 차입금

비실명 채권 · 증권의 이자

원천징수 세액(기타사외유출)을 제외한 금액은 대표자에 대한 상여로 처분한다.

건설자금이자

건설자금이자란 자산의 취득과 관련해서 발생한 이자 비용을 말한다.

K-IFRS에서는 건설자금이자의 자본화를 강제하고 있다. 반면, 법인세법은 특정 차입금에 대한 건설자금이자는 반드시 자산의 취득원가에 산입하고 일반차입금에 대한

건설자금이자는 선택에 따라 자본화할 수 있도록 규정하고 있다.

<table>
<tr><th>구 분</th><th>세무 처리</th></tr>
<tr><td>적용대상</td><td>유형자산, 무형자산 등 사업용 고정자산의 매입에 한해 적용된다. 따라서 매매를 목적으로 하는 주택 · 아파트 · 상가 등의 재고자산 및 투자자산에 대해서는 적용하지 않는다.</td></tr>
<tr><td>자본화할 금융비용</td><td>특정 차입금 · 일반차입금의 이자
• 특정 차입금 : 사업용 고정자산의 건설 등에 사용하기 위한 목적으로 특정해서 차입한 자금. 즉, 명목 여하에 불과하고 사업용 고정자산의 매입 · 제작 · 건설에 소요되는 것이 분명한 차입금에 대한 지급이자 또는 이와 유사한 성질의 지출금으로 다음과 같이 계산한 금액(❶ + ❷ + ❸)
❶ 건설기간 중의 특정 차입금 이자
❷ 특정 차입금의 일시 예금에서 생기는 수입이자
❸ 특정 차입금 중 운영자금에 전용한 부분에 대한 이자(손금에 해당함)
• 일반차입금 : 일반적인 목적으로 차입한 자금(특정 차입금이 건설 자금 규모보다 적으면 해당 차액만큼 일반차입금을 사용한 것으로 보아 해당 부분을 자본화함). 즉, 건설자금에 충당한 차입금의 이자에서 특정 차입금의 이자를 뺀 금액으로써 다음과 같이 계산한 금액 : Min(❶, ❷)
❶ 해당 사업연도 중 건설 기간에 실제로 발생한 일반차입금 이자의 합계
❷ (평균지출액 − 특정 차입금을 사용한 평균지출액) × 자본화 이자율
위 공식에서 일반차입금은 해당 사업연도에 상환하거나 상환하지 아니한 차입금 중 특정 차입금을 제외한 금액을 말한다.
평균지출액 = 해당 건설에 대해서 해당 사업연도에 지출한 금액의 적수 ÷ 해당 사업연도의 월수
특정 차입금을 사용한 평균지출액 = 해당 사업연도의 특정 차입금 적수 ÷ 해당 사업연도 월수
자본화 이자율 = 일반차입금에서 발생한 이자의 합계액/해당 사업연도의 일반차입금 적수 ÷ 해당 사업연도 월수</td></tr>
<tr><td>자본화 방 법</td><td>• 특정 차입금의 이자 : 강제 자본화
자본화 대상 자산의 취득원가에 산입한다.
• 일반차입금의 이자 : 선택 자본화
손금에 산입하지 않을 수 있다.</td></tr>
<tr><td>세무조정</td><td>• 비상각자산에 대한 건설자금이자
<table><tr><th>구 분</th><th>세무조정</th></tr><tr><td>과대 계상한 경우</td><td>과대계상 분을 손금산입(△유보)한 후 추후 비상각자산 처분 시 손금불산입(유보)</td></tr><tr><td>과소 계상한 경우</td><td>과소계상 분을 손금불산입(유보)한 후 추후 비상각자산 처분 시 손금산입(△유보)</td></tr></table></td></tr>
</table>

구 분	내 용
	• 상각자산에 대한 건설자금이자

구 분		세무조정
과대계상한 경우		과대계상 분을 손금산입(△유보)한 후 추후 자산의 감가상각 시 · 처분 시 손금불산입(유보)
과소계상한 경우	기말 현재 건설이 완료된 경우	건물의 자본적 지출액을 비용으로 처리한 것이므로 과소계상 분을 즉시상각의제로 보아 비용 처리한다.
	기말 현재 건설이 진행 중인 경우	과소계상 분을 손금불산입(유보)한 후 추후 건설 완료 후 상각 부인액으로 보아 시인부족액 범위 내에서 손금 추가인정한다(△유보).

업무무관자산 및 가지급금 등의 지급이자

업무와 직접 관련이 없다고 인정되는 자산과 특수관계 있는 자에게 업무와 관련 없이 지급한 가지급금 등을 보유하고 있는 법인에 대해서는 그 자산 가액에 상당하는 차입금에 대한 지급이자와 동 업무무관자산을 취득·관리함으로써 생기는 비용을 손금불산입한다.

구 분	세무 처리
적용대상	❶ 업무무관자산(업무무관 부동산과 동산, 취득가액) ❷ 업무무관가지급금(명칭에도 불구하고 특수관계인에게 해당 법인의 업무와 관련 없이 지급한 자금의 대여액) 다음의 금액은 업무무관가지급금으로 보지 않는다. 가. 사용인에 대한 일시적 급여 가불액, 경조사비 대여액, 학자금 대여액(자녀학자금 포함) 나. 우리사주조합 또는 그 조합원에게 해당 우리사주조합이 설립된 회사의 주식취득 자금을 대여한 금액 다. 익금산입액의 귀속이 불분명하여 대표자에게 상여처분 한 금액에 대한 소득세를 법인이 납부하고, 이를 가지급금으로 계상한 금액 라. 미지급 소득에 대한 소득세를 법인이 납부하고, 가지급금으로 계상한 금액

구 분	세무 처리
	마. 퇴직금전환금 바. 국외에 자본을 투자한 내국법인이 해당 국외 투자법인 종사자의 여비 · 급료 등을 대신해서 부담하고 이를 가지급금으로 계상한 금액 사. 한국자원관리공사가 출자 총액의 전액을 출자해서 설립한 법인에 대여한 금액 동일인에 대한 가지급금과 가수금이 있는 경우 원칙적으로 상계 처리한다. 다만, 가지급금과 가수금의 발생 시에 각각 상환기간 · 이자율 등에 관한 약정이 있어 이를 상계할 수 없는 경우에는 상계하지 않는다.
적용 산식	지급이자 × $\frac{\text{업무무관자산 적수 + 업무무관가지급금 적수}}{\text{차입금 적수}}$ (100% 한도)

TIP 가지급금에 대한 불이익과 해결 방법

1. 가지급금

법인 경영진이나 임직원이 적격증빙이 없어 비용처리 하지 못하고 지급된 금액

문제점 : 세무조사 위험, 대표이사 배임 · 횡령 문제로 직결됨 ➜ 형사처벌 민사 배상

2. 가지급금에 대한 각종 불이익

① 가지급금 × 인정이자율 = 인정이자가 익금산입되어 법인세와 대표자 상여 처분됨.

② 차입금의 지급이자 중 가지급금이 차지하는 비율만큼 지급이자 손금불산입으로 법인세 부담

③ 가지급금 계정이 복잡하면 세무조사 대상자로 선정될 가능성 큼.

④ 건설업 · 공사업의 경우 실질 자본금 계산에서 감액(−) 요인이 됨.

⑤ 결국 회수되지 않은 가지급금은 법인 대표의 상여로 근로소득세 합산과세 됨.

3. 가지급금 해소 방법

① 대표자와 실질 귀속자가 각자 급여 받은 돈으로 상환함 ➜ 소득세 · 4대 보험 증가

② 임원의 퇴직금을 받아 상환(퇴직 급여 규정 변경, 퇴직소득세 부담 등)

③ 주주 겸 대표자의 불입 자본금을 감소시키면서 상계 처리

④ 법인 경영진이 회사 업무상 사용한 실질 경비, 지급, 구입 증빙이 있는 경우 상쇄

⑤ 대표이사, 주주 등 개인 소유자산, 부동산, S/W, 특허권 등을 회사에 양도하여 상쇄

⑥ 대주주 소유의 주식을 회사의 가지급과 상쇄하여 자기주식으로 취득하는 방법(자기주식에 대한 적정평가로 부당행위 계산 부인이 되지 말아야 함)

업무 무관 부동산의 비용처리와 세법상 비용인정 한도

법인이 비업무용부동산 및 동산을 취득 · 보유하고 있는 경우 취득비용, 지급이자는 물론 유지관리비 등도 손금불산입한다.

이렇게 비업무용 자산을 취득하고 관리하는데, 드는 비용을 손금불산입하는 이유는 자산의 취득 등을 위한 타인자본의 유입을 막아 법인의 재무구조를 건전화시킴과 동시에 부동산 투기거래를 방지하고 기업자금을 투기자금에서 생산자금으로 유도하기 위함이다.

어떤 경우에 비업무용부동산으로 판정되어 손금불산입이 되는지 간략히 살펴보기로 한다.

업무무관자산의 취득, 보유, 처분 시 세무상 처리 방법

업무무관자산의 취득, 처분 시 손금 인정되고, 보유 시에 발생하는 비용은 손금불산입 된다. 즉, 업무무관자산의 취득가액과 취득세 등의 취득부대비용은 업무 관련 자산과 마찬가지로 자산의 취득원가를 구성함으로 자산으로 인정된다. 관련 자산취득가 자체를 아직 손비처리하지 않은 경우는 손금불산입 문제가 없지만, 관련 취득 자금 차입금 지급이자는 손금불산입한다.

보유하면서 지출되는 비용은 세법상 손금으로 인정받지 못한다(손금불산입).

그리고 처분 시 발생하는 처분 손실은 손금 처리하면 된다. 감가상각비는 손금불산입되나 처분손실은 손금산입되니까 어차피 부인될 감가상각비를 계상하지 않고 그대로 내버려두었다가 나중에 처분 손익과 대응시키는 것이 현명하다.

업무무관 부동산 및 자산을 취득·관리함에 따라 발생하는 비용에는 당해 자산의 수선 및 유지를 위한 일반 경상비용 · 재산세 등의 공과금과 감가상각비 등이 있으며 이같이 손익계산서상 비용이나 손실로 계상된 금액은 손금불산입 된다. 여기서 업무무관 부동산 및 자산을 취득 · 관리함으로써 생기는 비용 등의 범위 결정상 취득원가의 구성요소인 취득세나 등록세 등 취득부대비용은 자산성이 인정되는 한 업무무관 부동산 등의 취득·관리 비용 등의 범위에서 제외되어야 한다.

보유 시 발생하는 비용은 손금불산입하고 아래와 같이 세무 조정하면 된다.

⊙ 수선비, 유지비는 손금불산입(기타사외유출)

⊙ 보유 중 세금(재산세, 종합부동산세 등)은 손금불산입(기타사외유출)

⊙ 감가상각비는 손금불산입(유보)

⊙ 업무무관자산 관련 지급이자는 손금불산입(기타사외유출)

기타 법인의 업무와 직접 관련이 없다고 인정되는 아래에 해당하는 금액은 손금불산입한다.

① 해당 법인이 직접 사용하지 않고 다른 사람(주주 등이 아닌 임원과 소액주주인 임원 및 사용인은 제외)이 주로 사용하고 있는 장소, 건축물, 물건 등의 유지비, 관리비, 사용료와 이와 관련되는 지출금. 다만 법인이 중소기업 상생협력 촉진에 관한 법률 제35조에 따른 사업을 중소기업(제조업을 영위하는 자에 한함)에 이양하기 위하여 무상으로 해당 중소기업에 대하여 생산설비와 관련된 지출금 등을 제외한다.

② 해당 법인의 주주 등(소액주주(지분율 1% 미만인 주주) 등은 제외) 또는 출연자인 임원 또는 그 친족이 사용하고 있는 사택의 유지비, 관리비, 사용료 등

③ 업무무관자산을 취득하기 위하여 지출한 자금의 차입과 관련되는 비용

④ 형법상 뇌물에 해당하는 경제적 이익(금전 비금전 모두 포함)

⑤ 노동조합 및 노동관계조정법을 위반하여 노동조합 전임자에게 지급한 급여

법인의 업무 범위

법인의 업무 범위는 다음과 같다.

① 법령에서 업무를 정한 경우에는 그 법령에 규정된 업무
② 각 사업연도 종료일 현재의 법인등기부 상의 목적사업(행정관청의 인가 · 허가 등을 필요로 하는 사업의 경우에는 그 인가 · 허가 등을 받은 경우에 한함)으로 정해진 업무

법인정관의 목적사업이 변경되었으나 법인등기부 등본을 변경하지 아니한 경우 또는 정관상 목적사업을 등기부 등본상의 목적사업에 기재하지 아니한 경우 등으로 인하여 정관과 법인등기부 등본상의 목적사업이 상이한 경우에는 정관상의 목적사업은 비업무용부동산 판정 시 법인의 고유업무로 인정하지 않는다. 정관변경은 사후적으로 임의 조작이 가능한 측면이 있기 때문이다(법인세법 시행규칙 제26조 제2항, 대법원 91누1707, 1992.12.8.).

업무와 관련이 없는 자산의 범위 등

1 부동산

다음 각목의 1에 해당하는 부동산. 다만, 법령에 의하여 사용이 금지되거나 제한된 부동산, 「자산유동화에 관한 법률」에 의한 유동화전문회사가 동법 제3조의 규정에 의하여 등록한 자산유동화 계획에 따라 양도하는 부동산 등 기획재정부령이 정하는 부득이한 사유가 있는 부동산을 제외한다.
가. 법인의 업무에 직접 사용하지 아니하는 부동산. 다만, 기획재정부령이 정하는 기간이 경과하기 전까지의 기간 중에 있는 부동산을 제외한다.
나. 유예기간 중에 당해 법인의 업무에 직접 사용하지 아니하고 양도하는 부동산. 다만, 기획재정부령이 정하는 부동산매매업을 주업으로 영위하는 법인의 경우를 제외한다.

2 동산

가. 서화 및 골동품. 다만, 장식 · 환경미화 등의 목적으로 사무실 · 복도 등 여러 사람이 볼 수 있는 공간에 상시 비치하는 것을 제외한다.
나. 업무에 직접 사용하지 아니하는 자동차 · 선박 및 항공기. 다만, 저당권의 실행 기타 채권을 변제받기 위하여 취득한 선박으로서 3년이 지나지 아니한 선박 등 기획재정부령이 정하는 부득이한 사유가 있는 자동차 · 선박 및 항공기를 제외한다.

다. 기타 가목 및 나목의 자산과 유사한 자산으로서 당해 법인의 업무에 직접 사용하지 아니하는 자산

업무무관 부동산으로 보지 않는 유예기간

법인의 업무와 직접 관련이 없는 부동산으로서 법인의 업무에 직접 사용하지 않는 부동산은 비업무용부동산에 해당하는데, 유예기간 내에는 비업무용으로 판정하지 않는다.
유예기간이란 법인이 부동산을 사자마자 즉시 업무용으로 사용할 수 있는 것은 아니므로, 업무용으로 사용하기까지의 어느 정도의 준비기간을 법에서 인정해 준 것이다.
법인세법 시행규칙 제26조는 일반부동산의 경우 취득일부터 2년, 건축물·시설물 신축용 토지는 취득일부터 5년, 부동산매매업을 주업으로 하는 법인이 취득한 부동산은 취득일부터 5년, 공장신축용 토지의 경우는 당초 사업계획서상 공장 건설 계획기간 전부를 각각의 유예기간으로 규정하고 있다.
따라서 각 동산별 유예기간을 경과하여 업무용으로 사용하지 않은 경우는 그 유예기간의 종료일의 다음 날부터 비업무용부동산에 해당하여 지급이자 등 관련 비용에 대한 손금불산입을 계산하게 된다.
하지만 부동산을 취득한 후 유예기간이 경과할 때까지 계속하여 업무에 사용하지 아니하고 양도하는 경우는 당초의 취득일부터 소급하여 업무무관부동산으로 보아 관련 비용의 손금불산입 등을 소급 적용한다.

구 분	유예기간
일반부동산	취득일부터 2년
건축물·시설물 신축용 토지	취득일부터 5년
부동산매매업을 주업으로 하는 법인이 취득한 부동산	취득일부터 5년
공장신축용 토지	당초 사업계획서상 공장 건설 계획기간 전부

구 분	유예기간
업무무관부동산으로 보는 시기 : 유예기간 종료일의 다음 날 동산을 취득한 후 유예기간이 경과할 때까지 계속하여 업무에 사용하지 아니하고 양도하는 경우는 당초의 취득일부터 소급하여 업무무관부동산으로 보아 관련 비용의 손금불산입 소급 적용	

유예기간 중에 당해 법인의 업무에 직접 사용하지 않고 양도하는 부동산은 취득일부터 양도일까지 당해 법인의 업무에 사용하지 않은 것으로 본다. 다만, 부동산매매업을 영위하는 법인이 매매용 부동산을 유예기간 내에 양도하는 경우는 업무에 사용한 것으로 본다.

- 합병법인이 합병으로 인하여 취득한 부동산의 유예기간 기산일은 해당 합병에 따른 소유권 이전일이다.
- 분할신설(분할합병)법인이 분할 법인(소멸한 분할합병의 상대방법인 포함)으로부터 승계받은 부동산에 대한 업무무관자산 유예기간 기산일은 그 분할에 의한 소유권 이전등기일이다.

취득 후 아예 업무용으로 사용하지 않고 양도한 경우

법인이 보유하는 부동산 중 유예기간이 종료하기 전까지는 비업무용 토지로 판정되지 않지만, 유예기간 내라도 업무에 사용하지 않고 양도하는 경우는 업무무관부동산으로 본다.

따라서 당초의 취득일부터 소급하여 업무무관자산으로 판정하며, 소급된 취득일부터 각 사업 연도별로 발생한 경비비용 처리액 · 유지비 · 수선비 및 관리비 등이 손금불산입 처리되며, 과거 유예기간동안의 손금 처리 사항을 손금불산입하여 과거 법인세 신고 내용을 수정해야 한다.

제조업을 영위하는 법인이 공장용 부지로 사용할 목적으로 취득한 토지를 당해 목적에 사용하지 아니하고 동부지 중 일부를 유예기간 내에 양도하는 경우 당해 부동산은 취득일로부터 양도일까지의 기간을 업무와 관련이 없는 부동산으로 보는 것임(서이 46012-11749, 2003. 10. 09).

- 제조업을 영위하는 법인이 공장용 부지로 사용할 목적으로 취득한 토지를 당해 목적에 사용하지 아니하고 동 부지 중 일부를 유예기간 내에 양도하는 경우 당해 부동산은 취득일로부터 양도일까지의 기간을 업무와 관련이 없는 부동산으로 보는 것임(서이 46012-11749, 2003. 10. 09).
- 토지 임대에 대한 사업자등록 여부와 관계없이 부동산임대업이 법인등기부 상 목적사업이 아닌 경우에는 임대한 토지는 업무 관련 없는 자산에 해당하는 것이나, 시행규칙 제26조 제5항 제17호의 규정에 의한 유예기간이 경과하기 전에는 업무와 관련 없는 자산으로 보지 않음(서이 46012-11861, 2003.10.25)
- 건축물이 없는 토지를 임대하는 경우 업무무관부동산으로 보아 지급이자 손금불산입하며, 임대 건물의 부속토지가 건물 활용에 필요한 토지 면적을 훨씬 초과함으로써 사실상 건축물 없는 토지의 임대에 해당하는 경우 당해 초과 토지는 업무무관부동산으로 봄(서이-2084, 2004.10.13)

특별한 사유에 의해 사용하지 못한 경우는 업무용으로 인정

유예기간 내에 업무용으로 사용하지 않은 부동산으로 업무무관부동산의 범주에 속한다고 하더라도 특수한 사유로 인하여 불가피하게 당해 부동산을 보유한 경우 등에는 업무무관부동산으로 보지 않는다.

건축법상 또는 행정지도에 의한 건축허가 제한, 문화재보호구역 내 부동산, 사도법상의 도로, 소송계류 중 합병 · 분할에 따른 소유권 이전 및 매각의 어려움 등 기타의 불가피하거나 경제 형편상 어쩔 수 없는 사유 등을 충족하는 경우는 당해 부동산의 보유 현황이나 내용이 어떻다고 하더라도 업무 무관으로 보지 않는다.

법인이 토지를 취득한 후 5개월이 지난 시점에서「도시계획법」(현 : 국토의 계획 및 이용에 관한 법률)의 규정에 의하여 건축물이나 공작물의 설치가 금지 또는 제한되어 사용권이 제한된 상태에서 보유 중인 토지는 법인세법 시행령 제49조 제1항 제1호 각목 외의 부분 단서의 규정에 의하여 부득이한 사유가 있는 부동산에 해당하여 업무무관부동산으로 보지 않는 것이나, 질의 관련 토지를 취득한 이후 사용이 금지 또는 제한이 되었는지?, 질의와 같이 15년간 관련 법률에 의하여 규제가 적용되었는지는 취득 내용 및 관련법률을 기준으로 사실 판단해야 하는 것임(서이-1804, 2005. 11. 09).

금전소비대차계약서의 작성

금전소비대차계약서의 작성

금전소비대차계약은 돈을 빌려주고 갚는 것에 대한 법적 계약이다. 주요 내용은 다음과 같다.

금전소비대차계약은 서면으로 작성하는 것이 좋다. 계약서 작성 시 실제 계약 내용에 맞게 수정하여 사용하는 것이 중요하다.

구 분	계약서 구성
계약의 기본 요소	• 당사자 : 돈을 빌려주는 사람(채권자)과 빌리는 사람(채무자)을 명시한다. • 대여 금액 : 빌려주는 금액을 한글과 아라비아 숫자로 명확히 기재한다. • 대여일 : 돈을 빌려주는 날짜를 명시한다.
상환 조건	• 이자율 : 적용되는 이자율을 명시한다. 법정 최고금리를 초과하지 않아야 한다. • 상환기간 : 대여금을 갚아야 하는 기간을 정한다. • 상환 방법 : 일시 상환 또는 분할 상환 등 상환 방식을 정한다.
기타 조항	• 담보 설정 : 필요한 경우 담보물에 관한 내용을 포함할 수 있다. • 기한의 이익 상실 : 채무자가 의무를 이행하지 않을 경우의 조치를 명시한다. • 분쟁 해결 : 계약 관련 분쟁 발생 시 해결 방법을 정한다.

금전소비대차계약서 작성 시 세무상 주의 사항

구 분	세무상 주의 사항
계약서 작성	차입금, 이자율, 사용기간, 상환 날짜, 당사자의 성함 및 서명 등이 기록된 계약서를 법인과 개인이 각각 보관한다.
이자율	당좌대출이자율에서 크게 벗어나지 않아야 한다. 시가보다 높은 이율을 적용하여 이자를 과다하게 지급하는 경우, 부당행위 규정이 적용될 수 있다.
이자 지급 시	소득세 25%, 지방세 2.5%(총 27.5%) 원천징수 한 후 지급해야 한다. 원천징수 한 소득세와 지방세는 이자를 지급한 날이 속하는 달의 다음 달 10일까지 세무서에 납부한다.

원천징수와 종합소득세

일반적으로 금융기관을 통한 차입이 아닌 법인과 개인, 법인과 법인, 개인과 개인과의 금전소비대차계약을 세법상 비영업대금의 이익이라고 한다.

비영업대금 이익에 대한 이자를 지급할 경우 세무상 의무 사항은

첫 번째는 비영업대금 이익에 대한 원천징수이다. 즉 이자를 지급하기로 한 약정기일과 실제로 이자를 지급한 날 중 빠른 날에 이자의 25%만큼을 원천징수 한 후 다음 달 10일까지 신고납부해야 한다(지방세까지 포함되면 27.5%이다.).

두 번째는 지급명세서의 제출이다.

다음 해 2월 말까지 이자 · 배당소득 지급명세서도 제출해야 한다. 따라서 법인이 다른 법인 혹은 개인에게 차입한 대금의 이자를 지급하면서 원천세 신고를 통한 원천징수 세액의 납부 및 지급명세서 제출을 하지 않으면 원천징수 세액 납부지연 가산세와 지급명세서 미제출 가산세를 부담한다.

하지만 특수한 경우 원천징수를 하지 않아도 되는 경우가 있다.

실제로 이자를 받지 못한 상태에서 자금을 빌려준 상대방 법인이 다음 해 3월 법인세 신고를 할 때 해당 이자소득을 포함하여 법인세 신고를 한 뒤, 추후 차입한 법인

이 이자를 지급한다면 이미 해당 소득이 포함되어 법인세가 과세가 되었으므로, 이때에는 원천징수 의무가 없어 위의 의무 사항이 사라지게 된다.

이자를 지급받는 자는 이자소득을 포함하여 이자소득과 배당소득의 합계액이 연 2천만 원을 초과하는 경우 종합소득세 신고를 해야 한다. 연 2천만 원에 미달하는 경우 종합소득세 신고 의무는 없다.

TIP 가지급금 줄 때 소비대차계약 체결하면 유리

상환기간 · 이자율 약정한 대로 회사계산 인정

법인이 출자자 등의 특수관계인에게 업무와 관계없이 금전을 대여할 경우 이자 상당액(인정이자)을 익금에 산입하는 한편 가지급금에 상당하는 차입금 이자를 다시 손금불산입하여 이중으로 제재를 가하고 있다.

따라서 가능하면 특수관계자와의 자금거래는 피하는 것이 바람직하며, 불가피한 경우에는 일정한 요건을 갖춘 소비대차계약을 체결하는 것이 유리하다.

가지급금에 대한 인정이자는 그 법인이 부담하고 있는 높은 이자율부터 차례로 적용하여 계산하되 국세청장이 당좌대월이자율을 감안하여 정한 이자율을 최저한으로 한다.

그러나 자금을 대여받은 상대방이 법인이거나 사업을 영위하는 개인일 경우 상환기간을 정하여 국세청장이 정한 당좌대월이자율로 이자를 수수하기로 약정한 때에는 그보다 높은 이자율이 있더라도 인정이자를 계산하지 않고 회사계산을 인정한다.

이같이 소비대차계약을 체결하면 자금을 대여한 기업의 익금산입액이 줄어드는 한편 자금을 차입한 법인에서는 지급이자를 손금에 산입할 수 있으므로 이중으로 절세효과를 거둘 수 있다.

이때 상환일을 특별히 정하지 않고 '다음 회계연도 내' 등과 같이 포괄적으로 약정하면 소비대차계약이 없는 것으로 보게 되므로 주의해야 한다.

가지급금과 가수금의 세무상 불이익과 해결 방안

구 분	가지급금	가수금
정의	회사가 대표이사에게 무단으로 대여한 자금으로, 업무와 관련 없는 지출이 발생했을 때 기록한다.	대표가 회사에 입금한 자금으로, 거래가 완결되지 않거나 명확한 증빙이 없는 경우에 사용한다.
사례	❶ 적격증빙 없이 개인 골프 비용 등 개인용도로 회사자금을 지출하는 경우 ❷ 매출을 발생시켰으나 법인계좌에 입금되지 않고 개인 계좌에 입금된 경우 등 ❸ 대표자 등이 회사자금을 인출해 가는 경우(회사에 이익이 많이 발생하여 배당이나 급여처리 등을 통하지 않고 임으로 인출 해가는 경우 등)	❶ 거래처 외상대금은 대표이사 개인 돈으로 지급하는 경우 ❷ 법인이 적자로 인해 운영자금이 부족해 대표이사 개인 돈으로 결제하는 경우 ❸ 법인카드의 사용 불능으로 개인카드 사용
문제점	❶ 인정이자 문제 : 매년 약 4.6%의 인정이자를 발생시키며, 이자는 법인의 이자수익으로 간주하여 법인세가 부과된다. ❷ 소득세 부과 : 이자를 입금하지 않을 경우 그 이자가 상여로 간주되어 추가적인 소득세가 발생한다. ❸ 신용도 하락 : 재무제표에 가지급금이 등장하면 외부 신용 기관에서 부정적으로 평가받는다.	❶ 가수금 발생 시 과세당국에서 매출 누락이나 경비 과다 계상으로 인식할 수 있다. ❷ 개인 자산으로 간주되어 상속 시 상속세 부담이 커질 수 있고, 부채비율 증가로 기업 운영에 신뢰도 하락을 초래한다.
해결 방안	❶ 급여 인상 및 상여금 지급 : 이를 통해 드러내지 않은 수입을 정리할 수 있으나, 소득세와 4대 보험료가 증가할 수 있다. ❷ 퇴직금으로 상환 : 퇴직금을 받으면서 처치하는 방법도 유용하지만 현실적 퇴직 문제가 발생한다. ❸ 개인 자산 처분 : 주식이나 특허권 등을 통해 현금을 확보하여 상환할 수 있다.	❶ 출자전환 : 대표가 입금한 금액을 지분으로 변환하여 처치할 수 있다. ❷ 명확한 거래기록 마련 : 입금 사실에 대한 정확한 기록을 유지하여 추가 세금 부담을 예방해야 한다.

회계와 세법상 가지급금과 가수금의 차이

1 회계상 가지급금과 가수금

가지급금은 회사에서 현금이 지출되었으나 처리할 계정과목이나 금액이 확정되지 않은 경우 이를 임시로 처리하는 계정으로서, 계정과목 또는 금액이 확정될 때 해당 계정으로 대체하는 일종의 가계정이다. 반면 가수금은 회사에 현금이 들어왔으나 처리할 계정과목이 미정이거나 금액이 확정되지 않아 임시로 해당 거래를 처리하는 계정으로 계정과목명 또는 금액이 확정될 때 해당 계정으로 대체하는 가계정이다.
따라서 가계정인 가지급금 또는 가수금은 기말에 재무상태표상에 나타나지 않도록 반드시 정식계정으로 대체해야 한다.

2 세무상 가지급금과 가수금

세무상으로 가지급금은 장부상의 계정과목이나 기장 내용과 관계없이 당해 법인의 업무와 관련 없이 주주, 임원, 종업원 등 특수관계자에게 제공한 일체의 자금대여액을 말하고, 가수금은 가지급금과 반대로 제공받은 금액을 말한다.
세법에서는 가지급금에 대해 가지급금 인정이자 계산, 지급이자 손금불산입 등 세무상 불이익을 주고 있으므로 기말 결산 시점에 특별히 유의해야 한다.

3 회계상 가지급금과 세무상 가지급금의 차이점

기업회계의 가지급금은 미확정 금액의 임시계정으로 처리하나, 세법에서의 가지급금은 회계상 가지급금은 물론이고, 계정과목이나 기장 방법과 무관하게 일정한 거래를 모두 가지급금으로 간주한다. 즉, 기업회계상 가지급금, 단기 대여금, 주주 · 임원 · 종업원에 대한 장단기 대여금, 관계회사 장단기 대여금, 장기대여금 등이 해당한다. 또한 회사의 현금지출에 대한 지출증빙이 없는 경우에도 이를 대표이사에 대한 업무무관가지급금으로 본다.
세법에서는 가지급금과 가수금이 동일인에 의해 발생한 경우 이를 서로 상계하여 순액에 대해 세무상 처리하므로 주의해야 한다.

가지급금에 대한 세무상 불이익

1 가지급금에 대한 불이익

특수관계자와 업무와 관계없이 무상 또는 적정 이자율보다 낮은 이자율로 자금을 대여하고 이자를 받지 않는 경우는 세무상 불이익을 당할 수 있다.

첫째, 가지급금 인정이자에 대한 법인세 및 소득세 과세

가지급금에 대해서는 세법상 이자, 즉 인정이자를 계산해서 이를 법인세법상 회사의 수익으로 보아 법인세를 과세한다.

가지급금에 대해서는 법인세를 과세할 뿐만 아니라 그 금액에 대하여 다시 근로소득세를 과세하고 있다. 즉, 가지급금은 본래 회사에 있어야 할 자금을 대표이사가 임의로 가져간 것으로 보므로 그에 대한 당좌대월이자율만큼의 혜택을 누리고 있는 것으로 보아 다시 이에 대하여 대표이사에게 동일한 금액을 상여처분 후 근로소득세를 과세한다.

이때 인정이자율은 회사의 차입금 이자를 가중평균한 것과 국세청장이 정한 당좌대월이자율 중 선택하여 적용하고, 선택한 이자율은 모든 거래에 적용해야 한다. 다만, 가중평균 차입이자율을 선택하였으나 적용할 수 없는 경우에는 당좌대출이자율을 적용한다.

둘째, 회사가 은행 등에 지급하는 이자비용이 있는 경우 그 이자비용에 대하여 가지급금에 해당하는 자금만큼을 세법상 인정해 주지 않고 있다. 즉 가지급금을 업무무관자산으로 보아 가지급금 적수가 총차입금에서 차지하는 비중만큼 차입금 이자를 손금으로 인정하지 않는다.

셋째, 폐업 시 가지급금 전체에 대한 근로소득세 과세

폐업 시 가지급금에 대해서는 대표이사 등에게 상여처분하여 근로소득세를 과세한다. 즉, 해산 및 청산 절차를 밟지 않았다 하더라도, 폐업 당시는 가지급금 등을 회수하지 않았으므로, 사실상 가지급금 회수를 포기하였거나 회수가 불가능하게 되었다고 볼

수 있어 가지급금에 대해 상여 처분(심사 소득 2011-0163, 2012.04.25., 창원지방법원 2011 구합 3829, 2013.07.09 외 다수) 후 근로소득세를 내야 한다.
회사의 폐업하거나 대표이사가 변경되는 경우 가지급금도 정리되어야 한다. 자동으로 가지급금이 없어지는 것이 아니다.

구 분	거래상대방	이자율
지급이자 손금불산입	특수관계인	이자율 무관
대손충당금 설정대상 채권 및 대손금에서 제외. 처분손실을 손금불산입	특수관계인	이자율 무관
인정이자	특수관계인	무상 또는 저율인 경우에 한함

2 가수금에 대한 세무상 불이익

대표이사 등이 회사의 일시적 자금 부족을 메우기 위해 개인 자금을 회사에 투입하는 경우가 흔히 발생하게 되는데, 이러한 경우는 특수관계자별로 가지급금과 가수금을 상계처리 하여 세무조정을 통해서 신고하면 된다. 하지만 때에 따라서 회사에 유입된 자금흐름, 즉 가수금이 현금매출인 경우도 있다. 예를 들어 거래 증빙을 발생시키지 않은 무자료 거래로 일어난 매출 대금을 현금 입금할 경우가 있는데 이런 사례에 해당한다.
따라서 이런 경우에는 명백한 매출 누락에 해당해, 가공경비와 함께 세금이 추징되고 세무조사의 대상이 될 수 있다.
결론적으로 회사의 세무회계 담당자는 지금 당장 눈앞의 작은 이익보다는 장기적인 안목에서 회사의 자금거래를 투명하게 처리하도록 해야 한다.

TIP **가지급금의 회계와 세무 상식**

현금의 지출이 있었으나 그 소속 계정 등이 확정되지 않은 경우 확정될 때까지 일시적으로 처리하기 위해서 설정한 가계정을 뜻하며, 통상적으로 대표이사가 회사로부터 빌려 간 경우 기중에 가지급금이라는 가계정을 설정한다.

발생원인

❶ 대표이사 개인용도 사용/차입

❷ 증빙불비 경비를 비용 처리하지 못한 경우 등

회계처리

❶ 발생 시 (차변) 가지급금 ××× / (대변) 현금 ×××

❷ 결산 시 (차변) 단기대여금 ××× / (대변) 가지급금 ×××

세무상 불이익 → 법인세 증가

❶ 인정이자 익금산입 → 가중평균차입이자율 또는 당좌대출이자율

❷ 지급이자 손금불산입 → 지급이자 × (가지급금/차입금)

정리 방안

❶ 급여 인상 및 상여금 지급 ❷ 배당금 수령 ❸ 개인 지분 유상증자 ❹ 개인소유 특허권을 회사에 매각
위의 방법은 결국 돈을 만들어 갚는 것이다.

가지급금/가수금

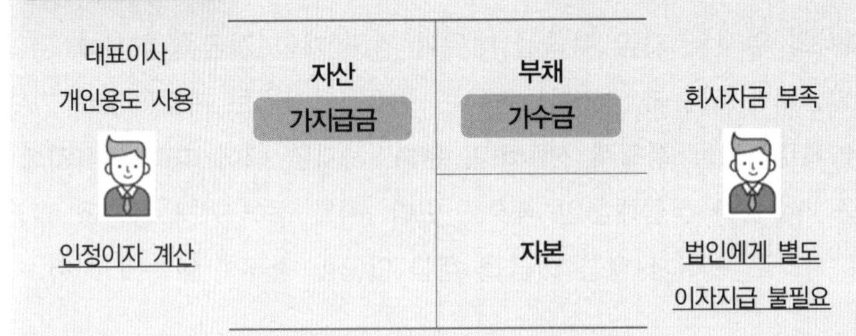

가지급금의 문제점과 해결 방안 및 업무처리

대표이사, 대주주, 창업 주주 가족, 임직원 · 종업원 등 법인 경영진이나 임직원이 적격증빙 없이 업무와 무관하게 개인적으로 지출한 비용으로써 세무조사 위험, 대표이사 배임 · 횡령 문제로 직결된다.

1 가지급금에 대한 각종 불이익

가지급금이 있으면, 공금유용 문제, 은행의 신용평가 불이익, 세무조사 대상 가능성 등이 높아지며, 최종적으로 갚지 않는 경우 가지급금 + 이자 미납액 등이 모두 상여(근로소득) 처분되며, 대손 처리를 해도 대손금으로 손금불산입한다.

① 가지급금 × 인정이자율 = 인정이자가 익금산입되어 법인세가 과세되고, 대표자 상여로 처분되어 근로소득세도 과세한다. 따라서 반드시 금전소비대차계약을 체결한 후 적정 이자를 적정 시기에 지급해야 한다.

② 차입금의 지급이자 중 가지급금이 차지하는 비율만큼 지급이자 손금불산입으로 법인세 부담 증가

③ 가지급금 계정이 복잡하면 세무조사 대상자로 선정될 가능성 큼

④ 건설업 · 공사업의 경우 실질 자본금 계산에서 감액(−) 요인이 됨

⑤ 법인이 폐업을 해도 가지급금은 끝까지 따라다닌다.

2 가지급금을 대처하는 방법

① 인정이자 지급

가지급금 귀속자가 법인에게 연 최소 4.6% 이자율로 이자를 지급해야 한다.
가지급금이 100만 원인 경우 다음과 같이 처리한다.

현금	460,000	/	이자수익	460,000

→ 법인세 22% 증가

② 상여금 등으로 회계처리 반영

상여금	460,000	/	이자수익	460,000

→ 손금과 익금이 동시에 증가하므로 법인세는 증가하지 않으나 임직원 개인의 소득세 및 건강보험료가 증가한다.

특수관계인에 대한 가지급금이 원금대로 회사에 상환될 때까지는 ①, ②의 회계 · 세무 처리를 해야 한다.

가지급금의 해결 방법들

가지급금의 해결 방법은 결국 상환하는 방법이다. 즉 장부상 조작으로는 해소되지 않는다.

① 가져간 각 개인이 자발적 상환

② 동일인 가수금과 상계 처리

③ 대표자와 실질 귀속자가 각자 급여 받은 돈으로 상환함

➜ 소득세 · 4대 보험 증가

④ 임원의 퇴직금을 받아 상환(퇴직 급여 규정 변경, 퇴직소득세 부담 등)

⑤ 주주 겸 대표자의 불입 자본금을 감소시키면서 상계 처리(의제배당 처분)

⑥ 법인 경영진이 회사 업무상 사용한 실비를 회사에 지급, 구입 증빙 있는 경우 상쇄

⑦ 대표이사, 주주 등 개인 소유자산, 부동산, 소프트웨어, 특허권 등을 회사에 양도하여 상쇄

⑧ 배당가능이익 한도로 이사회 결의를 거쳐 자기주식 매입 가능

(자기주식에 대한 적정평가로 부당행위계산 부인이 되지 말아야 하며, 최근 세무조사 시 주로 보는 내용이다.)

⑨ 이익잉여금 배당으로 상계 처리

TIP　가지급금 미처분이익잉여금 이익소각으로 해결

중소기업을 운영하며 가지급금, 미처분이익잉여금을 '0원'으로 유지하는 것은 매우 희박하다. 가지급금은 대표 또는 임원이 개인적으로 급한 돈이 필요할 때 사용하며 발생하기도 하지만, 영업상 관례에 따라 기업업무추진비, 사례비의 명목으로 사용하는 비용은 증빙 수취가 어렵기 때문에 적격증빙 미수취로 인해서 발생하기도 한다. 미처분이익잉여금도 시설투자, 재고자산, 매출채권 등의 눈에 보이지 않는 형태로 녹아있기에 규모를 파악하기 어려우며 이익잉여금이 많으면 추가적인 출자 없이 운영자금과 투자자금을 마련할 수 있기에 출구전략을 활용하지 않고 기업 내에 유보하는 경우가 많다. 또한, 미처분이익잉여금은 자기자본비율을 높이기 때문에 일시적으로 재무구조를 좋게 만드는 효과도 있다.

그러나 가지급금과 미처분이익잉여금은 기업의 순자산가치와 주식 가치를 상승시키는 원인으로 상속, 증여, 양도 등의 지분 이동이 발생할 경우 막대한 세금추징으로 이어질 수 있다.

가지급금은 인정이자를 복리(가지급금 인정이자에 또다시 가지급금 인정이자가 붙는다.)로 납부해야 하고 법인세가 높아진다. 아울러 인정이자는 대표의 상여로 처리되어 소득세와 4대 보험료를 증가시키며, 외부 평가 시 신용

등급을 낮춰 부정적인 평가 요소로 작용할 수 있다. 더구나 대손처리가 불가하기에 임의로 회계하는 경우 횡령 또는 배임죄로 형사처벌을 받을 수 있으며 기업을 폐업하는 순간까지도 대표이사의 상여로 처분되어 세금 부담의 늪에 빠질 수 있다.

미처분이익잉여금도 폐업이나 기업 청산 시 이익잉여금이 주주 배당으로 간주되어 배당소득세, 건강보험료를 부담해야 하며 부실자산으로 간주되어 투자, 사업 제휴, 입찰, 납품 등에 악영향을 미쳐 기업 활동 전반에 제약이 따르게 된다.

가지급금과 미처분이익잉여금으로 인한 문제는 이익소각 방법을 활용하는 것이 가장 효과적이다. 이익소각은 기업이 이익잉여금으로 자사주를 취득해 일정 기간 내 소각하는 것을 말한다. 그동안 자사주 매입은 대기업에 국한되어 있었지만, 중소기업(비상장기업)도 자사주를 매입할 수 있게 되어 다양하게 활용할 수 있게 되었다. 이익소각으로 미처분이익잉여금을 정리하고 싶다면 배우자 증여세 면제 한도를 활용하는 것이 좋다. 비과세한도액인 6억 원을 법인의 지분으로 증여한 다음 해당 지분을 다시 사들이는 방법으로 이익잉여금을 줄일 수 있다. 또한, 이익소각은 이익잉여금으로 처리할 수 있기에 채권자 보호 절차가 필요하지 않고 주식 수에 따른 자본금 산정이 이루어지지 않는다. 아울러 지분을 조정해 대주주의 의결권을 확대할 수 있어 경영권을 안정적으로 유지하는 데 도움을 준다.

더욱이 이익소각은 분류과세에 해당하여 단일세율로 과세하기 때문에 일반적인 방법으로 진행했을 때보다 적은 세율로 재무 위험을 해결할 수 있으며 4대 보험료와도 무관해서 부담 없이 활용할 수 있다.

그러나 이익소각을 목적으로 자사주를 매입하는 경우 의제배당으로 간주하여 소득세를 납부하는 상황이 있을 수 있으며, 배우자가 회사의 주주로 참여하고 있는 경우 기존에 가지고 있던 지분에 증여분이 포함되기에 총평균법으로 계산하게 된다. 하지만 그 결과가 주식 평균 가액의 취득가액이 되어 의제배당 소득으로 간주될 수 있다. 아울러 지속적으로 이익소각을 활용하는 경우 과세당국으로부터 탈세 목적으로 의심받을 수 있으며, 이익소각을 무효화 하거나 막대한 세금을 추징당할 수 있다. 따라서 전문가의 도움을 받아 배당가능이익의 범위, 자사주 가치평가, 이사회 결의 및 이익소각 기본 요건, 이익소각 절차 등을 충분히 검토한 후 진행하는 것이 바람직하다.

대표이사 변경으로 전 대표이사 가지급금의 처리

일반적으로 세법에서는 가지급금은 발생 때마다 계약서(금전대차약정서 등)를 작성하고 그에 따른 상환 등도 이루어지게 되어있다. 소정의 이자도 받아야 한다. 그렇지 않으면 가지급금 이자가 대표이사의 상여가 된다.

국세청은 이것이 업무와 관련된 자산이 아닌 법인이 특수관계자에게 대여해준 대여금으로 보기 때문에 세무적인 문제가 발생하거나, 장기간 미상환하거나, 임의로 대손처리할 경우 업무상 배임, 횡령죄가 성립될 수도 있으므로 특히 주의해야 한다.

1 대표이사 변경이나 기업 인수로 인한 전 대표이사 가지급금

원칙적으로는 현 대표이사가 갚을 의무는 없다. 해당 가지급금은 전 대표이사가 법인에 지급해야 할 의무를 지닌 채무로써 현 대표이사에게 아무 이유 없이 승계되는 것은 아니다. 즉, 전 대표이사의 미상환 잔액이므로 전 대표이사의 책임이다.

대표이사 변경 시 대표이사 간의 가지급금에 대한 인수인계 절차가 장부상 나타나야 한다. 전 대표이사의 가지급금을 상환하는 절차가 필요한 것이다.

세법에서는 전 대표이사가 퇴사하는 시점에 전 대표이사와 법인 간에 특수관계가 소멸되는 것으로 보고 특수관계가 소멸할 때까지 회수되지 않은 가지급금은 쟁송, 담보, 상계채무 보유 등 특별한 사유를 제외하고는 특수관계가 소멸되는 시점, 즉 퇴사시점에 법인의 익금으로 과세하고, 해당 대표자에 대하여 급여로 보아 근로소득세를 과세하고 있다.

만일 현 대표이사가 사비로 충당할 경우 동 금액에 대해서 증여 등의 문제가 발생할 수도 있다.

2 폐업 시 가지급금이 남아 있는 경우

법인이 청산하여 소멸하는 시점까지 가지급금 인정이자를 법인의 익금으로 반영하고, 해당 금액을 대표이사에 대한 상여로 처리하여 근로소득세를 과세해야 한다. 또한 법인이 폐업함에 따라 해당 가지급금에 대하여 회수를 포기한 것으로 인정되는 경우 대표이사에게 가지급금 전액에 대하여 상여 등의 소득처분을 하여 근로소득세를 과세하게 된다. 따라서 가지급금이 있는 경우에는 대표이사의 퇴직금과 상계하는 등 여러 가지 방법으로 가지급금을 처리하고 폐업해야 거액의 법인세 및 소득세가 과세되는 것을 피할 수 있다.

대표이사 가수금의 문제점과 해결 방안 및 업무처리

특수관계자(대표이사)가 운영자금이 부족하여 회사에 자금을 입금한 경우 가수금이라는 명목으로 회계 처리한다.

현금의 수입은 있었으나, 그 거래내역이 불명확하여 일시적인 채무로 표시하는 것이다. 즉, 가수금은 대표자가 법인에 대해 가지는 채권을 말하며, 계좌이체 내역 등으로 소명할 수 있어야 한다.

대표이사라 하더라도 개인에게 입금된 돈은 법인입장에서는 빌린 돈이 되기 때문에 처리하지 않는 경우 회계상 계속 부채로 남는다.

가수금의 경우는 회계상 임시계정이지만 세무상 매출누락이나 경비를 가공했다고 여겨지기 때문에, 세무조사 등에 불리하게 작용할 수 있는 단점이 있다.

따라서 늦어도 당해 결산까지는 그 내역을 명확히 조사하여 확정된 내역으로 회계처리 해주어야 한다.

재무상태표상 가수금 또는 주임종 단기차입금이라는 계정과목으로 구분돼 있어야 하며 그 금액 내에서는 언제든 상계할 수 있다.

1 가수금 금액 상환

대표이사 등 개인에게 다시 비용을 입금하는 방식이다.

지급이자 등을 계산하여 법인명의에서 개인명의로 빚을 상환하는 방법과 동일하다.

가수금의 지급이자는 법정이자보다 낮게 혹은 무상 및 무이자로 상환할 수 있지만, 법정이자보다 높게 설정하는 것은 부당행위가 될 수 있다.

2 가수금에 대한 세무 처리

세무대리인에게 내역을 전달할 때

① 대표자가 법인통장에 입금 시 : '대표자 가수금 입금' 이라고 이체 메모를 남겨주어야 한다.

② 대표자에게 상환 입금 시 : '대표자 가수금 처리' 라고 이체 메모를 남겨주어야 '상여금' 등과 구분이 가능하다.

3 자본금으로 출자전환

대표자의 가수금은 신주식 인수금과 상계를 할 수 있다.
회사가 발행한 주식 이외 새로운 주식을 발행하고, 그 주금을 납입하는 대신, 법인에 남아 있는 대표자의 가수금을 납입한 것으로 보아 자본금을 늘리는 것을 의미한다.
이 경우 저가 발행 또는 고가 발행 등으로 인한 증여의제, 부당행위계산부인 등을 철저히 검토해야 한다.

가수금이 아닌 미지급 채권도 출자전환이 가능한가?

법인입장에서 채무라면 명칭과 상관없이 그 채무는 출자전환 대상이 된다.
출자전환은 채무를 현금이 아닌 채무자인 회사의 주식과 바꾸는 것이다.
출자전환 방법은 유상증자로 진행된다. 주금 납입 금액을 현금으로 입금하는 통상의 증자와 달리 장부상 채권과 채무를 상계한다.
신주식을 발행하는 회사(채무자)는 신주식인수인(채권자)에게 받아야 할 주식납입금 대신 회사가 가진 채무와 상계하게 된다. 따라서 기존 채무는 장부에서 사라지고 채권자는 회사의 주주가 된다.
비상장 회사에서 가장 흔하게 발생하는 출자전환 사례는 대표자 가수금을 주식 납입 채무와 상계하는 것이다. 대표자가 법인 운영자금 등을 이유로 법인통장에 돈을 입금했다면 대표자가 채권자가 되고 법인이 채무자가 된다.
대표자뿐만 아니라 임원 또는 직원도 위와 같이 법인통장에 돈을 입금했다면 채권자가 될 수 있다. 또한, 거래처와 계약상 발생한 매출채권 등도 출자전환의 대상이 된다.

출자전환을 위해서 준비할 서류

출자전환으로 유상증자를 진행하기 위해서는 최근 결산 내역이 반영된 재무상태표와 계정별 원장이 필요하다.
재무상태표와 계정별 원장에 가수금 또는 회사가 가진 채무에 대한 정확한 금액을 확정해야 한다. 정확한 금액이 확인됐다면 이후는 유상증자와 동일하게 준비하면 된다.

1. 법인은 대표자와 별도의 다른 인격으로서, 경영자는 급여 · 상여금 · 배당금 지급을 통한 소득수취만 가능
2. 가지급금은 회사가 대주주나 경영자에게 지급한 대여금으로, 인정이자를 가산하여 익금산입하면서 상여로 소득처분 하지만, 가수금은 반대의 경우로서 회사의 부채비율에 나쁜 영향을 준다.
3. 가수금의 문제점
① 가수금은 주임종 차입금으로 재분류하여 부채계정에 반영하고 부채비율을 높임
② 가수금은 전자 매출 세금계산서 등 적격 증빙을 발행하지 않은 현금매출 누락으로 간주될 수 있다.
(가수금의 입금 원인(투자 · 상환 등)과 반환 사유 등을 분명하게 명시)
③ 창업주 사망 시 회사 장부상 가수금은 상속재산 일부로 가산된다.
④ 특수관계 특정 법인(결손법인, 휴폐업법인 등)에 가수금 대여, 포기 증여 시 자녀 주주에 증여세 부과
4. 가수금의 정리 방법
① 회사의 자금 상황이 여유로우면 반환회수가 최선책
② 회사의 고정설비, 기계장치 등에 연계 투입된 경우 현물 출자전환
③ 출자 금액과 가수금이 같지 않은 경우 증여의제나 채무면제이익으로 익금산입되어 법인세 과세가 가능함
④ 출자전환으로 지분비율 51% 초과 변경 시 기업보유 부동산에 간주취득세 납부 문제도 있음

가지급금과 가수금의 회계처리와 세무조정

대표자 등에게 가지급금인정이자가 발생한 경우 가지급금인정이자에 대한 (이자, 상여) 원천징수 및 지급명세서 제출 여부와 제출 의무자는 누구인지의 판단이 중요하다. 이 경우 법인과 대표이사 간에 상환기간, 이자율 등에 대한 약정이 있는 경우와 없는 경우로 나누어 판단한다.

법인통장에서 대표이사에게 출금 시 대표자 이름으로 출금하고 이체 메모에 대표자 가지급금이라고 기록한다.

가지급금의 경우 세법의 엄격한 규제와 법인세 문제가 생길 수 있다. 따라서 가능하면 대표자에게 급여, 상여, 배당 등의 형태로 지급하는 방법을 생각해 볼 수 있다.

구 분	세무 처리
지급이자 비용 불인정	차입금에 대한 이자는 법인의 비용으로 인정되지만, 가지급금이 존재하는 경우는 차입금 금액 중 가지급금이 차지하는 비율에 따라 해당 이자에 대해서는 비용으로 인정받지 못한다. 따라서 비용으로 인정받지 못함에 따라 법인세가 증가한다.
가지급금 인정이자 수익 처리	가지급금은 대표자가 법인의 자금을 임의로 가져간 것으로 보기 때문에 해당 가지급금에 대해서 법정 이자율을 적용한 이자를 대표자에게 받아야 한다. 실제 이자를 받지 못한 경우에도 해당 이자 금액만큼 수익으로 처리된다. 따라서 수익에 따라 법인세는 높아진다. 즉, 법정이자보다 높게 대여해주는 것은 가능하지만, 무이자 혹은 저리로 처리하는 것은 부당행위계산부인이 될 수 있다.
가지급금 인정이자는 대표자에게 지급한 상여	대표자가 가지급금에 대하여 법정이자 금액만큼 법인에게 지급하지 않은 경우는 해당 미지급이자를 대표자의 상여로 보아 대표자에게 근로소득세를 과세한다.

구 분	세무 처리
	법인과 대표이사 간에 금전소비대차계약을 체결하고 이자를 받는 경우는 상여 처분이 되지 않는다. ➜ 법인이 대표이사에게 돈을 빌려주고 이자를 받는 것으로 본다.

법인과 대표이사 간에 약정이 없는 경우

법인이 대표자와 이자율 및 상환기간에 대한 약정이 없이 가지급금을 대여하면서 회사가 이자수익을 계상하지 않은 경우는 가지급금 인정이자 총액에 대해서 익금산입한 후 귀속자에 따른 상여 처분을 한다(이자소득으로 보지 않는다).

따라서 해당 가지급금에 대한 인정이자는 원천징수 하는 이자의 지급으로 보지 않아 이자소득에 대한 원천징수 및 지급명세서 제출 대상이 아니며(이자소득이 아닌 상여로 봄), 해당 소득처분에 의한 소득 구분에 따라 법인세 신고일을 지급일로 하여 소득세를 원천징수하고 근로소득 지급명세서를 제출한다.

법인이 대표자와 이자율 및 상환기간에 대한 약정이 없이 자금을 대여하면서 회사가 임의로 미수이자를 계상한 때도 해당 미수이자는 가공의 이자(이자소득으로 보지 않기 때문)로 익금불산입을 통해 가공자산 계상액을 취소하는 세무조정을 한다.

또한 동시에 인정이자 총액에 대해서 익금산입 및 귀속자에 따른 소득처분을 한다.

반면 법인이 대표자와 이자율 및 상환기간에 대한 약정이 없이 자금을 대여한 후 실제로 이자를 받아서 이자수익을 계상한 경우는 해당 이자수익은 세법상 실제 이자수익에 해당하므로 지급일이 속하는 달의 다음 달 10일까지 원천징수이행상황 신고를 하며, 해당 연도의 다음연도 2월 말일까지 이자소득 지급명세서를 제출하면 된다.

물론 회사 계상 이자수익(2% 이자를 받음)과 인정이자(4.6%)와 차이가 발생하면 차액(4.6% - 2% = 2.6%)만큼은 가지급금 인정이자 익금산입 세무조정을 한다.

1 세무조정

❶ 이자를 계산하여 이자수익으로서 미수수익을 계산하는 경우(미수수익(이자) / 이자수익, 회사와 대표이사 간에 지급이자에 대한 약정이 없었다면 회사에서 계상한 미수이자는 임의 계상 수익이

되어 세무상 인정하지 않는다.)는 해당 이자수익에 대해서는 익금불산입(△유보)하고

❷ 회사에서 계상한 미수수익은 위 세무조정을 통해 없어진 상태이므로, 가지급금에 대한 인정이자를 계산하여 인정이자 상당액을 익금산입(상여)한다. 즉, 대표자가 실제로 지급한 금액에 대해 익금으로 처리되지 않고, 인정이자로 계상한 금액만 익금으로 인정한다.

이후 귀속자에 따른 소득처분에 따라 소득세를 원천징수 납부한다.

❸ 미계상한 경우는 인정이자 상당액을 익금산입, 상여 처분 후 근로소득세를 원천징수한다.

구 분		세무조정
2025년	회사	법인이 대표자에게 대여해준 대가로 이자 10만 원을 법인통장에 입금했다면(인정이자는 13만 원으로 가정) 미수이자 100,000 / 이자수익 100,000
	세법	미수이자 계상 불인정(가공의 자산)
	세무조정	익금불산입 10만 원(△유보), 세법에 따라 계산한 인정이자 상당액 13만 원 익금산입(상여) • 계상한 이자수익 10만 원 익금불산입(△유보) • 인정이자 상당액 13만 원(상여) 익금산입 • 13만 원 상여 처분 후 근로소득세 원천징수
2026년	회사	전기오류수정손실 100,000 / 미수이자 100,000
	세법	전기 미수이자 계상액을 불인정하므로 없음
	세무조정	익금산입 100,000(유보)

가지급금 인정이자는 원천징수 및 지급명세서를 달마다 제출하지 않는다.

가지급금에 대한 인정이자 계산은 법인세 신고 때 이루어지므로 가지급금이 발생한 연도에 원천세 신고와 지급명세서 제출을 하지 않는다. 대신에 법인세 신고 기간인 3월 31일에 지급한 것으로 보아 다음 달 10일인 4월 10일까지 원천세(이자소득) 신고 및 납부를 한다.

2 원천징수 문제(이자소득 아니고 근로소득)

가지급금에 대한 인정이자는 원천징수 대상 이자의 지급으로 보지 않아 이자소득에 대한 원천징수 및 지급명세서 제출 대상이 아니다.

따라서 세무조정 소득처분에 의한 소득 구분에 따라 법인세 신고일을 원천징수 시기로 보아 소득세를 원천징수하고, 해당 소득 지급명세서를 함께 제출하면 된다. 즉, 앞서 설명한 바와 같이 이자 지급약정이 없다면 법인세 신고 시 인정이자를 익금산입(상여)으로 소득처분하고 소득처분일(12월 결산법인은 3월 31일)에 지급한 것으로 보아 4월 10일까지 원천징수 신고 및 근로소득 지급명세서를 수정제출 해야 한다.

제조업을 영위하는 중소기업이 특수관계에 있는 법인에 별다른 약정 없이 자금을 대여해주고 결산 기말에 이에 대한 인정이자를 계산하는 경우와 관련해서 특수관계에 있는 법인 간의 금전거래로 특별히 이자 수수에 관한 약정을 하지 않았다면 이는 세금 계산 상 인정이자로 계산해서 익금에 가산함. 이 경우 인정이자는 원천징수하는 이자의 지급으로 보지 않아 원천징수는 하지 않음(법인 46013-3156, 1995.08.05.).

법인세법 기본통칙 67-106…10【가지급금 등에 대한 인정이자의 처분】

② 법인이 특수관계인 간의 금전거래에 있어서 상환기간 및 이자율 등에 대한 약정이 없는 대여금 및 가지급금 등에 대하여 결산상 미수이자를 계상한 경우라도 동 미수이자는 익금불산입하고 인정이자 상당액을 익금에 산입하여 상여처분한다.

원천징수	지급명세서
상여로 소득처분하고 소득처분일에 지급한 것으로 보아 원천징수	• 4월 10일까지 원천징수이행상황신고서 수정제출(인정상여) • 근로소득 지급명세서(연말정산) 수정제출 • 상여로 근로소득으로 보므로 이자소득 지급명세서 제출 의무 없음

• 대표자 2025년 총급여액 : 500만 원
• 2025년 가지급금 인정상여 : 100만 원
• 2025년 귀속 법인세 신고 : 2026년 3월 31일(12월 말 법인 가정)

[업무처리 순서]

① 2026년 3월 10일까지 근로소득 지급명세서 제출 : 대표자 총급여액 500만 원

② 2026년 3월 31일 법인세 신고 : 인정상여 100만 원 발생

인정상여 귀속시기는 2025년, 지급일은 2026년 3월 31일

③ 2026년 3월분 원천징수이행상황신고서(4월 10일 신고)

작성시 A04 인원 1, 총지급액 100만 원 및 원천징수 세액 기재

④ 근로소득지급명세서 당초분 500만 원에 인정상여 100만 원, 원천징수 세액을 합산하여 수정제출

⑤ 수정된 지급명세서 및 원천세신고서 2026년 4월 10일까지 제출

⑥ 4월 10일까지 원천징수이행상황신고서 및 지급명세서 제출 시 가산세는 없음

인정상여 금액은 2026년 3월 귀속 정기분 원천세신고서와 별도로 다음과 같이 작성하여 제출해야 한다.

- 신고구분 : 매월, 연말, 소득처분
- 귀속연월 : 2026년 2월
- 지급연월 : 2026년 3월
- 제출연월일 : 2026년 4월 10일
- 원천징수이행상황명세서 A04 연말정산란 : 인원 1명, 총지급액은 인정상여 금액, 소득세 등은 100만 원을 합산해 다시 연말정산 한 결과 추가로 납부할 금액을 기재한다.

3 상여처분 된 금액을 회사가 대납한 경우

법인은 원칙적으로 상여처분에 따른 소득세를 귀속자에게 수령하여 내야 하는데, 실무적으로는 법인이 대납하는 경우가 많다. 이 경우 세무조정 및 소득처분은 어떻게 해야 하는지를 살펴보면 다음과 같다.

소득의 귀속자가 분명한 경우

소득귀속자가 분명한 경우로서 귀속자가 법인의 임직원인 경우 해당 임직원에 대한 상여로 소득처분(실무적으로 인정상여)하고, 처분에 따른 소득세를 귀속자에게 받아서(개인 통장에서 법인통장으로 인정이자 입금이 원칙) 법인이 내야 한다.

상여 처분에 따른 소득세는 법인이 실제 귀속자에게 받아서 납부하는 것이 원칙이지만 법인이 대납한 경우 이는 손금불산입한다.

법인이 대납한 소득세를 법인이 어떻게 회계처리 하느냐에 따라서 처리 방법이 다음과 같이 달라진다.

구 분	세무조정
소득세를 손금(세금과 공과)에 반영한 경우	소득세는 실질 귀속자가 납부해야 하는데, 법인이 납부한 경우에는 손금불산입하고, 이 금액을 다시 귀속자에 대한 상여로 처분한다.
가지급금 (대여금)으로 처리한 경우	법인이 대납한 소득세를 가지급금(대여금)으로 처리한 경우는 업무무관가지급금으로 보아 지급이자 손금불산입 및 인정이자 익금산입의 추가 세무조정을 해야 한다.

소득의 귀속자가 불분명하여 대표자 상여 처분한 경우

구 분	세무조정
소득세를 손금(세금과 공과)에 반영한 경우	귀속이 불분명하여 대표자 상여처분에 대한 소득세를 회사가 대납해 주는 경우 실무상 관행을 인정하여 동 금액을 손금불산입하고 상여가 아닌 기타사외유출로 처분한다.
가지급금 (대여금)으로 처리한 경우	대여금은 업무무관가지급금으로 보지 않는다. 따라서 지급이자 손금불산입 및 인정이자 익금산입에 대한 세무조정을 하지 않는다. 단, 대표자에 대한 특수관계가 소멸할 때 동 대여금을 대손처리한 경우 해당 대손금을 손금불산입하고 기타사외유출로 소득 처분한다.

법인과 대표이사 간에 약정이 있는 경우

법인이 약정에 따라 계상한 미수이자는 근거가 있는 정당한 이자이므로 이를 세법에서는 인정해 준다. 단, 세법에서 정한 인정이자율보다 낮은 이자율을 적용하여 미수이자를 계상했을 때는 인정이자와 실제 받는 이자와의 차액에 대한 미수이자는 상여로 처분한다. 또한 약정에 의한 미수이자를 계상한 경우도 정당한 사유 없이 1년 이내 회수하지 않을 경우 미수이자를 가지급금을 지급한 자의 상여로 처분한다.

1 세무조정

법인과 대표이사 간에 약정이 있는 경우 이는 비영업대금의 이자에 해당하고, 비영업대금의 이자수입시기 및 원천징수 시기는 약정에 의한 이자 지급일이다.

구 분	세무 처리
비영업대금의 수입시기 (귀속시기)	수입이자의 귀속시기는 현금주의가 원칙이다. 다만, 금융기관의 경우 특례에 따라 발생주의를 인정하고 있다. 비영업대금 이자의 귀속시기는 약정에 의한 이자 지급일과 실제이자 지급일 중 빠른 날이다.
원천징수 세율	25%(지방소득세 포함 27.5%)

❶ 약정에 의한 이자 지급액 ≧ 인정이자 상당액

구 분	세무조정
계상한 경우	법인이 대표자에게 대여해준 대가로 이자 10만 원을 법인통장에 입금했다면(인정이자는 9만 원으로 가정) • 결산시 미수이자 100,000 / 이자수익 100,000 • 다음 해 이자입금일 선납세금 27,500 / 미수이자 100,000 보통예금 72,500 • 차입을 한 자(약정일 2025년 12월 31일) 1. 법인세 및 지방소득세 징수 및 납부 : 2026년 1월 10일까지 신고 · 납부 2. 지급명세서 제출 : 2026년 2월 28일(윤년 2월 29일)까지 제출
세무조정 없음	결산 시 및 다음 해 세무조정 없음 이자 세금 25%(지방소득세 포함 27.5%)

❷ 약정에 의한 이자 지급액 ≦ 인정이자 상당액

구 분		세무조정
2025년	회사	법인이 대표자에게 대여해준 대가로 이자 10만 원을 법인통장에 입금했다면(인정이자는 13만 원으로 가정) 미수이자 100,000 / 이자수익 100,000
	세법	1. 미수이자 계상 없음(귀속시기 미도래 원천징수 대상) 2. 각 인별 인정이자 – 발생주의에 의한 미수이자 계상액과의 차이를 부당행위계산부인 부당행위계산부인 30,000 / 이자수익 30,000

구 분		세무조정
	세무조정	• 익금불산입 미수이자 100,000(△유보) • 익금산입 30,000(상여) : 상여 분 원천징수 차액(임직원별 인정이자 계산액(13만 원) – 발생주의에 의한 미수이자 계상액(10만 원))
2026년	회사	현금 100,000 / 미수이자 100,000
	세법	전기 미수이자 100,000원(유보) 현금 100,000 / 이자수익 100,000
	세무조정	익금산입 100,000(유보)

2 원천징수 문제(근로소득 아니고 이자소득)

귀속시기가 도래하지 않은 이자소득을 결산 기말에 미수이자로 계상한 경우

법인이 대표이사에게 상환기간과 이자율을 약정하여 자금을 대여하면서 약정에 의한 이자 지급일이 해당 결산기에 도래하지 아니함에도 불구하고 결산기 말에 가지급금 인정이자를 계상하여 장부상 미수이자를 계상한 경우는 익금불산입(이자지급 시기가 도래하지 않았음에도 이자수익 처리한 경우이므로) 처리하며 해당 미수이자는 이자소득 귀속시기 미도래로 인해 원천징수 대상 이자소득에 해당하지 않는다.

결산기에 이자 지급일이 도래해서 약정에 의한 이자 지급일에 이자를 받은 경우

약정에 의한 ① 이자지급일에 해당 이자소득에 대한 법인세를 원천징수하고 ② 다음 달 10일까지 원천징수 신고를 한 후 ③ 약정에 의한 이자 지급일의 다음 연도 2월 말일에 이자소득 지급명세서를 제출한다.

❶ 회사가 결산 시 이미 원천징수 시기가 도래했다는 것이다.

이자소득에 대한 지급명세서 제출 시기는 다음 연도 2월 말이 되고, 법인의 과세표준 신고는 3월 말이 되기 때문에 이미 원천징수가 끝난 소득이므로 과세표준에 산입해야 하는 이자소득(이자소득이 과세표준에 포함 안 됨)이 아니다.

❷ 법인이 대표자에게 가지급금에 대해 이자를 받는 경우는 이자를 지급하는 자가 이자의 25%를 법인세로 원천징수해서 원천징수이행상황신고 및 납부, 이자 · 배당소

득 지급명세서를 제출해야 하는 것이 원칙이다.

하지만, 법인과 대표자 간에 원천징수 대리 또는 위임계약을 한 경우 법인이 대신 이자소득에 대한 원천징수를 할 수 있으며, 법인 명의로 원천징수이행상황신고 및 지급명세서를 제출해야 한다.

약정에 의한 이자 지급일에 이자를 받지 않은 때 : 1년 안에 인정이자를 대표이사 개인 통장에서 법인통장으로 입금시킨 경우

이자 지급약정일이 있는 비영업대금에 대하여 약정일에 지급받지 않고, 그다음 과세기간 말일 안에 지급받았다면(예 : 이자지급 약정일 2025년 12월 31일 실제 이자수령일 2026년 12월 31일) 이자의 익금 귀속시기는 2025년 12월 31일이고, 2026년 3월 31일 법인세 신고 때 미수이자 수익이 이미 과세표준에 포함되었으므로 그 후 실제 이자를 수령하는 2026년 12월 31일에는 원천징수대상이 되지 않는다.

하지만 2027년 2월에 지급명세서 제출 의무는 있다.

법인세 원천징수대상 제외 소득

신고한 과세표준에 이미 산입된 미지급 소득은 법인세 원천징수 대상에서 제외된다. 따라서 다음 연도 3월 이후에 이자를 지급하는 경우는 원천징수 의무가 없다.

소득세 원천징수 대상 제외 소득

소득으로서 발생 후 지급되지 아니함으로써 소득세가 원천징수되지 아니한 소득이 종합소득에 합산되어 종합소득에 대한 소득세가 과세된 경우, 그 이후에 그 소득을 지급할 때는 소득세를 원천징수 하지 않는다. 따라서 지급시기 의제가 없는 기타소득, 사업소득을 다음연도 6월 이후에 지급하는 경우는 확정신고 하였을 것이므로 원천징수 의무가 없다.

약정에 의한 이자 지급일에 이자를 받지 않은 때 : 1년 안에 인정이자를 대표이사 개인 통장에서 법인통장으로 입금하지 않는 경우

회사에서 이자소득 원천징수 신고가 아닌(이자·배당소득 원천징수영수증에 대표자 이름하고 원천징수는 하지 않고 신고(0원)하는 방식) 가지급금 인정이자로 처리한 회사는 1년 안에 이자 상당액을 회수(분개 : 보통예금/이자수익)하지 않으면 대표자 상여로 처분된다.

예를 들어 2025년 가지급금인정이자가 있었으면, 인정이자를 2026년 안(1년 안에)에 대표이사 개인 통장에서 법인통장으로 입금해야 상여 처분을 안 당하고 정리된다.

그러나 입금하지 않아 상여처분을 당한 경우 상여 처분된 금액(인정상여)의 원천징수는 소득금액 변동통지서를 받은 날 또는 법인세 과세표준신고일의 다음 달 10일까지 원천징수이행상황신고서와 수정된 지급명세서를 제출해야 한다. 올바른 신고기한 내 신고이므로 가산세는 부과되지 않는다.

따라서 원천징수이행상황신고서를 제출시 귀속연월은 수입시기가 속하는 달의 다음해 2월, 지급연월은 상여처분한 3월(원천징수이행상황신고서를 제출 시 귀속연월은 2월, 지급연월은 3월로 신고한다.)로 하여 4월 10일까지 연말정산을 다시 하여, 원천징수이행상황신고서 및 근로소득지급명세서를 제출해야 한다(앞서 설명한 약정이 없는 경우 상여 신고 방법 참고).

이때 해당 대표자가 해당 근로소득 이외에 종합소득이 있는 경우에는 해당 대표자가 그 법인세 신고일이 속하는 달(3월)의 다음다음 달 말일(5월)까지 추가로 종합소득세를 신고·납부해야 하고, 신고기간 내에 신고한 것으로 보아 별도의 신고납부불성실가산세를 적용하지 않는다.

위의 절차에 따라 진행해야 하는 데 결국 지급명세서를 제출하지 않은 경우(4월 10일까지)는 원천징수 납부지연 가산세 및 지급명세서제출불성실가산세를 내야 한다.

업무 처리할 때 판단

대표자(개인) 가지급금(대여금)에 대해 법인과 대표자 간에 이자율, 상환기간 등이 있는 채권 · 채무 약정이 있는 경우 다음의 세 가지 경우로 구분해서 판단하면 된다.

비영업대금 이자의 지급시기와 수입시기는 약정에 의한 이자 지급일이며, 약정에 의한 이자 지급일 전에 이자를 지급받는 경우는 그 이자 지급일이다(약정에 의한 이자 지급일, 실제이자 지급일 중 빠른 날).
약정에 의한 이자 지급일에 이자를 지급하지 않은 경우에도 원천징수 및 지급명세서를 제출해야 한다.

구 분	세무 처리
약정일 전에 이자를 받은 경우	이자 지급일의 다음 달 10일까지 원천징수 신고 · 납부(비영업대금의 이익 25%), 다음 해 2월 28일까지 이자 지급명세서를 제출해야 한다.

구 분	세무 처리
약정일에 이자를 받은 경우	약정일의 다음 달 10일까지 원천징수 신고 · 납부(비영업대금의 이익 25%), 다음 해 2월 28일까지 이자 지급명세서를 제출해야 한다.
이자를 받지 못해 미수이자를 계상한 경우	원천징수 의무는 없고, 이자 지급명세서 제출 의무는 있다. 단, 미수이자 계상 후 1년이 되는 날까지 회수되지 않았다면 이를 상여 처분한다. **1. 개인이 직접 신고 시** ❶ 개인 법인으로부터 자금을 빌린 후 이자를 지급하는 경우 개인이 법인세(이자의 25%)를 원천징수(비영업대금) ❷ 익월 10일 원천징수이행상황신고서 제출 및 원천세 납부 ❸ 익년 2월 말일 지급명세서 제출 **2. 법인이 대리하는 경우** ❶ 법인이 해당 이자의 원천징수의무자로 원천세 신고 및 납부 원천징수이행상황신고서의 원천징수의무자란에는 법인의 인적 사항 기재 후 이자 소득을 개재하는 곳에 기재 ❷ 법인이 지급명세서 제출 징수의무자란에는 법인의 인적 사항을 기재하고 소득자란에도 법인의 인적 사항을 기재 **[업무처리]** 2025년 발생분 가지급금 이자의 회수약정일이 2026년 12월인 경우, 손익의 귀속은 원천징수 대상 이자로서 받기로 한 날인 2026년도이다. 그러나 2025년 법인세 신고 시 발생 이자를 과표에 포함하여 법인세를 납부한 경우, 귀속은 별론으로 하고 2026년에 약정이자 회수 시에 원천징수의무는 없을지라도 2026년 2월에 지급명세서 제출의무는 있다. 인정이자 발생한 연도 : 법인세 첨부 서식 가지급금 인정이자에서 회사계상액란 금액 보거나, 일반전표에 미수수익 / 이자수익 처리한 곳 인정이자 발생 다음 연도 : 이자 상당액이 법인통장으로 입금되었는지 확인 미입금 시 상여 처분

원천징수를 면제받는 경우

이자를 지급하기 전에 법인이 이자소득을 과세표준에 산입하여 신고한 경우 원천징수를 면제하고 있으나, 법인세법상 이자소득 수입시기에 정상적으로 수입으로 계상한 경우에 한한다.

소득으로서 발생 후 지급되지 아니함으로써 소득세가 원천징수하지 아니한 소득이 종합소득에 합산되어 종합소득에 대한 소득세(법인의 경우 법인세)가 과세된 경우, 그 이후에 그 소득을 지급할 때는 소득세를 원천징수하지 않는다.

대표자 상여 처분될 수 있는 주요 지출

법인의 업무 목적 이외 신용카드 등 사용 여부

법인 신용카드 · 직불카드 등 사용 자료 중 피부미용실, 성형외과, 해외여행, 입시학원 등 업무와 관련 없는 경비를 복리후생비, 수수료 계정 등으로 회계처리 한 비용이 있는 경우 손금부인 후 소득 귀속에 따라 대표자 상여로 처분한다.

상품권 과다 매입 후 법인의 업무 목적 이외의 사용 여부

법인카드 등으로 상품권을 사서 업무 목적 이외에 사용하고, 복리후생비, 수수료 계정 등으로 회계처리한 경우 손금부인 후 소득 귀속에 따라 대표자 상여로 처분한다.

상품권을 접대목적으로 사용한 경우는 업무추진비로 계상하고 한도액 시부인 계산 후 한도초과액은 손금불산입 기타사외유출로 처분한다.

실제 근무하지 않는 대표이사 · 주주의 가족에 대한 인건비 계상 여부

실제로 근로를 제공하지 않는 대표이사 · 주주 등의 가족 등에게 지급한 것으로 처리한 인건비는 손금부인 후 소득 귀속에 따라 대표자 상여로 처분한다.

자료상 등 불성실 납세자와의 거래 적정 여부

실물 거래 없이 자료상, 세금계산서 발급 위반자, 폐업자로부터 세금계산서 등을 수취하여 원가 등에 계상한 경우 관련 비용은 손금부인 후 소득 귀속에 따라 대표자 상여로 처분한다.

법인전환, 세무조사 후 원가 과다계상 여부

개인에서 법인으로 전환한 사업자로서 특별한 사유 없이 신고소득률이 동종업종 대비 저조하거나 전년 대비 감소한 원인이 원가의 과다계상 및 매출누락인 경우 손금부인 또는 익금산입 후 대표자 상여로 처분한다.

세무조사를 받은 후 특별한 사유 없이 신고소득률이 조사를 실시한 사업연도보다 하락한 경우 원가의 과다계상액에 대해 손금부인 후 대표자 상여로 처분한다.

업무 목적 이외 사용한 경비를 사업소득 지급 등으로 처리 여부

기업자금을 업무 목적 이외의 용도로 유출하고 지급수수료 등으로 계상한 후 실제 용역을 제공하지 않은 친족 등에게 사업소득을 지급한 것으로 처리하여 사업소득 지급명세서를 제출한 경우 손금부인 후 소득 귀속에 따라 대표자 상여로 처분한다.

TIP 법인 설립시 가장납입의 경우 가지급금으로 본다.

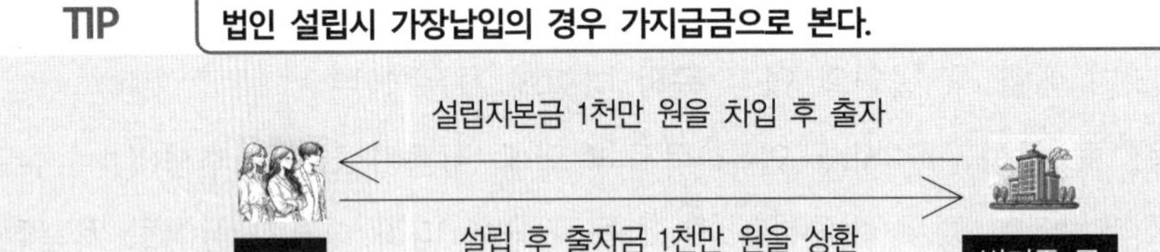

설립자본금을 빌려서 주금을 납입한 후 이를 다시 빼서 갚는 경우 회사의 자본금을 임의로 빼가는 것이 되므로 이는 가지급금이 된다.

법인 설립시 자본금의 부족으로 일시적으로 차입하여 법인설립 후 차입금을 갚는 경우 가지급금으로 본다.

[제 목]

자본금의 가장납입에 따라 발생한 가지급금 및 그 인정이자 상당액을 쟁점 법인의 폐업 시점에 청구인에게 소득처분하여 종합소득세를 과세한 처분의 당부(소득, 조심-2018-부-0589, 2018.06.29.)

[요 지]

주주가 사채로 조달한 자금으로 증자 대금 납입 후 곧바로 증자대금을 인출하여 그 사채를 갚았다 하더라도 이는 법인이 증자 대금을 인출하여 주주에게 대여한 것으로 보고 가지급금 등이 특수관계가 소멸되는 날까지 회수하지 않은 경우 가지급금 등을 수익으로 규정하고 있는바 가지급금 등을 청구인에게 소득처분하여 종합소득세를 과세한 처분은 잘못이 없음

TIP 결산 시 가계정 사용 금지

평상시 여러 가지 이유로 가계정을 사용하는 일이 많다. 예를 들어 전도금, 가지급금, 가수금 계정은 회계상 정식 계정이 아니다. 이는 세무상 가지급금이나 가수금과 그 개념을 구분해야 한다.

이러한 가계정은 결산 시 없애주어야 하는데, 지사나 지점, 공장 통장에 내려주고 전도금으로 처리했다면 이는 결산 시 현금및현금성자산으로 대체해야 한다. 돈이 나갔는데 원인을 모르거나 증빙이 없다면 일반적으로 가지급금으로 처리하는데 이것도 성격에 맞춰서 결산 시 선급금, 단기 대여금 등으로 대체해야 하고, 돈이 들어왔는데 원인을 모르거나 대표이사가 넣은 돈을 가수금으로 처리했다면 성격에 따라 예수금, 단기차입금 등으로 대체해서 가계정을 없애야 한다.

미수이자의 회계처리와 세무조정

회계상 미수이자의 계상

회계상 미수이자 = 해당 장부금액 × 이자율 × (최종이자 회수일에서 결산일까지의 일수 ÷ 365)

① 소규모 중소기업에서는 결산기에 미수수익을 반영하지 않는 경우가 많은데, 세무상으로는 별문제가 없다.
② 장부에 계상된 미수수익은 세무조정 시에는 이를 익금불산입으로 조정한다. 대신 실제로 이자를 받을 때 한꺼번에 익금으로 처리한다.
③ 미수수익은 결산 시 발생주의에 의하여 당기분에 해당하는 수익을 우선 수익으로 인식하고 잔액에 대해서는 차기로 이월하는 결산절차가 필요하다.
④ 미수수익에 대하여 매 회계 기말에 미수수익을 계상하고 다음 회계연도 초에 재수정분개를 실시하는 방법을 사용할 경우, 결산 후 다음 연도를 대비하여 재수정분개를 해야 한다.
⑤ 기업회계기준에서는 재무상태표에 미수수익 계정으로 일괄하여 처리하도록 규정하고 있으나 수익별로 그 중요성이 있는 경우에는 각 수익 세목별로 구분하여 표시하였다가 재무상태표의 작성 시 미수수익 계정으로 일괄처리하면 된다.

일반차입금 및 대여금에 대한 미수이자

1 차입금 이자비용에 대한 세무상 원리

차입한 자금에 대한 이자에 대해서는 기업회계기준에서는 이자비용을 발생주의에 따라 인식하여 결산 시점에서 실제로 이자를 지급하지 않은 경우 기간이 경과한 이자에 대해서는 미지급이자로 계상하여 비용으로 처리한다. 반면 법인세법에서는 이자비용에 대해서도 발생주의가 아닌 권리의무확정주의에 의해 이자를 실제로 지급하거나 지급하기로 한 날에 손금으로 계상해야 한다.

그러나 이자수익의 경우와는 달리 법인이 기간경과분 이자를 미지급이자로 계상한 경우는 발생주의를 수용하여 이를 인정하고 있다. 따라서 법인이 미지급이자를 비용으로 계상한 경우는 세무조정을 할 필요가 없다.

구 분	인식기준	이자비용의 귀속시기
기업회계	발생주의	기간경과 분을 미지급이자로 비용인식
법인세법	권리의무확정주의	약정에 의한 이자지급일에 손금처리. 단 기간경과 분을 미지급이자로 계상한 경우 이를 인정

2 차입금에 대한 원천징수 대상 이자수익 미수이자 실무 처리

법인세법에서는 미수수익과 관련하여 회사가 계상한 경우 이를 인정하나, 다만 원천징수 대상 이자에 대해서는 익금불산입한다.

전기 말에 미수수익이 1,000,000원이고, 당기 말에 미수수익이 1,200,000원이며, 해당 금액이 모두 예적금, 일반 대여금에서 발생한 것이라고 할 경우 전기 세무조정계산서 상의 유보금액으로 익금불산입 1,000,000원(△유보)이 있을 것이다.

당기 세무조정은 익금산입 1,000,000원(유보), 익금불산입 1.200.000원(△유보)으로 처리하면 된다.

미수수익과 관련하여 원천징수 대상 이자 부분에 대해서 세무조정을 하는 이유는 이자수익과 원천징수에 대한 선납세금의 귀속 사업연도를 일치(익금불산입)시키기 위함이다. 회사는 이자를 받을 때 원천징수 금액을 제외하고 받으며, 해당 금액을 선납세금으로 계상하고 법인세 계산 금액에서 공제한다.

예를 들어 2025년에 예적금과 관련된 미수수익이 1억이고, 해당 이자는 2026년 1월 1일에 받으며, 해당 이자수익 이외에 다른 수익은 없다고 가정하면

미수수익을 익금불산입하지 않는다면 미수수익을 계산한 2025년에는 1억에 9%인 900만 원의 세금을 납부하게 되고, 2026년에는 수익이 없으므로 법인세 계산 금액은 0원이지만 원천징수로 인한 선납세금이 1,400만 원(1억에 14%)이므로 이를 환급받게 된다.

이러한 기간 귀속의 문제를 없애고자 원천징수 대상 미수수익은 익금불산입 처리하게 된다.

반면 앞서 설명한 바와 같이 미지급비용(미지급이자)에 대해서는 세무조정을 하지 않는다. 미지급비용에 대해서는 지급하는 회사에서 상기와 같은 원천징수 문제가 없기 때문이다.

미지급이자에 대해서는 회사가 계상하였다면 이를 비용으로 인정하는 것이므로 별도의 세무조정이 없다.

업무무관가지급금에 대한 미수이자 세무조정

업무무관가지급금의 경우 비영업용 대금의 이익에 해당하며, 그 이자의 귀속시기를 세법에서는 계약서상 약정기일로 하고 있다.

❶ 원칙 : 약정에 의한 이자 지급일

❷ 이자 지급일의 약정이 없거나 약정에 의한 이자 지급일 전에 이자를 지급받은 경우 : 이자 지급일

기업회계기준에서는 발생주의에 따라 이자수익을 발생한 시점에 인식한다. 따라서 결산 시점에서 실제로 이자를 받지 않은 경우에도 기간이 경과한 이자에 대해서는 이자가 발생한 것으로 보아 미수이자(미수이자/이자수익)로 계상하여 수익으로 처리한다.

그러나 법인세법에서는 이자수익에 대해서 발생주의가 아닌 권리의무가 확정된 시점(권리의무확정주의) 즉 그 이자를 실제로 지급받은 날에 익금으로 계상해야 한다.
따라서 기업회계기준에 따라 기간경과에 따른 미수이자를 장부에 인식한 경우는 세무상 이자소득의 귀속시기는 아직 도래하지 않는바, 장부상 계상한 미수이자에 대해서 익금불산입(△유보)하고, 실제로 이자 지급기일 도래 시점에 익금산입(유보)한다.

구 분	인식기준	이자수익의 귀속시기
기업회계	발생주의	기간경과 분을 미수이자로 수익 인식
법인세법	권리의무확정주의	약정에 의한 이자지급일에 익금 처리. 단 금융기관에 대해서는 기간경과 분 이자를 수익으로 인식한 경우 이를 인정한다.

1 이자율 및 상환기간에 대한 약정이 없는 가지급금

약정이 없음에도 법인이 결산상 미수이자를 계상한 경우는 가공자산에 해당하므로 법인이 회계처리 장부상 미수이자를 계상(미수이자/이자수익)했다 하더라도, 세법에서는 이를 인정하지 않는다(이자수익/미수수익). 따라서, ① 미수이자를 익금불산입하여 △유보로 소득처분하고, ② 법인세법상 인정이자를 익금산입하여 특수관계인에 대한 사외유출로 대표이사 상여 등으로 소득처분한다.

2 이자율 및 상환기간에 대한 약정이 있는 가지급금

미수이자의 세무조정

미수이자의 계상을 인정하므로 법인세법상 인정이자와 회사가 계상한 약정에 의한 미수이자와의 차액만을 익금산입하여 특수관계인에 대한 사외유출로 소득처분한다.
그러나 이 경우에도 업무무관가지급금 및 이와 관련된 약정에 의한 미수이자를 다음의 어느 하나에 해당하는 날까지 회수하지 아니한 경우에는 가지급금 등의 금액을 세법상 소멸시키고 익금산입하여 특수관계인에 대한 상여로 처분한다. 다만, 기획재정부령으로 정하는 정당한 사유가 있는 경우에는 그러하지 아니한다
① 특수관계가 소멸되지 아니한 경우로서 가지급금의 이자를 이자 발생일이 속하는

사업연도 종료일부터 1년이 되는 날까지 회수하지 아니한 이자
② 특수관계가 소멸되는 날까지 회수하지 아니한 가지급금 등
미수이자의 계상이 원칙적으로 인정되지만, 당해 연도에 손익의 귀속시기(약정일)가 도래하지 않은 미수이자 계상액에 대해서는 익금불산입하고 △유보로 소득처분한다.
2024년 7월 1일에 특수관계자에 대한 대여금의 원금은 100원, 이자율은 10%로 매년 6월 30일(1년 1회)에 수취하기로 하였다(만기는 1년 6개월 가정, 2025년 7월 1일부터 12월까지의 이자는 다음연도 6월에 수취하는 것으로 가정). 회사는 기업회계기준에 따라 회계처리를 하였다. 인정이자 계산시 적용되는 이자율은 정기예금이자율 10%를 가정한다.

구분	2024년 12월 31일	2025년 12월 31일	2026년 12월 31일		미수이자 회수 시점
			회수	사업연도 종료일로부터 1년 경과	
기업회계	(차) 미수수익 5 (대) 이자수익 5 100원 × 10% × 6/12 = 5원	약정기일 도래분(1월 1일~6월 30일) : 2024년분 (차) 미수수익 5 (대) 이자수익 5 약정기일 미도래분(7월 1일~12월 31일) : 2025년분 (차) 미수수익 5 (대) 이자수익 5	약정기일 도래분(1월 1일~6월 30일) : 2025년분 (차) 미수수익 5 (대) 이자수익 5		
법인세법	권리의무확정주의에 따라 미수수익 불인식 세무상 확정 미수이자 : 0	약정기일 도래분(24년 7월 1일~25년 6월 30일) : 확정 미수이자 : 10 (차) 미수수익 10 (대) 이자수익 10	(25년 7월 1일~26년 6월 30일) : 확정 미수이자 : 10 (차) 미수수익 10 (대) 이자수익 10	2025년 6월이자 미회수 시 (차) 사외유출 10 (대) 미수수익 10	
세무상	(차) 이자수익 5 (대) 미수수익 5	–	(차) 미수수익 10 (대) 이자수익 10	(차) 사외유출 10 (대) 미수수익 10	

구분	2024년 12월 31일	2025년 12월 31일	2026년 12월 31일		미수이자 회수 시점
			회수	사업연도 종료일로부터 1년 경과	
소득처분	미수이자의 계상이 원칙적으로 인정되지만, 당해 연도에 손익의 귀속시기(약정일)가 도래하지 않은 미수이자 계상액에 대해서는 익금불산입하고 △유보로 소득처분한다.				당해 연도에 손익의 귀속시기가 도래하여 법인세법상 인정되는 미수이자라고 하더라도 정당한 사유 없이 발생일이 속하는 사업연도 종료일로부터 1년이 되는 날까지 회수하지 아니한 경우에는 약정이 없는 것으로 간주하여 1년이 되는 날에 미수이자를 익금불산입하여 △유보로 소득처분하고, 동일한 금액을 다시 익금산입하여 사외유출 기타로 소득처분
세무조정	• 익금불산입 미수수익 5(△유보) • 익금산입 인정이자(상여)[주]	• 미수수익 조정 없음 • 익금산입 : 인정이자(상여)	• 익금산입 미수수익 5(유보) • 익금산입 인정이자(상여)	• 익금불산입 미수수익 10(△유보) • 익금산입 미수수익 10 (상여)	• 익금불산입 미수수익 10(기타) • 익금산입 미수수익 10(유보)

[주] 당해연도에 손익의 귀속시기가 도래하지 않은 이자수령 약정액이라고 하더라도 이후 연도에 과세될 것이므로 부당한 소득의 감소액은 인정이자에서 이자수령 약정액을 차감한 금액으로 한다. 따라서, 인정이자에서 이자수령 약정액을 차감한 금액을 익금산입하고 대표이사 상여 등으로 소득처분하다.

2024년 12월 말의 인정상여는 100원 x 183일(2024년 7월 1일~2024년 12월 31일) x 1/365 x 10%(정기예금이자율 가정) - 5(회계상 이자수익) = 0

가지급금의 세무조정

특수관계가 소멸되는 날까지 회수되지 않는 가지급금은 전액 익금불산입하여 △유보로 소득처분하고 동일한 금액을 다시 익금산입하여 사외유출 대표이사 상여 등으로 소득처분한다.

대표이사에 관한 법인 차입금 가수금 정리 문제

가수금의 회계상 문제

가수금은 회계처리상 부채로 남기 때문에 가수금이 누적되면 회사 내의 부채비율도 상승하게 된다. 투자자의 투자나 금융기관에서 자금차입 등 외부 평가를 받을 때 좋지 않은 평가를 받게 될 가능성이 크다.

결과적으로 신용도가 낮게 평가되기 때문에 대출을 받기도 어렵고 대출을 받는다고 하더라도 높은 이율을 적용받게 될 수 있다.

이러한 가수금 문제를 해결하는 방법을 살펴보면 다음과 같다.

첫째, 현금으로 상환하는 방법이다. 이는 가수금을 상환할 만큼 회사의 자금 여력이 있거나, 가수금 금액 자체가 적을 때 사용할 수 있는 방법이다.

둘째, 가수금을 출자 전환해 증자하는 방법이다.

법인이 가수금에 상응하는 만큼의 주식을 발행하고 대표이사가 이를 인수하는 방식으로 대표이사의 가수금을 주식으로 전환하는 것이다.

가수금을 활용한 증자는 채무를 변제할 수 있을 뿐만 아니라 회사 자본금도 늘릴 수 있다는 장점이 있다. 단, 이 방법을 사용하려면 대표이사의 계좌이체로 가수금을 입금했던 내역을 소명할 수 있어야 한다. 하지만 계좌이체 내역을 확인할 수 없는 상황이라면 가수금 증자는 어려울 수 있다.

그리고 이때, 가수금은 재무상태표에 가수금이나 주임종단기차입금으로 계상이 되어 있어야 한다.

가수금의 세무상 문제

1 가수금의 장단점

가수금이 대표이사의 정상적인 자금대여라 해도 안심할 수 없다.

가수금은 대표이사 개인 돈을 회사 사업상 용도로 사용하거나 빌려준 경우가 많지만, 매출 누락이나 가공경비를 계상하여 가수금이 발생하는 경우도 있으므로 늦어도 결산 기말까지는 그 내용을 명시하는 계정으로 대체해야 한다.

가수금은 대표이사 또는 최대 주주의 개인 자금을 쉽게 법인의 자금처럼 활용할 수 있고, 언제든지 세금 없이 개인 자금으로 회수할 수 있으며, 회사 자산 가치 증가가 없으므로 사업승계 비용이 늘어나지 않는다는 장점이 있다.

하지만 장점에 비해 너무나 큰 단점들이 있다.

① 매출 누락으로 의심을 받을 가능성(세무조사 가능성)과 각종 가산세 및 대표이사 상여로 처리될 수 있는 문제

매출 누락이나 가공경비를 계상하여 가수금이 발생한 경우가 아니어도 가수금이 있는 법인이라면 세무조사 위험성이 높아질 수 있다. 이유는 가수금이 매출 누락, 가공경비 계상 가능성과 직결되기 때문에 과세 관청에서 좋게 볼 수는 없는 것이다.

대표자 입장에서는 본인의 돈을 회사에 입금한 것이 뭐가 문제냐고 생각할 수 있지만, 세무조사 시 조사관 입장에서는 해당 돈이 어디서 난 것이며, 출처가 명확하지 않으면 매출 누락을 통해 발생한 돈을 회사에 넣은 것으로 의심한다.

매출 누락이나 가공경비로 인한 사실이 포착되면, 부가가치세 매출 누락에 대한 부가가치세, 과소신고가산세, 세금계산서 미발급가산세, 납부불성실가산세, 가수금에 대해서 대표자 상여로 처리돼 근로소득세 등이 과세될 수 있다.

그러므로 되도록 가수금을 발생시키지 않는 것이 좋으며, 부득이하게 대표이사 또는 최대 주주가 법인에게 실제로 빌려줄 경우는 이에 대한 근거를 명확히 남겨야 한다.

가수금에 대한 증빙이 부실할 경우 매출 누락이나 가공경비의 의심을 받을 수 있고 이때 관련 사실을 입증하는데, 문제가 될 수 있다.

따라서 나중에 문제가 발생했을 때 원활한 소명을 위해서 현찰로 입금하지 말고 반

드시 통장 거래를 통해 자금의 흐름 근거를 확보해 두는 것이 중요하다.

② 가수금은 재무상태표상 부채에 해당한다.

가수금의 증가는 회사입장에서는 부채의 증가를 의미하고 이는 부채비율이 증가해 신용등급이 하락할 수 있다. 결국 금융권 대출이나 정부 정책자금에 불리한 영향을 끼치게 되는 문제가 발생한다.

③ 대표이사 유고 시 상속인들의 권리주장이 어려운 문제

대표이사가 부실한 회사에 돈을 넣어 가수금으로 처리한 경우 해당 가수금과 이자 약정에 따라 받기로 한 이자까지 상속재산에 포함된다. 회사가 부실해서 받지 못한 돈에 대해 상속세까지 납부하지 않으려면 조속한 출자전환 등의 방법으로 가수금을 줄여 문제를 해결하려는 적극적인 노력이 필요하다.

④ 금전 무상사용 이자에 대한 증여세 과세 문제 등 수많은 문제가 있을 수 있다.

구 분		세무 처리
문제점	세무조사 위험 증가	• 가수금은 매출 누락이나 가공경비 의심을 받을 수 있음 • 세무조사 시 자금 출처에 대한 의심 가능성 높음
	각종 세금 및 가산세 부과 위험	• 매출 누락으로 간주될 경우 부가가치세, 과소신고가산세, 납부불성실가산세 등 부과 가능 • 대표자 상여 처리로 인한 근로소득세 과세 위험
	재무상태 악화	• 가수금은 부채로 계상되어 부채비율 증가 • 신용등급 하락으로 금융권 대출이나 정부 정책자금 지원에 불리
	상속 관련 문제	• 대표이사 유고 시 상속인들의 권리주장이 어려움 • 부실 회사의 가수금도 상속재산에 포함되어 상속세 부담 가능성
	증여세 과세 위험	• 금전 무상사용에 대한 이자 관련 증여세 과세 가능성
예방법		• 가능한 가수금 발생을 피하고, 불가피한 경우 명확한 증빙 확보 • 통장 거래를 통한 자금 흐름 근거 마련 • 결산 기말까지 가수금의 내용을 명확히 하는 계정으로 대체 • 필요시 출자전환 등을 통해 가수금 해소 노력

2 대표이사 개인 돈을 회사 사업상 용도로 사용하거나 빌려준 경우 관리

정상적인 자금거래의 경우 법인이 특수관계자인 주주에게 시장이자율보다 높은 이자율로 자금을 차입하면 부당행위계산 부인 규정이 적용되지만, 시장이자율보다 낮은 이자율 또는 무상으로 자금을 차입하는 경우 별다른 세무상 문제는 없다.

가수금에 의한 자금 융통 시 문제는 투명성과 이자 지급과 관련된 사안이다.

가수금은 대표이사 등 개인에게 다시 비용을 입금한다.

지급이자 등을 계산하여 법인 명의에서 개인 명의로 빚을 상환하는 방법과 동일하다. 가수금의 지급이자는 법정이자보다 낮게 혹은 무상 및 무이자로 상환할 수 있지만, 법정이자보다 높게 설정하는 것은 부당행위가 될 수 있다.

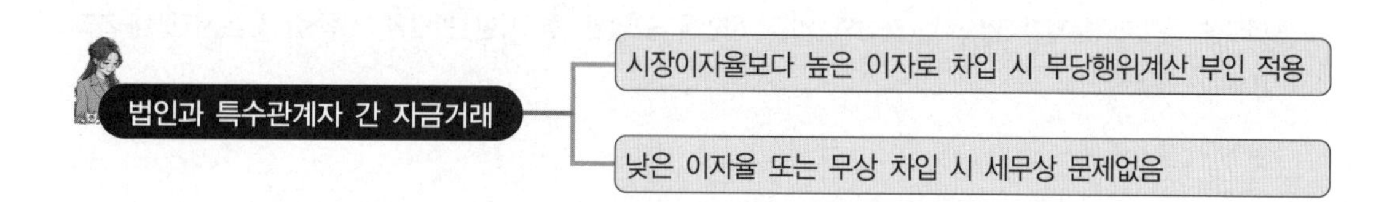

① 대표자가 법인통장에 입금 시 : 대표자 가수금 입금이라고 이체 메모 남겨두는 것이 좋다.

② 대표자에게 상환 입금 시 : 대표자 가수금 처리라고 이체 메모를 남겨두는 것이 상여금 등과 같이 대표자의 소득으로 잡혀 괜한 근로소득세를 내는 일이 없다.

즉 가수금에 대한 자금거래가 불명확한 경우 앞서 설명한 바와 같이 과세당국은 매출누락이나 가공경비 처리 등의 혐의를 가지고, 세무조사에 임할 가능성이 있으므로, 계좌 간 거래내역을 명확히 할 필요가 있다.

정상적으로 처리를 하기 위해서 주임종 단기차입금이라는 계정을 통해 처리하기도 하는데, 주주 임원 종업원 등 회사의 특수관계인으로부터 차입하는 금액을 일반차입금과 구분하기 위해 주임종 단기차입금 계정을 사용한다.

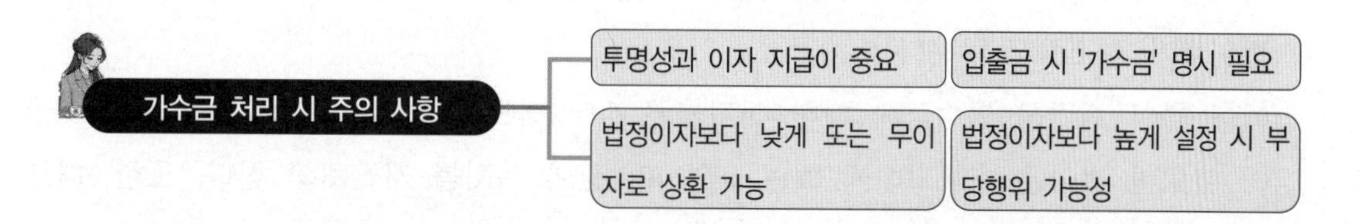

가수금과 가지급금에 대한 이자를 처리할 때 고려의 대상이 되는 것이 법인의 부당행위계산부인 규정의 적용 여부다.
법인이 개인에게 대여하는 경우(가지급금) 이자를 받지 않으면 부당행위계산 부인 규정이 적용되므로, 이자를 받아야 하나, 개인이 법인에 대여하는 경우(가수금) 개인에 대해서는 소득세법상의 부당행위계산 부인이 적용되지 않으므로 반드시 이자를 받아야 하는 것은 아니다.

법인이 대표자로부터 운영자금을 무상 및 무이자로 차입하여 가수금으로 입금한 경우 법인세 및 대표자의 이자소득에 대하여 문제가 없는지? 여부는 상환기간, 이자율 등에 관한 구체적인 약정서 여부, 자금출처 등이 불분명하여 정확한 회신을 하기 어려우나 법인이 운영자금이 부족하여 매출누락 금액을 가수금으로 입금하거나 사채자금으로 입금하는 등 불량한 경우가 아닌 출처가 분명한 대표자 일시 가수금으로 실제 차입한 경우 세무상 특별한 문제가 없으나, 자금의 입금 원인을 규명한 후 사실 판단할 사항인 것임(서면2팀-2774, 2004.12.29.).

가수금은 법인이 대표자로부터 빌린 돈으로서 법인은 대표자에게 이자를 지급해야 한다.
통상적으로 특수관계인 간 금전 이자는 인정이자율로 계약한다.
기업의 자금 사정이 원활하지 않은 상황에서 실무적으로는 기업에서 이자 지급 없이 원금만 상환하고, 다시 가수금으로 차입하는 사례가 자주 발생하는 실정인데, 대표자 입장에서는 이자소득이 많아지면, 종합소득세 신고 시 합산과세 후 신고하는 부담이 있어 이자를 받지 않는 사례가 많다.
그러나 만약 법인이 대표자에게 이자를 지급하지 않으면 국세청은 지급하지 않은 이자만큼 채무를 면제받은 것으로 여겨 법인세를 매기게 된다.
가수금은 법인의 단기차입금 계정이므로 이자를 지급할 때는 손금이며, 법인에 빌려준 개인에게는 이자소득이 되어 27.5%의 세율로 과세한다(비영업 대금의 이익).
그러나 이자율이 0%, 즉 이자를 지급하지 않게 되면 법인 측면에서는 손금이 없어져 법인세가 감소하지 않는다.
예를 들어 세법상 가수금에 대한 이자율은 4.6%이므로 법인 장부에 20억의 가수금이 있으면 법인은 대표자에게 매년 9,200만 원의 이자를 지급해야 한다. 또한, 대표자는 법인으로부터 지급받은 이자에 대한 소득세를 내게 된다. 만약 법인이 대표자에게 이자를 지급하지 않으면 국세청은 지급하지 않은 이자만큼 채무를 면제받은 것으로 여겨 법인세를 매기게 된다.

그리고 개인 간의 거래에는 연간 이자가 1천만 원을 초과하는 경우, 법인과 개인 간의 거래에 있어서는 연간 이자가 1억 원을 초과하는 경우 초과하는 금액에 대해서는 증여세를 부과한다.

당좌대출이자 4.6%를 기준으로 역산해 보면 개인 간의 거래인 경우는 약 2억 원까지, 법인과 개인 간의 거래에 있어서는 대표이사 1인 주주인 경우는 문제가 없고, 특수관계인 주주가 있는 경우는 21억 정도까지는 문제가 없다. 따라서 법인의 가수금에 대해서 21억까지는 무이자로 해도 증여세 문제는 발생하지 않는다고 보면 된다.

기업업무추진비의 비용처리와 세법상 비용인정 한도

기업업무추진비(종전 : 접대비)는 교제비 · 사례금 기타 명목 여하에 불과하고, 이에 유사한 성질의 비용으로서 법인이 업무와 관련해 거래처에게 접대 · 향응 · 위안 등으로 지출하는 비용을 말한다. 광고선전 목적으로 제작된 견본품이라고 하더라도 특정 고객에게 지급하는 경우는 기업업무추진비에 해당한다. 다만, 특정 고객이라 하더라도 1인당 연간 5만 원 한도 내에서는 판매부대비용으로 전액 손금으로 인정된다. 세무상 기업업무추진비가 되는 요건은

- 특정 고객에게 지급하는 것이다.
- 1인당 연간 5만 원(3만 원 이하 물품 제공 시 한도 계산에서 제외)을 넘는 금액의 지출이다.

기업업무추진비의 손금 귀속시기는 발생주의에 따라 접대한 사업연도의 손금으로 처리하며, 현물로 지급한 경우에는 동 자산의 시가에 의한다.

참고로 기업업무추진비는 대외적으로는 감추고 싶은 항목이므로 실제는 기업업무추진비이면서도 판매촉진비, 업무추진비, 판공비, 복리후생비 등의 여러 계정과목으로 분산 회계처리가 되어있는 경우도 많고, 심지어는 여비교통비, 교육훈련비, 광고선전비, 기타 업무 필수경비 항목에 숨어있는 경우도 많다. 따라서 사실 판단이 필요한데, 기업업무추진비로 분류되는 필수 성격은 지출하는 금액이 업무와 직접 · 간접으로 관련되어야 하며, 특정인이나 특정 법인을 위해 외견상 무상으로 제공되어야 한다.

구분	기업업무 추 진 비	회의비	기부금	광 고 선전비	차 량 유지비	여 비 교통비
성격	업무와 관련한 향응, 위안	정상적 업무수행을 위한 회의	업무와 직접 관련 없이 타인에 대한 기증	업무와 관련한 상품 등의 광고 목적	회사업무용 차량의 유지관리비	업무상 출장비용
사례	음식, 골프 등	회의장 임차료, 다과 및 음료, 초청인 교통비	현금 또는 물품 지급	간판, 신문, 방송, 컵·달력 등 판촉물	유류비, 수선비, 보험료, 운전기사 급여	교통비, 숙박비
세무 처리	한도 내 : 비용인정 한도 초과 : 비용불인정	통상회의비 : 비용인정 초과분 : 기업업무추진비 해당	특례·일반기부금 : 한도 내 비용인정 기타 기부금 : 비용불인정	불특정다수인 : 비용인정 특정인 : 기업업무추진비로 한도 내에서 비용인정	업무 관련액 전액 비용인정	업무 관련 금액 전액 비용인정

기업업무추진비로 보는 경우와 보지 않는 경우

1 기업업무추진비로 보는 경우

교제비

법인의 업무 관련 상 필요에 따라 관계가 있는 자에게 접대·향응·위안·선물·기증 등 접대행위에 지출한 모든 금품의 가액을 교제비라 칭하고 이는 기업업무추진비에 포함된다.

사례금

사전약정에 의하지 않고 상행위에 해당하지 않는 정보제공·거래의 알선·중개 등 법인의 사업상 효익을 유발한 자에게 의례적으로 지출하는 금품의 가액을 사례금이라 칭하며, 이를 기업업무추진비로 본다.

기타 기업업무추진비와 유사한 업무 관련 지출 비용

구분	처리 방법
임의적 매출할인 · 들쭉날쭉 장려금 등의 지급	거래처에 대해서 거래수량 · 거래금액에 따라 상대방에게 지급하는 장려금이나 외상매출금 결제 시 매출할인 한 금액 등은 판매비 · 일반관리비로 인정된다. 거래처와 사전에 약정해서 지급하는 장려금 등은 당연히 판매부대비용이므로 한도액 없이 전액 손금산입한다. 즉, 특수관계 없는 거래처에 대해서 매출(판매량)과 직접적으로 관련지을 수 있는 판매장려금 · 판매 수당 · 할인액 등은 건전한 사회통념상상 관행에 비춰 정상적 거래 범위 내에서의 금액은 기업업무추진비로 보지 않는다. 그러나 임의적 판매장려금, 동일 조건이 아닌 임의적 할인액 등은 기업업무추진비로 분류됨이 타당하다고 본다.
종업원단체에 지출한 사용인 조합 복리시설비	법인이 그 사용인이 조직한 조합 또는 단체에 지출한 복리시설비는 그 조합이나 단체가 지출법인과 별도의 다른 법인이면 기업업무추진비로 본다. 즉, 당해 조합이나 단체가 법인인 경우는 기업업무추진비로 보나 동 단체가 법인이 아닌 경우에는 그 법인의 경리 일부로 보아 그 지출 내용에 따라 자산 또는 비용으로 처리하고 금액 한도 없이 전액 손금산입한다. 그리고 사용인이 조직한 단체가 아닌 고객 등이 조직한 임의단체에 지출하는 금품은 동 임의단체가 법인이냐 아니냐에 불구하고 모두 기업업무추진비로 본다.
약정에 따라 포기한 채권 금액	매출채권을 거래처와의 약정에 따라 일부 또는 전부를 임의 포기한 경우는 대손금으로 보지 않고 기업업무추진비로 본다. 소멸시효 경과 등 불가피한 포기 금액은 대손금이다.

금융기관 등의 계약·수금 관련 지출경비

구분	처리 방법
금융기관 등의 적금 · 보험의 계약비 · 수금비는 지출 성격에 따라 판매관리비 등임	금융기관, 상호저축은행, 보험사업자, 증권투자신탁업법에 의한 위탁회사, 종합금융회사가 계약이나 수금에 필요해 지출한 경비는 기업업무추진비로 보았으나, 실제의 지출 성격에 따라 판매관리비, 기업업무추진비 및 기부금 등으로 처리한다.
근로소득 · 자유직업소득으로 과세되는 모집권유비 등	종업원 등에게 적금 · 보험 등의 계약, 수금 및 유치 실적에 따라 수당이나 실적급이 지급된다면 이는 소득세법상 지급받는 자의 근로소득 또는 자유직업소득으로 과세된다. 이렇게 소득으로 과세되는 것은 기업업무추진비가 아니고 일반비용이다. 수금 관련 용역비나 인건비 등은 비용인정 되나, 그렇지 않은 임의 외부 지출 비용이 기업업무추진비라는 뜻이다.

2 기업업무추진비로 보지 않는 경우

- 주주 · 사원 또는 출자자나 임원 또는 사용인이 부담해야 할 성질의 기업업무추진비를 법인이 출자한 것
- 법인이 그 사용인이 조직한 조합 또는 단체에 복리시설비를 지출한 경우 당해 조합이나 단체가 법인일 때는 이를 기업업무추진비로 보며, 당해 조합이나 단체가 법인이 아닌 경우에는 그 법인의 경리 일부로 본다.
- 광고선전 목적으로 견본품 · 달력 · 수첩 · 부채 · 컵 등 물품을 불특정 다수 인에게 기증하기 위해서 지출한 비용(특정인에게 기증하기 위해 지출한 비용도 1인당 연간 3만원 한도 내 금액 포함) : 사회통념 상 견본품 제공의 범위를 초과하는 것(귀금속 · 고가 가구류 · 고가 의류 등)은 기업업무추진비로 본다.
- 순수한 종업원의 위안을 위한 행위로서 운동회 · 연예회 · 여행 등에 통상 필요로 하는 비용
- 회의에 관련해서 다과 · 도시락 기타 이와 유사한 음식물을 공여하는 데 통상 드는 비용
- 신문 · 잡지 등의 출판물 또는 방송 프로그램의 편집을 위해서 행하는 좌담회, 기사의 수집 또는 방송을 위한 취재에 통상 소요되는 비용
- 해외시장의 개척을 목적으로 해외에서 지출하는 기업업무추진비 등과 국내에서 해외고객을 위해서 지출하는 기업업무추진비의 소액
- 주주 · 사원이 개인적으로 부담해야 할 성질의 기업업무추진비
- 판매업자가 일반소비자에 대해서 경품부 판매를 한 경우는 그 경품 가액
- 창립기념일에 종업원에게 일률적으로 사내에서 제공하는 통상의 음식비용
- 일반인 공장 견학자에 대해서 제품의 시식 · 시음을 제공하는 경우의 비용
- 거래처와 사전약정에 따라 거래금액, 거래수량에 따라 상대방에게 지급하는 장려금과 이와 유사한 성질의 금액
- 거래처와 사전약정에 따라 외상매출금을 결제하는 경우의 매출할인

TIP 광고선전비, 복리후생비, 기부금, 회의비와 기업업무추진비 예시

1. 광고선전비로 보는 경우

❶ 산업 시찰 · 견학 등을 위한 내방 객에게 자사 제품의 시음, 음식 접대, 기념품 등을 제공하는 경우

❷ 자사 상품 판매처에 사전약정에 따라서 지급하는 광고 보조비

❸ 신제품 전시회나 백화점 · 슈퍼 · 거리에서 불특정 다수 인에게 제공하는 시식, 다과, 식대 등의 경우

❹ 광고 선전 목적으로 견본품 · 달력 · 수첩 · 부채 · 컵 등 물품을 불특정 다수 인에게 기증하기 위해서 지출한 비용(특정인에게 기증하기 위해 지출한 비용도 1인당 연간 3만 원 한도 내 금액 포함) : 사회통념상 견본품 제공의 범위를 초과하는 것(귀금속 · 고가 가구류 · 고가 의류 등)은 기업업무추진비로 본다.

❺ 음료 사업자의 간판 제공

❻ 주유소가 자기 상호를 새겨서 제공하는 화장지

❼ 방문 고객에 대한 외판원의 시음용 상품

❽ 구매 의욕을 자극하기 위한 불특정 다수에게 지출

❾ 상호와 심벌 로고가 새겨진 진열장을 거래처에 제공해 제품을 진열 전시하고 매장의 철수 시 진열장을 회수하기로 한 경우에는 당해 자산의 감가상각비 상당액

2. 복리후생비로 보는 경우

유흥향응을 위한 지출이라도 법인의 임직원과 근로자를 위한 것이면 복리후생비이다. 너무 지나친 금액은 전액 손금불산입하고 상여 등 처분한다.

3. 기부금으로 보는 경우

사내근로복지기금법에 의거 근로자의 복리증진을 위해 사내근로복지기금에 지출하는 기부금은 이월결손금 차감 후의 소득 범위 내에서 전액 손금 인정되는 기부금이다.

4. 회의비로 보는 경우

❶ 노사분규의 사전 방지 또는 분규 수습을 위한 협의 과정에서 지출한 음식물 대금

❷ 법인의 사업목적 회의 시에 회의가 개최되는 장소에서 다과 · 음식물 제공(회의 직전 · 직후의 인근 음식점을 이용한 식사제공을 포함) 등을 포함한 회의 개최에 통상적으로 드는 비용 : 통상의 회의비를 초과하는 금액과 유흥을 위해 지출된 금액은 기업업무추진비로 본다.

5. 기업업무추진비로 보는 경우

❶ 제약회사가 거래처약국, 병원 등에 환자치료용 약품을 무상 제공하는 것

❷ 신문사가 보급소, 가판대 등에 신문을 공급하면서 당초 계약 시 파손 · 분실 등에 대한 보충용으로 제공하기로 한 부수를 초과해서 무상으로 제공하는 신문의 가액(보급소에 대한 정상가액)

❸ 건설업 법인이 재개발 조합의 운영비 명목으로 지급하는 금액

6. 판매장려금으로 보는 경우

❶ 법인이 거래처를 대상으로 일정기간 단위로 거래 건수에 따라 판매장려금을 차등 지급하기로 사전에 약정한 경우

❷ 새로운 모델을 판매하면서 동종의 구모델 제품을 일정한 금액으로 보상 구입하기로 하고 이를 사전에 광고한 경우 당해 보상교환 판매에 따라 입은 손실은 판매부대비용에 해당(법인 46012-1043, 2000.4.27)
❸ 레미콘을 제조하는 법인이 특수관계 없는 레미콘운송업자에게 계약 내용에 따라 실제 운송단가에 의한 비용과 최저 운송보장 금액과의 차액을 지급하는 경우

기업업무추진비 한도액 계산

세무상 기업업무추진비가 되는 요건(❶ + ❷ 조건 만족)

❶ 반드시 3만 1원(경조사비는 20만 1원)부터는 적격증빙을 갖추어야 한다.

구 분	세무조정
기밀비나 증빙이 없는 기업업무추진비 등	손금불산입(비용불인정)
건당 일정 금액(3만 원) 초과 기업업무추진비로서 적격증빙을 받지 않은 경우	손금불산입(비용불인정)

❷ 기업업무추진비 한도 범위 내에 속하는 기업업무추진비여야 한다.

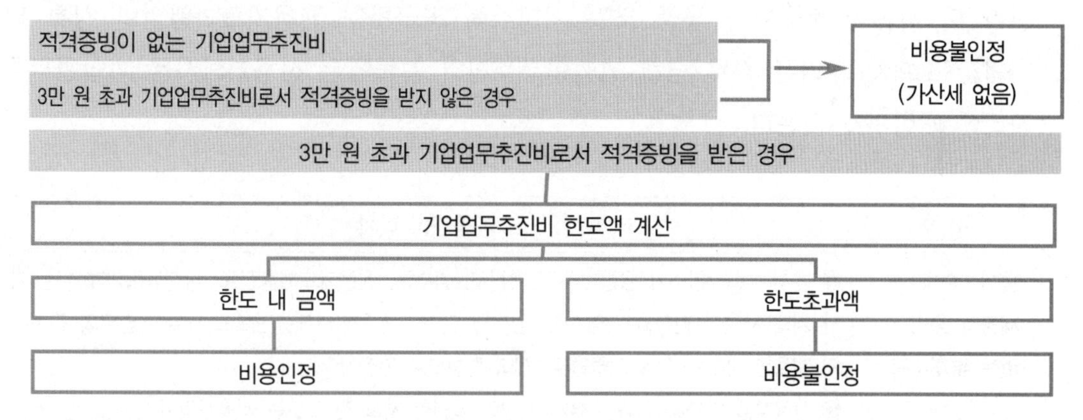

구 분		세무조정
적격증빙이 없는 기업업무추진비		손금불산입(비용불인정)
3만 원 초과 기업업무추진비로서 적격증빙을 받지 않은 경우		손금불산입(비용불인정)
일반기업업무추진비 한도 계산	적격증빙을 받고 지출한 금액 중 기업업무추진비 한도 내 금액	손금인정(비용인정)
	한도 초과액	손금불산입(비용불인정)

비록 회계상 기업업무추진비를 기업업무추진비로 계정처리를 하였어도 세법상으로는 일정한 요건을 충족한 경우에만 손금(비용)으로 인정해 주고 있는데, 그 요건은 다음과 같다.

1 반드시 적격증빙을 갖추어야 한다.

세법에서는 일반 기업업무추진비 3만 원 초과 그리고 경조사비는 20만 원 초과 지출인 경우는 적격 증빙이 없는 경우에는 비용으로 인정받을 수 없다.
예외적으로 법인이 직접 생산한 제품 등을 제공하는 현물 기업업무추진비, 거래처의 매출채권 임의 포기, 특정 거래처에 대해서만 지급하는 판매장려금, 채무의 대위변제 등 거래실태 상 적격증빙을 구비할 수 없는 경우에는 적격증빙 유무와 관계없이 비용으로 인정을 받을 수 있다. 단 법인은 기업업무추진비 지출시 반드시 법인카드를 사용해야 한다. 세무조사를 대비해 법인이 계상하고 있는 기업업무추진비 등은 그 명목여하에도 불구하고 지출의 상대방, 지출목적, 지출금액, 지출의 내용 등에 비추어 법인의 업무와 관련이 있다고 인정될 수 있어야 한다. 또한, 매출전표 등에 기재된 상호 및 사업장 소재지가 물품 또는 서비스를 공급하는 신용카드가맹점의 상호 및 사업장 소재지와 다른 경우 당해 기업업무추진비 지출액은 신용카드사용 기업업무추진비에 포함하지 않는다.

구 분	지출증빙 비치
음식 · 숙박 제공과 증빙 없는 부대비용	❶ 음식 · 숙박업소가 발행한 세금계산서, 영수증, 신용카드매출전표, 금전등록기계산서, 기타 거래 사실이 인정되는 영수증, 임직원 명의의 신용카드매출전표도 사실상 업무와 관련해서 지출한 경우는 이를 기업업무추진비 증빙으로 인정한다. ❷ 사용자를 기재하고 해당 부서의 장이 확인한 지출 전표 또는 지출결의서 ❸ 봉사료 · 팁 · 교통비 등 증빙을 받을 수 없는 접대부대비의 경우는 사회통념 상으로 인정되는 적정 범위 내의 금액으로서 비용의 사용자와 계산 내역을 명시한 지출 전표
기밀비나 경조사비의 경우	❶ 정관 · 사규 또는 주주총회·사원총회나 이사회의 결의로 정한 지급 기준 ⇨ 지급 기준은 당해 기밀비가 업무와 관련해서 사용되는 것이 입증될 수 있는 정도(예 : 신규 계약의 체결, 거래선 확보 또는 유지, 업무와 관련의 개연성이 있는 정도)의 사용 목적과 사용인별로 지급할 수 있는 한도액이 정해진 것으로 한다. ❷ 기밀비 사용자의 수령증

구 분	지출증빙 비치
	❸ 경조사비의 경우 사회통념 상으로 인정되는 범위 내의 금액으로서 지급부서의 장이 서명한 지출 전표 ❹ 기밀비는 기업업무추진비의 일종이나 투명한 지출증빙이 없으므로 손금불산입
물품 기증과 사례금의 경우	❶ 물품 구입 세금계산서 등(구입 물품에 한함) ❷ 물품의 사용부서별 내역을 기재한 지출 전표 및 사용부서 책임자의 물품 인수증 ❸ 사례금(금품 지급)의 경우 업무와 관련해서 지출한 사실을 기재한 지출결의서 ❹ 수령자의 주소 및 성명이 기재된 수령증(기타 소득세 원천징수 및 지급명세서)
매출할인 · 장려금 등 임의 지출	❶ 지급 받은 자의 영수증, 송금 관련 서류 ❷ 지급 금액의 계산 근거가 명시된 지출 전표
금융기관 등의 계약 · 수금비 등	❶ 기밀비 해당 금액을 제외하며, 사례금은 포함 ❷ 지출 형태(음식 접대 · 물품 기증 · 금품사례)에 따른 거래 증빙 ❸ 지출 원인과 지출자를 명시한 지출 전표

2 기업업무추진비 한도 범위 내에서만 비용인정 된다.

기업업무추진비에 대해 적격증빙을 갖추었다고 모두 비용으로 인정되는 것이 아니며, 이 중 세법에서 정한 일정한 한도 내에서만 비용으로 인정이 된다. 따라서 한도를 초과하는 경우는 손금불산입 된다. 다만 회계 계정과목 상으로는 전액 기업업무추진비처리가 가능하다. 세무상 기업업무추진비의 비용인정 한도는 다음과 같이 계산한다.

기업업무추진비 한도액 = ❶ + ❷[특수법인 (❶ + ❷) × 50%]
❶ 1,200만 원(중소기업의 경우에는 3,600만 원) × 당해 사업연도의 월수/12
❷ (수입금액 × 적용률) + (특정 수입금액(특수관계자 거래) × 적용률 × 10%)

주 월수는 역에 따라 계산하며 1월 미만은 1월로 본다. 예를 들어 6월 14일에 신설한 법인으로서 첫 사업연도가 6월 14일부터 12월 31일이라면 사업연도 개시일인 6월이 포함되므로 사업연도 월수는 7개월이다.

문화 기업업무추진비 한도액 = 적은 금액(❶ + ❷)
❶ 문화 기업업무추진비
❷ 일반기업업무추진비 한도액 × 20%

전통시장 업무추진비 한도액 = 적은 금액(❶ + ❷)
❶ 전통시장 기업업무추진비
❷ 일반 기업업무추진비 한도액 × 10%

수입 금액	수입금액 적용률
100억원 이하	0.3%
100억원 초과 500억원 이하	3천만원 + (수입금액 - 100억원) × 0.2%
500억원 초과	1억 1천만원 + (수입금액 - 500억원) × 0.03%

기업업무추진비 해당액

기업업무추진비 해당액은 총 기업업무추진비 중 기밀비, 건당 3만 원을 초과하는 기업업무추진비로서 세금계산서 등 적격증빙을 갖추지 못한 기업업무추진비를 차감한 금액으로 한다. 즉, 기업업무추진비 비용인정한도액 계산 시 기업업무추진비 해당액은 증빙요건을 충족해 이미 비용으로 인정가능 한 기업업무추진비를 말하며, 증빙을 갖추지 못해서 비용으로 인정되지 않는 기업업무추진비는 한도액 계산의 대상이 되지 못한다.

기업업무추진비 해당액 = 총 기업업무추진비 - 적격증빙을 받지 못한 기업업무추진비 - 기밀비

수입금액

일반적인 수입금액

수입금액이란 매출액에서 매출에누리와 환입 및 매출할인을 차감한 금액으로 그 성격이 영업적인 수입액으로 수익증권 판매 등 수수료, 투자신탁 운용 수수료, 수입 보증료 등도 포함한다. 따라서 임대업을 주업으로 하지 않는 법인이 임대 수입이 생긴 경우 이것은 영업상의 수입에 해당 하지 않고 영업외 수입에 해당하므로 이를 수입금액에 포함하지 않는다. 즉, 일반적인 수입금액이란 법인의 순자산을 증가시키는 법인세법상 익금 항목 중 기업회계 관행상 영업수익 금액(이에 준하는 부수 수익을 포함한다)에 해당하는 익금만을 말한다. 특수관계자와의 거래수입 금액 및 부동산업 등의 수입금액은 제외된다.

일반적으로 기업회계 개념에 따른 영업수익 금액이란 매출액 등 주 영업수입금액이다. 이는 법인이 표방하고 영위하는 업종에 따라 다르나 일반적으로 상품 · 제품 등의 재고 재화 또는 주 용역을 제공함으로써 받는 현금수입과 현금등가물 가액을 말한다.

특정 수입금액

특정 수입금액이란 특수관계자와 거래에서 발생한 수입금액을 말한다.

문화 기업업무추진비

❶ 「문화예술진흥법」 제2조에 따른 문화예술의 공연이나 전시회 또는 「박물관 및 미술관 진흥법」에 따른 박물관의 입장권 구입

❷ 「국민체육진흥법」 제2조에 따른 체육활동의 관람을 위한 입장권의 구입

❸ 「영화 및 비디오물의 진흥에 관한 법률」 제2조에 따른 비디오물의 구입

❹ 「음악산업진흥에 관한 법률」 제2조에 따른 음반 및 음악 영상물의 구입

❺ 「출판문화산업 진흥법」 제2조 제3호에 따른 간행물의 구입

❻ 「관광진흥법」 제48조의2 제3항에 따라 문화체육관광부 장관이 지정한 문화관광축제의 관람 또는 체험을 위한 입장권 · 이용권의 구입

❼ 「관광진흥법 시행령」 제2조 제1항 제3호 마목에 따른 관광공연장 입장권의 구입

❽ 기획재정부령으로 정하는 박람회의 입장권 구입

❾ 다음 각 목의 어느 하나에 해당하는 국가유산의 관람을 위한 입장권의 구입

가. 「문화유산의 보존 및 활용에 관한 법률」에 따른 지정 문화유산

나. 「문화유산의 보존 및 활용에 관한 법률」에 따른 국가등록 문화유산

다. 「자연유산의 보존 및 활용에 관한 법률」에 따른 천연기념물 등

라. 「무형유산의 보전 및 진흥에 관한 법률」에 따른 국가 무형유산

마. 「무형유산의 보전 및 진흥에 관한 법률」에 따른 시 · 도 무형유산

❿ 「문화예술진흥법」 제2조에 따른 문화예술 관련 강연의 입장권 구입 또는 초빙강사에 대한 강연료 등

⓫ 자체 시설 또는 외부 임대시설을 활용하여 해당 내국인이 직접 개최하는 공연 등 문화예술행사비

⓬ 문화체육관광부의 후원을 받아 진행하는 문화예술, 체육행사에 지출하는 경비

⓭ 미술품의 구입(취득가액이 거래 단위별로 1백만 원 이하인 것으로 한정한다)

⓮ 「관광진흥법」 제5조 제2항에 따라 같은 법 시행령 제2조 제1항 제5호 가목 또는 나목에 따른 종합유원시설업 또는 일반유원시설업의 허가를 받은 자가 설치한 유기시설 또는 유기기구의 이용을 위한 입장권 · 이용권의 구입

⑮ 「수목원 · 정원의 조성 및 진흥에 관한 법률」 제2조 제1호 및 제1호의2에 따른 수목원 및 정원의 입장권 구입
⑯ 「궤도운송법」 제2조 제3호에 따른 궤도시설의 이용권 구입

전통시장 업무추진비

❶ 전통시장에 지출한 업무추진비일 것
❷ 다음 중 어느 하나에 해당하는 신용카드 등 사용 금액에 해당할 것
가. 신용카드를 사용하여 그 대가로 지급하는 금액
나. 직불카드(기명식 선불카드 포함)를 사용하여 그 대가로 지급하는 금액
다. 현금영수증에 기재된 금액
❸ 소비성 서비스업을 경영하는 법인 또는 사업자에게 지출한 것이 아닐 것

업무추진비 한도액 50% 축소 대상 법인이란 각각 다음의 요건을 모두 충족하는 내국법인을 말한다.

1. 해당 사업연도 종료일 현재 내국법인의 지배주주 등이 보유한 주식등의 합계가 해당 내국법인의 발행주식총수 또는 출자 총액의 50%를 초과할 것
2. 다음 중 어느 하나에 해당하는 경우
❶ 해당 사업연도에 부동산임대업을 주된 사업으로 할 것(이 경우 내국법인이 둘 이상의 서로 다른 사업을 영위하는 경우는 사업별 사업수입금액이 큰 사업을 주된 사업으로 본다)
❷ 다음 금액의 합계가 기업회계기준에 따라 계산한 매출액(가~다에서 정하는 금액이 포함되지 않은 경우는 이를 포함하여 계산한다)의 50% 이상일 것
가. 부동산 또는 부동산상의 권리대여로 인하여 발생하는 수입금액(장부에 의해 소득금액을 계산하는 경우 임대보증금 등에 대한 간주익금을 포함한다.)
나. 소득세법에 따른 이자소득의 금액
다. 소득세법에 따른 배당소득의 금액

3. 해당 사업연도의 상시근로자 수가 5명 미만일 것. 여기서 상시근로자란 근로기준법에 따라 근로계약을 체결한 내국인 근로자로 한다. 다만 다음 중 하나에 해당하는 사람은 제외한다.

① 해당 법인의 최대 주주 또는 최대 출자자와 그와 친족관계인 근로자

② 「소득세법 시행령」 제196조 제1항에 따른 근로소득원천징수부에 의하여 근로소득세를 원천징수 한 사실이 확인되지 아니하는 근로자

③ 근로계약기간이 1년 미만인 근로자. 다만, 근로계약의 연속된 갱신으로 인하여 그 근로계약의 총기간이 1년 이상인 근로자는 제외한다.

④ 「근로기준법」 제2조 제1항 제8호에 따른 단시간근로자

3 기업업무추진비 손금불산입의 처리 방법(한도초과 업무추진비의 처리 절차)

한도초과된 금액에 대해 소득처분 형태를 결정한다. 상여, 기타사외유출, 유보 중에서 적절한 형태를 선택한다. 한도초과한 업무추진비를 법인세 신고서에 손금불산입 반영하고, 선택한 소득처분에 따라 신고한다.

상여로 소득처분된 경우, 해당 금액에 대해 원천징수 세액을 계산하고 납부한다.

구 분		세무조정
적격증빙을 받지 않았거나 허위 또는 업무와 관련 없는 지출	소득의 귀속자가 분명한 경우	귀속자에 대한 상여(종업원 : 근로소득세), 배당(주주 : 배당소득세), 기타의 소득으로 처분
	소득의 귀속자가 분명하지 않은 경우	대표이사에 대한 상여로 처분해 대표이사에게서 근로소득세 징수
손금 인정 안 된	주주, 임직원 등 개인 비용	귀속자별로 소득처분(기타사외유출 처분)
	증빙 서류가 없는 경우	대표자 상여로 처분
	영수증 수취분(건당 3만 원을 초과한 경우)	손금으로 인정받지 못함
비용으로 처리한 기업업무추진비 한도 초과액		기타사외유출로 처리한다.
한도 내에서 손금 인정	영수증 수취분(건당 3만 원 이하인 경우)	한도초과액에 대해서 기타사외유출로 처분
	적격 증명서류 수취분	
	현물기업업무추진비, 업무 관련 채권포기액	

상여 처분

상여로 소득처분되는 경우, 초과된 업무추진비가 특정 임직원에게 귀속된 것으로 간주 된다. 상여로 처분되는 업무추진비는 업무추진비의 요건을 갖추지 아니한 지출 금액을 말한다.

법인이 업무추진비로 계상한 금액 중 허위 또는 업무와 관련 없는 지출임이 확인되는 금액에 대해서는 당해 지출 금액을 손금불산입(업무추진비 시부인 대상 금액에서 제외)하고 다음과 같이 처리한다.

① 당해 지출 금액에 대한 소득귀속자가 분명한 때 : 귀속자에 대한 상여(임직원), 배당(임직원이 아닌 주주) 또는 기타소득

② 당해 지출 금액에 대한 소득귀속자가 불분명한 때 : 대표이사에 대한 상여

대표자 상여로 처분되면 대표자는 이 금액에 대해 소득세를 납부해야 하며, 회사는 이에 대한 원천징수 의무를 부담한다.

법인세 신고 시 초과한 업무추진비를 특정 임직원에게 배분하여 상여로 처분할 수 있다.

상여로 소득처분 되면 그 임직원에게는 소득세가 부과되며, 회사는 이 금액에 대해 원천징수 의무를 부담하게 된다.

기타사외유출

기타사외유출로 소득처분되는 경우, 초과된 업무추진비가 회사 외부로 유출된 것으로 처리된다.

특정 임직원에게 귀속되지 않은 금액은 기타사외유출로 처분된다. 금액이 특정 임직원에게 귀속되지 않았기 때문에 소득세가 원천징수 되지 않으며, 단순히 법인세 과세소득이 증가하는 결과를 초래한다(일반적인 경우).

사내유보(유보)

사내유보로 소득처분 할 수도 있다. 유보는 실질적인 자산의 감소가 아닌, 회계적으로 인정되지 않은 비용을 의미한다.

초과된 업무추진비가 유보로 처분되면, 이후에 법적으로 비용으로 인정될 가능성이

남아있으며, 그에 따라 재조정될 수 있다.

TIP 기업업무추진비 업무 관련성을 입증할 수 없는 경우 세무 처리

회사 스스로 업무 관련성을 입증할 수 없는 경우이거나 추후 세무조사 시 업무무관 기업업무추진비로 판명된 경우는 법인세법상 전액 손금불산입 되며, 그 기업업무추진비를 지출한 사람의 근로소득(사용자가 주주인 경우는 배당소득)에 해당해 기업업무추진비 사용자가 소득세를 부담하게 된다.

회사가 기업업무추진비 한도 초과가 발생하는 회사라면 법인세의 추가 부담은 없는 것이며 개인이 소득세를 부담하게 된다. 한도 초과가 발생하지 않는 회사라면 법인세도 추가 부담하게 된다.

업무 관련 유무의 입증 방법으로는

❶ 기업업무추진비 증빙에 기재하는 방법

기업업무추진비 증빙에 접대 자(회사)의 부서명과 성명 및 접대상대방의 상호, 사업자등록번호, 부서명, 성명을 기재하고 접대목적 등을 간단히 기재하면 된다.

❷ 별도의 기업업무추진비명세서 등을 작성하는 방법

상기 ❶ 내용에 접대 장소 등의 상호, 사업자등록번호, 지출 금액 등을 기재한 별도의 명세서를 작성·보관하면 된다.

기업업무추진비의 세무조정 사례

A 주식회사(중소기업 아님)는 2025년 회계연도에 다음과 같은 업무추진비를 지출했다.

수입금액 : 500억원

거래처 식사 접대 : 총 5,000만 원(200만 원은 적격증빙 없음)

명절 선물 : 총 2,000만 원

거래처 경조사비 : 총 500만 원(100만원은 적격증빙 없음)

신규 거래처 인테리어 지원 : 3,000만 원

계산 내역

1. 적격증빙 확인

3만원 초과 지출에 대해 적격증빙(신용카드 영수증, 세금계산서 등) 확인

경조사비는 건당 20만 원까지 적격증빙 없이 인정

2. 업무추진비 한도 계산

기본한도 : 1,200만원(일반기업 기준)
수입금액별 한도 : 11,000만 원(3천만 원 + (500억 원 - 100억 원) × 0.2%)
총한도 = 12,200만원

3. 세무조정 사항
3-1. 적격증빙 미비로 인한 손금불산입
거래처 식사 접대 중 적격증빙 없는 금액 : 200만 원
경조사비 중 20만 원 초과 금액 : 100만 원
세무조정 : 손금불산입 업무추진비 300만원(기타사외유출)

3-2. 한도초과로 인한 손금불산입
총인정되는 업무추진비 : 10,200만원(5,000만원 + 2,000만원 + 500만원 + 3,000만원 - 200만원 - 100만원)
한도액 : 12,200만 원(위 2 참고)
세무조정 : 없음(한도 내 지출)

4. 세무조정 결과
손금불산입 업무추진비 : 300만 원(기타사외유출)
나머지 업무추진비는 한도 내에서 손금으로 인정됨

B 주식회사는 2025년 한 해 동안 고객과의 관계 유지 및 새로운 비즈니스 기회를 창출하기 위해 다음과 같은 업무추진비를 지출했다.
매출액은 10억 원으로 중소기업이 아닌 것으로 가정한다.
고객과의 회식 및 만찬 비용 5,000,000원
거래처 경조사에 사용된 비용 1,000,000원

계산 내역

1. 업무추진비 한도 계산
세법상 업무추진비는 수입금액에 비례하여 한도가 정해지며, 한도를 초과하는 업무추진비는 손금불산입 된다.
업무추진비 한도 = 1,200만 원 + 매출액(100억 원 이하)에 대해서 매출액의 0.3%
업무추진비 한도 = 1,200만 원 + (10억 원 × 0.3%) = 1,200만 원 + 300만 원 = 1,500만 원

3. 세무조정
업무추진비 지출액 : 500만 원 - 업무추진비 한도 : 1,500만 원(매출액에 따른 한도) = △1,000만 원
이 경우 업무추진비 한도를 초과하지 않으므로, 업무추진비 5,000,000원은 전액 손금으로 인정된다.

기부금의 비용처리와 세법상 비용인정 한도

기부금의 개념상 구분

구 분	개 념
본래의 기부금	법인이 특수관계가 없는 자에게 법인의 사업과 직접 관련 없이 무상으로 지출하는 재산의 증여가액
간주 기부금	법인이 특수관계가 없는 자에게 정당한 사유 없이 정상가액(정상가액은 시가의 ±30%)보다 저가 양도하거나 고가매입하는 경우 그 차액 다음의 금액은 기부금으로 의제 한다. ❶ 특수 관계없는 자에게 사업과 관계없이 부동산을 무상 임대한 경우 : 시가 상당액 ❷ 정당한 사유 없이 정상가액보다 낮은 가액으로 임대한 경우 : 정상가액과의 차액

구 분	손금산입 한도액	세무조정
특례기부금	소득금액의 50%	한도초과액 손금불산입(기타사외유출)
우리사주조합기부금	소득금액의 30%	한도초과액 손금불산입(기타사외유출)
일반기부금	소득금액의 10%(20%)	한도초과액 손금불산입(기타사외유출)
간주 기부금		전액 손금불산입(배당, 상여, 기타사외유출)

기부금의 종류

1 특례기부금(50% 한도 기부금)

아래에서 설명한 내용보다 자세한 내용을 알고자 하면 법인세법 제24조 제3항을 참고하면 된다.

❶ 국가나 지방자치단체에 무상으로 기증하는 금품의 가액

❷ 국방헌금과 국군장병 위문 금품의 가액

❸ 천재지변으로 생기는 이재민을 위한 구호금품의 가액

❹ 사립학교(병원 제외) 등에 시설비 · 교육비 · 장학금 또는 연구비

❺ 국립대학병원 · 사립대학병원 등에 시설비 · 교육비 · 장학금 또는 연구비

❻ 사회복지사업, 그 밖의 사회복지 활동 지원에 필요한 재원을 모집 · 배분하는 것을 주된 목적으로 하는 비영리법인으로서 법 소정 요건을 갖춘 법인에 지출하는 기부금

2 일반기부금(10% 한도 기부금)

다음의 비영리법인에 고유목적사업비로 지출하는 기부금(법인세법 제24조 제2항)

❶ 사회복지법인

❷ 유치원 · 학교 · 기능대학 · 전공대학 형태의 평생교육시설 · 원격대학 형태의 평생교육시설

❸ 정부로부터 인 · 허가를 받은 학술연구단체 · 장학단체 · 기술진흥단체

❹ 정부로부터 인 · 허가를 받은 문화 · 예술단체 · 환경보호운동단체

❺ 종교단체

❻ 의료법에 의한 의료법인

❼ 민법에 따라 주무관청의 허가를 받아 설립된 비영리법인 또는 협동조합 기본법에 따라 설립된 사회적 협동조합 중 일정한 요건을 모두 충족한 것으로서 주무관청의 추천을 받아 기획재정부장관이 지정한 법인

❽ 기획재정부령이 정하는 지정기부단체(예 : 국민건강보험공단, 사내근로복지기금 등) 용도가 특정된 다음의 기부금

⑨ 유치원장 · 학교장 · 기능대학장 · 전공대학장 형태의 평생교육시설장 · 원격대학 형태의 평생교육시설 장이 추천하는 개인에게 교육비 · 장학금 또는 연구비로 지출하는 기부금

⑩ 상속세 및 증여세법상 과세가액불산입 요건을 갖춘 공익신탁에 신탁하는 기부금

⑪ 법인으로 보는 단체 중 고유목적사업준비금의 설정 대상인 일반기부금 대상단체를 제외한 단체의 수익사업에서 발생한 소득을 고유목적사업비로 지출하는 금액

⑫ 사회복지 · 문화 · 예술 · 교육 · 자선 · 학술 등 공익목적으로 지출하는 기부금으로서 기획재정부령이 정하는 기부금(예 : 불우이웃을 돕기 위해서 지출하는 기부금, 국민체육진흥기금, 소기업 소상공인공제 출연금, 지역 새마을사업을 위해서 지출하는 기부금 등)

다음의 일정한 회비

⑬ 법정단체(법인이거나 주무관청에 등록된 조합 · 협회)에 지급하는 특별회비(법인단체에 지급하는 일반회비 : 손금)

⑭ 임의단체에 지급하는 모든 회비

기타 다음의 기부금

⑮ 사회복지시설에 지출하는 기부금 : 사회복지시설 또는 기관(아동복지시설 · 노인복지시설 · 장애인복지시설 · 다문화가족지원센터 등)중 무료 · 실비로 이용할 수 있는 시설 또는 기관에 기부하는 금품의 가액

⑯ 해외 일반기부금단체에 지출하는 기부금 : 재외동포의 협력 · 지원, 한국의 홍보, 국제교류 · 협력을 목적으로 하는 비영리외국법인으로서 주무관청의 추천을 받아 기획재정부장관이 지정하는 해외 지정기부단체(일정한 요건을 모두 충족해야 함)에 지출하는 기부금

⑰ 국제기구에 지출하는 기부금 : 다음의 요건을 모두 갖춘 국제기구로서 기획재정부령으로 정하는 국제기구에 지출하는 기부금(예 : 유엔난민기구, 세계식량계획, 국제이주기구, 글로벌녹색성장연구소)

가. 사회복지, 문화, 예술, 교육, 종교, 자선, 학술 등 공익을 위한 사업을 수행하는 것

나. 우리나라 회원국으로 가입하였을 것

3 우리사주조합기부금

우리사주조합기부금이란 우리사주제도를 실시하는 회사의 법인주주 등이 우리사주 취득을 위한 재원 마련을 위해서 우리사주조합에 지출하는 기부금을 말한다. 반면 우리사주제도를 실시하는 법인이 자기의 소속 근로자가 설립한 우리사주조합에 출연하는 자사주의 장부가액이나 금품은 전액 손금에 산입하는 항목이다.

4 비지정기부금

비지정기부금은 법인세법 및 조세특례제한법상 특례기부금, 우리사주조합기부금 및 일반기부금으로 열거되어 있지 않은 기부금을 말하며, 전액 손금불산입하고 그 귀속자에 따라 기타사외유출 · 기타소득으로 처분한다.

❶ 동창회, 종친회, 향우회 기부금

❷ 신용협동조합, 새마을금고에 대한 기부금

❸ 정당, 정치자금 기부금

❹ 사립학교법에 따라 설립된 의과대학부속병원의 의학계 학생 임상교육 · 수련의의 임상연구 및 의학학술연구 등을 위해 지출하는 비용

❺ 일간신문사가 어린이날 행사 시 찬조물품 기증

❻ 독립유공자회관건립기금으로 지출한 기부금

❼ 법인이 대한불교조계종 전국신도회 대구광역시 지부에 포교 및 교화사업을 위한 활동비로 지출하는 금액

❽ 수의사법에 의하여 설립된 대한수의사회에 지출하는 기부금

현물기부금의 평가

현물기부금 중 특례기부금은 장부가액에 의해 평가하고, 일반기부금과 비지정기부금은 시가와 장부가액 중 큰 금액에 의한다.

구 분		현물기부금의 평가액
특례기부금		장부가액
일 반 기부금	특수관계인 외의 자에게 기부한 것	
	특수관계인에게 기부한 것	Max(제공한 때의 시가, 장부가액)
비지정기부금		

기부금의 손익귀속시기

구 분	손금 귀속시기
원칙 : 현금주의	현금 등으로 지출한 날이 속하는 사업연도 어음의 경우 어음결제일, 수표는 수표발급일, 선일자수표는 실제로 대금이 결제된 날
예외	정부로부터 인·허가를 받기 이전의 설립 중인 공익법인 및 단체 등에 기부금을 지출하는 경우는 그 법인 및 단체가 정부로부터 인가 또는 허가를 받는 날이 속하는 사업연도

기부금의 한도와 세무조정

구 분	한도액
특례기부금 (50% 한도 기부금)	1. 한도초과 이월액에 대한 세무조정 ❶ 전기 이전 한도초과 이월액 ❷ 한도액 = (기준소득금액 − 이월결손금 공제액)의 50% ❸ 한도초과 이월액 중 손금산입액 = MIN(❶, ❷) : 손금산입(기타) 2. 당기 지출액에 대한 세무조정 ❶ 당기 지출액 ❷ 한도 잔액 = 한도액 − 한도초과 이월액 중 손금산입액 ❸ 한도초과액 = ❶ − ❷ = (+) 손금불산입(기타사외유출)
우리사주조합기부금 (30% 한도 기부금)	❶ 당기 지출액 ❷ 한도액 = (기준소득금액 − 이월결손금 공제액 − 특례기부금 손금산입액)의 30% ❸ 한도초과액 = ❶ − ❷ = (+) 손금불산입(기타사외유출)

구 분	한도액
일반기부금 (10% 한도 기부금)	1. 한도초과 이월액에 대한 세무조정 ❶ 전기 이전 한도초과 이월액 ❷ 한도액 = (기준소득금액 - 이월결손금 공제액 - 특례기부금 손금산입액 - 우리사주조합기부금 손금산입액)의 10% ❸ 한도초과 이월액 중 손금산입액 = MIN(❶, ❷) : 손금산입(기타) 2. 당기 지출액에 대한 세무조정 ❶ 당기 지출액 ❷ 한도 잔액 = 한도액 - 한도초과 이월액 중 손금산입액 ❸ 한도초과액 = ❶ - ❷ = (+) 손금불산입(기타사외유출)
비지정기부금	비지정기부금은 전액 손금불산입한다.

주 차가감 소득금액 = 당기순이익 + 익금산입 · 손금불산입 - 손금산입 · 익금불산입(기부금을 제외한 세무조정)

주 기준소득금액 = 차가감 소득금액 + 특례기부금 + 우리사주조합기부금 + 일반기부금

주 이월결손금 공제액

구 분	이월결손금 공제액
일반기업	MIN(❶ 공제 대상 이월결손금 ❷ 기준소득금액 × 80%) 공제 대상 이월결손금 = 각 사업연도 개시일 전 10년 이내(2020년 1월 1일 이후 개시하는 사업연도에서 발생하는 결손금은 15년 이내)
중소기업 회생계획을 이행 중인 기업 등	MIN(❶ 공제 대상 이월결손금 ❷ 기준소득금액 × 100%)

주 각 사업연도 소득금액 = 차가감 소득금액 - 기부금 한도초과 이월손금산입 + 기부금 한도초과액

기부금에 대한 세무조정 사항은 소득금액조정 합계표에 기재되지 않고, 법인세 과세표준 및 세액조정계산서 서식에 직접 기재한다.

기부금 세무조정 사례

24기 사업연도(2025년 1월 1일~2025년 12월 31일) 기부금 관련 자료는 다음과 같다.
차가감 소득금액 : 500,000,000원
당기 손익계산서상 기부금 내역 :

일자	기부처	구분	금액	기부금 구분
2025년 3월 15일	서울대학교	연구비 기부금	80,000,000원	특례기부금
2025년 7월 20일	대한적십자사	재해구호금	30,000,000원	특례기부금
2025년 9월 5일	지역문화재단	문화예술지원	25,000,000원	일반기부금

세무상 과세표준에서 공제가능한 이월결손금 : 200,000,000원

전기까지 기부금 한도 초과액

제23기분 특례기부금 한도 초과액 : 15,000,000원

제23기분 일반기부금 한도 초과액 : 10,000,000원

계산 내역

1. 기부금 지출액 분류

특례기부금 : 80,000,000원 + 30,000,000원 = 110,000,000원

일반기부금 : 25,000,000원

2. 기준소득금액 = 차가감 소득금액 + 특례기부금 + 우리사주조합기부금 + 일반기부금

= 500,000,000원 + 110,000,000원 + 25,000,000원 = 635,000,000원

3. 특례기부금 세무조정

3-1. 한도 초과 이월액에 대한 세무조정

❶ 전기 이전 한도 초과 이월액 = 15,000,000원

❷ 한도액 = (기준소득금액 – 이월결손금 공제액)의 50%

= (635,000,000원 – 200,000,000원) × 50% = 217,500,000원

❸ 한도 초과 이월액 중 손금산입액 = MIN(❶, ❷) : 손금산입(기타)

= Min[15,000,000원, 217,500,000원] = 15,000,000원(손금산입, 기타)

3-2. 당기 지출액에 대한 세무조정

❶ 당기 지출액 = 110,000,000원

❷ 한도 잔액 = 한도액 - 한도 초과 이월액 중 손금산입액

= 217,500,000원 – 15,000,000원 = 202,500,000원

❸ 한도초과액 = ❶ – ❷ = (+) 손금불산입(기타사외유출)

= 110,000,000원 – 202,500,000원 = (–)92,500,000원(한도 내이므로 추가 조정 불필요)

4. 일반기부금 세무조정

4-1. 한도 초과 이월액에 대한 세무조정

❶ 전기 이전 한도 초과 이월액 = 10,000,000원

❷ 한도액 = (기준소득금액 - 이월결손금 공제액 - 특례기부금 손금산입액 - 우리사주조합기부금 손금산입액)의 10% = (635,000,000원 - 200,000,000원 - 125,000,000원) × 10% = 31,000,000원

[주] 125,000,000원 = 15,000,000원(전기) + 110,000,000원(당기)

❸ 한도초과 이월액 중 손금산입액 = MIN(❶, ❷) : 손금산입(기타)

= Min[10,000,000원, 31,000,000원] = 10,000,000원(손금산입, 기타)

4-2. 당기 지출액에 대한 세무조정

❶ 당기 지출액 = 25,000,000원

❷ 한도 잔액 = 한도액 - 한도초과 이월액 중 손금산입액

= 31,000,000원 - 10,000,000원 = 21,000,000원

❸ 한도 초과액 = ❶ - ❷ = (+) 손금불산입(기타사외유출)

= 25,000,000 - (31,000,000원 - 10,000,000원) = 4,000,000원(손금불산입, 기타사외유출)

감가상각비의 비용처리와 세법상 비용인정 한도

감가상각 대상 자산

감가상각 대상자산	감가상각 비상각 자산
유형고정자산과 무형고정자산(영업권, 개발비, 사용수익기부자산 등) 주 만일 법인이 개발비를 전액 발생 시점의 비용으로 처리하게 되면 법인세법에서도 이를 전액 손금으로 인정해 준다. ❶ 장기할부조건 등으로 매입한 고정자산 ❷ 유휴설비	❶ 사업에 사용하지 않는 자산 ❷ 건설 중인 자산 ❸ 시간의 경과에 따라 그 가치가 감소하지 않는 자산(서화 · 골동품 등) 주 장식 · 환경미화 등을 위해 사무실 · 복도 등 여러 사람이 볼 수 있는 공간에 상시 비치하는 미술품의 취득가액을 즉시 당해 사업연도에 손금산입한 경우 당해 취득가액(단, 거래 단위별 1천만 원 이하인 것에 한정) 전액을 손금으로 인정한다. ❹ 업무무관자산

주 금융리스 자산 : 리스이용자의 감가상각자산, 운용리스 자산 : 리스제공자의 감가상각자산

감가상각의 의미와 평가 방법

1 감가상각의 의미와 필요성

1년 전에 사업용으로 승용차를 5천만 원에 구입하면서 부대비용으로 50만 원을 지출한 경우 장부에는 차량운반구 5,050만 원으로 기록했을 것이다.

그렇다면 현재 소유하고 있는 자산 현황을 재무상태표에 기록하고자 할 때, 승용차의 가치는 어떻게 기록해야 할까?
최초 구입시 지출한 금액인 5,050만 원으로 그대로 기록해야 할까?
아니면 구입한 지 1년이 지났으니 그 가치가 하락한 만큼 계산해서 작성해야 할까?
자동차는 시간이 지나면서 소모돼 현재가치는 5,050만 원보다 낮다.
그런데 재무상태표의 자산에 여전히 5,050만 원으로 기록돼 있다면 이 재무제표는 채권자, 투자자, 내부경영자 등 정보이용자에게 잘못된 정보를 제공하고 있다. 따라서 가치의 감소분을 반영할 필요가 있다.
우리가 소유하고 있는 자산은 가격이 적게 나가는 것들도 있지만 자동차처럼 비싼 것들도 있다.
여러 해 동안 사용할 수 있는 자동차나 기계설비에 대한 지출 금액을 최초 구입시점의 가액으로 그대로 기록한다면, 가치감소분에 대해 반영하지 않아서 해당 자산의 가치가 세월이 흐를수록 과대하게 장부에 적힐 것이고, 구입시점에 비용으로 전부 본다면 비용이 막대하게 늘어나 제대로 된 이익을 측정할 수 없다. 결과적으로 해당연도의 회계 정보도 크게 왜곡된다.
기업의 자동차는 폐차하지 않는 한 계속 굴러가고, 기계설비는 큰 재해나 전쟁이 발생하지 않는 한 계속 가동된다. 자동차나 기계는 사용하는 동안 가치는 감소하고 있다. 따라서 가치감소분을 사용하는 기간의 비용에 포함해야 한다.
예를 들어 기업이 5,050만 원에 구입한 자동차를 10년 동안 사용하다가 10년 후에 폐차했다면 자동차를 10년간 사용하면서 5,050만 원의 가치가 감소한 것이다.
회계에서는 이같이 10년 동안에 감소한 자동차의 가치 하락분을 어느 시점에 비용으로 처리해야 하는지를 결정해야 한다.
예를 들어 자동차를 취득한 시점에 5,050만 원을 비용으로 처리하는 방법과 자동차를 폐차하는 10년 후에 비용으로 처리하는 방법을 생각해 볼 수 있다. 하지만 이 같은 방법보다는 여러 해 동안 사용할 수 있는 자동차의 큰 지출금액을 사용기간동안 매년 일정 금액을 비용으로 배분하는 과정이 더 합리적이다.
이처럼 자동차와 같은 유형자산을 보유하는 기간 사용하면서 발생하는 가치감소분을 매년 비용으로 배분하는 것을 감가상각이라고 하며 그 비용을 감가상각비라고 한다.
토지를 제외한 유형자산은 시간이 지나거나, 사용에 따라 일정기간 후에는 그 가치가 감소 돼 기업에 더 이상 경제적 효익을 제공하지 못하게 된다. 여기서 토지는 시간이 흐른다고 해서 가치 감소가 발생하는 것이 아니므로 감가상각을 하지 않는다.

2 자산의 가치감소분을 반영하는 방법

감가상각할 때 제일 어려운 문제는 실제로 한 회계기간 동안 얼마만큼의 가치가 감소했는지를 정확히 계산하는 것인데, 이것은 현실적으로 불가능해 특정한 방법만을 고정해서 사용하지 않고 여러 감가상각방법을 사용해서 감가상각비를 계산한다.

감가상각방법은 정액법, 정률법, 생산량비례법 등을 주로 사용하는데, 우리나라 상장사의 90% 이상이 매년 동일한 금액을 상각하는 정액법을 사용하고 있다. 매년 동일한 금액으로 감가상각(정액법)을 하고자 할 때, 취득원가에서 잔존가치를 차감한 감가상각대상금액을 내용연수로 나눠서 처리한다.

예를 들어 5,050만 원에 구입한 자동차를 10년간(내용연수) 사용하는 경우 정액법에 따라 감가상각을 한다고 가정하면 5,050만 원 ÷ 10년 = 505만 원으로, 매년 505만 원의 감가상각비를 장부에 기록하면 된다.

정율법은 가속으로 상각하는 방법으로 최초 취득연도에 가장 감가상각비를 많이 장부에 기록하고 시간이 흐를수록 점차 감가상각비가 줄어드는 방법이다. 이는 사업 초기에 이익이 많이 날 것으로 예상되는 기업이 사용하는 방법으로 초기에 감가상각비를 많이 장부에 계상함으로써 과세 대상 소득을 줄일 수 있다.

생산량비례법은 제품생산량 등에 비례해 감가상각비를 계산하는 방법이다. 즉 자산을 사용한 만큼 감가상각을 하는 것이 목적이다.

예를 들어 5천만 원인 기계를 사용하여 10년 동안 총 예정 생산량이 1만 대이고 올해 2,500대를 생산했다면 총생산량 대비 25%(2,500대 ÷ 1만 대)를 생산한 것이므로 5천만 원의 25%인 1,250만 원을 올해의 감가상각비가 장부에 기록하는 방법이다.

감가상각비를 재무제표에 표시하는 방법

감가상각비는 손익계산서에 그해 비용항목으로 기록한다.

그러나 손익계산서를 보면 감가상각비라는 항목이 없는 예가 있다.

왜냐하면 손익계산서에는 수많은 비용이 있으므로 감가상각비를 포함한 여러 비용을 성격별로 분류해 묶어서 표시하기 때문이다. 이런 경우 주석의 설명을 참고하면 어떤 비용에 포함되는지 알 수 있다. 즉 손익계산서의 최종 손익에는 감가상각비가 차감된 것이다.

한편 재무상태표에는 그동안의 감가상각 비용을 반영해 자동차의 현재가치를 표시한다.

5,050만 원의 자동차를 매년 정액법으로 505만 원씩 감가상각해서 5년 뒤 자동차의 가치가 2,525만 원인 경우를 생각해 보자. 이때 자동차의 장부금액을 단순히 2,525만 원으로 표시할 수도 있지만, 재무상태표에서는 더욱 자세한 정보를 제공하기 위해 자동차의 취득원가 5,050만 원을 표시하고 그 아래 감가상각누계액이라는 이름으로 (2,525만 원)을 기록한다. 이로써 자동차의 현재가치가 2,525만 원이라는 정보뿐 아니라 구입가격과 현재까지 감가상각한 누계액을 알 수 있도록 보다 정확한 정보를 제공하는 것이다.

재무상태표

2××1년 12월 31일

자산		부채 / 자본
비유동자산		부채
유형자산		
차량운반구	50,500,000	자본
감가상각누계액	(25,250,000)	
	25,250,000	

제조업에서 감가상각비를 확인하는 방법

기업이 보유하고 있는 자산의 감가상각비는 재무제표 중 어디서 확인해야 할까? 이러한 질문에 사람 대부분은 손익계산서라고 답할 것이다.

물론 제조기업에서 생산과 직접적인 관련이 없는 본사 건물에 대한 감가상각비는 손익계산서의 판매비와 관리비 항목에 포함돼 있다. 하지만 생산과 관련된 제조설비에서 발생하는 감가상각비는 제품의 제조원가에 포함된다. 제품이 제조되면 일단 창고로 가 재고자산이 되고 이 재고자산이 팔려나가야 매출원가가 돼 손익계산서에 반영되기 때문이다. 제조원가에 포함된 감가상각비는 손익계산서로는 알 수 없다. 그러므로 회사의 총감가상각비를 알고 싶으면 현금흐름표에서 영업활동 현금흐름에 있는 감가상각비를 확인해야 한다.

또는 재무제표 주석의 유형자산 관련 항목을 찾아서 확인하면 된다.

이를 확인하면 그 회사의 기계장치나 건물 등 회사의 자산에서 발생한 감가상각비 총액을 알 수 있다.

감가상각비는 기업의 회계추정에 기반을 둔 금액이다. 추정을 어떻게 하느냐에 따라 그 기업의 이익도 달라질 수 있다.

감가상각을 안 해도 되나?(감가상각비를 장부에 반영 안 해도 되나?)

세법상 감가상각 대상 자산에 대한 비용처리는 감가상각을 통해서 가능하다.

그러나 사업자가 임의로 감가상각비를 비용처리 하지 않는 것에 대해서는 감면 등을 받는 경우와 업무용 승용차 정액법 5년 상각을 제외하고는 강제 규정이 없으므로 감가상각비를 비용 계상하지 않는 것은 가능하다. 하지만, 공인회계사의 외부감사를 받는 업체의 경우 감가상각비의 미계상이 비용수익의 대응의 원칙에 위배되므로 외부감사 지적 사항이 될 수 있다.

회사의 유형자산은 토지를 제외하고 일정 기간 감가상각비를 계상해 비용처리를 할 수 있다. 그 결과 회사는 감가상각비만큼 법인세 또는 소득세가 감소한다.

회계기준과 세법은 감가상각비 처리 기준이 각각 다르다. 일반기업회계기준에서는 유형자산을 내용연수 동안 정해진 방법에 의해 각 회계기간 동안 배분하는 반면 세법은 법률 규정에 의해 결정된 감가상각방법과 내용연수를 반영해 계산된 감가상각비 범위 내에서 감가상각비를 임의로 계상할 수 있다.

외부감사를 받는 기업의 경우 회계기준에 따라 회계처리 해야 하므로 회사가 감가상각비를 임의로 비용 계상하기는 사실상 어렵다.

그러나 비외감 중소기업의 경우 회계기준보다는 세법을 기준으로 회계 처리하는 경우가 많으며, 특히 감가상각비는 세법에 따라 회계 처리하는 경우가 대부분이다. 따라서 감가상각범위액을 초과하지 않는 범위 내에서 회사가 감가상각비를 임의로 비용 계상하거나 극단적으로 감가상각비를 계상하지 않더라도 세법상으로는 아무런 문제가 되지 않는다. 이를 결산조정의 원칙이라고 한다.

법인세법에서는 기업이 감가상각비를 계상하지 않은 경우 감가상각비를 계상하지 않는 사업연도의 이익이 증가하여 법인세를 더 부담하게 되는 결과가 되므로 감가상각비의 계상을 강제할 필요가 없으므로 법인이 감가상각비를 장부에 비용으로 계상한 경우에 한해서 손금으로 인정하는 임의상각 제도를 채택하고 있다.

그런데 만약 회사가 본점을 지방으로 이전해 지방 이전에 따른 세금 감면을 적용받고 있다고 할 경우 회사는 세금을 감면받는 기간에는 감가상각을 비용 계상하지 않을 유인에 빠질 수 있다. 비용을 적게 계상해 세금이 높게 과세 되더라도 세금 감면을 받으므로 감가상각비의 임의상각 제도를 이용해 감가상각비의 비용 계상 시점을 감면 기간 이후(감가상각은 임의상각 제도이므로 감면 기간에는 감가상각비를 계상하지 않고 감면 기간이 끝난 시점부터 감가상각비를 장부에 계산하는 방법)로 이연한다면 감면은 감면대로 받고 그 이후에는 감가상각비를 비용 계상한 금액만큼 절세 효과를 중복해 누리게 되기 때문이다.

예를 들어 2020년에 취득한 감가상각자산을 2020년 감가상각을 안 한 경우 신고한 내용연수 5년인 2024년에 무조건 감가상각이 종료되는 것이 아니라, 5년이 경과한 2025년도에도 감가상각비를 손금산입할 수 있다. 즉 세법상 내용연수가 지나더라도 미상각잔액에 대한 감가상각을 계속해 손금에 산입할 수 있다. 따라서 감면 기간에는 감가상각을 멈춘 후 감면 혜택을 최대한 받은 후 감면이 끝나면, 다시 감가상각비를 계상해 법인세 절세 혜택을 최대한 볼 수 있다. 따라서 이를 방지하기 위해 감가상각 의제 규정을 두고 있다. 세법은 이러한 조세 회피 행위를 방지하기 위해 법에서 규정한 세금 감면을 받는 회사는 감가상각비를 반드시 장부에 반영해야 하며, 장부에 반영하지 않을 경우 '세무조정'을 통해 과세표준에 비용으로 반영해야 한다. 이를 '감가상각의제'라고 하며 '감가상각비의 임의상각 제도'에 대한 예외 규정이다. 한마디로 세금 감면을 받은 경우 감가상각을 강제로 시키는 것이다.

기업은 세무적 측면에서 이익이 발생한 사업연도에는 감가상각비를 계상하고, 손실이 발생한 연도에는 감가상각비를 계상하지 아니하기도 하며, 또한 금융거래(대출 시 감가상각비만큼 이익이 줄어들어 재무제표상 이익이 적게 보일 수 있음) 등의 목적으로 영업이익률 등을 높이기 위해서 감가상각을 하지 않는 예도 있다.

외부감사 대상 법인은 감면 여부와 관계없이 회계감사를 받아야 하므로 기업회계기준에 의하여 감가상각비를 계상해야 한다.

감가상각의제 규정을 적용받는 법인과 업무용 승용차를 제외한 일반적인 감가상각비는 내용연수기간 동안에 연속하여 전액 상각되어야 한다거나, 당해 내용연수 내에서만 감가상각하도록 강제하는 것은 아니다.

취득일부터 처분일까지의 보유기간 중 사업에 사용한 기간에 따라 계산하며, 사업연도 중 취득하거나 처분(또는 폐업)하는 경우는 감가상각 계산의 개시시기와 종료 시기의 파악이 중요하다.

법인이 감가상각비를 결산서 상 손금으로 계상하지 아니하거나, 과소 계상한 경우는 감가상각의제 대상 법인인 경우를 제외하고는 법인세법상 다른 불이익은 없다.

TIP 감가상각의제 상각자산의 처분 시 처분손익 계산

예를 들어서 건물 취득가는 1억이고 감가상각은 한 번도 안 했으나 감가상각의제 상각 금액이 2천만 원인 시점에 해당 건물을 1억 5천에 매각한다면

1억 - 1억 5천 : 5천 이익이 아니고

1억 - 2천 - 1억 5천 : 7천 이익으로 처리하는 건가?

감가상각의제 상각자산은 세액감면 또는 공제받은 법인은 당기 비용으로 감가상각할 때 감가상각비 대상 금액을 전기에 상각한 것으로 간주하고 비용을 적게 계상하기 위한 것이다. 양도 시에는 회사에서 감가상각을 하지 않았으므로 장부가액이 양도자산의 취득가액이다. 따라서 양도차익은 5천만 원이다.

구 분	감가상각비 계상
기업회계	내용연수와 잔존가액을 추정해서 계속적으로 감가상각비를 계상한다. 단, 외부감사대상 기업의 경우 외부감사를 위해 반드시 매년 감가상각비를 계상하지만, 중소기업의 경우 손익에 따라 감가상각비를 장부에 계상하지 않는 경우도 있다. 이는 감가상각이 결산조정 사항이므로 장부에 감가상각비의 계상 여부가 회사의 결정 사항이기 때문이다.

구 분		감가상각비 계상
세법	원칙	매기 감가상각범위액 내에서 회사의 선택사항(임의상각) 따라서 장부에 감가상각비를 계상한 경우는 감가상각범위액 내에서 회계상 비용처리를 인정하고, 감가상각 범위를 초과하는 금액은 비용으로 인정하지 않아 손금불산입한다.
	예외	다음의 경우는 조세정책적 목적으로 신고조정 허용 또는 강제상각을 한다. 1. 강제상각 ❶ 2016년 1월 1일 이후 개시하는 사업연도에 취득하는 업무용 승용차의 감가상각비 ❷ 세액감면을 받는 경우의 감가상각의제 ❸ 특수관계인으로부터 자산 양수를 하면서 기업회계기준에 따라 장부에 계상한 자산의 가액이 시가에 미달하는 경우 감가상각비 손금산입 특례 2. 임의 신고조정 ❶ 한국채택국제회계기준 도입법인의 경우 유형자산과 법에 정한 무형자산의 감가상각비 ❷ 조세특례제한법에 따라 2021년 12월 31일까지 취득한 설비 투자자산의 감가상각비

[주] 적자가 발생하면 은행과의 거래가 원활하지 못할 수 있어 결손을 줄이거나 이익을 늘릴 필요가 있는데 이때 감가상각비를 계상하지 않으면 도움이 된다.

[주] 취득가액이 100만 원 이하의 경우 고정자산으로 계상하기보다는 취득한 연도에 전액 비용으로 처리하는 것이 좋다.

1 법인세법상 감가상각은 결산조정 사항이다.

감가상각이란 고정자산의 취득가액에서 잔존가치를 차감한 금액을 자산이 사용되는 기간(= 내용연수) 동안 비용으로 배분하는 과정이다.

법인세법상 감가상각비는 원칙적으로는 결산조정 사항이다. 즉, 장부상 비용으로 계상한 경우에만 손금을 인정한다.

그러나 장부상 비용으로 계상한 경우에도 법인세법에서 인정하는 일정 한도(상각범위액) 내의 금액만을 손금으로 인정하고, 이를 초과하는 금액은 손금으로 인정하지 않는다. 즉, 법인세법상 감가상각 제도는 감가상각비를 계상할 것인지 말 것인지를 선택할 수 있는 '임의상각 제도' 인 것이다.

예를 들어 취득가액 100원, 잔존가액 10원이고 회계 및 세무상 감가상각방법은 정액법, 내용연수가 9년인 기계장치의 감가상각을 살펴보자.

연도	회계 처리	세무 처리	세무조정
1년	–	10	–
2년	30	10	손금불산입 20(유보)
3년	–	10	손금산입 10(△유보)
4년	–	10	손금산입 10(△유보)
5년	–	10	–

해 설

취득한 사업연도에는 장부상 감가상각비를 계상하지 않았다. 감가상각은 임의상각 제도이므로 세무상으로 이를 인정한다.

2년째 사업연도에는 법인세법상 상각범위액은 10원((취득가액 100원 – 잔존가액 10원)/내용연수 9년)인데, 장부상 30원을 계상하였으므로 세무상 상각범위액을 초과하는 20원(= 30원 – 10원)을 손금불산입한다.

3년째와 4년째 사업연도에는 장부상 당해 사업연도에 계상한 감가상각비는 없으나 이미 이전 사업연도에 상각범위액을 초과하여 계상한 감가상각비 20원이 있었으므로 이 중 상각범위액 10원만큼을 세무상 손금으로 처리한다.

5년째 사업연도에는 회계상 당해 사업연도에 계상한 감가상각비도 없고, 이전 사업연도에 상각범위액을 초과하여 계상한 감가상각비 20원도 이미 손금산입하였으므로 법인세법상 추가로 손금으로 인정받을 수 있는 감가상각비는 없다.

2 법인세 면제·감면법인의 감가상각은 신고조정 사항이다.

법인세가 면제되거나 감면되는 경우는 장부상 비용으로 계상하지 않았더라도 법인세법상 상각범위액만큼 손금산입해야 한다. 즉 감가상각비를 과소계상 하면 그 과소계상한 금액을 감가상각한 것으로 의제하기 때문에 이를 '감가상각의제' 라고 한다.

이는 상기 임의상각 제도에 대한 예외로서 법인세가 감면되는 사업연도에 감가상각비를 계상하지 않고 그 후의 사업연도에 감가상각비를 계상함으로써 법인세의 부담을 감소시킬 수 있는 조세회피행위를 방지하고자 도입한 '강제상각 제도' 다.

예를 들어 법인세가 1년째 사업연도부터 2년째 사업연도까지 면제되는 경우 취득가액 80원, 잔존가액 0원이고, 회계 및 세무상 감가상각방법은 정액법 내용연수가 4년인 기계장치의 감가상각을 살펴보면 다음과 같다.

연도	회계처리	세무 처리	세무조정
1년	–	20	손금산입 20(△유보)
2년	–	20	손금산입 20(△유보)
3년	20	20	–
4년	20	20	–
5년	20		손금불산입 20(유보)
6년	20		손금불산입 20(유보)

해 설

1년째와 2년째 사업연도에는 장부상 감가상각비를 계상하지 않았지만, 법인세가 면제되는 사업연도이므로 감가상각의제 규정을 적용하여 법인세법상 상각범위액인 20원(= 취득가액 80원/내용연수 4년)만큼 손금산입한다.

회사는 3년째 사업연도부터 20원씩 4년간 감가상각비를 장부상 계상하였으나, 세무상으로는 4년째 사업연도에 이미 감가상각 대상 가액을 모두 감가상각비로 계상하였으므로, 5년째 사업연도부터 장부상 계상한 감가상각비는 세무상 인정받지 못한다.

K-IFRS 도입기업의 경우 세무상 감가상각비 손금산입 특례가 적용된다.

K-IFRS 도입기업의 경우 감가상각비를 장부상 계상하지 않았더라도 추가로 손금산입이 허용된다. 이는 K-IFRS에서는 유형자산의 내용연수와 상각방법을 재검토하여 과거의 감가상각비는 수정하지 않고 당기 이후의 기간에 전진적용하도록 하고 있다. 이에 따르면 내용연수가 연장되거나 내용연수 초기에 정률법이 아닌 정액법으로 감가상각방법을 변경할 경우 감가상각비 계상액이 K-IFRS를 적용하기 전보다 적어져 법인세부담이 증가하는 원인이 된다. 법인세법에서는 K-IFRS 도입으로 인하여 감가상각비가 과소계상되는 경우 그 과소계상한 감가상각비를 신고조정으로 손금산입할 수 있도록 허용해 준다.

감가상각시부인 계산

구 분	당기 세무조정	이후 세무조정
상각부인액이 발생한 경우	손금불산입(유보)	차기 이후 시인부족액의 범위 내에서 손금산입함(△유보). 전년도에 한도 초과 20원이 발생하고, 금년도에 한도 미달 15원이 발생한 경우 15원 손금산입
시인부족액이 발생한 경우	원칙 : 세무조정 없음	그 이후 전기 시인부족액을 고려하지 않음 매년 발생하는 시인부족액은 누적 관리하여 자산 처분 시 손금산입한다.
	예외	전기 이전 상각부인액이 있는 경우 당기 시인부족액 범위 내에서 손금산입(△유보) 즉 전기이월 상각부인액과 당기 시인부족액 중 적은 금액을 손금산입

1 회사 계상 감가상각비의 계산

회사 계상 감가상각비 = 손익계산서 감가상각비 + (제조)감가상각비 + (공사원가)감가상각비 + 전기이월이익잉여금의 감소로 계상한 금액(전기오류수정손실 등) + 자산으로 계상한 금액 + 즉시상각의제액

[주] 전기이월이익잉여금의 감소로 계상한 금액 : 회사가 전기이월이익잉여금을 감소시키고 감가상각누계액으로 계상한 금액은 회사가 감가상각비로 계상한 것으로 보아 손금산입(기타)으로 세무조정 한 후 이를 회사 계상 감가상각비에 포함해서 시부인 계산을 한다.

세무상 감가상각비의 계산

상각방법별 상각범위액 계산

1. 정액법

상각범위액 = (세무상 취득가액 + 자본적 지출액) × 상각률

= (재무상태표상 취득가액 + 자본적 지출액 + 즉시상각의제 누계액) × 상각률

위에서 즉시상각의제액은 당기 즉시상각의제액 + 전기 즉시상각의제액

2. 정율법

상각범위액 = [세무상 기초 장부가액(미상각잔액) + 자본적 지출액] × 상각률

= (재무상태표 상 기초 장부가액 + 전기이월 상각부인액 + 당기 즉시상각의제액) × 상각률

= (재무상태표 상 취득가액 − 재무상태표 상 감가상각누계액 + 전기이월 상각부인액 + 당기 즉시상각의제액) × 상각률

3. 생산량비례법

상각범위액 = (세무상 취득가액 + 자본적 지출액) × $\frac{\text{당해 사업연도 중 채굴량(또는 매립시설에서 매립한 양)}}{\text{그 자산이 속하는 총채굴예정량(또는 매립시설의 총매립예정량)}}$

상각방법별 상각범위액 계산 특례

구 분	상각범위액
기중에 신규로 취득한 자산	사업에 사용한 날부터 월할상각함(1개월 미만은 1개월)
자본적 지출액	기초부터 지출한 것으로 보아 기존자산의 취득가액에 합산하여 상각범위액을 산정한다.

구 분	상각범위액
사업연도가 1년 미만의 경우 상각범위액 계산	정관상 사업연도가 1년 미만의 경우 : 12월로 환산한 환산 내용연수 적용 환산 내용연수 : 신고내용연수 또는 기준내용연수 × 12/사업연도 월수 일시적으로 사업연도가 1년 미만의 경우 : 월할상각 상각범위액 = 정상적인 상각범위액 × 사업연도 월수/12

즉시상각의제액(비용계상 한 것을 즉시 비용처리)

자산 가액으로 계상해야 할 취득가액이나 자본적 지출을 회사가 비용으로 계상한 경우는 이를 감가상각한 것으로 본다. 따라서 즉시상각의제액은 회사 계상 상각비에 포함하고, 상각범위액 계산 시 자산 가액에 가산한다.

즉시상각은 감가상각자산을 결산상 비용으로 회계처리 한 경우에 세무상 시부인 계산 없이 즉시 그대로 손금으로 인정하는 것을 말한다. 따라서 이 경우에는 세무조정이 필요 없다.

다음의 자산은 취득 시 감가상각을 통해 비용처리를 하거나 즉시 비용으로 처리하는 방법 중 선택해서 적용할 수 있다(즉시상각의 의제). 즉, 자산으로 처리하지 않고 특별히 지출 즉시 소모품비나 수선비 등으로 전액 비용처리가 가능하다는 것이다.

즉시상각의제 대상 자산에 대해 당해 사업연도에 손금 계상을 안 했거나 다음 사업연도 이후에 손금 계상한 경우는 즉시상각의제를 적용하지 않는다.

구 분		즉시상각대상 자산	
취득시	금액적으로 소액인 자산	거래 단위별 취득가액 100만 원 이하의 지출 금액. 단 고유업무의 성질상 대량으로 보유하는 자산과 그 사업의 개시 또는 확장을 위해서 취득한 자산은 제외	
	대여사업용 비디오테이프	대여사업용 비디오테이프와 음악용 콤팩트디스크로서 개별자산의 취득가액이 30만 원 미만인 자산	
	단기사용자산	시험기기 · 영화필름 · 공구 · 가구 · 전기기구 · 가스기기 · 가정용 기구 및 비품 · 시계 · 측정기기 및 간판	금액 제한 없음
	어업의 어구	어업에 사용하는 어구(어선용구 포함)	
	전화기, 개인용 컴퓨터	전화기(휴대용 전화기 포함), 개인용 컴퓨터(그 주변기기 포함).	

구 분		즉시상각대상 자산
보유시	소액수선비	개별자산별 수선비(자본적 지출과 수익적 지출) 합계액이 소액 수선비 판단기준에 미달하는 경우 주 소액 수선비 판단기준 = Max(600만 원, 전기 말 재무상태표상 장부가액의 5%)
	주기적 수선비	3년 미만의 기간마다 지출하는 주기적 수선비
폐기시	시설개체와 시설낙후로 인한 폐기자산	시설을 개체하거나 기술의 낙후 등으로 생산설비의 일부를 폐기한 경우 또는 사업장의 이전으로 임대차계약에 따라 임차한 사업장의 원상회복을 위하여 시설물을 철거하는 경우 장부에 비망가액 1,000원만 남기고 나머지는 폐기일이 속한 사업연도의 손금에 산입할 수 있다(결산조정 사항).

1 취득단계 적용

거래 단위별로 100만 원 이하인 경우

그 취득가액이 거래 단위별로 100만 원 이하인 소액 자산은 결산시 비용으로 계상한 경우 감가상각시부인 대상에 포함되지 않고 즉시 경비처리가 가능하다. 다만 다음의 경우에는 제외된다(법인세법시행령 제31조 제4항). 여기서 "거래단위" 란 이를 취득한 법인이 그 취득한 자산을 독립적으로 사업에 직접 사용할 수 있는 것을 말한다.

① 그 고유업무의 성질상 대량으로 보유하는 자산

② 그 사업의 개시 또는 확장을 위하여 취득한 자산

금액과 상관없이 경비처리 가능한 경우

다음의 자산은 거래 단위별 취득가액 100만 원 초과 여부(④는 금액 제한 있음)나, 업무 성질상 대량 보유 또는 사업 개시, 확장 여부와 관계없이 동 자산을 사업에 사용한 날이 속하는 사업연도에 손금으로 결산서 상 계상할 경우 손금으로 인정받을 수 있다.

① 어업에 사용되는 어구(어선용구를 포함한다)

② 영화필름, 공구, 가구, 전기기구, 가스기기, 가정용 기구 · 비품, 시계, 시험기기, 측정기기 및 간판

③ 전화기(휴대용 전화기를 포함한다) 및 개인용 컴퓨터(그 주변기기를 포함한다)

④ 대여사업용 비디오테이프 및 음악용 콤팩트디스크로서 개별자산의 취득가액이 30만 원 미만인 것

위 규정 중 실무상 가장 문제가 되는 것이 ②의 공구, 가구 및 비품이 거래 단위별로 100만 원 이하인 소액 자산과 실무자들이 헷갈린다는 점이다.

그리고 공구, 가구 및 비품의 범위에 대해서는 현행법상 그 범위를 규정하고 있지 않으므로 구 법인세법 시행규칙 [별표1]에 규정한 공구, 가구 및 비품의 범위가 이와 유사한 바 이를 예시로 들어보면 다음과 같다.

<table>
<tr><th colspan="2">구 분</th><th>종 류</th></tr>
<tr><td colspan="2" rowspan="3">공구</td><td>활자</td></tr>
<tr><td>주로 금속제인 것</td></tr>
<tr><td>금형</td></tr>
<tr><td rowspan="16">기구 및 비품</td><td rowspan="16">가구 · 전기기구 · 까스기기 및 가정용품(타항에 게기하는 것을 제외한다)</td><td>사무용 탁자 · 의자 및 캐비닛</td></tr>
<tr><td>주로 금속제인 것</td></tr>
<tr><td>응접세트</td></tr>
<tr><td>침대</td></tr>
<tr><td>진열장 및 진열 케이스</td></tr>
<tr><td>주로 금속제인 것</td></tr>
<tr><td>라디오 · 텔레비전 · 테이프 리코더 · 기타의 음향기기</td></tr>
<tr><td>냉방용 또는 난방용 기기</td></tr>
<tr><td>전기냉장고 · 전기세탁기 기타 이와 유사한 전기 또는 가스기기</td></tr>
<tr><td>냉장고 및 냉장 소독 카(전기식인 것을 제외한다)</td></tr>
<tr><td>자동판매기(수동의 것을 포함한다)</td></tr>
<tr><td>커텐 · 방석 · 침구 기타 이에 유사한 섬유제품</td></tr>
<tr><td>융단 기타의 상용 물</td></tr>
<tr><td>접객업용 방송용 레코드 취입 또는 극장용</td></tr>
<tr><td>실내 장식품</td></tr>
<tr><td>주로 금속재인 것</td></tr>
</table>

<table>
<tr><th colspan="2">구 분</th><th>종 류</th></tr>
<tr><td rowspan="10">기구 및
비품</td><td rowspan="3"></td><td>식사 또는 주방용품</td></tr>
<tr><td>도자기 또는 유리재의 것</td></tr>
<tr><td>주로 금속재인 것</td></tr>
<tr><td rowspan="7">사무기기 및 통신기기</td><td>사무용기기 및 컴퓨터</td></tr>
<tr><td>신용카드 프린터</td></tr>
<tr><td>개인용컴퓨터</td></tr>
<tr><td>소프트웨어</td></tr>
<tr><td>전화 설비 기타의 통신기기</td></tr>
<tr><td>팩시밀리 및 데이터 단말장치</td></tr>
<tr><td>전화기기 및 전화 교환 설비</td></tr>
</table>

2 보유 단계 적용

1. 개별자산별로 수선비(자본적 지출액 + 수익적 지출액의 연 합계액)가 ❶ 600만원과 ❷ 전기말 재무제표상 장부가액 × 5% 중 큰 금액에 미달하는 경우 이러한 금액은 당해 연도 비용으로 계상해도 상각범위액 계산 대상이 아니며 자본적 지출의 범위로도 분류되지 않는다.

가. 개별자산의 수선비 합계액 = 자본적 지출액 + 수익적 지출액

나. ❶ 600만원과 ❷ 전기말 재무제표상 장부가액 × 5% 미만인지? 여부 검토

다. ❶ 가 〈 나인 경우
회사가 비용으로 계상한 수선비지출액을 전액 당기의 손금으로 인정하므로 수선비 합계액(가)을 시부인 계산 대상에 포함하지 않는다.
❷ 가 ≧ 나인 경우
원칙에 따라 처리한다. 즉, 자본적 지출액의 비용 계상액은 시부인 계산 대상에 포함하고, 수익적 지출의 비용 계상액은 전액 당기의 손금으로 인정하므로 시부인 계산 대상에 포함하지 않는다.

2. 3년 미만의 기간마다 주기적인 수선을 위하여 지출하는 경우 즉시 경비처리가 가능하다.

3 폐기 단계 적용

다음 중 어느 하나에 해당하는 경우는 장부가액에서 1,000원을 뺀 금액을 폐기일이 속하는 사업연도의 손금에 산입할 수 있다(결산조정 사항).
1,000원을 남긴 것은 감가상각 종료 혹은 폐기했으나 아직 사용하고 있으면 향후 매각이나 회사자산 기록 유지 목적의 비망기록을 위한 것이다.
① 시설의 개체 · 기술의 낙후로 인하여 생산설비의 일부를 폐기한 경우
② 사업의 폐지 또는 사업장의 이전으로 임대차계약에 따라 임차한 사업장의 원상회복을 위해서 시설물을 철거하는 경우
일반적으로 시설의 개체란 시설이 낡거나 마모 또는 잦은 고장 등으로 가동에 지장이 있거나 사용하기에 적당치 않아서 새로운 시설로 바꾸는 것으로 볼 수 있고, 기술의 낙후란 설비의 가동에는 지장이 없으나 시설의 기능이 뒤떨어지거나 그 생산 제품의 품질이 뒤떨어지거나 시장성이 없는 경우 등으로 볼 수 있다.
그러나 반드시 위에서처럼 제한적 의미로 이해하기보다는 사업을 기계장치로 쓸 수 없거나, 쓸 수는 있지만, 활용 가치가 없는 자산은 폐기하는 것으로 보아야 한다.

생산설비의 의미

생산설비란 생산에 직접 소요되는 기계장치 등을 말한다. 비품이나 공구 등은 적용대상이 되지 아니한다. 또한 설비를 폐기한다는 것은 일정기간동안 생산에 사용하지 않는 유휴의 개념과는 다르며 또 외부에 처분하거나 버리는 것을 의미하지 않는다. 처분은 종결되므로 비망기록도 남길 필요가 없다.

평가손실·차손의 즉시상각 여부

법인이 폐기한 유형자산 중 일부를 재사용할 수 있음을 고려해서 이를 평가하여 저장품 등 재고자산으로 처리한 경우는 동 폐기 자산의 장부가액과 저장품으로 대체한 가액과의 차액만을 손금에 산입할 수 있다.

폐기 자산에 대한 즉시상각의제와는 달리 법인이 임의로 유형자산을 평가하여 유형자산평가손실로 계상한 경우가 있는데 이러한 임의평가손은 세무상 손금으로 인정되지 않으므로 세무조정 시 유형자산평가손실을 손금불산입하고 유보처분해야 한다.

시장가치 급락으로 손상차손 계상한 경우

감가상각자산이 진부화되어 유행에 뒤지거나 물리적인 손상 등에 따라 시장의 가치가 급격히 하락하여 법인이 기업회계기준에 따라 손상차손을 계상한 경우는 해당 금액을 감가상각비로 손금으로 계상한 것으로 본다.

감가상각 범위 금액 결정요소

1 취득가액

취득원가로는 매입가액 · 제반 조세 · 기타의 정상가액이 모두 포함된다.
그러나 장기할부조건 매입 시는 현재가치할인차금을 뺀 나머지 현금 원가 상당액만 취득원가로 한다. 수익으로 보지 않는 금액과 시가 초과액은 제외한다. 자본적 지출은 취득원가에 가산하고 수익적 지출은 당기비용 처리한다.

자본적 지출	수익적 지출
• 본래의 용도 변경 목적의 개조 • 엘리베이터, 냉난방 장치의 설치 • 빌딩 등의 피난시설 등의 설치 • 재해 등으로 인한 건물 · 기계 · 설비 등이 소실 · 훼손되어 당해 자산 본래 용도에 이용 가치가 없는 것의 복구 • 기타 개량 · 확장 · 증설 등 이와 유사한 성질의 것	• 건물 또는 벽의 도장 • 파손된 유리나 기와의 대체 • 기계의 소모된 부분품과 벨트의 대체 • 자동차 타이어 튜브의 대체 • 재해를 입은 자산에 대한 외장의 복구 · 도장 · 유리의 삽입 • 기타 조업가능한 상태의 유지 등 이와 유사한 성질의 것

2 잔존가액

잔존가액이란 감가상각자산이 그 사용 가치나 용역의 수명을 다해서 폐기 · 처분될 때 받을 수 있을 것으로 기대되는 합리적인 금액을 말한다. 현행 법인세법은 잔존가액을 0(영)으로 함을 원칙으로 한다. 단, 정률법은 상각률의 수리 계산 목적으로 5%로 하였는데 나머지 5% 금액도 취득가액의 5% 이하가 되는 바로 그 사업연도에 전액을 일시 상각한다. 모든 자산에 대해 1,000원과 취득원가의 5% 중 적은 금액을 장부에 남긴다(비망계정). 결국, 1,000원만 남기게 되며, 이는 자산 처분 시점이나 폐기 시점에서 처분손익으로 처리한다.

- 원칙 : 0(영)
- 예외 : 정률법의 경우 Max(취득가액의 5%, 1,000원)

3 내용연수

법인세법상 감가상각은 개별자산별로 신고한 방법으로 해야 한다.
법인세법에서는 개별자산별로 다음의 구분에 따른 상각방법 중 신고한 방법을 적용하도록 하고 있다. 또한 신고한 방법은 그 후 사업연도에도 이를 계속해서 적용해야 한다. 단, 법에서 정한 예외적인 사정(예 : 상각방법이 서로 다른 법인이 합병한 경우, 외국인투자촉진법에 따라 외국 투자자가 내국법인의 주식 등을 20% 이상 인수 또는 보유하게 된 경우)이 있는 경우에는 변경할 수 있으나 승인을 얻어야 한다.
법인세법상 내용연수는 법으로 정한 범위 내에서 선택하는 것이다.
마지막으로 자산의 사용 가능 기간인 내용연수에 대해서 기업회계기준은 추정을 허용하고 있으나, 법인세법에서는 법으로 정함으로써 법인의 임의적인 추정을 배제하고 있다.
법인세법에서는 기준이 되는 내용연수와 기준내용연수의 25%를 가감한 범위를 정하여 이러한 내용연수 범위 내에서는 회사가 선택해서 신고하도록 하고 있다.
예를 들어 기준내용연수 8년인 자산의 경우 6년에서 10년 사이의 내용연수 범위 내에서 선택할 수 있다. 다만, 내용연수의 범위보다 가감하여 적용할 필요가 있는 예외적인 경우(예 : 사업장 특성상 자산의 마모가 현저한 경우, 기준내용연수의 50% 이상이 경과된 중고 자산 취득의 경우)는 기준내용연수의 50%를 가감한 범위까지도 허용하고 있다.

<table>
<tr><th>구 분</th><th>내용연수</th></tr>
<tr><td>기준내용연수 :
자산별 내용연수</td><td>법인세법 시행규칙 별표5(건축물 등의 내용연수), 별표6(업종별 자산의 내용연수), 별표2(시험연구용자산의 내용연수), 별표3(무형고정자산의 내용연수)에서 정한 내용연수</td></tr>
<tr><td>신고내용연수</td><td>1. 별표5(건축물 등의 내용연수), 별표6(업종별 자산의 내용연수) : 내용연수 범위 내에서 신고한 내용연수
기준내용연수의 ±25%(중소기업 설비자산 ±50% : 차량과 선박은 운수업 · 임대업 한정, 서비스업 ±40% 범위) 범위에서 법인이 선택해서 관할 세무서에 신고한 내용연수. 미신고시에는 기준내용연수를 적용한다.
<table>
<tr><th>구 분</th><th>내용연수의 신고</th></tr>
<tr><td>신설법인과 수익사업을 개시한 비영리내국법인</td><td>영업개시일이 속하는 사업연도의 법인세 과세표준 신고 기한</td></tr>
<tr><td>자산별·업종별 구분에 의한 기준내용연수가 다른 자산을 취득하거나 새로운 업종의 사업을 개시한 경우</td><td>그 취득일 또는 사업개시일이 속하는 사업연도의 법인세 과세표준 신고 기한</td></tr>
</table>
주 신고내용연수는 자산별, 업종별로 동일한 기준(일괄+25%, 일괄 10%, 일괄-25% 등으로)을 적용한다. 단, 자산별, 업종별 구분에 의한 기준내용연수가 다른 고정자산을 취득한 경우와 새로운 업종의 사업을 개시한 경우는 다른 신고내용연수의 적용이 가능하다.
2. 별표2(시험연구용 자산의 내용연수), 별표3(무형고정자산의 내용연수) : 기준내용연수만 적용한다.</td></tr>
<tr><td>특례 내용연수</td><td>다음의 사유가 있는 경우에는 기준내용연수의 50%를 가감한 범위까지 신청해서 승인을 받은 경우 내용연수를 선택할 수 있다. 예를 들어 기준내용연수가 10년인 경우 특례내용연수 범위는 5년에서 15년까지이다.
❶ 사업장의 특성으로 자산의 부식·마모 및 훼손의 정도가 현저한 경우
❷ 영업개시 후 3년이 경과한 법인으로서 당해 사업연도의 생산설비(건축물은 제외)의 기획재정부령이 정하는 가동률이 직전 3개 사업연도의 평균가동률보다 현저히 증가한 경우
❸ 새로운 생산기술 및 신제품의 개발 · 보급 등으로 기존 생산설비의 가속상각이 필요한 경우</td></tr>
</table>

<table>
<tr><th>구 분</th><th>내용연수</th></tr>
<tr><td></td><td>❹ 경제적 여건의 변동으로 조업을 중단하거나 생산설비의 가동률이 감소한 경우
다음의 사유가 있는 경우에는 기준내용연수의 25%를 가감한 범위까지 신청해서 승인받은 경우 내용연수를 선택할 수 있다.
❶ 건축물 · 업종별 자산에 대해서 K-IFRS를 최초로 적용하는 사업연도에 결산 내용연수를 변경한 경우
❷ 건축물 · 업종별 자산에 대한 기준내용연수가 변경된 경우
<table>
<tr><th>구 분</th><th>내용연수의 신고</th></tr>
<tr><td>내용연수 승인신청</td><td>영업개시일(기준내용연수가 다른 자산을 취득한 경우 취득일)로부터 3개월 이내</td></tr>
<tr><td>내용연수 변경 승인신청</td><td>변경할 내용연수를 적용하고자 하는 최초 사업연도의 종료일까지</td></tr>
<tr><td>내용연수 재변경 승인신청</td><td>내용연수를 변경(재변경 포함)한 후 다시 변경하고자 하는 경우는 변경한 내용연수를 최초로 적용한 사업연도 종료일로부터 3년이 경과해야 한다.</td></tr>
</table></td></tr>
<tr><td>수 정
내용연수</td><td>기준내용연수가 이미 50% 이상 경과된 중고자산을 다른 법인 또는 개인사업자(사업자가 아닌 개인은 제외)로부터 취득한 경우(합병·분할로 승계한 경우 포함)는 기준내용연수의 50%에 상당하는 연수와 기준내용연수의 범위(기준내용연수~기준내용연수 × 50%)에서 선택해서 신고한 수정내용연수를 적용할 수 있다(1년 미만은 없는 것으로 한다).
중고자산 취득일 또는 합병 · 분할등기일이 속하는 사업연도의 법인세 과세표준 신고기한 내에 신고해야 한다.</td></tr>
</table>

기준내용연수가 20년인 자산을 경과연수 12년에 취득한 경우의 수정내용연수는?

① 기준내용연수 : 20년

② 수정내용연수 : 기준내용연수의 50%(20 − 20 × 50%)인 10년에서 기준내용연수인 20년의 범위에서 선택하여 신고하고 적용한다.

그러나 수정내용연수의 신고가 없는 중고자산에 대하여는 기존자산의 내용연수(20년)를 적용한다.

TIP 중고자산 취득 시, 감가상각 내용연수

기업회계는 자산의 내용연수에 대하여 구체적 기간을 설정하지 않고 해당 자산의 물리적, 경제적 원인을 감안하여 합리적으로 측정하여 반영하도록 규정만 하고 있어, 대부분의 국내기업은 세무조정에서의 편리성 등을 감안하여 법인세법에서 규정하고 있는 기준내용연수를 사용하고 있는 것이 현실이다.
따라서 법인이 일정기간동안 사용한 중고자산을 취득하는 경우에도 내용연수는 법인세법의 규정을 준용하여 처리하는 것이 일반적이다.

1. 중고자산 취득 시도 기준내용연수 적용이 원칙임

법인세법에서는 자산의 종류별로 기준내용연수를 규정하고 있으나, 해당 자산이 사용하지 않은 새로운 자산인지 또는 사용한 중고자산인지? 의 여부를 구분하여 기준내용연수를 규정하고 있지는 않다.
따라서 중고자산을 취득하였다고 해서 내용연수를 임의로 줄일 수 없으며, 해당 자산의 기준내용연수를 일률적으로 적용해야 한다.
그러나 법인이 중고자산을 취득하거나 합병 등으로 인하여 자산을 취득하는 경우 이를 신규 자산과 동일하게 내용연수 및 상각률을 적용하게 되면 감가상각기간이 장기화되어 자산의 원가 배분이 적절히 이루어졌다고 볼 수 없는바, 법인세법에서도 이러한 점을 고려하여 기준내용연수의 50% 이상이 경과된 중고자산에 대해서는 선택에 따라 내용연수를 수정하여 적용할 수 있도록 하고 있다. 즉, 기준내용연수의 50% 이상이 경과된 중고자산에 한해서만 수정내용연수를 적용할 수 있는 선택권이 주어지게 되며, 이때 중고자산인지? 여부는 자산을 취득하는 법인의 기준내용연수를 기준으로 하여 중고자산 여부를 판단한다.
또한 수정내용연수를 적용할 수 있는 중고자산에는 법인이 현물출자 또는 사업양수에 의하여 취득한 중고자산이 포함되며, 유형자산 또는 무형자산을 불문한다.

2. 수정내용연수는 기준내용연수의 50%와 기준내용연수의 범위 안에서 선택 적용

기준내용연수의 50% 이상이 경과된 중고자산을 취득한 경우로 수정내용연수를 적용하려는 경우, 수정내용연수는 해당 자산의 기준내용연수의 50%에 상당하는 연수와 기준내용연수의 중고자산 등에 대한 수정내용연수 범위 내에서 선택하여 적용할 수 있다(기준내용연수~기준내용연수 × 50%).
이때 수정내용연수를 적용함에 있어서 1년 미만은 없는 것으로 하며, 수정내용연수도 내용연수 적용 단위인 자산별 · 업종별로 구분하여 동일한 단위에 속하는 것은 모두 같은 내용연수를 선택해야 한다.
수정내용연수를 적용받기 위해서는 납세지 관할 세무서장에게 내용연수변경신고서를 제출해야 하는데, 중고자산의 경우에는 그 취득일이 속하는 사업연도의 법인세 과세표준 신고기한 내에 내용연수변경신고서를 제출한 경우에 한하여 수정내용연수를 적용할 수 있다.

감가상각방법

1 감가상각방법을 마음대로 정할 수 있나요?

기업회계기준은 감가상각자산의 내용연수에 대한 추정을 허용하고 있으나, 법인세법은 이러한 내용연수와 해당 내용연수에 따른 상각방법별 상각률을 구체적으로 규정하여 법인의 선택 가능성을 제약하고 있다. 즉 세법 규정상 각각의 자산별 유형에 따라 적용할 수 있는 감가상각방법이 정해져 있으며, 그 방법을 사용하지 않고 임의로 변경하게 되면 그 방법을 부인당하게 된다.

만일 감가상각을 하고 싶은 자산이 세법상 정률법이 가능하다고 열거된 자산에 속한다면 정률법 선택은 가능하지만, 그렇지 않을 때는 정률법 상각은 불가능하다.

다음은 세법상 규정 되어있는 대표적인 자산별 감가상각 방법이다.

- 건축물과 무형고정자산 : 정액법
- 건축물 외의 유형고정자산 : 정률법 또는 정액법(업무용승용차 제외)
- 광업권 또는 폐기물매립시설 : 생산량비례법 또는 정액법
- 광업용 유형고정자산 : 생산량비례법 · 정률법 또는 정액법
- 개발비 : 관련 제품의 판매 또는 사용이 가능한 시점부터 20년 이내의 기간 내에서 연 단위로 신고한 내용연수에 따라 매 사업연도별 경과 월수에 비례하여 상각
  개발비에 대한 상각시 주의할 점은 개발비상각 시점이 관련 제품의 판매 또는 사용 가능 시점이다. 5년간 균등상각해야 하나 다른 무형자산과는 달리 20년 이내로 내용연수 신고가 가능하고 상각 시점 이전에 개발사업이 취소되고 향후 활용이 불가능한 경우에는 미상각 개발비는 개발사업이 취소된 날이 속하는 사업연도에 손금에 산입한다.
- 업무용승용차 : 5년 정액법 강제상각

업무용 승용차는 반드시 5년간 정액법으로 상각해야 하며, 감가상각비의 한도가 연간 800만 원으로 제한되어 있다.

내국법인이 2016년 1월 1일 이후 개시하는 사업연도에 취득하는 업무용 승용차에 대해서는 내용연수 5년, 정액법으로 강제상각해야 하는 것이므로 해당 사업연도에 손

금 산입 한도 내의 금액을 반드시 감가상각비로 계상해야 하며, 과소계상 시 경정청구 등을 통하여 손금산입한다. 다만 2016년 1월 1일 이전에 취득한 업무용 승용차는 기존에 신고한 내용연수 및 감가상각방법을 적용하여 법인의 선택에 따라 임의상각할 수 있다.

구 분		선택 가능한 방법	무신고시 상각방법
유형고정자산	원칙	정액법, 정률법 중 선택	정률법
	건축물	정액법	정률법
	폐기물매립시설	정액법, 정률법, 생산량비례법 중 선택	생산량비례법
	광업용 자산	정액법, 정률법과 생산량비례법 중 선택	생산량비례법
	업무용 승용차	5년 고정 정액법(강제)	
무형고정자산	원칙	정액법	정액법
	광업권	정액법, 생산량비례법 중 선택	생산량비례법
	개발비	관련 제품별로 신고한 내용연수(20년 이내의 기간 내에서 연 단위로 신고한 연수)에 따라 매 사업연도의 경과월수에 비례해서 상각(월할상각)	5년을 내용연수로 해서 매 사업연도의 경과일수에 비례해서 상각(월할상각)
	사용수익기부자산가액	• 사용수익기간(사용수익기간에 대한 특약이 없으면 신고내용연수)에 따라 균등상각(월할 상각) • 사용수익기간 또는 신고내용연수기간 중에 멸실 · 계약해지 된 경우 미상각잔액 전액 상각	
	주파수이용권과 공항시설관리권	주무관청에서 고시하거나 주무관청에 등록한 기간 내에서 사용기간에 따라 균등액을 상각하는 방법(월할 상각)	

주 정액법 = (재무상태표 상 취득가액 + 자본적 지출액) × 상각율

주 정률법 = (재무상태표 상 취득가액 − 재무상태표 상 기말 감가상각누계액 + 당기 감가상각비 + 당기 자본적 지출액 + 상각부인액) × 상각율

주 생산량비례법 = (재무상태표 상 취득가액 + 자본적 지출액) × (당해 사업연도 채굴량/총채굴예정량)

감가상각방법은 아래 내용에 해당하는 경우는 납세지 관할 세무서장의 승인을 얻어 변경할 수 있는 것이나, 이에 해당하지 아니한 경우 임의로 변경할 수 없다.

또한 감가상각방법을 변경하기 위해선 그 변경할 상각방법을 적용하고자 하는 최초 사업연도의 종료일까지 감가상각방법 변경신청서를 납세지 관할 세무서장에게 제출해야 한다.

-아 래-

- 상각방법이 서로 다른 법인이 합병하거나 상각방법이 서로 다른 사업자의 사업을 인수 또는 승계한 경우
- 「외국인투자촉진법」에 의하여 외국투자자가 내국법인의 주식 등을 100분의 20 이상인 수 또는 보유하게 된 경우
- 해외시장의 경기변동 또는 경제적 여건의 변동으로 인하여 종전의 상각방법을 변경할 필요가 있는 경우
- 회계정책의 변경(국제회계기준을 최초로 적용한 사업연도에 결산 상각방법을 변경하는 경우 등)에 따라 결산 상각벙법이 변경된 경우

2 감가상각방법의 변경

구 분	감가상각방법 변경
변경 사유	법인이 신고한 감가상각방법은 이를 계속해서 적용해야 하나, 다음의 사유에 해당하는 경우는 납세지 관할 세무서장의 승인을 얻어 변경할 수 있다. ❶ 상각방법이 서로 다른 법인이 합병(분할합병을 포함)한 경우 ❷ 상각방법이 서로 다른 사업자의 사업을 인수 또는 승계한 경우 ❸ 「외국인투자촉진법」에 따라 외국투자자가 내국법인의 주식 등을 20% 이상 인수 또는 보유하게 된 경우 ❹ 해외시장의 경기변동 또는 경제적 여건의 변동으로 인하여 종전의 상각방법을 변경할 필요가 있는 경우 ❺ 다음 중 어느 하나에 해당하는 회계정책의 변경에 따라 결산 상각방법이 변경된 경우(변경한 결산 상각방법과 같은 방법으로 변경하는 경우만 해당함) 가. K-IFRS를 최초로 적용한 사업연도에 결산상 감가상각방법이 변경된 경우 나. K-IFRS를 최초로 적용한 사업연도에 지배기업의 연결재무제표 작성 대상에 포함하는 종속기업이 지배기업과 회계정책을 일치시키기 위해서 결산 상각방법을 지배기업과 동일하게 변경하는 경우

구 분	감가상각방법 변경
변경 절차	변경 승인신청 : 변경할 상각방법을 적용하고자 하는 최초 사업연도의 종료일까지 납세지 관할 세무서장에게 신청해서 승인을 받아야 한다. 법인이 변경 승인을 얻지 않고 상각방법을 변경한 경우 상각범위액은 변경하기 전의 상각방법에 의해서 계산한다.

3 감가상각방법의 변경에 의한 처리 방법

구 분	감가상각방법의 변경에 의한 처리 방법
회계기준	회계 추정의 변경으로 전진법을 사용한다. 따라서 당기 이전의 회계처리는 모두 인정되고, 잔존내용연수 동안만 변경 후 상각방법을 적용한다.
법인세법	전진법을 적용해서 다음과 같이 상각범위액을 계산한다. 상각방법 변경 후 상각범위액 = 세법상 미상각잔액 × 변경 후 상각률 변경 후 상각률 : 당초 신고내용연수(또는 기준내용연수)에 의한 상각률 적용

고정자산의 양도

1 양도자산의 상각 부인액 추인

유보 잔액(상각 부인액) × 양도 비율만큼 손금산입(△유보)한다.

구 분	세무조정
상각부인액이 있는 경우	동 금액을 손금산입(△유보)
시인부족액이 있는 경우	세무조정 없음

2 양도자산의 감가상각 부인

양도 자산분

양도자산에 대한 감가상각비는 처분손익에 반영되므로 양도자산에 대해서는 상각시부인 계산을 행하지 않는다.

미양도 자산분

다음과 같이 상각시부인을 한다.

구 분	감가상각 시부인
회사상각비	미양도 자산분에 대한 회사 계상 감가상각비
상각범위액	미양도 자산분에 대한 세법상 자산 가액 × 상각률

감가상각비의 신고조정 특례

1 감가상각의제

감가상각의제란 감가상각한 것으로 본다. 혹은 간주한다는 뜻이다. 법인이 감가상각비를 제대로 계상하였다면 이러한 개념이 필요 없으나 법인이 특정한 조세부담 경감이나 조정 목적으로 일반적으로 계상 반영해야 할 감가상각비를 의도적으로 계상 반영하지 않은 경우, 법인의 미계상 반영에도 불구하고 감가상각비를 계상한 것으로 해서 세무상 처리한다는 뜻이다. 특히 특정기간동안 법인세 등을 면제받거나 감면받는 법인은 감면받는 동안은 비용 계상을 적게 하고 수익은 많게 해서 감면대상 법인세를 많게 한 후, 감면기간이 끝나면 밀렸던 감가상각비를 많이 계상해서 법인세 부담액을 줄일 수 있다. 이러한 꿩 먹고 알 먹는 법인의 감가상각 정책을 견제하기 위한 규정이다.

구 분	감가상각의 의제
법인세 면제 · 감면사업 영위법인	감가상각 의제상각의 적용 대상은 법인세가 면제되거나 감면되는 사업을 영위하는 법인에 한해서 적용한다. 여기서 법인세가 면제되거나 감면되는 사업을 영위하는 법인이란 조세특례제한법상 법인세 감면, 외국인투자촉진법상의 감면, 법인세 면제를 적용받는 법인 등이다. 그러나 소득공제나 일부 면제 · 감면은 해당하지 않는다. 또한, 면제 · 감면 비율 정도는 상관없다. 즉, 법인세가 면제 · 감면된다는 것은 법인세 전부나 일부를 납부하지 않는 조세감면 혜택을 말한다.
실제로 법인세를 면제 적용받거나 감면 적용받은 결과가 있는 경우	법인세의 감면 · 면제 대상 사업을 영위하는 법인일지라도 실제로 법인세를 면제받거나 감면받은 경우에만 적용된다. 즉, 감면 사업을 영위하는 법인이 법인의 결손 · 면제 요건의 불비 등으로 사실상 감면을 받지 못한 경우에는 감가상각의제 규정을 적용하지 않는다.

주 감가상각의제 규정을 적용하는 것이 법인에게 불리한 경우 세액감면을 포기함으로써 감가상각의제 규정을 적용하지 않는다.

1. 감가상각의제액 발생 사업연도 : 감가상각의제액을 손금산입한다.
감가상각의제액 = 상각범위액 − (회사상각비 + 전기이월상각부인액의 손금산입액)

2. 그 이후의 사업연도 : 감가상각의제액은 그 이후 사업연도의 상각범위액을 감소시키는 효과가 있다.
정률법에 의한 상각범위액 = (세법상 미상각잔액 − 감가상각의제액) × 상각률
정액법에 의한 상각범위액 = Min(취득가액 × 상각률, 미상각잔액 − 감가상각의제액)

2 K-IFRS 도입기업의 감가상각비 신고조정 특례

K-IFRS를 적용함에 따라 감가상각 방법을 정률법에서 정액법으로 변경하거나 내용연수를 이전보다 증가시킨 기업은 감가상각비가 줄어들어 세 부담이 급증할 수 있다. 또한, 내용연수가 비한정인 무형자산에 대해서는 감가상각비를 인식하지 못해서 세 부담이 급증할 수 있다. 이러한 기업의 세 부담을 완화하기 위해서 법인세법은 감소된 감가상각비를 신고조정으로 손금에 산입하는 특례를 두고 있다.

구 분	신고조정 특례
대상 법인	K-IFRS를 적용하는 내국법인
대상 자산	유형고정자산, 비한정인 내용연수 무형고정자산(상표권, 방송권), K-IFRS를 최초로 적용하는 사업연도 전에 취득한 영업권

2013년 12월 31일 이전 취득자산

법인이 2013년 12월 31일 이전에 취득한 감가상각 자산으로서 기존 보유 자산 및 동종자산의 감가상각비는 다음의 금액을 손금산입할 수 있다. 여기서 기존 보유 자산은 기준연도(K-IFRS를 최초로 적용한 사업연도의 직전 사업연도) 이전에 취득한 감가상각 자산을 말하며, 동종자산은 기존 보유자산과 동일한 종류의 자산으로서 기존 보유 자산과 동일한 업종(해당 법인의 해당 업종을 K-IFRS 도입 이후에도 계속해서 영위하는 경우에 한한다)에 사용되는 것을 말한다.

추가 손금산입액 = Min(❶, ❷)

❶ 개별자산별 추가 손금산입액을 동종자산별로 합한 금액
개별자산별 추가 손금산입액 = 종전감가상각비 - 일반 감가상각비부인 규정에 따라 손금인정 된 감가상각비

• 종전감가상각비 : K-IFRS를 적용하지 않고 종전의 감가상각 방법, 내용연수에 따라 감가상각비를 계상한 경우 세법상 손금으로 인정될 감가상각비 상당액

기준연도의 해당 자산의 동종자산에 대한 결산 상각방법	종전 감가상각비
정액법인 경우	취득가액 × 기준상각률
정률법인 경우	미상각잔액 × 기준상각률

• 결산 상각방법 : 감가상각비를 손금으로 계상할 때 적용한 상각방법을 말한다.

• 기준 상각률 : K-IFRS를 도입하기 이전 상각률을 말한다. 이 경우 기준 상각률은 기준연도 및 그 이전 2개 사업연도에 대해서 각 사업연도별로 다음에 따른 비율을 구하고 이를 평균해서 계산한다.

기준연도의 해당 자산의 동종자산에 대한 결산 상각방법이 정액법인 경우 = 동종자산의 감가상각비 손금산입액 합계액 / 동종자산의 취득가액 합계액

기준연도의 해당 자산의 동종자산에 대한 결산 상각방법이 정률법인 경우 = 동종자산의 감가상각비 손금산입액 합계액 / 동종자산의 미상각잔액 합계액

❷ 손금산입 한도 : 동종자산의 감가상각비 한도

• 동종자산의 감가상각비 한도

기준연도의 해당 자산의 동종 자산에 대한 결산 상각방법	동종자산의 감가상각비 한도 (0보다 작은 경우 0)
정액법인 경우	(해당 사업연도의 감가상각비를 손금으로 계산한 동종자산의 취득원가 합계액 × 기준 상각률) – 해당 사업연도의 동종자산에 대해서 일반 감가상각부인 규정에 따라 손금 인정된 동종자산의 감가상각비 합계액
정률법인 경우	(해당 사업연도의 감가상각비를 손금으로 계산한 동종자산의 미상각잔액 합계액 × 기준 상각률) – 해당 사업연도의 동종자산에 대해서 일반 감가상각 부인 규정에 따라 손금 인정된 동종자산의 감가상각비 합계액

2015년 1월 1일 이후 취득자산

추가 손금산입액 = Min(❶, ❷)

❶ 개별자산별 추가 손금산입액을 동종자산별로 합한 금액
개별자산별 추가 손금산입액 = 개별자산의 기준감가상각비 – 일반 감가상각비 부인 규정에 따라 손금 인정된 감가상각비

• 개별자산의 기준 감가상각비 : 해당 사업연도의 결산 상각방법과 기획재정부령으로 정하는 기준내용연수를 적용해서 계산한 금액

❷ 손금산입 한도 : Min(가, 나). 단, 나 × 25% 〉 가의 경우에는 나 × 25%를 손금산입 한도로 한다.
가. 기준 감가상각비를 고려한 동종자산의 감가상각비 한도
나. 종전감가상각비를 고려한 동종자산의 감가상각비 한도

추가 손금산입액 = Min(❶, ❷)

❶ 개별자산별 추가 손금산입액을 동종자산별로 합한 금액
개별자산별 추가 손금산입액 = 개별자산의 기준 감가상각비 – 일반 감가상각비 부인 규정에 따라 손금 인정된 감가상각비

• 개별자산의 기준 감가상각비 : 해당 사업연도의 결산 상각방법과 기획재정부령으로 정하는 기준내용연수를 적용해서 계산한 금액

❷ 손금산입 한도 : Min(가, 나). 단, 나 × 25% 〉 가의 경우에는 나 × 25%를 손금산입 한도로 한다.
가. 기준감가상각비를 고려한 동종자산의 감가상각비 한도
나. 종전감가상각비를 고려한 동종자산의 감가상각비 한도

• 기준감가상각비를 고려한 동종자산의 감가상각비 한도

동종자산의 기준감가상각비 - 해당 사업연도에 동종자산에 대해서 일반 감가상각비부인 규정에 따라 손금 인정된 동종자산의 감가상각비 합계액

• 종전감가상각비를 고려한 동종자산의 감가상각비 한도

기준연도의 해당 자산의 동종 자산에 대한 결산 상각방법	종전감가상각비를 고려한 동종자산의 감가상각비 한도(0보다 작은 경우 0)
정액법인 경우	(해당 사업연도의 감가상각비를 손금으로 계산한 동종자산의 취득원가 합계액 × 기준 상각률) - 해당 사업연도의 동종자산에 대해서 일반 감가상각 부인 규정에 따라 손금 인정된 동종자산의 감가상각비 합계액
정률법인 경우	(해당 사업연도의 감가상각비를 손금으로 계산한 동종자산의 미상각잔액 합계액 × 기준 상각률) - 해당 사업연도의 동종자산에 대해서 일반 감가상각 부인 규정에 따라 손금 인정된 동종자산의 감가상각비 합계액

3 종속회사의 감가상각비 신고조정 특례

내국법인이 특수관계인으로부터 감가상각 자산을 양수하면서 기업회계기준에 따라 장부에 계상한 자산가액이 시가와 실제 취득원가에 미달하는 경우 다음 중 어느 하나에 해당하는 금액에 대해서 계산한 감가상각비 상당액은 추가로 손금에 산입해야 한다.

구 분	손금산입액
실제 취득가액이 시가를 초과하거나 시가와 같은 경우	시가와 장부에 계상한 자산 가액의 차액에 상당하는 금액
실제 취득가액이 시가에 미달하는 경우	실제 취득가액과 장부에 계상한 자산 가액의 차액에 상당하는 금액

4 설비자산의 감가상각비 손금산입 특례(임의조정)

내국법인이 다음의 구분에 따른 설비 투자자산을 2021년 12월 31일까지 취득하는 경우 해당 설비 투자자산에 대한 감가상각비는 각 과세연도의 결산을 확정할 때 손비에 계상하였는지와 관계없이 상각범위액의 범위에서 해당 과세연도의 소득금액을 계산할 때 손금에 산입할 수 있다. 이때 적용하는 내용연수는 기준내용연수에 그 기준내용연수의 50%(중소기업 및 중견기업은 75%)를 더하거나 뺀 범위(1년 미만은 없는 것으로 한다)에서 선택하여 납세지 관할 세무서장에게 신고한 내용연수로 한다(이는 K-IFRS 도입기업의 감가상각비 신고조정 특례를 같이 적용하지 않는다.)(임의신고조정 : 최저한세 대상).

❶ 중소기업 또는 중견기업 : 다음 중 어느 하나에 해당하는 사업용 유형자산

가. 차량 및 운반구. 다만 운수업에 사용하거나 임대 목적으로 사용하는 경우로 한정함

나. 선박 및 항공기. 다만, 어업 및 운수업에 사용하거나 임대 목적으로 임대업에 사용되는 경우로 한정함

다. 공구 기구 및 비품

라. 기계 및 장치

❷ ❶외의 기업 : 혁신성장 투자자산(신성장 · 원천기술을 사업화하는 시설, 연구 시험용 · 직업훈련용 시설, 에너지 절약시설, 생산성 향상시설)

TIP 감가상각비를 과소계상한 경우 경정청구

[질문]

감가상각비를 과소계상한 경우 경정청구하여 감가상각비를 손금으로 계상할 수 있는 것인가요?(법인, 서면2팀-1432(2005.09.06.))

[답변]

감가상각비는 결산상 손금으로 계상한 경우에 한하여 손금으로 인정되는 것이므로 과소 계상된 감가상각비는 경정청구를 할 수 없다. 다만, 감가상각의제 규정을 적용받는 법인과 업무용 승용차에 대해서는 해당 사업연도에 감가상각비를 과소계상한 경우 경정청구를 통하여 손금 산입이 가능하다.

TIP 주차장 공사비용의 계정과목과 매입세액공제

구축물 계정을 사용하는 것이 적절해 보인다.
구축물이란 토지에 부착하여 설치되는 건물 이외의 구조물, 토목 설비 또는 공작물을 말하는 것으로, 매입세액공제가 가능한 항목이다.
주차장 바닥 포장 공사가 토지와 구분된 별도의 감가상각 대상 구축물에 해당한다면 바닥 포장 공사 관련 매입세액은 공제되는 것으로 판단된다.

서면 3팀-744, 2006.04.20
사업자가 토지 위에 진입도로공사를 하고 이와 관련된 비용이 토지와 구분되는 감가상각 대상 자산인 별도의 구축물에 해당하는 경우는 부가가치세법에 따라 매입세액공제가 되는 것이나, 토지의 조성을 위한 자본적 지출에 해당하는 경우는 매입세액공제가 되지 아니하는 것임.

부가 46015-1857, 1994.09.12
법인이 공장 구내의 토지에 철근콘크리트 포장 공사를 하는 경우 동 공사에 소요된 비용은 토지에 대한 자본적 지출에 해당하지 아니하는 것이며, 별도의 자산으로 계상하고 법인세법시행규칙 별표1(기계장치 이외의 고정자산 내용연수표)의 3. 구축물 · 포장도로 및 포장 노면의 콘크리트바닥 내용연수를 적용하여 감가상각하는 것임.

TIP 엘리베이터의 교체 세무 처리

법인세법 시행규칙 별표5 건축물 등의 내용연수범위표 2항을 보면 승강기 설비 등 모든 부속 설비를 포함하여 상각하도록 하고 있다. 다만 부속 설비를 건축물과 구분하여 업종별 자산으로 회계처리하는 경우는 별표 6(업종별 자산의 내용연수 범위표)을 적용할 수 있다.
따라서 승강기 설비를 교체하더라도 기존 건축물에 포함하여 상각하는 것이 원칙이고, 예외적으로 별도의 자산으로 구분하여 회계처리를 했다면 업종별 자산의 내용연수를 적용해야 할 것이다.
이때 기존 건축물의 수선이 「건축법 시행령」 제2조에서 규정하는 신축, 개축, 재축에 해당하는 경우는 기존 엘리베이터의 장부가액과 철거 비용을 당기 비용으로 처리해야 한다. 다음의 기본통칙을 참고하기를 바란다.
23-26…7 【개축하는 건축물 등에 대한 감가상각】
기존 건축물에 대한 개량, 확장, 증설 등에 해당하는 자본적 지출액은 기존 건축물의 내용연수를 적용하여 감가상각한다. 다만, 기존 건축물의 수선이 「건축법 시행령」 제2조에서 규정하는 신축, 개축, 재축에 해당하는 경우는 기존 건축물의 장부가액과 철거비용은 당기비용으로 처리하고 그외 새로이 지출한 금액은 신규 취득자산의 장부가액으로 보아 새로이 내용연수를 적용하여 감가상각한다.
다음 예규는 생산설비 폐기손실에 관련된 예규로 일부 부품의 교체는 동 폐기손실에 해당할 수 없다는 내용이다.
하나의 독립된 기계장치에 대하여 일부의 부품을 교체하는 경우는 그 성격에 따라 부품 교체에 소요된 비용을

수익적 지출 또는 자본적 지출로 구분하여 비용 또는 자산으로 계상하는 것이므로, 법인이 독립된 자산을 부품별로 감가상각하고 있는 경우에도 일부 부품의 교체는 「법인세법 시행령」 제31조 제7항의 규정을 적용할 수 없는 것임.
귀 질의의 경우 시설의 개체 또는 기술의 낙후로 인한 생산설비의 일부 폐기인지, 일부 부품의 교체인지는 실질내용에 따라 사실판단할 사항임(서면2팀-630, 2007.4.10.).

TIP 전기 감가상각을 누락한 경우 세무조정

(차) 감가상각비(제) 2,000,000 | (대) 감가상각누계액(기계) 2,000,000
재무제표 수정순서 : 제조원가명세서 → 손익계산서 → 이익잉여금처분계산서 → 재무상태표
전기에 감면 여부에 따라 다르다.

1. 전기에 중소기업특별세액감면 / 창업중소기업감면을 받은 경우
전기 법인세를 수정신고해야 한다.
〈손금산입〉 감가상각비 xxx (△유보)
당해연도에는 위의 유보를 추인하는 세무조정을 해준다.
〈손금불산입〉 감가상각비 xxx (유보)

2. 전기에 중소기업특별세액감면 / 창업중소기업감면을 받지 않은 경우
감가상각비는 결산조정 사항이므로 장부에 반영하지 않으면 비용처리 할 수 없으며, 감가상각비 비용처리 받지 못한 부분은 추후 이월되어 처리된다.

TIP 감가상각비의 강제상각과 임의상각

상각 제도는 상각한도액 상당의 상각을 강제하는 강제 상각방법과 상각한도액의 범위 내에서 상각액을 납세자의 계산에 위임하는 임의 상각방법으로 분류한다. 세법은 원칙적으로 감가상각비에 대해 임의상각 제도를 채택하고 있으므로 법인이 확정 결산에서 상각비를 계상하지 않는 한 세무상 감가상각비를 손금산입할 수 없으며(결산조정 사항), 한도액 내에서 손금인정을 한다.
세법에서 감가상각비를 결산조정 사항으로 규정하고 있으므로 납세자는 마음대로 감가상각 할 수 있다. 하지만 이를 악용하게 되는 경우 과세소득을 임의로 조작할 수 있는 부작용이 발생하게 되므로 세법상 한도를 정해 두고 있는 것이다.
기업회계기준에서는 장부상 감가상각비를 임의로 많이 계상하는 경우 문제가 발생할 수 있으며, 세법상으로는 장부상 감가상각비 비용계상액 전액을 무조건 인정해 주는 것이 아니라 한도액 범위 내에서 손금인정한다.
다만 예외적으로 업무용승용차와 세법상 감면에 대해서는 예외적으로 강제상각을 한다.

감가상각이 완료된 유형자산이라도 장부상에는 비망계정으로 남아있는데, 이렇게 비망계정으로 남아있는 자산에 대한 자본적 지출이 발생했을 경우의 회계처리 및 세무처리에 대해 살펴보면 다음과 같다.

일반기업회계기준 제5장 『회계정책, 회계추정의 변경 및 오류』 문단 5.14는 "회계추정의 변경은 전진적으로 처리하여 그 효과를 당기와 당기 이후의 기간에 반영한다"고 규정하고 있으며, 부록 실 5.5는 "회계추정에는 대손의 추정, 재고자산의 진부화 여부에 관한 판단과 평가, 우발부채의 추정, 감가상각 자산의 내용연수 또는 감가상각 자산에 내재된 미래 경제적 효익의 기대 소비 형태의 변경(감가상각방법의 변경) 및 잔존가액의 추정 등이 있다" 고 규정하면서 자본적 지출에 따른 감가상각자산의 내용연수의 변경을 회계추정의 변경으로 보아 전진적으로 처리하도록 규정하고 있다.

또한 한국채택국제회계기준(K-IFRS) 제1008호『회계정책, 회계추정의 변경 및 오류』도 문단 32~40에서 감가상각자산의 내용연수의 변경을 회계추정의 변경으로 보아 전진적으로 처리하도록 규정하고 있다.

따라서 상각 완료 자산에 대한 자본적 지출로 인하여 유형자산의 수명이 증가했을 경우, 회계추정의 변경으로 보아 전진법으로 처리하여 늘어나는 내용연수 동안 남은 잔존가액으로 감가상각을 하는 처리를 하면 된다.

예를 들어 2025년 1월 1일에 잔존가액 1,000원만 있는 기계장치(정액법 적용)에 수선비 6천만 원이 투입되어 내용연수가 2년 증가했다면, 내용연수의 증가를 수선비의 투입에 따른 정당한 회계추정의 변경으로 보아 자본적 지출액이 발생한 회계연도부터 2년간 안분하여 감가상각비로 반영하면 되며, 회계처리 방법은 다음과 같다.

① 상각 완료 자산에 대한 자본적 지출 발생 시

기계장치	60,000,000	보통예금	60,000,000

② 2025년 12월 31일 감가상각 수행 시

감가상각비	30,000,000	감가상각누계액	30,000,000

상각 완료 자산에 대한 자본적 지출액의 세무 처리

상각 완료 자산에 대한 추가 자본적 지출 금액에 대한 세무상의 처리는 기업회계와는 약간 다른데, 현행 법인세법에서는 상각 완료 자산에 대한 자본적 지출액이 발생했을 경우 당초 신고한 내용연수에 의한 상각률에 따라 상각하도록 규정하고 있다. 즉, 내용연수는 증가시키지 않고 취득원가로 반영된 자본적 지출액을 당초에 세무 당국에 신고한 내용연수에 의한 상각률로 상각하는 처리를 하면 되는 것이다.

법인세법 기본통칙 23-28-2 [감가상각이 완료된 자산에 대한 자본적 지출의 처리]
감각상각이 완료된 고정자산에 대하여 자본적 지출이 발생한 경우는 당초 신고한 내용연수에 의한 상각률에 따라 이를 상각한다.

내용연수가 5년인 취득원가 2억 원의 기계장치를 상각완료(감가상각누계액 1억 9천 9백 9십 9만 9천원)하여 장부가액 1천 원만 남아 있는 상태에서, 2025년 1월 1일에 6천만 원의 자본적 지출이 발생한 경우의 세무처리 방법(정액법 상각)은?

해 설

① 2025년의 감가상각범위액
= (장부상 취득원가 + 전기 말까지 자본적 지출의 누계 + 당기 자본적 지출) × 상각률
= (200,000,000원 + 60,000,000원) × 0.2(5년의 정액법 상각률) = 52,000,000원
* 2025년 결산 시에는 자본적 지출 금액 6천만 원 중 5,200만 원에 대해 감가상각비 반영 가능

② 2026년의 감가상각범위액
= (200,000,000원 + 60,000,000원) × 0.2(5년의 정액법 상각률)
= 52,000,000원(감가상각 한도)
2026년에는 미상각잔액(= 260,000,000원 - 199,999,000원 - 52,000,000원)이 8,001,000원이므로 1천 원을 제외한 8,000,000원만 감가상각 반영

TIP 자본적지출을 수익적지출로 처리한 경우 세무상 문제와 조정

자본적지출에 해당하는 금액을 수익적지출로 처리하는 경우 해당 지출이 발생한 연도에 전부 비용처리를 함으로써 그 지출이 발생한 연도의 비용이 세법에서 정한 금액보다 많아져 법인세 또는 소득세를 적게 납부하는 결과가 된다. 전체 비용화할 수 있는 금액은 같으나 세법에서 정한, 기간 동안 나누어 비용화하지 않고, 발생한 연도에 전액 비용화함으로써 세금을 이연시키는 효과가 발생한다. 한편, 자본적지출을 수익적지출로 처리한 내용을 과세당국이 세무조사 등의 과정에서 확인하게 되는 경우 수익적지출로 처리한 회계연도에 소득을 적게 계상한 금액에 대하여 신고불성실가산세 및 납부불성실가산세를 추징하게 된다. 이로 인하여 기업입장에서는 자본적지출로 처리하였다면, 부담하지 않아도 될 신고불성실가산세 및 납부불성실가산세를 추가로 부담하게 되고, 예측하지 못한 세금을 부담하게 되어 어려움을 겪게 될 것이다. 따라서 자산의 개량 또는 수선 등의 지출이 발생하는 경우로서 수익적지출인지 자본적지출인지 여부가 명확하지 않고, 그 금액이 중요하다면, 보수적으로 판단하여 해당 자산의 취득가액으로 처리하는 것이 세무 리스크를 예방할 수 있다.

자본적지출을 수익적지출로 처리한 경우 해당 사업연도의 비용을 실제보다 많이 계상하였으므로 법인의 소득을 과소 신고하여 법인세를 적게 신고 · 납부한 결과가 된다. 따라서 해당 사업연도가 경과한 후에 이를 수정하는 경우 법인세 신고 내용을 수정해야 한다. 단, 전기 이전의 재무제표는 수정할 수 없다. 수정신고 시 과소신고한 소득은 세무조정에서 손금불산입하고, 법인세를 추가 납부해야 하며, 신고불성실가산세 및 납부불성실가산세를 추가로 부담해야 한다.

예를 들어 20×5년 기계장치 내용연수를 증가시킨 자본적지출 금액 1억 원을 수선비로 처리하였다. 20×7년이 사실을 발견하고, 20×5년 귀속분 법인세를 수정신고하여 법인세 및 가산세를 추가납부하고, 20×7년도 장부에 반영한다.

기계장치	100,000,000	전기오류수정이익(영업외)	100,000,000

1. 20×5년 법인세 수정신고 및 세무조정
손금불산입 수선비 100,000,000(유보)
과소신고가산세 및 납부불성실가산세 부담

2. 20×7년 세무조정 익금불산입
전기오류수정이익 100,000,000(△유보)

미사용 자산 및 유휴자산의 감가상각

경기침체나 여러 가지 이유로 유형자산을 취득하고도 사용하지 못하거나, 이미 취득

한 유형자산의 가동을 중단하는 경우가 있다.

1 기업회계 처리

기업회계상 미 사용자산 및 가동 중단 자산도 감가상각하고 영업외비용으로 처리한다.

현행 기업회계는 경제 상황으로 인하여 유형자산을 취득한 뒤 사용하지 못하고 있거나, 사용하던 자산을 가동 중지하는 경우도 감가상각을 하되, 감가상각비는 영업외비용으로 처리하도록 규정하고 있다(일반기업회계 제10장 유형자산).

이는 미사용 자산 또는 가동 중지 자산도 사업목적에 맞게 사용하는 것으로 인정한다는 의미인데, 따라서 미사용 자산, 장기간 가동 중지 자산, 단기간 가동 중지 자산 등을 구분하지 않고 모두 감가상각을 하여 원가를 배분하는 회계처리를 하면 된다.

2 세무상 처리

세무상으로는 일시적 유휴자산에 대해서만 감가상각을 인정한다.

법인세법은 사업에 사용하지 아니하는 자산, 건설 중인 것, 시간의 경과에 따라 가치가 감소하지 않는 자산에 대해서는 감가상각을 인정하지 않고 있는데, 일시적 유휴설비에 대해서는 감가상각을 인정한다.

하지만 철거하여 사업에 사용하지 않는 자산 및 취득 후 사용하지 않고 보관하는 자산은 일시적 유휴설비에 포함시키지 않아 감가상각을 인정하지 않는다. 즉, 다시 사업에 사용할 목적으로 단기적으로 가동중지 중에 있는 유휴자산에 대해서는 감가상각을 인정하고, 자산을 철거하여 사업에 사용하지 않거나 취득 후에 사용하지 않고 보관하고 있는 미사용 자산에 대해서는 기업회계와는 달리 감가상각을 인정하지 않는다.

따라서 기업회계에 따라 감가상각을 반영한 미사용 자산은 법인세법 규정에 따라 세무조정을 해야 한다.

내용연수가 경과한 자산의 감가상각

감가상각비는 당해 내용연수기간 동안에 전액 상각되어야 한다거나 당해 내용연수 내에서만 감가상각이 가능하다는 것을 강제하는 것은 아니므로 미상각잔액에 대하여 내용연수가 지나더라도 당해 자산의 상각범위액 내(5년)에서 감가상각비를 손금에 산입할 수 있는 것이다.

예를 들어 내용연수가 5년인 경우 2022년, 2023년, 2024년, 2026년, 2027년 5년간 상각범위액 내에서 상각할 수 있다.

(서면 2팀-1220, 2005.07.27.)
법인이 영업권에 대한 감가상각비를 결산서 상 상각범위액에 미달하게 계상한 경우로서 감가상각의제규정이 적용되는 경우를 제외하고 내용연수가 지나더라고 법인세법 시행령 제26조의 규정에 의하여 상각 범위 내에서 법인이 계상한 감가상각비를 손금에 산입할 수 있는 것임.

감가상각비의 수정신고, 경정청구

Q. 깜빡하고 감가상각비를 반영하지 않고 법인세(종합소득세) 신고를 해버렸습니다. 혹시 감가상각비를 반영해서 경정청구를 할 수 있을까요?

A. 감가상각비는 결산조정 사항으로 실제 정기 신고 시 반영하지 않은 감가상각비는 경정청구 및 수정신고, 기한후신고 시에는 반영할 수 없습니다. 종합소득세 및 법인세도 마찬가지입니다.

Q. 감가상각의제 대상 법인이 감가상각비를 임의로 과소계상할 수 있는 것인가요?

A. 감가상각의제 대상 법인이 실제 장부상 감가상각비를 계상하지 않았거나 과소 계상한 경우 그 상각범위액만큼 신고조정을 통하여 강제 상각하여야 하는 것입니다.

법인세를 면제나 감면받는 내국법인이 각 사업연도의 소득금액을 계산할 때는 개별 자산에 대한 감가상각비를 상각범위액만큼 손금에 산입하여야 하는 것입니다.

Q. 감가상각 의제액을 손금산입하면 결손이 발생하여 실제로 조세감면을 받을 수 없는 경우에도 감가상각 의제액을 손금산입하여야 하는 것인가요?

A. 각 사업연도의 소득에 대하여 법인세가 면제되거나 감면되는 사업을 경영하는 법인으로서 법인세를 면제받거나 감면받은 경우는 개별자산에 대한 감가상각비를 상각범위액이 되도록 손금에 산입하여야 하는 것이며, 손금산입에 따라 결손금이 발생하는 경우라 하더라도 상각범위액만큼 손금에 산입하여야 하는 것입니다.

TIP 감가상각비 손금 계상 누락에 대한 경정청구

법인세법 기본통칙 23-0-1【감가상각비 손금 계상 누락에 대한 경정청구】

감가상각비는 법 제23조 제1항에 따라 결산 시 손금으로 계상한 경우에 한하여 이를 손비로 보는 것이므로 다음 각호의 어느 하나에 해당하는 경우를 제외하고는 결산 시 손금에 계상하지 아니한 금액은 이를 세무조정에 의하여 손금산입하거나 「국세기본법」 제45조의 2에 따라 경정청구할 수 없다.

1. 법 제23조 제2항에 따라 한국채택국제회계기준을 적용하는 법인의 유형자산과 내용연수가 비한정인 무형자산의 감가상각비
2. 영 제19조 제5호의2에 따라 특수관계인으로부터 양수한 자산의 장부가액이 시가에 미달하는 경우 감가상각비 손금산입 특례
3. 영 제30조에 따라 감가상각의 의제가 적용되는 법인의 감가상각비
4. 영 제50조의2 제3항에 따른 2016년 1월 1일 이후 개시하는 사업연도에 취득한 업무용승용차의 감가상각비

TIP 의제 상각 규정을 적용하지 않는 세액공제

감가상각의제 규정은 법인세가 면제되거나 감면(소득공제 포함)되는 사업을 영위하는 사업자가 법인세를 면제받거나 감면받는 경우 적용하는 것이다. 다만, 당해 소득에 대한 감면이 아닌 투자액에 대한 세액공제는 감가상각의제 규정을 적용하지 않는다. 즉 특정 사업에서 생긴 소득에 대하여 법인세를 면제, 감면해 주는 것이 아닌 요건을 갖춘 특정 비용에 대한 법인세 면제나 감면에 해당하는 근로소득 증대 금액 및 중소기업 고용 증가 인원에 대하여 사용자가 부담하는 사회보험료 상당액에 대해 적용되는 세액공제는 감가상각 의제 대상에 해당하지 않는다.

제10조(연구 · 인력개발비에 대한 세액공제),
제11조(연구 및 인력개발을 위한 설비투자에 대한 세액공제),
제25조(특정 시설 투자 등에 대한 세액공제),
제29조의5(청년 고용을 증대시킨 기업에 대한 세액공제),
제30조의4(중소기업 사회보험료 세액공제)

감가상각의 의제 규정을 적용하여 경정청구가 가능한지? 여부(법인, 서면-2018-법인-3520 [법인세과-2975], 2020.08.21)

[요 지]

법인세를 면제받거나 감면받은 내국법인이 해당 사업연도의 소득금액을 계산할 때 감가상각비를 손금에 산입하지 않은 경우 경정청구 가능한 것임

[회 신]

귀 질의와 같이 2017 사업연도에 법인세를 면제받거나 감면받은 내국법인이 해당 사업연도의 소득금액을 계산할 때 「법인세법」(2018.12.24. 법률 제16008호로 개정되기 전의 것) 제23조 제1항 단서에 따라 감가상각비를 손금에 산입하지 않은 경우 경정청구 가능한 것이며, 이 경우 감가상각비의 손금산입 방법에 대해서는 아래의 회신 사례를 참조하시기 바랍니다

○ 서면-2017-법인-3211, 2018.04.09.

각 사업연도의 소득에 대하여 법인세가 면제되거나 감면되는 사업을 경영하는 법인으로서 법인세를 면제받거나 감면받은 경우는 「법인세법」 제23조 제1항 단서 및 같은 법 시행령 제30조 제1항에 따라 개별자산에 대한 감가상각비를 상각범위액이 되도록 손금에 산입하여야 하는 것이며, 동 손금산입에 따라 결손금이 발생하는 경우라 하더라도 동일하게 적용하는 것입니다.

소프트웨어의 감가상각

1 기업회계기준 상의 처리 방법

소프트웨어의 경우 개발단계에서 발생한 지출은 기업회계기준의 무형자산 요건을 충족하는 경우 무형자산으로 인식하고, 그 외의 경우에는 경상개발비의 과목으로 하여 발생한 기간의 비용으로 인식한다(기업회계기준해석 41).

업무 자동화를 위한 전산시스템의 구축 및 소프트웨어의 개발을 위하여 착수 시점부터 시스템의 정상적 가동 전 또는 개발된 소프트웨어의 정상적 운용까지 발생한 지출 중 무형자산인 개발비 요건에 해당하는 경우는 개발비로 계상한다. 한편, 전산시스템의 구축 또는 소프트웨어 개발을 실패한 경우는 즉시 비용처리 한다.

2 법인세법상의 처리

소프트웨어는 당해 자산에 대한 감가상각비가 판매비와관리비를 구성하는 경우는 법

인세법시행규칙 [별표 5] 의 구분 1의 기구 및 비품으로 보아 내용연수를 적용하는 것이며, 그 이외의 경우에는 업종별 자산의 내용연수를 적용한다.

> 소프트웨어 감가상각방법(서이 46012-11017, 2003.5.21)
> 새로운 소프트웨어 · 설비 · 기기 등을 구입하거나 사용 중인 소프트웨어를 버전업(Version Up)하는 데 소요되는 금액은 자산(기구 및 비품)으로 계상하여 감가상각하는 것임.

감가상각비를 계산할 때 일할로 하는 것인지 월할로 하는 것인지?

중도에 취득 또는 판매(처분, 매각)한 유형자산의 감가상각(감가상각비를 계산할 때 일할로 하는 것인지 월할로 하는 것인지?)

회계에서는 감가상각비를 일할로 계산하는 것과 월할로 계산하는 것은 회사의 선택으로 일관된 회사의 규정에 맞게 처리하면 된다.
일할계산하기로 결정했으면, 계속 일할계산하면 된다. 다만 A 자산은 일할로 계산하고, B 자산은 월할로 계산하는 등의 일관성 없는 감가상각은 인정되지 않는다.
반면 세무상으로는 사업연도 중 취득한 재산에 대해서는 월할 상각을 인정하고 있다. 세법상 감가상각비는 1개월 미만은 1개월로 간주하기에 회계처리를 일할로 하게 되면 세법과 차이가 날 수 있다.
회계상 감가상각비를 일할계산하는 것은 회사의 선택사항이나, 세무상으로는 일할계산이 인정되지 않으므로 세법에 맞춰 결산 시에는 별도의 세무조정을 해야 한다.
따라서 회계와 세법을 일치시키기 위해서 일할로 하지 않고 월할로 계산하는 경우가 많다.

연도 중 취득	연도 중 처분(매각)
연도 중 신규 취득한 유형자산은 사업에 사용한 날부터 사업연도 종료일까지의 월수로 계산한다. 예를 들어 7월 10일 취득한 자산은 6개월/12개월로 계산한다.	연도 중 처분한 유형자산의 개월 수는 1월 미만의 경우 1월로 한다. 예를 들어 7월 10일 처분한 자산은 7개월/12개월로 계산한다. 일반적으로 처분하는 자산은 감가상각하지 않으나 업무용 차량에 대한 강제상각 규정이나 감가상각자산 의제 규정으로 인해 강제로 상각해야만 하는 경우가 있다.

국고보조금을 받는 경우 감가상각

보조금으로 자산취득 시 감가상각은 자산의 취득 원가에서 차감하고, 해당 자산의 내용연수에 걸쳐 감가상각비와 상계해야 한다.

1 자산 취득과 관련된 보조금

자산취득 시에 일부 또는 전체 금액을 정부 보조금으로 충당 받을 경우, 정부보조금을 수령하는 연도만이 아닌 자산의 상각 기간 동안 나눠서 비용을 감소시키는 효과가 있다.

예를 들어 200만 원의 유형자산을 구입하는데, 100만 원의 정부보조금을 충당 받는 경우 감가상각비(5년 동안 정액법으로 상각)를 계산해 보면 다음과 같다.

취득 연도 (1년차)

감가상각비	400,000	감가상각누계액	400,000
국고보조금	200,000	감가상각비	200,000

마지막 상각 연도 (5년차)

감가상각비	400,000	감가상각누계액	400,000
국고보조금	200,000	감가상각비	200,000

2 수익(특정 비용 보전) 관련 보조금

자산취득이 아닌 특정 비용을 보전받는 경우, 정부보조금을 수령하고 비용과 상계하는 연도에 해당 금액만큼 비용을 감소시키는 효과가 있다.

그러나 수익 관련 보조금을 사용하기 위한 조건을 충족하기 전에 받은 수익 관련 보조금은 선수수익으로 처리할 수 있다.

예를 들어 200만 원의 인건비 중 100만 원을 정부 보조금으로 충당 받는 경우

인건비	1,000,000	국고보조금	1,000,000

퇴직급여충당금과 퇴직연금충당금의 비용처리와 세법상 비용인정 한도

기업회계와 세무회계의 차이

기업회계 명칭		세무회계 명칭
한국채택국제회계기준	확정급여채무(추계액 100%)	내부 적립 : 퇴직급여충당금 (결산조정 사항) 외부 적립 : 퇴직연금충당금 (신고조정 사항)
일반기업회계기준	퇴직급여충당부채(추계액 100%) : 내부 적립(퇴직금), 외부 적립(퇴직연금)을 구분하지 않음	

주

세무상 퇴직급여충당금 (회계상 퇴직급여충당부채)	세무상 퇴직연금충당금 (회계상 퇴직급여충당부채)
결산조정 사항	신고조정 사항

- 퇴직급여충당금(결산조정 사항) : 회계장부상 계상액이 세법상 한도 미달인 경우 세무조정이 없고, 세무상 한도 초과인 경우 한도 초과액은 손금불산입(예 : 감가상각비, 대손충당금, 퇴직급여충당금)

기업회계	법인세법	세무조정
100	150	세법상 한도 150 : 한도 미달 세무조정 없음
100	50	세법상 한도 50 : 한도 초과 50 손금불산입(유보)

−

=

+ 한도초과액 → 손금불산입(유보)

− 한도미달액 → 세무조정없음

- 퇴직연금충당금(신고조정 사항) : 회계장부상 계상액이 세법상 한도 미달인 경우 세법상 한도 금액만큼 추가로 손금산입하고, 세무상 한도초과인 경우 세법상 한도에 맞추어 차액을 손금불산입(예 : 감가상각비, 대손충당금, 감가상각충당금을 제외한 대다수)한다. 즉 세법상 한도를 기준으로 장부상 금액이 세법상 한도에 미달하면 차액을 손금산입(△유보), 장부상 금액이 세법상 한도를 초과하면 차액을 손금불산입(유보) 처분한다.

기업회계	법인세법	세무조정	비고
100	150	50 손금산입(△유보)	150에 맞추어 추가로 손금 처리
100	50	50 손금불산입(유보)	50에 맞추어 차이 50을 손금불인정

−

=

+ 한도초과액 → 손금불산입(유보)

− 한도미달액 → 손금산입(△유보)

퇴직급여 적립제도

퇴직급여 적립제도는 사내적립과 사외적립으로 나누어진다.

사내 적립(전통적인 퇴직금)	사외 적립(퇴직연금)
근로자들에게 지급해야 할 퇴직급여액을 퇴직급여충당금으로 설정해서 회사 내부에 적립하는 것	보험사나 은행 등의 외부기관에 퇴직급여액을 위탁하는 방식으로 우리나라는 퇴직연금제도를 시행하고 있음

1 사내 적립 : 퇴직급여충당금 설정

근로자가 퇴직할 때 지급되는 퇴직급여를 근로자의 재직기간에 미리 배분하기 위해서 매 결산일에 퇴직급여충당금을 설정하고 퇴직급여로 비용처리 한다.

2 사외 적립 : 퇴직연금제도

퇴직연금제도는 회사가 근로자 재직기간 중 퇴직급여 지급 재원을 외부의 금융기관에 적립하고, 금융기관이 이를 회사 또는 근로자의 지시에 따라 운영하여 근로자 퇴직 시 연금 또는 일시금으로 지급하는 사외 적립제도이다. 퇴직연금제도는 확정기여형과 확정급여형으로 구분된다.

[확정급여형 퇴직연금 제도 · 확정기여형 퇴직연금 제도 · 개인형 퇴직연금(IRP) 제도 비교]

구분	확정급여형 퇴직연금제도	확정기여형 퇴직연금제도	개인형 퇴직연금제도
개념	• 퇴직 시 지급할 급여 수준을 노사가 사전에 약정 • 사용자가 적립금 운용 방법을 결정 • 근로자가 퇴직 시 사용자는 사전에 약정된 퇴직급여를 지급	• 기업이 부담할 기여금 수준을 노사가 사전에 확정 • 근로자가 적립금 운용 방법을 결정 • 근로자가 일정 연령에 도달하면 운용 결과에 따라 퇴직급여를 지급	• 근로자 직장 이전 퇴직연금 유지를 위한 연금 통산 장치 또는 10명 미만 사업체 적용 • 근로자가 적립금 운용 방법을 결정 • 퇴직일시금 수령자 가입 등 일시금에 대해 과세이연
기업 부담	• 적립금 운용 결과에 따라 기업 부담 변동	• 매년 기업의 부담금은 근로자 임금의 일정 비율로 확정 • 가입자의 연간 임금 총액의 1/12에 해당하는 금액 이상	• 없음(다만, 10명 미만 사업체는 확정기여형 퇴직연금제도와 동일)
퇴직 급여	• 근로기간과 퇴직 시 임금수준에 따라 결정 • 계속근로기간 1년에 대해서 30일분의 평균임금에 상당하는 금액 이상	• 자산운용 실적에 따라 퇴직급여 수준이 변동	• 자산운용 실적에 따라 퇴직급여 수준이 변동
제도 간 이전	• 어려움(퇴직 시 개인 퇴직 계좌(IRP)로 이전)	• 직장이동 시 이전이 용이	• 연금 이전이 용이
적합한 기업 · 근로자	• 도산 위험이 없고, 정년 보장 등 고용이 안정된 기업	• 연봉제 도입기업 • 체불 위험이 있는 기업 • 직장이동이 빈번한 근로자	• 퇴직일시금 수령자 및 소규모 기업 근로자

(사내) 퇴직금의 세무조정

퇴직급여충당금이란 기업에서 종업원이 퇴직할 때 퇴직금을 지급하기 위해 설정하는 부채이다. 이 충당금의 성격은 종업원이 언제 퇴직할 것인지는 알 수가 없지만, 1년 이상 근무한 종업원이 퇴직할 때는 반드시 퇴직금을 지급하게 되어있기 때문에 지급할 예정이 명백한 부채이다. 그래서 기업회계기준에서는 퇴직급여충당부채(= 세법상 명칭은 퇴직급여충당금)를 설정해 비용으로 처리하도록 하고 있다.

퇴직급여충당금 설정은 모든 법인이 설정할 수 있으며, 설정 대상자는 법인의 임원 또는 사용인(확정기여형 퇴직연금 등이 설정된 자를 제외)이며, 반드시 결산상 손금으로 계상한 경우에 한하여 적용한다.

기업회계에서는 사내 퇴직금에 대해서 퇴직급여 추계액의 100%까지 퇴직급여충당부채로 설정이 가능하나 법인세법에서는 설정할 수 없다. 즉, 퇴직급여추계액의 0%를 인정하고 있다. 따라서 회사에서 설정한 사내 퇴직금에 대한 퇴직급여충당부채는 전액 손금불산입(유보) 처리된다는 점을 알고 있어야 한다.

매년 말에 기업회계상 퇴직급여충당부채를 설정하려면 그 금액을 측정할 수 있어야 한다. 측정은 퇴직급여 추계액(DC형 제외)으로 설정하는데, 이는 해당 사업연도 종료일 현재 재직하는 임원 또는 사용인 전원이 퇴직할 경우에 퇴직금으로 지급돼야 할 금액을 추정해 계산한 금액이다. 연말에 모든 종업원이 동시에 퇴직할 일은 거의 발생하지 않겠지만, 일단 기업회계기준에서는 퇴직급여 추계액 전액을 퇴직급여충당부채로 설정하도록 하고 있다(외부감사 대상 법인인 경우는 퇴직금 추계액의 100%를 퇴직급여충당부채로 반드시 계상해야 한다). 퇴직금은 근무연수와 직전 3개월분 급여액에 비례해서 증가하기 때문에, 매년 퇴직급여 추계액을 계산해 전기 대비 부족한 금액 또는 초과 금액을 가감해 재무제표에 퇴직급여충당부채를 설정하면 된다.

그리고 해당 금액이 실현될 때, 즉 실제로 종업원이 퇴사해 퇴직금을 지급하는 경우나 퇴직연금에 가입해 퇴직연금 불입액으로 지출하는 경우 비용으로 인정해 준다. 또한 개인이나 소규모 법인의 경우에는 퇴직급여충당부채를 반드시 설정할 의무가 없다. 그러다 보니 실무적으로 퇴직급여충당부채를 설정하지 않는 경우가 많다.

퇴직연금충당금(기업회계상 계정과목은 퇴직급여충당부채)은 확정기여형과 확정급여형으로 나뉘며, 확정기여형에서는 회사가 부담한 퇴직연금 부담금을 전액 손금에 산입하지만, 확정급여형은 회사가 퇴직연금충당금을 결산에 계상하는 경우 세법상 한도액과 비교하여 세무조정을 하게 되며, 퇴직연금충당금을 결산서에 반영하지 않은 경우는 세법상 한도액만큼 강제적으로 손금산입의 세무조정(신고조정 사항)을 한다.

퇴직연금부담금 조정명세서는 확정급여형 퇴직연금(DB형)만 작성하면 된다.

퇴직급여충당금 조정명세서 22번란의 "세법상 추계액"과 퇴직연금 부담금 조정명세서 1번란의 "퇴직급여 추계액"은 같은 금액이다.

구 분	적용률
기업회계	퇴직급여추계액의 100% 설정 가능
법인세법	퇴직급여추계액의 0% 설정 가능(사실상 설정 불가능) 따라서 설정액 전액 손금불산입

확정급여형(DB형) 퇴직연금 세무 처리

1 확정급여형(DB형) 퇴직 연금

1. 퇴직급여충당금 세무조정

- 퇴직급여충당금 한도 초과액(세법상 한도 0원)을 부인한다. : 전액 손금불산입
- 퇴직급여충당금조정명세서를 작성한다.

2. 퇴직연금부담금 세무조정

- 퇴직급여 추계액과 납입한 부담금 중 적은 금액을 손금 산입한다.
- 퇴직연금부담금조정명세서를 작성한다.

2 퇴직급여충당금의 세무 처리

법인이 각 사업연도에 임원 및 사용인의 퇴직급여를 지급하기 위한 퇴직급여충당금을 설정한 경우는 일정 금액의 범위에서 손금에 산입한다.

세무서식은 퇴직급여충당금 조정명세서를 작성한다.

—

=

+ 한도초과액 → 손금불산입(유보)

− 한도미달액 → 세무조정없음

❶과 ❷ 중 적은 금액을 한도로 한다. : 실질적으로 세법상 한도는 ❷에 따라 0%다.

❶ 총급여 기준 : 총급여액(비과세소득, 손금산입되지 않는 인건비, 인정상여, 퇴직소득 중 퇴직소득에 속하지 않는 소득은 제외) × 5%

퇴직급여 지급 대상 임원 또는 사용인(확정기여형 퇴직연금 등 설정자 제외)의 당해 사업연도 총급여액

❷ 추계액 기준(사업연도 종료일 현재 재직하는 임원 또는 사용인 전원의 퇴직급여 추계액) : Max[일시퇴직기준, 근로자퇴직급여보장법상 보험수리적 기준] × 0% + 퇴직금전환금 잔액 − 세법상 퇴직급여충당금 이월 잔액

단, 旣 손금 인정된 충당금은 충당금 한도가 축소되더라도 한도 초과분을 익금에 산입하지 않는다(경과조치).

총급여 기준과 추계액 기준 중 적은 금액이므로 추계액 기준이 0%이므로 사실상 추계액 기준인 0%를 적용하므로 한도액은 0원이 나온다.

총급여

구 분	내 용
총급여액의 범위	근로의 제공으로 인해 받는 봉급 · 급료 · 보수 · 세비 · 임금 · 상여 · 수당과 이와 유사한 성질의 급여와 법인의 주주총회 · 사원총회 또는 이에 준하는 의결기관의 결의에 따라 상여로 받는 소득의 합계액을 말한다. 여기에는 손금불산입 된 금액, 비과세 근로소득, 인정상여는 제외된다. 퇴직급여 지급 규정에 1년 미만인 자에게 퇴직급여를 지급하기로 한 경우에는 계산 편의를 위해 신입사원에 대한 급여액을 총급여에 포함한다. 확정기여형 퇴직연금 설정자, 중도 퇴사자, 일용근로자는 설정 대상에서 제외된다. ① 제조원가명세서와 손익계산서에 있는 급여와 상여 ② 비과세 근로소득 제외 ③ 비용으로 인정받지 못하는 급여 가. 손금불산입(상여 소득처분) 된 금액은 뺀다. 나. 임원이나 특수관계자에게 주주총회나 정관의 금액보다 급여 또는 상여를 더 지급한 경우 뺀다.

구 분	내 용
	다. 아무 이유 없이 동일 업무, 동일 직급의 직원에게 상여를 더 지급한 경우 뺀다. ④ 퇴직금 지급 대상이 아닌 임원 또는 사용인은 뺀다. 가. 사규, 취업규칙에 1년 미만 직원에게 퇴직금을 주겠다고 말이 없으면 대상자가 아님 나. 비상근임원의 급여 또는 상여 ⑤ 확정기여형(DC형) 퇴직연금 가입한 임직원 : DC(확정기여)형의 경우 퇴직금 불입 시 [차) 퇴지급여 / 대) 보통예금] 분개로 끝난다. 올해 불입해야 할 금액이 1천 원인데, 회사가 불황이라 900원만 불입했으니 부족액을 차) 퇴직급여 100원/대) 퇴직급여충당부채 100원으로 분개해도 비용인정을 못 받는다. ⑥ 중간 정산 지급한 임직원 : 올해 중간 정산을 해준 직원은 퇴사하고 올해 다시 입사한 직원과 동일하다. : 퇴직급여를 중간정산한 경우 "총급여액" 은 중간정산기준일 익일부터 사업연도 종료일까지의 총급여액으로 함에 유의해야 한다(법인 46012-776, 1998.3.30., 서이 46012-11521, 2003.8.22.).
총급여액의 계산 기간	총급여액은 당해 사업연도의 총급여액을 말한다. 예를 들어 사업연도가 1년 미만인 경우 그 사업연도의 총급여만 포함하며, 이를 임의로 1년분으로 환산해서 총급여를 계산하면 안 된다.

퇴직급여 추계액

일시퇴직기준 퇴직급여 추계액

퇴직급여 추계액이란 사용인 전원(DC형 퇴직연금과 IRP 설정자 제외)이 퇴직할 경우에 정관이나 퇴직급여지급규정 및 근로기준법 등에 의거 퇴직급여로 지급할 법적 의무가 있는 금액으로서 근로기준법상 금액을 최소 금액으로 한다.

그리고 1년 미만 근무자에 대해서도 퇴직급여 지급 규정상 퇴직금을 지급하도록 규정하고 있는 경우에는 퇴직급여 추계액에 가산한다.

보험수리적 기준 퇴직급여 추계액(① + ②) : 재정검증 결과보고서에서 확인 가능

① 매 사업연도 말일 현재를 기준으로 산정한 가입자의 예상 퇴직 시점까지의 가입기간에 대한 급여에 드는 비용 예상액의 현재가치에서 장래 근무 기간분에 대하여 발생하는 부담금 수입 예상액의 현재가치를 뺀 금액으로써, 고용노동부령으로 정하는 방법에 따라 산정한 금액을 말한다.

② 해당 사업연도 종료일 현재 재직하는 임원 또는 사용인 중 확정급여형 퇴직연금제도에 가입하지 아니한 사람 전원이 퇴직할 경우 퇴직급여로 지급되어야 할 금액의 추계액과 확정급여형 퇴직연금제도에 가입한 사람(DC형 퇴직 연금과 IRP 설정자 제외)으로서 그 재직기간 중 가입하지 아니한 기간이 있는 사람 전원이 퇴직할 경우 그 가입하지 아니한 기간에 대하여 퇴직급여로 지급되어야 할 금액의 추계액을 더한 금액을 말한다.

TIP 퇴직금 추계액 계산 시 정기상여금(성과급)과 비정기상여금(성과급)

퇴직급여 지급 규정을 두고 있는 법인의 경우 퇴직급여로서 지급되어야 할 금액의 추계액이란 당해 퇴직급여 지급 규정에 의하여 계산한 금액을 말한다.
퇴직금 산정은 통상임금이 아닌 평균임금이 기준이 된다. 여기에서의 평균임금이란 사유발생일 이전 3개월간의 임금 총액을 그 기간의 총일수로 나눈 금액이므로 성과급이 임금 총액에 포함되는지? 여부가 쟁점이다.

1. 정기상여금
지급조건이나 시기 및 금액 등이 급여 규정이나 근로계약에 기재돼 있는 정기적 급여 형태의 상여금이다. 이러한 유형의 상여금은 퇴직금 제도나 DB형 퇴직연금제도에서 퇴직급여 산정의 기초가 되는 평균임금에 포함된다.
DC형 퇴직연금 가입 근로자라고 하더라도 정기적인 상여금은 퇴직금 산정에 영향을 미친다.
DC형 퇴직연금을 운영 중인 회사는 근로자의 퇴직연금 계좌에 연간 임금 총액의 12분의 1 이상을 납입해야 하는데, 이때 정기적인 상여금은 연간 임금 총액에 포함해 계산해야 한다.

2. 비정기적 상여
비정기적 상여는 평균임금뿐만 아니라 통상임금에도 포함되지 않는다.
정기적인 상여금과는 별도로 지급 시기나 금액 등이 사전에 정해져 있지 않은 성과금도 있다. 그해 경영 실적에 따라 대표이사의 재량으로 지급하는 경영 성과금이 대표적이다. 이러한 비정기적인 성과금은 퇴직금 제도나 DB형 퇴직연금 제도에서의 평균임금에 포함되지 않으며, DC형 퇴직연금 회사 납입 금액의 기초가 되는 연간 임금 총액에도 포함되지 않는다.
하지만 경영 성과금도 DC형 퇴직연금 도입 사업장 근로자의 경우 원한다면 퇴직연금계좌에 납입할 수 있다. 이 경우 나중에 이 금액을 수령할 때 근로소득세 대신 퇴직소득세 또는 연금소득세가 부과된다. 또 사업장 퇴직연금 규약에 경영 성과금 납입을 노사 간 합의로 명시해야 하고, DC형 퇴직연금 가입자 모두에게 회사 규약에 정해진 비율대로 경영 성과금을 적립해야 한다. 다만 퇴직연금계좌에 경영 성과금 납입을 원치 않는 근로자는 이 제도의 최초 적용 시 혹은 경영 성과금 납입 비율 변경 시에 제도 적용을 거절할 수 있다.

세법상 퇴직급여충당금 이월 잔액

세법상 퇴직급여충당금 이월 잔액은 전기 말까지 설정된 세법상 퇴직급여충당금 중에서 당기에 감소되고 남은 금액을 말한다.

> 퇴직급여충당금 부인누계액 = 세법상 기초 퇴직급여충당금 - 세법상 퇴직급여충당금 당기 감소액
> = (재무제표상 기초 퇴직급여충당금 - 전기 말 퇴직급여충당금 유보) - (퇴직급여충당금 당기 감소액 ± 퇴직급여충당금 유보 · △ 유보)
> = (재무제표상 기초 퇴직급여충당금 - 퇴직급여충당금 당기 감소액) - (전기 말 퇴직급여충당금 유보 ± 퇴직급여충당금 유보 · △ 유보)

퇴직금전환금

국민연금법 제75조 제6항에 의하면 근속기간 중 사용자가 부담한 퇴직금전환금은 사용자가 근로자에게 지급할 퇴직금 중 해당 금액을 미리 지급한 것이므로, 퇴직금 지급 시 퇴직금전환금을 공제하고 퇴직금을 지급하도록 규정돼 있다. 따라서 퇴직금을 지급하는 경우는 사용자가 부담한 퇴직금전환금을 공제하고 퇴직금을 지급해야 한다. 그리고 동 퇴직금전환금은 퇴직급여충당부채의 차감 형식으로 재무제표에 표시해야 한다. 즉, 차액이 나는 퇴직금전환금은 퇴직급여가 된다(회사입장에서 퇴직금전환금은 퇴직급여의 선급). 당기 말 재무상태표에 계상된 퇴직금전환금 잔액을 추계액 기준 한도액에 가산한다.

3 퇴직연금부담금의 세법상 손비처리

퇴직연금에 납입한 적립금은 퇴직급여충당금 중 세법상 비용으로 인정받지 못한 금액 범위 내에서 신고조정에 의해 손금 산입한다. 퇴직연금부담금 조정명세서를 작성한다.

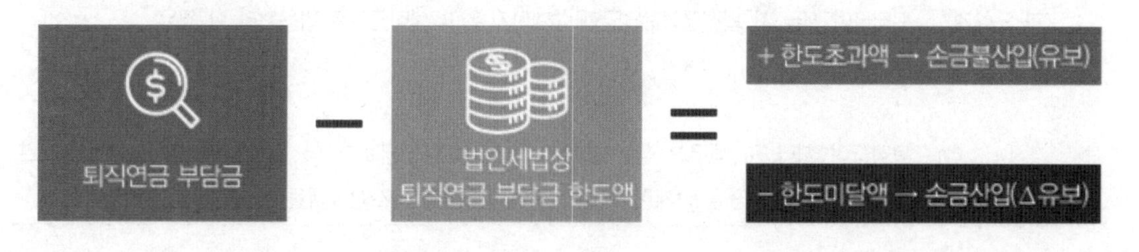

❶과 ❷ 중 적은 금액 - 기 손금산입한 퇴직연금 부담금을 한도로 한다.
❶ 퇴직급여 추계액 기준 : 퇴직급여 추계액 - 세법상 퇴직급여충당금 기말잔액(전기이월 장부상 퇴직급여충당금 - 당기 장부상 충당금 감소액 - 충당금 부인 누계액)
❷ 부담금 기준 : 퇴직연금운용자산(사외적립자산) 기말잔액(원가결산내역서 최종 계좌 잔액 확인)

4 퇴직급여충당금의 세무조정

- 퇴직급여충당금을 손금에 산입한 법인이 임원 또는 사용인에게 퇴직금을 지급하는 경우는 그 퇴직급여충당금에서 먼저 지급(상계)해야 한다. 상계하지 않고 비용(퇴직급여)처리한 경우 해당 금액은 손금불산입한다.
- 퇴직급여충당금을 계상한 법인이 퇴직하는 임원 또는 사용인에게 퇴직급여를 지급하는 때에는 개인별 퇴직급여충당금과는 관계없이 이를 동 퇴직급여충당금에서 먼저 지급해야 한다(통칙 33-60…4).
- 퇴직급여충당금 설정액 중 손금불산입된 금액이 있는 법인이 퇴직급여를 지급하는 경우 손금산입한 퇴직급여충당금과 상계하고 남은 금액에 대해서는 기 손금불산입된 금액을 손금으로 추인한다(통칙 33-60…5).
- 퇴직급여충당금을 손금에 산입한 내국법인이 일부 사업의 폐지 또는 중단 등으로 인하여 부득이하게 퇴직하는 임원 및 사용인에게 퇴직급여지급규정에 따라 명예퇴직금을 지급하는 경우에도 퇴직급여충당금에서 상계처리하지 아니하고 직접 당해 사업연도의 손금에 산입할 수 있다(통칙 33-60…6).
- 확정기여형 퇴직연금 등을 설정하면서 설정 전의 근무기간 분에 대한 부담금을 지출한 경우 그 지출금액은 퇴직급여충당금의 누적액에서 차감된 퇴직급여충당금에서 먼저 지출한 것으로 본다.

구 분	세무조정
과소 상계	퇴직급여 지급 시 퇴직급여충당금과 상계하지 않고 퇴직급여로 비용처리 한 경우 (차) 퇴직급여 ××× (대변) 퇴직연금운용자산 ××× (대변) 보통예금 ××× 퇴직급여 지급 시 세무상 상계해야 할 퇴직급여충당금보다 더 적게(상계하지 않은 경우 포함) 퇴직급여충당금을 상계한 경우 퇴직급여충당금 과소상계액을 손금불산입(유보)한다.

구분	세무조정
과다 상계	❶ 퇴직급여를 지급하고 손금불산입 된 퇴직급여충당금과 상계한 경우 ❷ 비현실적 퇴직자에게 퇴직금을 지급하고 퇴직급여충당금과 상계한 경우 → 익금산입 ; 업무무관가지급금(유보) → 손금산입 : 손금산입(△ 유보) ❸ 임원 퇴직급여 한도 초과액을 퇴직급여충당금과 상계한 경우 ❹ 퇴직급여 지급 시 퇴직연금 상계 분을 퇴직급여충당금과 상계한 경우 퇴직급여 지급 시 세무상 상계해야 할 퇴직급여충당금보다 더 많이 퇴직급여충당금을 상계한 경우 퇴직급여충당금 과다상계액을 손금산입(△유보)한다.
초과 상계	퇴직급여충당금 부인액(전기 퇴직급여충당금 한도 초과액)이 있는 법인이 퇴직급여 지급 시 세무상 퇴직급여충당금 기초잔액을 초과해서 퇴직급여충당금을 상계한 경우 퇴직급여충당금 초과 상계액을 손금산입(△ 유보) 한다.
환입	• 전기 손금부인액의 환입 : 이월익금에 해당하므로 이를 수익으로 계상한 경우 익금불산입(△ 유보)으로 전기부인액을 추인한다. • 전기손금 인정액의 환입 : 익금으로 인정한다. 전기손금 부인액과 손금 인정액이 동시에 환입되는 경우 손금 부인액이 먼저 환입되는 것으로 본다.

관련 예규

▸ 퇴직급여의 지급 순서

법인세법상 퇴직보험료 등을 손금에 산입한 법인의 임원 또는 사용인이 실제로 퇴직하는 경우 손금산입할 퇴직급여의 범위 액은 퇴직급여 지급 규정에 의한 퇴직급여 상당액에서 당해 사용인의 퇴직으로 인하여 보험회사 등으로부터 수령한 퇴직보험금, 퇴직일시금신탁, 퇴직연금, 퇴직급여충당금 순으로 차감한 금액으로 하는 것임(법인세과-2076, 2017.07.27.)

▸ 확정기여형 퇴직연금제도 설정 법인이 상여금을 임직원의 퇴직연금으로 추가 납입 시 손금 여부

근로자퇴직급여보장법에 따른 확정기여형 퇴직연금제도를 설정한 내국법인이 근로자와 합의한 퇴직연금규약에 따라 임원 및 사용인의 상여금(비정기상여금은 제외) 중 일부 또는 전부를 사용자 부담금으로 확정기여형 퇴직연금에 추가하여 지출하는 경우 해당 부담금은 법인세법에 따라 전액 손금에 산입하는 것임. 다만, 임원에 대한 부담금은 법인이 퇴직 시까지 부담한 부담금의 합계액을 퇴직급여로 보아 손금산입 한도 초과액이 있는 경우에는 퇴직일이 속하는 사업연도의 부담금 중 손금산입 한도 초과액 상당액을 손금에 산입하지 아니하고 손금산입 한도 초과 금액이 퇴직일

이 속하는 사업연도의 부담금을 초과하는 경우 그 초과 금액은 퇴직일이 속하는 사업연도의 익금에 산입하는 것임(서면법규과-883, 2014.08.14.)

▸ 대표이사 겸직 시 퇴직급여 추계액 계산

내국법인의 대표이사에 재직 중인 자가 다른 특수관계법인의 대표이사를 겸직하는 경우 내국법인 또는 특수관계법인의 퇴직급여 추계액 계산은 내국법인과 특수관계법인의 대표이사 근무기간을 통산하여 계산할 수 없고, 각 법인별 퇴직금 지급 규정에 따라 계산한 퇴직급여 추계액으로 하는 것임(법인세과-633, 2012.10.19.)

▸ 퇴직을 원인으로 하지 않는 종업원 급여와 관련된 확정급여채무 비용계상액은 퇴직급여충당금 손금계상액에 해당하지 아니하는 것임

내국법인의 종업원 급여 중 장기근속 휴가, 안식년 휴가, 그 밖의 장기근속 급여, 장기장애급여, 회계기간말부터 12개월 이내에 전부나 일부가 지급되지 않는 이익분배금, 상여금 및 이연보상 등(한국채택국제회계기준 제1019호 문단 4(3)의 기타 장기 종업원 급여) 퇴직을 원인으로 하지 않는 종업원 급여와 관련된 확정급여채무 비용계상액은 퇴직급여충당금 손금 계상액에 해당하지 아니하는 것임(법인세과-501, 2012.08.20.)

5 확정기여형(DC형) 퇴직연금의 퇴직급여충당금

확정기여형 퇴직연금제도를 설정한 근로자에 대해서는 퇴직급여 지급의무가 추가로 발생하지 않기 때문에 퇴직급여충당금 설정 대상에서 제외된다.

퇴직연금충당금(기업회계×, 세법○)

법인세법은 임원 · 사용인의 퇴직급여를 지급하기 위해 사외에 적립하는 퇴직보험의 보험료, 퇴직일시금 신탁의 부금 및 확정급여형 퇴직연금 분담금은 일정 한도의 범위 내에서 손금산입한다. 다만, 확정기여형 퇴직연금(DC형) 부담금은 전액 손금처리한다.

1 확정급여형(DB형) 퇴직연금의 손금산입

결산조정 및 신고조정 사항이다. 따라서 확정급여형 퇴직연금 등을 납부한 법인이 그 부담금을 결산서에 비용으로 계상한 경우는 이를 세법상 손금산입 범위 금액을 한도로 하여 인정하게 되며, 법인이 이를 결산서에 비용으로 계상하지 않은 경우에도 세법상 손금 범위 액은 세무조정에 의해 손금산입한다. 외국인의 출국만기보험도 확정급여형 퇴직연금과 동일하게 회계처리 후 세무조정을 한다.

- 퇴직연금 등을 납입하고 퇴직연금운용자산 등으로 자산계상한 경우는 결산조정에 의해 법인의 손금으로 계상하지 아니하였더라도 신고조정(세무조정)으로 손금에 산입할 수 있다.
- 내국법인이 임원의 퇴직금을 퇴직연금에 불입하는 경우에도 손금에 산입할 수 있으나 정관 또는 정관에서 위임한 임원 퇴직급여지급규정에 따라 지급하는 금액을 한도로 하되, 정관 또는 정관에서 위임한 임원 퇴직급여지급 규정에도 불구하고, 2012년 이후 다음의 금액을 초과하는 금액은 근로소득으로 본다.

  퇴직한 날부터 소급하여 3년 동안(근무기간이 3년 미만인 경우는 개월 수로 계산한 해당 근무기간) 지급받은 총급여의 연평균환산액 × 1/10 × 2012년 1월 1일 이후의 근속연수(1년 미만의 기간은 개월 수로 계산하며, 1개월 미만의 기간이 있는 경우에는 이를 1개월로 본다) × 3배(2020년 이후 2배)

퇴직연금충당금 한도액 = Min(❶, ❷) – 세법상 퇴직연금충당금 이월 잔액(직전 사업연도 종료일까지 납부한 부담금)

❶ 추계액 기준 : 추계액 중 퇴직급여충당금 미설정분 금액(확정급여형으로 납부할 수 있는 최대 금액)
퇴직급여 추계액[MAX(일시퇴직기준추계액, 보험수리기준추계액)] – 세법상 퇴직급여충당금 기말잔액

❷ 운영자산 기준 : 당기 말 현재 퇴직연금운영자산 잔액(확정급여형으로 실제 납부한 금액)

구 분	회계처리	세무조정
부담금 900 납입	운용자산 900 / 현금 900	손금산입 900(유보)
퇴직금 900 지급 시(연금 810 포함)	퇴충 900 / 운용자산 810 / 현금 90	퇴충 810 손금산입(△유보) 운용자산 810 익금산입(유보)

2 확정기여형(DC형) 퇴직연금의 손금산입

확정기여형 퇴직연금(개인형 퇴직연금 포함)의 손금산입은 한도액 계산을 하지 않는다.

- 법인이 임직원의 퇴직금을 지급하기 위하여 지출하는 금액(퇴직연금 등) 중 확정기여형 퇴직연금 등(확정기여형 퇴직연금, 개인형 퇴직연금제도 및 과학기술인공제회법에 따른 퇴직연금 중 확정기여형 퇴직연금)의 부담금은 전액 손금에 산입한다.

- 법인이 임직원의 퇴직을 연금의 지급 사유로 하고 임원 또는 직원을 수급자로 하는 확정기여형 퇴직연금을 설정하면서 퇴직연금 설정 전 근무기간 분에 대한 부담금을 지출한 경우 그 지출 금액은 퇴직급여충당금의 누적액에서 차감된 퇴직급여충당금에서 먼저 지출된 것으로 보는 것이며, 차감된 퇴직급여충당금을 초과하여 지출한 금액은 이를 손금에 산입할 수 있다.
- 내국법인이 퇴직급여지급규정에 따라 계속 근로기간이 1년 미만인 근로자에게 퇴직급여를 지급하지 않음에도 확정기여형 퇴직연금에 가입하고 부담하는 보험료 등은 지출한 사업연도의 손금에 산입하는 것이며, 이 경우 법인이 계속 근로기간이 1년 미만인 근로자가 퇴직함에 따라 퇴직연금 사업자로부터 퇴직연금 불입금을 반환받는 경우는 반환받은 날이 속하는 사업연도의 익금에 산입하여야 한다(법인세과-1186, 2009.10.26.).
- 법인의 확정기여형 퇴직연금 부담금은 매년 1회 이상 정기적으로 납부해야 하는 것으로, 퇴직연금규약상 납입기일이 도래하기 전에 선 불입한 금액은 손금에 산입하지 아니한다(법인세과-1020, 2010.10.29.).
- 임원에 대한 확정기여형 퇴직연금 등의 처리 : 임원에 대하여 확정기여형 퇴직연금(D/C형)에 가입하고 법인이 그 부담금을 계속 불입한 경우 그 부담금 총액을 임원의 퇴직급여로 보아 그 전액을 불입 시점에 일단 법인의 손금으로 처리하되, 해당 임원이 현실적으로 퇴직하는 사업연도에 퇴직 시까지 납부된 회사부담금의 누계액을 퇴직급여로 보아 아래의 손금산입 한도를 초과하는 경우 퇴직일이 속하는 사업연도의 회사부담금에서 손금 부인하되, 그 한도 초과액이 퇴직일이 속하는 사업연도의 회사부담금을 초과하는 경우 그 초과액을 익금산입해야 한다.

  1. 정관 또는 정관에서 위임된 퇴직급여지급규정(퇴직위로금 포함)으로 지급할 금액이 정해진 경우 : 그 정관에 정하여진 금액 단, 2012년 이후 발생한 임원퇴직금의 경우 정관의 규정에 있더라도 2호 금액의 3배를 한도로 한다.
  2. 위 1호 외의 경우 : 퇴직전 1년간 총급여 × 1/10 × 근속연수

구 분	회계처리	세무조정
부당금 납입	퇴직급여 100 / 현금 100	전액 손금산입
퇴직	없음	없음

구 분	손금산입
종업원	연금보험료 납부한 금액 전액 손금산입
임 원	임원 연금보험료 납부한 금액 전액 손금산입. 단, 실제 퇴직 시 납부한 연금보험료 총액이 임원 퇴직금 한도를 초과한 경우 초과 금액은 손금불산입

퇴직연금 보험료는 납부 즉 현금 기준이다. 따라서 납부한 연도에 손금에 산입한다. 예를 들어 12월분을 다음 연도 1월에 납부한 경우 당해연도가 아닌 실제 납부한 다음 연도의 손금이 된다.

관련 예규

▸ 임원 퇴직금 중간정산 후 퇴직연금 세무조정

내국법인이 임원에 대한 급여를 연봉제로 전환하면서 향후 퇴직금을 지급하지 아니하는 조건으로 그때까지의 퇴직금을 정산하여 지급하고, 추후 주주총회에서 임원의 급여를 연봉제 이전의 방식으로 전환하되 그 전환일로부터 기산하여 퇴직금을 지급하기로 결의한 경우 퇴직연금 손금산입 가능함(법인세과-1626, 2017.06.22.)

▸ 확정급여형 퇴직연금과 확정기여형퇴직연금을 함께 설정하는 경우 퇴직연금 부담금의 세무처리 방법

내국법인이 확정기여형퇴직연금이 설정된 임원 또는 사용인에 대해 확정급여형퇴직연금 부담금으로서 지출하는 금액은 손금에 산입하지 아니하는 것임(서면-2014-법령해석법인-20651, 2015.7.16.)

▸ 퇴직보험 해약과 동시에 퇴직연금에 가입하는 경우 세무조정

내국법인이 법인세법 시행령(2010.12.30. 대통령령 제22577호로 개정되기 전의 것) 제44조의2 제2항에 따른 퇴직보험을 해지하는 동시에 퇴직 연금에 가입하면서 퇴직보험의 해지로 수령한 금액을, 새로 가입한 퇴직 연금에 불입하는 경우 퇴직보험의 해지로 수령한 금액 중 신고조정 또는 결산조정으로 손금에 산입한 보험료에 상당하는 금액은 익금에 산입하고, 퇴직 연금에 불입한 금액은 퇴직연금 부담금의 손금산입 한도 내에서 손금에 산입하는 것임(서면법규과-895, 2013.8.19.)

▸ 종신 복지 플랜 변액연금 부담금의 손금 해당 여부

내국법인이 근로자의 퇴직금을 지급할 목적으로 근로자를 피보험자로 하고, 해당 법인을 계약자와 수익자로 하여 가입한 변액연금은 퇴직 연금 등에 해당하지 아니하는 것으로, 해당 법인이 불입한 부담금은 각 사업연도 소득금액 계산에 있어서 손금에 산입하지 아니하는 것임(법인세과-462, 2012.7.18. 법규과-678, 2012.6.18.)

▸ 퇴직보험료의 손금산입 방법(법인세과-152, 2011.2.25.)

법인이 퇴직보험료를 납입하고 퇴직보험예치금으로 자산 계상한 금액을 결산조정에 의하여 비용 계상하지 아니한 경우 각 사업연도 소득금액 계산상 이를 납입한 사업연도에 손금산입 한도 내에서 신고조정으로 손금에 산입하는 것임

▸ 확정기여형퇴직연금의 손익 귀속시기

내국법인이 퇴직급여 지급 규정에 따라 계속 근로기간이 1년 미만인 근로자에게 퇴직급여를 지급하지 않음에도 확정기여형퇴직연금에 가입하고 부담하는 보험료 등은 지출한 사업연도의 손금에 산입하는 것이며, 이 경우 법인이 계속 근로기간이 1년 미만인 근로자가 퇴직함에 따라 퇴직연금사업자로부터 퇴직연금 불입금을 반환받는 경우는 반환받은 날이 속하는 사업연도의 익금에 산입하는 것임(법인세과-1186, 2009.10.26.)

▸ 퇴직연금 설정 전 근무기간을 포함하여 확정기여형퇴직연금을 설정시 세무 처리

법인이 임직원의 퇴직급여제도를 근로자퇴직급여 보장법에 따른 확정기여형퇴직연금으로 전환하면서 전환일 이전 근무기간에 대하여 퇴직급여를 중간정산하여 지급하는 경우, 근로기준법상 근로자에게 지급한 중간정산 퇴직급여는 이를 현실적인 퇴직으로 보아 그 중간정산 퇴직급여 지급액을 손금산입하나, 근로기준법상 근로자에 해당하지 아니하는 임원에게 지급한 중간정산 퇴직급여는 현실적으로 퇴직할 때까지 이를 업무무관가지급금으로 보는 것임

법인이 임직원의 퇴직을 연금의 지급 사유로 하고 임원 또는 사용인을 수급자로 하는 근로자퇴직급여 보장법에 따른 확정기여형퇴직연금을 설정하면서 퇴직연금 설정 전 근무기간 분에 대한 부담금을 지출한 경우 그 지출금액은 퇴직급여충당금의 누적액에서 차감된 퇴직급여충당금에서 먼저 지출된 것으로 보는 것이며, 차감된 퇴직급여충당금을 초과하여 지출한 금액은 이를 손금에 산입하는 것임

법인이 근로기준법상 근로자에 대하여 근무기간 중 일정기간은 근로자퇴직급여보장법에 따라 퇴직급여를 중간정산하여 지급하고, 일정기간은 확정기여형퇴직연금을 설정하여 당해 기간에 대한 부담금을 지출한 경우 퇴직급여 중간정산에 따른 지급은 현실적인 퇴직으로 보는 것이며, 확정기여형퇴직연금을 설정하면서 퇴직연금 설정 전 근무기간 분에 대한 부담금으로 지출한 금액은 퇴직급여충당금의 누적액에서 차감된 퇴직급여충당금에서 먼저 지출된 것으로 보는 것이며, 차감된 퇴직급여충당금을 초과하여 지출한 금액은 이를 손금에 산입하는 것임(법인세과-1032, 2009.9.21.)

퇴직급여충당금과 퇴직연금충당금의 세무조정

1 세법상 내부적립 퇴직급여충당금 = 회계상 퇴직급여충당부채

세법상 기업회계에 따른 내부적립 퇴직급여충당부채에 대해서 대부분 손금인정을 안 해준다.

예를 들어 기업회계에서는 퇴직급여충당부채로 장부에 100원을 설정해도 세무상 퇴직급여충당금(= 회계상 퇴직급여충당부채, 내부적립)의 한도(추계액의 0%)는 0원이므로 100원 전액이 손금불산입(유보)된다.

[회계처리]

퇴직급여	100	/	퇴직급여충당부채	100

[세무처리]

퇴직급여	0	/	퇴직급여충당금	0

[세무조정]

퇴직급여충당금(장부상 퇴직급여충당부채)의 한도(추계액의 0%)는 0원이므로 100원 전액이 손금불산입(유보) 된다. 즉 장부상 100원을 계상했지만, 세법상 한도는 0원이므로 한도초과액 100원을 손금불산입(유보) 처리한다(결산조정 사항).

[주] 회계처리의 퇴직급여충당부채와 세무처리의 퇴직급여충당금은 회계와 세무의 명칭 차이로 보면 된다.

2 세법상 외부적립 퇴직연금충당금 = 회계상 퇴직급여충당부채

[회계처리]

퇴직급여운용자산	100	/	보통예금	100

[세무처리]

퇴직급여운용자산	100	/	보통예금	100
퇴직급여	100	/	퇴직연금충당금	100

[세무조정]

퇴직연금충당금(장부상 퇴직급여충당부채, 사외적립금을 퇴직연금충당부채로 사내적립금인 퇴직급여충당부채와 구분해서 장부를 작성하는 회사도 있다. 단 이는 국제회계기준에 위배 되나 실무상 문제는 없다.) 100원 전액 손금산입(△유보)된다. 신고조정 사항으로 세법상 한도를 기준으로 세무조정해야 하므로 세법상 한도 100에 맞추어 손금산입 100(△유보)으로 세무조정(신고조정 사항) 한다.

3 실제 퇴직 시 연금지급 세무조정

[회계처리]

퇴직급여충당부채	20	/	퇴직급여운용자산	20

[세무처리]

퇴직연금충당금	20	/	퇴직급여운용자산	20

[세무조정]

회계장부상 퇴직급여충당부채 계정을 세법상 사외적립 자산인 퇴직연금충당금으로 대체해야 한다.

퇴직연금충당금	20	/	퇴직급여충당금	20

- 퇴직급여충당금 손금산입 100(△유보)
- 퇴직연금충당금 손금불산입 100(유보)

4 세무조정의 이해

회계상 퇴직급여충당부채를 설정하고 퇴직연금에 가입한 경우 세무조정

세무는 기업회계에서 장부에 계상한 사내적립 퇴직급여충당부채의 세법상 한도는 0원이므로 기본적으로 대부분 퇴직급여충당금 한도초과로 손금불산입하고, 사외적립 퇴직급여충당부채에 대해서는 추계액과 퇴직연금 불입액 중 적은 금액을 신고조정에 의해 퇴직연금충당부채로 손금 인정한다.

즉 회계상 퇴직급여충당부채는 세법상 사내적립 퇴직급여충당금과 사외적립 퇴직연금충당금으로 나누어지고 이중 사내적립 퇴직급여충당금은 손금불산입 되어있고, 사외적립 퇴직연금충당금은 퇴직연금 불입액과 추계액 중 적은 만큼 손금산입이 된 상태이므로, 퇴직금 지급 시에는 사내적립 퇴직급여충당금을 손금산입해 주면 되고 사외적립 퇴직연금충당금은 손금불산입 해주면 된다.

확정급여형 퇴직연금 회계처리는 기업회계상 신고조정이 원칙이다. 그러나 세법에서는 신고조정과 결산조정 모두를 인정하고 있다.

1. 퇴직연금 납입시

퇴직급여운용자산	100	/	보통예금	102
지급수수료	2			

납입단계에서 별도 세무조정은 없다. 연금 불입 시 퇴직급여충당부채의 차감 항목으로 표시한다. 해당 충당부채가 없으면 자산 중 투자자산으로 표시가 된다.

2. 퇴직급여 충당금 전입을 결산분개로 넣었을 경우

[회계처리]

퇴직급여	100	/	퇴직급여충당부채	100

[세무처리]

퇴직급여	0	/	퇴직급여충당금	0

퇴직급여충당부채 한도초과액은 손금불산입(유보) 처리하고 동 금액은 사외적립자산이 충분하다면(한도 : 추계액과 운용자산 중 적은 금액), 퇴직연금예치금 손금산입(△유보)으로 세무조정 한다.

퇴직연금은 신고조정 사항으로 불입한 연도에 손금산입을 반드시 해야 한다. 한도초과로 손금산입하지 못한 금액은 다음 사업연도 한도액 이내에서 손금산입된다.

3. 퇴직으로 퇴직금을 지급할 경우

퇴직급여충당부채	×××	/	퇴직연금운용자산	×××
			보통예금	×××
			소득세예수금	×××

퇴직연금 운용자산을 지급한 만큼(퇴직연금충당금) 손금불산입(유보)하고, 해당 퇴직급여충당금 감소액만큼 손금산입(△유보)으로 세무조정한다. 즉 퇴직연금을 수령하여 퇴직급여충당금과 상계하여 지급한 금액만큼 손금산입 및 손금불산입한다.

다시 말해 퇴직연금을 신고조정에 의해 손금산입한 법인이 그 후 사업연도에 퇴직연금을 수령하여 퇴직금을 지급하면서 퇴직급여충당금과 상계한 경우는 수령한 퇴직연금은 손금불산입(유보) 세무조정하여 기존에 손금산입(△유보)되어 있던 금액을 차감하고, 퇴직급여충당금과 상계한 금액은 손금산입(△유보)하면서 퇴직급여충당금을 증가시킨 후 당해 사업연도에 대한 퇴직급여충당금 손금산입(유보) 한도액을 계산한다.

회계상 퇴직급여충당부채를 설정하지 않고 퇴직연금에 가입한 경우 세무조정

기업회계기준에서는 퇴직급여 추계액 전액을 충당금으로 설정하고 퇴직연금 예치금은 충당금의 차감 항목으로 표시하도록 되어있으나, 회계감사 대상이 아닌 개인 및 소규모 법인의 경우에는 충당금 설정 의무가 없으며(결산조정 사항), 이때는 불입된 퇴직연금은 투자자산 등으로 처리하되 아래와 같이 간단한 방법에 의하여 퇴직급여 추계액의 범위 내에서 신고조정으로 손금산입할 수 있다. 이때 별도의 퇴직연금 손금 산입 조정계산서 작성이 필요 없다.

1. 퇴직연금 납입시

퇴직연금예치금	100	/	보통예금	100

납입 당시에는 별도 세무조정 없으나, 결산 시 당기 불입 예치금을 손금산입(△유보)으로 세무조정한다.

2. 퇴직 발생으로 예치금 수령시

퇴직급여	×××	/	퇴직연금예치금	×××
			보통예금	×××

퇴직금 지급 시 비용처리하고, 결산 시 당기 수령 예치금을 익금산입(유보)으로 세무조정한다.

확정기여형 퇴직연금 미불입액의 회계처리와 세무조정

확정기여형 퇴직연금의 미불입액에 대해 다음과 같이 업무처리를 한다.

1 확정기여형 퇴직연금제도의 특징

사용자는 매년 일정액의 부담금을 납부할 의무만 있다.
퇴직 시 추가적인 퇴직급여 지급 의무가 없다.

2 부담금 회계처리

각 사업연도에 납부하는 부담금은 전액 해당 연도의 손금(비용) 처리한다.

3 미불입액 처리

회계연도 말 기준으로 납부의무가 있으나 미납한 부담금이 있다면 이를 부채로 계상해야 한다.

퇴직급여(비용)	××× /	미지급금(부채)	×××

이후 불입시

미지급금(부채)	××× /	현금(보통예금)	×××

으로 회계처리하면 된다.

예를 들어 불입해야 할 금액 100 중 90만 납입을 한 경우

퇴직급여(비용)	100 /	현금(보통예금)	90
		미지급금(부채)	10

퇴직급여 : 당기 납입해야 할 금액 100원을 인식한다.

보통예금 : 실제 납입한 금액 90원을 차감한다.

미지급금 : 10원의 미불입액을 미지급금으로 처리한다.

미불입액으로 인해 부채가 증가하여 재무 상태가 악화될 수 있다.

4 세무조정

확정기여형 퇴직연금 부담금은 납부 시점에 손금으로 인정된다.

따라서 미불입액에 대해 부채로 계상했더라도 실제 납부하지 않은 금액은 세무상 손금으로 인정되지 않는다. 즉 세무조정 시 미불입액은 손금불산입하고 향후 실제 납부 시점에 손금산입 처리한다.

앞의 회계처리를 기준으로 세무조정을 살펴보면 미불입액 10원은 실제 납입하는 시점까지 손금불산입 처리한다. 즉, 당기 비용으로 인정받지 못하고 이월되어 실제로 납입한 연도에 10원을 손금산입한다.

「근로자퇴직급여보장법」 제13조에 따라 확정기여형퇴직연금제도를 설정한 내국법인이 퇴직 연금규약에 따라 매년 지급하여야 할 부담금 중 일부를 납입기일에 미불입한 경우, 해당 미불입액은 실제로 불입한 날이 속한 사업연도의 손금으로 산입하는 것임(법규과-1541, 2011.11.22., 법인세과-980, 2011.12.05.)

5 주의 사항

법정 납입기한 내에 부담금을 납부하지 않으면 지연이자가 발생할 수 있으므로 적시에 납부하는 것이 중요하다.

관련 서식과 작성 순서

작성순서 : 퇴직급여충당금조정명세서 → 퇴직보험료등조정명세서 → 소득금액조정명세서(1) → 주요계정명세서(갑)

- 과목별소득금액조정명세서(1)
- 과목별소득금액조정명세서(2)
- 주요계정명세서(갑)
- 퇴직급여충당금조정명세서
- 퇴직보험료등조정명세서

대손충당금의 비용처리와 세법상 비용인정 한도

대손금

대손금이란 채권 중 회수불능인 채권을 말한다. 대손의 발생 시 우선 대손충당금과 상계하고 부족액을 대손상각비 과목으로 비용처리 한다.

구 분	내 용
대손처리 가능채권	**1. 영업 거래에서 발행한 채권** ❶ 상품 또는 제품 판매금액의 미수금(부가가치세 포함) ❷ 서비스, 용역제공 대가의 미수금(부가가치세 포함) ❸ 상품, 원재료 등의 매입을 위한 선급금, 전도금 등 ❹ 기타 영업 거래를 위한 예치보증금 등 ❺ 회수 책임과 대손 손실을 부담하는 경우의 수탁판매업자 등의 미수금 **2. 영업외 거래에서 발생한 채권** ❶ 영업 거래에 해당하지 아니하는 자산 매각 대금의 미수금 ❷ 금전소비대차계약 등에 의한 대여금 및 미수이자 ❸ 임원, 사용인의 공금 횡령 및 업무상 과실로 발생한 구상채권 ❹ 법원 판결에 의한 확정된 손해배상청구권 주 사업의 포괄 양수 과정에서 양수 당시 이미 회수불능으로 확정된 채권을 인수한 경우 양수 법인은 대손 처리할 수 없다.
	❶ 특수관계자에 대한 업무무관가지급금

구 분	내 용
대손처리 불능채권	❷ 보증채무 대위변제로 인한 구상채권. 다만, 다음에 해당하는 채무보증으로 인해 발생한 구상채권은 대손금으로 손금산입할 수 있다. 가. 독점규제및공정거래에관한법률에 의한 소정의 채무보증 나. 일정한 금융기관이 행한 채무보증 다. 신용보증사업을 영위하는 법인이 행한 채무보증 라. 위탁기업이 수탁기업협의회의 구성원인 수탁기업에 대해 행한 채무보증 마. 국가를 당사자로 하는 계약에 관한 법률에 따른 공사계약이행보증을 위한 연대보증 ❸ 대손세액공제를 받은 부가가치세 매출세액 미수금
대손요건	**1. 신고조정 사항** ❶ 소멸시효가 완성된 채권(채무의 면제로 인한 청구권 소멸은 제외) 가. 외상매출금 및 미수금으로서 상법상의 소멸시효(3년)가 완성된 외상매출금 및 미수금 나. 어음법에 의한 소멸시효(3년)가 완성된 어음 다. 수표법에 의한 소멸시효가 완성된 수표 라. 대여금 및 선급금으로서 민법상의 소멸시효(10년)가 완성된 것 ❷ 회사정리법에 의한 정리계획인가 또는 화의법에 의한 화의인가 결정에 따라 회수불능으로 확정된 채권 ❸ 민사소송법 규정에 의해 채무자의 재산에 대한 경매가 취소된 압류 채권 ❹ 물품의 수출 또는 외국에서의 용역제공으로 인해 발생한 채권으로서 한국은행총재 또는 외국환은행의 장으로부터 채권 회수 의무를 면제받은 것 ❺ 법인이 다른 법인과 합병하거나 분할하는 경우로서 결산조정 사항에 해당하는 채권을 합병등기일 또는 분할등기일이 속하는 사업연도까지 제각하지 않은 경우 당해 채권 **2. 결산조정 사항** ❶ 채무자의 파산 · 강제집행 · 형의집행 · 사업 폐지 · 사망 · 실종 · 행방불명으로 인해 회수할 수 없는 채권 ❷ 국세징수법 규정에 의해 납세지 관할 세무서장으로부터 국세 결손처분을 받은 채무자에 대한 채권(저당권 설정 시 제외) ❸ 부도발생일로부터 6개월 이상 경과한 어음 · 수표 및 외상매출금(중소기업의 외상매출금으로서 부도발생일 이전의 것에 한함)(저당권 설정 시 제외) 채권가액 30만 원 이하인 소액 채권 ❹ 채권의 일부를 회수하기 위해 해당 채권의 일부를 포기해야 할 불가피한 사유가 있는 경우 포기한 그 채권 금액. 다만, 부당행위계산부인에 해당하는 경우는 그러하지 아니함 ❺ 채권 · 채무조정에 따라 채권의 장부가액과 현재가치의 차액을 대손금으로 계상한 금액 ❻ 중소기업 외상매출금으로서 회수기일로부터 2년이 경과한 외상매출금 및 미수금. 다만, 특수관계인과의 거래로 인하여 발생한 외상매출금 및 미수금은 제외

구 분	내 용
손익 귀속시기	**1. 신고조정 사항** 신고조정 사항에 해당하는 채권은 반드시 당해 사유가 발생한 날이 속하는 사업연도의 손금으로 처리해야 한다. 따라서 법인이 당해 채권을 장부상 대손금으로 처리해 당해 채권을 제각하지 않으면 반드시 세무조정에 의한 손금산입(△유보)을 통해 당해 채권을 제각시켜야 한다. **2. 결산조정 사항** 결산조정에 해당하는 채권은 법인이 장부상 대손금으로 처리한 날이 속하는 사업연도에 손금으로 인정한다.
대손 처리금액	대손 요건을 충족한 대손채권 전액을 대손금으로 한다. 다만, 부도발생일로부터 6월 이상 경과한 어음 · 수표 · 외상매출금의 경우에는 비망금액으로 1,000원(어음 · 수표 1매당 1,000원, 외상매출금은 채무자별로 1,000원)을 제외한 금액을 대손금으로 한다.
채권재조정으로 인한 대손금	기업회계기준에 의한 채권의 재조정에 따라 채권의 장부가액과 현재가치의 차액을 대손금으로 계상한 경우는 이를 손금에 산입하며, 손금에 산입한 금액은 기업회계기준의 환입 방법에 따라 이를 익금산입한다.

대손충당금

1 설정 대상 채권

설정대상 채권	설정대상 제외채권
외상매출금, 받을어음, 부도어음	할인어음, 배서어음
금전소비대차계약에 의해 타인에 대여한 대여금	특수관계자에 대한 가지급금(대여금)
어음상의 채권, 미수금, 작업진행률에 의한 공사미수금, 할부미수금 등 기업회계기준에 의한 대손충당금 설정대상 채권	❶ 채무보증으로 인해 발생한 구상채권. 단, 다음의 채권은 설정 가능 가. 독점규제및공정거래에관한법률에 의한 소정의 채무보증 나. 일정한 금융기관이 행한 채무보증 다. 신용보증사업을 영위하는 법인이 행한 채무보증 라. 위탁기업이 수탁기업협의회의 구성원인 수탁기업에 대해 행한 채무보증

설정대상 채권	설정대상 제외채권
	마. 국가를 당사자로 하는 계약에 관한 법률에 따른 공사계약이행보증을 위한 연대보증 ❷ 부당행위계산부인 규정을 적용받는 시가 초과액에 상당하는 채권

주 동일인에 대한 매출채권과 매입채무가 있는 경우에도 이를 상계하지 않고 대손충당금을 설정할 수 있으나, 당사자와 약정에 의해 상계하기로 한 것은 제외된다.

주 피합병법인의 대손충당금 한도 초과액은 합병법인에게 승계되지 않는다.

2 설정한도액

대손충당금 한도액 = 설정 대상 채권의 장부가액 × 설정률

설정 대상 채권의 장부가액 = 재무상태표 상 채권 잔액 - 재무상태표 상 채권 중 제외 채권 + 대손충당금 설정 대상 채권에 대한 유보(매출채권누락액 · 대손금 부인액 등) - △ 유보

[설정률]

큰 금액[1%, 당해 사업연도의 대손금 ÷ 직전 사업연도 종료일 현재의 대손충당금 설정 대상 채권의 장부가액]

3 세무조정

세무조정 시 유의할 사항은

첫째, 기업회계상 총액법으로 회계처리 하든 보충법으로 회계처리 하든 상관없이 대손충당금 기말잔액과 한도액을 비교해서 한도초과액을 계산한다.

둘째, 전기 대손충당금 한도 초과액은 당해 사업연도에 무조건 손금산입한다. 총액법에서 대손충당금 기초잔액은 당기에 상계되거나 환입되어 잔액이 남지 않으므로 유보는 반대조정에 의해 소멸시켜야 한다.

대손충당금 한도 초과액은 채권합계액을 기준으로 계산한 한도액에 의한다. 대손충당금의 합계액이 채권의 합계액을 기준으로 계산한 대손충당금 한도액 이내인 경우는 대손충당금 설정 대상이 아닌 채권에 대해서 설정한 대손충당금도 직접 손금불산입하지 않는다.

대손 사유에 따른 결산조정과 신고조정

구 분	신고조정 및 결산조정 모두 가능한 경우	결산조정만 가능한 경우
대손사유	법률에 따라 소멸시효가 완성된 채권이나, 소멸된 채권 등 ① 상법, 어음법, 수표법, 민법에 의한 소멸시효가 완성된 외상매출금 및 미수금, 어음, 수표, 대여금 및 선급금 ② 「채무자 회생 및 파산에 관한 법률」에 따른 회생계획인가의 결정 또는 법원의 면책 결정에 따라 회수불능으로 확정된 채권 ③ 「서민의 금융 생활 지원에 관한 법률」에 따른 채무조정을 받아 같은 법 제75조의 신용회복지원협약에 따라 면책으로 확정된 채권 ④ 민사집행법 제102조의 규정에 의하여 채무자의 재산에 대한 경매가 취소된 압류채권	① 채무자의 파산·강제집행·형의 집행·사업의 폐지·사망·실종·행방불명으로 인하여 회수할 수 없는 채권 ② 부도발생일부터 6월 이상 경과한 수표 또는 어음상의 채권 및 외상매출금(조세특례제한법 시행령 제2조에 따른 중소기업의 외상매출금으로서 부도발생일 이전의 것에 한한다). 다만, 당해 법인이 채무자의 재산에 대하여 저당권을 설정하고 있는 경우를 제외 부도발생일 : 소지하고 있는 부도수표나 부도어음의 지급기일(지급기일 전에 당해 수표나 어음을 제시하여 금융기관으로부터 부도 확인을 받은 경우는 그 부도확인일) ③ 중소기업의 외상매출금 및 미수금으로서 회수기일이 2년 이상 지난 외상매출금 등. 다만, 특수관계인과의 거래로 인하여 발생한 외상매출금 등은 제외 ④ 재판상 화해 등 확정판결과 같은 효력을 가지는 「민사소송법」에 따른 화해, 화해권고결정, 「민사조정법」 제30조에 따른 결정, 「민사조정법」에 따른 조정에 따라 회수불능으로 확정된 채권 ⑤ 회수기일을 6월 이상 지난 채권 중 채권가액이 30만 원 이하(채무자별 채권 가액의 합계액 기준)인 채권 ⑥ 중소기업창업투자회사의 창업자에 대한 채권으로서 중소기업청장이 재정경제부 장관과 협의하여 정한 기준에 해당한다고 인정한 것 ⑦ 내국법인이 기업회계기준에 따른 채권의 재조정에 따라 채권의 장부가액과 현재가치의 차액을 대손금으로 계상한 경우는 이를 손금에 산입하며, 손금에 산입한 금액은 기업회계기준의 환입 방법에 따라 이를 익금에 산입한다.

구 분	신고조정 및 결산조정 모두 가능한 경우	결산조정만 가능한 경우
대손금의 손금 귀속시기	① 신고조정 한 경우 : 대손 사유가 발생한 날이 속하는 사업연도의 손금 ② 결산조정 한 경우 : 대손 사유가 발생하여 법인이 손비로 계상한 날이 속하는 사업연도의 손금	대손 사유가 발생하여 법인이 손비로 계상한 날이 속하는 사업연도의 손금
경정청구	신고조정 가능한 사유로 대손금이 발생했지만, 사유가 발생한 날이 속하는 사업연도의 손금에 산입하지 못한 경우 경정청구가 가능하다.	결산조정만 가능한 사유로 대손금이 발생했으며, 법인이 결산 당시 회계상 처리하지 아니하여 대손이 확정된 사업연도의 손금으로 산입하지 않은 경우 경정청구를 할 수 없다.

관련 예규

▸ 소멸시효가 완성된 대손금을 손금에 산입하지 못한 경우

법인이 거래처에 대한 매출채권은 법인세법의 사유가 발생한 날이 속하는 사업연도의 대손금으로 손금산입하는 것으로 소멸시효가 완성되어 회수할 수 없는 금액은 그 소멸시효가 완성된 날이 속하는 사업연도에 신고조정으로 손금에 산입할 수 있는 것으로서, 소멸시효가 완성된 대손금을 당해 사업연도의 소득금액 계산에 있어서 손금에 산입하지 못한 경우에는 국세기본법에 따라 경정청구가 가능한 것이며, 법인이 정당한 사유 없이 채권 회수를 위한 제반 법적 조치를 취하지 아니함에 따라 채권의 소멸시효가 완성된 경우는 동 채권의 금액은 법인세법 규정에 따른 기업업무추진비 또는 기부금으로 보는 것임(서면 2팀-1393, 2006.7.25.)

▸ 회생계획 인가 결정에 따라 회수불능으로 확정된 채권의 손금산입

「채무자 회생 및 파산에 관한 법률」에 따른 회생계획 인가의 결정에 따라 회수불능으로 확정된 채권은 해당 사유가 발생한 날이 속하는 사업연도의 대손금으로 손금산입하는 것임. 동 대손금을 해당 사유가 발생한 날이 속하는 사업연도에 손금산입하지 아니한 경우 경정청구를 할 수 있음(법인세과-1049, 2011.12.29.)

▸ 결산 당시 대손처리하지 아니한 경우

법인이 회수불능이 명백하게 되어 대손이 발생하였다고 회계상 처리를 했을 때만 대손이 확정된 사업연도의 손금으로 산입할 수 있고, 결산 당시에 대손이 발생하였다고 회계상 처리를 하지 아니한 이상, 그 후에 회계상의 잘못을 정정하였다는 등의 이유로 경정청구를 할 수 없음(대전고법 2012누1424, 2012.10.25.)

TIP 거래처가 폐업한 경우 대손상각

1. 거래처의 재산이 없음을 입증할 수 있는 경우

채무자의 사업 폐지로 회수할 수 없는 채권은 당해 대손 사유가 발생하여 장부에 손금으로 계상(결산조정)한 날이 속하는 사업연도에 대손금으로 손금산입할 수 있다.

폐업에 따른 대손상각은 결산조정에 의하는 것으로 경정청구 대상이 아니다.

거래처가 폐업하고, 회수할 수 있는 재산이 없는 경우 결산조정에 의하여 손금 처리가 가능한 것으로 소멸시효완성일이 속하는 사업연도까지 결산조정에 의하여 손금산입하지 못한 경우 사업 폐지를 사유로 경정청구에 의하여 손금산입할 수 없다.

다만, 상법에 의한 소멸시효가 완성된 사업연도에 소멸시효 완성을 사유로 손금에 산입할 수 있으며, 소멸시효완성일이 속하는 사업연도에 손금산입하지 못한 경우 경정청구에 의하여 신고조정으로 손금산입할 수 있다.

법인세법상 그 구체적인 서류를 규정하고 있지 않으나, 사업의 폐지로 회수할 수 없는 미수금(채권)을 대손금으로 손금산입하기 위해서는 사업의 폐지로 채권의 회수가 불가능함을 입증할 수 있는 객관적인 증빙 서류(폐업 사실증명서, 재산조사 증빙 서류 등)를 갖추어야 한다.

폐업한 거래처의 매출채권 대손상각 (법인-253, 2011.04.07.)

폐업한 거래처에 대하여 채권 회수를 위한 제반 절차를 밟았음에도 무재산 등으로 회수불능임이 객관적으로 확인되는 때에는 해당 사유가 발생하여 손금으로 계상한 날이 속하는 사업연도의 손금에 산입하는 것이며, 이 경우 채무자의 사업 폐지 여부는 실질에 따라 판단하는 것임.

내국법인이 보유하고 있는 채권 중 채무자의 파산 등 법인세법에서 정하는 사유로 회수할 수 없는 채권의 금액은 당해 사업연도의 소득금액 계산에 있어서 이를 손금에 산입하는 것으로 법인이 채권을 대손금으로 손금에 산입하기 위해서는 객관적인 자료에 의하여 그 채권이 회수불능임을 입증하여야 하는 것이며, 공부상 확인이나 증명이 곤란한 무재산 등에 관한 사항은 「채권추심업무보고서」 등에 의하여 확인할 수 있는 것이고, 당해 보고서의 작성 요령과 첨부해야 할 서류는 무재산으로 당해 채권액을 회수할 수 없는 경우에 해당하는 것임을 객관적으로 입증할 수 있는 구체적인 내용과 증빙자료를 갖추면 되는 것임(서면2팀-1776, 2005.11.04.).

2. 거래처의 무재산임을 입증할 수 없는 경우

채무자가 단지 폐업했다는 사유만으로는 대손처리할 수 없으며, 이 경우 소멸시효완성일이 속하는 사업연도에 대손상각 여부를 검토해야 할 것이다. 한편, 거래처의 채권에 대하여 소멸시효완성일이 속하는 사업연도에도 거래처의 재산이 없음을 입증할 수 없는 경우 기업업무추진비로 처리할 수 있다. 다만, 폐업한 거래처에 대하여 기업업무추진비로 처리하는 것은 법이론상으로는 적절하지 않을 것으로 판단이 되나 기업업무추진비로 처리한다고 해서 세무상 문제는 발생하지 않을 것이다.

구 분		세무조정
최종 회수일부터 3년 이내	채권추심을 위한 제반 조치를 했음에도 재산이 없음을 입증할 수 있는 경우	대손상각 → 사후관리 필요 없음
	채권추심을 위한 제반 조치를 취했음을 입증할 수 없는 경우	소멸시효 완성일이 속하는 사업연도에 손금산입 여부를 검토해야 함
소멸시효완성일이 속하는 사업연도	채권추심을 위한 제반 조치를 했음을 입증할 수 있는 경우	대손상각 → 사후관리 필요 없음
	채권추심을 위한 제반 조치를 했음을 입증할 수 없는 경우	기업업무추진비 → 시부인 계산, 한도범위액 내 손금산입, 한도 초과액 손금불산입
소멸시효완성일이 경과한 이후		소멸시효 완성 사유로 경정청구 가능 채권추심을 위한 제반 조치를 취했음을 입증할 수 있는 경우 소멸시효완성일이 속하는 사업연도의 대손상각비로 처리하여 경정청구한다.

3. 부가가치세 신고 시 거래처 폐업으로 인한 대손세액공제

사업자가 부가가치세가 과세되는 재화나 용역을 공급하였으나, 공급받는 자의 파산 등의 사유로 대금(부가가치세 포함)의 전부 또는 일부를 회수하지 못하였음에도 회수하지 못한 매출액에 대하여 부가가치세를 납부하는 경우가 발생할 수 있다.

이 경우 해당 과세기간의 매출세액에서 회수하지 못한 매출채권에 대한 세액을 공제해주는 것을 대손세액공제라고 한다.

사업의 폐지로 인한 대손이 확정된 날(즉, 재무상태표에 대손금으로 회계처리 한 날)이 속하는 확정신고(예정신고 때는 불가능)시 부가가치세 납부 금액에서 해당 대손세액을 차감할 수 있다.

예를 들어 2024년 5월 발생한 매출채권이 2025년 10월에 회수불능 요건이 충족되었다면 해당 채권은 2025년 2기 확정 신고 시 대손세액공제 신청이 가능하다. 이때 대손세액공제신고서 및 관련 대손 사실을 증명하는 서류를 첨부하여야 한다.

대손세액공제는 대손 금액(부가가치세 포함) X 10/110을 공제받으며, 재화나 용역을 공급한 날부터 10년이 지난 날이 속하는 과세기간에 대한 확정 신고 기한(1월 25일 또는 7월 25일)까지 공제가 가능하다.

TIP 채권을 포기한 경우 세무조정

특수관계자 외의 자와의 거래에서 채권 등을 조기에 회수하기 위하여 채권 일부를 불가피하게 포기한 경우 채권의 일부 포기나 면제에 객관적으로 정당한 사유가 있는 때에는 동 채권 포기액을 손금에 산입한다. 즉, 채권 포기액을 대손금으로 인정한다.

예를 들어 거래처가 청산 준비 중이거나, 파산이 예정되어 있어 시일이 경과할 경우 매출채권 회수가 어려울 것 같아 채권의 일부만 변제받은 후 나머지 금액은 탕감(채권 포기)하기로 약정한 경우는 채권의 조기 회수 목적이 인정되고 채권 포기에 정당한 사유가 있으므로 채권 포기액을 대손금으로 인정한다.

1. 특수관계 없는 자에 대한 채권의 임의 포기액

거래관계 개선 목적으로 채권을 임의 포기한 경우는 채권 포기액을 업무추진비(접대비)로 본다.

채권 포기가 업무와 관련이 있으므로 업무추진비(접대비)로 보는 것이다.

반면 특정한 이유 없이 채권을 임의 포기한 경우 채권 포기가 업무와 관련이 없으므로 기부금으로 본다.

2. 특수관계인에 대한 채권 포기

특수관계인에 대한 채권으로서 조세부담의 부당하게 감소할 목적으로 채권을 포기한 경우 부당행위계산부인을 적용하여 채권 포기액을 손금으로 인정하지 않는다.

3. 관련 예규

- 채권 회수를 하는데, 있어 아무런 조치를 취하지 아니함에 따라 소멸시효가 완성된 채권은 업무추진비(접대비) 또는 기부금에 해당한다(법인 46012-2409, 2000.12.19.).
- 특수관계가 없는 자에 대한 매출채권을 정당한 사유 없이 합의 등에 의해 포기시 동 포기금액은 업무와의 관련 여부에 따라 업무추진비(접대비) 또는 기부금으로 봄(서이 46012-10409, 2001.10.23.).
- 화의인가 결정 이후 특수관계가 없는 법인에게 정당한 사유 없이 화의조건을 변경하여 법원으로부터 승인받은 화의채권 중 추가로 면제하는 채권 가액은 업무와의 관련 여부에 따라 업무추진비(접대비) 또는 기부금으로 봄(서이 46012-10370, 2001.10.17.).
- 대리점과의 거래약정 상 지급받기로 한, 월 1.5%에 해당하는 상품 대금 지연배상금을 포기한 것은 업무추진비(접대비)로 봄(국심 2001서224, 2001.6.14).
- 외환위기 등으로 인해 경제 여건이 악화된 외국 소재 채무자의 수익급감, 투자 손실 및 자금 사정 등을 이유로 채권의 일부를 포기한 금액은 업무와의 관련 여부에 따라 기부금 또는 업무추진비(접대비)로 봄(법인 46012-2882, 1999.7.22).
- 금융기관이 익금으로 계상하지 아니한 미수이자를 정당한 사유 없이 포기한 경우는 동 금액을 익금에 산입함과 동시에 동 금액을 업무추진비(접대비)로 보아 시부인 계산함(법인 46012-802, 2000.3.28).

TIP 외상대금을 대물변제한 경우 세무처리

외상 대금 대신에 물품으로 갚는 경우 외상대를 기준으로 취득가액을 잡으면 된다. 즉, 외상대 8천만 원을 시가 1억 2천의 기계로 대신 갚는 경우 취득가액 8천만 원을 장부로 잡으면 된다(시가로 잡는 것이 원칙이나 채권액 〈 시가인 경우 채권액임).

예를 들어 8천만 원의 외상매입금을 상대방 업체가 기계장치 시가 1억 2천으로 대물변제한 부분은 재화의 공급에 해당하기 때문에 세금계산서를 받아야 한다.

세금계산서를 발행할 때는 시가 기준으로 계산해야 한다.

(차) 기계장치 80,000,000　　　(대) 외상매출금 80,000,000
　부가세대급금 12,000,000　　　보통예금 12,000,000

대물변제로 취득한 자산의 취득가액 등(법인, 서면 인터넷 방문 상담 2팀-2173, 2004.10.27.)

[요 지]

채권의 대물변제로 취득하는 자산의 취득가액은 그 취득당시의 시가(시가가 채권액을 초과하는 경우는 채권액)에 의하는 것임

[회 신]

귀 질의의 경우 금융업을 영위하는 법인이 대출채권의 회수 목적으로 채무자가 보유 중인 아파트 분양권을 대물변제받고 채권 · 채무를 종결하기로 합의하는 경우 당해 대물변제로 취득하는 자산의 취득가액은 그 취득 당시의 시가(시가가 채권액을 초과하는 경우는 채권액)에 의하는 것이며, 당해 채권액(이자 포함) 중 대물변제받은 자산의 시가를 초과하는 금액은 법인세법기본통칙 34-62…5 [약정에 의한 채권포기액의 대손처리]에 따라 처리하는 것입니다.

자산의 취득과 평가 회계처리와 세무조정

자산의 취득

1 일반적인 원칙

일반적인 경우

구 분	취득가액
타인으로부터 매입한 자산(단기금융자산 제외)	매입가액 + 부대비용(취득세 등)
자기가 제조 · 생산 · 건설한 자산	제작원가 + 부대비용(취득세 등)
단기금융자산 : 기업회계기준에 따라 단기매매 항목으로 분류된 금융자산 · 파생상품	매입가액. 취득부대비용은 당기 비용처리하고, 취득원가에 가산하지 않는다.
위 이외의 자산(예 : 교환 · 증여 등으로 취득한 자산	취득 당시 취득한 자산의 시가
일괄 취득 시에는 법인이 토지와 그 토지에 정착된 건물 등(건물 및 그 밖의 건축물)을 함께 취득해서 토지의 가액과 건물 등의 가액 구분이 불분명한 경우 시가(시가가 불분명한 경우 감정가액)	

현물출자·물적분할로 취득한 자산

구 분	주주가 취득한 주식의 취득가액	법인 취득자산의 취득가액
물적분할	분할 법인이 물적분할 한 순자산의 시가	해당 자산의 시가
현물출자	출자법인(출자법인과 공동으로 출자한 자 포함)이 현물출자로 인해 피 출자법인을 새로 설립하면서 그 대가로 주식만 취득한 경우 : 출자법인이 현물출자 한 순자산의 시가 위 이외의 경우 : 해당 주식의 시가	해당 자산의 시가

합병·인적 분할로 취득한 자산

구 분	주주가 취득한 주식의 취득가액	법인 취득자산의 취득가액
비적격합병 · 인적분할	종전 주식의 장부가액 + 합병 · 분할로 인한 의제 배당액 + 불공정 자본거래로 인해서 특수관계인으로부터 분여 받은 이익 − 합병 · 분할 발급 금	해당 자산의 시가
적격합병 · 인적분할		피합병법인 · 분할법인의 장부가액

채무의 출자전환으로 인해서 채권자가 취득한 주식

구 분	취득가액
일반법인의 출자전환으로 취득한 주식	취득 당시 주식의 시가. 출자전환된 채권가액이 취득한 주식 가액을 초과하는 경우 그 금액은 약정에 의한 채권 포기액으로 보아 기업업무추진비 · 기부금 · 대손금 · 부당행위 계산의 부인 중 하나로 처리한다.
과세이연 요건을 갖춘 특정 법인의 출자전환으로 취득한 주식	출자전환 된 채권이 일반적인 채권인 경우 : 출자전환 된 채권의 장부가액
	출자전환 된 채권이 대손불능채권인 경우 : 취득 당시 주식의 시가. 출자전환 된 채권 가액이 취득한 주식 가액을 초과하는 경우 초과하는 금액을 손금불산입

2 취득가액 계산 특례

자산의 고가·저가 매입

구 분		취득원가
고가 매입	특수관계인으로부터 시가보다 고가로 매입한 경우	취득 당시 시가
	특수관계인 외의 자로부터 정상가액보다 고가로 매입한 경우	정상가액(시가 × 130%)
저가 매입	일반적인 경우	매입가액
	특수관계인인 개인으로부터 유가증권을 시가보다 저가로 매입한 경우	취득 당시 시가

자산의 현재가치 평가

구 분	법인세법	기업회계기준
장기할부조건으로 취득한 자산	명목가액 평가 현재가치로 평가한 경우 인정함 현재가치할인차금 계상액 : 자산의 취득가액에서 제외 현재가치할인차금 상각액 : 이자비용 인정	현재가치평가
장기 금전대차 거래의 채권 · 채무	명목가액 평가	현재가치평가

자산의 취득과 관련한 이자

구 분		법인세법	기업회계기준
물품 수입 시 금융자원에 따른 지급이자	연 지급 수입이자 Banker’s, Shipper’s Usance이자 D/A이자	원칙 : 취득가액 특례 : 이자비용 계상 인정	이자비용
건설자금이자	사업용 유형자산 · 무형자산	특정 차입금 이자 : 강제 자본화 일반차입금 이자 : 선택 자본화	K-IFRS : 강제 자본화 일반기업회계기준 : 선택 자본화
	투자자산 · 제조 기간이 장기인 재고자산	자본화하지 않음(손금)	

의제매입세액 공제액

부가가치세 과세사업자가 면세농산물 등의 원재료를 매입해서 의제매입세액 공제를 적용받는 경우 그 금액은 부가가치세대급금(부가가치세선급금)에 해당한다. 따라서 회사가 의제매입세액 공제액을 원재료의 취득가액으로 계상한 경우 이를 원재료의 취득가액에서 차감해야 한다.

유형고정자산 취득 시 첨가취득 한 국·공채

구 분	법인세법	기업회계기준
장기 취득 한 국 · 공채의 매입가액과 현재가치의 차액	원칙 : 채권의 취득가액 특례 : 유형고정자산의 취득가액으로 계상한 경우 인정	유형고정자산의 취득가액

자산의 평가 기준

자산의 평가 기준

자산 및 부채는 물가의 등락, 환율의 변동, 투자자산의 가치 변동 등으로 인하여 그 가치가 증가 또는 감소하며, 기업회계기준에 의한 재무제표는 경제적 사실과 거래의 실질을 반영하여 기업의 재무 상태, 경영성과, 이익잉여금처분(또는 결손금처리) 등을 공정하게 표시해야 하므로 회계 기말에 기업회계기준서가 정하는 바에 따라 그 가치를 평가하여 재무제표에 보고해야 한다.

그러나 법인세법에서는 법인이 보유하는 자산 및 부채의 장부가액을 증액 또는 감액(감가상각을 제외한다)한 경우는 그 평가일이 속하는 사업연도 및 그 후의 각 사업연도의 소득금액 계산에 있어서 당해 자산 및 부채의 장부가액은 그 평가하기 전의 가액으로 한다. 라고 규정하고 있어 기업의 자산 및 부채평가를 원칙적으로 인정하지 않는다. 다만, 예외 규정으로 평가를 인정하고 있는 경우를 제외하고는 기업의 자산평가를 인정하지 않고 있다.

따라서 법인이 기업회계기준에 의하여 자산을 평가하여 그 손익을 결산에 반영한 경우로서 법인세법의 예외 규정에 해당하지 않는 경우 평가손실은 손금불산입해야 하며, 평가이익은 익금불산입하는 세무조정을 해야 한다.

예를 들어 재고자산을 저가법으로 신고하지 아니하고 결산에서 재고자산평가손실을 계상한 경우 세무조정에서 손금불산입하고 유보 처분하며, 회계 기말에 기업이 보유하고 있는 단기매매증권을 기말 시가로 평가하여 유가증권평가손실 또는 유가증권평가이익을 계상한 경우 손금불산입 또는 익금불산입 한다. 다만, 예외적으로 평가이익과 평가손실을 인정하는 경우가 있는데 그 경우를 살펴보면 다음과 같다.

평가이익을 인정하는 경우

보험업법이나 그 밖의 법률에 따른 유형자산 또는 무형자산 평가(장부가액을 증액한 경우만 해당)의 경우에는 해당 자산의 장부가액을 평가 후의 가액으로 한다. 즉, 법률에 의하지 않은 평가증은 인정하지 않는다. 예를 들어 재고자산이나 유가증권의 평가증은 인정되지 않는다.

평가손실을 인정하는 경우

다음의 경우에 내국법인은 그 사유가 발생한 사업연도의 결산을 확정할 때 해당 자산의 장부에 계상한 자산 가액과 해당 사업연도 종료일 현재 평가액의 차액(감액손실)을 손비로 계상한 경우에만 그 자산의 장부가액을 감액할 수 있다(결산조정 사항).

<table>
<tr><th>구분</th><th>내 용</th><th>평가액</th></tr>
<tr><td>고정자산</td><td>❶ 천재지변, 화재, 법령에 의한 수용, 채굴예정량의 채진으로 인한 폐광으로 인해 파손 · 멸실된 경우
❷ 시설 개체 · 기술 낙후로 인해 폐기한 생산설비</td><td>사업연도 종료일 현재 시가. ❷는 비망가액 1,000원</td></tr>
<tr><td>재고자산</td><td>파손 또는 부패 등의 사유로 정상가액으로 판매할 수 없는 것</td><td>사업연도 종료일 현재 처분 가능한 시가</td></tr>
<tr><td>유가증권</td><td>❶ 주식발행법인이 파산한 경우 주식
❷ 다음의 주식발행법인이 부도가 발생한 경우 해당 주식
• 상장법인
• 특수 관계없는 비상장법인
• 중소기업창업투자회사 · 신기술 사업 금융업자의 보유 주식 중 창업자 · 신기술사업자가 발행한 것
<table>
<tr><th rowspan="2">주 식
발행인</th><th rowspan="2">상장법인</th><th colspan="2">비상장주식</th></tr>
<tr><th>특 수
관계자</th><th>특 수
관계이외</th></tr>
<tr><td>파 산</td><td>감액손실O</td><td>감액손실O</td><td>감액손실O</td></tr>
<tr><td>부 도 발 생</td><td>감액손실O</td><td>감액손실×</td><td>감액손실O</td></tr>
</table>
</td><td>사업연도 종료일 현재 시가 비망가액 1,000원</td></tr>
</table>

자산의 감액손실은 감액 사유가 발생한 사업연도에 감액손실을 결산서에 계상한 경우에 한해서 손금으로 인정한다. 따라서 감액 사유가 발생한 사업연도 이후의 사업연도에 비용으로 계상한 경우는 손금으로 인정하지 않는다.

2 고정자산의 손상

감가상각 자산이 진부화, 물리적 손상 등에 따라 시장가치가 급격히 하락해서 법인이 기업회계기준에 따라 손상차손을 계상한 경우 천재지변, 화재, 수용, 폐광으로 인한 파손 · 멸실된 경우를 제외하고는 해당 금액을 감가상각비로 계상한 것으로 본다.

3 고정자산의 재평가

K-IFRS에 따라 유형 · 무형자산을 재평가한 경우 재평가 손익은 당기손익이나 기타포괄손익으로 인식된다. 그러나 법인세법은 원칙적으로 고정자산 평가손익을 인정하지 않기 때문에 회사가 인식한 재평가 손익을 부인하는 세무조정을 해야 한다.

재고자산의 평가

1 재고자산 평가 방법의 종류

내국법인이 재고자산을 보유하는 경우 해당 재고자산 평가는 다음의 방법 중 법인이 세무서장에게 신고한 방법에 따른다.

❶ 원가법 : 개별법, 선입선출법, 후입선출법, 총평균법, 이동평균법, 매출가격환원법

❷ 저가법 : 저가법으로 신고하는 경우는 시가와 비교되는 원가법을 함께 신고해야 한다.

2 재고자산평가 방법 선택

재고자산 평가 시에는 재고자산을 다음의 자산별로 구분해서 종류별 · 영업장별로 각각 다른 방법에 의해서 평가할 수 있다.

예를 들어 도매업과 제조업을 함께 영위하는 경우 도매업의 상품은 선입선출법, 제조업의 재공품은 후입선출법을 적용할 수 있다.

3 평가 방법의 신고 및 변경

법인이 재고자산의 평가 방법을 신고하고자 하는 때에는 다음의 기한 내에 재고자산 등 평가방법신고(변경신고)서를 납세지 관할 세무서장에게 제출(국세정보통신망에 의한 제출을 포함한다)해야 한다. 이 경우 저가법을 신고하는 경우는 시가와 비교되는 원가법을 함께 신고해야 한다.

평가 방법의 신고 및 변경 신고

구분	신고 기한	기간경과 후 신고한 경우
최초 신고	법인의 설립일이 속하는 사업연도의 법인세 과세표준의 신고기한 내에 : 예를 들어 12월 말 결산법인의 경우 3월 31일 납세지 관할 세무서장에게 신고한다.	신고일이 속하는 사업연도까지는 무신고 시 평가 방법에 의하고, 그 후의 사업연도에 있어서 법인이 신고한 평가 방법에 의한다.
변경 신고	변경할 평가 방법을 적용하고자 하는 사업연도 종료일 이전 3개월이 되는 날까지 : 예를 들어 12월 말 결산법인의 경우 9월 30일까지 납세지 관할 세무서장에게 신고한다.	변경신고일이 속하는 사업연도까지는 임의 변경 시 평가 방법에 의하고, 그 후의 사업연도에 있어서 법인이 신고한 평가 방법에 의한다.

무신고·임의변경 시 평가방법

구 분	평가방법
무신고시	• 사　유 : 기한 내에 평가 방법을 신고하지 않은 경우 • 평가방법 : 선입선출법, 매매 목적용 부동산은 개별법 인플레이션하에서 선입선출법으로 평가한 경우 기말재고는 ↑ 매출원가 ↓ 당기순이익 ↑ 법인세 ↑
임의변경시	• 사　유 : 신고한 평가 방법 외의 방법으로 평가하거나 변경 신고 기한 내에 변경 신고하지 않고 방법을 변경한 경우 • 평가방법 : Max(❶, ❷) ❶ 선입선출법(매매 목적용 부동산은 개별법) ❷ 당초 적법하게 신고한 평가 방법

재고자산의 평가방법

평가대상 자산	평가방법		
	신고 시 : 신고한 방법	법정기한 내 무신고시	임의변경 시(신고방법외의 방법으로 평가 시, 변경 신고 없이 신고방법 변경 시)
❶ 제품 · 상품 ❷ 반제품 · 재공품 ❸ 원재료 ❹ 저장품	❶ 원가법 개별법, 선입선출법, 총평균법, 이동평균법, 매출가격환원법 ❷ 저가법 원가법과 기업회계기준에 따라 시가로 평가한 가액 중 낮은 가액	❶ 부동산 : 개별법 ❷ 기타자산 : 선입선출법	선입선출법(매매용 부동산은 개별법) · 신고한 평가 방법 중 큰 금액의 평가 방법

4 재고자산의 평가에 대한 세무조정

기업회계기준(원칙 : 원가법, 예외(저가법) : 취득원가보다 하락한 경우 순실현가능가액)에 의하여 원가보다 낮은 가액으로 평가감한 경우로서 저가법으로 신고하지 않은 경우는 재고자산평가손실은 세무조정에서 손금불산입해야 한다.

재무상태표 상 재고자산이 세무상 평가액보다 적은 경우는 그 차액을 손금불산입(유보)하고, 재무상태표 상 재고자산이 세무상 평가액보다 많은 경우에는 그 차액을 손금산입(△유보)한다. 재고자산에 대한 유보(△유보)는 그 재고자산이 소멸하는 사업연도에 반대조정으로 소멸시킨다.

반면 법인이 보유한 상품이 시장성이 없는 등의 사유로 폐기하는 경우 그 폐기 사실이 객관적으로 인정되는 경우는 장부상 폐기손실(감모손실)로 계상한 금액을 손금산입할 수 있다(예외).

당기 말 재고자산 평가액	당기 세무조정	차기 세무조정
재고자산평가감(기말재고자산 과소계상) (결산서 상 평가액(10,000원) < 법인세법상 평가액(12,000원))	손금불산입 (유보)	손금산입 (△유보)
재고자산평가증(기말재고자산 과대계상) (결산서 상 평가액(12,000원) > 법인세법상 평가액)(10,000원)	손금산입 (△유보)	손금불산입 (유보)

[주] 기말재고자산이 늘어난다는 것은 당기순이익이 늘어난다는 것이 된다.

위 표에서 세법상 기말재고자산은 12,000원인데 회계상 기말재고자산은 10,000원을 계상하므로 세법상 계상해야 할 당기순이익보다 회계상 당기순이익을 2,000원만큼 과소 계상(기말재고자산 과소 계상)한 결과가 되며, 따라서 2,000원에 대해 손금불산입(유보) 처분한다.

그리고 전기에 2,000원 손금불산입(유보) 세무조정을 했는데, 당기 재고자산평가손실(평가충당금)이 1,500원이 된 경우, 당기 세무조정은 손금산입 2,000원, 손금불산입 1,500원으로 처리한다.

그러면 자연스럽게 유보 잔액은 1,500원으로 재고자산평가충당금과 금액이 일치한다.

참고로 파손 · 부패 등의 사유로 정상가격으로 판매할 수 없는 재고자산의 평가손실을 장부에 계상한 경우는 해당 평가손실은 법인세법상 결산조정 사항이므로, 세무조정이 발생하지 않는다.

저가법을 선택하여 신고한 경우는 별다른 세무조정이 필요 없다. 그러나 저가법을 신고한 법인이 재고자산 평가손실을 인식하지 않거나 일부만 인식한 경우는 임의변경에 해당되므로(서이 46012-11465, 2003.8.6.), 법인세법상 신고한 평가방법에 따른 금액과 선입선출법에 따라 평가한 금액 중 큰 금액을 법인세법상 재고자산 평가금액으로 하여 적절히 세무조정을 한다(해당 금액을 위 표에서 법인세법상 평가액으로 봐 위 표와 같이 세무조정 한다.).

5 재고자산의 평가에 대한 특례

K-IFRS 도입 시 익금불산입

내국법인이 K-IFRS를 최초로 적용하는 사업연도에 재고자산평가 방법을 후입선출법에서 다른 재고자산평가 방법으로 납세지 관할 세무서장에게 변경 신고 한 경우는 해당 사업연도의 소득금액을 계산할 때 다음의 재고자산평가 차익을 익금에 산입하지 않을 수 있다. 이 경우 재고자산평가 차익 익금불산입 신청서를 납세지 관할 세무서장에게 제출해야 한다.

재고자산평가차익 = ❶ − ❷

❶ K-IFRS를 최초로 적용하는 사업연도의 기초재고자산 평가액

❷ K-IFRS를 최초로 적용하기 직전 사업연도의 기말재고자산 평가액

5년간 분할 익금산입

내국법인이 재고자산평가 차익을 익금에 산입하지 않은 경우는 K-IFRS를 최초로 적용하는 사업연도의 다음 사업연도 개시일부터 5년이 되는 날이 속하는 사업연도까지 다음의 금액을 익금산입한다.

$$\text{익금산입액} = \text{재고자산평가차익} \times \frac{\text{해당 사업연도의 월수}}{\text{60개월}}$$

주 월수는 달력에 따라 계산하되 1월 미만의 일수는 1월로 하고, 사업연도 개시일이 속한 월을 계산에 포함한 경우는 사업연도 개시일부터 5년이 되는 날이 속하는 월은 계산에서 제외한다(초월산입, 말월불산입).

TIP 재고자산평가 시 유의 사항

1. 재고자산평가에 착오가 있는 경우 평가방법의 효력

재고자산평가 방법을 신고하고 신고한 방법에 의해 평가하였으나 기장 또는 계산상의 착오가 있는 경우에는 재고자산의 평가방법을 달리해서 평가한 것으로 보지 않으므로(임의 변경으로 보지 않음) 착오 금액만 세무조정 한다.

2. 재고자산평가 방법의 적용 단위

재고자산평가 방법의 무신고나 임의 변경의 경우 재고자산평가 방법 적용 단위인 재고자산 종류별로 구분해서 그 사유가 발생한 재고자산에 대해서 적용한다.

재고자산평가 방법을 선택 · 적용하는데, 있어서 반드시 법인의 모든 재고자산에 대해 동일한 방법을 적용할 필요는 없는 것이며, 재고자산(제품 및 상품, 반제품 및 재공품, 원재료, 저장품)별로 구분해서 영업의 종목별 · 영업장별로 각각 다른 방법에 의해서 평가할 수 있다. 다만, 이 경우 수익과 비용을 영업의 종목(한국표준산업분류에 의한 중분류 또는 소분류)별 또는 영업장별로 각각 구분해서 기장하고, 종목별 · 영업장별로 제조원가보고서와 손익계산서를 작성해야 한다. 또한, 과세 관청의 유권해석에 따르면(법인 46012-2867, 1998. 10. 2.), 기존공장과 제조공정이 다른 새로운 공장을 건설해 기존 공장의 생산 제품과 다른 신제품을 생산하면서 종목별 · 공장별로 재고자산의 수불 및 원가계산을 독립적으로 수행하는 경우는 재고자산평가 시 당해 종목별 · 공장별로 서로 다른 평가 방법을 적용할 수 있는 것으로 해석하고 있다.

TIP 재고자산의 수량이 부족한 경우 증빙처리

재고자산의 실사 수량과 장부상 수량의 차이에 대해서는 회사가 차이 원인에 대해서 분석을 해 적절한 소명자료를 구비해야 한다.

그러나 해당 재고 부족에 대해서 명백하고 객관적인 자료를 구비하지 못하는 경우는 동 재고부족분이 외부로 매출 되어 판매 대금이 대표자에게 귀속된 것으로 보아 법인세법상 외부 판매가액을 익금산입(대표자 상여)하고, 부가세법상으로는 관련 부가가치세를 추징당할 수 있다(심사부가 2005-537, 2005.12.19. ; 대법 2003 두 13793, 2004. 6. 11.).

따라서 해당 재고부족분에 대해서 회사 내부적으로 원인 파악과 소명자료 등이 필요하며, 추후 수량 차이가 발생하지 않도록 재고자산에 대한 내부통제의 강화가 필요할 것으로 판단된다.

TIP **반품 시 재고자산(상품, 제품) 파손 시 손금산입**

현행 세법에서 파손 · 부패에 따른 정상가액 판매가 불가능한 경우 처분가능가액과 장부가액과의 차이를 손금산입(필요경비에 산입)이 가능하나, 비용으로 인정받기 위해서는 폐기 품목 및 수량을 기재한 장부 및 증빙 서류(따로 법령에서 예시하지 않고 사실을 입증할 수 있는 자료)를 비치해야 한다.

그리고 불량재고품의 경우 정상적인 재고자산과 구분경리를 해두는 것이 좋다.

파손된 재고자산을 처분하는 경우는 재고자산 처분 손익으로 반영하는 것이며, 폐기 시 제3자에게 입증할 수 있는 증빙(사내 품의서, 폐기 시 상대방 저가 · 염가 영수증, 사진 촬영 등 객관적으로 입증할 수 있는 서류)을 구비해야 한다.

국세청이 인정하는 객관적인 증빙

실무상 재고자산을 폐기 처분하고자 하는 경우 그 폐기 사실이 객관적으로 입증될 수 있는 증거(소각 시 이를 입증하는 소각 품목, 소각 수량, 소각 사진, 폐기 처분 의뢰 시 이를 입증할 수 있는 증빙 서류 등)를 갖추면 될 것으로 판단하나 국세청에서는 그 기준을 더 엄격히 적용하고 있다.

단순히 폐기 처분 사진이나 내부품의서 등은 객관적인 자료로 인정하지 않는바

1. 폐기물관리법상 사업장 폐기물 수집 · 운반업자에 의한 폐기물처리확인서
2. 특수관계 없는 재활용업자와의 재활용 물품 거래 내역서 등 거래 증빙
3. 상품교환에 따른 반품 대장 작성
4. 보험 처리 내역서 등을 갖추는 것이 좋다.

결과적으로 회사 자체적으로 만들 수 있는 증빙 서류만으로는 인정을 못받고, 제3자와 거래를 통해 상호검증이 가능한 경우에만 확실히 인정받을 수 있다는 점이다.

국세청의 처리는 세법이 추구해 온 증빙의 상호검증 기능에 충실한 업무처리이다. 즉, 모든 증빙의 대원칙은 회사의 임의적인 처리가 아닌 서로 모르는 관계인 제3자와 상호검증을 통해서만 인정을 해주겠다는 것이다(세금계산서와 같이).

법인세 집행기준 42-78-2 참고

1. 파손 · 부패 등의 사실이 확인되어 재고자산평가손실을 계상한 것은 내부규정에 따라 관리 종업원에게 변상책임이 있는 경우에도 손금에 산입한다.
2. 하자로 인하여 상품을 교환하여 준 경우 회수한 상품은 사업연도 종료일 현재 처분가능한 시가로 평가할 수 있다.
3. 풍수해, 기타 관리상의 부주의 등으로 품질이 저하된 제품 등을 등급 전환 또는 폐기 처분하는 경우는 그 사실이 객관적으로 입증될 수 있는 증거를 갖추어야 한다.

관련 예규

귀 질의의 경우 폐기처분하고자 하는 재고자산의 상품 가치 · 시장 교환성 유무 및 AS 용도로의 재활용 등이 불분명하여 정확히 회신할 수 없으나, 법인이 재고자산을 폐기처분하고자 하는 경우 폐기물관리법의 적용을 받는 폐기물은 당해 법률의 절차에 따라 폐기하는 등 그 폐기 사실이 객관적으로 입증될 수 있는 증거를 갖추어

처리하는 경우에, 폐기처리가 속하는 사업연도의 손금에 산입할 수 있는 것이다(서면 인터넷 방문상담 2팀 -1613, 2004.07.30.).
수출 제품이 불량으로 판정돼 반송됐지만, 반송 제품을 수리해 재수출이 어려운 경우로서 외부 폐기 업체를 통해 전량 폐기 시 손금산입 여부에 대한 질의에 국세청은 "내국법인이 불량으로 판정돼 반품된 수출 제품에 대해 수리해 재수출이 어려운 경우로서 외부 폐기업체를 통해 전량 폐기한 경우는 그 폐기한 사실을 객관적으로 확인할 수 있는 증빙을 갖춰 폐기일이 속하는 사업연도의 손금에 산입할 수 있다." 는 유권해석을 내놓았다(법인, 서면-2018-법인-1652, 법인세과-2428, 2018.09.05.).
폐기 사실을 증빙하기 위해 반송된 제품의 입·출고 수량 확인, 보관 시 잠금장치 및 CCTV 감시, 질의법인 관계자 입회해 육안으로 확인하고 사진기록 및 무게를 측량해서 증거자료로 남겼다.

부가가치세 과세 문제
부패, 파손 등의 사유로 재고자산이 멸실된 경우는 부가가치세가 과세되지 아니한바 해당 재고자산과 관련된 부가가치세 매입세액공제에는 적용되지 아니할 것으로 판단된다(간주공급 과세 문제없음).

유가증권의 평가

1 유가증권의 평가 방법

내국법인이 유가증권을 보유하는 경우 해당 유가증권의 평가는 다음의 방법 중 법인이 세무서장에게 신고한 방법에 따른다(원가법).

- 채권 : 개별법, 총평균법, 이동평균법
- 주식 : 총평균법, 이동평균법

2 평가방법의 신고 및 변경

평가방법의 신고 및 변경 신고는 재고자산과 동일하며, 무신고 시에는 다음과 같이 평가한다.

평가대상 자산	평가방법		
	신고 시 : 신고한 방법	법정기한 내 무신고시	임의변경 시(신고방법 외의 방법으로 평가 시, 변경 신고 없이 신고 방법 변경 시)
❶ 주식	원가법 중 총평균법, 이동평균법	원가법 중 총평균법	총평균법과 신고한 평가방법 중 큰 금액으로 평가
❷ 채권	원가법 중 개별법, 총평균법, 이동평균법		
❸ 투자회사 보유	시가법	시가법	시가법

3 단기매매증권의 회계처리

단기매매증권이란?

단기매매증권은 단기간 내에 매각할 목적으로 취득한 증권이다.
단기매매증권은 단기간 내에 매각하여 시세 차익을 보기 위해 취득한 것이다.
증권 거래가 많이 발생하는 기업의 장부나 증권회사의 장부에서 많이 나타난다.

단기매매증권 거래 수수료 처리

단기매매증권의 거래 때는 단기매매증권 취득 수수료와 단기매매증권 처분 수수료가 발생한다.
단기매매증권 거래 시 발생하는 수수료 비용은 판관비로 처리하지 않는다.
단기매매증권을 취득할 때 발생하는 수수료는 지급수수료(영업외비용) 계정과목으로 처리한다.
주식 매도 시에는 증권사 수수료와 증권거래세가 발생한다.
단기매매증권을 처분할 때 발생하는 이 수수료는 지급수수료(영업외비용) 계정과목으로 처리하지 않고 처분 금액에서 차감하여 처리한다. 즉, 매도 시 발생하는 수수료와 증권거래세는 처분이익에서 차감하거나, 처분손실에 가산한다.
단기매매증권 취득 시 지급수수료는 영업외손익의 '기타비용'으로 단기매매증권 처분 시 수수료는 금융수익 혹은 금융비용에서 차감하거나 가산시킨다. 즉, 금융상품 관련한 손익은 수수료를 포함하여, 영업외손익으로 처리한다.

취득 시 발생하는 수수료	처분 시 발생하는 수수료
지급수수료(영업외비용) 계정과목으로 처리 또는 영업외손익의 '기타비용(수익)'으로 처리	처분이익에서 차감하거나, 처분손실에 가산 또는 금융수익 혹은 금융비용에서 차감하거나 가산

4 단기매매증권의 취득 시 세무조정

취득시점에 단기매매증권은 취득가액으로 장부에 계상하며, 별도의 세무조정은 없다.

20X1년 중 갑 회사의 주식 10만 원을 취득하면서 수수료 1,000원을 지급했다.

단기매매증권	100,000 /	보통예금	101,000
지급수수료	1,000		

[주] 회계와 세법 모두 취득가액을 10만 원으로 인식하므로 별도의 세무조정은 없다.

5 단기매매증권평가손익에 대한 세무조정

시가가 존재하는 유가증권은 시가로 평가한다.

자산은 기말에 취득원가와 시가의 차이만큼 자산이 증가하거나, 감소한다.

회계에서의 시가는 가격이 정해져 있지 않고, 파는 시점의 가격을 의미하는 것으로 회계에서는 이를 공정가치라고 한다.

공정가치란 많은 사람의 수요와 공급에 의해 정해진 것으로 자산을 파는 측과 사는 측 쌍방이 서로 납득할 수 있게 결정된 시장가격이다.

유가증권(주식이나 채권)의 경우 증권거래소에서 정해진 가격을 적용한다.

증권거래소에서 주가가 형성되어 있으므로 객관적으로 자산의 증감을 예측할 수 있다.

그리고 공정가치 평가의 기준이 되는 시점은 결산 시점. 즉, 장 종료 종가 기준으로 모두 팔았을 경우로 얼마의 돈을 받을 수 있는지 평가하는 것이다.

20X1년 중 갑 회사의 주식을 10만 원 취득하여 보유하고 있는데, 20X1년 말 공정가치가 15만 원, 20X2년 말 공정가치가 5만 원으로 변동된 경우 회계처리는 다음과 같다.

단기매매증권	50,000 /	단기매매증권평가이익	50,000

[주] 단기매매증권 장부가액 = 취득가액 10만원 + 평가이익 5만원 = 15만 원으로 변경된다.

세법상 단기매매증권은 평가손익을 인정하지 않는다. 따라서 회계상으로는 수익이 발생하지만, 세법에서는 이를 인정하지 않으므로 회계장부에서 평가이익을 없애주어야 한다. 즉 익금불산입(△유보)의 세무조정이 필요하다.

기업회계		세무조정	
[차변] 단기매매증권	50,000	[차변] 단기매매증권평가이익	50,000
[대변] 단기매매증권평가이익	50,000	[대변] 단기매매증권	50,000

[주] 단기매매증권 결산 과정에서 발생한 단기매매증권평가이익은 수익으로 인정받지 못하므로 익금불산입(△유보) 장부상 손익이 세법상 과세소득보다 50,000원 과대계상되어 있으므로 50,000원을 익금불산입하는 세무조정을 해야 하며, 그 차이의 원인이 단기매매증권이라는 자산계정에 있으므로 유보로 소득처분한다.

이후 20X2년 말 공정가치가 5만 원으로 주가가 하락했으므로, 장부가액을 5만 원으로 만들어주기 위해, 평가손실 10만 원을 인식한다.

단기매매증권평가손실 100,000 / 단기매매증권 100,000

[주] 단기매매증권 장부가액 = 취득가액 10만 원 + 평가이익 5만 원 − 평가손실 10만 원 = 5만 원

세법상 단기매매증권은 평가손익을 인정하지 않는다. 따라서 회계상으로는 손실이 발생하지만, 세법에서는 이를 인정하지 않으므로 회계장부에서 평가손실을 없애주어야 한다. 즉 손금불산입(유보)의 세무조정이 필요하다.

기업회계		세무조정	
[차변] 단기매매증권평가손실	100,000	[차변] 단기매매증권	100,000
[대변] 단기매매증권	100,000	[대변] 단기매매증권평가손실	100,000

[주] 단기매매증권 결산 과정에서 발생한 단기매매증권평가손실은 비용으로 인정받지 못하므로 손금불산입(유보) 장부상 손익이 세법상 과세소득보다 100,000원 과소계상되어 있으므로 100,000원을 손금불산입하는 세무조정을 해야 하며, 그 차이의 원인이 단기매매증권이라는 자산계정에 있으므로 유보로 소득처분한다.

구 분	항 목	세무조정
평가손익을 당기손익으로 인식한 경우 (단기매매증권 평가손익은 수익과 비용 ➡ 손익계산서에 반영)	• 단기매매금융자산평가이익 • 당기손익인식금융자산평가이익	익금불산입(△유보)
	• 단기매매금융자산평가손실 • 당기손익인식금융자산평가손실	손금불산입(유보)

6 단기매매증권처분손익에 대한 세무조정

20X1년 중 갑 회사의 주식을 10만 원 취득하여 보유하고 있는데, 20X1년 말 공정가치가 15만 원, 20X2년 말 공정가치가 5만 원으로 변동된 단기매매증권을 20X3년 12만 원에 매각한 경우 매각수수료는 1,000원이다.

보통예금	119,000 /	단기매매증권	50,000
		단기매매증권처분이익	59,000

[주] 단기매매증권을 처분할 때 발생할 수수료는 처분금액에서 직접 차감하여 처리한다. 즉, 단기매매증권처분이익에 차감하거나 단기매매증권처분손실에 가산한다.

기업회계		세무조정	
[차변] 보통예금	119,000	[차변] 보통예금	119,000
[대변] 단기매매증권	50,000	[대변] 단기매매증권	100,000
[대변] 단기매매증권처분이익	69,000	[대변] 단기매매증권처분이익	19,000

익금불산입 단기매매증권 50,000(△유보)원 처분한다.

매각 시점에 평가손익으로 세무조정한 내역을 추인한다. 즉 20X1에 세무조정한 익금불산입 단기매매증권 50,000(△유보)원, 20X2에 세무조정 한 손금불산입 단기매매증권 100,000(유보)원을 추인한다.

장부상 처분이익은 69,000원이지만, 세법상 처분이익은 19,000원이므로 이에 대한 차이 50,000원을 익금불산입하고 그 차이의 원인이 단기매매증권이라는 자산이므로 유보로 소득처분한다.

7 매도가능증권의 회계처리

매도가능증권이란?

매도가능증권은 기업이 장기투자를 목적으로 보유한 유가증권을 말한다. 즉 매도가 목적은 아니지만, 매도할 수도 있는 유가증권을 말한다. 다만, 1년 이내에 만기가 도래하거나, 매도 등에 의해서 처분할 것이 거의 확실한 매도가능증권은 유동자산으로 분류한다.

매도가능증권에는 채권과 주식이 있다.

매도가능증권은 주로 회사에서 법인명으로 일반 주식을 사는 경우 많이 사용한다.

회사에서 자금을 놀리기에 아까워서 삼성전자 주식을 사고 자금이 필요할 때 언제든지 팔겠다고 생각하고 있으면 이것이 "매도가능증권"이다. 매도가능증권은 주로 주식 등과 같이 시장이 형성되어 언제든지 팔 수 있는 증권이 많다.

매도가능증권 거래 수수료 처리

취득 시 발생하는 수수료	처분 시 발생하는 수수료
취득시 발생한 수수료는 취득부대비용으로 취득원가에 포함한다.	처분 시 발생하는 수수료는 매도가증권처분이익에서 차감하거나 매도가능증권처분손실에 가산한다.

8 매도가능증권의 취득 시 세무조정

장기투자 목적으로 갑 기업 주식 100주를 주당 5,000원에 매입하였으며, 매입수수료 20,000원을 포함하여 현금으로 지급하였다.

매도가능증권 520,000 / 보통예금 520,000

[주] 회계와 세법 모두 취득가액을 52만 원으로 인식하므로 별도의 세무조정은 없다.

9 매도가능증권평가손익에 대한 세무조정

단기매매증권의 평가손익은 당기손익으로 곧바로 손익계산서를 거쳐 이익잉여금의 형태로 재무상태표에 반영되지만, 매도가능증권의 평가손익은 기타포괄손익으로 손익계산서를 거치지 않고 곧바로 재무상태표에 반영된다. 기타포괄손익은 손익계산서가 아닌 포괄손익계산서에 반영된다.

당기 중에 구입한 시장성 있는 매도가능증권 500,000원을 기말 공정가액 520,000원으로 평가하고 다음과 같이 회계처리 하였다.

매도가능증권 20,000 / 매도가능증권평가이익 20,000
(기타포괄손익누계액)

매도가능증권평가이익은 기업회계기준상 기타포괄손익누계액이며, 세무회계상 익금에 해당하지 않는다. 기업회계상 수익을 계상하지는 않았지만, 자산을 20,000원만큼 과대계상하여 자본을 과대계상 하였으므로 세무회계상 자본을 감소시키는 손금산입(△유보)로 처분한다. 이와 동시에 과세소득에 영향을 미치지 않도록 동일한 금액을 반대로 세무조정 한다.

<손금산입> 매도가능증권 20,000(△유보)

<익금산입> 매도가능증권 20,000(기타)

이후 20×1년 기말 공정가액 520,000원으로 평가했던 매도가능증권의 20×2년 기말 공정가액이 450,000원으로 평가된 경우 다음과 같이 회계처리 하였다.

매도가능증권평가이익 20,000 / 매도가능증권 70,000

매도가능증권평가손실 50,000

<손금불산입> 매도가능증권 70,000(유보)

<손금산입> 매도가능증권 70,000(기타)

구 분	항 목	세무조정
평가손익을 기타포괄손익으로 인식한 경우(매도가능증권평가손익은 자본 ➡ 손익계산서에 미반영)	매도금융자산평가이익	익금산입(기타), 손금산입(△유보)
	매도금융자산평가손실	손금산입(기타), 손금불산입(유보)

10 매도가능증권처분손익에 대한 세무조정

단기매매증권의 처분손익은 매각금액과 장부금액의 차액이다. 하지만 매도가능권의 처분손익은 매각금액과 장부금액의 차액에 기타포괄손익으로 반영된 평가손익의 누계액을 반영한 금액이다.

매도가능증권의 처분 시 기타포괄손익이 증감된 경우는 익금산입(기타) 또는 손금산입(기타)으로 조정 후 유보 · △유보로 추인해야 한다.

20×1년 초 500,000원, 20×1년 말 공정가액 520,000원, 20×2년 말 공정가액이 450,000원으로 평가된 매도가능증권을 20×3년 570,000원에 처분한 경우 다음과 같이 회계처리 하였다.

현금	570,000	/	매도가능증권	500,000
			매도가능증권평가손실	50,000
			매도가능증권처분이익	20,000

<익금불산입> 매도가능증권 50,000(△유보)
<익금산입> 매도가능증권 50,000(기타)

외화자산 · 부채의 평가

1 외화자산·부채의 평가대상

일반기업의 경우

기업회계기준에 의한 화폐성 외화자산 · 부채 및 통화 관련 파생상품 중 통화선도와 통화스왑 · 환변동보험은 외화손익을 인식하여 익금 또는 손금으로 처리할 수 있다.

특정 금융회사의 경우

특정 금융회사가 보유하고 있는 기업회계기준에 의한 화폐성 외화자산 · 부채와 파생상품 중 화폐성 외화자산 · 부채의 환위험 회피용 통화선도와 통화스왑 · 환율변동보험은 외화평가 대상이 된다.

구 분	화폐성(평가대상)	비화폐성(평가대상 아님)
자 산	현금 · 예금, 매출채권, 대여금, 미수금, 보증금, 만기보유금융자산 등	선급금, 선급비용, 재고자산, 유형자산, 무형자산
부 채	매입채무, 미지급금, 차입금, 사채	선수금, 선수수익 등

주 선급금과 선수금은 물품 채권 · 채무인 경우에는 비화폐성 항목이나, 소비대차로 전환되어 금전채권 · 채무인 경우에는 화폐성 항목이 된다.

2 외화자산·부채의 평가손익

법인세법에서는 외화평가를 하지 않는 것을 원칙적으로 하되, 신청서를 제출하는 경우 외화평가를 인정하며, 이때 5년간 의무 적용한다. 즉 외화환산손익을 인정하지 않으므로 세법에는 일정한 금융기관이 보유한 외화자산 및 부채 등을 제외한 일반적인 자산·부채의 경우 외화환산이익과 손실은 세법상 익금불산입 혹은 손금불산입 처리해야 하고, 이전 연도에 익금불산입, 손금불산입했던 금액은 당해연도에 회수 및 지급으로 회수된 부분에 대해서 익금산입, 손금산입한다.

외화평가손익 = 평가대상 외화자산 · 부채 × 적용환율 − 평가 전 원화기장액

환율적용과 외화평가손익의 세무조정

구 분	세무조정
일반법인	외화평가를 하지 않는 것을 원칙적으로 하되, 다음 중 어느 하나에 해당하는 방법을 선택해서 신고한 경우 외화평가를 인정하며, 신고한 평가방법은 신고한 사업연도 포함 5년간 계속해서 적용한다. 예를 들어 2025년 12월 31일일 신고한 경우 2029년 12월 31일까지 적용한다. 변경 신고를 하지 않으면 계속 적용된다. ❶ 평가손익을 인식하지 않는 방법(원가법, 자산 · 부채의 발생일의 환율로 평가) : 계약의 내용 중 외화자산 및 부채를 취득일 · 발생일(통화선도 등은 계약체결일) 현재의 매매기준율 등으로 평가(외화환산평가손익 미발생) 외화자산 평가방법 신고서가 제출하지 않으면 자산 · 부채 발생일의 환율로 일단 평가해야 한다. 이후 사업연도 말의 환율로 평가하는 방법으로 변경이 가능하다.

구 분	세무조정
일반법인	가. 외화환산손익을 손익계산서에 계상 : 외화환산평가손익을 계상하지 않기로 해놓고 계상했으므로 세무조정을 해야 한다(평가 방법을 신고하지 않았으므로 평가손익 계상액을 부인함). 나. 외화환산손익을 손익계산서에서 인식하지 않음 : 세무조정 없음 ❷ 평가손익을 인식하는 방법(시가법, 사업연도 종료일 환율로 평가) : 계약의 내용 중 외화자산 · 부채를 사업연도 종료일 현재의 매매기준율 등으로 평가하는 방법(외화환산평가손익 발생) 사업연도 종료일의 환율을 적용하기 위해서는 최초 사업연도에 반드시 외화자산 평가 방법 신고서를 제출해야 한다. 가. 외화환산손익을 손익계산서에 계상 : 세무조정 없음. 나. 외화환산손익을 손익계산서에서 인식하지 않음 : 외화환산평가손익을 계상하기로 해놓고 계상하지 않았으므로 세무조정을 해야 한다.
특정 금융회사	❶ 외화자산 · 부채 : 사업연도 종료일 현재의 매매기준율로 평가한다(강제 평가). ❷ 파생상품(환위험 회피용 통화선도와 통화 스왑 · 환율변동보험) : 다음 중 어느 하나에 해당하는 방법 중 관할 세무서장에게 신고한 방법에 따라 평가해야 한다. 신고한 평가방법은 그 후의 사업연도에도 계속해서 적용해야 한다. 가. 평가손익을 인식하지 않는 방법 : 계약의 내용 중 외화자산 및 부채를 계약체결일의 매매기준율 등으로 평가하는 방법 나. 평가손익을 인식하는 방법 : 계약의 내용 중 외화자산 및 부채를 사업연도 종료일 현재의 매매기준율 등으로 평가하는 방법

평가 전 원화 기장액

❶ 사업연도 중에 발생한 외화자산 및 부채 : 발생일 현재 매매기준율 등(발생일이 공휴일의 경우 그 직전일의 환율)에 따라 환산

❷ 사업연도 중에 보유 외환을 매각하거나 외환을 매입하는 경우 : 거래 은행에서 실제 적용한 환율에 따름

❸ 사업연도 중에 보유 외환으로 다른 외화자산을 취득하거나 기존의 외화부채를 상환하는 경우 : 보유 외환의 장부상 원화 금액으로 회계처리 한다.

❹ 통화선도 및 환위험회피용 통화선도 등의 계약 당시 원화기장액 : 계약의 내용 등 외화자산 및 부채 계약체결일의 매매기준율 등을 곱한 금액

[세무상 회계처리 예시]

1. 외상매출금 600달러가 있는 경우(1달러당 1,000원)

외화외상매출금	600,000	수출매출	600,000

2. 외상매입금 500달러가 있는 경우(1달러당 1,100원)

원재료	550,000	외화외상매입금	550,000

3. 외상매출금과 외상매입금의 상계(1달러당 1,200원)

외화외상매입금	550,000	외화외상매출금	600,000
외환차손	50,000		

[주] 환율이 1,200원이라도 발생일 장부상 계상된 금액으로 상계한다.

4. 3과 같이 상계하지 않고 1의 외화외상매출금을 외화예금으로 받은 경우(1달러당 1,200원)

외화예금	600,000	외화외상매출금	600,000

[주] 외화예금으로 받을 때 환율이 1,200원이라도 장부상 계상된 금액으로 회계처리 후 해당 외화예금을 찾을 때 외환차익을 인식한다.

3 외화자산·부채의 상환차손익(외환차손익)

법인이 상환받거나 상환하는 외화채권 · 채무의 원화 금액과 원화 기장액과의 차익 또는 차손은 당해 사업연도에 익금 또는 손금에 산입한다.

4 외화통장 잔액을 맞추는 방법

회계는 원화 기준으로 장부를 작성한다.

일단 거래일 당시의 기준환율로 계산한 원화로 금액을 적고, 달러 금액은 필요하면 적요 안에 적어 둔다.

그리고 외화통장에서 출금하는데 잔액이 마이너스로 떨어진다든지, 너무 많이 남으면 출금하기 전에 외화환산이익 또는 외화환산손실 계정을 사용해서 출금하는 금액과 맞춰준 뒤 출금한다. 보통 외화환산이익과 외화환산손실은 평소에는 안 쓰고 연말 결산 때 한 번에 맞추는 것이 일반적이다. 즉 외화자산(매출) 및 외화부채 거래 시 환율 차이에 의해 발생하는 손익은 외환차손익으로 처리하면 된다.

구 분	환율적용
입금 시	일반적으로 입금일 기준 매매기준율(서울외국환중개)을 적용한다. ① 보통예금의 원화를 인출하여 외화로 환전한 후, 외화보통예금으로 입금하는 경우는 은행에서 외화를 매입하는데 적용한 환율(대고객시장연동매매율)을 그대로 적용한다. ② 수출 매출 대금을 송금받아 외화보통예금에 입금할 경우는 입금일 기준 매매기준율(서울외국환중개)을 적용 환산하여 회계처리 한다. ③ 외화보통예금에 입금된 외화 이자의 경우에는 사업연도 중 발생한 외화자산이므로 서울외환중개의 매매기준율을 적용한다.
출금 시	선입선출법에 따라 해당 입금 당시의 환율을 적용한다. 즉 외화를 출금할 때는 먼저 입금된 외화부터 출금되는 것으로 처리한다. 외화를 출금할 경우는 먼저 입금된 분부터 출금되는 선입선출법에 따라 회계처리한다. 다만, 기존에 이동평균법을 선택하여 계속 적용해 왔다면, 이동평균법 적용이 가능하다.
결산 시	사업연도 종료일 현재의 매매기준율로 외화자산을 평가한다. ① 연말 결산 시점에 화폐성 외화자산과 부채를 적절한 환율로 평가한다. ② 사업연도 종료일 현재의 매매기준율로 외화자산을 평가하면서 발생하는 환차손익은 기업회계상 외화환산손익으로 처리한다. 그러나 법인세법상에서는 금융기관이 아닌 일반법인의 경우, 환산손익은 법인이 선택적으로 익금 또는 손금으로 처리할 수 있어, 일관된 세무조정이 필요하다.

매매기준율(기준환율) : 원화와 미국 달러 간의 직접 환전에 사용된다.
재정환율 : 원화와 다른 외화(예 : 엔, 유로 등) 간의 환전에 사용된다.

가공자산·부채 및 가공경비의 세무조정

가공자산은 실제로는 회사에 없고 회사 장부에만 기록되어 있는 자산을 말한다.
재무상태표에 계상되어 있으나, 회사에는 없는 것 또는 자산으로서의 실제적 가치를 갖지 못하는 것을 말한다. 가공자산은 그 발생 원인에 따라 두 가지로 구분할 수 있다. 그 하나는 고의적인 부정 경리에 의하여 조작되는 것이고, 다른 하나는 악의 없는 오류에 의한 부적정한 회계처리로 인한 것이 있다.

가공채권

실지의 채권 금액이 장부상 채권 금액보다 부족한 가공채권이 있는 경우 그 부족한 금액을 익금산입하고 그 귀속자에 따라 배당 등으로 처분한다.
동시에 이를 비용으로 계상한 것은 아니므로 동액을 손금에 산입하고 △유보로 처분하여 소득금액에 영향이 없도록 한다.
그 후 동 가공채권을 대손 처리하는 경우 동액을 손금불산입하고 유보로 처분하여 당초의 △유보액을 상계시킨다.

가공 재고자산

1 귀속이 불분명한 경우

재고자산의 실지 수량이 장부상 수량보다 적은 가공 재고자산이 있는 경우 이를 매출한 것으로 간주하게 되므로 가공 재고자산은 매출누락의 경우를 준용하여 소득처분하게 된다. 즉, 가공 재고자산은 귀속이 불분명한 경우에만 적용하는 간주매출이므로 모두 대표자 상여로 처분한다.

따라서 시가상당액을 익금산입(대표자 상여)함과 동시에 가공 재고자산 가액(원가)을 손금산입(△유보)한다.

그 후 동 자산을 재고자산감모손실 등으로 비용처리하는 경우 이를 손금불산입(유보) 처분하여 당초의 △유보액을 상계시킨다.

2 귀속이 분명한 경우

재고자산의 실지 부족분이 판매되고, 귀속자가 분명한 경우에는 가공 재고자산으로 처분하지 않고 매출누락으로 처리한다.

그리고 그 귀속자에 대한 배당 · 상여 · 기타 사외유출 · 기타소득으로 처분한다.

[제 목]
가공의 재고자산이 장부상 계상된 경우 세무처리 방법(법인, 제도 46012-11438, 2001.06.13.)
[요 지]
가공 재고자산은 손금에 산입하고 매출누락 금액은 익금에 산입하여 매출누락이 발생한 사업연도의 각 사업연도 소득에 대한 법인세 과세표준을 수정신고 해야 하는 것이며, 매출누락 금액에 대한 소득처분은 실질적인 귀속자로 하는 것임
[회 신]
회사정리법에 의한 법정관리 중에 있는 법인이 전기 이전 사업연도에 발생한 매출누락에 대응하는 가공 재고자산이 있는 경우 가공 재고자산은 손금에 산입하고 매출누락 금액은 익금에 산입하여 매출누락이 발생한 사업연도의 각 사업연도 소득에 대한 법인세 과세표준을 수정신고해야 하는 것이며, 법인세법 시행령 제106조의 규정에 의하여 매출누락금액에 대한 소득처분은 실질적인 귀속자로 하는 것입니다.

가공 원재료

가공 원재료는 집행기준 67-106-6의 규정과 같이 제품으로 환산하여 처분하는 경우가 있을 수 있으며, 가공 원재료와 제품 매출누락이 동시에 발생한 경우 가공 원재료로 매출누락 제품을 제조했다는 증거제시가 없는 한 당해 가공 원재료 및 제품 매출누

락에 대하여 각각 익금에 산입하는 소득처분을 한다(국심 85구 1988, 1986.02.26).
일정한 시점의 재고부족량을 조사함에 있어서는 일반적으로 일정한 시점의 장부상 재고량에 그 후의 입출고량을 가감한 재고량과 조사 시점 현재의 실지 재고량을 비교하여 실지 재고량이 부족한 경우 그 재고부족량을 가공 재고자산으로 한다. 다만, 장부상 재고량을 초과하는 경우 가공 재고자산으로 볼 수는 없으므로 재고부족량이 일정한 시점의 장부상 재고량보다 많은 경우에는 일정한 시점의 장부상 재고량만을 가공 재고자산으로 한다(국심 88서255, 1988.06.13.).

가공 고정자산

장부상 계상 되어있는 고정자산이 실물이 없는 가공 고정자산인 경우 처분 당시의 시가를 익금산입하고 그 귀속자에 따라 배당 등으로 처분함과 동시에 장부가액을 손금산입(△유보)한다.
그 후 가공 고정자산에 대하여 감가상각비 등의 손비가 계상되는 경우 이를 손금불산입하고 유보로 처분하여 당초 △유보액을 점차 상계시킨다.
그리고 동 자산을 매각·처분한 것으로 처리하는 경우는 법인 장부상 자산의 미상각 잔액을 처분 원가로 계상하였을 것인바 이 △유보액의 잔액을 익금산입하고 유보로 처분하여 완전히 상계시킨다.
① 가공자산이라 하더라도 특정인이 유용하고 있고 그 유용하고 있는 자산을 회수할 것임이 객관적으로 입증되는 경우는 동 특정인에 대한 가지급금으로 간주하여 계산된 인정이자만을 익금산입 소득 처분하면 된다.
예를 들어, 가공자산과 직접 대응하여 가공 부채를 동시에 계상한 것이 명백한 경우에는 사외유출되지 아니하였음이 확인되므로 대표자 상여 등으로 사외유출 처분할 수 없는 것이다(국심 81서688, 1981.10.05.).
② 익금에 가산한 금액을 법인이 그 후 수익으로 계상한 경우는 이월익금으로 보아 익금에 산입하지 아니하므로, 법인이 가공 재고자산에 대하여 비용 처리하지 않고 매출 및 매출채권으로 계상함과 동시에 매출원가를 계상한 경우는, 매출액을 익금불산입하고 △유보로 처분함과 동시에 매출원가를 손금불산입하고 유보로 처분하면 될

것이다.

③ 가공채권의 경우에는 동액을 익금 및 손금에 산입하여 소득금액에 영향을 미치지 아니하나, 가공 재고자산이나 가공 고정자산의 경우에는 시가상당액을 익금산입하고 장부가액을 손금에 산입함에 따라 소득금액에도 변동이 있게 된다.

④ 가공자산에 대응하여 사외유출된 금액을 수정신고기한 이내에 회수하고 수정신고한 경우는 매출누락의 경우와 마찬가지로 유보로 처분한다.

1. 2025년 가공 고정자산 구입시(현금 지급으로 처리한 경우)

① 회사의 회계처리

비품	3,000,000	현금	3,300,000
부가가치세대급금	300,000		

② 세법상의 회계처리

가지급금	3,300,000	현금	3,300,000

③ 세무조정

가지급금	3,300,000	비품	3,000,000
		부가가치세대급금	300,000

⊙ 가지급금 3,300,000원, 익금산입(대표자 상여)(주1)

⊙ 비품 등 3,300,000원, 손금산입(△유보)(주2)

⊙ 부가가치세대급금 300,000원, 손금불산입(유보)

(주1) 세법상 가지급금에 대해서는 인정이자 및 지급이자 손금불산입 대상이 되며 또한 대손금으로 손금산입할 수 없다.

(주2) 가공매입 고정자산 가액과 부가가치세대급금은 전액 손금산입(△유보)으로 처분하고 다음의 과정을 거쳐 손금불산입으로 유보 추인된다.

① 부가가치세 손금불산입

② 감가상각 시 손금불산입

③ 가공자산 장부에서 처분시 잔액을 손금불산입

(주3) 미지급금

가공매입 세금계산서 수취로 확인되어 익금산입된 금액은 그 귀속자(귀속자 불명 시 대표이사)에게 상여 등으로 처분해야 할 것이며, 만약, 당해 미지급금의 과다계상이 가공매입 세금계산서 수취로 인한 것이 장부계상 내역 및 근거 자료에 의하여 객관적으로 확인되는 경우라면 사내유보로 처분하여야 할 것이다.

2. 2025년 가공 고정자산 감가상각 시

① 회사의 회계처리

감가상각비	600,000	감가상각누계액	600,000

② 세법상의 회계처리

없음

③ 세무조정

감가상각누계액	600,000	감가상각비	600,000

⊙ 비품 : 손금불산입 600,000원(유보)

3. 2026년 가공매입 부가가치세 및 가산세 납부시

가공매입에 따른 부가가치세의 경우 부가세예수금과 상계된 부가세대급금 해당액과 이에 따른 가산세 부분으로 구분될 수 있고 회계처리 방법은 회사별로 차이가 있을 수 있으나 가공매입에 따른 결과 현재 남아 있는 자산, 부채계정이 있는지를 확인한 후 회계처리 방법이 결정될 것이다.

영업외비용(전기오류수정손실, 잡손실 등) (가공매입 부가가치세)	300,000	현금	384,000
세금과공과(가공매입 부가가치세 가산세)	84,000	손금불산입. 영업외비용외 384,000원(기타 사외유출)	

4. 2026년 가지급금 입금시

① 회사의 회계처리

보통예금	3,300,000	가수금	3,300,000

② 세법상의 회계처리

보통예금	3,300,000	가지급금	3,300,000

③ 세무조정

가수금	3,300,000	가지급금	3,300,000

세무조정 없음(세법상의 가지급금만 상계됨)

가공 부채의 세무조정

법인이 장부상 부채를 실제보다 과다하게 계상하고 있는 경우 이를 가공부채라 하며, 가공부채는 그에 대응하여 계상된 것이 가공자산인지 또는 가공경비인지에 따라 달리 처리해야 한다. 즉, 가공부채에 대응하여 계상된 것이 가공자산인 경우는 이를 익금산입(유보) 처분함과 동시에 동액을 손금산입(△유보) 처분하며, 가공경비인 경우는 이를 손금불산입(유보)로 처분한다(법인, 서면 인터넷 방문상담 2팀-856, 2008.05.06.).
그리고 그 가공부채와 관련하여 지급이자 · 지급수수료 등이 계상되는 경우는 가공경비에 해당하므로 손금불산입(대표자 상여) 등으로 처분한다.
부외채무의 상대 계정이 불분명하여 정리손실, 가공자산 등으로 계상하였을 경우는 각 사업연도의 소득금액 계산상 이를 손금에 산입할 수 없다(법인세 집행기준 19-19-31)

가공경비의 세무조정

법인이 자산의 지출이 없음에도 자산의 지출이 있는 것으로 하여 손비 계상한 것을 가공경비라고 하며, 가공경비는 손금불산입하고 그 귀속에 따라 배당 등으로 처분한다. 일반적으로 증빙이 없는 가공경비의 경우 귀속이 불분명하므로 대표자에 대한 상여로 처분되는 것이 대부분이나 반드시 그런 것만은 아니다.
예를 들어, 가공급여를 계상하여 부외부채를 변제한 경우 손금불산입되나, 대표자 상여로 처분할 수는 없다(대법 85누180, 1985.12.24.). 이 경우에는 가공급여 계상분에 대하여 손금불산입(유보) 처분하며, 부외부채에 대해서는 대응 자산의 귀속을 가려 처분해야 할 것이다. 또한 가공경비에 대응하여 사외 유출된 금액을 수정신고기한 이내에 회수하고 수정신고하는 경우 매출누락의 경우와 같이 유보로 처분해야 할 것이다.
가공매입 금액을 후에 대표자에 대한 가지급금으로 보아 가수금과 상계처리한 경우에는 이에 대한 가지급금 인정이자만을 익금산입하고 대표자 상여로 처분한다(국심 83서1117, 1983.08.05.).

매출누락 및 가공거래의 소득처분

매출누락과 소득처분

매출누락, 가공경비 등이 발견되어 수정신고나 과세 관청에서 경정하는 경우 부가가치세, 법인세, 소득세, 지방소득세 등을 추가로 납부해야 한다.
매출누락, 가공매입에 대한 적발 시 또는 수정신고 시에 다음과 같이 부가가치세를 추가납부 한다.

매출누락과 관련된 세금

구 분	납부해야 하는 세금
부가가치세	① 누락된 매출금액의 공급가액 또는 가공매입금액 : 누락된 매출금액의 공급가액 또는 가공매입금액의 10% ② 세금계산서 관련 가산세 ③ 신고불성실가산세 ④ 납부불성실가산세
법인세	① 매출누락, 가공매입금액의 10(25)% ② 신고불성실가산세 ③ 납부불성실가산세
종합소득세 (상여처분)	귀속자가 불분명한 경우 대표자에 대한 상여처분을 하게 되며, 법인이 원천징수의무를 진다.

1 단순 매출누락

㈜갑은 매출누락을 하고 부가가치세 포함 22,000,000원을 대표이사 통장으로 수령했다.

세무조정

- 익금산입 : 22,000,000원(대표자 상여)
- 손금산입 : 2,000,000원(부가가치세, 기타)

2 매출누락을 가수금으로 계상한 경우

㈜갑은 매출누락을 하고 부가가치세 포함 22,000,000원을 법인통장으로 수령했다.
이를 대표이사에게 차입한 가수금으로 처리했다.

세무조정

- 익금산입 : 22,000,000원(대표자 상여)
- 손금산입 : 2,000,000원(부가가치세, 기타)

3 매출누락에 대응하는 장부상 비용이 있는 경우

㈜갑은 매출누락을 하고 부가가치세 포함 22,000,000원을 대표이사 통장으로 수령했다.
상기 매출누락을 위한 원가 15,000,000원을 장부에 기장하지 않고 비용을 지출했다.

세무조정

- 익금산입 : 15,000,000원(매출원가 대응, 유보)
- 익금산입 : 7,000,000원(대표자 상여)
- 손금산입 : 15,000,000원(매출원가 대응, △유보)
- 손금산입 : 2,000,000원(부가가치세, 기타)

가공세금계산서(가공매입) 수취에 대한 세금

구 분	납부해야 하는 세금
부가가치세	① 부당하게 공제받아 과소납부한 세액에 대하여는 매입세액불공제(공제받은 매입세액 추징) ② 신고불성실가산세(부당), 납부불성실가산세, 세금계산서불성실가산세(세금계산서합계표불성실가산세) 등 부가가치세 관련 가산세
법인세	③ 소득세와 법인세의 비용 과다로 인한 부당과소신고가산세 및 납부불성실가산세
종합소득세 (상여처분)	④ 귀속자가 불분명한 경우 대표자에 대한 상여처분을 한다(장부상 가공매입이 기재되고 실제는 지출되지 않았으므로 대표자가 가져간 것으로 보는 기계적 처분을 과세관청은 한다.)
⑤ 소득증가로 인한 건강보험료 등 추징	

1 단순 가공매입

㈜갑은 실제 거래 없이 부가가치세 포함 22,000,000원 가공세금계산서를 수취했다. 대금 수취인은 불분명하다.

세무조정

- 손금불산입 : 22,000,000원(대표자 상여)
- 손금산입 : 2,000,000원(부가가치세, 기타)

2 가공매입 후 귀속자 및 금액 확인

㈜갑은 실제 거래 없이 부가가치세 포함 22,000,000원 가공세금계산서를 수취했다. 이후 ㈜을은 부가가치세 2,000,000원을 제외한 20,000,000원을 ㈜갑 대표이사에게 송금했다.

세무조정

- 손금불산입 : 20,000,000원(대표자 상여)
- 손금불산입 : 2,000,000원((주)을, 기타사외유출 또는 기타)
- 손금산입 : 2,000,000원(부가가치세, 기타)

가공매입과 가공 매출 발생

㈜갑은 실제 거래 없이 부가가치세 포함 11,000,000원을 가공세금계산서를 발행했다.
㈜갑은 실제 거래 없이 부가가치세 포함 22,000,000원 가공세금계산서를 수취했다.
위 거래 모두 대금거래는 불분명하다.

세무조정

- 손금불산입 : 22,000,000원(대표자 상여)
- 익금산입 : 1,000,000원(가공 매출 부가가치세, 기타)
- 익금불산입 : 11,000,000원(가공 매출, 기타)
- 손금산입 : 2,000,000원(가공매입 부가가치세, 기타)

가공매입과 가공 매출 발생2

㈜갑은 실제 거래 없이 부가가치세 포함 11,000,000원을 가공세금계산서를 발행했다.
㈜갑은 실제 거래 없이 부가가치세 포함 22,000,000원 가공세금계산서를 수취했다.
위 거래 모두 대금거래는 불분명하다.
가공매출과 가공매입의 대응 관계가 명확하며, 가공매출액 만큼의 가공매입액의 금원이 사외로 유출되지 않음을 객관적으로 입증함

세무조정

- 손금불산입 : 11,000,000원(가공매출 대응 가공매입, 기타)
- 손금불산입 : 11,000,000원(대표자 상여)
- 익금산입 : 1,000,000원(가공매출 부가가치세, 기타)
- 익금불산입 : 11,000,000원 가공매입 대응 가공매출, 기타)
- 손금산입 : 2,000,000원(가공매입 부가가치세, 기타)

고정자산의 임의평가증 회계처리와 세무조정

개념 항목	회계처리 반영	세무조정
원칙 자산의 평가차익	해당 자산 증액하고 영업외수익 반영	익금불산입 · 유보
건물의 평가익	해당 자산 증액하고 영업외수익 반영	① 익금불산입 · 유보
설비의 평가익	해당 자산 증액하고 영업외수익 반영	② 익금불산입 · 유보
대응감가상각비	원가 · 비용반영	반영된 감가상각비의 부인 (= ①, ② 익금불산입 유보액의 감소로 차감)
토지의 평가익	토지 증액, 영업외수익	익금불산입 후 처분시 익금산입(감가상각비는 없음)
보험회사 자산	자산 증액하고 영업수익 반영	익금산입
재고자산	자산 증액하고 영업수익 반영	익금산입
외화자산부채	자산 증액하고 영업수익 반영	차익 : 익금, 차손 : 손금

국고보조금의 회계처리와 세무조정

국고보조금이란 정부가 기술개발, 투자 촉진, 지방 이전, 손실 보전, 재해복구지원 등의 정책적 목적을 위하여 법령에 따라 법 소정의 요건을 갖춘 기업에 지원하는 금품을 말한다. 국고보조금은 그 성격이 자산수증이익과 같아서 법인의 순자산을 증가시키므로 「법인세법」 상 익금에 해당한다.

수령한 정부보조금이 자산 관련 보조금인지 수익 관련 보조금인지를 먼저 판단한다. 자산 관련 보조금이라면 관련 자산의 차감계정, 수익 관련 보조금인 경우 수익으로 표시할지 아니면 관련 비용(예 : 판매비와관리비의 연구비, 경상개발비)에서 차감할지를 결정해야 한다. 만약 수익으로 표시하기로 선택한 경우 영업수익인지 영업외수익인지 결정하면 된다.

기업회계상 국고보조금의 회계처리

기업회계에서 국고보조금(기업회계에서는 "국고보조금" 을 "정부보조금" 이라고 부른다)은 다음 모두에 대한 합리적인 확신이 있을 때까지 인식하지 아니한다(K-IFRS 제1020호 문단 7, 일반기업회계기준 문단 17.2).

① 정부보조금에 부수되는 조건의 준수

② 보조금의 수취

100원의 기계장치를 취득하기 위해 80원의 보조금을 지원받은 경우, 취득 시점 회사의 재무제표에서는 정부보조금 80원이 기계장치의 차감계정으로 표시된다. 즉, 재무제표상 기계장치의 순 장부금액은 100원이 아니라, 정부보조금 80원이 차감된 20원이다. 다만, 이 정부보조금은 80원 그대로 남아 있는 게 아니라, 기계장치의 내용연수에 걸쳐 발생하는 기계장치의 감가상각비와 상계 처리된다. 만약, 특정 사업연도의 기계장치 감가상각비가 20원이라면, 정부보조금으로 인해 감가상각비 16원(20원 × 80%)이 감소하는 것이다. 이러한 회계처리 과정을 거치며, 기계장치의 내용연수가 종료되는 시점에는 차감 표시되었던 정부보조금도 모두 없어지게 된다.

구 분		회계처리 방법
상환의무가 있는 경우	상환할 금액이 확정된 경우	① 상환할 금액을 부채로 계상 ② 향후 상환의무 소멸 시 채무면제이익으로 계상
	상환할 금액이 확정되지 않은 경우	① 상환할 금액을 추정하여 부채로 계상 ② 향후 부담할 부채액이 달라질 경우 추정의 변경으로 회계처리
	기업회계에서는 정부보조금에 부수되는 조건을 준수할 것이고, 보조금을 수취할 것이라는 조건이 충족되어야 정부보조금을 인식하므로 반환 의무가 있는 정부출연금은 정부보조금으로 인식할 수 없다(일반기업회계기준 질의회신 GKQA11-0004).	
상환의무가 없는 경우	자산취득에 사용될 국고보조금	① 수령 시 받은 자산 또는 받은 자산을 일시적으로 운용하기 위하여 취득하는 다른 자산의 차감계정으로 처리 ② 관련 자산취득 시점에 관련 자산의 차감계정으로 처리 ③ 취득 자산의 내용연수에 걸쳐 상각 금액과 상계 ④ 자산의 처분 시 잔액을 자산의 처분손익에 가감
	기타의 국고보조금	① 대응되는 비용이 없는 경우 회사의 주된 영업활동과 직접적인 관련성에 따라 영업수익 또는 영업외수익으로 처리 ② 특정 비용을 보전할 목적으로 받는 경우 특정 비용과 상계처리

1 상환의무가 있는 국고보조금

상환의무가 있는 정부보조금은 기업이 국가로부터 무이자로 자금을 차입한 것이므로 상환금액을 추정하여 부채(장기차입금 등)로 인식한다. 추후 상환의무가 없어지면 그 때 채무면제이익으로 대체한다.

2 상환의무가 없는 국고보조금

구 분	회계처리 방법
자산 관련 보조금	다음 두 가지 방법이 모두 인정된다. ① 이연수익법 : 재무상태표에 이연수익으로 표시하고 이연수익은 자산의 내용연수에 걸쳐 체계적인 기준으로 당기손익에 인식한다. ② 자산차감법 : 자산의 장부금액을 계산할 때 보조금을 차감하고, 보조금은 감가상각자산의 내용연수에 걸쳐 감가상각비를 감소시키는 방식으로 당기손익으로 인식한다. [주] 일반기업회계기준에서는 자산차감법만 인정하고 이연수익법은 인정하지 않음(일반기업회계기준 문단 17.5).
수익 관련 보조금	다음 두 가지 방법이 모두 인정된다. ① 별도의 수익으로 처리하는 방법 ② 관련 비용에서 차감하는 방법 해당 보조금을 수익으로 표시하는 경우, 회사의 주된 영업활동과 직접적인 관련성이 있다면 영업수익으로 즉, 매출로 처리할 수 있다. 그렇지 않다면 영업외수익으로 회계처리한다(일반기업회계기준 문단 17.7). 주된 영업활동 여부를 판단하는 기준은 다음과 같다. ❶ 해당 영업활동을 정관에 사업목적으로 정하고 있는지? ❷ 해당 영업활동이 계속, 반복적으로 이루어지고 있는지? ❸ 해당 영업활동으로부터 창출된 수익이 전체 수익 금액에서 차지하는 비중이 중요한지? 대부분의 회사는 연구개발보조금을 매출이 아닌, 영업외수익이나 관련 비용의 상계로 처리하는 것이 타당한 경우가 많다.

국고보조금의 익금 귀속시기

정부가 국고보조금을 지급하는 경우는 교부통지를 받은 날을 익금의 귀속시기로 보아야 한다.

- 법인의 익금과 손금의 귀속시기는 그 익금과 손금이 확정된 날이 속하는 사업연도로 한다(법인세법 제40조).
- 기술료는 성공 · 실패 판정일이 속하는 연도에 처리한다.

- 국고보조금 수령일 이후 사업연도에는 손금산입할 수 없다. 즉 국고보조금을 지급받은 날이 속하는 사업연도에 손금에 산입하지 아니한 경우에는 그 후 사업연도에 손금산입할 수 없다(법인22601-642, 1988.3.4.).

법인이 「중소기업 기술혁신 촉진법」에 의거 정부 기관과 중소기업 기술개발 사업 협약을 맺고 과제를 수행하면서 2개 사업연도에 사용될 사업비(인건비, 재료비, 연구 활동비 등)를 포인트(1포인트 = 1원)로 받는 경우가 있다.

발급받은 포인트는 기술개발 사업비 발생액만큼을 카드로 사용할 수 있는 조건으로 일시 사용이나 현금 사용은 할 수 없다. 이같이 정부로부터 기술개발에 소요되는 경비를 별도의 교부통지서 수령 없이 협약서에 의해 지급 시기를 달리하여 순차적으로 지원받는 경우 그 출연금은 실제 지급받은 날이 속하는 사업연도의 익금에 산입한다(서면 2팀-299, 2006.2.6.).

국고보조금 세무조정

1 자산취득 국고보조금의 세무조정

내국법인이 보조금 관리에 관한 법률, 지방재정법, 그 밖에 다음에 정하는 법률에 따라 보조금 등의 자산(국고보조금 등)을 지급받아 그 지급받은 날이 속하는 사업연도의 종료일까지 사업용 고정자산을 취득·개량하는 데에 사용한 경우 또는 사업용자산을 취득·개량하고 이에 대한 국고보조금 등을 사후에 지급받은 경우는 해당 사업용자산의 가액 중 그 사업용자산의 취득 또는 개량에 사용된 국고보조금 등에 상당하는 금액은 그 사업연도의 소득금액을 계산할 때 손금에 산입할 수 있다.

사업용자산을 취득하거나 개량한 후 국고보조금 등을 받았을 때는 지급일이 속한 사업연도 이전 사업연도에 이미 손금에 산입한 감가상각비에 상당하는 금액은 손금에 산입하는 금액에서 제외한다.

법인세법에서는 국고보조금이 순자산의 증가에 해당하므로 원칙적으로 익금에 해당하나, 일시상각충당금 등을 설정하여 국고보조금만큼 손금으로 인정해 주는 과세이연 제도를 두고 있다.

손금에 산입하는 금액은 당해 사업용자산별로 다음 각호의 구분에 따라 일시상각충당금 또는 압축기장충당금으로 계상하여야 한다.

1. 감가상각자산 : 일시상각충당금

2. 1 외의 자산 : 압축기장충당금

손금으로 계상한 일시상각충당금과 압축기장충당금은 다음 각호의 방법으로 익금산입한다.

❶ 일시상각충당금은 당해 사업용자산의 감가상각비(취득가액 중 당해 일시상각충당금에 상당하는 부분에 대한 것에 한한다)와 상계할 것. 다만, 당해 자산을 처분하는 경우는 상계하고 남은 잔액을 그 처분한 날이 속하는 사업연도에 전액 익금산입한다.

❷ 압축기장충당금은 당해 사업용자산을 처분하는 사업연도에 이를 전액 익금산입할 것

당해 사업용자산의 일부를 처분하는 경우의 익금산입액은 당해 사업용자산의 가액 중 일시상각충당금 또는 압축기장충당금이 차지하는 비율로 안분계산한 금액에 의한다.

법인이 일시상각충당금 또는 압축기장충당금 설정 대상이 되는 국고보조금 등을 수령하고 그 수령한 날이 속하는 사업연도에 이를 손금에 산입하지 아니하고 법인세 과세표준 및 세액을 신고한 경우는 국세기본법 제45조의 2에 따라 법인세과세표준 및 세액 신고의 법정신고기한이 지난 후 5년 이내에 국고보조금 등에 대한 일시상각충당금 또는 압축기장충당금을 단순 신고조정에 의하여 손금산입하고 이에 대하여 경정청구할 수 있다. 왜냐하면 일시상각충당금 또는 압축기장충당금의 손금산입은 확정 결산기준에 의한 손금산입 이외에 단순 신고조정에 의해 손금산입을 할 수 있기 때문이다.

국고보조금을 사업용자산 등의 취득에 사용한 경우

국고보조금을 다음의 사업용자산 등의 취득에 사용한 경우로서 손금으로 계상한 일시상각충당금과 압축기장충당금은 다음의 자산별로 익금산입한다.

① 유형자산과 무형자산인 경우

국고보조금 등으로 취득한 사업용 자산과 관련하여 손금산입한 일시상각충당금 또는 압축기장충당금에 대하여는 다음의 방법에 따라 익금산입한다.

구 분	세무조정
감가상각자산인 경우	감가상각자산의 취득과 관련하여 손금에 산입한 일시상각충당금은 당해 사업용자산의 취득가액 중 당해 일시상각충당금에 상당하는 감가상각비를 결산조정에 따라 일시상각충당금과 상계하거나 신고조정에 따라 익금산입한다. 다만, 당해 자산을 처분하는 경우는 상계하고 남은 잔액을 처분한 날이 속하는 사업연도에 전액 익금산입한다.
비상각자산인 경우	감가상각자산 외의 자산취득과 관련하여 손금에 산입한 압축기장충당금은 당해 사업용자산을 처분하는 사업연도에 압축기장충당금 전액을 결산조정에 따라 익금산입하거나 신고조정에 따라 익금산입한다. 이 경우 당해 사업용자산의 일부를 처분하는 경우의 익금산입액은 당해 사업용자산의 가액 중 일시상각충당금 또는 압축기장충당금이 차지하는 비율로 안분계산한 금액에 의한다.
석유류인 경우	국고보조금 등으로 취득한 석유류와 관련하여 손금산입한 압축기장충당금에 대해서는 당해 석유류를 판매한 사업연도에 결산조정에 따라 익금산입하거나 신고조정에 따라 익금산입한다. 그리고 재고자산으로 계상하고 있는 비축석유류 중에 손금에 산입할 국고보조금 등으로 취득한 석유류가 포함되어있는 경우에도 당해 재고자산에 대하여 관할 세무서장에게 신고하는 재고자산 평가방법에 의하여 평가하여야 한다.

국고보조금을 사업용자산의 취득에 사용하지 않는 경우

국고보조금에 대한 일시상각충당금 등을 손금에 산입한 법인이 다음에 해당하는 경우는 해당 사유가 발생한 날이 속하는 사업연도의 소득금액을 계산할 때 익금산입한다.

① 국고보조금 등을 사업용자산의 취득 또는 개량을 위하여 그 기한 내에 사용하지 아니한 때

② 국고보조금 등을 사업용자산의 취득 또는 개량을 위하여 사용하기 전에 법인이 폐업 또는 해산한 때

다만, 합병하거나 분할하는 경우로서 합병법인 등이 그 금액을 승계한 경우는 제외하되, 이 경우 그 금액은 합병법인 등이 손금에 산입한 것으로 본다.

일시상각충당금 또는 압축기장충당금을 임의 환입한 경우

국고보조금 등에 대한 일시상각충당금 또는 압축기장충당금을 손금에 산입한 법인이 이를 임의로 환입하는 경우는 이미 손금에 산입된 금액을 환입한 것이므로 환입한

날이 속하는 사업연도의 소득금액 계산상 익금산입한다.

사업용 자산의 일부를 처분하는 경우 국고보조금 등의 익금산입

손금산입한 국고보조금 등으로 취득한 사업용 자산의 일부를 처분하는 경우는 해당 사업용자산의 가액 중 일시상각충당금 또는 압축기장충당금이 차지하는 비율로 안분 계산한 금액을 익금에 산입한다(법집 36-64…3).

연구개발에 사용하기 전에 폐업 · 해산하는 때 익금산입

연구개발출연금 등에 상당하는 금액을 해당 연구개발에 사용하기 전에 폐업하거나 해산하는 경우, 그 사용하지 아니한 금액은 해당 사유가 발생한 날이 속하는 사업연도의 소득금액을 계산할 때 익금산입한다. 다만, 합병하거나 분할하는 경우로서 합병법인 등이 그 금액을 승계한 경우는 제외하며, 그 금액은 합병법인 등이 익금산입하지 아니한 것으로 본다.

법인이 연구개발출연금 등을 연구개발 목적 외의 용도로 사용하거나, 연구개발에 사용하기 전에 폐업 · 해산하는 사유가 발생하여 연구개발출연금 등을 익금산입하게 된 때에는 다음의 계산식에 따라 계산한 이자 상당 가산액을 가산하여 법인세로 납부해야 한다.

> 이자상당가산액 = 법인세 차액(연구개발출연금 등을 익금불산입한 사업연도에 해당 연구개발출연금 등을 익금불산입함에 따라 발생한 법인세 차액) × 미납부일수(연구개발출연금 등을 익금불산입한 사업연도 종료일의 다음 날부터 해당 연구개발출연금 등을 익금에 산입하는 사업연도 종료일까지의 기간) × 0.022%

연구개발출연금 등을 연구개발 목적 외의 용도로 사용한 경우 익금산입

법인이 연구개발출연금을 연구전담부서 연구원의 인건비 등 연구개발비 등으로 지출하지 않고 연구개발비에 해당하지 아니하는 복리후생비 및 소모품비 등으로 지출한 경우는 그 지출한 사업연도에 익금산입한다.

구 분	기업회계기준		세무조정	
1. 수령시 (수령 2,000)	차) 현금 대) 국고보조금(현금 차감계정)	2,000 2,000	국고보조금(현금 차감계정) 익금산입(유보)	2,000
2. 자산취득 시 (취득 2,000)	차) 국고보조금(현금 차감계정) 대) 현금 차) 연구용장비 대) 국고보조금(자산 차감계정)	2,000 2,000 2,000 2,000	국고보조금(현금 차감계정) 손금산입(△유보) 국고보조금(자산 차감계정) 익금산입(유보) 일시상각충당금 손금산입(△유보)	2,000 2,000 2,000
3. 결산시 (상각 400)	차) 감가상각비 대) 감가상가누계액 차) 국고보조금(자산 차감계정) 대) 감가상각비	400 400 400 400	일시상각충당금 익금산입(유보) 국고보조금(자산 차감계정) 손금산입(△유보)	400 400
4. 매각시 (매각 2,000)	차) 현금 대) 연구용장비 차) 감가상각누계액 국고보조금 대) 자산처분이익	2,000 2,000 400 1,600 2,000	일시상각충당금 익금산입(유보) 국고보조금(자산 차감계정) 손금산입(△유보)	1,600 1,600

TIP 외부감사대상이 아닌 사업자의 자산취득 관련 국고보조금 회계처리

외부감사를 받지 않는 중소기업의 경우 국고보조금 교부통지를 받은 날 국고보조금 전액을 잡이익 등 영업외수익으로 처리한 다음 기술개발의 성공으로 출연금 일부의 반환통지 또는 기술료의 납부통지를 받은 날 잡손실 등 영업외수익으로 처리하여도 무방하다. 이 경우 상환해야 하는 금액은 장기차입금 등 적절한 계정과목으로 처리한다. 또한 전액 무상으로 지원받는 교육훈련보조금, 고용촉진장려금, 고용유지지원금 등 소액의 국고보조금은 국고교부금 통지를 받은 날 전액 잡이익으로 처리한다.

2 수익 관련 국고보조금

수익 관련 보조금을 받는 경우 당기의 수익으로 반영하며, 주된 영업활동과 직접적인 관련성이 있다면 영업수익으로 그렇지 않다면 영업외수익으로 회계처리한다.

통상 국고보조금은 사업 성패 여부에 따라 사업 성공 시 일부(통상 지원 금액의 30%) 금액을 상환하는 보조금은 상환할 금액이 확정된 시점(출연금 일부의 반환통지 또는 기술료의 납부통지를 받은 날)이 속하는 사업연도에 반환할 금액을 익금에서 차감하거나 손금에 산입해야 한다.

구 분	기업회계기준		세무조정	
1. 수령시 (수령 2,000)	차) 현금	2,000	국고보조금(현금 차감 계정)	2,000
	대) 국고보조금(현금 차감 계정)	2,000	익금산입(유보)	
			국고보조금	2,000
			손금산입(△유보)	
2. 비용지출 시 (취득 1,000)	차) 인건비(급여)	1,000	국고보조금(현금 차감 계정)	1,000
	대) 현금	1,000	손금산입(△유보)	
	차) 국고보조금(현금 차감 계정)	1,000	국고보조금	1,000
	대) 인건비	1,000	익금산입(유보)	
3. 자산취득 시 (취득 1,000)	차) 개발비	1,000	국고보조금(현금 차감 계정)	1,000
	대) 현금	1,000	손금산입(△유보)	
	차) 국고보조금(현금 차감 계정)	1,000	국고보조금(개발비 차감 계정)	1,000
	대) 국고보조금(개발비 차감 계정)	1,000	익금산입(유보)	
4. 결산시 (상각 100)	차) 개발비상각	100	국고보조금	100
	대) 개발비	100	익금산입(유보)	
	차) 국고보조금(개발비 차감 계정)	100	국고보조금(개발비 차감 계정)	100
	대) 개발비상각	100	손금산입(△유보)	

연차수당(연차충당부채)의 회계처리와 세무조정

연차수당의 회계처리와 세무조정

회계기준에 따라 유급 연차휴가 수당은 근로를 제공한 연도에 비용 계상해야 하나, 법인세법상으로는 권리의무확정주의에 따라 연차휴가 미실시에 따른 그 지급의무가 발생하는 다음 연도에 손금산입해야 한다. 따라서 근로 제공연도에 미지급비용으로 계상한 연차수당은 손금불산입(유보) 처분한 후 다음 사업연도에 그 지급의무가 확정된 금액만큼 손금 추인해야 한다.

예를 들어 2024년 1월 1일~12월 31일 80% 이상 출근하고 다음 날에도 근로가 확정된 경우 회계기준에서는 근로를 제공한 연도인 2024년도 급여로 비용 계상하나 법인세법에서는 권리의무확정주의에 따라 2024년 발생 연차를 미사용함에 따라 미사용 연차휴가가 연차수당으로 변하는 2025년의 급여로 본다는 것이다.

따라서 회계기준에 따라 2024년 급여처리한 비용은 손금불산입(유보) 처리하고, 2025년에 손금산입(△유보)으로 손금 추인하는 세무조정을 한다.

1. 회계연도 기준 연차수당의 경우

연차수당은 1년 동안 연차휴가일 수 중 해당연도의 12월 31일 기준 미사용 유급휴가 일수에 통상임금을 곱하여 산정하게 된다. 따라서 산정기준 일에 연차수당 지급액이 확정된다. 따라서 이 경우 연차수당은 연차수당 지급액이 확정되는 날 즉 기준일(12월 31일)이 속하는 사업연도의 손금으로 인정된다.

예를 들어 회사가 2024.1.1.~12.31. 발생한 연차휴가에 대해 2025.1.1~12.31. 미사용 유급휴가 일수를 2025년 12월 31일을 기준으로 연차수당을 계산하여 다음연도(2026년) 1월 급여 지급시 연차수당을 지급한다면 연차수당 지급액은 2025년 12월 31일에 확정되므로 비록 2026년 1월에 연차수당이 지급되더라도 연차수당의 손금 귀속시기는 2025년이 된다(관련 유권해석 : 법인 제도 46013- 575, 2000.12.01.).
회계상 비용처리는 2024년이지만 세법상으로는 2025년이다.

2. 입사일 기준 연차수당의 경우
법인이 사규 등에 따라 연차수당에 대한 지급기준을 정하고, 이에 따라 지급하는 연차수당의 손금 귀속 사업연도는 근로자별로 그 지급할 금액이 확정된 날이 속하는 사업연도로 한다(서이 2646, 2004.12.16.).
예를 들어 2023년 7월 1일~2024년 6월 30일에 발생한 연차휴가를 회사가 2024년 7월 1일~2025년 6월 30일에 해당하는 연차수당을 2025년 7월 1일에 지급한다면 해당 연차수당의 손금귀속시기는 지급할 금액이 확정되는 날인 2025년 6월 30일이 된다. 이 경우 연차수당을 연도별로 안분하여 손금으로 계상하지 않고 6월 30일이 속하는 연도의 손금에 산입한다.
회계상 비용처리는 2024년이지만 세법상으로는 2025년이다.

1 연차수당의 회계상 비용과 세법상 손금의 처리 시기

누적 유급휴가는 당기에 사용하지 않으면 이월되어 차기 이후에 사용할 수 있는 유급휴가를 말한다. 이 누적 유급휴가는 가득 되거나(즉, 종업원이 퇴사하면 미사용 유급휴가에 상응하는 현금을 받을 수 있는 자격이 있거나) 가득 되지 않을(즉, 종업원이 퇴사하면 미사용 유급휴가에 상응하는 현금을 수령할 자격이 없음) 수 있다.
기업의 채무는 종업원이 미래 유급휴가에 대한 권리를 얻는 용역을 제공함에 따라 생긴다. 유급휴가가 아직 가득 되지 않은 경우에도 관련 채무는 존재하므로 그 채무를 인식해야 한다. 다만, 채무를 측정할 때는 가득 되지 않은 누적 유급휴가를 사용하기 전에 종업원이 퇴사 가능성을 고려한다.
쉽게 이야기하면 누적 유급휴가는 종업원이 근로를 제공하면서 자연스럽게 생기는 의무이므로 가득 여부와 관계없이 기말시점 부채로 계상해야 한다.
즉, 누적 유급휴가 제도가 운용 중이라면 기말시점에 미지급비용(연차수당)을 계상해야 하는 것이고, 비누적 유급휴가는 별도의 미지급비용(연차수당)이 계상되지 않는 것이다.

구 분	손익 인식 시기
누적 유급휴가	종업원이 미래 유급휴가 권리를 획득하는 용역을 제공할 때 인식한다.
비누적 유급휴가	종업원이 휴가를 실제로 사용할 때 인식한다.

법인세법상 손금산입 시기

근로자가 근로기준법에 의한 연차휴가일에 근로를 제공함에 따라 통상임금에 가산하여 지급하는 연차수당을 매년 12월 31일을 기준일로 하여 계산하고 지급은 익년 1월에 하는 경우 동 연차수당에 대한 법인세법상 손금의 귀속 사업연도는 그 기준일이 속하는 사업연도로 한다(법인 46012-3223, 1996.11.20.).

예를 들어 2024년까지 개근을 하면, 2025년에 연차휴가가 주어지고 2025년 12월 31일(기준일)까지 연차휴가를 사용하지 않으면 2026년 1월에 연차수당을 지급하는 경우 연차수당은 2025년 12월 31일(기준일)이 속하는 사업연도의 손금으로 한다.

기업회계와 법인세법의 연차수당의 귀속시기 비교

구 분	손익 인식 시기
K-IFRS와 일반기업 회계기준	근무를 제공한 사업연도의 비용
법인세법	근무를 제공한 사업연도의 다음 사업연도에 유급휴가를 사용하지 않아서 미사용 수당이 확정되는 사업연도의 손금

따라서 기업회계기준에 따라 근무를 제공한 사업연도에 연차수당을 비용으로 회계처리하는 경우는 세무상 손금의 귀속시기 전에 비용으로 회계처리한 것이므로 손금불산입으로 세무조정한 후, 확정된 날이 속하는 사업연도에 손금 추인해야 한다.

연차수당의 근로소득 귀속시기(소집 24-49-3)

근로기준법에 따른 연차 유급휴가일에 근로를 제공하고 지급받는 연차수당의 수입시기는 소정의 근로일수를 개근한 연도의 다음연도가 되는 것이며 그 지급대상기간이 2개 연도에 걸쳐 있는 경우에는 그 지급대상 연도별로 안분하여 해당 연차수당의 근로소득 수입시기를 판단한다(소집 24-49-3).

퇴직급여충당부채 시부인시 총급여액에 연차수당 포함 여부

법인이 총급여액 기준으로 퇴직급여충당금의 손금산입 한도액을 계산함에 있어서, 그 총급여액에는 당해 사업연도에 지급의무가 확정된 연차수당을 포함한다(서면 2팀 -2646, 2004.12.16.). 즉 지급할 금액이 확정된 연차수당은 총급여액에 포함이 되는 것이다.

그러나 위의 K-IFRS 및 일반기업회계기준에 따른 수리적 방법으로 추정하여 설정하는 연차유급휴가 비용은 포함하지 않는다.

다음은 총급여액에 포함하지 않는다.

① 소득세법상 비과세 근로소득

② 손금불산입 되는 인건비

③ 인정상여

④ 퇴직으로 인하여 받는 소득으로서 퇴직소득에 속하지 아니하는 소득

소득세법상 연차수당의 수입(귀속) 시기

근로기준법에 따른 연차유급휴가 일에 근로를 제공하고 지급받는 연차수당의 수입시기는 소정의 근로일수를 개근한 연도의 다음 연도가 되는 것이며, 그 지급대상기간이 2개 연도에 걸쳐 있는 경우에는 그 지급대상 연도별로 안분하여 해당 연차수당의 근로소득 수입 시기를 판단한다(소득세 집행기준 24-49-3).

퇴직할 때까지 지급받지 못한 수당에 대한 근로소득의 귀속연도는 조건이 성취되어 개인별 지급액이 확정되는 연도로 한다(서면 1팀-357, 2008.3.19.).

TIP **연차수당을 빼고 중도 퇴사자 연말정산을 한 경우**

연차수당을 빼고 중도 퇴사자 연말정산을 한 경우 근로소득과 연차수당을 합산하여 중도퇴사 연말정산을 재정산하여 납부할 세액을 계산하는 것이고, 당초 중도퇴사 연말정산 한 내용을 수정신고하는 것이 아니다.

기제출한 근로소득 지급명세서를 재정산 내용으로 수정 제출하면 된다.

물론 해당 퇴사자에게는 변경된 원천징수영수증을 재발행한다.

수정신고를 하는 것이 아니란 말은 추가 지급 연차수당에 대해 수정신고를 안 하고 지급일이 속하는 달 원천징수이행상황신고서 A01에 연차수당을 넣어주고 A02에 소득세(재 연말정산한 소득세) 기재해서 신고하면 된다.

귀속은 12월 귀속 1월 지급으로 작성하면 된다.

그리고 연말정산 지급명세서는 수정신고 해줘야 한다는 말은 결국은 중도퇴사자 연말정산은 다시 해서 변경된 내역에 따라 지급명세서를 재교부해야 한다는 의미이다. 즉 연차수당의 증가로 해당 근로자의 급여가 변경되었으므로 변경된 급여를 기준으로 연말정산을 다시 해 변경된 내역으로 지급명세서를 수정하고 퇴사자에게 다시 교부해 줘야 한다.

이 경우 가산세(원천징수납부불성실, 지급명세서제출불성실)는 부과되지 않는다.

연차휴가사용촉진을 안 한 경우 세무조정 사례

2024년도 연차 부여 총액 1,000만 원 / 실제 사용률 90%

2025년도 연차 부여 총액 1,500만 원 / 실제 사용률 95%

해설

미사용 연차수당을 현금 지급한 경우 부채로 인식할 금액은 예상 사용률과는 관계없이 부여되는 실제 지급해야 할 연차 총액을 기록한다. 연차를 사용하지 않더라도 지급될 돈은 이미 정해져 있기 때문이다.

1. 2024년도

기말 결산 시(2024년도 부여 연차)

급여	10,000,000	/	미지급비용(연차충당부채)	10,000,000

[세무조정] 미지급비용(연차수당) 손금불산입 1,000만 원(유보)

2. 2025년도

연차휴가 사용 시(2024년도 사용 연차)

미지급비용(연차충당부채)	9,000,000	/	급여	9,000,000

미사용 연차수당 지급 시(2024년도 미사용 연차, 근로소득)

미지급비용(연차충당부채)	1,000,000	/	현금(또는 미지급금)	1,000,000

기말 결산 시(2025년도 부여 연차)

급여	15,000,000	/	미지급비용(연차충당부채)	15,000,000

[세무조정]

미지급비용(연차수당) 손금산입 1,000만 원(△유보)

미지급비용(연차수당) 손금불산입 1,500만 원(유보)

3. 2026년도

연차휴가 사용 시(2025년도 사용 연차)

미지급비용(연차충당부채)	14,250,000	/	급여	14,250,000

미사용 연차수당 지급 시(2025년도 미사용 연차, 근로소득)

미지급비용(연차충당부채)	750,000	/	현금(또는 미지급금)	750,000

[세무조정]

미지급비용(연차수당) 손금산입 1,500만 원(△유보)

 연차휴가사용촉진을 한 경우 세무조정 사례

2024년도 연차 부여 총액 1,000만 원 / 예상 사용률 80% / 실제 사용률 70%

2025년도 연차 부여 총액 1,500만 원 / 예상 사용률 90% / 실제 사용률 75%

해설

연차사용촉진 제도로 인해 미사용 연차수당이 소멸하는 경우 예상 사용률에 해당하는 금액만큼만 부채로 인식한다. 미사용된 연차는 사라지므로 회사입장에서 지급할 금액이 없기 때문이다.

1차 연도 : 1,000만 원 × 80% = 800만 원

2차 연도 : 1,500만 원 × 90% = 1,350만 원

1. 2024년도

기말 결산 시(2024년도 부여 연차 × 예상 사용률 = 1,000만 원 × 80%)

급여	8,000,000	/	미지급비용(연차충당부채)	8,000,000

[세무조정] 미지급비용(연차수당) 손금불산입 800만 원(유보)

2. 2025년도

2-1. 연차휴가 사용

미지급비용(연차충당부채)	7,000,000	/	급여	7,000,000

2-2. 미사용 연차휴가 소멸

미지급비용(연차충당부채)	1,000,000	/	급여	1,000,000

2-3. 기말 결산 시(2025년도 부여 연차 × 예상 사용률 = 1,500만 원 × 90%)

급여 13,500,000 / 미지급비용(연차충당부채) 13,500,000

[세무조정]

미지급비용(연차수당) 손금산입 800만 원(△유보)

미지급비용(연차수당) 손금불산입 1,350만 원(유보)

3. 2026년도

3-1. 연차휴가 사용

미지급비용(연차충당부채) 11,250,000 / 급여 11,250,000

[주] 1,500만원 × 75% = 11,250,000원

3-2. 미사용 연차휴가 소멸

미지급비용(연차충당부채) 2,250,000 / 급여 2,250,000

[세무조정]

미지급비용(연차수당) 손금산입 1,350만 원(△유보)

미지급급여에 대한 손익 귀속시기

구 분	손익귀속시기
미지급비용 (급여 상당액)	임직원에게 매월 지급하는 급여 등의 손금 귀속시기는 그 확정일을 기준으로 한다. 따라서 매월 말 또는 연말에 확정되어 결산 회계처리로 계상한 미지급급여 상당액은 손금으로 인정된다. 2025년 1월 10일 급여지급일인 2024년 12월에 대한 임직원 월급 상당액을 2024년도 말에 미지급비용(급여 상당액)으로 결산 회계처리 하였을 경우, 세법상 해당 미지급급여 상당액은 확정된 급여에 해당하므로 세무조정이 발생하지 않는다.
미지급비용 (상여 상당액)	기업이 사업연도 종료일을 기준으로 정상적인 성과산정 지표 등에 따라 임직원의 성과 배분 상여금을 산정하고 미지급비용으로 계상한 경우, 해당 성과 배분 상여금은 그 성과 배분의 기준일이 속하는 사업연도의 손금에 산입한다. 2025년도 말일을 기준으로 성과산정 지표에 따른 성과 배분 상여금을 결정하고 이를 미지급비용(상여금 상당액)으로 결산 회계처리를 한 경우, 세법상 해당 미지급비용(상여금 상당액)은 2025년도에 확정된 것이므로 세무조정이 발생하지 않는다. 하지만 만약에 임직원에 대한 상여금 확정을 2025년 말일 이후 계량적(재무제표, 영업실적 등) 및 비계량적

구 분	손익귀속시기
	(인사고과 등) 평가를 통해 결정하는 경우로서, 2025년도 결산 회계처리 시 상여금 추계액을 계상한 경우는 해당 상여금의 귀속시기는 상여금 확정일이 2026년도이므로 이를 손금불산입하고 유보처분 한다(서면 인터넷 방문 상담1팀-549, 2006.04.28.).
미지급비용 (연차수당 상당액)	연차수당에 대한 손금 귀속시기는 임직원에게 지급할 연차수당 금액이 확정된 때로 한다. 외부감사를 받는 기업의 경우는 임직원이 근로함에 따라 발생하는 연차유급휴가에 대한 비용 상당액을 추산하여 결산 회계처리를 통해 미지급비용(연차수당 상당액)을 계상한다. 다만 세법에서는 개별 임직원에게 지급할 연차수당 금액이 확정될 때(권리의무 확정주의) 이를 손금으로 인정하므로 일반적으로 회사가 계상한 연차수당 상당액에 대해서는 손금불산입(유보)으로 처분된다. 그리고 다음 연도에 연차수당이 확정되므로 위 유보 상당액을 손금산입(△유보)으로 처리한다.

전기오류수정손익 회계처리와 세무조정

전기오류는 오류의 영향 혹은 오류의 누적효과를 실무적으로 결정할 수 없는 경우를 제외하고는 소급 재작성에 의하여 수정한다. 오류의 영향을 실무적으로 결정할 수 없는 경우, 실무적으로 적용가능한 가장 이른 회계기간까지 소급 적용하도록 한다.

전기 또는 그 이전 기간의 재무제표를 작성할 때 발생하였던 오류, 탈루 등을 발견하더라도 전기의 재무제표를 수정할 수 없다. 따라서 전기 이전의 오류, 탈루 등을 당기에 반영해야 하는 경우 전기 이전의 비용은 당기에 전기오류수정손실로 처리하여 반영해야 하고, 전기 이전의 수익은 당기에 전기오류수정이익으로 처리해야 한다.

다시 말하면, 전기 회계처리 내용을 누락한 경우는 회계오류에 해당하는 것으로 회계오류는 재무상태표(결산종료일 또는 외부감사일로서 재무상태표를 확정한 이후)일 이전에 발견한 경우는 바로 수정하면 되나 재무상태표일 이후에는 전기오류 사항으로 정리해야 한다. 이러한 회계오류는 계산상의 실수, 기업회계기준의 잘못된 적용, 사실 판단의 잘못, 부정, 과실 또는 사실의 누락 등으로 인해 발생하며, 당기에 발견한 전기 또는 그 이전 기간의 오류는 당기 손익계산서에 영업외손익 중 전기오류수정손익으로 보고 한다. 다만, 중대한 오류에 대해서는 전기이월이익잉여금을 수정한다. 중대한 오류는 재무제표의 신뢰성을 심각하게 손상할 수 있는 중요한 오류를 말한다.

구 분	세무 처리
중대한 오류	중대한 오류란 재무제표의 신뢰성을 심각하게 손상할 수 있는 매우 중요한 오류를 말한다. 중대한 오류는 대개 경영자의 정책적 판단 착오에서 비롯되며, 기업회계기준은 중대한 오류를 수정할 경우는 전기 재무제표를 재작성하도록 규정하고 있다. 중대한 오류의 경우 전기이월이익잉여금을 수정한다.

구 분	세무 처리
중대하지 않은 오류의 경우	중대하지 않은 오류는 실무자가 범하는 사무적 오류이며, 회계상 오류는 경상적으로 발생하는 것이 일반적인데 모든 오류에 대해 전기 재무제표를 빈번하게 재작성한다면 재무제표의 신뢰성을 훼손할 수 있다. 이에 따라 기업회계기준은 재무제표의 신뢰성과 실무적 편의성을 위해 중대 하지 않은 오류의 수정은 당기손익으로 보고하도록 규정하고 있다. 실무상 대부분 오류는 중대하지 않은 오류로 보아서 영업외손익으로 처리한다.

한편, 세법에서는 권리의무확정주의에 의하여 전기 이전의 수익 또는 비용을 누락하였거나, 전기의 수익이 아닌 것을 수익으로 처리한 경우 또는 전기의 비용이 아닌 것을 전기의 비용으로 처리한 것은 전기의 수익 또는 비용에 반영하여 법인세 과세표준 또는 종합소득세 과세표준을 수정하여 신고하도록 규정하고 있다.

법인세법에서는 회계상 전기오류수정손익을 그대로 인정하는 경우 법인이 귀속시기를 고의로 조작할 수 있다.

그래서 세법에서는 별도의 규정을 두어 그 귀속시기를 판단하고 있다.

전기오류수정손익은 순자산의 증가 또는 감소를 초래하므로 세법상 익금 또는 손금에 해당한다. 전기오류수정손익을 당기에 수익 또는 비용에 해당하면 순자산 증감에 따른 별도의 세무조정은 필요 없겠지만, 이익잉여금의 증감으로 회계처리 하였다면 <익금산입, 기타> 또는 <손금산입, 기타> 세무조정이 필요하다.

그리고 전기오류수정손익이 법인세법상 당기의 익금과 손금에 해당하는 경우는 세무조정이 필요 없지만, 당기의 익금과 손금이 아닌 경우에는 다시 익금불산입과 손금불산입 세무조정이 필요하다.

법인세법에서는 이러한 전기오류수정손익은 원칙적으로 오류 사업연도(귀속 사업연도)의 법인세를 수정신고를 하거나, 경정청구를 하여 해당 사업연도의 손금 또는 익금에 산입하도록 하고 있으므로 당기손익(전기오류수정손익)으로 계상한 금액에 대해서는 세무조정 할 필요가 있을 수 있다.

구 분	세무조정
전기 비용을 누락한 경우	전기 법인세 신고 또는 소득세 신고 내용에 대하여 세무조정으로 전기에 누락한 비용을 손금산입(법인) 또는 필요경비(개인)에 산입해야 한다.

구 분	세무조정
전기 비용을 실제보다 과다하게 계상한 경우	전기 법인세 신고 또는 소득세 신고 내용에 대하여 세무조정으로 전기에 과다하게 계상한 비용은 손금불산입(법인) 또는 필요경비불산입(개인) 해야 한다.
전기 수익이 아닌 것을 전기의 수익으로 처리한 경우	전기 법인세 신고 또는 소득세 신고 내용에 대하여 세무조정으로 전기 수익이 아닌 것을 익금불산입(법인) 또는 총수입금액불산입(개인) 해야 한다.
전기의 수익을 누락한 경우	전기 법인세 또는 소득세 신고 내용에 대하여 세무조정으로 익금산입(법인) 또는 총수입금액에 산입(개인)해야 하며, 전기의 오류나 탈루 등을 당기에 반영해야 하는 경우 회계처리 및 세무조정이 필요하며, 그 내용은 다음과 같다. 1. 전기 누락한 비용을 당기에 부채로 계상해야 하는 경우 전기오류수정손실 ××× / 미지급금 ××× 2. 전기에 이중으로 계상한 비용에 대한 부채를 당기에 제거하여야 하는 경우 미지급금 ××× / 전기오류수정이익 ××× 3. 전기 수익을 누락하여 채권을 당기에 계상하여야 하는 경우 외상매출금 ××× / 전기오류수정이익 ×××

전기오류수정이익

과거 연도의 수익을 누락했거나 비용을 이중으로 계상한 경우 손익은 그 해당 사업연도별로 적용해야 하므로 수익을 누락하거나 비용을 이중으로 계상한 사업연도의 법인세 신고내용을 수정(세무조정 사항에서 익금산입 또는 손금불산입)하여 법인세를 추가 납부해야 하며, 오류를 반영한 사업연도의 전기오류수정이익(영업외수익)은 익금불산입 처리해야 한다. 단, 전기 이전의 법인세 수정신고 시 세무조정에서 손금불산입(또는 익금산입)하고 상여로 처분한 금액은 사외에 유출된 것이므로 당기에 이를 회수하는 분개처리 및 세무조정은 하지 않는다.

1 전기 비용을 이중으로 처리하고 매입채무를 누락한 경우

법인이 전기에 결산조정 사항으로서 결산 시에 비용을 이중으로 계상하여 추후 발견한 경우 전기 세무조정 사항을 수정하여 손금불산입하고, 법인세를 수정신고 해야 하는 것이며, (전년도 법인세 및 가산세 추가납부) 회계처리상 오류를 수정하기 위해서는 다음과 같이 처리한다.

전기 매입 세금계산서를 이중으로 신고하여 제품 매출원가를 과대계상하다. 다만, 매입채무를 이중으로 계상하여 법인의 자금은 사외에 유출되지 않았다.
(원재료비 20,000,000원, 세액 2,000,000원)

해설

1. 전기분 법인세 수정신고 및 세무조정

- 손금불산입 : 원재료비 22,000,000원(유보)
- 손금산입 : 매입세액 2,000,000원(기타)

2. 전기분 이중 매입에 대한 법인세 및 가산세 계산

- 전기분 법인세 추가 납부세액 : 수정 후 산출세액 – 당초 산출세액
- 법인세 납부지연가산세 : 추가 납부할 법인세 × 미납일수 × 2.2/10,000
- 법인세 과소신고가산세

과소신고한 납부세액과 초과신고한 환급세액을 합한 금액(가산세와 세법에 따라 가산하여 납부해야 할 이자 상당가산액 제외) × 10/100

3. 수정신고로 인하여 법인세 산출세액이 증가한 경우 세액감면

수정신고의 경우 증액된 과세표준으로 산출세액을 계산하고, 중소기업에 대한 특별세액 감면을 추가로 공제받을 수 있다. 다만, 관할 세무서에서 과세표준과 세액을 경정할 것을 미리 알고 제출하는 경우로서 부정행위에 해당하는 경우 추가 감면을 받을 수 없다.

4. 당기 회계처리

전기에 착오에 의하여 원재료비를 이중 계상하고 외상매입금으로 처리한 22,000,000원을 외상매입금에서 차감하는 분개처리를 한다.

외상매입금	22,000,000	/	전기오류수정이익	22,000,000

5. 당기 세무조정

- 익금불산입 : 전기오류수정이익 22,000,000원(△유보)

TIP 이중 매입, 가공경비 등에 대한 세무조정 및 소득처분

❶ 이중 매입, 가공경비 등의 경우 그 대금이 대표이사 등에게 유출된 것이 분명한 경우에는 해당 금액을 손금불산입하고, 대표이사 등에 대한 상여로 처분한다.

❷ 전기에 착오에 의하여 장부상 이중 경비로 처리하였으나 이중 경비 등이 사외에 유출되지 아니한 경우, 예를 들어 경비를 이중으로 계상하였으나, 부채인 외상매입금 등으로 장부에 반영하고, 당기 장부에서 외상매입금을 감액하는 회계처리를 하는 경우 손금불산입하고 유보로 처분할 수 있으며, 이 경우 인정이자는 계상하지 아니한다.

❸ 이중 매입액, 가공경비 등을 현금 지급한 것으로 회계처리하고, 다음 해 이후 현금을 회수하는 경우 이중 매입액 또는 가공경비 지급일부터 장부상 회수하는 기간 동안 그 대금을 대표이사가 유용한 것으로 보아 이 기간에 대하여 가지급금 인정이자를 계상하여 가지급금 인정이자 상당액은 익금산입하고, 대표이사에 대한 상여로 처분한다.

2 전년도분 매출 누락 대금을 당기에 회수하는 경우

전년도 7월 1일 매출 20,000,000원(부가세 별도)을 누락한 사실을 당기에 발견하고, 전년도 법인세 내용을 수정신고하다.

해설

1. 전년도 법인세 수정신고 및 세무조정

- 익금산입 : 매출 22,000,000원(유보)
- 익금산입 : 가지급금인정이자 510,159원(상여)

매출대금 발생일부터 장부상 회수하는 기간 동안 매출 대금을 대표이사가 유용한 것으로 보아 이 기간(7월 1일~12월 31일)에 대하여 가지급금인정이자 510,159원을 계상하여 익금산입하고, 대표이사에 대한 상여로 처분한다.

가지급금인정이자 = 22,000,000원 × 당좌대출이자율(4.6%, 매년 변동됨) × 184/365

- 손금산입 : 부가가치세 2,000,000원(기타)

TIP 매출누락대금에 대한 세무조정 및 소득처분

❶ 매출누락 대금이 대표이사 등에게 유출된 것이 분명한 경우에는 해당 금액을 익금산입하고, 그 귀속자에 대하여 상여로 처분한 다음 근로소득세를 수정신고 해야 한다.

❷ 전기에 착오에 의하여 장부상 매출을 누락하였으나, 매출누락 대금이 사외에 유출되지 아니한 경우, 예를 들어 매출과 외상매출금을 동시에 누락하였으나 매출대금이 사외로 유출되지 아니하였음을 입증할 수 있고, 당기 장부에 외상매출금을 반영하는 경우 익금산입하고 유보로 처분할 수 있으며, 이 경우 인정이자는 계상하지 않는다. 단, 당기 장부에 매출 대금을 현금으로 회수하는 경우는 익금산입하고 유보로 처분하되, 매출 대금이 사외로 유출된 기간(매출발생 일부터 매출 대금 회수일까지의 기간)동안에 대하여는 매출누락 대금을 대표이사가 유용한 것으로 보아 가지급금인정이자를 계상하여 세무조정에서 익금산입하고, 그 귀속자(대표이사 등)에게 상여로 처분한다.

2. 당기 회계처리

당기에 전기 매출누락 대금 22,000,000원을 현금으로 회수하는 분개처리를 한다.

현금	22,000,000	/	전기오류수정이익	22,000,000

- 당기 세무조정(익금불산입) : 전기오류수정이익 22,000,000원(△유보)

전기오류수정손실

전기오류수정손실이란 전기 이전의 오류를 수정하는 경우 처리하는 계정으로 실무에서는 주로 전기 이전의 비용을 누락하여 당기에 반영하는 경우 발생한다.

과거 연도 이전의 비용을 누락한 경우 누락한 비용의 손금은 그 해당 사업연도별로 계상해야 하므로 누락한 사업연도의 법인세 신고내용을 수정(세무조정 사항에서 손금산입)하고, 경정청구를 하여 법인세를 환급받아야 하는 것이며, 전기의 오류를 반영한 사업연도에 장부상 전기오류수정손실로 처리하고, 세무조정에서 손금불산입 처리한다. 왜냐하면, 전기 이전의 비용 누락에 대하여 전기 이전 법인세 경정청구로 이미 손금으로 처리하였기 때문이다.

전기 이전의 매입 세금계산서를 누락하여 법인세 및 부가가치세를 경정청구(수정에 의하여 환급금이 발생하는 것) 하는 경우는 세금을 실제보다 과다하게 납부한 다음 나중에 돌려받거나(법인세), 공제받을 세금을 세법에서 정한 때 보다 늦게 공제를 받아 돌려받은 것(부가가치세)이므로 가산세는 적용되지 않는다.

전기 매입세금계산서 누락분 세무회계

20×4년도 법인세 신고 시 사무실 임차료에 대하여 발급받은 매입 세금계산서(공급가액 5,000,000원 세액 500,000원)를 신고누락하였다.
20×5년에 발견하여 20×4년도분 법인세를 경정청구하고 20×5년도에 임차료 미지급금 5,500,000원을 보통예금에서 인출하여 지급하다.

해설

1. 20×4년도분 법인세 경정청구 및 세무조정

- 손금산입 : 지급임차료 5,500,000원(△유보)
- 손금불산입 : 매입세액 500,000원(기타)

2. 20×5년 회계처리

① 20×4년도 임차료 미지급금 5,500,000원을 보통예금에서 인출하여 지급하다.

전기오류수정손실	5,000,000	/	보통예금	5,500,000
부가가치세대급금	500,000			

3. 20×5년 세무조정[손금불산입]

- 전기오류수정손실 5,000,000원(유보)

❶ 20×5년도 회계처리한 전기오류수정손실은 손금불산입(20×4년도 법인세 수정신고로 이미 손금으로 처리한 것임)처리한다.
부가세대급금 : 매입 세금계산서 누락분은 경정청구를 하여 환급받는다.

❷ 전기 비용누락에 대한 경정청구 ➡ 전기결산 시 지급임차료 5,000,000원을 누락하여 법인세 과세표준을 수정하고, 법인세 환급금 500,000원 및 법인세분 지방소득세 환급금 50,000원을 경정청구하다.

미수금	550,000	/	법인세환급액	550,000

- 법인세환급액 : 영업외수익에 해당하며, 세무조정에서 익금불산입한다.

❸ 법인세 환급금액 입금 ➡ 법인세환급금 100,000원이 보통예금에 입금되다.

보통예금	500,000	/	미수금	500,000

지방소득세 환급 시에도 동일하게 분개한다.

❹ 매입 세금계산서 누락분 경정청구 ➡ 매입세금계산서누락에 대하여 관할 세무서에 경정청구하다.

미수금	500,000	/	부가가치세대급금	500,000

2 전기 이전의 비용을 자산으로 처리한 경우 세무회계

20×3년도 확정기여형퇴직연금(DC)으로 불입한 금액 5,000,000원을 착오에 의하여 자산(퇴직연금운용자산)으로 처리하였음을 20×5년 3월 10일 발견하고, 20×3년도 법인세를 경정청구하고, 전기오류수정손실로 처리한 다음 세무조정을 했다.

해설

1. 확정급여형퇴직연금 및 확정기여형퇴직연금의 손금산입 방법

확정급여형퇴직연금(DB)은 자산(퇴직연금운용자산)처리한 다음 결산조정으로 퇴직연금충당부채를 계상하여 손금에 산입하거나(퇴직금 / 퇴직연금충당부채) 세무조정 사항으로 손금산입하여야 하며, 확정기여형퇴직연금(DC)은 퇴직연금 불입 시 즉시 비용처리해야 한다.

20×3년도분 법인세 손금산입 세무조정 : 퇴직연금운용자산 5,000,000원(△유보)

2. 20×5년 회계처리

20×5년도 퇴직연금운용자산 5,000,000원을 장부에서 제거하는 회계처리를 하고, 전기오류수정손실로 계상한다.

전기오류수정손실	5,000,000	/	퇴직연금운용자산	5,000,000

3. 20×5년 손금불산입 세무조정 : 전기오류수정손실 5,000,000원(유보)

20×5년도 회계처리 한 전기오류수정손실은 손금불산입(20×3년도 법인세 수정신고로 이미 손금으로 처리한 것임) 처리한다.

3 전기오류수정손익을 법인세 수정신고 없이 당기에 처리하는 경우

전기에 수익을 누락하거나 비용을 이중으로 계상한 경우는 전기의 법인세를 과소납부한 것이므로 반드시 전기의 법인세를 수정신고한다. 반대로 전기에 수익을 이중 계상하거나 비용을 누락한 경우는 전기의 법인세를 과다납부한 것이므로 전기의 법인세를 수정하여 경정청구를 한다. 단, 전기에 비용을 이중으로 계상한 금액 등이 중요하지 않거나 전기의 비용을 누락하였으나 전기 소득을 수정하여 법인세를 경정청구하지 않는 경우 전기의 법인세 수정신고를 않고 당기에만 처리해도 무방하다.

 전기 수익 누락 또는 비용 이중 금액을 전기오류수정이익으로 하는 경우

전년도의 수익을 당해 연도의 전기오류수정이익으로 계상하거나 전년도의 비용이 아닌 것을 당해 연도의 전기오류수정이익으로 처리함으로써 전기오류수정이익에 상당하는 법인세를 오류가 발생한 연도에 납부하지 아니하고, 당해 연도에 납부하여 법인세를 1년간 늦게 납부하는 결과가 되나, 금액적으로 중요하지 않은 경우 나중에 세무상 문제가 되더라도 손익 귀속연도의 문제만 있으므로 전년도의 법인세에 대한 과소신고가산세 및 납부지연가산세만 부담하면 된다.

5 전기의 비용을 누락하였거나 수익을 이중으로 계상한 경우

전년도의 비용을 당해 연도에 전기오류수정손실로 처리하여 비용 계상하는 경우 전기오류수정손실에 상당하는 법인세를 전년도에 납부함으로써 법인세를 1년간 먼저 납부하는 결과가 되어 세무상 특별한 문제는 발생하지 않을 것이다. 다만, 이 경우 회사입장에서는 실제 발생한 비용을 손금으로 처리하지 아니함으로써 손금에 해당하는 법인세를 많이 내는 것은 감수해야 한다.

회사는 당기 중 전기에 지급청구된 보험료 40,000원을 계상누락한 것을 발견하여 당기 중 영업외손실로 계상했다.

해설

전기오류수정손실	40,000	/	미지급금	40,000

전기분 경정청구를 하여 손금산입 40,000원(△유보) 처분한다.

당기 비용 계상액 40,000원을 손금불산입(유보)하고 전기 수정신고분 △유보처분액을 상쇄한다.

2025년 12월 31일 기말 결산 중 2024년 재무제표에 매출원가 50,000원과 미지급이자 30,000원을 누락되었음을 발견하였다. 전기의 재무제표는 이미 공시가 되었고, 수정할 수 없는 상황이다.

해설

전기오류수정손실 50,000 / 매입채무 50,000

매입채무의 귀속시기는 매출의 손익귀속시기와 일치하므로, 전기의 손금에 해당한다. 당기의 손금을 없애주는 세무조정이 필요 없다.

당기 손금불산입 50,000원(유보)

전기오류수정손실 30,000 / 미지급이자 30,000

세무조정 : 없음

지급이자는 결산조정 사항이므로 당기의 손금에 해당한다.

6 전기 이전의 오류를 이익잉여금 항목으로 처리하는 경우

전기 이전의 오류 사항 중 손익과 관련이 없는 오류를 이익잉여금의 증감 항목으로 처리하는 경우 손익과정을 거치지 아니하고, 자본 계정에서 조정이 되므로 당기의 법인세에는 영향을 미치지 않는다.

회사는 당기 중 전기에 매출누락한 금액 100,000원을 발견하고 그 금액이 중대하여 전기이월이익잉여금을 수정하여 계상한다.

해설

매출채권 100,000 / 이익잉여금 110,000

부가가치세예수금 10,000

전기분 수정신고를 하여 익금산입 100,000원(유보) 처분한다.

당기 이익잉여금 수정액 중 전기분 매출액 100,000원을 익금산입 · 잉여금처분하고 동시에 당해 금액은 이월익금에 해당하여 익금불산입(△유보) 처분하여 전기수정신고분 유보처분액과 상쇄한다.

2025년 12월 31일 기말 결산 중 2024년 재무제표에 미수이자 50,000원, 매출 100,000원이 누락되었음을 발견하였다. 전기의 재무제표는 이미 공시가 되었고, 수정할 수 없는 상황이다.

해설

미수이자 50,000 / 전기오류수정이익 50,000

세무조정 : 없음

이자수익의 귀속시기는 실제 지급받은 날이므로, 당기의 익금에 해당한다. 별도의 세무조정이 필요 없다.

매출채권 100,000 / 이익잉여금 110,000
부가가치세예수금 10,000

매출의 귀속시기가 제품을 인도한 날 등인데, 전기에 인도한 것이니 당기의 매출이 아닌 전기의 매출이다. 당기의 익금을 없애주는 세무조정이 필요하다.

전기분 수정신고를 하여 익금산입 100,000원(유보) 처분한다.

당기 이익잉여금 수정액 중 전기분 매출액 100,000원을 익금산입 잉여금처분하고 동시에 당해 금액은 이월익금에 해당하여 익금불산입(△유보) 처분하여 전기수정신고분 유보처분액과 상쇄한다.

자산의 손상차손과 평가손실의 회계처리와 세무조정

법인세법에서는 일반적으로 자산의 평가손익과 손상차손에 대해서 세무적으로는 인정하지 않기 때문에 해당 손익을 부인하는 세무조정이 발생한다. 즉 손상차손은 손금불산입을, 손상차손 환입은 익금불산입으로 처리한다.

다만, 고정자산이 천재지변, 화재, 법령에 의한 수용 등의 사유가 있는 경우 손금으로 인정해 준다.

또한 예외 규정으로, 감가상각자산이 진부화, 물리적손상 등 시장가치가 급격히 하락하여 법인이 기업회계기준에 따라 손상차손을 계상한 경우 해당 금액을 감가상각비로써 손금으로 인정해 준다.

이 경우 상각부인액을 이후 사업연도에 시인부족액 범위 내에서 손금으로 추인하지 않고 각 사업연도의 소득금액을 계상한 경우는 경정청구 할 수 있다.

구분	세무조정
채권의 대손충당금	세무상 채권 금액의 1%를 대손충당금으로 인정한다. 따라서 재무상태표상의 채권 금액(세무상 대상 채권)에 1% 한 금액보다 대손충당금이 크다면 해당 차이를 손금불산입(유보) 처리한다. 전년도에 손금불산입(유보) 금액이 있으면, 해당 금액을 당기에 익금불산입(유보) 처리한다.
재고자산평가충당금	세무상 저가법으로 재고자산평가방법을 신고하지 않은 법인은 당기말 재고자산평가충당금 계상 금액을 전액 손금불산입(유보)한다. 전년도에 손금불산입(유보) 금액이 있으면, 해당 금액을 당기에 손금산입(△유보) 처리한다.

구분	세무조정
유무형자산 손상차손	화재 등 특별한 사유가 아니라면 회계상의 손상차손은 세무상 부인되나 해당 금액을 감가상각비로 본다. 따라서 세무상의 감가상각비 한도금액을 초과하는 부분은 손금불산입(유보) 되며, 이후에 감가상각비 한도금액만큼 손금산입(유보)되며, 처분 시에는 일시로 손금산입(△유보) 처리된다.
보유주식의 손상차손	보유주식에 대한 손상차손은 세무상 인정되지 않는다. 따라서 해당 손상차손은 손금불산입(유보) 처리되며, 해당 회사가 청산이 완료되거나 해당 주식을 처분하는 시점에 일시로 손금산입(△유보) 처리된다.

소득처분과 세금납부의무

세법상 소득처분은 사외유출과 사내유보로 처분하게 되는데, 사내유보된 금액은 다음 사업연도 이후의 소득금액 계산에 영향을 미치며, 사외유출된 금액은 해당 귀속자의 과세소득으로 납세의무를 지우게 된다.

이러한 소득처분에 있어 익금산입된 금액이 사외에 유출된 것은 분명하나 귀속자가 불분명한 경우라면 대표자에게 귀속된 것으로 보아 대표자의 상여로 처분하고 있다.

대표자의 상여로 인정되면 그 소득금액이 실제 대표자에게 귀속되었는지? 여부와 상관없이 대표자는 그 상여 처분된 금액에 대하여 소득세 납세의무를 진다.

대표자에게 소득세 납세의무가 일단 발생하면 향후 대표자가 그 소득을 법인에 환원하더라도 이미 발생한 납세의무에는 영향을 주지 않는바, 경감되거나 배제되지는 않는다(대법 85다사 1548, 88.11.8).

물론 사외유출 된 소득의 귀속이 불분명한 경우에만 이를 대표자에게 귀속시킬 수 있는 것이므로 그 소득의 귀속이 밝혀진 경우는 그 귀속자에 따라 기타소득이나 기타사외유출로 처분해야 한다.

이렇게 불분명한 소득을 대표자에게 무조건 상여 처분을 하는 이유는 법인의 모든 상황에 대해 최종 책임과 권한이 있으므로 이를 알고 있다고 보며, 또한 귀속자가 불분명한 경우 사외유출 소득이 해당 법인의 대표자에게 귀속되었을 가능성이 크고 귀속자를 밝히지 못하는 책임을 대표자에게 물음으로써 그 귀속자를 명확히 하기 위한 것이다.

이때 대표자는 법인등기부 상 대표자를 말하는데, 세법에서는 경우에 따른 대표자를 명확히 규정하고 있다.

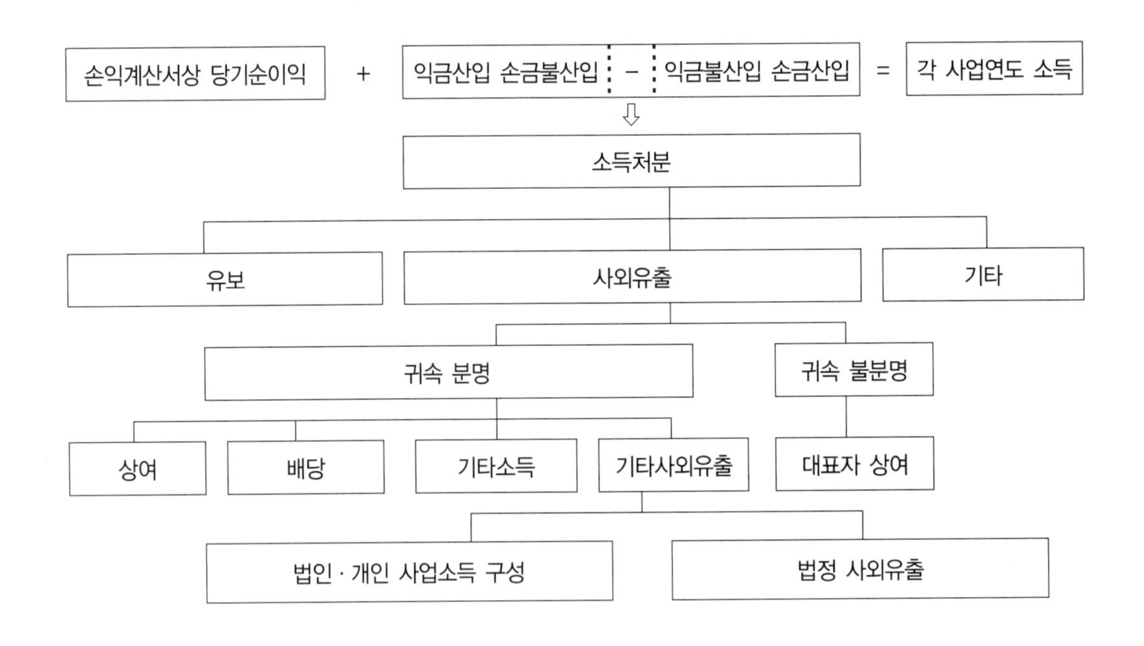

사내유보(유보)(세무상 잉여금 증가)

각 사업연도 소득금액 계산상 세무조정 사항이 사외에 유출되지 아니한 것으로 간주하는 것을 말한다.

❶ 회계와 세무상 손익 귀속시기 차이,

❷ 자산과 부채의 평가 방법의 차이로 인해 발생한다.

이러한 유보는 자산과 부채의 회계상 장부가액과 세무상 장부가액을 상이하게 만들어 결과적으로 회계상 잉여금과 세무상 잉여금 간에 차이를 발생하게 한다.

유보는 반드시 반대의 유보로 반전되어 소멸되는 과정을 거치게 때문에 추후 각 사업연도 소득금액에 영향을 미치며, 청산소득 및 자산가치 평가 등에 영향을 주게 되므로 자본금과 적립금 조정명세서(을) 별지 제50호서식(을)에 그 내용을 명확히 기재하여 관리한다.

세무조정을 시작하기 전에 반드시 전기자본금과 적립금조정명세서(을)를 반드시 고려해야 한다.

사외유출(상여)

각 사업연도 소득금액 계산상 익금산입 또는 손금불산입으로 생긴 세무조정 소득이 사외에 유출되어 사용인 또는 임원에게 귀속된 것이 분명한 경우에 행하는 소득처분이다. 또한 소득이 사외유출이 되었으나 그 귀속이 불분명한 경우(기타사외유출로 처분하는 것을 제외)는 대표자에게 귀속된 것으로 보아 상여(인정상여)로 처분한다.

상여로 처분된 금액은 인정상여라고 하며, 귀속자의 근로 제공 연도의 근로소득에 포함해서 원천징수 신고·납부를 해야 한다.

신고조정으로 처분된 인정상여의 손익 귀속시기는 법인세 과세표준 신고기일인 3월 31일이 된다. 따라서 원천징수 신고·납부는 4월 10일까지 해야 한다.

결정 또는 경정 시 처분된 상여는 소득금액 변동통지서를 받은 날이 귀속시기로 보므로 다음 달 10일까지 신고·납부해야 한다.

1 대표자가 아니란 객관적 증빙 없는 한 등기부상 대표자를 말함

일반적으로 법인의 대표자는 법인등기부 상 대표자를 말한다. 즉, 해당 법인의 대표자가 아니라는 사실이 객관적인 증빙이나 법원의 판결로 입증되는 경우를 제외하고는 등기상의 대표자를 그 법인의 대표자로 보며, 이에 대한 입증책임은 납세자에게 있다(법기통 67-106…19).

그러나 법인의 경영을 사실상 지배하고 있는 임원이 있는 경우에는 그자를 대표자로 하도록 규정하고 있는데, 즉 소액주주가 아닌 주주 등인 임원 및 그와 특수관계에 있는 자가 소유하는 주식 등을 합하여 해당 법인의 발행주식총수 또는 출자 총액의 30% 이상을 소유하고 있는 경우 그 임원이 법인의 경영을 사실상 지배하고 있다면 대표자가 되는 것이다(법인세법 시행령 제106조 제1항 제1호).

따라서 법인등기부 상 대표자로 등재되어 있었다고 하더라도 해당 회사를 실질적으로 운영한 사실이 없다면 귀속 불명 소득을 그 등기 대표자에게 귀속시킬 수는 없다(대법 88누3802, 89. 4. 11).

2 사업연도 중 대표자 변경 때는 각각 구분 귀속된다.

대표자가 2인 이상의 경우는 사실상의 대표자에게 상여 처분을 한다. 사실상의 대표자란 대외적으로 회사를 대표할 뿐만 아니라 업무 집행에 있어서 이사회의 일원으로 의사결정에 참여하고 집행 및 대표권을 가지며 회사에 대한 책임을 지는 자를 말한다(법기통67-106…17).

사업연도 중에 대표자가 변경된 경우는 대표자 각인에게 귀속된 것이 분명한 금액은 이를 대표자 각인에게 구분하여 처분하고 귀속이 분명하지 아니한 경우에는 재직기간의 일수에 따라 구분 계산하여 이를 대표자 각인에게 상여로 처분한다(법인세법 시행규칙 제54조).

귀속이 불분명한 소득 등은 법원의 가처분 결정에 따라서 직무집행이 정지된 명목상의 대표자에게 처분할 수 없다. 따라서 이 경우에는 사실상의 대표자로 직무를 행사한 자를 대표자로 한다.

법인세법 시행규칙 제54조 【대표자 상여 처분 방법】
영 제106조 제1항 제1호 단서의 규정을 적용함에 있어서 사업연도 중에 대표자가 변경된 경우 대표자 각인에게 귀속된 것이 분명한 금액은 이를 대표자 각인에게 구분하여 처분하고 귀속이 분명하지 아니한 경우에는 재직기간의 일수에 따라 구분 계산하여 이를 대표자 각인에게 상여로 처분한다.

사외유출(배당)

각 사업연도 소득금액 계산상 익금산입 또는 손금불산입으로 생긴 세무조정 소득이 사외에 유출되어 출자자(사용인과 임원 제외)에게 귀속되었음이 분명한 경우(기타 사외유출로 처분하는 경우 제외)에 행하는 소득처분이다.

신고조정으로 처분된 배당의 손익 귀속시기는 법인세 과세표준 신고기일인 3월 31일이 된다. 따라서 원천징수 신고·납부는 4월 10일까지 해야 한다.

결정 또는 경정 시 처분된 상여는 소득금액 변동통지서를 받은 날이 귀속시기로 보므로 다음 달 10일까지 신고·납부해야 한다.

사외유출(기타소득)

각 사업연도 소득금액 계산상 익금산입 또는 손금불산입으로 생긴 세무조정 소득이 사외에 유출되어 출자자, 사용인, 임원 이외의 자에게 귀속되었음이 분명한 경우(기타 사외유출로 처분하는 경우 제외)에 행하는 소득처분이다.

그 귀속자의 기타소득금액(필요경비 공제액 없음)에 포함되어 총 기타소득금액이 300만 원 이상의 경우 종합소득세가 과세 되며, 300만 원 미만인 경우는 원천징수 신고·납부 의무가 발생한다.

신고조정으로 처분된 기타소득의 손익 귀속시기는 법인세 과세표준 신고기일인 3월 31일이 된다. 따라서 원천징수 신고·납부는 4월 10일까지 해야 한다.

결정 또는 경정 시 처분된 상여는 소득금액 변동통지서를 받은 날이 귀속시기로 보므로 다음 달 10일까지 신고·납부해야 한다.

사외유출(기타사외유출)(법인, 사업 영위 개인 귀속)

각 사업연도 소득금액 계산상 익금산입 또는 손금불산입으로 생긴 세무조정 소득이 사외에 유출되어 법인이나 사업을 영위하는 개인에게 귀속된 것이 분명한 경우로서 그 소득이 내국법인 또는 외국 법인의 국내사업장의 각 사업연도 소득이나 거주자 또는 비거주자의 국내사업장의 사업소득을 구성하는 금액과 다음의 익금산입 금액은 기타사외유출로 소득처분한다.

❶ 법인주주 귀속 가지급금 인정이자

❷ 법인세 등의 손금불산입액

❸ 기부금, 업무추진비 등의 한도 초과액

❹ 비업무용 부동산 등에 대한 지급이자 손금불산입액, 기준 초과 차입금이자 손금불산입액

❺ 타법인 주식 등 지급이자 손금불산입액

❻ 비업무용 토지 취득세 중과분

❼ 임대보증금에 대한 간주익금

❽ 소비성 서비스업 광고선전비 한도초과액

❾ 보험업 법인의 예정사업비 한도초과액

구 분		내 용	사후관리
사내유보	유보	가산 조정금액이 회사 내부에 남아 회계상 자본보다 세무상 자본을 증가시키는 경우	자본금과적립금조정명세서(을) 표에서 사후관리
	△유보	가산 조정금액이 회사 내부에 남아 회계상 자본보다 세무상 자본을 감소시키는 경우	자본금과적립금조정명세서(을) 표에서 사후관리
사외유출	배당	가산 조정 금액이 주주 등에게 귀속되는 경우	소득세 원천징수
	상여	가산 조정 금액이 임원 또는 사용인에게 귀속되는 경우	소득세 원천징수
	기타 사외유출	가산 조정 금액이 법인이나 개인사업자의 사업소득을 구성하는 경우	사후관리 없음
	기타소득	가산금액이 상기 외의 자에게 귀속되는 경우	소득세 원천징수
기타(또는 잉여금)		가산 조정 금액이 사외로 유출되지 아니하였으나 회계상 자본과 세무상 자본의 차이를 발생시키지 아니하는 경우	사후관리 없음
기타(또는 △잉여금)		차감 조정 금액이 사외로 유출되지 아니하였으나 회계상 자본과 세무상 자본의 차이를 발생시키지 아니하는 경우	사후관리 없음

당해연도 유보로 소득처분 된 금액에 대하여 그 후 △유보 처리된다.

조정 항목	내 용	익금가산		손금가산	
		조정구분	처 분	조정구분	처 분
수입금액	인도한 제품 등의 매출액 가산	익금산입	유 보		
	동 매출원가			손금산입	유 보
	전기매출 가산 분 당기 결산상 매출 계상			익금 불산입	유 보
	동 매출원가	손금불산입	유 보		

조정 항목	내 용	익금가산		손금가산	
		조정구분	처 분	조정구분	처 분
수입금액	작업진행률에 의한 수입금액 가산	익금산입	유 보		
	전기 수입금액 가산 분 당기 결산 수입 계상			익금 불산입	유 보
기업업무추진비	한도초과액 및 법인명의 신용카드 미사용액	손금불산입	기타 사외유출		
일반기부금	한도초과액	손금불산입	기타 사외유출		
	당기 미지급기부금	손금불산입	유 보		
	전기 미지급기부금 당기지급액(당기 한도액 계산 시 포함)			손금산입	유 보
	당기 가지급계상 분(한도액 계산 시 포함)			손금산입	유 보
	전기 가지급계상 분 당기 비용처리	손금불산입	유 보		
외화평가 차손익	차익 과소계상	익금산입	유 보		
	차익 과대계상			익금불산입	유 보
	차손 과대계상	손금불산입	유 보		
	차손 과소계상			손금산입	유 보
	전기 차익 과소계상 분 당기 수입 계상			익금불산입	유 보
	전기 차손 과대계상 분 중 당기 손비 해당액			손금산입	유 보
	전기 차익 과대계상 분 중 당기 익금 해당액	익금산입	유 보		
	전기 차손 과소계상 분 중 당기 결산상 손비 계상	손금불산입	유 보		
가지급금 등의 인정이자	출자자(출자 임원 제외)	익금산입	배 당		
	사용인(임원 포함)	익금산입	상 여		
	법인 또는 사업 영위 개인	익금산입	기타 사외유출		
	전 각호 이외의 개인	익금산입	기타소득		

조정 항목	내 용	익금가산		손금가산	
		조정구분	처 분	조정구분	처 분
소득세대납액	귀속이 불분명해 대표자에게 처분한 소득에 대한 소득세를 법인이 대납하고 손비로 계상하거나 특수관계 소멸 시까지 회수하지 않아 익금산입한 금액	익금산입	기타 사외유출		
건설자금이자	건설중인자산 분	손금불산입	유 보		
	건설 완료 자산 중 비상각 자산분	손금불산입	유 보		
	전기 부인 유보분 중 당기 건설이 완료되어 회사자산 계상			익금불산입	유 보
채권자가 불분명한 사채이자	원천세 제외 금액(대표자)	손금불산입	상 여		
	원천세 해당 금액	손금불산입	기타 사외유출		
수령자 불분명 채권증권의 이자 할인액	원천세 제외 금액(대표자)	손금불산입	상 여		
	원천세 해당 금액	손금불산입	기타 사외유출		
비업무용부동산등 지급이자	비업무용부동산 및 업무무관가지급금에 대한 지급이자	손금불산입	기타 사외유출		
각 종 준비금	범위초과액	손금불산입	유 보		
	과소 환입	익금산입	유 보		
	과다 환입			익금불산입	유 보
	전기범위 초과액 중 환입액			익금불산입	유 보
	세무조정에 의해 손금산입하는 준비금			손금산입	유 보
	세무조정에 의해 환입 하는 준비금	익금산입	유 보		
퇴직급여 충당부채	범위초과액	손금불산입	유 보		
	전기 부인액 중 당기 지급			손금산입	유 보
	전기 부인액 중 당기 환입액			익금불산입	유 보
퇴 직 보험료	범위초과액	손금불산입	유 보		
	전기 부인액 중 당기 환입액			익금불산입	유 보

<table>
<tr><th rowspan="2">조정
항목</th><th rowspan="2" colspan="2">내 용</th><th colspan="2">익금가산</th><th colspan="2">손금가산</th></tr>
<tr><th>조정구분</th><th>처 분</th><th>조정구분</th><th>처 분</th></tr>
<tr><td rowspan="2">대 손
충당금</td><td colspan="2">범위초과액</td><td>손금불산입</td><td>유 보</td><td></td><td></td></tr>
<tr><td colspan="2">전기범위초과액 중 당기 환입액</td><td></td><td></td><td>익금불산입</td><td>유 보</td></tr>
<tr><td rowspan="4">재고자산</td><td colspan="2">당기 평가감</td><td>익금산입</td><td>유 보</td><td></td><td></td></tr>
<tr><td colspan="2">전기 평가감 중 당기 사용분 해당액</td><td></td><td></td><td>손금산입</td><td>유 보</td></tr>
<tr><td colspan="2">당기 평가증</td><td></td><td></td><td>손금산입</td><td>유 보</td></tr>
<tr><td colspan="2">전기 평가증 중 당기 사용분 해당액</td><td>손금불산입</td><td>유 보</td><td></td><td></td></tr>
<tr><td rowspan="3">국 고
보 조 금</td><td colspan="2">잉여금으로 계상한 국고보조금</td><td>익금산입</td><td>기 타</td><td></td><td></td></tr>
<tr><td colspan="2">손금산입 한도 초과액</td><td>손금불산입</td><td>유 보</td><td></td><td></td></tr>
<tr><td colspan="2">세무조정에 의한 손금 계상 시</td><td></td><td></td><td>손금산입</td><td>유 보</td></tr>
<tr><td rowspan="2">감 가
상 각 비</td><td colspan="2">당기 부인액</td><td>손금불산입</td><td>유 보</td><td></td><td></td></tr>
<tr><td colspan="2">기왕 부인액 중 당기 용인액</td><td></td><td></td><td>손금산입</td><td>유 보</td></tr>
<tr><td rowspan="4">업무용
승용차</td><td colspan="2">임직원 전용 보험 미가입</td><td>손금불산입</td><td>상여</td><td></td><td></td></tr>
<tr><td rowspan="2">업무용승용차
관련비용 1,500만원
초과</td><td>운행기록부 미작성</td><td>손금불산입</td><td>상여</td><td></td><td></td></tr>
<tr><td>운행기록부 작성
한도초과</td><td>손금불산입</td><td>상여</td><td></td><td></td></tr>
<tr><td colspan="2">처분손실</td><td>손금불산입</td><td>기타 사외유출</td><td></td><td></td></tr>
<tr><td rowspan="7">기 타</td><td colspan="2">법인세 등</td><td>손금불산입</td><td>기타 사외유출</td><td></td><td></td></tr>
<tr><td colspan="2">벌과금, 과료</td><td>손금불산입</td><td>기타 사외유출</td><td></td><td></td></tr>
<tr><td colspan="2">임원 퇴직금 범위초과액</td><td>손금불산입</td><td>상 여</td><td></td><td></td></tr>
<tr><td colspan="2">법인세 환급금 및 이자</td><td></td><td></td><td>익금불산입</td><td>기 타</td></tr>
<tr><td colspan="2">익금에 산입한 금액으로서 귀속자에게
증여세가 과세되는 금액</td><td>익금산입</td><td>기타 사외유출</td><td></td><td></td></tr>
<tr><td colspan="2">잉여금증감에 따른 익금 및 손금산입</td><td>익금산입</td><td>기 타</td><td>손금산입</td><td>기 타</td></tr>
</table>

소득금액 변동통지서를 받은 경우 세무처리

(소득처분 시 원천징수이행상황신고 및 자료처리 절차)

법인세법에 따른 소득처분이 있는 경우 소득금액 변동통지서를 받은 날이 속하는 달의 다음 달 10일까지 원천징수이행상황신고·납부와 함께 근로소득 지급명세서를 함께 제출해야 한다.

예를 들어 2025년 6월에 소득금액 변동통지서를 받은 경우라면 2025년 7월 10일에 인정상여를 포함한 금액으로 연말정산을 재정산하여 원천세 신고 및 납부하고 수정된 지급명세서를 제출하면 된다.

원천징수의무자가 당초 원천세 신고·납부 기한에 근로소득 연말정산 재정산을 하여 신고·납부 및 수정된 지급명세서를 제출한 경우는 별도의 가산세가 적용되지 않는 것이나 해당 신고·납부 기한을 경과하여 기한 후 신고·납부 및 지급명세서를 제출한 경우는 원천징수 납부지연가산세와 지급명세서 제출불성실가산세 적용 대상에 해당한다.

참고로, 상여 처분을 받은 대표자의 경우는 근로소득 이외에 다른 소득이 없는 경우라면 별도의 종합소득세 신고를 할 필요가 없지만, 근로소득 이외에 다른 소득이 있는 종합소득세 신고 대상자일 경우에는 상여 처분에 따른 소득의 증가분에 대하여 수정신고를 해야 하므로 소득금액 변동통지서를 받은 날이 속하는 달의 다음다음 달 말일까지 주소지 관할 세무서에 추가 신고·납부 했을 때는 기한까지 신고·납부한 것으로 보는 것이므로, 신고불성실가산세, 납부불성실가산세가 적용되지 않는다.

법인세 신고 시 익금산입액을 소득처분한 경우

1 원천징수의무자(법인)

소득처분 금액에 대한 소득세를 원천징수하여 법인세 신고일(수정신고의 경우 수정신고일)의 익월 10일까지 신고 · 납부한다.

반기별 납부자의 경우에도 같으며 이때 소득자료 명세서를 기재하여 제출해야 한다.

2 소득처분 받은 자(법인이 원천징수 신고·납부한 경우)

구 분	처리내용
타 소득 존재 등으로 종합소득세 확정신고 의무가 있을 때	• 소득처분의 귀속이 종합소득세 확정신고 기한 전인 경우 : 주소지 관할 세무서에 종합소득세 확정신고 · 납부 • 소득처분의 귀속이 종합소득세 확정신고 기한 후인 경우 : 법인세 신고 기한 종료일(수정신고일)의 다음다음 달 말일까지 주소지 관할 세무서에 추가 신고납부
종합소득세 확정신고 의무가 없을 때(근로소득만 있는 경우)	• 별도의 추가 신고 · 납부 의무 없다.

법인세 결정 · 경정 시 익금산입액을 소득처분 한 경우

1 정상사업 법인의 경우(소득금액 변동통지서 송달이 가능)

구 분	세무 처리
세무서장 및 지방국세청장	• 결정 · 경정 일부터 15일 이내에 소득금액 변동통지서를 해당 법인에게 통지한다. • 해당 법인에게 소득금액 변동통지서를 통지하였다는 사실(소득금액 변동 내용은 포함하지 않음)을 해당 주주 및 해당 상여나 기타소득 처분을 받은 거주자에게 소득금액 변동 사항 통지서로 통지한다.

구 분	세무 처리
원천징수의무자(법인)	소득세 원천징수 납부(또는 재 연말정산) 및 지급명세서 제출 의무가 있다.
소득처분 받은 자	종합소득세 확정신고 또는 추가 신고 · 납부 의무가 있다.

법인의 소재가 불분명한 경우 등(통지서 송달 불능 시)

구 분	처리내용
세무서장 및 지방국세청장	결정 · 경정 일부터 15일 내 해당 주주 및 상여나 기타소득의 처분을 받은 거주자에게 소득금액 변동통지서를 통지
원천징수의무자(법인)	소재 불분명으로 원천징수 불가능(원천징수 의무 없음)
소득처분 받은 자	• 소득금액 변동통지서를 받은 날의 다음다음 달 말일까지 종합소득세 추가 신고 · 납부 • 법인이 원천징수를 하지 않았으므로 원천징수 세액의 기납부세액 공제 적용 대상 아님

소득처분 시 원천징수불이행에 대한 징수 절차

구 분	세무 처리
원천징수의무자(법인)	소득처분이 있는 경우 소득처분 금액에 대한 소득세를 소득금액 변동통지서를 받은 날이 속하는 달의 다음 달 10일까지 원천징수 이행 상황 신고 · 납부와 함께 근로소득 지급명세서를 함께 제출해야 한다. 기한 내에 제출한 경우 원천징수 납부지연가산세와 지급명세서 미제출 가산세는 내지 않아도 되나, 미제출 시에는 해당 가산세를 납부해야 한다. [폐업법인 등에 대한 과세 시 유의 사항] • 원천징수의무자인 법인이 폐업 등의 사유로 소재지가 불분명하거나 소득금액 변동통지서를 송달할 수 없는 경우 또는 결손처분 사유에 해당하는 경우는 소득처분을 받는 자에게 소득금액 변동통지를 해야 한다.

구 분	세무 처리
	• 위 경우 소득처분을 받는 자의 주소지 관할 세무서장은 동 거주자(종합소득세 확정신고 의무 여부 불문)가 종합소득세 확정신고 또는 추가 신고·납부 하지 않은 경우는 종합소득세를 과세한다.
소득귀속자	소득변동통지서를 받은 날 또는 법인세 신고 기한 종료일이 속한 달의 다음다음 달 말일까지 종합소득세를 신고·납부해야 하며, 이 경우 가산세는 없다. 주소지 관할 세무서장은 소득처분을 받는 자가 기한까지 종합소득세 확정신고 또는 추가자진신고를 하지 않은 경우(신고·납부의무가 없었던 자, 신고하지 않아도 되는 자가 추가 납부해야 하는 경우 포함) 소득세를 결정·경정 고지한다. 이 경우 (무)과소신고가산세와 납부불성실가산세를 부담한다.

법인세 과세표준 신고 및 세액의 납부

세무조정계산서 작성 흐름

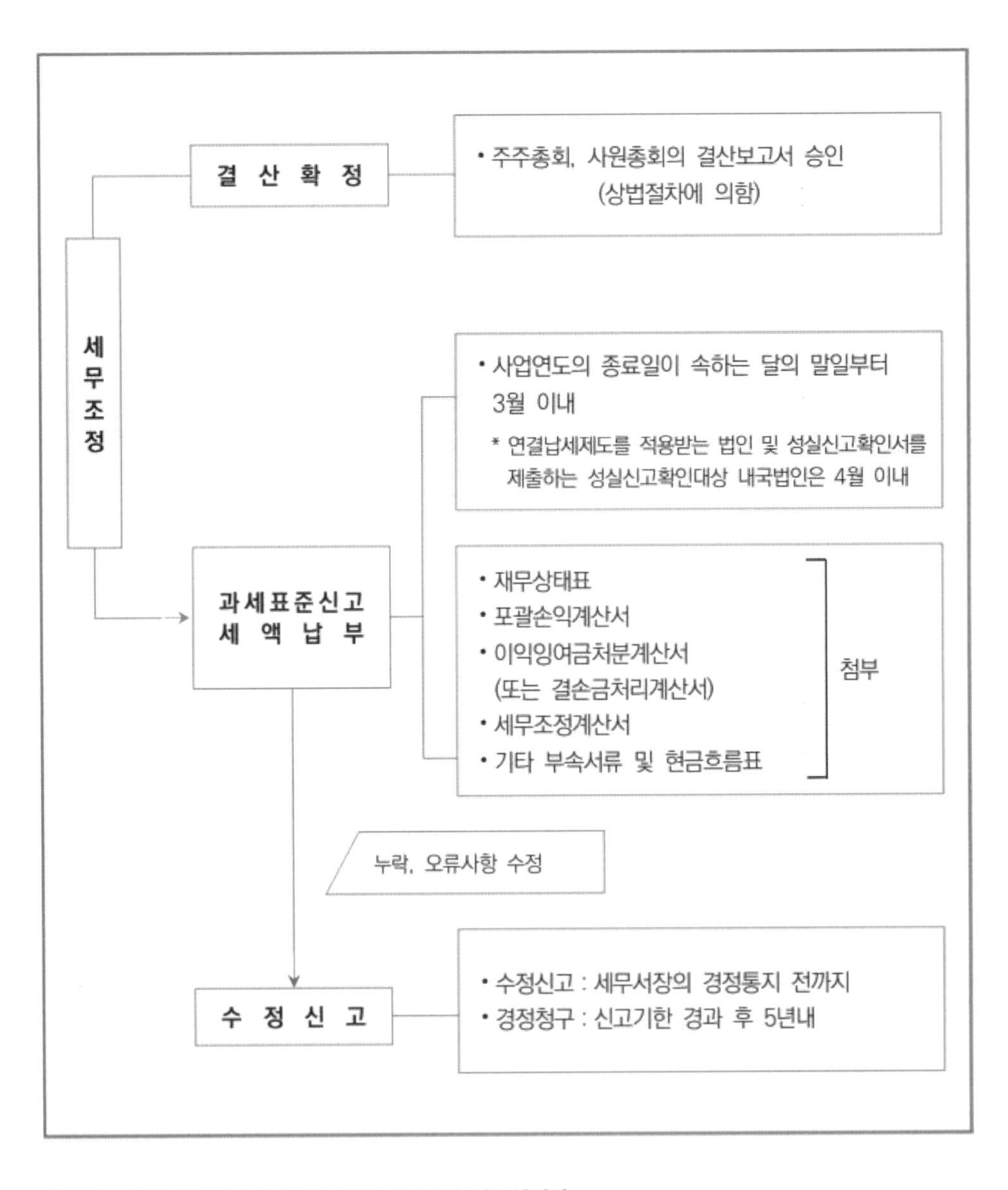

법인세 신고기한

법인은 법인세 과세표준 및 세액신고서를 작성하여 각 사업연도의 종료일이 속하는 달의 말일부터 3월 이내에 관할 세무서에 신고하고 세금을 납부해야 한다.

신고기한의 말일이 공휴일의 경우 그다음 날까지 신고 · 납부 하면 된다.

연결납세제도를 적용받는 법인은 4월 30일(12월 말 법인의 경우)까지 법인세를 신고 · 납부 하면 된다.

구 분	법정 신고기한	제출 대상 서류
12월 결산법인	3월 31일	1. 법인세 과세표준 및 세액신고서 2. 재무상태표 3. 포괄손익계산서 4. 이익잉여금처분계산서(결손금처리계산서) 5. 세무조정계산서 6. 세무조정계산서 부속서류 및 현금흐름표
3월 결산법인	6월 30일	
6월 결산법인	9월 30일	
9월 결산법인	12월 31일	

법인세 신고 시 꼭 제출해야 할 서류

법인세 신고는 법인세 과세표준 및 세액신고서에 다음 서류를 첨부해야 한다.

❶ 기업회계기준을 준용하여 작성한 개별 내국법인의 재무상태표, 포괄손익계산서

❷ 기업회계기준을 준용하여 작성한 이익잉여금처분(결손금처리)계산서

❸ 세무조정계산서

❹ 기타 부속서류 및 현금흐름표, 표시 통화 재무제표 · 원화 재무제표

❺ 피합병법인 등의 재무상태표, 합병 · 분할로 승계한 자산 · 부채 명세서 등

❶~❸의 서류를 첨부하지 않은 경우는 신고하지 않은 것으로 본다.

❶, ❷ 및 ❹의 현금흐름표는 국세정보통신망을 이용하여 표준대차대조표, 표준손익계산서 및 손익계산서 부속명세서를 제출하는 것으로 갈음할 수 있다.

세무조정계산서의 구조와 법인세 신고 순서

1 세무조정계산서의 구조

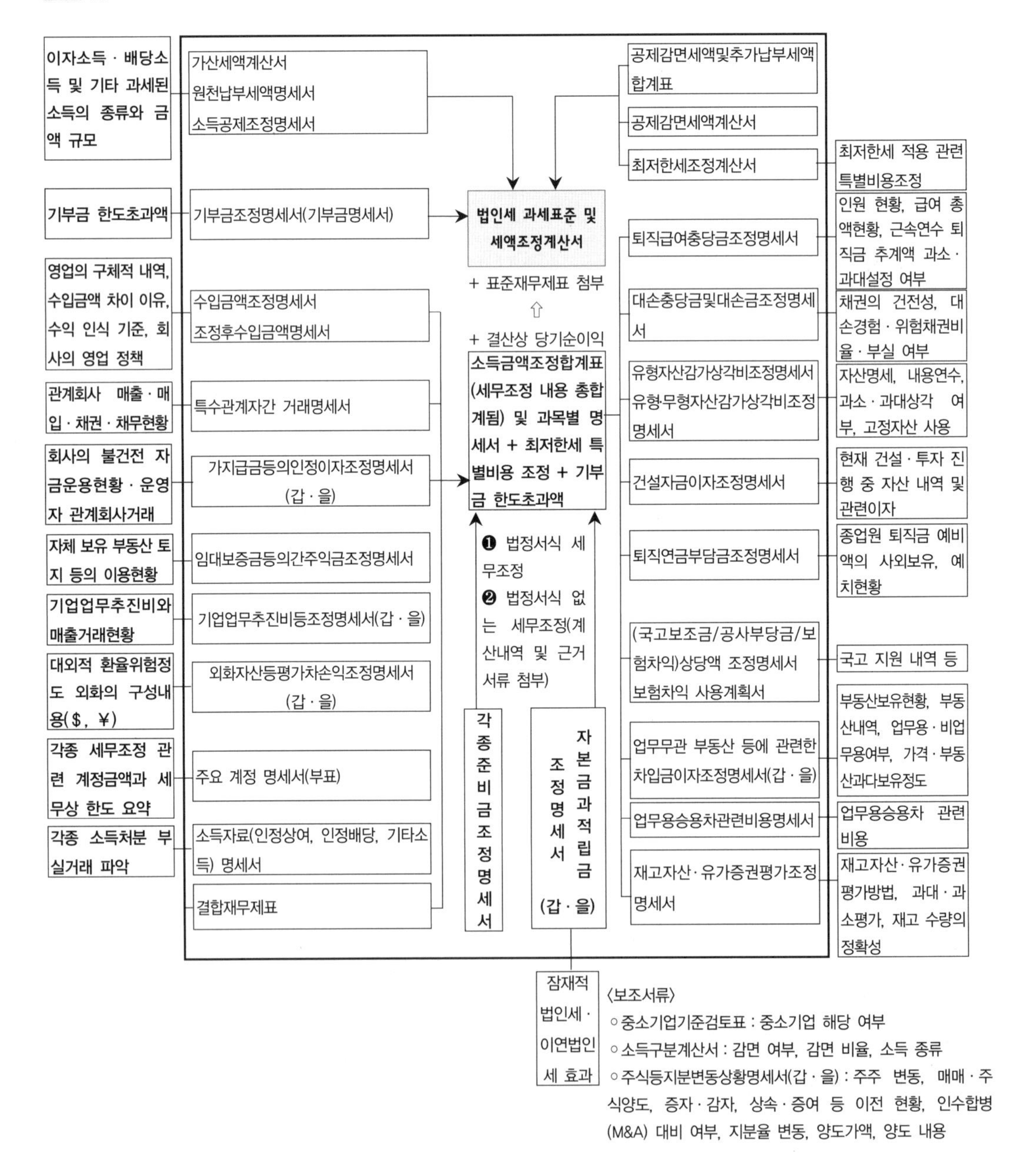

업무의 선후를 명확히 알면 실수를 방지할 수 있고, 발전하는데 도움이 될 수 있다.

⊙ 표준 대차대조표 · 표준 손익계산서 · 부속명세서 및 이익잉여금 처분(결손금처리) 계산서의 작성 ➜ 재무제표 확정

⊙ 자본금과 적립금조정명세서(갑)[별지 제50호 서식(갑)] · 자본금과 적립금 조정명세서(을)[별지 제50호 서식(을)]의 기초자료의 이월 작업 수행

① 자본금과 적립금조정명세서(갑) 전기말 자본 당기 기초로 이월

② 자본금과 적립금조정명세서(을) 전기말 유보금액 당기 기초금액으로 이월

⊙ 중소기업기준검토표[별지 제51호 서식]의 작성 : 중소기업에 해당하는지 확인

⊙ 소득금액조정합계표[별지 제15호 서식] · 과목별 소득금액조정명세서(1)[별지 제15호 서식 부표1] · 과목별 소득금액조정명세서(2)[별지 제15호 서식 부표2]의 작성

① 소득금액조정명세서(1)[별지 제15호 서식 부표1]는 익금 및 손금불산입(유보, 기타, 기타 사외유출)

② 소득금액조정명세서(2)[별지 제15호 서식 부표2]는 손금 및 익금불산입(유보, 기타)

⊙ 공제감면세액 등에 대한 세무조정 : 세액공제 등 확인해 볼 것

⊙ 최저한세 조정계산서[별지 제4호 서식]와 특별비용 조정명세서[별지 제5호 서식]의 작성 : 공제감면세액이 과다하여 최저한세에 걸리는지 확인할 것

⊙ 원천납부세액 명세서(갑)[별지 제10호 서식(갑)]·원천납부세액명세서(을)[별지 제10호 서식(을)]의 작성 : 기납부세액 확인

⊙ 법인세 과세표준 및 세액 조정계산서[별지 제3호의 서식]의 작성

⊙ 주요 계정 명세서와 주식 등 변동 상황 명세서의 작성

⊙ 농어촌특별세 과세표준 및 세액 조정계산서 등의 작성

⊙ 법인세 과세표준 및 세액신고서[별지 제1호 서식]와 농어촌특별세 과세표준 및 세액신고서[별지 제2호 서식]의 작성

⊙ 기타 서식의 작성: 세무조정의 마감, 소득금액조정명세서와 일치하는지 확인

2 법인세 세무조정 순서

법인세 신고 시 기본 사항

번호	항목
준비	법인등기부등본 : 등기부등본상의 변경 사항(예 : 대표이사의 주소지 변경 혹은 대표이사 변경 등) 검토 사업자등록증 사본
	이사와 감사 : 성명 및 주민등록번호. 대표이사는 주민등록주소지 변경도 2주 이내에 등기를 다시 해야 한다. 구비서류 : 인감도장 날인, 인감증명, 주민등록등본 1통
	전기결산서 및 세무조정계산서 ➜ 전기 세무조정 사항과 유보 내역
	부가가치세 신고서 ➜ 수입금액 차이 내역, 의제매입세액 회계처리
	당기 수정신고, 경정청구, 경정내역 ➜ 전기유보의 수정 사항 유무, 추납액 회계처리
	당기 결산서와 감사보고서 ➜ 감사보고서상 지적 사항, 전기오류수정손익
사전 확인	전기의 가지급금 이상의 자산이 증가 여부
	중소기업 여부 판단
	주식변동 사항이 유무(증자, 감자, 양수도 여부 확인)
	기납부세액 ➜ 중간예납세액과 원천납부세액
	각종 공제 및 감면 여부 확인

⊙ 표준재무제표 불러오기

불러온 표준재무제표를 기준으로 세무조정을 진행하므로 표준원가명세서, 표준손익계산서, 이익잉여금처분계산서, 표준대차대조표 순서대로 불러온 후 결산한 재무제표와 동일한지 확인한다.

⊙ 수입금액조정

기업회계 상의 수입금액과 세법상의 수입금액을 비교 검토 후 세무조정을 통하여 기업회계상의 수입금액을 세법상의 수입금액으로 일치시키는 세무조정 과정을 거친다. 주로 기업회계기준 상의 수익의 귀속시기와 법인세법상 수익의 귀속시기가 차이가 남에 따라 수입금액이 차이가 날 수 있고 차이가 있는 경우 세무조정을 진행해야 한다.

① 수입금액조정명세서 작성

② 조정 후 수입금액명세서 : 부가가치세 과세표준과 수입금액조정명세서상의 조정후 수입금액(법인세법상)의 차이 원인을 분석하는 서식이다.

계정별 세무조정

⊙ 임원 상여금, 임원 퇴직금 규정 구비 여부와 한도 초과 확인

⊙ 퇴직급여충당금 조정명세서(1)

① 퇴직급여충당금을 설정하지 않는 경우 퇴직급여충당금 조정명세서를 작성할 필요가 없다.

② 일반기업회계기준에 따라 퇴직급여충당금을 설정하였다면 작성해야 한다. 일반기업회계기준에 따라 퇴직급여충당금 설정을 하고 확정급여형 퇴직연금도 가입되어있다면 퇴직연금부담금 조정명세서(2)도 작성한다.

⊙ 퇴직연금부담금 조정명세서(2)

법인세법 기준으로 확정급여형 퇴직연금 가입 시 작성한다.

① 확정급여형 퇴직급여제도 가입시 작성해야 한다(확정기여형의 경우 작성 ×).

② 확정급여형 퇴직연금은 결산조정 하지 않고 신고조정으로 진행한다.

③ 19. 기초 퇴직연금예치금 등 : 직전까지 퇴직연금 불입액

④ 20. 기중 퇴직연금예치금 등 수령 및 해약액 : 당기 퇴사자 발생으로 인하여 퇴직연금 계좌에서 지급하여 퇴직연금계좌에서 감소한 금액

⑤ 21. 당기 퇴직연금 예치금 등의 납입액 : 당기에 퇴직연금 납입한 금액

⑥ 14. 기초퇴직연금충당금등 및 전기말 신고조정에 의한 손금산입액 : 전기까지 세무조정을 통하여 손금산입 (-)유보 처리한 금액의 합계액

⑦ 15. 퇴직연금충당금등 손금부인 누계액 : 발생 X

⑧ 16. 기중 퇴직연금등 수령 및 해약액 : 위 20.과 동일

⑨ 당기말 현재 퇴직급여충당금 : 발생할 일 없음(퇴직급여충당금 설정하지 않기 때문)

⑩ 6. 퇴직부담금 등 손금산입 누적한도액 : 1. 퇴직급여 추계액과 동일

⑪ 11. 회사 손금계상액 : 발생할 수 없다(세무조정으로 처리하기 때문).

⊙ 대손충당금 및 대손금조정명세서(3)
① 장부상 기업회계기준인 순액법으로 처리하지 않고 세법 기준인 총액법으로 처리
② 대손요건 구비 여부, 대손충당금 한도 초과 여부를 확인한다.

⊙ 기업업무추진비 등 조정명세서(갑, 을)
① 판관비, 제조경비, 공사원가(CIP)의 기업업무추진비 계정
② 손금산입 한도 내 기업업무추진비지출액과 손익계산서상 기업업무추진비 금액의 일치 여부를 확인한다.

⊙ 재고자산 평가조정명세서
⊙ 세금과공과금명세서
① 손익계산서 금액과 맞는지 확인
② 잡손실 처리한 세금과공과 내역이 없는지? 손익계산서에서 확인
③ 법인세법상 인정될 수 없는 항목(과태료, 가산세 등) 비고에서 손금불산입 처리
④ 소득금액조정합계표에 손금불산입 내역 처리

⊙ 선급비용명세서
법인 결산 시 이미 입력되어 있으므로 입력된 내역 최종 확인

⊙ 기부금명세서 ➜ 기부금 손금불산입액, 전기부인액 중 추인액
⊙ 가지급금등의인정이자조정(갑, 을)
① 가중평균차입이자율과 당좌대출이자율 중 특별한 사항이 없는 경우 당좌대출이자율을 적용한다.
② 1. 가지급금(전체), 2. 가수금, 3. 당좌대출이자율 순서로 작성
③ 불러오는 금액이 재무상태표와 거래처 원장 금액과 일치 여부 확인
④ 전기에 가지급금 잔액이 있는 경우 기초잔액으로 끌고 오는지 확인
⑤ 인정이자 계산(당좌대출이자율 체크) ➜ 인정이자 금액과 회사 계상액이 동일해야

한다.

⑥ 회사 계상액은 결산 재무제표상 이자수익으로 처리 되어있어야 한다.

⊙ 업무무관 지급이자 조정명세서(갑, 을)

업무무관 지급이자 조정은 쉽게 말하면, 은행 등에서 대출해 와서 사업과 관련 없는 곳에 쓰면 그에 해당하는 이자비용은 손금으로 인정하지 않겠다. 라는 내용이다.

따라서, 은행 등에서의 대출금액이 있는 경우 가지급금이 발생한다면 업무무관 지급이자 조정을 해야 한다.

① 차입금이 존재하고 가지급금인정이자가 계산된 경우 필수적으로 발생한다.

② 각 차입금별로 이자비용으로 지급한 것에 대하여 이자율이 몇 %인지 확인해야 계산이 가능하다. 따라서 이자비용 입력시 적요란에 이자율을 작성 해놓는 편이 좋다.

③ 을지를 작성한 후 갑지를 작성한다.

④ 건설자금이자조정명세서, 업무무관부동산 등 관련한 차입금이자 조정명세서

⊙ 감가상각비 조정

① 고정자산 등록/미상각분 감가상각계산/양도자산 감가상각계산은 결산시 이미 확인

② 법인조정을 진행하면서 처리할 부분의 순서

가. 미상각분 감가상각조정명세(국세청에 제출되는 서류는 아님)

③ 감가상각비조정명세서합계표(국세청에 제출되는 서류)

감가상각비조정명세서합계표의 내용과 재무상태표상 감가상각비 설정 금액의 일치 여부를 확인한다.

⊙ 업무용승용차관련비용 명세서작성

⊙ 소득금액조정합계표, 명세서

① 발생한 세무조정 내용이 적절히 반영되어 있는지 확인한다.

② 세무조정된 내용중 배당/상여/기타 처리된 내역이 있는 경우 소득자료명세서를 작성한다.

세액계산

⊙ 이월결손금 여부 판단

이월결손금이 있는 경우 자본금과 적립금 조정명세서(갑, 을) 정리 후 세액감면/공제를 적용해야 한다.

⊙ 원천납부세액명세서(갑, 을)

이자수익 등 원천징수 세액이 있는 경우 작성한다.

⊙ 법인세 과세표준 및 세액조정계산서/법인세 과세표준 및 세액신고서

⊙ 소득구분계산서(이월결손금 적용 주의)

① 세액감면이 있는 경우 작성

② 영업외수익 중 이자수익, 유형자산처분이익, 가지급금인정이자, 신용카드매출전표발행세액공제, 수입임대료 등은 감면 사업의 이익으로 보지 않는다.

③ 영업외비용 중 유가증권평가손실, 유가증권처분손실, 유형자산처분손실은 감면사업의 비용으로 보지 않는다.

④ 표준손익계산서 소득 구분에서 기타분으로 정리되는 부분은 비감면 부분에 해당한다.

⊙ 공제감면세액계산서(순서대로 작성)

① 공제감면세액계산서(1)

② 공제감면세액계산서(2) - 창업중소기업 세액감면, 중소기업특별세액감면 등

③ 세액공제조정명세서(3) - 통합투자세액공제, 연구인력개발비 세액공제, 고용증가인원에 대한 사회보험료 세액공제, 고용증대세액공제

④ 공제감면세액계산서(4) - 외투기업의 감면 세액계산

⑤ 공제감면세액계산서(5) - 외국납부세액공제

⊙ 법인세과세표준 및 세액조정 계산서 : 법인세 중간예납 입력

⊙ 법인세과세표준 및 세액신고서

신고 부속서류

⊙ 자본금과 적립금 조정명세서(갑, 을)

⊙ 주요계정명세서(갑, 을)

⊙ 주식 등 변동(양도) 상황명세서

⊙ 중소기업기준검토표

⊙ 전산조직운영명세서

세무조정 마무리

⊙ 법인세 분개

① 법인세 과세표준 및 세액조정 계산서상 법인세 금액을 확인

② 결산으로 다시 돌아간 후 결산분개 및 이익잉여금, 결손 분개 삭제

③ 법인세 분개 입력

④ 결산분개 및 이익잉여금 결손 분개 재입력

⊙ 세무조정 및 재작성

① 표준 재무상태표, 손익계산서, 제조원가명세서, 이익잉역금처분계산서 재작성

② 자본금과 적립금 조정명세서(갑, 을) 재작성

③ 소득금액 조정합계표상 법인세비용 손금불산입 입력

④ 법인세 과세표준 및 세액조정계산서/법인세과세표준 및 세액신고서 재작성 → 변동 ×

⑤ 소득구분계산서 재작성 → 변동 ×

⑥ 최저한세조정계산서 재작성 → 변동 ×

⊙ 법인세 과세표준 및 세액조정계산서

⊙ 법인세 과세표준 및 신고서

⊙ 결산 부속명세서

공제 · 감면의 신청

법인세법 · 조세특례제한법 등에서는 조세의 감면에 관한 방법과 범위 등을 규정하고 있는데, 감면의 종류에 따라서는 신청서 또는 명세서를 소정 기한 내에 반드시 제출해야만 조세감면을 인정하는 때가 있으므로 특별히 유의해야 한다.

전자신고 방법

1 신고 대상 법인 및 전자신고자

구 분	내 용
신고 대상 법인	전자신고를 하고자 하는 모든 법인
전자신고자	전자신고를 하고자 하는 모든 법인 또는 외부 조정 세무대리인 및 단순 신고 대리를 하는 세무대리인

2 신고방법 및 신고기한

법인세 법정신고기한까지 국세청 홈택스 홈페이지(www.hometax.go.kr)에 접속한 후, 신고서를 변환 · 전송하면 된다.

법인세의 납부 방법

법인세 과세표준 및 세액신고서에 기재된 납부할 세액을 과세표준 신고 기한 내에 납부서를 작성하여 가까운 은행(국고수납대리점) 또는 우체국에 납부한다. 이때 지방세인 법인세 분 지방소득세도 별도의 납부서를 작성하여 반드시 납부해야 한다.

법인세 신고 시 확인해 볼 내용

국세청에서 법인세 신고 내용 오류를 검증하는 주요 항목으로 신고 시 실수나 놓치는 일이 없도록 각별한 주의해야 한다.

- 적격증빙 수취 대상 계정과목에 대한 원가 계상 적정 여부 : 재무상태표, 손익계산서·계정과목을 분석 적격증빙 수취 대상인 임대료, 수수료, 외주비 등이 적격증빙 없이 과다하게 계상한 경우 관련 비용 손금부인 후 대표자 상여 처분
- 신용카드 업무와 무관하게 사용 여부 : 피부미용실, 성형외과, 해외여행, 입시학원 등 사적 사용액을 복리후생비, 수수료 등 계정으로 분산 회계처리 여부
- 상품권 과다 매입 후 업무 외 사용 여부 : 상품권을 구입 후 '상품권깡' 을 하여 비자금을 조성 및 접대목적에 사용하고 복리후생비 등으로 회계처리 여부
- 대표이사 · 주주의 가족에 대한 인건비 실제 근무 여부 : 실제로 근로를 제공하지 않는 대표이사, 주주 등의 가족이나 친인척에게 인건비를 지급 여부
- 자료상 등 불성실 납세자와의 거래 여부 : 자료상, 세금계산서 발급 위반자 등 불성실 납세자와의 거래분 손금 부인 후 대표자 상여 등으로 처분
- 법인 전환 및 세무조사 후 원가 과대계상 여부 : 신고소득률이 동종업종 대비 저조하거나 전년 대비 감소한 원인이 가공원가 계상 및 매출누락인 경우 가공비용을 손금 부인 또는 매출누락액 익금산입 후 상여 처분
- 업무 목적 이외 사용한 경비 지급 여부 : 기업자금을 업무 목적 외 용도로 유출하고 지급수수료 등으로 계상한 후 친인척 사업소득을 지급한 것으로 처리하여 사업소득 지급명세서를 제출한 경우 손금부인 귀속자 상여 처분

- 연구소 등 취소 및 정부출연금으로 지출한 R&D 비용은 세액공제 제외 : 취소된 연구소 또는 전담 부서에서 발생한 비용의 적정 여부를 검증하여 연구·인력개발비 세액공제 대상에서 제외. 세액공제 대상 인력개발비를 연구소 또는 전담 부서에서 근무하는 직원의 비용만 인정. 정부출연금을 재원으로 연구·인력개발비에 지출한 비용은 R&D 세액공제 대상에서 제외
- 고용 감소 법인은 고용 증가 사회보험료 세액공제 대상에서 제외
- 법인의 업무추진비는 법인의 신용카드 사용 분만 비용 인정(임직원 개인카드 불인정)하고. 경조사 비용은 20만 원 이하 현금 지출분 인정. 화환은 계산서 등 적격증빙을 받아야 하고, 사업자등록이 없는 농어민에게 지출은 금융기관 송금명세서 등 서류가 필요하다. 사용처 불분명 고액의 상품권은 손금을 인정받지 못하는 경우가 종종 있으니, 사용처를 분명하게 정리해 두어야 한다.
- 집기 비품 중 영화필름. 어구, 공구, 휴대전화, 개인용컴퓨터, 간판은 금액과 관계없이 손금으로 계상한 경우 법인세법상 감가상각이 아닌 즉시 손금산입이 가능하다.
- 자기주식 보유 및 처분이익에 대한 익금산입 : 상법을 위배하여 자기주식을 보유한 경우 업무무관자산에 해당하므로 지급이자 손금불산입
- 임원 퇴직금 지급 기준을 초과하는 경우 손금부인 : 연봉제 전환 등의 사유로 지급되는 임원 퇴직금에 대해 지급기준은 계속·반복적으로 적용해야 하며, 정당한 사유 없이 개인별로 지급 배율을 달리 정하거나 특정 임원에게 지급배율을 차별적으로 적용하는 경우 손금부인 상여 처분
- 수정신고 또는 경정결정 후 이월결손금 과다 공제 부인 : 수정신고나 경정결정에 의하여 소득금액이 증가하거나, 결손금이 감소된 경우 이후 사업연도의 과세표준 계산 시 감소된 이월결손금 각 사업연도 소득금액에서 공제 손금부인

법인세 신고서를 작성하기 전에 제일 먼저 「중소기업검토표」를 정확하게 작성해야 한다.

- 세법은 평가성충당금은 「감가상각충당금, 퇴직급여충당금, 대손충당금」만 인정하므로 회계감사 대상 법인이 수선충당금 등을 결산에 반영한 경우 세무조정을 반드시 해야 한다.

- 재무제표에 미수이자, 유가증권평가손익, 지분법평가손익, 퇴직급여충당금, 전기오류수정손익, 외화자산환산손익, 이연법인세 계정이 있는 경우 등은 세무조정을 해야 하고 감가상각의 내용연수 또한 법인세법의 내용년수를 적용해야 한다.
- 보험료 미경과분과 교통법규 위반 과태료와 장애인 고용부담금은 손금불산입
- 미사용 자산취득 목적 거액의 국고보조금은 일시상각충당금을 설정 과세를 이연받을 수 있다.
- 중소기업의 결손금을 소급공제 → 직전사업연도 법인세액을 한도로 환급이 가능하다. 단 소급공제신청서를 반드시 제출해야 한다.
- 배당금을 6월 말까지 지급하지 못한 경우 6월 말까지 지급한 것으로 의제해서 7월 10일까지 원천징수세액을 납부해야 한다.
- 법인 지방소득세 납세지는 납세의무 성립일(12월 말 법인은 12월 31일) 당시 본점 등 소재지 시장 군수다.
- 재고자산평가손익 세법에서 원칙은 인정하지 않지만, 재해나 파손 부패 등 사유로 정상가액 판매가 불가능한 경우 재고감모손실로 매출원가에 가산할 수 있다.
- 유가증권도 발행법인의 파산, 부도의 경우 평가손실을 인정하고 있다.
- 소득세 부담이 큰 경우 법인 전환을 고려한다. 이때 평가한 영업권은 5년간 감가상각비용 처리, 개인은 60%를 필요경비 인정, 법인 전환을 활용하면 절세효과가 크다.
- 건설자금이자는 사업용 고정자산에만 적용. 아파트신축분양업의 주택은 재고자산으로 지급이자를 당기 비용, 취득세는 건설자금이자로 계산하여 취득세를 납부해야 한다.
- 대손상각 신고조정 사유(상법, 민법 등 소멸시효가 완성 등)가 발생한 연도에 손금산입하고, 부가가치세 대손세액공제도 함께 받아야 한다.
- 자본금과적립금조정명세서(을)의 전기말 유보잔액과 당기초 유보금액과 일치 여부
- 임원 퇴직금은 정관에 규정이 있어야 하고 없는 경우 세법상 한도액만큼만 퇴직소득으로 인정하므로 정관에 규정이 없는 경우 수정 보완이 필요하다.
- 외화자산부채 평가는 기업의 선택사항으로 기업에서 평가하여 결산에 반영하면 세법에서도 인정하고 있으며, 최초로 신고 시 평가방법 신고서를 제출해야 하고, 평가방법을 선택하였다면 5년 동안 계속하여 평가해야 한다.

- 업무용 승용차 유지비용은 운행기록부를 작성해야 하고 임직원 전용 자동차 보험에 필수적으로 가입해야 한다. 개별소비세가 부가되지 않는 부가가치세 매입세액공제가 가능한 카니발 승합차량, 스타렉스밴, 모닝 등은 대상 차량이 아니다. 2016년 이후 취득 차량은 5년 정액법 강제상각을 하고 8백만 원을 한도(부동산임대 가족회사는 400만원 한도)로 감가상각이 가능하다(취득 1년 미만의 차량은 월할계산하여 감가상각 한도 계산).
- 마지막으로 세액감면이나 세액공제를 받을 경우 중복 적용의 가능 여부를 검토하고 최저한세와 농특세 여부 그리고 이월공제가 가능한지도 검토를 반드시 해야 한다.
- 고용증대세액공제, 사회보험료 세액공제, 창업중소기업 법인세 감면 및 연구인력개발비 세액공제 등 세액감면과 세액공제가 상당히 많은 만큼 해당 기업에 해당하는 경우를 면밀히 검토하여 절세를 최대화한다.

법인세 수정신고 대상과 제외 대상

법인세 수정신고 대상에서 제외되는 경우

수정신고 대상에서 제외되는 경우는 다음과 같다.

① 재무제표의 정정 : 적법한 절차에 따라 결산을 확정하고 과세표준 신고를 한 경우에는 당초의 확정된 재무제표를 정정해 수정신고 하거나 경정 등의 청구를 할 수 없다.

② 다른 신고서를 제출의 경우 : 최초 신고서와는 완전히 다른 신고서를 제출하는 경우는 수정신고에 해당하지 않는다.

③ 결산조정 사항은 수정신고 대상에서 제외된다. : 과세표준신고서의 작성 전에 차입금 및 경비의 누락 등 기업회계기준 상의 결산조정 사항은 수정신고 대상이 될 수 없다. 즉, 결산조정 사항은 수정신고의 대상이 아니며 신고조정 사항만이 수정신고의 대상이 된다는 뜻이다.

④ 신고한 과세표준이나 세액의 변동을 초래하지 않는 계정과목의 단순한 분류 오류는 수정신고나 경정 등의 청구 사항이 아니다.

⑤ 법인이 신고한 과세표준신고서에 기재된 법인세 과세표준 및 세액이 세법에 의하여 신고해야 할 과세표준 및 세액에 미달하는 때에는 수정신고를 할 수 있으나, 과세표준 및 세액의 변동 없이 당초 제출한 재무제표만을 정정하여 수정신고를 할 수 없다.

법정신고기한 내에 제출한 신고서상에 기재된 과세표준 및 세액(환급세액 포함) 또는 결손금액이 사실과 달라 증액 수정신고를 해야 할 경우 세무서장이 과세표준과 세액을 경정하여 통지하기 전까지 수정신고서를 제출할 수 있으며, 추가로 납부해야 할 세액은 납부해야 한다.

법인세 수정신고

1 법인세 신고 이후 매출누락 사실을 알게 된 경우

법인세 신고 이후 매출을 누락한 사실을 사업자가 알게 되는 경우 즉시 법인세 및 부가가치세를 관할 세무서에 수정신고 및 납부를 해야 한다.
사업자가 전년도 이전 법인세 신고 시 매출을 누락하였으나 세무조사 또는 과세자료 해명 요구 전 스스로 수정신고를 하게 되면, 가산세를 감면받을 수도 있고, 법인의 경우 매출 누락 금액에 상당하는 자금에 대하여 적절한 회수 조처를 하면 대표자 상여처분에 의한 소득세 추징을 면할 수 있을 뿐만 아니라 탈세 혐의에서도 벗어날 수 있기 때문이다.

2 법인의 전년도 이전 매출누락 수정신고

전년도 이전 매출누락에 대하여 납세자가 스스로 부가가치세 및 법인세를 수정신고하는 경우 신고불성실과 관련한 가산세 감면과 법인세 산출세액 증가에 따른 세액감면 등을 추가로 공제받을 수 있으며, 사외유출된 매출누락 대금을 회수하는 회계처리를 하는 경우 매출누락된 금액에 대하여 익금산입하고 유보로 처분하여 상여처분을 면할 수 있다. 단, 이 경우에도 매출누락 대금이 사외유출 된 기간동안은 그 귀속자가 법인의 자금을 유용한 것으로 보아 가지급금 인정이자를 계상하여 수정신고시 세무조정에서 익금산입하고, 귀속자에게 상여처분해야 한다.
전기 이전의 매출누락 금액에 대하여 장부상 회수한 것으로 하지 아니하고, 법인세 수정신고를 하는 경우는 전액 상여로 처분하여야 하며, 이 경우 가지급금인정이자는 계상하지 않는다.

수정신고에 따른 가산세

법인세 과세표준 수정신고서를 제출한 자가 이미 납부한 세액이 과세표준수정신고서에 미달하게 납부한 경우 그 부족액과 수정신고분에 대한 과소신고가산세를 법인세 과세표준 수정신고서의 제출과 함께 납부해야 한다. 즉, 과소신고시 과소신고한 과세표준 상당액이 과세표준에서 차지하는 비율을 산출세액에 곱하여 계산한 금액의 10%에 상당하는 과소신고가산세와 미납세액 × 미납기간 × 하루 0.022%를 계산한 미납부가산세를 합하여 납부할 세액에 가산하여 납부해야 한다.

법인, 서면 인터넷 방문상담 2팀-388, 2006.02.21

[제 목]

법인세 수정신고시 과소신고 금액 적용 여부

[요 지]

단순한 계산 착오가 아닌 익금을 고의로 누락하거나 손금을 허위로 계상한 경우는 부당 과소신고 금액으로 보아 가산세 규정을 적용함

[회 신]

귀 질의와 같이 법인이 세무조정 누락에 대하여 손금불산입 조정하여 법인세 수정 신고하는 경우로서, 단순한 계산 착오가 아닌 법인이 익금을 고의로 누락하거나 손금을 허위로 계상한 경우에는 「법인세법」 제76조 제1항 제2호에서 규정하는 부당과소신고 금액을 적용하는 것이므로, 귀 질의의 경우 이에 해당하는지 여부는 재무제표의 기장 내용, 세액계산 방법 등 사실관계를 종합적으로 검토하여 판단하는 것입니다.

TIP 재무제표의 수정 사항에 대한 세무상 처리 방법과 회계의 차이

재무제표의 수정 사항에 대한 세무상 처리 방법은 회계와는 조금 차이가 있다.

재무제표를 수정 시 회계에서는 전기의 재무제표를 수정할지? 여부를 회계정책의 변경에 해당하는지 여부 혹은 오류가 전체 재무제표의 신뢰성에 미치는 영향의 중요성에 따라 판단하는 반면, 세무는 권리의무확정주의라는 원칙에 따라 수정 사항의 세무상 귀속 연도에 따라 처리가 달라진다.

예를 들어, 전년도 수익 혹은 비용 누락의 경우 회계상으로는 중대한 오류에 해당하지 않아서 당기의 영업외손익으로 반영하였다고 해도 법인세법상으로는 해당 손익의 귀속 사업연도 과세소득을 수정하여 다시 신고해야 하며, 당기 법인세에는 해당 손익은 반영되지 않도록 조정해 주어야 한다.

반면, 감가상각비, 대손상각비와 같이 회사가 결산 시 장부상 인식해야만 세무상 비용으로 인정되는 결산조정 사항의 경우 회계상 중대한 오류로 분류되어 전기 재무제표를 소급하여 수정하였다 하여도 법인세법상으로는 전기 사업연도의 비용으로 인정받을 수는 없다.
한편, 재고자산 평가방법이나 유가증권 취득단가 평가방법 변경과 같은 회계정책의 변경 시 법인세법상 변경 신고를 해당 변경 사항을 적용하고자 하는 사업연도의 종료 3개월 전까지 관할 세무서에 신고하지 않는 경우 회계와 세무상 평가 방법의 차이로 인한 추가적인 세무조정이 발생할 수 있으므로 주의해야 한다.

TIP 각종 세금의 수정신고서 작성 방법

1. 부가가치세 수정신고서 작성 방법
① 당초 신고 내용에 탈루 또는 오류가 있는 경우 수정신고서를 제출할 수 있으며, 수정신고서에는 수정신고 내용을 검은색으로 기재하고 상단에 당초 신고 내용을 붉은색으로 기재한다.
② 매입매출처별세금계산서 합계표를 수정하는 경우 거래처별 사업자등록번호 및 공급가액의 수정신고 내용을 검은색으로 기재하고, 상단에 당초 신고 내용을 붉은색으로 기재한다.

2. 법인세 수정신고서 작성 방법
당초 신고 내용에 탈루 또는 오류가 있는 경우 수정신고서를 제출할 수 있으며, 수정신고서에는 수정신고 내용을 검은색으로 기재하고, 상단에 당초 신고 내용을 붉은색으로 기재하여야 한다.

3. 원천세 수정신고서 작성 방법
① 수정신고서는 별지로 작성하여 제출하며, 귀속연월과 지급연월은 반드시 당초 신고서와 동일하게 기재한다.
② 당초의 숫자는 상단에 빨간색으로, 수정 후 숫자는 하단에 검정색으로 기재한다.
③ 수정신고로 인한 납부세액 또는 환급 세액은 당월분 원천징수이행상황신고서의 수정신고(A90)란에 옮겨 적어 조정 환급해야 한다. 즉, 수정신고서의 수정신고(세액) (A90)란은 기재하지 않는 것이며 수정신고서의 총합계(A99)란의 차액은 수정신고 월의 정기신고서 '수정신고(A90)'란에 옮겨 기재한다. 따라서 수정신고는 수정신고용 원천징수이행상황신고서와 함께 당월분(또는 반기분) 신고서를 제출하여야 한다.
④ 별지 작성한 수정신고서의 총합계(A99)의 납부세액 차액(수정신고 납부할 세액 – 당초 신고·납부세액)은 당월 신고서 수정신고(A90)란의 징수세액란에 옮겨 적고, 신고 및 납부해야 한다.

4. 종합소득세 수정신고서 작성 방법
당초 신고 내용에 탈루 또는 오류가 있는 경우 수정신고서를 제출할 수 있으며, 수정신고서에는 수정신고 내용을 검은색으로 기재하고, 상단에 당초 신고 내용을 붉은색으로 기재해야 한다. 다만, 종합소득세 신고서 내용 중 수정 내용이 없는 명세서 등은 작성하지 아니하고 수정신고서를 제출할 수 있다.

TIP **내용연수를 착오 적용한 경우 경과한 사업연도의 감가상각비**

감가상각 내용연수를 착오 적용한 경우는 그 사실을 발견한 사업연도부터 세법 규정의 내용연수를 적용하여 당해 고정자산의 감가상각비를 계상하는 것이며, 그 이전 사업연도에 내용연수를 착오 적용하여 감가상각비를 과다하게 계상한 경우는 이를 수정신고해야 한다. 다만, 감가상각비를 과소계상한 경우는 경정청구 할 수 없는 것이므로 내용연수를 새로이 적용하는 사업연도부터 감가상각범위액 내에서 감가상각해야 한다.

법인세 중간예납 신고납부 방법

법인의 중간예납 세액은 중간예납 기간인 6개월(1월~6월) 말일이 경과한 날로부터 2개월 이내에 신고 및 납부해야 하므로 8월 31일까지 신고 · 납부해야 한다. 여기서 중간예납이란 각 사업연도 기간 중 별도로 중간예납 기간을 두어 당해 사업연도의 법인세 추산액의 일부를 미리 납부하는 제도이다.

중간예납은 법인세 신고제도가 아니라 납부제도이므로 이를 이행하지 않은 경우에도 신고불성실가산세는 부과되지 않고 납부불성실가산세만 부과된다.

중간예납은 각 사업연도에 대한 확정된 과세표준 및 세액이 아니므로 자기계산 방식에 의한 중간예납 세액계산 시 상여 · 배당 등의 소득처분 대상 금액은 원천징수를 하지 않는다.

중간예납 신고 · 납부대상 법인

1 중간예납 신고 의무가 있는 법인

중간예납 의무가 있는 법인은 중간예납 세액이 없는 경우에도 중간예납 신고는 반드시 해야 하며, 중간예납 시에는 세액을 환급하지는 않는다.

❶ 전년부터 계속해서 사업한 영리 내국법인(신설법인은 아님)

❷ 수익사업이 있는 비영리 내국법인(수익사업 부분에 한정)

❸ 분할신설법인 또는 분할합병법인의 상대방법인

❹ 국내사업장이 있는 영리 외국법인 및 수익사업이 있는 비영리외국법인으로 사업연도가 6월을 초과하는 법인

2 중간예납 신고 의무가 없는 법인

❶ 당해 사업연도 중 신설법인(합병 또는 분할에 의한 신설법인은 제외)

❷ 중간예납 기간에 휴업 등의 사유로 사업수입금액이 없는 법인

❸ 청산법인

❹ 국내사업장이 없는 외국 법인

❺ 이자소득만 있는 비영리법인. 다만, 당해 사업연도 중에 이자소득 이외의 수익사업이 최초로 발생한 비영리법인은 중간예납 신고 · 납부 의무가 있다.

❻ 직전 사업연도 법인세액이 없는 유동화 전문회사, 「자본시장과 금융투자업에 관한 법률」에 따른 투자회사 · 투자목적회사, 기업구조조정투자회사, 문화산업 전문회사

❼ 각 사업연도의 기간이 6개월 이하인 법인

❽ 조특법 제121의 2에 의해 법인세가 전액 면제되는 외국인 투자기업

❾ 사립학교를 경영하는 학교법인과 산학협력단

❿ 직전 사업연도의 중소기업으로서(직전년도 법인세 방식) 계산식에 따라 중간예납 세액을 계산한 금액이 50만 원 미만인 내국법인

중간예납 신고 · 납부세액의 계산

모든 법인에 대해서 적용하는 일반법인세액이 중간예납 대상이다. 즉, 중간예납 대상 법인세는 각 사업연도 소득에 대한 과세표준에 법인세율을 곱해서 계산한 세액이다.

❶ 원칙 : 직전 사업연도의 실적 기준과 당해 중간예납기간의 실적 기준(가결산 방식)으로 계산하는 방법 중 임의 선택 가능

❷ 예외 : 다음에 해당하는 경우는 당해 중간예납 기간의 실적 기준(가결산 방식)으로 중간예납 세액을 계산해야 한다.

가. 직전 사업연도의 법인세로서 확정된 산출세액이 없는 경우(소득공제를 적용받는 유동화전문회사, 투자회사, 기업구조조정투자회사 제외)

나. 직전 사업연도의 법인세액이 해당 사업연도의 중간예납 기간만료 일까지 확정되지 아니한 경우

다. 합병 당사 법인 모두 직전 사업연도의 법인세액이 없거나 확정되지 않은 경우
라. 분할신설법인 또는 분할합병의 상대 법인의 분할 후 최초 사업연도의 경우(설립등기일로부터 6월이 경과한 경우)

1 직전 사업연도 실적 기준 중간예납 세액계산

직전 사업연도에 과세소득이 있어 법인세 산출세액이 있는 경우라면 직전 사업연도 법인세 산출세액을 기준으로 해서 중간예납 세액을 계산할 수 있다. 이 경우 직전 사업연도와 당해 중간예납기간에 세법 개정으로 인해서 적용되는 법인세율의 차이가 있는 경우도 있는데, 이러한 경우도 직전 사업연도의 법인세 산출세액을 기준으로 중간예납 할 수 있다. 따라서 세율변동 등이 있어도 당해 연도에 대해 구태여 가결산을 할 필요까지는 없다. 직전 사업연도 산출세액은 있으나 중간예납 등으로 결산 시 납부할 세액이 없는 경우도 포함한다.

직전 사업연도의 실적 기준 중간예납 세액 =
㉮ 직전 사업연도의 확정된 산출세액(가산세는 포함) − ㉯ 감면세액 · 원천징수 납부세액 · 수시부과 세액

$$\times \frac{6}{\text{직전 사업연도의 월수}}$$

극단적으로 작년의 ㉮ < ㉯이면 음수(−)이므로 중간예납 할 세액이 없다. 따라서 신고서만 내고 납부할 세액은 없다.

사업연도가 변경되는 경우 직전 사업연도 월수가 변경되면 변경된 직전 사업연도의 월수가 직전 사업연도 월수가 되며, 사업연도의 변경으로 직전 사업연도가 1년 미만의 경우는 그 기간을 직전 사업연도로 본다.

직전 사업연도의 확정된 산출세액

직전 사업연도의 확정된 산출세액은 직전 법인세 신고 시 확정된 세액을 말하며, 가산세는 포함하나 토지 등 양도소득 관련 법인세는 상 · 하반기 불규칙하므로 직전 연도 확정 세액에는 포함하지 않는다.

직전 사업연도에 감면된 법인세액

❶ 직전 및 당해 사업연도 간 감면 범위가 같은 경우에는 직전 사업연도 법인세 기준으로 할 때는 감면 세액 등을 산출세액에서 공제한다.
❷ 직전 및 당해 사업연도 간 감면 범위가 변경된 경우 당해 사업연도에 적용될 감면 범위로 계산된 금액만을 직전 사업연도 산출세액에서 공제한다.

직전 사업연도에 법인세로서 납부한 원천징수 세액

법인에 귀속되는 이자소득, 증권투자신탁수익금의 분배금에 대해 당해 법인 이외의 자가 당해 법인에 소득 지급 시 원천징수 한 세액을 말한다.

직전 사업연도에 납부한 수시부과 세액

세무서장이나 국세청장은 법인의 신고 없이 본점이나 주사무소를 이전하거나 사업부진 등의 사유로 휴업이나 폐업 등의 상태에 있고 기타 조세 포탈의 우려가 있다고 인정되는 상당한 사유가 있다면 이러한 기간에 대해서 법인세를 수시로 부과할 수 있다고 규정하고 있다. 이와 같은 수시부과 세액으로서 직전 사업연도에 납부하는 것을 직전 사업연도 산출세액에서 차감하는 것이다.

2 당해 사업연도 실적 기준 중간예납 세액계산(가결산 방식)

가결산이란 1사업연도가 아니고 6개월만 대상으로 한다고 해서 "가"라는 개념을 쓸 뿐이지, 제반 절차나 계산 관련 사항은 일반법인세 계산 절차와 동일하다. 따라서 해당 6개월간의 감면 세액, 원천징수 세액 및 수시부과 세액도 가결산으로 인한 계산세액에서 공제된다.
그러나 가결산시 공제될 금액은 당해 중간예납 기간에만 발생하거나 해당하는 금액이다. 가결산 감면 세액의 계산에 대해서는 당해 연도 반기 사업연도에 적용될 감면 세액계산 방법을 준용한 감면 세액을 공제한다.

당해 중간예납기간의 실적 기준(가결산 방식)에 의한 중간예납세액
= 중간예납기간의 과세표준 × 12/6 × 법인세율 × 6/12 - 중간예납기간 감면세액 - 중간예납기간에 기납부 한 원천징수세액 - 중간예납기간의 법인세 수시부과세액

중간예납기간 중의 수익과 비용의 확정 결산 방법 준용

중간예납기간 중 발생한 모든 수익과 비용은 모두 결산에 반영(법인장부에 기장)되어야 하며, 이를 기초로 한 중간예납 가결산을 해야 한다.

감가상각비·퇴직급여충당금 등

❶ 감가상각비 등의 반년 안분 손금산입

감가상각비의 손금산입에 있어서 각 사업연도 소득에 대한 법인세 계산 시의 감가상각범위액 계산에 관련된 제반 규정은 모두 1년을 기준으로 하고 있는데, 중간예납기간의 상각범위액을 결정함에 있어서도 1년간의 정상 상각률 및 1년 감가상각비에 중간예납기간의 해당 월수인 6개월이 1년에서 차지하는 비율을 곱해서 중간예납기간의 감가상각률을 계산한다. 즉, 1년분 정상 감가상각비×월수(6개월)/12 방법으로 계산한다.

이밖에, 자산재평가 신고를 한 법인의 감가상각비 계산에서 아직 재평가 결정이 안 되었다고 해도 재평가신고액을 기준으로 사업연도 초부터 감가상각비를 계산한다.

❷ 퇴직급여충당금 손금산입 한도액 계산

세법상 퇴직급여충당금은 퇴직급여충당금의 누적액이 당해 사업연도 종료일 현재 사용인의 전원이 퇴직한 경우 퇴직급여로 지급되어야 할 퇴직금 추계액의 0%와 해당 사업연도에 사용인에게 지급한 총급여액의 5% 중 적은 금액을 한도로 하도록 규정되어 있다.

❸ 최저한세 등도 적용함

중간예납 세액계산 시에도 조세특례제한법의 규정에 따라 최저한세를 적용한다.

각종 준비금의 6개월분 손금산입 및 익금 환입

❶ 준비금 등의 손금산입과 익금 환입 방법

법인이 중간예납을 가결산 방식으로 계산하는 경우에도 일반 과세연도의 법인세 계산에서와 같이 세법상 준비금의 손금 용인을 위해서는 결산에 반영해야 한다. 따라서 이미 손금산입된 준비금을 법인세법이나 조세특례제한법에서 정한 방법에 의거 환입 시에는 일시 환입사유 해당 분은 전액을, 기타 1년분은 당해 중간예납기간인 6개월의 해당 금액(즉 50%)을 환입해서 익금산입한다.

❷ 결산 반영 없이 세무조정만으로 손금산입하는 준비금 등

세무조정계산서 상 손금산입된 금액은 당기순손익 감액이 아니라 이익잉여금 처분 방법으로 적립금을 적립하며, 향후 일반 세무조정 계산상의 일반 상각비 해당액과 상쇄해서 익금산입한다. 여기서 준비금은 법인세법이나 조세특례제한법상의 제반 준비금을 말한다.

이월결손금

이월결손금도 15년 이내의 것만 과세소득과 상계처리된다. 중간예납의 경우도 개시일 전부터 15년 이내에 개시한 사업연도에서 발생한 이월결손금은 당해 중간예납기간을 1사업연도로 보므로 전액을 중간예납기간의 소득금액에서 차감한다. 즉, 이월되는 결손금 전액이 공제 대상이지 1년 치의 50% 등 안분 개념이 아니다. 여기서 이월결손금은 세무상 이월결손금이다.

중간예납 신고 및 납부 절차

1 신고·납부 기한

법인의 중간예납 세액은 중간예납기간인 6개월의 종료일이 경과한 날로부터 2개월 이내에 신고 · 납부 해야 한다.

2 필수적 첨부서류

신고 · 납부 시 법인세 중간예납 신고 · 납부계산서는 법인세 중간예납 세액을 직전연도

기준으로 계산하건 가결산 방식으로 하건 필수적 서류이고, 가결산 방식에 의한 중간예납 세액의 신고·납부 시에는 재무상태표, 손익계산서, 세무조정계산서 및 기타 부수서류를 제출해야 한다.

외부조정지정대상 법인인 경우도 중간예납에서는 세무사·회계사 등 외부조정자의 조정계산서는 불필요하다.

직전 사업연도 실적 기준 중간예납

❶ 법인세 중간예납 신고납부 계산서

❷ 세액공제신청서

❸ 성실 중소법인 법인세 중간예납 신고납부계산서(성실납세방식 적용 중소기업의 경우)

당해 사업연도 실적기준 중간예납세액(가결산 방식)

❶ 법인세 중간예납 신고납부 계산서 및 법인세 과세표준 및 세액조정 계산서

❷ 톤 세적용 법인은 선박 표준이익 산출명세서 추가 제출

❸ 가결산에 의해서 작성한 재무상태표, 손익계산서, 세무조정계산서 및 기타 참고서류를 추가로 제출

가. 세무조정계산서는 당해 법인이 작성·첨부할 수 있다.

나. 외부 세무조정 대상 법인의 경우에도 중간예납 시에는 법인 스스로 세무조정계산서를 작성할 수 있다.

3 중간예납 세액의 분납

분납기한 1월(중소기업은 2개월)

각 사업연도 법인세에 대한 6개월간의 중간예납 세액이 1천만 원을 초과하면 분납할 수 있다. 납부할 세액 일부를 납부기한 경과 일부터 일반법인이면 1월, 중소기업인 경우는 2개월 이내에 분납할 수 있다.

분납금액 50%

납부할 세액이 2,000만 원 이하인 경우 1,000만 원을 초과하는 금액, 납부할 세액이 2,000만 원을 초과하면 세액의 50% 이하의 금액을 분납할 수 있다. 이밖에 법인세를 분납하려는 법인이 분납 해당 세액을 납부하지 않거나 미달 납부해도, 법인세의 분납 의사가 중간예납 신고·납부계산서에 의해서 확인된다면 법인세법상의 분납 규정이 적용된다.

구 분	분납 가능 금액
납부할 세액이 2,000만 원 이하	1,000만 원을 초과하는 금액
납부할 세액이 2,000만 원 초과	세액의 50% 이하의 금액

중간예납 세액의 수정신고

수정신고 및 경정 등의 청구는 과세표준 신고서상의 누락·오류가 있는 때에 제출 또는 청구하는 것이므로 중간예납 세액은 수정신고 또는 경정청구를 할 수 없다.

중간예납 불성실 납부법인

1 중간예납 세액을 신고한 경우

납부기한이 경과한 날로부터 2월 이내에 징수한다. 8월 중간예납 세액을 신고·무납부 한 경우 10월 31일을 납부기한으로 고지한다.

2 중간예납 세액을 신고하지 않은 경우

직전연도 실적 기준인 법인

직전연도 납부세액 기준으로 납부기한이 경과한 날부터 2월 이내에 징수한다. 기한 내에 중간예납 세액을 납부하지 않은 경우는 가결산 방식에 의한 중간예납 세액을 적용받지 못한다.

가결산 방식 납부대상 법인

중간예납 세액을 결정해서 납부기한이 경과한 날부터 3월 이내에 징수한다.

3 미납부 가산세의 계산

납부기한의 다음 날부터 자진납부일 또는 고지 일까지의 미납한 세액에 1일 0.022%(시중은행 연체이자율을 고려해서 결정)를 곱해서 산출한 금액을 납부불성실가산세로 납부한다. 기한 후 신고·납부하는 경우에도 납부기한 다음날부터 납부일까지의 기간 동안 1일 0.022%를 곱해서 산출한 금액을 납부불성실가산세로 납부한다. 중간예납의 경우에는 무신고·과소신고가산세를 적용하지 않는다.

법인세 중간예납 Q&A

? 신설법인의 최초 사업연도에 중간예납 신고·납부 의무가 있는 건가요?

⊙ 새로 설립된 법인(합병이나 분할에 의한 경우 제외)의 최초 사업연도는 중간예납 의무가 없는 것입니다.

(참고) 신설법인의 최초 사업연도 판단 시 사업연도 개시일은 법인 설립등기일임

? 2024년 10월 설립등기를 하였지만, 사업을 개시하지 않고 2025년 3월에 사업자등록 신청한 경우 신설법인으로 보아 중간예납 의무가 없는 건가요?

⊙ 법인의 최초 사업연도 개시일은 법인 설립등기일이며, 2024년 설립등기한 법인이 2025년 3월 사업자등록을 한 경우 신규 설립된 법인의 최초 사업연도에 해당하지 아니하므로, 중간예납 의무가 있는 것입니다.

(참고) 신설법인의 최초 사업연도 판단 시 사업연도 개시일은 법인 설립등기일이며, 사업자등록 시 사업개시일이 아님

? 2024년 10월부터 휴업 중이며, 2025년 상반기에 수입금액이 없는 경우에도 중간예납 신고를 해야 하는 건가요?

⊙ 중간예납기간 중 휴업 등의 사유로 사업수입금액이 없는 법인의 경우 중간예납 의무가 없는 것입니다.

? 해당 사업연도 중에 폐업한 법인도 법인세 중간예납 의무가 있는 건가요?

⊙ 상법에 의한 해산 및 청산 절차를 이행하지 아니한 법인은 사업을 폐지한 경우라도 계속 법인에 해당하고, 사업연도가 계속 유지되므로 사업연도 중에 폐업한 법인도 중간예납 의무가 있는 것입니다. 다만, 해산등기를 하고 청산 중에 있거나 중간예납 기간에 휴업 등의 사유로 수입금액이 없는 것으로 확인된 경우라면 중간예납 의무가 없는 것입니다.

? 청산 진행 중인 법인으로서 7월 1일 해산 등기하였고, 청산 진행 중에는 수익활동을 하지 않는 경우에도 중간예납 의무가 있는 건가요?

⊙ 청산법인은 중간예납 의무가 없는 것입니다.

(참고) 청산기간 중에 해산 전의 사업을 계속하여 영위하는 경우로서 해당 사업에서 수입금액이 발생하는 경우는 중간예납 의무가 있는 것임

? 유동화 전문회사의 경우 직전 사업연도 결손이면 중간예납 신고하지 않아도 되는 것인가요?

⊙ 직전 사업연도 법인세액이 없는 유동화 전문회사는 법인세 중간예납 의무가 없는 것입니다.

? 2024년도 법인으로 보는 단체로 승인받은 비영리법인이 2025년 1월 1일 수익사업 개시로 인하여 사업자등록한 경우 중간예납 의무가 있는 것인가요?

⊙ 법인으로 보는 단체로 승인받은 비영리법인의 최초 사업연도 개시일은 승인일이므로, 2024년 고유목적사업만을 경영하던 법인이 2025년 1월 최초로 수익사업을 개시한 경우라도 2025년 신설법인이 아니므로 중간예납 의무가 있는 것입니다.

? 12월 말 법인에서 6월 말 법인으로 사업연도 변경 시 변경 전 사업연도에 대해 8월에 중간예납 의무가 있는 건가요?

⊙ 사업연도의 기간이 6개월을 초과하는 법인은 각 사업연도 중 중간예납기간에 대한 법인 세액을 납부할 의무가 있는 것이므로, 사업연도의 기간이 6개월 이하인 법인은 중간예납 의무가 없는 것입니다.

(참고) 사업연도가 변경된 경우는 종전의 사업연도 개시일부터 변경된 사업연도 개시일 전날까지의 기간을 1사업연도로 하는 것이므로 12월 말 법인이 6월 말 법인으로 변경한 경우, 변경 전 사업연도(1.1~6.30)의 기간은 6개월 이하인 법인에 해당하는 것입니다.

? 별도 수익사업은 경영하지 아니하고, 이자소득만 있는 비영리법인으로서 이자소득 금액에 대해 준비금 손금산입으로 산출세액이 없는 경우 중간예납 의무가 있는 건가요?

⊙ 이자소득만 있는 비영리법인의 경우 중간예납 의무가 없는 것이나, 당해 사업연도 중에 이자소득 이외의 수익사업이 최초로 발생한 경우는 중간예납 의무가 있는 것입니다.

? 분할에 의해 설립(7월 1일 등기)된 법인(12월 말 법인)의 경우 중간예납 의무가 있는 건가요?

⊙ 법인세 중간예납 의무는 사업연도의 기간이 6개월을 초과하는 법인에게 있는 것이므로, 분할 신설법인의 최초 사업연도 기간이 6개월(7월 1일~12월 31일)을 초과하지 아니한 경우 중간예납 의무가 없는 것입니다.

(참고) 분할 신설법인의 중간예납기간은 그 설립등기일부터 6개월이 되는 날까지를 말하는 것이며, 중간예납기간이 지난날부터 2개월 이내에 중간예납세액을 납부하는 것입니다.

? 분할에 의해 설립된 법인(12월 말 법인)의 경우 중간예납 기간은 언제로 보는 건가요?

⊙ 분할 신설 법인의 중간예납 기간은 그 설립등기일부터 6개월이 되는 날까지를 말하는 것이며, 중간예납 세액은 중간예납 기간이 지난날부터 2개월 이내에 납부하는 것입니다.

? 12월 말 법인에서 6월 말 법인으로 사업연도 변경한 경우 변경한 사업연도의 중간예납 기간은 언제로 보는 건가요?

⊙ 사업연도를 변경한 경우 변경 후 사업연도의 중간예납 기간은 변경한 사업연도의 개시일부터 6월이 되는 날까지입니다.

(참고) 사업연도 종료일이 12월 31일 → 6월 30일로 변경된 경우 변경 후 사업연도의 중간예납 기간(7월 1일~12월 31일)의 중간예납 세액은 다음 해 2월 말까지 납부하는 것임

? 중간예납 의무가 면제되는 법인임에도 불구하고 직전 사업연도 결손으로 산출세액이 없는 경우 『중간예납 기간 법인세액』 기준으로 재계산하여 중간예납 신고를 해야 하는 건가요?

⊙ 일반적으로 직전 사업연도 산출세액이 없는 경우 중간예납 세액은 『중간예납 기간 법인세액』 기준에 의하여 계산하지만, 직전 사업연도의 중소기업으로서 『직전 사업연도의 산출세액』 기준으로 계산한 중간예납 세액이 50만 원 미만(결손 포함)에 해당되어 중간예납 의무가 면제되는 경우 별도로 『중간예납 기간 법인세액』 기준에 의하여 중간예납 세액을 재계산하는 것이 아니며, 중간예납 신고·납부 의무가 없는 것입니다.

(참고) 중간예납 의무 면제 법인의 경우 『법인세 중간예납 신고납부 계산서』 제출 의무가 없는 것입니다.

? 중간예납 의무 면제 중소기업 판단 시 중소기업기본법을 적용하는 것인가요?

⊙ 중간예납 의무 면제 중소기업은 중소기업기본법상 중소기업이 아니며, 「조세특례제한법 시행령」 제2조 제1항 규정에 따른 중소기업을 말하는 것입니다.

? 『직전 사업연도의 산출세액』 기준 중간예납 계산액이 50만 원 미만인 영세 중소기업은 중간예납 세액 납부의무가 없는데, 직전 사업연도 결손법인도 중간예납 의무가 면제되는 건가요?

⊙ 직전 사업연도 중소기업으로서 직전 사업연도에 결손 등이 발생한 경우를 포함하여 『직전 사업연도의 산출세액』 기준에 따라 계산한 금액이 50만 원 미만인 경우는 중간예납 의무가 면제되는 것이므로 직전 사업연도에 결손으로 산출세액(가산세 포함)이 없는 경우라면 『직전 사업연도의 산출세액』 기준에 따라 계산한 금액

이 50만 원 미만("0") 이므로 중간예납 의무가 없는 것입니다.

〈참고〉「직전 사업연도 산출세액」 기준 계산 방법

중간예납 세액 = (산출세액 + 가산세액 − 토지 등 양도소득 및 미환류 소득에 대한 법인세) − (공제 · 감면세액 + 원천납부세액 + 수시부과세액) × 6/12 (직전 사업연도 개월 수)

? 직전 사업연도 이월결손금 공제로 인하여 산출세액(가산세 포함)이 "0"인 경우에도 중간예납 의무가 면제되는 건가요?

> 직전 사업연도 중소기업으로서 직전 사업연도에 결손 등이 발생한 경우를 포함하여 『직전 사업연도의 산출세액』 기준에 따라 계산한 금액이 50만 원 미만인 경우는 중간예납 의무가 면제되는 것이므로 직전 사업연도에 이월결손금 공제로 인하여 산출세액(가산세 포함)이 없는 경우라면 『직전 사업연도의 산출세액』 기준에 따라 계산한 금액이 50만 원 미만("0") 이므로 중간예납 의무가 없는 것입니다.

? 직전 사업연도에 산출세액은 있으나, 세액공제 등(원천납부세액)이 많아 환급세액이 발생한 중소기업도 중간예납 의무 면제에 해당되나요?

> 직전 사업연도 중소기업으로서 『직전 사업연도의 산출세액』 기준에 따라 계산한 금액이 50만 원 미만인 경우 중간예납 의무가 면제되는 것이므로, 직전 사업연도에 산출세액(가산세 포함)보다 공제 · 감면세액 및 원천납부세액 등이 더 많아서 환급세액이 발생된 경우라면 『직전 사업연도의 산출세액』 기준으로 계산한 금액이 50만 원 미만(마이너스) 이므로 중간예납 의무가 없는 것입니다.

? 직전 사업연도에 결손 등(이월결손금 공제)으로 인하여 산출세액은 없으나, 가산세만 50만 원 발생된 경우 중간예납 의무가 면제되는 것인가요?

> 직전 사업연도 중소기업에 해당되는 법인이 결손 등(이월결손금 공제)으로 인하여 직전 사업연도에 산출세액 없이 가산세만 "50만 원" 발생된 경우 『직전 사업연도의 산출세액』 기준으로 계산한 중간예납세액이 50만 원 미만이므로 중간예납 의무가 면제되는 것입니다.

? 직전 사업연도에 결손 등(이월결손금 공제)으로 인하여 산출세액은 없으나, 가산세만 70만 원 발생된 경우 중간예납 의무가 면제되는 것인가요?

⊙ 직전 사업연도 중소기업에 해당하는 법인이 결손 등(이월결손금 공제)으로 인하여 직전 사업연도에 산출세액 없이 가산세만 "70만 원" 발생된 경우 『직전 사업연도의 산출세액』 기준으로 계산한 중간예납세액이 50만 원 이상이므로 중간예납 의무가 있는 것이며, 이 경우 『중간예납기간 법인세액』 기준에 의한 방법으로 중간예납하는 것입니다.

〈참고〉 결손 등으로 인하여 직전 사업연도의 법인세 산출세액 없이 가산세로서 확정된 세액이 있는 법인의 경우 중간예납 세액은 『중간예납기간 법인세액』 기준에 의한 방법으로 중간예납 세액을 납부해야 하는 것임

? 직전 사업연도 소득은 결손이나, 토지 등 양도소득에 대한 산출세액이 있는 경우 중간예납 의무가 면제되는 건가요?

⊙ 직전 사업연도에 대한 법인세로서 확정된 산출세액에는 토지 등 양도소득에 대한 법인세액은 제외되는 것이므로, 직전 사업연도 중소기업으로서 직전 사업연도에 결손 등이 발생한 경우를 포함하여 『직전 사업연도의 산출세액』 기준에 따라 계산한 금액이 50만 원 미만인 경우 토지 등 양도소득에 대한 법인세 유무에 상관없이 중간예납 의무가 면제되는 것입니다.

? 직전 사업연도 중소기업이나, 『직전 사업연도의 산출세액』 기준으로 계산한 금액이 30만 원 이상으로 면제되지 아니한 경우 중간예납 세액 계산 방법은 선택할 수 있는 건가요?

⊙ 중간예납 세액계산은 『직전 사업연도의 산출세액』 기준과 『중간예납기간 법인세액』 기준에 의한 방법 중 선택할 수 있는 것이나, 직전 사업연도에 결손 등으로 확정된 산출세액(가산세는 제외)이 없는 경우에는 『중간예납기간 법인세액』 기준에 의하여 중간예납 세액을 계산하는 것입니다. 다만, 직전 사업연도의 중소기업으로서 직전 사업연도에 결손 등이 발생한 경우를 포함하여 『직전 사업연도의 산출세액』 기준으로 계산한 금액이 50만 원 미만인 법인은 중간예납 신고·납부 의무가 없는 것입니다.

? 직전 사업연도 결손 등(이월결손금 공제)으로 산출세액이 없는 일반기업의 경우 중간예납 세액계산 방법을 선택할 수 있는 것인가요?

⊙ 결손 등(이월결손금 공제 포함)으로 인하여 직전 사업연도의 법인세로서 확정된 산출세액(가산세 제외)이 없는 일반기업의 중간예납 세액은 『중간예납기간 법인세액』 기준에 의한 방법을 적용하여 계산하는 것입니다.

〈참고〉 『직전 사업연도의 산출세액』 기준으로 중간예납 세액을 계산하여 납부할 수 없는 것입니다.

? 일반기업이 직전연도 산출세액은 있으나, 인력개발비 세액공제로 납부세액이 없는 경우 중간예납 세액계산 방법을 선택할 수 있는 것인가요?

⊙ 직전 사업연도의 법인세로서 확정된 산출세액이 있는 일반기업의 중간예납은 『직전 사업연도의 산출세액』 기준과 『중간예납기간 법인세 결산』 기준에 따른 방법 중 선택하여 적용할 수 있는 것입니다. 다만, 직전 사업연도의 법인세로서 확정된 산출세액(가산세 제외)이 없는 경우에는 『중간예납 기간 법인세 결산』 기준에 따른 방법으로 중간예납 세액을 계산하는 것이며, 이 경우 직전 사업연도의 법인세 산출세액은 있으나 중간예납세액 · 원천징수세액 및 수시부과세액이 산출세액을 초과함으로써 납부한 세액이 없는 경우는 해당하지 아니하는 것입니다.

? 일반기업의 경우 직전연도 산출세액이 있으나, 공제세액 등이 많아서 『직전 사업연도의 산출세액』 기준으로 계산한 중간예납 세액이 (-) 경우 자기계산 방법으로 다시 신고해야 하는 건가요?

⊙ 직전 사업연도에 산출세액이 있으나, 감면 · 공제 세액 등(원천징수 세액 등)이 많은 일반기업의 『직전 사업연도의 산출세액』 기준으로 계산한 중간예납 세액이 (-) 경우 납부할 세액은 없으므로 『법인세 중간예납 신고납부계산서』만 제출하시면 되는 것이며, 『중간예납기간 법인세액』 기준에 따라 재계산하여 신고할 의무는 없는 것입니다.

〈참고〉 일반기업의 중간예납 세액계산은 『직전 사업연도의 산출세액』 기준과 『 중간예납기간 법인세액』 기준에 의한 방법 중 선택하여 적용할 수 있으나, 직전 사업연도의 산출세액(가산세 제외)이 없는 경우라면 『중간예납기간 법인세액』 기준으로 중간예납 세액을 계산하는 것입니다.

? 일반기업이 직전 사업연도 결손으로 산출세액이 없으나 가산세가 있는 경우 중간예납 세액계산 방법을 선택할 수 있는 것인가요?

⊙ 결손 등으로 인하여 직전 사업연도의 법인세 산출세액이 없이 가산세로서 확정된 세액이 있는 일반기업의 경우 『중간예납기간 법인세액』 기준에 의하여 계산된 중간예납 세액을 납부하는 것입니다.

? 『직전 사업연도의 산출세액』 기준으로 중간예납하는 경우 납부지연가산세도 포함되는 것인가요?

A. 『직전 사업연도의 산출세액』을 기준으로 중간예납 세액 계산 시 "직전 사업연도 법인세로 확정된 산출세액"에는 신고 · 납부 및 경정 등으로 인한 가산세(기한 후 납부 시 납부지연 가산세)가 포함되는 것입니다.

? 12월 말 법인에서 6월 말 법인으로 사업연도 변경 시 변경 전 사업연도가 1년 미만인 경우도 직전 사업연도로 보는 것인가요?

⊙ 『직전 사업연도의 산출세액』 기준으로 중간예납세액을 계산할 때 사업연도의 변경으로 인하여 직전 사업연도가 1년 미만인 경우라도 그 기간을 직전 사업연도로 보는 것입니다.

〈참고〉 사업연도가 변경된 경우는 종전의 사업연도 개시일(1월 1일)부터 변경된 사업연도 개시일 전날(6월 30일)까지의 기간을 1사업연도로 하는 것입니다.

? 중간예납 기간 종료일 전에 전년도 법인세 수정신고로 인하여 추가 납부세액이 발생된 경우 『직전 사업연도의 산출세액』 기준 적용 시 수정신고 세액도 반영하는 것인가요?

⊙ 『직전 사업연도의 산출세액』 기준으로 중간예납세액 계산 시 "직전 사업연도 법인세" 는 중간예납기간 종료일까지 신고(수정신고 포함) 또는 결정 · 경정에 의하여 확정된 세액을 말하는 것이므로, 수정신고를 통한 추가 납부세액도 반영하여야 하는 것입니다.

〈참고〉 중간예납 세액의 납부기한까지 직전 사업연도의 법인세가 경정된 경우는 그 경정으로 인하여 감소된 세액을 차감하여 계산하는 것입니다.

? 『직전 사업연도의 산출세액』 기준으로 중간예납 후 감사 지적으로 직전 사업연도 법인세 수정신고 한 경우 중간예납을 다시 계산하는 것인가요?

⊙ 중간예납기간(12월 말 법인의 경우 1월 1일~6월 30일) 종료일 이후 직전 사업연도 법인세를 수정신고하는 경우라면 수정에 따른 추가 납부세액을 반영하여 중간예납세액을 재계산하지 아니하는 것입니다.

? 사업연도(1월 1일~12월 31일) 법인이 2025년 3월 15일 설립등기, 2025년 4월 9일 사업자등록을 한 경우 직전 사업연도 개월 수는 사업자등록일부터 계산하는 것인가요?

⊙ 법인의 최초 사업연도의 개시일은 설립등기일이므로 사업연도는 2025년 3월 15일부터 시작하여 12월 31일까지이므로 직전 사업연도 개월 수는 10개월입니다.

〈참고〉 1개월 미만의 일수는 1개월로 하는 것입니다.

? 직전 사업연도 기준으로 납부하려니, 세금이 너무 많은데, 자기계산 기준은 꼭 전년도 결손이었던 법인만 선택 가능한가요?

⊙ 직전 사업연도의 법인세로서 확정된 산출세액이 있는 경우라면 중간예납 세액은 『직전 사업연도의 산출세액』 기준과 『중간예납기간 법인세액』 기준에 의한 방법 중 선택하여 계산할 수 있는 것입니다.

? 분할에 의해 설립(4월 1일 등기)된 법인도 중간예납 세액계산 방법을 선택할 수 있는 것인가요?

⊙ 분할 신설법인의 분할 후 최초 사업연도의 중간예납세액은 『중간예납기간 법인세액』 기준에 의한 방법을 적용하여 계산하는 것입니다.

? 직전 사업연도에 결손 등으로 산출세액(가산세 제외)이 없는 경우 『직전 사업연도의 산출세액』 기준에 의한 방법을 선택할 수 있는 건가요?

⊙ 직전 사업연도의 확정된 산출세액이 없는 경우이거나, 결손 등으로 인하여 직전 사업연도의 법인세 산출세액 없이 가산세로서 확정된 세액이 있는 법인의 경우 중간예납 세액은 『중간예납기간 법인세액』 기준에 의한 방법을 적용하여 계산하

는 것이므로 『직전 사업연도의 산출세액』 기준을 적용할 수 없는 것입니다.

(참고) 직전 사업연도 중소기업이 결손 등을 포함하여 『직전 사업연도의 산출세액』 기준에 의한 방법으로 계산한 금액이 50만 원 미만인 경우 중간예납 의무가 면제되며, 이 경우에는 직전 사업연도 산출세액이 없더라도 『중간예납기간 법인 세액』 기준을 적용하지 않는 것입니다.

? 『중간예납기간 법인세액』 기준으로 중간예납하는 경우 전년도 결손금을 중간예납 시 공제받을 수 있는 건가요?

⊙ 중간예납 세액을 『중간예납 기간 법인세액』 기준에 의한 방법으로 계산하는 경우 이월결손금 공제는 가능한 것입니다.

이월결손금 : 중간예납 개시일 전 15년 이내에 개시한 사업연도에서 발생한 결손금으로서 그 후의 각 사업연도의 과세표준 계산에 있어서 공제되지 아니한 금액을 적용하는 것임.

〈참고〉 「중간예납 기간 법인세액」 기준

중간예납 세액 = 과세표준 (소득금액 − 이월결손금 등) × 12 / 6 × 세율 × 6 /12 − (공제 · 감면세액 + 원천납부세액 + 수시부과세액)

? 『중간예납 기간 법인세액』 기준으로 중간예납 세액계산 시 이월세액공제 적용에 따른 최저한세도 적용되는 건가요?

⊙ 중간예납 세액을 『중간예납 기간 법인세액』 기준으로 계산하는 경우 해당 중간예납 기간을 1사업연도로 보는 것이며, 해당 사업연도에 적용될 공제 · 감면 범위에 의하여 계산한 공제 · 감면세액 상당액을 공제하는 경우 최저한세가 적용되는 것입니다.

〈참고〉 신청을 요건으로 하는 감면세액 등은 『중간예납 신고납부계산서』 에 해당 금액을 계상하고 소정의 산출명세서를 제출하여야 합니다.

? 『중간예납 기간 법인세액』 기준으로 법인세 중간예납(12월 말 법인)하는 경우 업무용승용차에 대한 감가상각비 한도는 400만 원이 맞는 건가요?

⊙ 『중간예납기간 법인세액』 기준에 의한 중간예납 시 12월말 법인의 중간예납기간(1월 1일~6월 30일)에 대한 업무용승용차 감가상각비 손금 산입 한도는 400만 원입니다.

〈참고〉 업무용승용차 감가상각비 손금 산입 한도는 800만 원이나, 해당 사업연도가 1년 미만인 경우 800만 원에 해당 사업연도의 월수를 곱하고 이를 12로 나누어 산출한 금액을 적용하는 것입니다.

? 『중간예납기간 법인세액』 기준으로 중간예납 시 농어촌특별세 신고 · 납부 대상인 세액공제를 반영하는 경우 농어촌특별세 신고 · 납부의무가 있는 건가요?

⊙ 법인세 중간예납 시 농어촌특별세 신고 · 납부 의무가 없는 것입니다.

? 외부 회계감사를 받는 법인이 중간예납기간 법인세액』 기준으로 중간예납 하고자 하는 경우 외부조정 없이 회사가 직접 작성한 세무조정계산서 제출할 수 있는 건가요?

⊙ 중간예납세액을 『중간예납기간 법인세액』 기준에 의하여 계산하는 경우 『법인세 중간예납 신고납부계산서』와 재무상태표 · 포괄손익계산서 · 세무조정계산서 등을 제출하는 것이며, 이 경우 세무조정계산서는 해당 법인이 작성 · 첨부할 수 있는 것이므로, 외부 세무조정 대상인 외부 회계감사를 받는 법인도 중간예납 시에는 법인이 스스로 작성한 세무조정계산서를 제출할 수 있는 것입니다.

? '25. 5. 31. 합병하였으며, 합병법인 및 피합병법인 모두 12월말 법인인 경우 합병법인이 『직전 사업연도 산출세액』 기준으로 중간예납세액 계산 시 피합병법인도 합산되는 건가요?

⊙ 합병법인이 합병 후 최초의 사업연도(합병등기일이 속하는 사업연도)에 『직전 사업연도의 산출세액』 기준으로 중간예납하는 경우 합병법인의 직전 사업연도와 피합병법인의 합병등기일이 속하는 사업연도의 직전 사업연도 확정된 산출세액을 합산하여 계산하는 것입니다.

〈참고〉 직전 사업연도의 확정된 산출세액, 감면세액, 원천징수세액, 수시부과세액 등은 합병법인과 피합병법인의 세액을 합산하여 계산하는 것임

*** 피합병법인 : 의제사업연도(2024년 1월 1일~5월 31일)의 직전 사업연도**

*** 합병법인 : 합병등기일이 속하는 사업연도(2024년 1월 1일~12월 31일)의 직전 사업연도**

? 2025년 7월 29일 합병등기로 해산한 피합병법인(12월 말 법인)이 의제사업연도(1월 1일~7월 29일) 소득에 대한 법인세를 중간예납 기한(8월 31일) 이전에 신고 · 납부한 경우에도 중간예납 의무가 있는 것인가요?

⊙ 피합병법인의 의제사업연도가 6개월을 초과하는 경우 중간예납 의무가 있으나, 중간예납 세액납부 기한 도래 전에 해당 의제사업연도의 소득에 대한 법인세를 신고 · 납부한 경우에는 중간예납 의무가 없는 것입니다.

〈참고〉 합병법인이 『직전 사업연도의 산출세액』 기준으로 중간예납하는 경우, 피합병법인은 중간예납 의무가 없으므로 합병법인의 직전 사업연도만을 기준으로 계산하는 것입니다.

? 사업연도(12월 말 법인)가 동일한 갑 · 을 법인이 흡수합병(8월 10일) 한 경우 합병법인(갑)이 『직전 사업연도 산출세액』 기준으로 중간예납한 경우 피합병법인(을)의 직전 사업연도 산출세액을 포함하여 중간예납세액을 계산하는 것인가요?

⊙ 중간예납 기간(1월 1일~6월 30일)이 경과한 후 합병한 경우는 합병법인이 피합병법인의 직전 사업연도 산출세액을 포함하지 않고 각각 중간예납 세액을 계산하는 것입니다.

〈참고〉 피합병법인의 의제사업연도 기간(1월 1일~8월 10일)이 6개월 초과되므로 중간예납 의무가 있으나, 중간예납 세액납부 기한 도래 전에 피합병법인이 의제사업연도의 소득에 대한 법인세를 신고 · 납부한 경우에는 중간예납 의무가 없는 것임

? 부동산매매업(부동산 임대업)도 중소기업에 해당되어 중간예납 세액 분납기한이 2개월인가요?

⊙ 부동산매매업(임대업)은 중소기업 제외 업종이 아니므로 매출액, 독립성 기준, 자산총액 기준 등이 「조세특례제한법 시행령」 제2조 규정에 따른 중소기업에 해당되는 경우라면 중간예납 세액을 납부기한이 지난날부터 2개월 이내에 분납할 수 있는 것입니다.

? 법인세 중간예납 신고를 하지 않는 경우 무신고가산세가 적용되는 것인가요?

⊙ 『법인세 중간예납 신고납부계산서』를 제출하지 아니한 경우 무신고가산세는 적용되지 않는 것이나, 중간예납 세액을 기한 내 납부하지 아니한 경우 납부지연 가산세가 적용되는 것입니다.

? 2024년 신규로 개업한 지점이 있는 경우 신규 개업한 지점도 합산하여 중간예납 세액을 계산하는 것인가요?

⊙ 법인세 중간예납세액은 『직전 사업연도 산출세액』 기준과 『중간예납기간 법인세액』 기준에 의한 방법 중 선택하여 계산하는 것이므로, 『직전 사업연도 산출세액』 기준에 의하여 계산하는 경우는 신규 지점이 합산되지 않으나, 『중간예납기간 법인 세액』 기준에 의한 경우는 신규 지점의 중간예납 기간의 내용도 합산하는 것입니다.

? 중간예납 세액을 환산하지 아니하여 과소신고·납부한 경우 수정신고가 가능한 건가요?

⊙ 과세표준신고서에 기재된 과세표준 및 세액이 세법에 따라 신고하여야 할 과세표준 및 세액에 미치지 못할 때 수정신고하는 것이나, 법인세 중간예납의 경우 과세표준 신고에 해당하지 아니하므로 수정신고 대상이 아닌 것입니다.

법인의 폐업과 해산 및 법인 청산에 따른 법인세 신고·납부(청산소득에 대한 법인세)

법인사업자의 폐업 신고

1 법인사업자의 사업 종료

법인사업자의 폐업은 ❶ 폐업 신고(세무 관련)와 ❷ 법인해산/청산(등기 관련) 절차가 있다.

❶ 소규모 법인의 경우 폐업 신고까지만 진행하는 경우가 많다. 이 경우는 폐업 신고 후 사업을 재개할 수 있으며, 5년 이상 폐업 상태로 있는 경우 소멸한다.

❷ 법인의 법적 형태까지 없애려는 경우 폐업 신고와 법인 청산 절차까지 진행되어야 한다.

이 경우는 잔여재산가액 확정과 주주(사원)들에게 잔여재산가액의 분배 등의 청산 절차 후 청산등기까지 필요하다.

2 법인 폐업 신고와 세금 신고

폐업 신고는 관할 세무서나 홈택스를 통해 신고하면 된다. 관할 세무서에 비치된 폐업신고서를 작성하고 사업자등록증을 제출하면 된다.

폐업일 다음 달 25일까지 폐업 부가가치세 신고, 폐업일 다음다음 달 말일까지 지급명세서 제출, 다음 해 3월 말까지 법인세 신고를 한다.

예를 들어 2025년 4월 22일 폐업했다고 가정하면 5월 25일까지 폐업 부가가치세 신고, 6월 31일까지 지급명세서 제출, 2026년 3월에 법인세를 신고하면 된다.

법인의 활동이 없고 변경 등기를 하지 않았다면 마지막 등기일로부터 5년이 경과하면 법원에서 휴면법인으로 해산 간주 법인으로 처리된다.

대부분 법인은 등기부상 8년 정도 아무런 변화가 없는 경우 청산이 종결된 것으로 간주하기 때문에 일부러 비용을 내고 청산 및 해산 절차를 거치기보다는 자연 소멸하도록 놔두는 때도 있다.

폐업 신고는 과세 관청에는 폐업으로 나타나지만, 등기부등본은 그대로 유지된다. 기업의 법인격(법률상의 인격)이 소멸된 것은 아니다. 소멸하기 위해서는 폐업 신고와 함께 법인등기부를 폐쇄하는 법인해산 및 청산 절차까지 진행해야 한다.

직접 홈택스로도 폐업 신고가 가능하다.

❶ 폐업일 다음 달 25일까지 폐업 부가가치세 신고

❷ 폐업 월의 다음 달 10일까지 원천징수 신고·납부

❸ 폐업일 다음 다음 달 말일까지 지급명세서 제출

❹ 폐업 일자가 속한 해의 다음 해 3월까지 법인세 신고(개인사업자는 익년 5월에 종합소득세 신고·납부)

❺ 근로자 퇴사일 이후 4대 보험 상실 신고 진행

❻ 청산등기 업무

❼ 해산등기일 이후 잔여재산가액 확정일까지 청산 법인세 신고 등

구 분	제출 기한
폐업 일자	신고 일자가 아닌 거래 활동 중지를 신청하는 날을 의미한다. 폐업 일자 기준으로 세무 처리가 진행되어, 폐업 일자 이후 세금계산서 발행 등은 불가능하다.
폐업 부가가치세	폐업 일자가 속한 달의 다음 달 25일까지 신고해야 한다.
원천징수 신고·납부	폐업 월의 다음 달 10일까지 원천징수 신고·납부한다.
지급명세서 제출	폐업일 다음 다음 달 말일까지 지급명세서를 제출한다.
4대 보험 상실신고	근로자 퇴사일 이후 4대 보험 상실 신고가 가능하다.
폐업 법인세	폐업 일자가 속한 해의 다음 해 3월 말 법인세 신고 시 반영해야 한다.

3 법인 폐업 시 법인세 신고

해산 및 청산과는 달리 법인의 폐업은 법인 사업연도에 아무런 영향을 주지 않는다는 점에 주의해야 한다.

법인의 폐업은 폐업 신고만 할 뿐, 사업연도에는 변동이 없으므로 기존의 사업연도에 맞춰 지속적으로 법인 결산을 해야 한다. 즉, 법인이 사업연도 중에 폐업한 경우 법인이 해산, 합병, 분할 등의 사유가 아닌 사업연도 중에 임의로 폐업한 법인의 사업연도는 1월 1일~12월 31일까지이며, 정기 신고분으로 하여 다음연도 3월에 전자신고를 한다.

임의로 폐업일까지를 사업연도로 하고 신고하는 것은 법 규정에 벗어난다.

법인은 폐업하는 경우에도 상법에 의한 해산 및 청산 절차를 진행하지 않은 경우 법인은 계속 존속하고 있다. 개인사업자처럼 폐업으로 끝나는 것이 아니다.

따라서, 사업을 폐업하더라도 법인격은 살아있기 때문에 법인세 신고는 매년 해야 한다. 다만, 실무상 통상적으로 폐업 시 폐업 당해연도까지만 법인세를 진행하고 버려두는 것이 일반적이다.

또한 법인세법에서 정하는 사업연도 의제 규정에 해당하지 않으므로 일반적인 법인세 신고 기한인 사업연도 종료일이 속하는 달의 말일부터 3개월 이내까지 신고가 가능하다. 즉, 5월 말에 폐업했지만, 법인은 해산이나 청산 등의 사업연도 의제규정에 해당하지 않은 경우, 12월 말 종료 일자를 기준으로 다음연도 3월까지 법인세 신고를 할 수 있다.

중도 폐업 시 지방세 법인소득분 신고도 기존 사업연도 종료일 기준 4개월 이내 신고한다.

법인해산과 청산 절차

일반적으로 법인의 청산은 사업을 중단한 후 주주총회 특별결의를 거쳐(또는 그 밖의 해산 사유가 발생하면) 청산인을 지정하고 청산인이 해산등기를 신청한다. 해산등기 이후에도 청산의 목적 범위 내에서 법인은 여전히 존립하게 된다.

청산인은 공고 등의 방법으로 자산과 부채를 확정 지어 부채를 상환하고 법인에 남아 있는 자산(잔여재산)을, 대개는 주주들에게 분배하기 쉽게 현금으로 환가한 후, 주주들에게 분배하고 결산보고서를 작성하여 주주총회의 결의를 거친 후 상업등기소에 청산(종결)등기를 완료하면 비로소 회사는 소멸한다.

TIP 휴면법인의 해산 간주와 영업 재개

1. 해산 간주 절차

최후 등기 후 5년이 경과된 법인은 법원으로부터 최후 등기 통지서를 받게 된다. 통지서에 적힌 신고 기간 내에 아무런 신고를 하지 않으면 신고기간이 만료된 때 법인이 해산한 것으로 보고 법원이 직권으로 해산등기를 한다. 해산등기를 하면 대표이사, 이사, 지배인에 대한 등기는 말소되고 감사 등기만 남는다. 이 상태의 법인을 휴면법인이라고 한다.

해산 간주가 된 후 3년 동안 또다시 아무런 등기를 하지 않으면 그 법인은 청산된 것으로 간주되어 자동으로 청산 종결 간주 등기가 된다. 청산 종결 간주 등기가 되면 법인이 소멸한다.

자동으로 해산 간주 및 청산등기가 이루어지더라도 과태료 등 불이익은 없다. 다만 청산에 따른 법인세 신고 의무는 있다.

2. 영업을 재개하려면

해산 간주가 된 후에도 다시 회사를 영업할 수 있다. 법원 직권으로 해산 간주 등기가 된 후 3년 이내에 주주총회 특별결의에 의해 계속 등기하면 법인은 해산 전의 상태로 복귀하여 존속하게 된다. 다만 계속 등기 시 등기 해태 기간에 대한 과태료 처분을 받게 되므로 회사를 계속 운영하려 한다면 해산 간주 법인이 되기 전에 조치하는 것이 좋다.

1 해산과 청산 방법

회사의 해산 사유는 존립기간의 만료, 기타 정관으로 정한 사유 발생, 합병, 파산, 법원의 명령 또는 판결, 회사의 분할 또는 분할합병, 주주총회의 결의(특별결의) 등이 있다(상법 제517조).

법인은 해산 사유가 발생하면 회사는 해산하고, 남은 법률관계를 정리하기 위해 청산을 한다. 청산 과정에서 잔여재산으로 채권자들에게 빚을 갚고 남은 재산은 주주들 사이에 분배한다. 청산까지 마쳐야 비로소 회사가 소멸한다.

반면에 폐업 신고는 세무서에 사업자가 더 이상 영업을 하지 않는다는 사실을 신고하는 것이다. 따라서 폐업 신고를 해도 법인은 소멸하지 않는다.

여러 명의 주주에게 분쟁의 소지 없이 잔여재산을 분배해야 하거나, 폐업에 대한 합의가 부족하여 일방이 사업을 재개하는 등 갈등의 소지가 있을 때는 해산 및 청산 절차를 밟을 필요가 있다.

그러나 회사 폐업 후 잔여재산도 적고 채무도 없어 내부 정산이 가능하다면 해산 · 청산은 하지 않고 그냥 두면 된다. 등기부를 방치하면 8년 후 등기부가 자동 폐쇄되므로 해산 · 청산한 것과 동일한 효과를 볼 수 있기 때문이다. 해산 · 청산 절차를 밟기 부담스러운 소규모 회사들은 실무상 대부분 이런 방법으로 법인을 정리한다.

2 해산 및 청산 과정에서 내야 하는 세금

해산 및 청산 과정에서 내야 하는 세금은 법인세와 배당소득세이다. 법인세는 사업연도 소득 법인세와 청산소득 법인세가 있다. 배당소득세는 법인세 완납 후에 청산 과정에서 잔여재산을 분배받은 경우 신고하면 된다.

❶ 연도 중 해산한 법인은 그 사업연도 개시일부터 해산등기일(해산 간주 등기일)까지와 해산등기일의 다음 날부터 그 사업연도 종료일까지를 각각 1사업연도로 보아 사업연도별로 법인세를 신고 · 납부해야 한다.

❷ 청산 중에는 당해 법인의 잔여재산가액이 확정되는 날이 속한 사업연도까지 사업연도별로 법인세를 신고 · 납부 한다.

❸ 청산 중에 있는 내국법인이 상법의 규정에 의하여 사업을 계속하는 경우 사업연도 개시일부터 계속 등기일(등기가 없는 경우 사실상 사업 계속일)까지의 기간과 계속 등기일의 다음 날부터 기간을 각각 1사업연도로 봐 사업연도별로 법인세를 신고 · 납부 한다.

예를 들어 ① 2025년 1월 1일~11월 5일(해산등기일), ② 11월 6일~12월 31일, ③ 2026년 1월 1일~잔여재산확정일(청산등기일 아님)의 경우 ①, ②, ③ 각 1사업연도로 보아 법인세 과세표준 신고 및 청산소득에 대한 법인세 신고를 해야 한다.

❶ 폐업 일자 : 2024년 12월 10일

❷ 해산등기일 : 2025년 3월 31일

❸ 청산 종결 일자(잔여재산가액 확정일) : 2025년 9월 30일

사업연도	1기	2기	3기
기간	2024년 1월 1일~12월 31일 (폐업일 : 2024년 12월 10일)	2025년 1월 1일~3월 31일	2025년 4월 1일~9월 30일 (9월 30일)
각 사업연도에 대한 법인세	2025년 3월 31일	2025년 6월 30일	2025년 12월 31일
청산소득에 대한 법인세	-	-	2025년 12월 31일

폐업 후 각 사업연도 소득에 대한 법인세

1월 1일부터 사업을 중단한 해산등기일까지를 1사업연도로 간주하여 매년 법인세 신고와 같은 방법으로 손익(각 사업연도 소득)에 대한 법인세를 신고 · 납부해야 한다. 또한, 해산등기일의 다음 날로부터 잔여재산가액이 확정된 날까지를 또 다른 1사업연도로, 만약 해산등기일로부터 12월 31일까지 잔여재산가액이 확정되지 않았다면 해산등기일의 다음 날로부터 12월 31일까지를 1사업연도로 간주하여 손익(각 사업연도 소득)에 대한 법인세를 신고하고 납부해야 한다.

해산등기일 이후 부분은 사업을 전혀 하지 않았다면 납부할 법인세는 없을 것이다. 법인세 신고 및 납부는 사업연도 종료일로부터 3개월 이내에 해야 한다.

해산등기일 이후에 자산을 처분하여 현금화하기도 하는데, 여기서 발생한 손익은 다음에 설명하는 청산소득으로 분류하지만, 해산등기일 이후에도 그 이전부터 발생해왔던 사업수익이나 임대수익, 이자수익 등이 계속 발생한다면 각 사업연도 소득으로 분류한다.

청산소득에 대한 법인세

잔여재산의 시가가 취득 금액(때에 따라 장부금액)보다 높아졌을 경우 이 시세 차익에 대해 부과하는 세금인데, 보통 주주에게 분배를 쉽게 하려고 자산은 처분하여 현금화한 후 처분이익이 발생했다면 이 처분이익이 청산소득을 구성하게 된다.

예를 들어 법인 설립 시 주주 중 1명이 부동산을 현물로 투자해 당시 10억 원이었는데, 청산 시점에 20억이 되었다면 해당 부동산 처분 시 계속 법인은 10억의 시세 차익에 대해 법인세를 납부한다. 하지만 법인이 청산한다는 이유로 10억의 시세 차익에 대해 세금을 내지 않는다면 계속기업과의 형평성에서 어긋나므로 청산 시 해당 시세 차익에 대해 계속기업과 동일하게 청산소득으로 과세하는 것이다.
청산소득의 발생 여부는 결국 주주에게 분배할 수 있는 잔여재산이 확정될 때 명확해지므로, 잔여재산가액 확정일을 기준으로 이 확정일이 속하는 달의 말일부터 3개월 이내에 청산소득에 대한 법인세를 신고·납부한다.

청산소득 = 해산등기일의 잔여재산가액 – 해산등기일의 자기자본(자본금, 자본잉여금, 이익잉여금, 환급 법인세, 이월결손금을 가감한 금액)

1 해산등기일의 잔여재산가액

잔여재산가액은 해산등기일의 자산총액에서 부채총액을 뺀 금액으로 하는데, 이후에 채권을 현금으로 회수하거나 자산을 처분하여 현금화했다면 그 금액으로 한다. 채권을 추심하는 등 재산의 현금화 과정에서 소요된 비용(계약서 작성 비용, 공증 비용 등)은 청산소득 금액을 계산할 때 비용으로 공제한다.

2 해산등기일의 자기자본

해산등기일의 자기자본은 재무상태표가 아니라 세무상(자본금과 적립금 조정명세서 갑 서식 상) 자본금과 적립금(자본잉여금, 이익잉여금(결손금))이다. 이외 미반영한 법인세 환급액이 있다면 자기자본에 더한다. 이월결손금은 자기자본에서 빼는데 그 한도는 잉여금(자본잉여금과 이익잉여금)의 범위 이내이다.
청산소득에 대한 법인세를 신고할 때는 과세표준 및 세액신고서에 잔여재산가액 확정일과 분배예정일, 해산 법인의 본점 소재지, 청산인의 성명과 주소 등을 기재한 서류를 첨부해야 한다.

자본금이 1,000,000원(액면금액 1,000원, 발행 주식 수 1,000주)이고 해산등기일 현재의 재산 상태가 다음과 같은 갑법인이 해산을 결의함(이월결손금 50,000원이 있음)

재무상태표(대차대조표)

계정과목	금액	계정과목	금액
현금예금	120,000	외상매입금	320,000
외상매출금	750,000	차입금	400,000
상품	650,000	자본금	1,000,000
토지	300,000	자본잉여금	50,000
		이익잉여금	50,000
합계	1,820,000	합계	1,820,000

[잔여재산의 정리 상황]

- 외상매출금 중 50,000원은 대손상각하고 나머지 700,000원은 현금 회수
- 상품 전부를 600,000원에 매각함
- 토지를 1,300,000원에 처분함
- 부채를 다음과 같이 갚음

  외상매입금 중 20,000원을 할인하고 300,000원 지급

  차입금 400,000원 전액 상환
- 청산 중의 제비용을 현금으로 지급함

  직원급료 : 25,000원

  기타 잡비 : 15,000원

해설

[회계처리]

- 자산의 환가처분 및 채권의 추심

현금	700,000	/	외상매출금	750,000
청산 손익	50,000			
현금	600,000	/	상품	650,000
청산 손익	50,000			
현금	1,300,000	/	토지	300,000
			청산 손익	1,000,000

- 부채의 상환

외상매입금	320,000 /	현금	700,000
차 입 금	400,000	청산 손익	20,000

• 청산 제비용의 지급

청산 손익	40,000 /	현금	40,000

[잔여재산분배 직전 재무상태표]

계정과목	금액	계정과목	금액
현금예금	1,980,000	자본금	1,000,000
		자본잉여금	50,000
		이익잉여금	50,000
		청산 손익	880,000
합계	1,980,000	합계	1,980,000

[청산 소득금액의 계산]

• 잔여재산의 가액 : 1,980,000(2,720,000원 – 700,000원 – 40,000원)원

(계산내용)

구 분	금액	구 분	금액
현금	120,000	부채총액	700,000
외상매출금 회수액	700,000	청산 비용	40,000
상품처분액	600,000		
토지처분액	1,300,000		
자산의 환가처분 및 채권 추심액	2,720,000	합계	740,000

부채총액은 720,000원이나 외상매출금 중 20,000원을 면제받았으므로 부채총액을 700,000원으로 함

• 해산등기일 현재의 자기자본 총액 : 1,050,000원

자본금 및 잉여금 1,100,000원

이월결손금 차감 50,000원

• 청산소득 금액 : 930,000(1,980,000원 – 1,050,000원)원

[청산소득에 대한 법인세 납부]

청산 손익(법인세 등)	102,300 /	현금	102,300

930,000원 × 10% × 110%(지방소득세) = 102,300원

[잔여재산의 분배]

자 본 금	1,000,000	청산 자본금	1,877,700
자본잉여금	50,000		
이익잉여금	50,000		
청산손익	777,700		

청산자본금	1,877,700	현금	1,877,700

청산법인의 세금 환급금 발생

법인이 해산된 후 경정결정 등으로 환급금이 발생한 경우 법인이 청산 종결 등기를 필한 때에는 법인격이 소멸하고 실체 또한 존재하지 아니하며, 권리능력을 상실하게 된다. 따라서, 청산 종결 등기를 필한 법인은 국세환급금을 지급받을 수 없다. 다만 법인세법에 따라 납세의무가 존속하는 때에는 충당 · 환급할 수 있다(국세기본법 기본통칙 51-0…13).

따라서, 환급 결정이 청산 종결 등기 이후에 난다면 과세 관청과 분쟁의 소지가 있을 것으로 보이는바, 환급 결정 이후에 청산 종결 등기를 하는 것이 좋다.

폐업해도 법인은 살아 있으니 법인세 신고납부는 해야 한다.

폐업해도 법인은 살아 있다.

앞서 설명한 바와 같이 세무서에 폐업 신고를 하여 사업자등록증이 말소되었다고 하더라도, 법인 자체가 사라지는 것은 아니다.

법인은 설립등기를 함으로써 만들어지며, 해산하고 청산까지 종결되어야 법인이 사라지게 된다. 따라서 세무서에 폐업 신고를 했다는 것은 더 이상 영업활동 즉 수익 활동을 하지 않겠다는 신고일 뿐이며, 법인은 여전히 살아있으므로 이후 얼마든지 재개업 신고가 가능하다. 다만, 폐업 이후에 법인을 해산하여 청산하는 경우는 청산소득에 대한 법인세를 신고해야 한다.

잔여재산을 분배하고 청산 절차가 종결되어야 법인은 비로써 사라지는 것이다. 즉 법인은 폐업 이후에 이사회 및 주주총회에서 법인해산 결의 → 해산등기 신청 → 주주총회에서 청산인을 선임하고 법인의 모든 자산을 처분해서 채권자들에게 채무(직원들 임금, 퇴직금, 은행 채권, 임차보증금, 회사채 등)를 갚는다. → 채무 변제 후 남은 자산은 주주들에게 배분 후 주식을 소각한다. → 청산이 완료되면 청산인은 청산 종결등기를 신청하고 주주총회에 청산 결과를 보고해야 법적 절차를 마무리된다.

구 분	절 차
해산 결의 및 청산인 선임	• 해산 결의 : 주주총회 특별결의를 통해 법인해산을 결정한다. 이때, 해산을 위한 청산인을 선임한다. • 청산인 선임 : 일반적으로 대표이사를 청산인으로 선임하지만, 정관에 다른 정함이 있거나 주주총회에서 타인을 선임할 수도 있다.
해산 및 청산인 선임 등기	• 해산등기 : 해산의 결의 후 2주간 내에 해산의 등기와 청산인의 등기를 한다. • 청산인 등기 : 청산인은 취임한 날로부터 2주간 내에 해산의 사유와 그 연월일, 청산인의 성명, 주민등록번호 및 주소를 법원에 신고해야 한다
회사 재산의 조사 및 보고	• 재산조사 : 청산인은 취임 후 지체없이 회사의 재산 상태를 조사하여 재산목록과 재무상태표를 작성한다. • 재산 보고 : 이들을 주주총회에 제출하여 승인을 얻은 후 법원에 제출해야 한다.
채권 신고 공고 및 최고	• 채권 신고 공고 : 청산인은 취임한 날로부터 2월 내에 2월 이상의 기간을 정하여 그 기간 내에 채권을 신고할 것과 그 기간 내에 신고하지 아니하면 청산에서 제외될 뜻을 2회 이상 공고하고, 알고 있는 채권자에게는 각별로 최고해야 한다. • 공고 방법 : 공고는 등기부(정관)상 나와 있는 신문에 게재해야 하며, 공고문이 게재된 신문지 전체를 따로 보관해야 한다.
채무 변제 및 잔여재산 분배	• 채무 변제 : 공고 기간이 종료된 후 채무를 변제한다. 모든 채무를 정리한 뒤에는 잔여재산을 주주에게 분배한다. • 잔여재산 분배 : 분배 후에는 결산보고서를 작성해 주주총회에 제출해야 한다. 주주총회의 승인을 받아야 재산 분배가 완전히 끝난다.
결산보고서 작성 및 승인	• 결산보고서 작성 : 청산이 끝나면 청산인은 결산보고서를 작성한다. 이에 대하여 주주총회의 승인을 얻으면 청산이 종결된다.
청산종결 등기	• 청산종결 등기신청 : 청산종결 등기는 주주총회에서 결산보고서의 승인이 있는 날로부터 2주 이내에 신청한다. 등기가 최종 완료되면 법인이 소멸하고, 법인등기부등본도 폐쇄된다.

폐업 후 반드시 왜 법인세 신고를 해야 하나?

법인은 폐업 후에도 청산 종결 등기 전까지 법적으로 존속하므로, 각 사업연도에 대한 법인세 신고 및 납부 의무가 계속된다.

폐업 시 남은 자산에 대한 처리와 그에 따른 세금 정산이 마무리되어야 한다.

예를 들어, 2025년도 중에 세무서에 폐업 신고를 했다면 2026년 3월 말까지 법인세 신고를 꼭 해야 한다.

폐업하는 마당에 귀찮아서 법인세 신고를 안 하는 경우가 많은데, 사업연도 중에 폐업한 경우 사업연도 시작일(보통 1월 1일)부터 폐업일까지의 매출과 매입 등 수익 활동에 대해서 반드시 법인세 신고·납부를 해야 한다. 폐업하는 경우 사업이 잘 안된 것이니 신고를 해보면 적자여서 납부할 세금도 없을 것이다.

적자에 대해 법인세 신고를 안 하면, 과세 관청(국세청)은 대부분 장부가 없으므로 추계결정을 하게 된다.

추계결정이란 매출에 주요 매입비용만 반영하기 때문에 실제 이익보다 크게 나온다.

예를 들어 2025년 10월에 폐업했는데, 1월~10월까지의 매출이 10억, 매입이 15억이라고 가정하자

정상적으로 법인세 신고를 했다면 소득금액이 (-)5억이므로 납부할 세금도 없이 끝날 것이다.

그러나 법인세 신고를 안 한다면 전체 비용 15억을 모르는 국세청은 매출을 10억으로 잡고 전산에서도 바로 확인가능한 비용만 반영하여 소득금액을 계산한다.

국세청이 계산한 결과 법인세가 마이너스면 좋겠지만 소득금액이 있는 것으로 나오면 그에 대한 법인세 고지서가 나오게 된다.

물론 법인이 폐업한 마당에 낼 돈이 없으니 아마 해당 세금은 체납이 될 것이고, 만약 과점주주가 있다면 그 과점주주에 해당 체납 세금이 제2차 납세의무로 지정될 수도 있을 것이다. 즉, 법인세 신고를 했다면 안 내도 될 세금을 가산세까지 포함해서 내야 할 수도 있다.

추계소득에 대한 대표이사 상여 처분

법인세 신고를 하지 않으면 국세청은 소득금액을 추계로 결정한다.

추계방식은 장부가 없어서 실제 경영 성과를 알 수는 없으니, 확실히 확인되는 비용과 기본적인 경비만을 반영하므로 소득금액이 마이너스가 나올 수는 없고 대부분 매출의 몇십 % 정도의 큰 숫자가 나온다.

그런데 법인세로 끝나는 것이 아니라 법인세법에 따르면 법인세를 추계로 신고하거나 결정한 경우는 해당 소득금액을 대표자에 대한 상여로 소득처분한다.
장부가 없어서 추계로 소득금액을 결정한 경우는 해당 소득금액 전체가 대표자에 대한 상여로 처분되어 대표는 소득세 폭탄을 맞을 수 있다는 것이다.

구 분	내 용
추계결정의 근거	법인세법 제66조 제3항 및 시행령 제104조에 따라, 장부나 증명서류로 소득금액을 계산할 수 없는 경우 추계결정이 가능하다.
대표자 상여 처분의 법적 근거	법인세법 시행령 제106조 제2항에 따르면, 추계에 의해 결정된 과세표준과 법인의 재무상태표상 당기순이익과의 차액은 대표자에 대한 이익처분에 의한 상여로 처분해야 한다. 다만, 법인세법 제68조 단서 규정에 해당하는 경우는 대표자 상여가 아닌 기타사외유출로 처분할 수 있다.
대표자의 판단	대표자는 법인등기부에 등재된 자, 사업자등록증 상의 대표자, 실질적인 경영권을 행사하는 자 등을 종합적으로 고려하여 판단한다.
종합소득세 과세	대표자 상여로 처분된 금액은 해당 대표자의 종합소득세 과세대상이 된다.
가산세	상여처분된 금액에 대해 소득금액변동통지서가 대표이사 집으로 날라오게 되고, 통지서를 받고 소득세를 수정신고하지 않으면 신고 및 납부불성실가산세가 부과될 수 있다.

법인세 신고를 누락한 경우 해결 방법

만일 정신이 없어 법인세 신고를 하지 못했다면, 최대한 빨리 법인세 기한후신고를 해야 한다.
그런데 만약 시간이 너무 많이 지나서, 세무서에서 보낸 법인세 결정 과세 예고고지서 또는 소득세 고지서를 받고서야 이 사태를 파악하게 되었다면 폐업한 연도의 모든 자료(매출 자료, 매입자료 등 모든 기초자료)를 최대한 모아서 전문가를 통해 법인세 경정청구를 한다.

청산소득에 대한 법인세 신고

폐업한 사업연도의 법인세 신고를 했어도 해산과 청산을 종료한 경우는 신고를 한 번 더 해야 하는데, 이를 청산소득에 대한 법인세 신고라고 한다.

구 분	법인세 신고
해산 법인에 대한 법인세 신고	사업연도 개시일(1월 1일) ~ 해산등기일까지를 1사업연도로 보기 때문에 해산등기를 하고 나서 3개월 이내(사업연도 개시일~해산등기일)까지 기간의 매출에 대하여 법인세 신고를 해야 한다.
청산소득에 대한 법인세 신고	청산 중 발생한 소득에 대해 청산 소득세를 신고해야 한다. 청산소득에 대한 법인세는 잔여재산가액이 확정된 날이 속한 달의 말일로부터 3개월 이내에 청산소득에 대한 법인세를 신고해야 한다. 예를 들어, 잔여재산가액 확정일이 2025년 10월 10일이라면 2026년 1월 31일까지 청산소득에 대한 법인세를 신고하고 세금이 있다면 납부해야 한다.

사업연도 의제

내국법인이 사업연도 중에 해산한 경우에는 그 사업연도 개시일부터 해산등기일까지의 기간과 해산등기일 다음 날부터 그 사업연도 종료일까지의 기간을 각각 1사업연도로 보며, 청산 중에 있는 내국법인의 잔여재산가액이 사업연도 중에 확정된 경우는 그 사업연도 개시일부터 잔여재산의 가액이 확정된 날까지의 기간을 1사업연도로 본다(법인세법 제8조).

1. 그 사업연도 개시일부터 해산등기일까지의 기간
2. 해산등기일의 다음 날부터 그 사업연도 종료일까지의 기간
3. 그 후 사업연도 개시일부터 잔여재산가액 확정일까지의 기간

예를 들어서 어떤 법인의 폐업과 해산이 아래와 같이 진행되었다면 사업연도, 법인세 신고 및 청산소득에 대한 법인세 신고 일정은 아래와 같다.

❶ 폐업 일자 : 2025년 12월 10일

❷ 해산등기일 : 2026년 3월 31일

❸ 청산 종결 일자(잔여재산가액 확정일) : 2026년 9월 30일

사업연도	1기	2기	3기
기간	2025년 1월 1일~12월 31일 (폐업일 : 2025년 12월 10일)	2026년 1월 1일~3월 31일	2026년 4월 1일~9월 30일 (9월 30일)
각 사업연도에 대한 법인세	2026년 3월 31일	2026년 6월 30일	2026년 12월 31일
청산소득에 대한 법인세	–	–	2026년 12월 31일

지점폐업 시 신고할 사항

지점 폐지는 이사회 결의로 가능하다. 지점 폐지 시 등기(관할 등기소)를 본점 및 해당 지점에서 해야 하고 해당 지점에서 사업자등록을 별도로 했다면 사업자등록 폐업신고, 그에 따른 부가가치세 납부 등(관할 세무서) 세무상 의무를 이행해야 한다.

그리고 혹시 해당 지점에 법인 자동차등록이 되어있다면, 다른 곳으로 이전한다.

상법 및 비송사건절차법에서 지점 폐지 등기를 규정하고 있고, 사업자등록에 대해서는 부가가치세법에서 규정하고 있다.

- 법인등기부등본 1부
- 법인인감증명서 1부
- 대표이사 제외한 일반이사 과반수의 인감증명서 각 1부 및 인감도장
- 사업자등록증 사본 1부(세금계산서 발급용)
- 정관 사본

부가가치세와 법인세

지점 폐쇄는 세법이 아닌 상법에 의하여 진행되며, 법인인감, 법인등기부 등본과 법인인감증명서, 정관 사본, 이사들의 인감 및 인감증명서가 필요한데 지점 폐쇄와 관련된 법률절차는 법무사사무소에 문의한다.

세무상으로는 지점폐업 시 등기 후 폐업신고서와 사업자등록증을 첨부하여 관할 세무서에 제출하면 된다.

폐업 후 부가가치세를 신고 · 납부해야 하며, 지점은 독립된 법인이 아니므로 법인세 신고는 하지 않아도 된다. 즉 법인세는 부가가치세와 달리 사업장별로 신고 · 납부하는 것이 아니고 법인 단위로 신고 · 납부하는 것이므로 지점을 폐업하는 경우라도 법인세를 신고하는 것은 아니다.

폐업 시에 자기생산 · 취득 재화 중 남아 있는 재화는 자기에게 공급하는 것으로 보아 부가가치세가 과세되므로, 잔존재화가 있는 경우는 부가가치세 신고를 해야 한다. 다만, 지점사업장을 폐지하면서 지점의 재화를 본점으로 옮기는 경우는 재화의 공급에 해당하지 않으므로 부가가치세를 과세하지 않고, 본점으로 이동된 뒤 판매 · 출고되는 시점에 부가가치세가 과세된다.

사업자 단위 과세 사업자의 종된 사업장이 폐업하는 때에는 사업자등록을 정정하는 것이며(본점만 남는 경우 사업자 단위 과세 포기신고서를 사업자 단위 과세 적용 사업장 관할 세무서장에게 제출), 종된 사업장의 폐업에 따른 별도의 부가가치세 신고 없이 주된 사업장의 신고 기간에 주된 사업장 관할 세무서장에게 신고하면 된다.

TIP **지점폐업 시 간주공급 여부(부가가치세)**

2개 이상의 사업장이 있는 사업자가 일부 사업장을 폐지하고 다른 사업장으로 이전하는 경우 등은 폐업 시의 잔존 재화로 보지 않아 과세 대상에서 제외된다.

따라서 경기침체 등의 사유로 사업장 통폐합 및 지점폐업을 하는 경우 지점 등에 보관하고 있던 잔존 재화를 다른 사업장으로 이전하는 경우는 부가가치세법상의 과세대상이 아니어서 부가가치세가 과세되지 않는다. 즉, 지점을 폐지하면서 지점의 재화를 본점으로 옮기는 경우는 재화의 공급에 해당하지 않으므로 부가가치세가 과세되지 않고, 본점으로 이동된 뒤 판매 · 출고되는 시점에 부가가치세가 과세된다.

또한 고정자산의 경우 지점사업장을 폐지하면서 종전 지점의 고정자산(건물, 기계장치 등)을 매각하는 경우는 매각 시점에 부가가치세가 과세 되지만, 본점에서 사업과 관련하여 계속 사용하는 경우는 부가가치세가 과세되지 않으며 추후 제3자에게 실제 매각하는 시점에 부가가치세가 과세된다(부가, 서면 인터넷 방문상담 3팀-2204, 2006.09.20.).

[관련 예규] 서면 3팀-1114, 2008.06.04

부가가치세법 제4조 제2항의 규정에 의하여 주사업장 총괄납부 승인을 받은 사업자가 종사업장의 재고자산 및 고정자산 등을 매각함과 동시에 당해 종사업장의 사업을 폐업하는 경우 당해 종사업장의 최종 과세기간에 대한 부가가치세 확정신고는 폐업일로부터 25일 이내에 관할 세무서장에게 해야 하는 것이며 그 납부세액은 폐업일로부터 25일 이내에 주사업장 관할 세무서장에게 납부해야 하는 것임.

[관련 예규] 제도 46015-11227, 2001.05.22
주사업장 총괄납부 승인을 받은 사업자가 주사업장 관할 세무서에 종사업장 납부(환급)세액을 총괄하여 납부함에 있어서 영세율 등 조기환급신고서와 폐업에 따른 부가가치세 확정신고서를 해당 종사업장 관할 세무서장에게 제출하고 주사업장 관할 세무서장에게는 『사업장별 부가가치세 과세표준 및 납부(환급)세액 신고명세서』를 제출한 경우 당해 신고에 따른 환급과 납부는 주사업장 관할 세무서에서 총괄하는 것임. 다만, 종사업장에 대한 경정 사유가 발생한 경우는 그 사유가 발생한 사업장 관할 세무서장이 경정고지하고, 조사 결과를 주사업장 관할 세무서장에게 통지하여야 하는 것임.

원천세와 지급명세서

지점에 근무하는 직원이 폐업한 시점에 퇴사한 경우라면 다음다음 달 말일까지 지점 명의로 지급명세서를 제출해야 하고(지점을 4월에 폐업한 경우 6월 말), 퇴사하지 않고 본점으로 전입하여 근무하는 경우는 다음 연도 2월 급여 지급 시 연말정산하여 3월 10일까지 본점에서 지점(전입) 분을 합산하여 근로소득 지급명세서를 제출한다.
이때 작성 방법은 현 근무지인 본점에서 근로소득 원천징수영수증을 작성하고 폐업한 지점의 근로소득은 근무처별 소득명세서 종(전)란에, 전입한 사업장 본점에서 지급한 근로소득은 주(현)란에 구분하여 작성한다.

지점에서 실제 퇴직하고 본점에 입사하는 경우가 아니라면 본 · 지점 간 임직원 전출 시 현실적인 퇴직으로 보지 않는다. 따라서 퇴직금 등은 승계되며 전출법인(지점)에서 연말정산을 하지 않고 전입 법인(본점)에서 통산하여 연말정산을 하면 되며, 관련 지급명세서도 전입 법인에서 제출하면 된다.
[관련예규] 서일-282, 2007.02.27
사용인이 현실적인 퇴직으로 보지 아니하는 당해 법인과 직접 또는 간접으로 출자 관계에 있는 법인으로의 전출 시에는 근로소득에 대한 연말정산을 하지 아니하고 전입 법인에서 연말에 통산하여 연말정산하는 것임.
○ 소득세법 기본통칙 22-1【현실적인 퇴직의 범위】
② 다음 각호의 1에 해당하는 경우는 현실적인 퇴직으로 보지 아니한다.
6. 2이상의 사업장이 있는 사용자의 근로자가 한 사업장에서 다른 사업장으로 진출하는 경우

수정세금계산서 발행

지점을 폐업하고 본점이 지점사업을 양수하여 계속 영위하던 중 지점에서 공급한 재화가 본점으로 환입되는 경우 본점은 재화가 환입된 날을 작성일자로 하여 수정세금계산서를 발행할 수 있다.

본점과 공장 등 2개 사업장을 가지고 있는 법인사업자가 공장의 사업장을 폐지하고 폐지사업장의 건물 및 기계장치를 폐업일 이후에 처분하는 경우 본점 명의의 세금계산서를 교부할 수 있는 것임(부가, 부가 22640-1328, 1989.09.12.)

4대 보험 업무처리

구 분	업무처리
국민연금	신고 기한 : 사업장 폐업 사유가 발생한 날이 속하는 달의 다음 달 15일까지 신고 서류 : 사업장탈퇴 신고서 1부, 폐업사실증명원 사본 1부(공단에서 확인이 가능한 경우에는 생략 가능)
건강보험	신고 기한 : 사업장 폐업한 날부터 14일 이내 신고 서류 : 사업장탈퇴 신고서(전자문서 포함), 직장가입자 자격상실신고서(전자문서 포함)
고용보험 및 산재보험	신고 기한 : 사업의 폐업 또는 종료 등으로 인하여 보험관계가 소멸한 날부터 14일 이내 신고 서류 : 보험관계소멸신고서

[다른 방법]

1. 본점과 지점사업장이 연결되어 있는 경우

이 경우에는 취득 및 상실 신고가 아닌, 지점 관할로 직장가입자(근무처, 근무내역) 변동 신고서를 제출하면 한다.

성명, 주민등록번호, 변동부호, 변동일자까지 작성해서 제출하면 된다.

2. 본점과 지점사업장이 분리되어 있는 경우

이 경우에는 모사업장 지정 신청서를 먼저 제출하여 본점과 지점사업장을 연결시켜줘야 한다.

다음으로 직장가입자(근무처, 근무내역)변동 신고서를 제출하면 된다.

법인세분 지방소득세의 납부

개인사업자와 달리 12월 말 결산법인은 사업연도 종료일로부터 4월 내(4월 30일)에 법인 세액의 10%를 사업장 소재지를 관할하는 시·군 · 구청에 신고 · 납부해야 한다.

납세의무자

법인세 납세의무자는 법인세분 지방소득세 납세의무가 있으며, 영리법인이건 비영리법인이건 모든 법인에 대해서 법인세 납세액이 산출되면 여기에 부과되는 것이다. 따라서 각 종료 사업연도의 법인세 결정세액(납부세액)이 있는 법인은 모두 법인세분 지방소득세 납부의무가 있다.

과세표준 및 신고 · 납부일

법인세 분 지방소득세는 법인세 결정세액(법인이 결산 종료 후 법인세를 산정해서 신고 · 납부 하는 경우의 법인세 총액으로 공제감면 세액을 차감하고 가산세를 더해서 계산된 금액)의 10%를 과세표준으로 해서 각 사업장의 시 · 군내 종업원 수와 건축물 연면적 비율의 평균으로 안분 계산한 금액을 각 사업장의 시장 · 군수에게 신고 · 납부 (12월 말 결산법인은 4월 30일까지)해야 한다.

법인세 총액 × [(해당 시 · 군내 종업원 수/법인의 총종업원 수) + (해당 시 · 군내 건축물 연면적/ 법인의 총 건축물 연면적)/2]× 해당 시 · 군의 세율

주 법인세 분 지방소득세의 표준세율은 10%이며, 시장 · 군수는 조례가 정하는 바에 따라 그 표준세율의 50%의 범위 안에서 가감 조정할 수 있다.

❶ 원천징수 의무자에게 부과된 원천징수불성실가산세는 법인세 분 지방소득세의 과세대상에서 제외함(세정-37, 2006. 1. 3.).

❷ 법인이 지급명세서 미제출 가산세를 법인세로 고지받은 경우, 동 가산세는 법인세분 지방소득세의 납세의무가 있음(세정-459, 2005. 1. 27.).

부과 징수 금액의 계산 방법

1 사업장별 종업원 수와 건물의 연면적 등 이익기여도 비율로 안분계산

법인세 분 지방소득세에 있어서 법인의 사업장이 여러 개이면 법인세 분의 과세표준이 되는 법인세 총 납부세액을 사업장별 종업원 수 비율과 건축물 연면적 구성 비율의 평균으로 배분한다. 여러 구에 사업장이 있으면 본점 또는 주사무소 소재지의 구에서 일괄납부한다.

2 사업장 이전 시에도 납기 개시일 현재 관할 시·군의 안분 부과

법인의 사업장 · 사무소 · 영업장 등을 이전하는 경우 사업연도 종료일 현재의 사업장 소재지 관할 시 · 군이 부과하는데 여러 사업장이라면 사업연도 종료일 현재의 사업장 인원수와 건축물 연면적 평균 비율대로 안분해서 부과한다. 중간에 사업장이 신규 개설된 경우도 사업연도 말로 계산하므로 기간 안분계산하지 않고 1년간 계속된 것으로 보아 계산식대로 계산한다.

3 신고 및 납부

납세지

법인세 분 지방소득세의 납세지는 법인세의 납세지를 관할 하는 시 · 군이다. 다만, 법인의 사업장이 둘 이상의 시 · 군에 있는 경우에는 상기의 산식에 따라 안분계산한 금액을 각 시 · 군에 납부해야 한다. 이 경우 특별시 · 광역시 안에서 둘 이상의 구에 사업장이 있을 때는 본점 또는 주사무소 소재지의 구에 일괄 납부하되, 본점 또는 주사무소가 없는 경우에는 당해 특별시 또는 광역시 내에 소재하는 사업장 중 종업원수가 가장 많은 주된 사업장 소재지의 구에 일괄 납부해야 한다.

신고기한 및 납부 기한

지방세법에서는 법인세 분 지방소득세를 당해 법인의 사업연도 종료일부터 4월 내에 관할 시장 · 군수에게 신고 · 납부 하도록 규정하고 있다. 한편, 법인세법 또는 국세기본법에 의해서 세액이 결정 또는 경정되는 경우는 그 고지서의 납부기한, 신고기한을 연장하는 경우는 그 연장된 신고기간의 만료일, 수정신고를 하는 경우는 그 신고 일부터 각각 1월 내에 관할 시장 · 군수에게 신고 · 납부해야 한다. 다만, 경정 또는 수정신고로 인해서 사업연도별로 추가납부 또는 환부 되는 총세액이 당초에 결정 또는 신고한 세액의 10%에 미달할 때는 귀속 사업연도에 불구하고 경정고지일 또는 수정신고일이 속하는 사업연도분 법인세 분에 가감해서 신고 · 납부할 수 있으며, 이 경우에는 지방세법상 환부이자의 계산 규정을 적용하지 않는다.

구 분	신고 · 납부기한
일반적인 경우	사업연도 종료일로부터 4월 내
법인 세액이 결정 · 경정되는 경우	고지서 납부기한으로부터 1월 내
법인세 신고기한을 연장하는 경우	연장된 신고기간의 만료일로부터 1월 내
법인세를 수정신고 하는 경우	수정신고일로부터 1월 내

TIP 법인세 수정 신고·납부 시 신고·납부

법인이나 개인이 법인소득과 개인 소득할 지방소득세의 신고 · 납부 후에 오류발견 시 신고 · 납부일로부터 60일 이내에 신고 · 납부할 수 있는데, 추가 세액의 납부나 환급도 가능하다. 환급액은 다음 연도분 납부세액에서 차감 신고 · 납부할 수 있다. 수정신고 추가납부나 환급에 대한 가산세나 이자는 없다. 다만, 본세인 법인세의 신고 · 납부 불성실에 따른 가산세가 부과되는 경우는 본세에 가산세가 가산된 금액의 10%가 납부할 지방소득세의 과세표준이 된다.

사업장

사업장이란 다음과 같은 인적 설비 또는 물적 설비를 갖추고 사업 또는 사무가 이루어지는 장소(사업소 포함)를 말한다. 즉, 인적 · 물적 설비를 모두 갖춘 장소뿐만 아니라 인적 설비 또는 물적 설비 중 한 가지 이상을 갖추고 사무 또는 사업이 이루어지는 장소는 사업장에 해당한다.

구 분	인적 · 물적 설비의 개념
인적설비	그 계약 형태나 형식에 불구하고 당해 장소에서 그 사업에 종사 또는 근로를 제공하는 자
물적설비	허가와 관계없이 현실적으로 사업이 이루어지고 있는 건축물 · 기계장치 등이 있고, 이러한 설비들이 지상에 고착되어 현실적으로 사무 · 사업에 이용되는 것

종업원 수

종업원이란 해당 법인의 사업연도 종료일 현재 사업소에 근무하거나 사업소로부터 급여를 받는 임직원이나 그 밖의 종사자로 정의된다. 즉, 종업원은 급여의 지급여부와 상관없이 사업주 또는 그 위임을 받은 자와 그 명칭 · 형식 또는 내용을 불문한 일체의 고용계약에 따라 해당 사업에 종사하는 자(상근 종사자 및 무급 접대부, 일용근로자, 비상근이사 등 포함)를 말하며, 국외 근무자는 제외하되 현역 복무 등의 사유로 해당 사업소에 일정 기간 사실상 근무하지 아니하더라도 급여를 지급하는 경우는 이를 종업원으로 본다.

건축물 연면적

건축물 연면적은 해당 법인의 사업연도 종료일 현재 사업장으로 직접 사용하는 건축물 및 이와 유사한 형태의 건축물의 연면적으로 하되, 구조적 특성상 연면적을 정하기 곤란한 기계장치 또는 시설물에 대해서는 그 수평 투영 면적으로 한다. 여기서 구조적 특성상 연면적을 정하기 곤란한 기계장치 또는 시설물이란 수조 · 저유조 · 저장창고 · 저장조 · 송유관 · 송수관 및 송전철탑으로 한정한다. 한편, 해당 법인의 사업연도 종료일 현재 사업용으로 직접 사용하는 건축물에는 법인이 타인에게 임대하고 있는 건축물은 포함되지 않는다. 즉, 임대용 건축물은 임대인의 건축물 연면적에 포함하지 않고 이를 사업장으로 직접 사용하고 있는 임차인의 건축물 연면적에 포함한다.

❶ 건설법인이 사업연도 종료일 현재 미분양 상태로 소유하고 있는 주택과 상가를 당해 법인의 사업장으로 직접 사용하고 있지 않은 이상 법인세 분 안분대상 건축물 연면적에 산입해서 안분할 수 없음(세정-2114, 2006. 5. 25.).
❷ 법인이 임대업을 영위하고 있는 경우 임대업에 공여되는 건축물 중 법인세분 안분대상이 되는 건축물은 안분기준일 현재 당해 법인이 직접 사용하는 임대관리사무실만 해당하고 타인에게 임대에 공하고 있는 면적은 안분대상에서 제외되는 것임(세정-41, 2005. 12. 13.).
❸ 사업연도 종료일 현재 타인에게 임대하지 못하고 비어 있는 건축물은 건축물의 연면적 산정범위에서 제외됨(세정 13407-8, 1999. 10. 12).
❹ 창고를 사용계약 체결해서 제품보관 · 입출고 등 창고 업무를 수행하는 경우 법인세분 지방소득세 안분대상임(세정 13407-아 839, 1998. 11. 7).

4 가산세

법인세 분 지방소득세의 납세의무자가 신고 또는 납부의무를 다하지 않은 때에는 법인세 분 지방소득세 산출세액 또는 그 부족 세액에 다음의 가산세를 합한 금액을 세액으로 해서 보통징수의 방법에 따라서 징수한다. 다만, 법인세 분 지방소득세의 납세의무자가 법인세 분 지방소득세를 신고하지 않은 경우에도 법인세 분 지방소득세 산출세액을 신고기한까지 납부하였을 때는 신고 · 납부 한 것으로 보아 신고불성실가산세를 징수하지 않는다.

구 분	가 산 세
무신고 · 과소신고한 경우	신고불성실가산세 = 산출세액 또는 부족 세액 × 20%
미납부 · 미달납부한 경우	납부불성실가산세 = 미납세액 또는 부족 세액 × 0.022% × 납부지연일자

5 소액부징수

법인세분 지방소득세의 세액이 2,000원 미만일 때는 이를 징수하지 않는다.

6 관련 서류

법인세분 지방소득세를 신고하고자 하는 자는 지방소득세(법인세분) 신고서에 법인세 총액과 본점 또는 주사무소와 사업장별 법인세분 지방소득세의 안분계산 내역 기타 필요한 사항을 기재한 명세서를 첨부해서 시장 · 군수에게 신고해야 한다. 또한, 법인세 분 지방소득세를 납부하고자 하는 자는 지방소득세(법인세분) 납부서에 의해서 당해 시 · 군 · 구에 납부해야 한다. 다만, 납세자가 원하는 경우는 별지 제70호의5 서식 대신에 별지 제49호 서식(납부(납입)영수증-전산용)에 의할 수 있다.

7 안분 세액의 수정신고 · 납부

납세의무자는 신고 · 납부한 법인세분 지방소득세의 납세지 또는 법인세분 지방소득세의 시 · 군별 안분 세액에 오류가 있음을 발견한 때에는 시장 · 군수가 보통징수의 방법으로 부과고지를 하기 전까지 관할 시장 · 군수에게 이를 수정신고 · 납부할 수 있다.

Chapter 04

국세청 세무조사 대처 방법

세무서에서 소명자료 요청을 받은 경우 대응 방법

세무서 소명 요구의 증가와 중요성

국세청은 사업자가 각 세법에 규정에 의하여 신고한 각종 신고서(법인세 신고서, 종합소득세 신고서, 부가가치세 신고서, 법인주주의 주식양도에 대한 양도소득세 및 증권거래세 신고서) 및 부속서류와 각종 소득(근로소득, 퇴직소득, 이자소득, 배당소득, 기타소득, 원천징수대상 사업소득 등) 지급에 대한 명세서 제출 내용에 대하여 그 소득 계산의 적법성 및 정당성 여부를 전산시스템에 의하여 분석한 다음 세법 적용의 착오에 의한 세금탈루, 매출누락 여부, 사업자가 신고한 소득금액에 상당한 문제가 있다고 판단하는 경우 그 기준을 정하여 관할 세무서에 하달하게 되며, 관할 세무서는 납세자로 하여금 해명을 요구하게 되는데 이를 과세해명이라고 한다. 통상 실무에서는 소명요구라고 한다. 또한 거래처의 세무조사 과정에서 밝혀진 매출누락이나 실제 거래 없는 가공매입 자료에 대하여 해명 요구를 하게 될 때도 있다.

국세청은 법인의 법인세 신고 및 개인사업자의 종합소득세 신고 내용에 대하여 손금 또는 필요경비로 계상한 금액과 적격증빙으로 제출한 금액을 분석하여 손금 또는 필요경비 대비 적격증빙 제출 비율이 상대적으로 낮은 사업자에 대하여 실제 경비를 지출하지 않았음에도 경비를 지출한 것처럼 허위로 법인세 또는 소득세를 신고한 혐의가 있는 것으로 보고, 그 사유를 사업자에게 소명요구를 하거나 수정신고를 하도록 하고 있다.

그리고 관할세무서는 사업자가 지출에 대한 증빙을 제출하지 못한 금액에 대하여 사업자가 소득을 누락한 것으로 보고 법인세 또는 소득세를 추징함으로써 사업자가 소득을 정당하게 신고하지 않으면 안 되도록 시스템을 이미 구축해 놓았다.

1 소상공인 소명자료 요구 증가

소상공인은 사업 관련 비용(필요경비)에 대한 증빙이 부족한 경우 소명요구가 증가하고 있다.

소규모 사업자의 경우 어려운 현실을 고려해서 세금신고 시 비용처리한 금액과 적격증빙 제출 내용에 대하여 소명 요구를 유보해 왔지만, 최근 국세청은 소상공인에 대해서도 세금신고 내용을 분석하여 적격증빙 제출 비율이 상대적으로 낮은 업체로서 그 차이 금액이 중요한 경우 소명자료를 요구하고 있다.

사업자가 이와 같이 적격증빙 없이 경비처리한 금액에 대한 소명요구를 받은 경우 정말 어려운 문제가 발생할 수 있다.

이 경우 개인사업자는 이미 간편장부 또는 복식부기기장에 의하여 신고한 내용에 대하여 지출에 대한 증빙이 없다고 추계에 의한 종합소득세 신고로 수정할 수도 없어 난처하다.

그뿐만 아니라 소상공인의 거래처가 소득세 또는 법인세를 줄이기 위하여 거래처가 거래를 미끼로 소상공인에게 실제 거래금액보다 세금계산서를 더 발행해 달라고 요구하거나, 압박하는 경우 소상공인은 거래처와의 거래에 생존권이 달려 있다 보니 부득이 실제 거래 없이 세금계산서를 발행하는 경우가 있고, 이 경우 거래처는 소득을 줄여 세금을 줄일 수 있으나 소상공인 자신은 종합소득세나 법인세 신고 시 가공 매출로 인하여 가공 매출분에 대한 경비가 부족하여 더 많은 세금을 내게 된다.

그런데 국세청은 이제 소상공인의 경우에도 세금 신고서의 경비 금액과 적격증빙 제출 비율을 분석하여 그 금액이 중요한 경우 소명자료를 요구함으로써 소상공인은 세금문제로 치명적인 어려움을 겪게 되는 것이다.

이러한 국세청의 변화를 인식하고 소규모 사업자라 하더라도 지출에 대한 증빙없이 필요경비로 계상하는 일은 없도록 세금 신고 시 유의해야 하며, 경비 영수증이 없는 금액이 중요한 경우 개인사업자는 종합소득세를 추계로 신고하는 지혜가 필요하다.

2 소명 안내문의 중요성

소명안내문은 신고하고 나서 그 신고한 내용 중에 탈루혐의로 의심되는 부분이 있는 경우 발송된다. 과세관청이 그 의심되는 부분을 해소하기 위해 납세자에게 근거 자료를 제출하고 소명하라고 안내장을 보내는 것이다.

소명하라는 안내를 했는데, 의심을 해소할 수 있도록 소명하지 않는 경우는 당초 내야 할 세금에 신고불성실 및 납부불성실가산세를 더해서 과세하겠다는 과세예고통지를 받을 수 있다.

그래서 소명 안내문을 받게 되면 어디에서 누가 발송했고, 왜 발송했는지를 따져 보고 차분히 대처하는 것이 가장 중요하다. 정확히 어떤 부분을 의심하는지를 확인해서 해소시키는 것이 소명의 핵심이다.

안내문만으로 이해가 되지 않는 부분이 있다면 소명안내문 하단에 담당자와 연락처가 있으니 연락해서 그 내용을 확인하고, 어떤 방식으로 소명해야 하는지를 알아봐도 된다. 만약, 납세자 본인의 잘못이 명백하다면 수정신고를 해서 가산세라도 줄여야 한다.

세무서에서 해명자료 요청을 받은 경우 대응 방법

해명자료 제출안내문은 국세청이 발송하는 공문으로, 해명을 요구하는 내용을 담고 있다.

세무조사는 별도의 세무조사 통지서로 진행되며, 해명자료 제출은 세무조사 전 단계로 볼 수 있다.

해명자료 제출 단계에서 소명이 충분하지 않으면 세무조사로 전환될 수 있으므로 중요하다. 즉 많은 사람들이 세무조사에만 두려움을 느끼지만, 실제로 해명자료 제출안내문이 도착하면 더욱 주의해야 할 필요가 있다.

해명자료를 빠르게 제출하지 않으면 세무조사로 이어질 위험이 있으며, 이 경우 과세당국이 자료를 조회할 권리를 가지게 된다.

제출을 소홀히 할 경우, 과세당국이 더 많은 자료를 수집할 가능성이 커진다.

따라서 해명자료 제출을 무시하면 이후에 더욱 심각한 문제를 초래할 수 있다는 점을 유념해야 한다.

❶ 해명자료는 거래처 조사로부터 발생하는 자료 요청에 해당하며, 신고 내용에 특정 혐의가 있을 때 요구된다.

❷ 사업자가 신고한 세금 자료와 국세청의 자료가 상이한 경우로, 이는 신고를 적게 한 혐의가 있을 때 발생할 수 있다.

❸ 신고를 하지 않은 경우에도 해명자료를 요구받을 수 있으며, 예를 들어 양도소득세 신고 대상 자산을 양도하고 신고하지 않은 경우가 해당한다.

세무조사와 해명자료 제출안내문의 차이점

해명자료 제출안내문에서는 특정 혐의가 명시되어 있어, 이에 대한 소명만 필요하므로 그 범위는 세무조사에 비해 좁다. 반면 세무조사는 특정 대상 기간의 모든 사항을 조사 대상으로 삼으며, 따라서 소명해야 하는 범위도 넓어진다.

따라서, 해명자료 제출은 더욱 한정된 범위 내에서 소명이 이루어진다고 할 수 있다.

해명 안내는 세무조사보다 더 어려울 수 있으며, 그 이유는 해명 안내 기간이 매우 짧기 때문이다.

그러나 필요에 따라 해명 안내 기간을 연장 요청할 수 있으며, 최대한 준비를 잘해야 한다.

해명자료 요청이 발생하는 원인과 사례

탈세 제보는 지인이나 거래처 사장, 회사 직원 등 회사와 가까운 사람들이 할 수 있으며, 이런 제보가 해명자료 제출 통보의 원인이 된다.

과거에는 세무공무원이 현장 조사를 하였지만, 현재는 국세청의 통합 전산망이 클릭 하나로 의심 거래를 적출하고, 세무조사를 추진하는 시스템으로 변화했다.

거래상대방이 자료상이거나 고액 거래를 갑자기 한 경우, 비통상적인 품목이나 사업자와의 거래로 인해 의심이 발생할 수 있으며, 이러한 거래는 전산망에서 쉽게 감지

된다. 또한, 적격 증빙자료 수치 비율이 낮은 경우, 사업자는 해명자료 제출안내문을 받게 되며, 이는 사업자와 세무 대리인 모두에게 큰 부담으로 작용한다.

❶ 거래상대방이 자료상이거나 자료상으로 의심되는 경우, 국세청 전산망에서 감지된다.

❷ 거래한 내용이 신고된 내용과 일치하는 경우도 전산 프로그램에 의해 확인될 수 있다.

❸ 고정 거래처가 아닌 거래처와 갑작스레 고액 거래를 한 경우, 비정상적인 거래가 통합 전산망에 노출된다.

❹ 통상적인 품목이 아닌 거래를 한 경우, 비정상적인 거래로 감지될 수 있다.

❺ 분식을 목적으로 연말에 대량 거래를 수행하는 행위도 의심 거래로 간주될 수 있다.

❻ 성실 사업자가 적격증빙 수치비율이 낮아 해명자료를 받게 될 경우, 해명을 제대로 하지 못하면 세무대리인도 징계를 받을 수 있다.

1 세금계산서와 관련한 불부합 자료

소명 과정에서 가장 많이 발생하는 문제는 세금계산서와 관련해서 매출 신고와 매입 신고의 불일치에 따른 불부합 자료에 대한 소명요구다.

개인사업자의 경우 부가세 및 소득세 수정신고가 필요하며, 법인의 경우 대표자 상여로 인식되어 추가적인 세금 신고가 요구된다.

자료상과의 거래도 소명 요구의 주요 원인이며, 이런 경우에는 실제 거래가 있었음을 입증하기 위한 서류가 필요하다.

소명 시에는 계약서, 대금 결제 증빙, 입증 서류 등 다양한 자료를 통해 거래의 실재성을 입증해야 하며, 단순한 세금계산서로는 부족하다.

2 매입세액 부당 공제

매입세액 부당 공제는 주로 실수로 인해 발생하는 경우가 많다.

간이과세자와의 거래에서, 거래상이 간이과세자일 경우 공제를 받을 수 없는 점에 주의해야 한다. 특히, 영세사업자와의 거래나 영세율 매출로 인해 공제받는 경우는 문제가 될 수 있다.
폐업자와의 거래에서 발행된 세금계산서는 공제받을 수 없다는 점을 알고 있어야 한다,
그러나 실제 거래가 있었고 양측이 세금계산서를 공제받았다면, 이를 입증하면 인정을 받을 수 있다.

3 세무조사 파생 자료

세무조사 파생 자료에 대한 소명 요구는 상대방 회사와의 거래로 인해 발생하며, 상대 회사의 세무조사가 진행되는 동안 자료를 확인 요청하는 경우이다.
이러한 요구는 주로 "거래처가 세무조사 과정에서 확인된 사실"을 바탕으로 해명자료 제출을 요청하는 안내문 형태로 온다.
기한 내에 제출하지 않으면, 제출한 과세자료가 정당한 것으로 간주되어 과세가 이루어질 수 있다. 만약 상대방 사업자의 매출 누락으로 인해 자료 제출을 요구받았다면, 관련 매출이 실제로 누락되었는지?를 점검하고 필요 시 수정신고를 해야 한다.
매출 누락이 적은 편이지만, 오히려 매입도 누락된 경우가 많을 수 있으므로 주의가 필요하다.

4 부가가치세 신고서 및 부속서류 분석에 의한 과세자료 소명 요구

① 매출처 세금계산서와 매입처 세금계산서의 불일치로 불부합 발생
두 사업자가 각각 세무신고를 하지만 국세청 전산망은 이를 하나의 거래로 크로스 체크하게 되는데, 이때 그 거래의 발생 시기 및 거래의 실재성, 거래금액의 완전성 등을 검토하여 누락 또는 이상 징후가 있는 경우 관할 세무서는 해당 거래처에 그에 대한 소명을 요구하게 된다.
② 매입세액공제 대상이 아님에도 공제받은 경우
1. 경승용차를 제외한 승용자동차 매입세액을 공제받은 경우
2. 자동차 정비업소로부터 수취한 세금계산서의 매입세액 정당성 여부

3. 승용차 렌트비용은 매입세액을 공제받을 수 없음에도 공제받은 경우 그 사유에 대하여 해명 요구

4. 신용카드매출전표에 의하여 공제받은 금액 중 공제를 받을 수 없는 매입세액

5. 업무추진비 관련 매입세액 : 매출자가 유흥업소인 경우

세금계산서를 발급할 수 없는 업종임에도 사업자가 신용카드로 결제하고 매입세액을 공제받은 항공요금, 고속철도요금 등의 매입세액

③ 거래처의 세무조사 과정에서 밝혀진 매출누락에 대한 파생 과세자료

5 법인세 종합소득세 신고서 및 부속서류 분석에 의한 과세자료 소명요구

① 손금으로 계상한 금액과 적격증빙 제출 내용을 분석하여 동종업종 사업자보다 제출 비율이 현저히 낮거나 금액적으로 중요한 경우 해명 요구

적격증빙 과소 수치는 종합소득세 신고 시 계상한 모든 비용 중 세금계산서, 신용카드 등 적격증빙 대상과 관련 없는 인건비와 이자비용, 감가상각비 등을 제외한 적격증빙 수취 가능 대상 금액과 실제 세금계산서를 수취한 금액과의 차이를 계산해 차이가 많으면 가공비용 등 비용 계산에 문제가 있다고 추정한다.

적격증빙 과소수취 대상에 해당하는 경우 신고내용 사후검증, 세무조사 등을 통해 수년간 과다 비용 신고분이 일시에 추징될 수 있는 위험이 따르며, 과소신고가산세(최대 40%), 세금을 납부하지 않은 것에 대한 납부불성실가산세가 부담되기도 한다.

② 사업자가 정부보조금을 익금에 산입하지 않은 경우

③ 감면 대상이 아님에도 세액감면을 받은 경우

④ 유흥업소 지출액을 복리후생비로 신고한 경우

⑤ 출근하지 않는 가족에 대한 인건비 처리

⑥ 과도한 경조사비 지출액

6 지급명세서 소명요구

① 사업자가 일용근로자 임금을 계상하였으나 일용근로자가 해외에 체류 사실을 출입국관리사무소 등으로부터 자료를 제출받아 실제 근무 사실에 대해 해명 요구

② 근로자의 근로소득에 대한 연말정산 시 배우자 또는 부양가족공제의 소득금액이 100만 원을 넘는 경우 배우자 및 부양가족공제와 특별공제를 받을 수 없음에도 이를 공제한 경우 이에 대한 해명자료 요구

③ 지인의 명의를 빌려 과도한 인건비 처리로 인해 여러 곳의 사업장에서 동시에 신고된 경우

해명자료 요청에 대응하는 방법

세무서에서 해명자료 요청을 받은 경우, 다음과 같은 방법으로 대응할 수 있다. 세무조사를 피하기 위한 첫 번째 단계는 과세자료 소명으로, 소명의 기회를 활용하거나 자진 세금 납부를 통해 세무조사로 넘어가지 않도록 해야 한다.

절 차	대응 방법
1. 해명자료 제출안내문 수령	관할 세무서 세무조사관은 해명자료 제출안내문을 납세자와 접촉하지 않고 등기우편으로 특정사안에 대해서만 해명자료 제출을 서면으로 요구한다. 해명자료를 제출해야 할 경우, 해명안내문을 통해 어떤 혐의가 제기되었는지 파악하는 것이 중요하다.
2. 거래 사실관계 확인	해명자료 제출안내문을 받으면 거래에 대한 사실관계를 확인해야 한다. 이는 거래의 발생 시기, 거래의 실재성, 거래금액의 완전성 등을 검토하여 누락 또는 이상 징후가 있는지 확인하는 과정이다.
3. 실제 거래 사실 입증	실제 거래 사실을 입증할 수 있는 서류를 제출해야 한다. 이러한 서류로는 거래계약서, 세금계산서, 거래명세서, 통장 계좌이체 내역, 물품 인수확인서 등이 포함된다. 영세사업자들의 경우 일반적인 서류를 구비하지 않은 경우가 많아, 보통은 계좌이체 내역과 세금계산서, 거래계약서를 통해 거래 사실을 입증한다.
4. 해명자료 제출	해명자료 제출 기한이 표시되어 있지만, 그 기간이 경과하더라도 소명자료 제출에 문제는 없다. 제출 기한이 임박한 경우는 세무공무원에게 전화하여 시간을 조금 더 달라고 요청하고 약속을 지키면 된다.

절 차	대응 방법
	❶ 해명자료 제출 시, 협의에 대한 자료를 신속하고 빠르게 준비하는 것이 중요하다. ❷ 해명자료는 과세 관청에서 납득할 수 있는 형태로 체계적으로 준비해야 한다. ❸ 제출하는 자료는 과세당국에서 인정받을 수 있는 내용을 포함해야 한다. ❹ 자료 준비 과정에서의 철저한 체계성이 해명자료 제출의 핵심 요소로 작용한다. 복잡한 상황에서는 전문가의 도움을 받아 진행하는 것이 바람직하다.
5. 소명자료 제출 방법	해명안내문에 제시된 소명내용에 대해 수정신고를 하더라는 안내문이 오면, 세무대리인을 통해 소명자료 제출을 진행한다. 세무대리인은 해명안내문에 기재된 세무공무원에게 연락하여 소명할 내용과 범위를 확인하여 소명서 제출과 수정신고 업무를 진행한다.
6. 해명자료 제출 시 주의사항	해명자료 제출 시 근거 증빙을 준비하지 않아도 된다. 그러나 소명과정에서 과세쟁점이 되는 부분이 있다거나, 세무공무원과 대립 관계가 형성될 때 근거 증빙 제출을 요구받을 수 있다. 이 경우에는 근거 증빙을 별도로 준비하여 제출하는 것이 좋다.
7. 대면 소명	국세청은 세무대리인 또는 의사가 해명안내문 소명과 수정신고를 세무서에 방문하지 않고 비대면으로 처리하는 것을 원칙으로 하고 있다. 그러나 전화상으로만 하는 업무처리는 정확한 내용을 전달하기 어려우므로, 가급적 소명서를 제출할 때는 세무서에 방문해서 세무공무원의 얼굴을 보고 대화를 나누는 것이 좋다.
8. 해명자료 제출 시 대처방법	해명자료 제출 시, 세무공무원이 여러 항목으로 검증 범위를 넓히기도 할 수 있다. 따라서, 세무대리인은 소명 항목을 축소시키고 추징 세금을 그 항목 내에서 적게 납부될 수 있도록 하는 것이 중요하다. 또한, 세금추징을 피하기 위해 지나치게 방어적으로 대응하다 보면 더 많은 추징 항목이 쟁점 대상이 될 수 있으므로, 합리적 절충점을 찾아야 한다.

매출누락의 방지와 해명안내문 대처방법

매출 누락은 세무조사에서 세무조사관들이 가장 중요하게 확인하는 사항이다.
매출 누락이 발생하면 법인세, 소득세, 부가가치세와 가산세를 한 번에 부담할 수 있어 과세당국의 관심을 끌게 된다. 따라서 매출 누락 문제를 정리하고, 세무조사관들이 이를 어떻게 파악하는지를 이해하는 것이 중요하다.
매출 누락이 발생할 경우, 법인사업자는 부가가치세, 가산세의 불이익을 받을 수 있다. 특히, 대표자 급여에 대한 소득세가 추징될 수 있다.
개인사업자의 경우, 고소득자에 대해 소득세와 관련된 가산세가 최대 40%까지 부과될 수 있으며, 이는 매출 누락으로 인한 세금 부담을 증가시킨다.

매출 누락 확인 방법과 가산세

세무서에서는 카드사별 매출액을 입수하여 신용카드 누락 여부를 확인하며, 병의원과 같은 현금거래가 많은 B2C 거래의 매출 누락도 점검한다.
다른 업종과의 비교를 통해 현금매출이 적은 경우, 특히 종이 세금계산서의 발행 시 매출 누락 가능성이 높아질 수 있다.
온라인 매출은 복잡한 구조로 인해 매출 수수료와 관련해 누락 가능성이 있으며, 이 경우 가산세가 발생할 수 있다.
가산세는 일반적으로 10%에서 시작하여 부정 신고 시에는 최대 40%까지 부과되며, 추가로 수익 금액의 0.14%가 적용된다.
법인과 개인사업자에게는 부가가치세와 법인세에 대한 가산세가 있으며, 부정신고 시 동일하게 40%의 가산세율이 적용된다.
매출 누락이 발생할 경우, 가산세와 조세범칙 조사로 인한 형사 처벌 가능성이 있으며, 징역형 또는 벌금이 부과될 수 있다.
미신고하거나 과소 신고할 경우, 고의성이 인정되면 더 높은 가산세율이 적용되며, 무신고가산세 및 납부 지연 가산세가 추가로 발생할 수 있다.
회계처리 오류로 매출 누락이 발생할 경우, 고의가 아닐 경우는 과소 신고로 인한 가산세가 부과되지만, 고의적인 매출 누락은 40%의 가산세를 부과받는다.

매출누락 국세청 해명안내문 받게 되는 이유와 불이익

1 국세청의 매출 파악 방법

❶ 국세청은 신용카드 및 결제 대행 자료 등을 통해 납세자의 매출 정보를 파악하고, 이 데이터의 차이를 기준으로 해명안내문을 발송한다.
❷ 온라인 쇼핑몰이나 해외 구매 대행 사업에서 매출이 매달 신고되며, 신고 내용과 실제 매출 간 차이가 클 경우 부가가치세 과소 신고로 인식된다.
❸ 납세자는 홈택스를 통해 자신이 신고한 매출과 국세청이 파악하고 있는 매출을 비교하여 누락된 매출 여부를 사전 점검할 수 있다.
❹ 국세청은 중개 플랫폼, 예를 들어 에어비앤비에서 얻은 정보를 통해 해당 사업자들의 매출 정보를 파악하고 과소 신고 여부를 판단한다.
❺ 탈세 제보를 통해 매출 누락 정보를 확인하는 경우도 있으며, 이는 무통장 입금과 같은 비통상적인 방식으로 이루어진다.

2 해명안내문 수령 후 대응 절차

해명안내문 수령 시, 국세청은 일정 기한 내에 납세자가 신고한 매출과 국세청이 파악한 매출의 차이에 대한 해명을 요구한다.
국세청 파악 매출 내역은 해명안내문에 명시되며, 부가가치세 신고 과정에서 매출 누락이 확인되면 수정신고나 기한 후 신고를 진행해야 한다.

만약 납세자의 매출이 맞는 것으로 판단되면, 실제 정산 내역이나 근거 자료를 제출하여 신고 내용의 적절성을 입증할 수 있으며, 세무서 담당 조사관의 검토를 통해 소명이 종료된다.

해명안내문을 받는 경우 대부분 납세자의 고의 또는 실수로 인해 부가가치세 신고에서 매출 누락이 발생하며, 국세청의 매출이 맞는 것으로 확인된다.

3 부가가치세 및 종합소득세 신고 누락 시 발생할 수 있는 불이익

부가가치세 수정신고 전 매출 누락이 확인되는 경우, 신고 불성실 가산세로 10%와 연 8.03%의 납부지연가산세가 부과되며, 부당과소신고 시 최대 40%까지 늘어날 수 있다.

매출 1억 원을 5년 후에 적발된 경우, 누락된 부가가치세는 1,500만 원에 이를 수 있으며, 이는 누락 시 가산세와 기존의 세금 부담을 증가시킨다.

만약 신고를 아예 하지 않았다면, 사업자 미등록 가산세, 무신고가산세, 납부 지연 가산세를 모두 포함하여 총 1,700만 원이 부과될 수 있다.

또한, 종합소득세에서도 누락된 소득에 대해 추가 부담이 발생하며, 5년 후에 적발되면 4,500만 원 이상의 세금을 내야 할 수 있다.

국세청의 해명안내문에 응답하지 않으면 납세자에게 불리하게 부과될 수 있으며, 심각한 경우 세무조사로 이어질 수 있다.

4 부가가치세 신고 시 매출 누락 방지 방법

부가가치세 신고 단계에서부터 홈택스 자료를 활용하여 매출 누락 방지가 가능하다.

신고 시 사용해야 할 자료로는 전자세금계산서, 신용카드, 현금영수증 등이 필요하다.

전자세금계산서의 경우, 홈택스에서 월별 및 분기별로 발급된 세금계산서 목록을 조회하고 다운로드할 수 있다.

매출 내역은 전자세금계산서뿐만 아니라 판매 대행 및 결제 대행 자료에서도 확인할 수 있으며, 각 플랫폼에 따라 조회 방법이 다를 수 있다.

홈택스 자료를 통해 신고자료와 검토 결과가 일치하면 매출 누락이 최소화되며, 반대로 차이가 클 경우 오류 가능성을 확인해야 한다.

해명 요구에 따른 수정신고

만약 회사가 탈세에 대한 의도가 있었다면, 수정신고를 통해 부가가치세와 기타 세금을 적시에 조치하는 것이 좋다. 과소신고가 발생하면 매출 누락 혐의가 생기며, 이로 인해 두 가지 세금이 부과될 수 있다.

매출 1억 원이 누락됐을 경우, 부가가치세와 종합소득세가 이중으로 추징되며, 총추징 비율은 약 40%에 이를 수 있다. 과소신고로 인해 납부불성실가산세가 추가된다.

현금영수증 의무 발행 업종에서 매출 누락이 발생하면, 발급하지 않은 금액의 20%에 해당하는 과태료가 부과되므로 세금 부담이 증가할 수 있다.

해명자료 제출은 중요하며, 실수로 제출한 자료로 인해 추가 가산세가 발생할 수 있음을 인지해야 한다.

수정신고는 개인사업자가 평균 이익률에 맞춰 신고해야 하며, 낮게 신고할 경우 세무서의 소명 안내를 받을 수 있다.

국세청의 분석 결과에 따라 매출 누락이 의심될 경우, 기한 내에 부가가치세 수정신고를 해야 하며, 이를 소홀히 할 경우 세무조사 등의 불이익을 받을 수 있다.

매출이 누락된 경우 매출 누락뿐만 아니라, 매입 누락 여부를 점검하고 적극적으로 소명하여 세금을 줄이도록 노력해야 한다.

추가로, 정규 증빙 미수취나 가공원가 계상 혐의가 있을 경우, 소명이 요구될 수 있으며 이는 회사의 비용 총액과 적격 증빙의 합계를 비교하여 명확히 판단된다.

소득세 신고 시 경고 문구가 포함된 안내문을 받았다면, 이를 바탕으로 더욱 신경 써서 신고하고, 적격 증빙 없이 비용 처리한 경우는 충분한 소명이 필요하다.

소명요청이나 세무조사의 위험이 있는 습관적 지출

대기업의 정기 세무조사는 보통 5년에 한 번 이루어지며, 중소기업 및 소기업의 경우 조사가 이보다 드물게 발생할 수 있다.

최근 국세청 전산시스템의 발전과 세수 부족 상황으로 인해 세무조사 및 소명자료 요청이 많이 증가했다. 따라서 기존에 그냥 넘어갈 수 있었던 사항도 소명자료 요청이나 세무조사로 이어질 가능성이 커졌다.

납세자들은 이에 대비하여 자료 준비가 필수적이다. 또한 현시점과 같이 세무조사의 위험성이 높은 시기에는 특히 주의가 필요하다.

1 가공세금계산서를 주고, 받는 행위

거래처 상호간 경비 자료를 맞추기 위해 가공세금계산서를 사용하는 경우가 많은데 이는 세무조사에서 큰 위험 요소가 되며, 이는 나중에 소명 요청으로 이어질 수 있다. 특히, 자료상 거래는 시간이 지나며 발견되기 때문에 초기에는 인지하지 못하는 경우가 많고, 과거에는 자주 발생했으나 현재는 더욱 엄격히 단속되고 있다.

2 법인카드를 사적으로 사용

사적 경비가 섞인 법인카드는 국세청의 철저한 분석 대상이 되며, 타지역에서의 사용이나 주말 사용, 가사 관련 사용으로 입증하지 못할 경우 부인당할 수 있다.

법인카드로 사용한 병원비, 교육비, 주거비용은 반드시 급여로 신고해야 한다.
또한 주말 타지역 사용이나 출장이 없는 업무 담당자나 대표이사의 타지 사용도 조심해야 한다.
예를 들어 하루 종일 병원에서 진료를 보는 의사가 낮 시간에 타지역에서 법인카들 사용하는 경우 당연히 적발되게 된다.

3 업무용승용차의 운행일지 작성

업무용 승용차의 운행일지가 제대로 작성되지 않을 경우, 세금이 급증하는 상황이 발생할 수 있으며, 운행 목적의 분류가 중요하다.

4 인건비 신고누락

잠깐 쓰는 알바나 직원의 사정으로 급여 신고를 안 하는 경우 및 명절 선물 등 비과세가 아닌데, 급여 신고를 누락하는 경우 해당 인건비를 비용처리할 수 없다. 추후 비용처리를 위해 수정신고를 하더라도 이는 가산세 대상이니 주의해야 한다.

5 성실신고 사업자

성실신고 사업자는 매출 금액이 일정 기준 이상일 때 세무조사가 시행되며, 성실신고를 하지 않을 경우에도 조사가 발생할 수 있다.
따라서 성실신고 사업자는 반드시 올바른 신고를 해야 하며, 세무 대리인을 통해 신고하는 것이 필요하다.
세무조사는 과거 5년간의 자료를 검토하기 때문에, 잊어버리기 쉬운 세부 사항을 기억하기 어렵고 대응이 힘들다는 점을 유의해야 한다.
이를 방지하기 위해 사적 경비, 인건비 신고 누락 등에서 주의해야 하며, 자료를 잘 기록 보관해 두어야 한다.

TIP 종합소득세 신고 시 탈세 소명요구에 주의할 10가지

개인사업자에 대한 종합소득세 관련 과세자료 해명 안내는 주로 다음과 같은 경우 발생하므로 부가가치세 신고 시 각별히 주의를 한다.

1. 부가가치세 신고서와 종합소득세 수입금액을 대사하여 종합소득세 수입금액을 과소신고한 경우
2. 총수입금액에 포함해야 하는 정부보조금, 판매장려금 등을 총수입금액에 포함하지 않은 경우
3. 신용카드발행세액공제액, 부가가치세 전자신고세액공제액을 총수입금액에 포함하지 않는 경우
4. 종합소득에 합산해야 하는 소득(국민연금 등 공적연금, 근로소득, 2천만 원을 초과하는 이자소득 및 배당소득)이 있음에도 이를 합산하지 않는 경우
5. 배우자 또는 부양가족공제의 소득금액이 100만 원을 넘는 경우 배우자 및 부양가족공제를 받을 수 없음에도 이를 공제한 경우
6. 창업중소기업 감면 대상 업종 또는 중소기업특별세액감면 대상 업종이 아님에도 감면을 받은 경우
7. 복식부기의무자가 사업용 계좌를 신고하지 아니하고, 창업중소기업 감면 또는 중소기업특별세액감면을 받은 경우
8. 현금영수증 가맹점 가입 대상 사업자가 현금영수증 가맹점에 가입하지 아니하고 창업중소기업 감면 또는 중소기업특별세액감면을 받은 경우
9. 필요경비로 계상한 금액 중 적격증빙(세금계산서, 현금영수증, 신용카드매출전표 등) 수취 비율이 동종업종에 비하여 현저히 낮은 경우
10. 급여 등 인건비를 필요경비로 계상하였음에도 지급명세서를 제출하지 않는 경우

불부합 자료 소명자료 제출안내문

세무신고를 할 때 항상 세심한 주의를 기울여야 하는데, 그중에서도 특히 유의해야 하는 세목은 부가가치세 신고다. 부가가치세는 하나의 거래에 대해 매출자와 매입자가 동시에 거래 명세를 국세청에 신고하는 세목이기 때문이다.

불부합 자료라는 것은 우리 회사가 신고한 내역(매출 및 매입내역)과 상대방 거래처의 신고 내역이 다르다는 것이다.

그런데, 이런 경우는 여러 가지 상황이 있을 수 있다.

우리 회사의 신고자료가 잘못되었다든지?,

아니면 거래처회사의 신고자료가 잘못되었다던 지 또는 우리가 받은 매입 세금계산서의 발행처(즉, 거래처가 되겠죠)가 간이과세자이거나 폐업 상태이거나 또는 자료상인 경우가 있을 수 있다.

당연히 우리 회사의 신고가 적법한 경우라면 가산세 문제는 없다.

하지만, 신고가 잘못된 것이라면 당연히 가산세의 문제가 있다.

불부합 자료가 발생한 경우 그 원인이 어떤 이유인지를 먼저 담당자에게 전화해서 확인해 보는 것이 좋다.

추가로 작년도 신고내역이 잘못되었을 때인데, 회사의 착오인 경우는 이미 신고한 소득세(법인세)를 수정신고해야 하는 문제가 있으니 주의해서 처리해야 한다.

법인의 경우에는 법인세와 대표자에 대한 상여로 처분이 되어 소득세 추징의 문제가 발생할 수 있다.

마지막으로 덧붙이자면 세무서에서 담당 공무원이 요청한 신고기한의 경우 기한이 하루 넘어갔다고 담당 공무원이 바로 처리하지는 않는다.

그러나 간혹 담당 공무원이 바로 처리해서 세금 고지를 하는 예도 있다. 일단 세금 고지가 되면 처리하기가 무척 어렵다. 물론, 회사의 신고내역이 정확하다면 문제는 없다.

① 발생 과세자료에 대한 소명 안내(세무서 → 납세자)

② 과세자료에 대한 소명자료제출 등(납세자 → 세무서)

③ 제출된 소명자료에 대한 검토(세무서)

④ 소명자료에 대한 검토 결과통지(세무서 → 납세자)

검토 결과 추징 사유에 해당하는 때는 즉시 고지 결정

자료 종류	자료 내용	소명방법
신용카드매출 과소신고 자료	신용카드 회사 등으로부터 수집한 금액이 신용카드 매출 신고 금액보다 많은 경우 발생	• 세금계산서와 신용카드를 동시에 발행하여 세금계산서 매출분으로 신고된 경우 당해 거래와 관련되는 세금계산서 및 신용카드매출전표, 거래증빙서류 등으로 소명 • 과소신고 금액이 기신고한 현금매출분에 포함된 것으로 소명하는 경우는 장부 등 객관적인 증빙으로 입증되는 경우에만 인정됨
봉사료 과세대상 혐의 자료	신용카드매출전표 등에 봉사료를 과다계상한 혐의가 있는 경우 발생	• 봉사료 지급 금액에 대한 봉사료 지급대장과 친필 서명 확인 및 봉사료 원천징수영수증 사본을 제출
(세금)계산서 불부합 자료	당해 사업자가 제출한 매출 · 매입처별(세금)계산서 합계표 내용과 거래상대방이 제출한 내용이 상이한 경우 발생	• 먼저 불부합 내용이 중복 신고 되었거나 혹은 신고 누락으로 인한 불부합이 아닌지 검토 → 신고누락인 경우 합계표 및 관련 수입금액 신고누락분 수정신고 • 당해 사업자는 정상 신고했으나 거래상대방이 잘못 신고한 경우는 (세금)계산서 및 거래원장 등 사본을 첨부하여 거래사실 소명 세금계산서 관련 해명자료 제출 건이 사실 거래라면 사실 거래임을 입증할 수 있는 서류를 제출하면 된다. 거래계약서, 세금계산서, 거래명세서, 계좌이체 내역, 물품 인수확인서, 사진 등 쟁점 거래가 사실임을 입증할 서류를 제출하면

자료 종류	자료 내용	소명방법
		된다. 해명자료 중에서 가장 중요한 것은 계좌이체 내역이다. 계좌이체만 제대로 이루어져 있으면 해명하는 데 큰 어려움은 없다. 그러므로 평소 재화나 용역의 거래 시 가능하면 자료 소명할 때를 대비해 계좌이체를 하는 것이 좋다. 소명자료 제출 안내 건이 사실 거래가 아닌 경우도 실무상 빈번하다. 사업자 중에는 매입자료가 너무 부족해서 지인으로부터 실물거래 없이 세금계산서만 수취해서 부가가치세 신고를 하는 경우가 종종 있는데, 이는 절대로 해서는 안 되는 행위다. 자신은 안 걸릴 것으로 생각해 실물 거래 없는 세금계산서(위장 · 가공세금계산서)를 수취해 세금신고를 하는 것이지만, 위장 · 가공세금계산서 수수행위는 거의 100% 세무조사를 받게 된다고 보면 된다. 상대방이 부가가치세 신고를 제대로 한 경우에는 운 좋게 그냥 넘어가는 수도 있겠지만, 실물 거래 없는 세금계산서를 발행하는 회사가 제대로 운영될 리가 없기 때문이다. 위장 · 가공세금계산서를 발행한 회사가 매출 신고도 하지 않고 무단 폐업 후 도주하는 예도 다반사다.
소득합산표	신고한 소득세 내용과 국세청이 보유한 소득 내용이 다른 경우 발생	• 과세자료 소명 안내문의 무 · 과소 신고 내역과 종합소득세 신고서를 비교한 후 무 · 과소 신고 안내 내용에 따라 소명 • 기준경비율 신고 대상자가 무신고한 경우에는 최소한 주요경비(매입비용, 인건비, 임차료) 증빙서류는 제출
의료업자 수입금액 합산표	병 · 의원, 약국 등 의료업자가 신고한 수입금액과 국민건강보험공단, 보험사 등으로부터 수집한 자료에 의한 수입금액에 차이가 나는 경우 발생	• 건강보험관리공단의 요양급여 자료는 의료기관에 지급한 시점(자급일) 기준으로 자료가 수집되는 반면 의료업자는 용역제공을 완료한 날 기준으로 귀속시기를 신고하므로 귀속시기 차이에 따른 수입금액 차이가 발생할 수 있음 → 수입금액 차이에 대한 원인 규명 후 귀속시기 차이 분 소명 및 과소신고 수입금액 수정신고
위장가공매입자료	실물거래는 있으나 제3자(자료상 등)로부터 세금계산서를 수취(위장거래)하거나 재화나 용역의 공급 없이 세금계산서만 수수(가공거래)한 경우 발생	• 외상거래 : 입금표, 실 거래장부, 실거래 회사의 확인서 및 인감증명서 등으로 실 거래처 소명(실 거래처로 확인되면 필요경비는 인정, 매입세액은 불공제) • 가공거래 : 매입세액불공제, 필요경비 부인

세무조사의 원칙과 세무조사의 종류

세무조사란 일반적으로 국민의 납세의무에 관해서 세법이 규정한 대로 과세표준과 세액을 정확히 계산함으로써 조세채권·채무를 명확히 하는 절차로서, 조사공무원이 각 세법상의 질문조사권 또는 질문검사권에 의해서 납세자 또는 그 거래가 있다고 인정되는 자 등을 상대로 질문하거나 장부, 서류, 기타 물건을 검사·조사 또는 확인하는 행위를 말한다.

이러한 세무조사는 조세범처벌절차법상의 범칙 사건조사와 각 세법의 질문조사 규정에 의해서 행하는 일반 세무조사로 구분할 수 있다.

세무사찰은 처벌을 목적으로 해서 법원이 발부하는 수색영장을 요건으로 하는 강제조사이다. 이에 반해서 세무조사는 납세의무의 성립 및 이행 여부를 검증하는 절차로서 임의조사이다.

세무조사의 일반원칙

세무조사는 일반적으로 납세의무에 관해서 세법이 규정한 대로 과세표준과 세액을 정확히 계산해서 신고하였는지? 여부를 검증하는 절차로서 납세자의 자율적인 성실신고의 담보와 세정건전화를 이룩하는 데 목적을 두고 있다.

1 세무조사의 선정기준

공정하고 객관적인 기준에 따라 선정되고 있으며, 주로 불성실하게 신고된 것으로 인정되는 때에만 엄정한 조사가 실시된다.

2 중복 조사의 금지

일반적으로 같은 세목 및 같은 과세기간에 대해서 중복해서 조사하지 않으나

❶ 조세 탈루 혐의를 인정할 만한 명백한 자료가 있거나

❷ 거래상대방에 대한 조사가 필요한 경우

❸ 2 이상의 사업연도와 관련해서 잘못이 있는 경우 등에 대해서는 중복 조사를 할 수 있도록 하고 있다.

3 세무조사에 있어서 조력을 받을 권리

세무사는 납세자가 소득세. 법인세, 부가가치세, 양도, 상속 · 증여세 등의 경정 또는 실지조사를 받는 경우 납세자를 대리해서 조사에 입회하거나 의견진술을 할 수 있다.

4 납세자권익보호의 원칙

세무조사를 함에 있어 법률이 정한 납세자의 권리와 편익을 최대한 보장해야 한다는 원칙이다.

5 납세자의 성실성 추정의 원칙

조사 공무원은 조사와 관련해서 납세자의 성실성 추정 등의 배제 사유가 없는 한 납세자가 성실하며, 제출한 신고서 등이 진실한 것으로 추정해야 한다는 원칙이다.

세무조사의 종류 및 조사기간

1 일반조사

특정 납세자 과세표준의 결정 또는 경정을 목적으로 하는 통상적인 조사로서 일반적인 부가가치세, 소득세, 법인세 조사가 이에 해당한다. 조사 대상은 신고성실도 전산 평가 결과와 세무서의 평소 세원 관리 내용(업종의 성격. 부실 자료의 발생 현황 등)을 반영해서 선정한다.

신고성실도란 부가가치세의 경우 부가가치율의 적정 여부, 매출 금액의 신장 상황. 세금계산서 발행 및 수취 비율 등이 주요한 평가 요소가 될 것이다. 법인세 및 소득세의 경우에는 매출액 대비 소득금액 또는 부담 세액의 비율, 원가 비율 등 각 비용 항목 비중의 적정성 여부 등이 주요한 평가 요소가 될 것이다.

그 조사 기간은 소득세의 경우 10일(지방청 조사 20일), 부가가치세의 경우 10일(지방청 조사 15일), 법인세의 경우 20일(지방청 40일)이다.

2 특별조사

탈세 수법이나 규모로 보아 통상의 조사로는 실효를 거두기 어려운 경우에 별도 계획에 의해서 실시하는 조사로서 아래 대상자 중에서 선정한다.

법인세, 소득세 특별조사 대상자

❶ 법인세의 경우 매출 누락 또는 가공원가 계상 등으로 기업자금을 변칙적으로 유출한 법인

❷ 수출입 가격 조작 또는 해외 발생 소득의 국내 미반입 등 국제 거래를 이용한 탈세 행위와 국내 탈루소득의 해외 변칙 유출 행위 법인

❸ 비업무용 부동산 또는 주식 등을 과다하게 보유해서 투기 혐의가 있고 비생산적인 기업 운영 등으로 세금을 탈루한 법인

❹ 과다한 자금을 차입해서 기업 운영자금에 투자하지 않고 변태 유출해서 대표자의 사적 유용 등 다른 목적으로 사용한 혐의가 있는 법인

❺ 법인의 대표자 · 기업주 또는 그의 가족이 신고소득에 비해서 소비 금액이 과다하거나 소비 조장업소 출입 또는 빈번한 해외관광 여행 등 호화 · 사치 생활을 하는 관련 법인

부가가치세 특별조사 대상자

❶ 유통과정 문란 업종 또는 사업자

❷ 과세유흥장소, 호화 · 사치성 물품 취급으로 과소비를 조장하는 업소

❸ 신종 호화업소 및 사회적 물의 야기 업소

❹ 진정서 및 탈세 제보자료 발생업소

❺ 기타 국세청장 또는 지방청장이 필요성이 있다고 인정되는 종목 또는 사업자

3 추적조사

재화 또는 세금계산서의 흐름을 거래의 앞뒤 단계별로 추적해서 확인하는 유통과정 추적조사로서 아래의 대상자 중에서 선정한다.

❶ 무자료 또는 변칙 거래가 성행하는 업종 또는 이중가격 형성, 매점 · 매석 등 경제질서를 교란케 하는 경우

❷ 위장 · 가공거래 혐의자

❸ 자료상 혐의자 등 세금계산서 거래 질서 문란혐의자

❹ 신용카드 거래 질서 문란혐의자

❺ 기타 탈세 정보자료 등에 의한 위장 가공거래 혐의자

4 확인 조사

납세자 관리(기본 사항조사, 등록 일제 조사 등) 또는 과세 관리상(기장 확인, 과세자료 확인, 거래처 확인 조사, 국세환급 조사 등) 필요로 해서 특정 사항이나 사실을 확인하기 위한 조사를 말한다.

5 긴급 조사

수시부과 사유 발생, 회사 정리 개시 신청 등 조세채권의 조기 확보가 필요해서 당해 사유 발생 즉시 실시하는 조사를 말한다.

6 서면조사

납세자가 신고하거나 제출한 서류에 의해서 신고 상황의 적정 여부를 검증하기 위해서 실시하는 조사를 말한다.

법인 · 소득세 조사

1 법인세 조사

법인세 조사 목적은 법인의 자율적인 성실신고를 담보하고 기업경영의 건전화를 유도하는 데 있다. 이러한 법인세의 조사 대상은 공정하고 객관적인 기준에 따라 선정하고, 선정된 법인에 대해서는 엄정한 조사를 실시 한다. 법인세 조사는 법인세 이외에 부가가치세, 원천제세 및 기타 법인이 납부하는 모든 세목을 통합해서 조사함을 원칙으로 한다.

2 소득세 조사

소득세 조사는 법인세 조사와 그 방향이 비슷하다. 다만, 조사 대상자를 선정함에 있어 매출액 대비 신고하는 소득률과 신고 소득금액 대비 부동산 취득, 고급 차량의 소유, 해외여행 빈도, 각종 회원권의 소유 여부 등의 생활 정도와 연계해서 대상자를 선정하는 것으로 보인다. 신고 소득률은 업종별로 상대평가가 되므로 업종별 표준소득율 대비 50%~80% 정도 선에서 신고하는 것이 일반적인 현실이다.

부가가치세 조사

부가가치세는 매출세액에서 매입세액을 공제해서 납부세액을 계산하는 방식이다. 따라서 조사의 방향은 매출누락 금액을 조사해서 매출세액을 증가시키는 방향과 가공매입금액 또는 매입세액이 공제되지 않는 매입세액 등을 조사해서 매입세액을 감소시키는 방향 및 각종 의무 불이행에 대한 가산세의 확인 등의 방향으로 초점이 쏠린다고 볼 수 있다.

1 매출세액 증가항목

매출누락 및 세금계산서 미발행 거래, 상가주택 임대의 경우 과세 · 면세 대상 구분의 적정성, 상가 분양 시 토지 · 건물 가액 구분의 적정성, 자가공급 · 개인적 공급 · 사업상 증여 · 사업폐업 시의 잔존재화 해당 여부, 수출대금 외화환산의 적정성, 영세율 적용 대상 해당 여부 및 첨부서류 적정 제출 여부, 특수관계자 간의 거래로서 부당하게 낮은 대가 여부, 세금계산서 적정한 발행과 공급 시기의 문제, 매출처별 세금계산서합계표 제출의 적정 여부, 대리납부 해당 여부, 각종 가산세 해당 여부를 조사한다.

2 매입세액 감소항목

가공매입 세금계산서 유무, 매입 세금계산서 공급 시기의 적정 여부, 자기의 사업과 관련되는 매입세액 여부, 사업자등록 전의 매입세액, 면세와 관련되는 매입세액 및 안분계산의 적정 여부, 의제매입세액 공제의 적정 여부, 면세 과세 겸업자의 경우 고정자산에 대한 납부세액 재계산의 적정 여부, 신용카드 공제 세액의 적정성, 유형 전환 시 납부세액 재계산 적정 여부, 대손세액공제의 적정 여부를 조사한다.

3 조사범위

일반조사는 조사일이 속하는 과세기간의 직전 2개 과세기간으로 한다. 특별조사는 제척기간 범위 내에서 조사계획 수립 시 정하고 금액 기준으로 거래금액의 50% 이상에 대해서 세금계산서 추적조사를 병행해서 실시한다.

자료상 조사

1 자료상의 범위

❶ 실물 거래 없이 전액 가공세금계산서를 발급한 자.

❷ 일부 정상 거래 또는 무자료 거래가 있는 사업자도 당해 과세기간의 매출 세금계산서

❸ 총발급 금액 대비 가공세금계산서 발급 금액이 50% 이상인 자

❹ 가공세금계산서 발급 금액 비율이 50% 미만이더라도 1 과세기간 중 가공세금계산서 발급 금액이 5억 원 이상인 자

❺ 자료상으로부터 허위세금계산서 수취 비율이 총 매입액의 50% 이상인 자

2 자료상의 고발

자료상으로 확정된 자는 즉시 조세범처벌법 등의 규정에 따라 관할 지방검찰청에 고발한다. 실제 행위자와 명의자가 다를 경우는 명의자도 함께 고발해야 한다.

3 자료상과 거래자 조치

❶ 1과세기간에 발급받은 거래금액이 개인 3천만 원 미만, 법인 5천만 원 미만인 자 : 누적 관리

❷ 1과세기간에 발급받은 거래금액이 5천만 원 이상 1억 원 미만인 자 : 경정 조사 또는 추적조사

❸ 1과세기간에 발급받은 거래금액이 1억 원 이상인 자 : 범칙조사

세무조사의 여러 가지 기법

세무조사의 기법이란 세무조사에 있어 당해 기업이 신고한 소득금액의 적부 판단에 필요하고 또한 유효한 증빙서류 등을 수집하여 그 신고내용의 적법성을 검토하고 확인하는 기술 · 수단을 말한다.

세무조사의 기법에는 그 적용되는 범위에 따라 일반조사 기술과 개별 조사 기술로 구분되며, 이 세무조사의 기법에 대한 가장 특징적인 것은 세법에서 세무공무원에 대하여 강력한 질문, 검사권을 부여하고 이를 근거로 하여 모든 세무조사 기술이 구사되고 있으며, 이와 같은 기법으로도 조세채권 확보 상 필요한 거증을 얻지 못하는 때에는 세법상의 합리적인 기준에 의거 과세표준과 세액을 추계결정 할 수 있는 추계조사 방법이 허용되고 있다.

이같이 세무조사 기법으로서의 일반조사 기술이란 기업이 비치·기장하고 있는 회계장부와 기타 이에 관련된 제 증빙서류에 기입된 모든 거래기록에 대해서 보편적이고 기본적으로 적용이 되는 조사 기술이며, 이는 내부 거증에 의한 거래기록의 정확성과 타당성을 검토하고 확인하는 조사 기술이다. 이에 대하여 개별조사 기술이란 일반조사 기술을 보완하고 보충하기 위해서 개별적인 특정 항목에 대해서 개별적이고 구체적으로 적용이 되는 조사 기술로서 주로 외부 거증에 의한 거래기록의 정확성과 타당성을 검토하고 확인하는 조사 기술을 의미한다.

일반적 조사 기술

1 장부 기록의 대사

장부 기록에 의한 조사기법은 일반적으로 시행되고 있는 조사 관계 장부의 대사로서 그 기록이나 전기내용의 적부를 검토하는 기술이며, 이 방법에는 기장 대사와 전기 대사로 구분할 수 있다.

2 증빙서류의 대사

증빙서류의 대사는 실무상으로 기장기록과 증빙서류를 서로 대사함으로써 당해 회계 기장의 적부를 검토·확인하는 기술이다. 즉, 당해 기업이 비치하고 있는 계약서, 청구서, 송장, 검수 보고서, 영수증 등과 기장기록을 대사함은 물론 관계 증빙서류 자체의 적부 검증도 포함된다.

3 회계 계산의 대사

회계 계산의 대사는 기록된 장부상의 합계액이나 차감액 등을 산술적으로 대사·검토함으로써 적부를 확인하는 기술이며, 이는 한편 계산 조사라고도 말하고 있다. 이 기법은 세무조사 상 광범위하게 활용되고 또한 그 방법이 단순한 데 비해서 장점이 있는데, 반해 시간과 노력이 많이 소요되는 단점이 있다.

개별적인 조사 기술

1 환가성 물건의 실지조사

당해 기업의 자산의 실재성과 수량을 조사하는 기술로서 현금, 어음, 유가증권 등의 실물 조사에 적용이 되며, 이때에는 환가성이 높은 것을 동시에 조사해야 한다. 이 기법은 세무조사 상 신뢰도가 높은 증거를 얻을 수 있는 장점이 있는 반면에 이 기법을 활용하는 범위가 제한적이라는데 한계점이 있다.

2 입회조사

재고자산에 대한 실지 현장에 입회하여 그 적부를 대사·검토하는 기술로서 진부화된 자산의 폐기 처분, 장부 기록상의 실제 수량과 현물과의 검토확인 등에 적용된다. 이 조사기법은 세무조사 상 실지조사 시간과 노력이 절약된다는 장점이 있는 반면에 환가성 물건의 실지조사의 경우와 같이 이 기법을 적용하는데 범위가 제한적이라는 데에 단점이 있다.

3 확인 조사

이 조사 방법은 외부 거래처에 조회하여 그 거래 사실, 잔액, 합계 및 계산 등의 적부를 검토 확인하기 위하여 회답을 요구하는 기술로서 이는 질문검사권에 근거한 중요한 조사 방법이다. 따라서 이 조사 방법은 세무조사 상 신뢰도가 높은 증거를 파악하는 장점이 있는 반면에 당해 기업과 거래처 간의 공모가 이루어지면 거짓된 정보를 확인하는 단점이 있다.

4 질문조사

당해 기업의 거래 내용이나 거래 사항 등을 상대방에게 문의하여 회답이나 설명을 요구하고 당해 거래 사실의 처리 및 장부 기록의 적부를 대사, 검토하는 기술이다. 이 조사 방법은 세무조사 상 직접적으로 단기간 내에 세무조사 상 필요로 하는 회답을 얻을 수 있는 장점이 있는 반면에 신뢰성이 떨어진다는 단점이 있다.

5 계정분석

특정 계정과목의 차변과 대변을 구성요소 별로 분석하여 분류하고 그 계정 내용구성을 명백하게 하는 기술을 말한다. 예를 들면 자본적 지출과 수익적 지출과의 구분에 대한 분석 등이다. 이 조사 방법은 세무조사 상 이상한 계정과목을 발견할 수 있는 장점이 있는 반면에 시간과 노력이 많이 소요되는 단점이 있다.

6 조정

서로 관련되는 두 개의 수치 간에 존재하는 일치성을 확인하기 위하여 각 수치를 정리하고 그 차액을 확정·증명하는 기술로서 예를 들면 보통예금의 잔액, 거래처에 대한 대차 잔액, 본지점 계정 잔액 등의 확정을 위해서 적용되는 방법이다. 이 조사 방법은 서로 관련되는 이상 수치의 발견에 효과가 있다는 장점이 있는 반면에 그 활용 과정이 매우 복잡하다는 단점이 있다.

세무조사 사전 대비와 대처 방법

세무조사는 대부분 사업자에게 공포의 대상일 수밖에 없는 존재이다. 이것은 세금 문제에 있어서는 그 누구도 자유로울 수 없다는 인식 때문일 것이다. 즉, 세무조사는 법률상의 문제와 실질 경제 즉 시장의 차이는 명백하게 존재하지만 이를 무시하고 법률의 잣대로 사업자를 조사 하는 것이기 때문일 것이다.

국가는 법률상의 입장뿐만 아니라 사업자에 비해 엄청난 정보를 보유하고 있고 또한 내부와 외부의 고발자들로부터도 사업자는 자유로울 수 없다.

일단 세무조사는 사업의 존폐 여부를 가를 수도 있는 엄청난 파장을 불러일으킬 수도 있다.

그렇다고 너무 겁을 먹을 필요는 없지만, 세무조사를 너무 안이하게 대처하는 것도 위험하다. 그러므로 있는 그대로 객관적이고 냉정하게 바라보아야 한다.

통상적으로 세무조사에 선정될 가능성이 큰 납세자들을 살펴보면 다음과 같다(단, 상속/증여세의 경우는 대부분 조사한다.).

세무조사 대상 선정은 크게 정기 선정과 수시 선정으로 구분된다.

정기 선정은 신고성실도 평가 등의 기준으로 선정하며, 수시 선정은 탈세 제보, 무자료 거래, 위장 · 가공거래 등으로 선정하게 된다. 정기 선정에 의한 세무조사 대상자 선정의 1차 기준은 사업자의 신고 내용을 기초로 국세청의 신고성실도 측정프로그램을 분석한다.

신고성실도 측정 요소에는 국세청의 사전 안내 항목이 포함되며, 탈루 가능성이 있는 28개 항목을 미리 알려주는데 주요 내용은 가공 인건비, 법인카드 사적 사용, 세무조사 이후 신고소득률 하락 법인, 동종 업종 비교, 최근 호황 업종 등이 성실도 측정에 가미된다.

그중에서도 가능성이 큰 경우는 다음과 같다.

❶ 세금계산서 및 지급명세서의 작성 · 제출 등 납세 협력의무 불이행자

❷ 신고내용 중 탈루나 오류 관련 명백한 자료가 있는 경우

❸ 국세청 성실도 분석 결과 불성실 혐의 등에 해당할 때

가장 쉽게 세무조사를 대비하는 길은 위와 같이 종합소득세나 법인세 신고안내문의 사전 안내 항목을 주의해서 만약 신고 불성실 안내 항목이 있다면 곧바로 수정조치를 취하고 성실히 세무신고를 하는 길일 것이다.

TIP AI 시대의 탈세 적발과 회사의 세무리스크 관리방안

AI 및 빅데이터 활용

국세청은 세무조사 대상자 선정 및 탈세 적발을 위해 AI와 빅데이터 기술을 본격적으로 도입하고 있다. 주요 내용은 다음과 같다.

❶ 차명계좌 빅데이터 분석시스템 개발 및 시범 운영

❷ 다양한 과세정보와 차명계좌 입출금 정보의 종합 분석

❸ 금융거래 분석시스템을 통한 역외 탈세 감시

AI 세무조사관 도입

국세청은 'AI 세무조사관' 도입을 통해 다음과 같은 효과를 기대하고 있다.

❶ 탈세 방지 강화

❷ 신속한 데이터 분석을 통한 업무 효율성 제고

❸ 공정한 공무집행

❹ 인력 감소에 따른 행정비용 절감

빅데이터센터 운영

국세청 빅데이터센터는 다음과 같은 역할을 수행한다.

❶ 한국형 생성형 AI 확대 적용

❷ 인공지능 알고리즘을 적용한 전화응답시스템 구축

❸ AI 세법 상담 서비스 제공

AI시대의 탈세 적발 가능성 급상승

❶ 이상 거래 탐지 : AI는 대량의 금융거래 데이터를 분석해 정상적이지 않은 패턴이나 반복적으로 나타나는

특정 유형의 거래를 감지한다. 이 과정에서 머신러닝 알고리즘은 거래 유형, 금액, 빈도 등을 학습하여 비정상적인 거래를 실시간으로 포착할 수 있다.

❷ 탈세 의심 계좌 자동 탐색 : AI는 여러 금융기관에서 발생하는 계좌 활동을 비교 분석해 소득 미신고나 자산은닉과 같은 행위가 의심되는 계좌를 자동으로 탐지한다. 특히 여러 계좌에 걸친 자산 분산이나 반복적인 소액 거래 등을 효과적으로 파악할 수 있다.

❸ 국세청 데이터와 금융 데이터의 교차 분석 : AI는 국세청에 신고된 소득 정보와 실제 금융 활동 데이터를 실시간으로 비교해 불일치를 감지할 수 있다. 예를 들어, 신고된 소득은 낮지만, 대규모 자산 이동이 있는 경우 탈세 가능성을 신속히 식별할 수 있다.

❹ 회계 데이터 분석 : 기업의 회계 데이터를 자동으로 분석해 허위 세금 신고나 부정한 비용처리, 가짜 영수증 발급 등의 문제를 파악할 수 있다. AI는 복잡한 회계 구조에서 인간이 놓치기 쉬운 작은 세부 사항을 분석해 적발한다.

❺ 탈세 위험 기업이나 개인 평가 : AI는 개인이나 기업의 거래 및 자산 이동 내역을 기반으로 탈세 위험 수준을 자동으로 평가할 수 있다. 이를 통해 세무 당국은 높은 위험에 속하는 대상에 대해 우선적으로 조사를 진행할 수 있다.

❻ AI 기반 가상 세무조사 가능 : 세무 당국은 AI를 사용해 자동으로 가상 세무조사를 수행할 수 있다. 이는 수작업으로 진행되는 조사절차를 자동화하고, 적은 인력으로도 대규모 조사를 효율적으로 진행할 수 있다. AI는 다양한 데이터 소스를 결합하여 신속하게 탈세 가능성을 분석하고 조사 대상자를 선별한다. 세무공무원은 해당 내용을 확인 판별만 한다.

AI 시스템의 한계와 실무자의 대처

AI 시스템은 학습된 데이터와 패턴을 기반으로 작동하기 때문에, 완전히 새로운 유형의 탈세 수법을 즉각 감지하기 어려울 수 있다.

특수한 거래에 대한 이해도가 낮을 수 있어, 복잡하고 정교한 탈세 기법을 놓칠 가능성이 있다.

하지만 현재 진행형으로 전통적으로 사용해 온 탈세 수법은 100% 걸린다고 보면 된다. 즉 가사 관련 비용 경비 처리나 법인카드 사적 사용 등 일정한 패턴이 있는 거래와 탈세를 위해 일반적인 거래 패턴에서 벗어난 이상 거래를 감지해 적발할 가능성이 크다.

그리고 탈세가 안 걸리고 넘어가는 시간은 세법상 짧게는 5년이므로 지금처럼 급속도로 변해가는 시대에 걸리는 것은 시간문제라고 생각하면 된다.

AI 시스템에 의해 자동으로 의심 사업자 및 거래는 자동으로 걸리므로 우리가 여기서 이거 걸려요? 안 걸려요? 논쟁도 무의미한 시대가 얼마 남지 않았다.

AI 시스템은 지속적으로 학습하고 발전하므로, 새로운 탈세 수법에 대한 대응 능력도 점차 향상될 것이다.

중국의 사례를 보면, AI 조세 시스템이 약 95%의 탈세 감지율을 보이며, 기존에 알려지지 않은 탈세 수법까지도 감지해 낼 수 있다고 한다.

제발 사업주 든 실무자든 탈세에 머리 쓰지 말고 원칙적인 처리를 하는 것이 올바른 업무처리다.

회사의 대응 방안

AI시대의 탈세 정보 추적에 대비하여 회사가 취할 수 있는 대응 방안은 다음과 같다.

❶ 투명한 회계시스템 구축 : AI가 분석하는 데이터의 정확성과 일관성을 유지하기 위해 투명하고 체계적인 회계시스템을 구축해야 한다.

❷ 내부 감사 강화 : 정기적인 내부 감사를 통해 잠재적인 문제를 사전에 파악하고 해결한다.

❸ 세법 준수 : 임직원들에게 최신 세법과 규정에 관한 교육을 실시하여 의도치 않은 위반을 방지한다.

❹ 전문가 자문 : 세무 전문가의 자문을 받아 복잡한 거래나 특수한 상황에 대한 적절한 세무 처리 방법을 확인한다.

❺ 데이터 관리 시스템 개선 : AI 분석에 대비하여 회사의 재무 및 거래 데이터를 체계적으로 관리하고 보관한다.

❻ 정기적인 자체 점검 : AI 시스템이 탐지할 수 있는 비정상적 거래 패턴을 파악하고, 이를 주기적으로 점검한다.

❼ 신기술 도입 : AI와 빅데이터 기술을 활용한 자체 세무 관리 시스템을 구축하여 선제적으로 대응한다.

TIP 세무조사 시 일반적 요구자료

❶ 법인세 과세표준 및 세액신고서(결산서, 감사보고서 포함)
❷ 결산 준비 서류, 세무조정 서류(결산 전 계정과목별 집계 내역 등)
❸ 부가가치세 신고서
❹ 원천세 신고서, 연말정산 서류, 급여대장 등 제 장부
❺ 전표 및 증빙서철 월별 진열
❻ 보조원장, 총계정원장 등 제 장부
❼ 예산서, 예산집행 실적보고서
❽ 각종 계약서철
❾ 보유 부동산명세서, 토지 · 건물 등기부등본, 토지대장, 지적도
❿ 외부감사 지적사항 및 답변자료
⓫ 전산 조직 현황(기종, 용량, 인원, 업무별 전산화 내역 등)
⓬ 회사조직도 및 직원 배치도(전화번호 포함)
⓭ 정관 원본, 회사규정집
⓮ 이사회 회의록, 법인등기부 등본(설립~최근까지 모두 기재된 것)
⓯ 노동조합, 사내복지기금 현황(정관 원본, 법인등기부 등본)
⓰ 복사기, 프린터, 팩스, 세단기 각 1대, 캐비닛 2개
⓱ PC(한글, 엑셀, 인터넷, 회계정보시스템 가능) 6대 지원
⓲ 예금통장, 예금 관련 장부
⓳ 각종 소송관계 철(노무 관계, 외부 민원 소송 등)
⓴ 직무교육 책자

성공하는 세무조사 대처 방법

세무조사 시 준비사항

구 분	준비 내용
자료 준비	세무조사는 조사유형에 따라 다르나 세무사찰이나 탈세 정보 등 긴급이나 비밀을 필요로 하는 경우가 아닌 한 대부분 사전에 세무조사 예고를 통지하게 되므로 세무조사 통지를 받으면 이에 대비해야 하며, 세무공무원 역시 조사 전에 사업 전반 자료 및 거래처 세무신고 사항, 영업 형태, 실적, 세금 납부 사항, 개인 생활 정도, 재산 사항, 해외여행 빈도 등을 상세히 사전에 조사하고 조사에 임하므로 예상되는 조사 방향, 요구자료 등을 분석해서 답변자료를 준비해야 한다.
사업장 정리	사업장 내에는 조사와 관련 없는 것은 모두 정리해서 불필요한 오해의 소지를 없애야 하며, 가급적 정돈된 조사실을 마련하는 것이 좋으나 장소가 마땅치 않으면 세무 대리인과 협의해서 조사 장소를 변경할 수도 있다.
비품 준비	세무공무원이 조사 중에 필요한 비품을 간략하게 준비하는 것도 부드러운 분위기를 연출하는 방법일 것이다. 통상 자, 볼펜, 연필, 지우개 등 필기구와 메모지, 연습장, 계산기 등을 준비한다.
약간의 간식	며칠간 우리 사무실에 있을 손님으로서 약간의 차와 다과 등을 준비한다. 조사 시간도 줄일 수 있고 조사자와 사업자 간의 인식 차이도 줄일 수도 있다.

조사 대상에 선정되기 쉬운 경우

조사 대상 선정은 일률적으로 정해진 것은 아니며, 그때의 상황에 따라 변한다. 예전에는 소득이나 신장율이 업종별 평균율에 미달하는 업체를 주로 대상에 선정하였으나 최근에는 소득에 비해 자산취득이나 소비가 많은 음성 불로소득 자와 탈세를 조장하는 자료상 혐의자, 상대적으로 세무 관리가 취약한 업종, 자산소득이나 현금수입업종 등 타 업종에 비해 상대적으로 실 소득대비 신고 소득율이 저조한 업종에 중점을 두는 경향이 있다.

또한, 통설에 3년 이내에는 조사가 안 나온다거나 5년에 한 번은 반드시 세무조사를 받아야 한다는 것은 현재의 조사 기준으로 보면 낭설에 불과하다.

아래 유형은 지금까지의 조사유형을 경험으로 분류한 것이며, 중복유형이 많을수록 조사 가능성이 높을 것으로 예상된다.

❶ 소득에 비해 지출이 과다한 업체(결손 및 소득율 저조자)

❷ 호황 업종(특히 고가 소비재)

❸ 호화 사치 생활자(세금 신고소득에 비해 사업 무관 해외여행이 빈번하거나 고급승용차, 고급 주택, 별장, 콘도, 골프 회원권 등 취득자)

❹ 세금계산서 거래 질서 문란 품목 해당 업체

❺ 자료상 거래자

❻ 무신고자

❼ 사회 지탄 대상자로서 탈세 혐의자

❽ 장기 미조사 업체

조사 대상에 제외되기 쉬운 경우

세무조사 대상 선정 및 제외는 그때마다 지침이 바뀌고 사회·경제 여건에 따라 매번 변화되므로 고정된 것은 아니지만 다음과 같은 경우는 제외 또는 조사 유예되는 빈도가 높았다. 하지만 "반드시"라는 보장이 없으므로 유념해야 한다.

❶ 중소제조업체

❷ 수출업체

❸ 벤처기업

❹ 신용카드 발행 비율 및 매출 증가 비율, 소득 증가율이 좋은 업체

❺ 동종 업종 업체와 비교해서 평균 신장률, 평균 부가율, 평균 소득률이 좋은 업체

세무조사 시 대응 방안과 유의 사항

1 평소의 장부 및 증빙 관리

공제받는 비용으로서의 입증책임은 납세자에게 있다. 따라서 거래 시 세금계산서. 계산서. 기타 지출영수증을 빠짐없이 챙겨서 정확하게 기장해서 비치해야 한다. 또한 모든 거래가 투명하게 노출되지 않는 우리 현실에서는 누락거래와 관련되는 증빙 또는 세무조사 시에 오해받을 가능성이 있는 자료 등은 최소화해서 평소 관리에 철저해야 한다.

2 세무조사 통지를 받은 때

세무조사 통지를 받은 때에는 조사 착수 전에 장부 · 증빙 · 각종 세금 신고서를 대조 · 검토해서 보완하고 불필요한 서류 등이 섞여 있는지? 여부를 확인해야 한다. 조사 연기신청을 할 필요가 있는지? 여부를 검토한다. 또한, 기업규모에 따라서 사전에 조사세무서를 방문해서 조사 공무원뿐만 아니라 관리자에게 최대한 조사에 협조하겠으니, 선처를 해달라는 취지의 성의 있는 인사를 해두는 것도 손해날 일은 아니다.

3 조사 공무원에 대한 태도

조사 공무원은 국가로부터 부여받은 세금부과권을 집행하는 사람이다. 또한 조사 실적에 대한 부담감에서 벗어날 수 없는 것이 현실이다. 따라서 정중하게 응대하고 회사의 어려운 실정을 설명해서 이해를 확보하는 것이 좋다. 조사를 기피하는 태도 높은 사람을 들먹여서 무시하는 태도를 보이는 것은 금물이다. 웃는 얼굴에 침 뱉을 수 없는 것이 우리의 인정이다. 물론 아주 상황이 악화한 경우는 부득이하게 그런 도움을 받아야 하는 경우가 없지 않은 것이 또한 현실이다.

4 질문에 답변하는 방법

조사 공무원이 질문하는 경우는 침착하고 정확하게 답변해야 한다. 조사기간 동안 조사 공무원은 납세자의 말, 행동 모두를 조사와 관련시켜서 생각한다. 따라서 말이 많으면 이로울 게 없다. 부정확한 답변은 오해를 낳을 수 있다. 따라서 정확한 답변을 해야 하고 애매한 때에는 확인한다든가 아니면 세무사와 의논한 후에 답변해도 늦지 않다. 또한, 사리에 맞지 않은 부당한 주장을 지루하게 해서는 안 된다.

5 조사 도중에 발생하는 견해 차이

조사과정에서 조사 공무원과 회사 간에 세법의 해석 또는 적용에 있어서 견해 차이가 발생하는 경우가 있다. 견해 차이가 생길 때마다 따질 것이 아니라 일단 뒤로 미루어서 조사 공무원도 충분하게 검토하게 해서 조사 종결 시에 회사의 주장을 명확하게 설명해 다른 부분과 일괄 종결해야 한다. 그렇게 해도 해결되지 않는 경우는 조세 불복절차를 밟을 수밖에 없다.

6 확인서 서명날인

조사가 종결되면 대부분 조사 공무원이 확인서를 작성하고 서명할 것을 요구한다. 이때에는 확인 내용을 면밀하게 검토해서 그대로 과세되었을 때 얼마의 세금이 부과되는지를 확인하고 날인 해야 한다.

구 분	대응 방법
친절하고 공손하게	"말로 천 냥 빚을 갚는다." 고 한다. 최소한 손해 볼 일은 없을 것이며, 진실한 말투로 대한다.
사교적인 행동	밝은 표정으로 스포츠나 시사성 있는 대화로 친근하게 대한다. 기분을 맞추라는 것이 아니라 호감 있는 행동은 사업에 큰 도움이 되는 것이다.
불필요한 말 삼가	묻지도 않은 말에 먼저 사업에 관해서 이야기하는 것은 오해를 불러일으킬 소지도 있으며, 쓸데없는 말은 짜증을 내게 할 수도 있다. 질문에는 간단 · 명료하게 요점만 말하며, 필요 이상으로 덧붙이면 불리할 수도 있으니 유의해야 한다.

구 분	대응 방법
휴식 시간에 간단한 다과	오후 3, 4시경에는 조사자나 사업자가 지칠 시간이다. 간단한 과일이나 빵, 음료를 준비해서 서로 휴식을 취하고 조사와 관련 없는 부담 없는 대화를 나눈다.
답변자료는 신속하기보다는 신중하게	답변자료는 신속히 제출하기보다는 신중하고 정확하게 해야 하며, 질문 및 요구자료가 무엇 때문에 요구하는지의 의미를 잘 파악해야 하며 조사와 직접 관련이 없는 것일수록 더 주의해야 한다.
조사와 관련 없는 질문에도 신중을	농담이나 지나치는 말도 잘 숙고해서 대답한다. "전기요금이 많이 나오지요? 우리나라는 너무 비싸" 이런 말속에는 공장 가동시간을 간접적으로 응용해서 생산량을 측정할 수 있다. "집세, 인건비, 이자 등이 너무 나가서 사업이 어렵다."고 하면 "그 정도 경비를 유지하려면 이 정도 매출은 되어야 할 것"이라고 역산해서 생각할 수 있다.
조사 시 쟁점에 대해서는 이의제기보다는 유보하라	조사가 끝나지도 않았는데 의견이 틀려 종종 싸우는 경우가 있다. 이럴 때는 의견을 끝까지 고집하기보다는 유보하는 것이 현명하다. 조사가 종결될 때까지 유보하고 종결 후에 대처한다. 종결 전에 조사실적을 따지는 경우가 있으므로 추징할 것이 불분명하게 되면 더 상세히 조사할 수 있다.
조사 장내에서 불필요한 서류 제거	조사와 직접적으로 관련이 없는 서류는 치워 놓는 것이 낫다. 공연한 오해의 소지가 있다. (예: 전화번호부, 업무일지, 사업계획서, 출장 내역서 등)
사실확인 시에는 신중하게	조사 결과가 사실로 나타나 상당한 어려움이 예견될 때는 사실을 솔직히 시인하고 금품제공이나 향응 제공보다는 사회적인 상 관례, 구조적인 모순, 어려웠던 사업환경, 부득이한 정황 등을 이해시키고 또한 본인의 납세 의지를 보여주는 것이 좋다.
확인서 서명날인은 신중하게	확인서에 서명날인이 끝나면 조사가 종결되고 고지서가 현실로 나오게 된다. 따라서 신중히 세금의 액수와 확인서 내용의 진실성 등을 검토하되 자신이 없으면 세무 대리인의 도움을 받아도 된다. 단, 무턱대고 서명날인을 거부하면 세무공무원은 날인 거부로 해서 경정할 수 있고 오히려 더 불리해질 수도 있으므로 확인된 사실에 대해서 무조건 거부하는 것은 바람직하지 않다.

조사 종결 후 대처방안

❶ 조사 종결 : 고지서 발부

세무조사가 종결되면 고지서가 발부되기 전에 적출 내용 및 소득, 예상 세액 등을 세무서로부터 통지받게 되는데 이때 과세적부심사청구를 할 수 있다(통지받은 날로부터 20일 이내에 신청해야 한다.).

❷ 고지서 발부 : 90일 이내

고지서를 받고 사실과 다르거나 여타 이의 사항이 있으면 고지서를 받은 날로부터 90일 이내에 이의신청이나 심사 · 심판청구를 할 수 있으며 받아들여지지 않을 경우 심판청구, 행정소송 등 조세 불복절차를 밟을 수 있는데, 유의할 사항은 신청이나 청구의 기일을 어기면 심리 없이 각하 되므로 특히 주의가 필요하다.

❸ 고지서 받은 날로부터 90일이 지난 때

이때는 법적으로 보호받을 수는 없으나 시정 요구, 진정 등의 형태로 과세 관청의 부당성을 호소할 수 있다.

단지 명백한 과세 관청의 잘못이 드러난 경우를 제외하고 법 해석상의 문제라면 구제받는 데 상당한 어려움이 있다. 이 경우 관할세무서의 납세자보호담당관을 만나 도움을 청하거나(무료) 조세 전문가로부터 도움을 받아 처리한다.

탈세 자료의 처리

일단 세무서에서 상대방 거래처의 자료로 인한 해명자료의 제출안내문을 받은 경우는 받은 날로부터 10일 이내에 해명자료를 제출하지 않으면 고지 결정되므로 기한을 지켜야 하며, 부득이 시간이 있어야 하는 경우는 그 사유와 기간을 정해서 세무서에 알린 후 연기를 받아야 한다.

과세자료는 통상 수입금액 누락과 허위 경비 등인데 예전에는 거래상대방으로부터 과세자료 내용과 다르다는 확인서를 첨부하거나 완전한 누락이 아니고 실제로는 다른 사람과 거래하였다는 거래 사실확인서 등을 첨부해서 소명하였으나 세무서에서는 이를 부인하고 금융 거래 사항이 확인되는 사인만 인정하고 있다.

예를 들어 갑에게 사 왔는데 세금계산서는 을이 발행한 것을 받았다는 식이다.

그러나 이때 쌍방의 확인서만을 제출한 경우는 세무서에서 이를 인정하지 않고 부가가치세 매입세액불공제와 경비를 인정받지 못하게 되고, 법인의 경우는 대표이사 상여 처분까지 하게 된다.

이때는 실제로 돈을 갑에게 지불했다는 근거와 수불부 등의 기본 자료를 제출해야 하고 금융자료의 근거는 온라인 송금 전표나 수표의 이서 등을 관련 금융기관에서 확인해야 한다.

이때 금액을 일부 현금을 줄 수도 있으므로 전액이 확인되지 않더라도 어느 정도만 밝힐 수 있다면 인정받을 수 있을 것이다.

경영자가 세무조사 시 유의할 사항

1 증빙서류의 철저

세금의 모든 근거는 증빙서류에 있으므로 각종 계약서, 세금계산서, 거래명세표, 영수증 등 거래와 관련된 모든 증빙서류를 철저히 수집해서 경리나 관련 부서에 인계하고 관리 · 감독한다.

2 기업업무추진비는 카드로

3만 원 초과의 기업업무추진비는 반드시 세금계산서나 계산서, 신용카드로 결제해야 하므로 기업업무추진비는 법인카드를 사용하거나 세금계산서를 받도록 해야 한다.

3 통장의 분리 사용

가사용 또는 개인적 사용 통장과 사업용 통장을 혼용해서 사용하지 않도록 유의한다. 거래와 무관한 어음이나 수표 등이 사업용 통장에 입출금되면 오해의 소지가 있다.

4 가공거래는 하지 않는다.

실거래 없이 세금계산서만 주고받으면 상당한 세금추징 이외에도 조세범처벌법에 의거 형사처벌을 받을 수도 있으므로 해서는 안 된다.

5 세무상 제도 활용

받은 어음 · 수표가 부도가 발생하면 대손세액공제 및 대손처리하고, 회사의 경영이 어려울 때는 징수유예, 납기 연장, 체납처분유예 등의 제도를 활용한다.

6 통상적인 형태를 벗어난 거래 관리

통상적인 행태를 벗어나는 거래(원가 이하 매출, 상품 폐기, 사업양수도, 부동산 양수도, 상속 · 증여 등)는 반드시 사전에 세무 대리인과 상의해서 처리하는 것이 바람직하다.

재무팀이 세무조사 시 유의할 사항

1 지출증빙의 보관

영수증 등의 증빙서류를 빠짐없이 체크해서 보관하고 임직원들에게 증빙서류를 제출할 것을 독려한다.

2 전표 작성

전표는 그때그때 하지 않으면 조금만 지나도 매우 어렵게 된다. 가급적 당일로 마감하는 것이 바람직하다.

3 최소한의 장부기장

현금출납장, 매입매출장, 수불부, 어음장은 법에서 정한 최소한의 장부이므로 이 정도만 해도 사장으로부터 신임을 받을 수 있을 것이다.

4 4대 보험과 근로소득세 신고자료의 일치

건강보험, 산재보험, 국민연금, 고용보험 등은 모두 연관 관계가 있으므로 근로소득세 신고와 함께 숫자가 일치되도록 유의한다.

5 국세 관련 업무

세금계산서의 오류 누락 등이 있어서는 안 되므로 항상 점검하고 각종 신고 전에는 가 집계를 해서 세무대리업체의 직원과 상호 대사하며, 납부기한을 메모하였다가 사장에게 수시로 알려주어야 한다.

6 기타 사항

세무서나 공공기관에서 공문이나 전화가 오면 사전에 항상 세무 대리인과 상의해서 처리하도록 한다.

법인이 세무조사 시 유의할 사항

1 법인이 사용, 소비하는 것은 모두 법인명의로

임대차계약, 골프 및 콘도 회원권, 부동산, 예 · 적금, 보험 카드, 각종 요금 및 등기등록을 해야 하는 것 등 법인이 사용, 소비하는 것은 모두 대표나 임직원 명의가 아닌 법인 명의로 한다.

2 법인과 임직원의 구분을 명확히

법인은 엄연한 인격체이므로 모든 것을 명확히 해야 한다.

법인에 입금될 금전을 대표 등 개인 통장에 입금시키면 안 되며, 반대로 개인이 거래한 금전을 법인통장에 입금시키는 것도 좋지 않다.

또한, 임직원이 임의로 법인의 돈을 인출하는 것은 가지급금으로 기표하지 않으면 상여나, 배당 등으로 처분되는 불이익을 받을 수 있고, 가지급 처리되어도 인정이자를 계산하게 된다든가 지급이자를 부인하게 되는 경우가 있으므로 특히 주의해야 한다.

3 매출누락이나 가공원가가 없도록

법인의 경우 매출누락이나 가공원가가 밝혀지고 그 자금이 임직원 등에게 처분되었다면 법인세, 부가가치세, 근로소득세, 종합소득세, 배당소득세 등으로 당초 누락 금액보다도 더 많은 세금을 내는 때도 있다. 따라서 이러한 일이 발생하지 않도록 주의해야 한다. 또한, 실거래 없이 세금계산서만 주고받는 경우는 세금뿐만 아니라 조세범처벌법에 의거 형사처벌도 받을 수 있으니 이러한 일이 없도록 해야 한다. 근간에는 수취한 사업자까지도 처벌하는 등 법 집행을 강화하는 추세다.

4 부동산 및 주식의 취득, 양도

법인세, 감면, 증권거래세 등 주의가 필요한 사항이 많다.
주식을 양도하면 양도세와 증권거래세보다는 과점주주로 인한 지방세 중과 등 예기치 않은 곳에서 골치 아픈 문제가 발생하며, 부동산을 취득하게 되면 비업무용 관계로 낭패를 볼 수도 있다. 따라서 통상의 거래를 벗어나는 경우는 전문가의 조력을 항상 사전에 받는 것이 좋다.

5 기간이나 기한에 유의

기간이나 기한을 어기는 사소한 일로 많은 세금을 내는 경우가 있다.
각종 신고나 감면 등의 신청은 꼭 적기에 해야 하며, 감사나 임원 등의 변경도 기한을 넘겨 불이익을 받는 경우가 없도록 해야 한다.

6 각종 규정 비치

기밀비 지급, 임원상여금 및 퇴직금 지급, 가지급금 지급 등 각종 세법에서 요구하는 지급 규정 및 약정서를 정관 규정인지, 이사회 결의 사항인지, 주주총회결의 사항인지를 확인 후 작성 · 보관해야 한다.

TIP 국세청의 최근 탈세 전산 분석시스템

국세청이 날로 지능화하는 탈세와의 전쟁에서 승리하기 위해 과학적 인프라 구축을 통해 전투력을 항상 시키고 있다.

각종 교묘한 수법으로 탈세범들이 꼭꼭 숨겨둔 숨은 세원을 과학적, 분석적 시스템을 통해 찾아내 세금을 부과하고 법에 따라 엄중 조치 함으로써 재정 건전성에 기여하고 성실납세 문화를 정착시켜 나가겠다는 것이다.

국세청은 하물며 아무런 증빙 없이 원가를 허위 계상하는 수법으로 수입을 축소함으로써 세금을 탈루한 업체를 찾아내 세금을 추징한 것은 대표적인 과세 인프라 구축의 결실 중 하나로 꼽힌다.

국세청에 따르면 기업이 탈세하는 가장 전통적인 방법 중 하나가 지출을 실제보다 부풀리거나, 허위로 지출 항목을 꾸밈으로써 소득의 규모를 줄이는 방법이다.

과거엔 기업들이 이를 위해 주로 가짜 세금계산서를 이용했다. 자료상 등을 통해 일정액의 대가를 지불하고 가짜 세금계산서를 얻어 허위로 증빙자료를 갖춤으로써 완전 탈세를 도모해 온 것이다.

하지만 국세청이 자료상 행위자 등 가짜 세금계산서 거래에 대한 조사를 강화하자 이런 방식의 탈세가 쉽지 않게 됐다.

자신이 직접 세무조사를 받지 않더라도 가짜 세금계산서 발행회사의 세무조사 과정에 가짜 세금계산서 수수 사실이 드러나는 경우가 자주 발생했기 때문이다.

그러자 일부 기업들은 이런 예상치 못한 탈세 적발을 모면하기 위해 아예 세금계산서 등 매입자료도 없이 원가를 허위 계상하는 수법을 쓰기 시작했다.

자신이 직접 세무조사만 받지 않으면 탈세가 적발될 가능성이 없는 데다가 세무조사 과정에서도 이를 적발하기가 쉽지 않을 것이라는 계산을 했음 직하다는 게 국세청의 분석이다.

국세청은 세무조사에서 증빙 없이 원가를 허위로 계상하는 사례가 다수 발생하자 이런 탈세 혐의 기업을 전산으로 선별해 낼 수 있는 무증빙 전산 분석 프로그램을 개발했다.

아무런 증빙 없이 원가를 허위로 계상한 기업에 대해 장부를 일일이 들여다보며 체크하지 않더라도 손쉽게 이를 찾아낼 수 있는 묘책이 마련된 것이다.

앞서 국세청은 소득지출 분석시스템을 구축, 과거 5년간 소비지출액과 재산증가액을 소득금액과 비교함으로써 소득이나 납세 규모에 비해 씀씀이가 큰 탈루 혐의자를 추출할 수 있는 인프라를 갖췄다.

또한, 국세청은 국내 법인과 국외기업 재무 자료 등 거래내역을 볼 수 있는 국제 거래 세원 통합분석 시스템을 구축해 역외 탈세도 감시 · 조사할 수 있는 기반을 마련했다.

참고로 탈세의 수법으로 주로 이용되는 방법을 살펴보면 다음과 같다.

❶ 접대성 경비를 복리후생비 등으로 분산처리

❷ 근로를 제공하지 않은 기업주 가족에게 인건비를 지급하고 비용처리

❸ 신용카드 사적 사용 후 비용처리

❹ 재고자산 계상 누락 등을 통해서 원가를 조절하는 경우

❺ 세무조사 후 신고소득률 하락 회사

국세청은 기업소득 유출, 수입금액 누락, 소득 조절, 조세 부당감면 등으로 세금을 탈루할 우려가 있는 자영업자, 취약 · 호황 업종에 관해서는 신고 내용을 개별 정밀 분석한 자료로 성실신고를 별도 안내하고 있다.

❻ 소비지출 수준을 통해 소득 추정분석

소득신고에 비해 해외여행 등 소비지출이 상대적으로 많은 경우 세무조사 대상이 될 수 있다.

❼ 원가를 과대 계상한 경우

상호 증빙이 없이 세무조사만 안 받으면 걸리지 않을 거라는 생각에 임의로 원가를 과대 계상해 세금을 탈루하는 행위는 세무조사를 받을 확률이 높다.

자산, 부채, 자본 항목의 세무조사

자산 항목의 세무조사

계정과목		체크리스트	참조서류
현금	현금 입금 조사	현금 수납 시 일자와 금액의 정확성 유무	입금표, 입금전표 확인
		다액의 가수금 입금 시 매출 누락 유무 파악	
		다액의 현금 입금 시 가지급금의 회수유무 파악 세무조정 : 인정이자를 계산하고 귀속자에게 상여 처분	
	현금 출금 조사	현금지급일자와 영수증 일자의 정확성 파악	지출결의서, 품의서, 출금전표 확인
		동일 영수증의 이중 처리 확인 세무조정 : 손금불산입하고 귀속자에게 상여 등으로 처분	
		특수관계자에게 현금 가지급한 것이 있는지? 여부 세무조정 : 인정이자 계산 및 지급이자 손금불산입	
	현금 잔액 조사	전기 이월액 파악	자금일보, 현금출납장, 경리일보
		현금시재액의 조작 여부 확인	
		현금시재가 과다 : 매출누락 의심	
		현금시재가 부족 : 가지급금이 발생할 여지 존재	
보통 예금	예금 잔액 조사	❶ 예금의 입출금이 정당한지? 여부 조사 ❷ 예금 잔액의 적정성 여부 조사 ❸ 예금 성격의 보험료를 계상하였는지? 여부 세무조정 : 임직원 명의의 보험료를 비용으로 처리하는 경우는 손금불산입하고	통장, 정기적금통장

계정과목		체크리스트	참조서류
		귀속자의 상여처분하며, 보험료의 성격이 예금 및 적금의 성격 경우 손금불산입하고 유보처분한다.	
	비밀계좌조사	❶ 업체 관계자의 비밀계좌 유무 파악 ❷ 임원, 주주의 개인 예금 유무 조사 세무조정 : 업체의 매출 누락분이 임원 및 주주 개인 예금계좌에 입금된 정황이 있는 경우에는 매출누락으로 부가가치세를 경정한다. 회수 금액을 회계처리 한 경우에는 유보처분되며, 회수할 수 없는 경우에는 인정상여 등으로 처분한다. ❸ 근저당 설정 은행을 통한 비밀계좌 조사 ❹ 경리 담당과에 비치된 은행 계좌번호를 조사	
	예금이자조사	❶ 예금이자의 수입계상 시기의 적정 여부 ❷ 부외예금 및 비밀계좌의 예금이자 반영 여부	
받을어음	받을어음잔액조사	❶ 어음관리대장과 받을어음 잔액의 확인 ❷ 어음할인료에 대응하는 받을어음의 존재 여부 ❸ 어음할인 요율의 정확성 여부 ❹ 받을어음의 배서자 확인, 거래 누락 확인 ❺ 할인어음이 대손 설정 대상 채권에 들어있는지? 여부 ❻ 받을어음과 외상매출금 상계 여부 확인 ❼ 받을어음과 상계되는 대물변제의 확인 대물변제의 부가가치세 문제 확인, 처분 상황 확인	어음관리대장, 어음할인내역, 대물변제내역
	대손어음파악	❶ 대손 처리한 받을어음이 대손 요건 충족 여부 파악 ❷ 부도어음 처리 후 채권 사후관리 여부 파악 세무조정 : 대손 시인 된 채권을 상각채권추심이익으로 계상한 경우는 세무조정이 없으나, 대손 부인된 채권을 상각채권추심이익으로 계상한 경우는 익금불산입하고 △유보처리한다. 만약 대손 처리된 채권의 회수 금액을 임직원이 횡령한 경우는 상여 등으로 처분해야 한다.	
	배서어음조사	❶ 배서어음이 대손 설정 대상 채권에 들어있는지? 여부 ❷ 배서자와 매출장에 있는 인명과 일치 여부 확인	
외상매출금 · 미수금	외상매출금잔액조사	❶ 장부상 외상매출금의 잔액과 실제 외상매출금 파악 ❷ 규모가 큰 외상매출금은 거래처 상대방 확인 ❸ 같은 거래처에 외상매출금과 외상매입금이 있는 경우 상계처리에 관한 사항 조사 외부감사 대상자에서 제외하도록 유도하는 경우가 있을 수 있다.	

계정과목		체크리스트	참조서류
		❹ 특수관계자에게 저가 매출한 경우가 있는지? 여부 세무조정 : 저가 양도한 경우는 시가만큼 익금산입하고 기타사외유출로 처리한다.	외상매출장, 미수금 대장
	미수금 액원인 조사	❶ 외상매출금의 대금 회수를 임직원이 유용한 것은 없는지 파악 ❷ 장기 외상매출금의 파악 ❸ 대손 요건을 갖추지 못한 외상매출금의 조사 ❹ 상대편의 미지급금과 대사해서 조사 세무조정 : 미수금이 상대편 미지급금보다 적게 계상된 경우는 익금산입하고 유보 처분한다.	
대여금	대여금 잔액 조사	❶ 결산서 상 대여금 잔액의 조사 세무조정 : 대여금 중에서 가지급금에 해당하는 것은 인정이자를 계산해서 상여 처분한다. ❷ 대여금의 회수 절차를 파악 세무조정 : 이자비용에 대한 지급이자 손금불산입 규정 적용 ❸ 대여금에 대한 계약서 유무 확인 ❹ 장기대여금 중에서 불법 전용된 것이 있는지 조사 장기대여금과 선급금의 대체	장단기대여금 대장
선급금	선급금 잔액 조사	❶ 장부상의 선급금 잔액과 거래처의 선수금 잔액을 대비 조사 ❷ 선급금에 대한 입금증 유무 확인 세무조정 : 가공매입을 선급금처리 한 경우에는 매입누락은 익금산입 유보처리하고, 선급금은 (△유보) 처리한다. ❸ 상여나 배당을 선급금으로 처리한 경우 조사 세무조정 : 선급금을 손금산입(△유보) 처리하고 귀속자에게 익금산입 상여 등으로 처분한다. ❹ 가지급금이나 대여금을 선급금 처리한 경우 조사 세무조정 : 가지급금에 대한 인정이자를 계산해서 상여 등으로 처분한다.	선급금 대장
선급 비용	기간 안분 계산 여부 조사	❶ 선급비용을 현금주의에 따라 전액 당기 비용처리 한 부분 조사 세무조정 : 기간 미경과 선급비용을 손금불산입하고 유보 처분한다. ❷ 선급이자 비용이 있는 경우 부외 차입금 여부 확인 세무조정 : 부외 차입금에 대한 지급이자는 채권자가 불분명한 이자에 해당이 되어 원천징수세액 부분은 기타사외유출처리하고, 잔액은 상여 등으로 처리한다.	선급비용대장, 보험계약서, 기타 관련 계약서

계정과목		체크리스트	참조서류
가지급금	업무관련성 조사	업무관련성 여부 조사 세무조정 : 업무무관가지급금에 대해서는 인정이자 및 지급이자 손금불산입 기타사외유출 처분한다.	가지급금 대장, 대여금 대장, 자산 및 부채 관련 대장
	위장 여부 조사	❶ 가지급금을 대여금으로 위장한 것이 없는지 조사 ❷ 가공자산과 가공부채가 가지급금으로 처리된 것 조사 세무조정 : 가공자산을 가지급금과 상계처리한 경우는 가지급금을 손금산입 유보처분하고, 귀속자에 따라서 익금산입 상여 등으로 처분한다. 가공 부채를 가지급금으로 처리한 경우는 익금산입 상여 등으로 처분한다.	
재고자산	재고자산잔액 조사	❶ 실지재고와 장부상 재고의 차이점 조사 ❷ 재고 수불 사항조사 ❸ 재고자산의 평가 방법 신고 유무 세무조정 : 세법상 평가 금액이 장부상 평가 금액보다 크면 손금불산입 재고자산평가감(유보)으로 처분한다. ❹ 재고자산의 수불 전표 또는 수불 메모 기록 대사 ❺ 감모 손실 및 평가손실의 반영 여부 ❻ 원가계산 시 가공원가의 유무 확인 ❼ 감액 사유가 있는지? 여부 확인	재고수불부, 견적서, 거래명세표
	재고자산가액 조사	❶ 단위당 단가 확인 ❷ 판관비에 포함된 제조원가에 포함되어야 할 항목이 있는지 여부 조사 ❸ 매출원가의 적정성 여부	
토지	취득가액의 적정성 여부 조사	❶ 토지의 장부상 금액이 정상가액 (시가)인지 여부 조사 ❷ 장부상 취득가액이 실제 지불액과 차이 발생 조사 세무조정 : 특수관계자와 고가 매수한 경우는 손금산입 토지(△유보) 처분하고, 익금산입 상여 등으로 처분한다. 특수관계자와 저가 매도 한 경우에는 익금산입, 기타사외유출로 처분한다. ❸ 대물변제 시 토지 취득가액의 시가 여부 조사 ❹ 업무 무관 자산분류 시점의 조사 ❺ 토지 취득부대비용을 비용으로 산정한 것이 없는지 조사 : 취득세, 등록세, 건설자금이자 등 ❻ 가지급금을 토지로 처리한 것은 없는지 조사 ❼ 토지와 건물의 일괄 취득 시 원가의 배분이 적정한지 조사 ❽ 사용 용도가 업무와 관련성이 있는지 조사	토지취득계약서, 취득세 등록세 납입영수증, 대물변제약정서, 부동산중개사사무실 수수료 내역서, 토지대장 및 등기부등본, 토지양도계약서

계정과목		체크리스트	참조서류
		세무조정 : 업무와 관련이 없는 경우에는 업무무관자산에 속하게 되어 지급이자 손금불산입 규정이 적용된다. 또한, 유지관리비는 비용으로 인정받지 못한다. 다만, 처분 시 손실이 발생한 경우는 이를 인정해 준다. ❾ 토지 등 양도차익에 대한 세금의 적정성 여부 조사	
기타 유·무형 고정자산	취득가액조사	❶ 취득가액의 정상가액(시가) 취득인지 여부 조사 ❷ 장부상 취득가액과 실제 취득가액의 차이 조사 ❸ 외부구입 자산에 대한 매입부대비용은 적정한지? 여부 조사 취득세, 등록세의 원가 처리 조사 ❹ 자가 제작 시 재료비, 노무비, 경비가 적절히 반영되었는지 조사	유·무형 자산의 취득 계약서
	자본적 지출 조사	유형자산의 자본적 지출액을 비용으로 처리한 것은 없는지 조사 세무조정 : 즉시상각의제로 감가상각시부인 한다.	
	감가상각방법 조사	❶ 감가상각방법 및 내용연수의 적정한 신고가 이루어졌는지 조사 ❷ 중고자산의 경우 내용연수의 수정이 이루어졌는지 조사 ❸ 감면 규정을 적용받았는데 상각을 하지 않은 것에 대한 조사 : 감가상각의제 ❹ 감가상각방법의 변경에 대한 조사 세무조정 : 감가상각방법의 변경으로 기업회계기준에 따라서 전기이월이익잉여금의 조정으로 회계처리 한 경우에는 2가지 조정 사안이 나타나게 된다. 가. 전기이월이익잉여금의 감소 : 손금산입(기타) 회사 계상 상각비로 보아 시부인 계산 나. 전기이월이익잉여금의 증가 : 익금산입(기타), 손금산입(△유보) 처리 상각 범위에 계산 시 동 금액은 이미 감가상각비로 손금에 산입한 금액으로 본다.	취득부대비용 영수증, 과세표준신고서상 상각방법 신고서, 유형자산명세표, 무형자산명세표, 감가상각비명세서
	가공자산조사	가공자산이 포함되어 있는 경우 조사 세무조정 : 가공자산 상당액을 손금산입(△유보) 처분하고, 귀속자에 따라서 상여 등으로 처분한다.	
유가증권	취득가액조사	주식취득 가액의 적정성 여부 유가증권을 특수관계자인 개인으로부터 유가증권을 시가에 미달하게 매입하는 경우는 매입가액과 시가와의 차액을 익금(유보) 처분한다.	유가증권취득대장, 대물변제약정서, 출자채권명세서, 양도성예금증서
	평가방법조사	❶ 평가방법에 신고 유무 확인 무신고 때는 총평균법으로 세무조정 한다. ❷ 유가증권의 평가차손익 발생 조사 세무조정 : 영업외수익으로 계상한 경우 : 익금불산입(△유보))	

계정과목		체크리스트	참조서류
		잉여금 또는 자본조정을 증가 계상한 경우 : 익금산입(기타), 익금불산입(△유보	
	기타 조사 사항	❶ 주식배당, 무상주 발급, 대물변제 등으로 취득한 주식의 조사 세무조정 : 무상주 발급 시에는 의제배당 문제가 대두될 수 있다. ❷ 가공 유가증권이 있는지? 여부 파악. 특히, 건설업의 경우 출자 채권이나 양도성예금증서를 일시적으로 구입하는 경우	

부채 항목의 세무조사

계정과목		체크리스트	참조서류
지급어음	어음잔액조사	❶ 거래처의 받을어음 잔액과 차이 조사 세무조정 : 가공 부채의 경우 익금산입 유보 처리했다가 결제되어 나갈 때 귀속자에게 상여 등 처분한다. ❷ 가공매입에 대한 지급어음의 발행 여부 조사 세무조정 : 자산을 익금불산입 (△유보) 처리하고, 지급어음은 손금불산입 (유보) 처리해 놓았다가 어음 결제 시에 익금산입하고, 귀속자에게 상여 등 처분한다.	어음대장, 융통어음대장
	미결제어음조사	장기 미결제된 지급어음에 대해서 조사 세무조정 : 장기 미결제되어 지급의무가 없어진 경우는 채무면제이익으로 처리한다.	
	기부금조정	어음 지급한 것을 기부금으로 처리한 경우 조사 세무조정 : 기부금은 현금주의이므로 손금불산입 (유보) 처리되었다가, 실제 결제 시에 손금추인하고 시부인 계산을 한다.	
	융통어음조사	융통어음과 세금계산서의 가공 발행이 맞물려 있으므로 이에 대한 조사	
외상매입금	잔액조사	❶ 거래처의 외상매출금과 업체의 외상매입금을 차이 조사 ❷ 가공 외상매입금 여부 및 계정별 (−)금액 확인 ❸ 관계회사 및 지점에 위장가공거래 여부 및 거래 단가, 대금 지급 방법, 거래 조건이 일반 거래와 차이가 있는 경우에는 부당행위계산부인의 해당 여부 조사	외상매입금대장
미지급금	잔액조사	❶ 거래처의 미수금과 업체의 미지급금 차이 조사 ❷ 가공 미지급금 조사	미지급금대장

계정과목		체크리스트	참조서류
		세무조정 : 가공자산을 미지급금 처리한 경우는 가공자산을 익금불산입 (△유보) 처리하고, 미지급금은 익금산입(유보)로 처리했다가, 미지급금의 실제 지급 시 손금부인하고 상여 등으로 처분한다.	
차입금	특수 관계자 조사	❶ 특수관계자로부터 자금 차용 여부 확인 ❷ 특수관계자에게 차용한 경우 적정 이자율로 설정했는지 여부	차입금대장, 특수관계인 명부, 이자지급 내역
	잔액 조사	상대방의 대여금과 업체의 차입금 차이 여부 조사	
	가공 차입금 조사	❶ 개인 차입금을 법인 차입금으로 회계처리 한 것이 있는지? 여부 ❷ 캐피탈 등의 가액을 법인 차입금으로 전용하였는지? 여부 ❸ 각종 이자비용을 통해서 부외 차입금이 있는지? 조사	
가수금	다액의 가수금 조사	❶ 차입금이 가수금 처리하고 있는지? 여부 ❷ 자금의 원천 없이 장부에 다액의 가수금이 입금되어 있는지? 여부 조사 세무조정 : 다액의 가수금이 들어오는 경우는 매출누락을 의심해 볼 수 있으므로 이에 대비해야 한다. ❸ 장기간 반제 하지 않는 가수금 여부 파악 ❹ 가수금 반제형식으로 대표이사 등에게 기업자금을 지급한 흔적 조사	

자본 항목의 세무조사

계정과목		체크리스트	참조서류
자본금	위장 주주 조사	출자금에 대한 주주의 자금출처조사 : 위장 주주의 경우 증여세의 과세	주주명부, 주식증여, 양수도 계약서, 증자계약서, 감자, 증자확인서, 합병평가서, 출자확인서,
	현물출자조사	현물출자 시 평가금액의 적정성 여부 조사	
	과점주주 여부	과점주주가 있는 경우 추가 취득세 부분 조사 통보	
	주식변동조사	❶ 주식변동 시 적정한 가액으로 변동했는지 조사 특히 특수관계자에 대한 주식의 저가 양도 시 양도소득세와 증여세가 함께 과세가 될 수 있음에 유의해야 한다. ❷ 불균등 감자, 증자, 불공정 합병 등 주식 변동사항 조사 및 불공정 자본거래 조사	

계정과목		체크리스트	참조서류
자본금	기타 사항	신주인수권부사채, 전환사채의 적정한 발행과 주식전환 시 가액 조사 : 증여세가 과세될 수 있다.	법인등기부 등본, 정관
잉여금	자본 잉여금 조사	❶ 주식발행초과금, 감자차익, 합병차익 및 분할차익의 처리 조사 세무조정 : 위에 항목은 자본잉여금 항목이므로 익금으로 처리하면 안 된다. 특히, 주식소각이익을 익금으로 회계처리 한 경우에는 익금불산입 (잉여금 기타) 처리한다. 단, 합병(분할)평가차익은 익금에 산입한다. ❷ 자기주식처분손익의 조사 세무조정 : 자기주식처분손익은 각각 익금 및 손금 항목으로 처리해야 한다.	이익잉여금 처분계산서
	잉여금의 처분 조사	잉여금에서 임원에 대한 퇴직금 등의 지출 여부 조사 세무조정 : 잉여금을 임원의 퇴직금 등을 지급한 경우에는 이를 손금산입할 수 없다. 단, 성과 배분 상여금 등은 손금산입할 수 있다.	
	자본 전입 조사	이익잉여금을 재원으로 자본 전입한 때 조사 세무조정 : 주주가 배당받은 것으로 보아 배당소득세를 원천징수하고, 소득세를 과세한다.	
	기타사항	수입배당금의 익금불산입 사항조사	

수익과 비용항목의 세무조사

매출 항목 세무조사

계정과목		체크리스트	참조서류
매출	매출조사	❶ 매출실적의 주기적인 파악으로 매출실적 비교분석 조사 ❷ 매출누락분을 조사 : 특히 다액의 가수금 유입에 유의해야 한다. ❸ 온라인 송금에 의한 매출 누락 여부 조사 ❹ 신용카드 및 현금영수증 매출 누락 여부 조사 : 신용카드 수수료 역산해서 규모 파악 가능	매출장, 신용카드 및 현금영수증 월별 집계표, 세금계산서 및 계산서
	수익실현 시기	❶ 매출을 의도적으로 다음 연도로 이월 여부 조사 ❷ 수익 실현 시기의 적정한 적용 여부 ❸ 세금계산서 발행 시기와 수익 실현 시기 차이 조사	
매 출에누리	부당 계상조사	매출에누리를 부당하게 혹은 과대하게 처리한 것이 없는지 조사	전표
매출 할인 판매장려금	비용처리조사	❶ 매출할인을 비용 처리했는지 여부 조사 세무조정 : 실제 중소기업에서는 매출할인을 영업외비용으로 계상하기도 한다. ❷ 사전약정 없이 행한 매출할인 및 판매장려금의 지급 처리 조사 세무조정 : 이는 기업업무추진비 시부인 대상이 된다. ❸ 가공 매출할인, 판매장려금의 여부 조사	전표

제조원가 및 매출원가 항목

계정과목		체크리스트	참조서류
제조원가	원가 산정 조사	제조원가 비용을 일반 판관비로 처리한 경우 조사	제조원가 명세서
	원재료비 조사	❶ 원재료의 과대계상 조사 ❷ 원재료 용기와 원재료 사용량의 비교 · 분석 조사 ❸ 기계작동 시간 대비 제품 생산량 비교 · 조사 ❹ 부산물 등 잔량의 조사	
급여	급여 퇴직금 조사	❶ 과대계상 및 가공인물에 대한 급여 및 퇴직금 지급 조사 ❷ 일용직 급여자의 가공지급은 없는지 조사 ❸ 임원, 주주에게 다른 직원과 달리 지급한 급여, 상여금, 퇴직금은 없는지 조사 ❹ 계속 근무자에게 퇴직금을 지급했는지 조사 ❺ 퇴직금 지급 규정대로 이행했는지 조사(특히 임원 등)	급여대장
복리후생비	복리후생비	❶ 복리후생비 속에 기업업무추진비가 있는지? 여부 조사 ❷ 주택보조금의 유무 조사 ❸ 조합이나 단체에 지출한 복리후생비는 없는지 조사 세무조정 : 사용인이 조직한 조합이나 단체가 법인인 경우는 기업업무추진비로 보아 시부인 계산을 한다. ❹ 임원의 보험료(국민연금, 건강보험, 고용보험)를 대신 납부한 것은 없는지 조사 세무조정 : 대신 지급 시 귀속자의 근로소득으로 본다.	전표, 4대 보험 관리대장
매출원가	과대계상 여부 조사	❶ 매출원가 과대계상 여부 조사 ❷ 가공매입으로 원가의 과대계상 여부 조사 ❸ 단가와 수량의 조정으로 원가 과대계상은 없는지 조사	재고수불부, 전표
	원가 대체 조사	❶ 원가 대체가 적절히 이루어졌는지 조사 ❷ 재고자산 감소분 및 타계정대체액의 조사	

일반관리비 항목

계정과목		체크리스트	참조서류
광 고 선전비	비용조사	❶ 과대계상 광고선전비 유무 조사 ❷ 공동광고비의 분담 비율의 합리적인 계산 조사 ❸ 견본품의 처리 조사	전표
기업 업무 추진비	기업업무 추진비 누락 조사	❶ 임원에게 기밀비가 지급되는지 여부 조사 ❷ 기업업무추진비 성격을 다른 비용으로 분류했는지 조사 ❸ 사업상 증여 가액을 기업업무추진비로 분류했는지 조사 ❹ 업무추진비 중 재고자산, 건설 중인 자산, 고정자산 등 자산 계상한 것이 있는지 조사	전표, 신용카드 명세서, 한국표준산업분류표
	기간 귀속 조사	기업업무추진비의 가지급금, 선급금으로 처리 유무 조사 세무조정 : 기업업무추진비 시부인은 기업업무추진비가 이루어진 때 행하는 것인바, 가지급금과 선급금을 각각 손금산입 (△유보) 처리하고 동시에 기업업무추진비 시부인을 행한다.	
	비용조사	❶ 3만 원 초과분 법인카드 결제 유무 확인 ❷ 중소기업에 해당 유무 조사	
여 비 교통비	규정유무 조사	❶ 여비교통비 규정 유무 조사 ❷ 가공 계산한 여비교통비 유무 조사 ❸ 전도금 계정상 여비교통비 정산이 일어나는지 조사 ❹ 해외 출장 여비 중에서 업무와 관련이 없는 여비 조사 ❺ 동반자를 수행하는 여비교통비 조사	여비교통비명세서, 복명서, 지출결의서, 전표
대 손 상각비	대손 요건 조사	❶ 대손 요건 충족 여부 조사 : 대손 요건을 충족하는 서류의 조사 ❷ 대물변제로 취득한 자산은 부외자산으로 처리하고, 차액을 대손 처리했는지 여부 조사 ❸ 대손세액공제 유무 조사 ❹ 소멸시효 완성 후 손금으로 산입한 채권 유무 조사	부도어음대장, 전표, 대물변제 약정서

영업외수익과 비용항목

계정과목		체크리스트	참조서류
이자수익	누락 여부 조사	❶ 대여금, 예금 등에 대해서 이자수익 계상 여부 조사 세무조정 : 원천징수세액납부명세서와 이자수익을 대조해서 이자수익이 누락된 경우는 익금산입하고, 아직 미수인 상태의 경우에는 유보 처분하며, 수령한 경우는 상여 등으로 처분한다. ❷ 무이자 대여금의 유무 조사	법인통장, 전표
	부당 대여 조사	무이자, 낮은 이율로 대여 여부 조사 세무조정 : 특수관계자에게 무이자, 낮은 이율로 대여한 경우 이자수익 계산액과 인정이자를 계산해서 그 차액을 익금산입하고 상여 또는 기타사외유출로 처분한다.	
배당금	누락여부조사	❶ 배당금에 해당하는 유가증권의 유무 조사 ❷ 무상주 배당금에 대한 주식의 자산 유무 조사	배당금 지급내역
이자비용	비용 적정성 조사	❶ 지급이자 손금불산입 규정의 적용 시 순서 조사 ❷ 적수 계산 시 날짜 및 적수의 적정성 조사	전표, 이자 지급내역
	기간 귀속 조사	❶ 선급이자의 계상 여부 조사 세무조정 : 선급이자는 기간이 경과 하면, 손금산입한다. ❷ 미지급이자 계상의 과대계상 조사 지급하지 않아도 되는 미지급이자를 계상한 경우는 손금부인하게 된다.	
기부금	종류분류조사	❶ 기부금 종류 분류 조사 ❷ 사업과 관련 없이 정상가액보다 고가 매수, 저가 매도한 것이 없는지 조사 : 기부금 시부인 대상이다.	기부금 명세서, 전표
	기간 귀속 조사	❶ 가지급금이나 선급금으로 처리된 기부금의 조사 ❷ 설립 중에 있는 공익법인에 대한 기부금 처리 조사 세무조정 : 설립 중에 있는 공익법인에 기부금을 지급하는 경우는 그 법인이 설립허가 및 인가가 된 때에 출연한 것으로 본다.	

TIP 부가가치세 신고·경정 사항 연계 검토

1. 법인세 수입금액과 부가가치세 과세표준과 차액 검토

조정 후 수입금액명세서의 부가가치세 과세표준과 수입금액 차액내역을 검토해서 매출누락 여부 등을 확인해야 한다.

2. 대손세액공제 액의 대손처리 여부

매출세액에서 차감해서 신고 · 납부한 대손세액을 법인세법에 의한 대손금으로 손비 계상 여부 확인(부가가치세 신고 시의 공제받은 대손세액은 외상매출금에서 차감해서 대손 처리해야 한다.)

3. 매입세액 불공제분의 검토

매입세액불공제 분 중 기업업무추진비 해당액에 대한 부가가치세를 기업업무추진비 한도액 계산 시 포함하였는지 확인해야 한다.

4. 의제매입세액 회계처리 내용 검토

부가가치세 매출세액에서 공제받은 의제매입세액의 익금산입 여부

5. 부가가치세 신고서와 법인세 신고서상의 부속명세서에 의거 임대보증금의 일부를 간주익금 계상누락 여부 대조

전대업 법인이 전대 보증금 수령액에서 임차보증금 지급액을 차감하고 계산한 경우

→ 전대 보증금 총액에 대해 간주익금계산

임차인 입주 전에 미리 받은 임대보증금은 받은 날로부터 간주익금 계산한다.

6. 부가가치세 경정 사항 검토

가공매입 세액계산서를 발급받아 매입세액을 부당 공제받아 부가가치세를 경정한 경우 동 가공매입 금액은 가공원가에 해당하므로 법인소득 계산상 손금부인한다.

업종별 세무조사 대처법

제조업

1 일반적인 조사 사항

매출액 적정성 여부

❶ 매출 과대계상 사항에 대한 유무 확인(분식회계)
❷ 세원 관리가 취약한 자와의 거래 유무 확인
❸ 부산물의 매출 반영 확인
❹ 매출 누락 사항의 유무 확인

제조원가 적정성 여부

❶ 과거 연도 대비 매출액 대비 제조원가의 실적 비교
❷ 사업연도 말 대량 매입해서 당해 연도에 제조원가로 반영한 것이 없는지 확인
❸ 부가가치세 신고서상 매입금액 대비 제조원가가 과다하게 계상되었는지 여부 확인

비용의 적정성 여부

❶ 급여 부분의 적정성 여부(일용직 급여 포함)
❷ 관계회사 부담분 비용을 전액 부담한 사항 확인
❸ 가공 외주 용역비의 발생 유무 확인

❹ 기타 비용의 과다 확인
❺ 각 영수증의 금액 확인

2 대처방안

❶ 업종별 평균 생산수율을 점검 확인
업종별 평균 사항은 한국은행에서 매년 발행하는 '기업경영분석자료' 를 참고하면 된다. 각종 분석 자료는 평균치가 되므로 이에 대한 각 업체의 분석 자료를 가지고 관리해야 할 것이다.
❷ 특이 사항 체크
유행에 민감한 경우, 매출액이 급감하거나 급증하는 경우 등 특이 사항을 체크한다.

도소매업

1 일반적인 조사 사항

❶ 매월 말, 매년 말에 과다한 매입으로 원가를 잡지는 않았는지? 여부
❷ 유형자산을 재고자산으로 잡았는지? 여부
❸ 소매 분 중에서 도매분이 포함되어 있는지? 여부
❹ 소매 분 중에서 무자료 거래한 것은 있는지? 여부
❺ 소매 분 중에서 현금매출 누락 한 것이 있는지? 여부
❻ 원거리 매입처와 단일 거래로 규모가 큰 것은 없는지? 여부
❼ 가공세금계산서 수취 여부 확인

2 대처방안

고급 제품(외제품, 사치성 품목)을 도소매하는 경우는 중점 관리 대상으로 편입될 가능성이 매우 크므로 기장단계에서 철저한 관리가 중요하다.
수입해서 도소매하는 업체는 수입 부분에서 매입원가의 통제가 중요하며, 매출단계에

서 현금매출 누락이 없는지 미리 확인해야 한다.
계절적인 영향이 있다면 이에 대해 대비도 해야 할 것이다.

음식 · 숙박업

1 일반적인 조사 사항

❶ 원 · 부재료, 주류 매입 시 매입 장부와 매입 세금계산서의 차이 조사
❷ 실제 종업원 수와 근로소득세 신고한 내역 조사
❸ 의제매입세액의 적정성 여부
❹ 업체에서 쓰는 원시 매출장부와 신고 매출액의 차이 조사

2 대처방안

❶ 입회조사의 대처방안이다.
입회조사 시 매상이 가장 오르지 않는 요일을 선택해서 입회조사 요청을 하는 경우가 될 것이다.
❷ 주류업은 주류 수불부를 중점 관리해야 하며, 서비스업은 봉사료 관리가 매우 중요하다. 숙박업은 소모품의 관리가 매출누락과 직결되므로 이에 대한 적절한 활용이 요구된다.
❸ 원시 매출장에 대한 관리 철저
원시 매출장에는 업체에서만 알 수 있는 용어로 매출을 작성한 것이 있는데, 이에 대한 관리가 철저히 이루어져야 한다.
❹ 개별소비세의 관리 철저
개별소비세는 일정 규모의 유흥주점 등에 붙는 세금이나 이에 대한 면밀한 검토는 절세할 수 있는 방법이 생길 수 있다.

건설업

1 일반적인 조사 사항

비용의 적정성 여부

❶ 원재료비 및 장비 사용료에 적절한 사용 확인

❷ 잡급의 가공지급 여부 확인

수익의 적정성 여부

❶ 진행률에 의한 공사수익 계산 여부 확인

❷ 설계변경에 따른 추가 공사수입금액의 누락 여부 확인

❸ 비사업자와의 거래 후 매출누락 확인

❹ 모델하우스, 폐자재 매각에 따른 수입금액 누락 확인

❺ 현장 소장을 통한 불법 거래는 없는지 조사

부가세 신고 적정성 여부

❶ 공통 매입분의 적정성 여부

❷ 공통 매입 안분계산 적정성 여부

❸ 면세 관련 부분의 계산서 수취 여부 확인

❹ 대물변제 관련 세금계산서의 적정성 확인

2 대처방안

❶ 공사수익 적정화이다.

공사수입은 진행기준이 원칙이므로 진행기준에 따라서 공사수익을 인식할 수 있도록 시스템을 갖춰야 한다. 기성고에 의해서 달리 발행되는 세금계산서가 없는지도 파악해 두어야 할 것이다.

❷ 현장별 관리 철저

공사 현장이 많이 산재하여 있으므로 각공사별 책임자를 선정해서 정확한 결제 시스템에 의해서 관리되어야 한다.

현장 소장에 의해서 저질러질 수 있는 실수를 본사에서 파악하고 있어서 세무조사 시 적절한 대처를 해야 한다.

❸ 가공세금계산서 수취 관리 철저

건설업의 경우에는 상거래 관행으로 가공세금계산서를 주고받는 경우가 있으나, 이는 자살행위와 마찬가지이다. 현재 세금을 줄일 수 있을지 모르나 결국 그 금액만큼 세금을 내게 된다. 최악의 경우는 사업을 영위하지 못할 수도 있다.

❹ 일용직 급여의 관리 철저

세법상 일용직 급여 관리체계가 강화되므로 이에 대한 철저한 대비가 필요하다. 또한 지난 연도에 대한 일용직 지급을 반드시 한번 점검해 보아야 한다. 현장별로 썼던 일용직 인원을 여러 번 사용하는 경우는 적출 사항의 표적이 된다.

부가가치세, 법인세, 소득세 세무조사 대처 포인트

부가가치세 세무조사

1 중점관리업종의 매출 누락

⊙ 고소득 전문직

변호사 · 변리사 · 법무사 등이 현금결제 유도 · 차명계좌 이용 등으로 세금을 탈루

⊙ 성형외과 · 피부과 등 의료업

쌍꺼풀 · 코 성형 · 유방 확대 수술 등 부가가치세 과세대상 매출을 면세로 신고 및 현금결제 할인

⊙ 유흥주점

차명계좌로 입금받은 외상 매출 신고 누락, 주대를 봉사료로 변칙처리 · 과다계상, 주류 종류별 매입내역으로 환산한 매출 금액 대비 수입금액 과소신고

⊙ 귀금속 · 집단 상가

무자료 거래가 많은 귀금속 및 집단 상가에 대한 관리 강화

⊙ 부동산임대

임대인이 상대적으로 우월적 위치를 이용해서 임차인에게 재산세 등을 전가하거나 이중계약서 작성 등으로 매출신고 누락

⊙ 프랜차이즈 가맹점

가맹점 본사로부터 POS 매출자료를 수집해서 과소신고 여부 분석

2 매입세액 등 부당 공제

⊙ 신용카드 · 현금영수증 매입세액

공제대상이 아닌 간이과세자 · 면세사업자 거래분, 사업과 관련 없는 가사 관련 경비, 실제 거래금액보다 과다 기재분에 대해 매입세액 부당 공제, 신용카드 등 발행세액 공제 한도 초과

⊙ 비영업용 승용차 관련 매입세액

개별소비세 과세대상 자동차 구입 · 임차(리스료) · 유지(주유비 등)에 따른 매입세액을 부당 공제

⊙ 접대 관련 매입세액

사업과 무관하거나 접대목적으로 구입한 골프회원권 등의 매입세액을 부당하게 공제

⊙ 폐자원 등 의제매입세액

직원 · 친지 등의 주민등록번호를 이용하거나 사업자 구입 분을 비사업자(개인)로부터 구입한 것으로 신고해서 부당하게 공제

⊙ 면세 전용

주거용으로 사용 · 임대하는 오피스텔 구입 관련 매입세액을 부당하게 공제

⊙ 위장 · 가공자료 수취

재화 또는 용역을 공급받지 않고 세금계산서를 발급받거나, 재화 또는 용역을 공급받았으나 공급자가 아닌 타인의 명의로 발급받은 세금계산서로 매입세액공제

⊙ 공급 시기 적용 오류

세금계산서는 거래시기에 발급해야 하나 거래시기가 아닌 때 발급받은 세금계산서로 매입세액 부당 공제

⊙ 토지 관련 매입세액

토지의 조성 등을 위한 자본적 지출과 관련된 매입세액은 공제대상이 아니나 부당하게 공제

⊙ 면세사업 관련 매입세액

국민주택규모 이하 주택신축판매업 등 면세사업과 관련된 매입세액은 공제 대상이 아니나 부당하게 공제

⊙ 사업과 관련 없는 매입세액

국가 · 지방자치단체의 경우 부동산임대 등 과세사업 이외의 고유목적사업 관련 매입세액(청사신축 비용 등)은 공제 대상이 아니나 부당하게 공제

⊙ 공통매입세액 안분계산 오류

과세사업과 면세사업에 공통으로 사용되는 재화 또는 용역에 대한 매입세액 중 실지 귀속을 구분할 수 없는 경우에는 면세사업이 차지하는 비율에 따라 안분계산해서 불공제해야 하나 재계산 누락

⊙ 폐업 시 잔존재화

시설투자, 기계장치 매입 등으로 조기환급 받은 후 폐업 시 잔존재화로 신고 누락

⊙ 사업의 양도 관련 부당 공제

사업양도의 경우 과세 대상이 아니므로 세금계산서를 발급할 수 없음에도 세금계산서를 발급받아 부당공제

사업의 양도인 경우에도 세금계산서를 발급하고 양도자가 신고 · 납부한 경우에는 매입세액공제 가능

⊙ 매출누락 등

중간 지급 조건부의 경우 "대가를 받기로 한때" 에 매출로 신고해야 하나 실제로 받은 금액만을 신고

⊙ 재고 과다 신고

매출 · 매입 세금계산서 합계표 분석 결과 실제 상품재고가 없음에도 현금매출 등을 신고누락하고 상품 재고 누적으로 일반 환급 신고

3 유통 질서 문란 행위

구리 스크랩, 고철, 석유류 등 무자료 거래 및 거짓 세금계산서 수수가 많은 고금, 고철 · 비철금속, 석유류 판매업

법인세, 소득세 세무조사

⊙ 법인세의 경우 매출누락 또는 가공원가 계상 등으로 기업자금을 변칙적으로 유출한 법인

- 수출입가격 조작 또는 해외 발생 소득의 국내 미반입 등 국제 거래를 이용한 탈세 행위와 국내 탈루소득의 해외 변칙 유출 행위 법인
- 비업무용 부동산 또는 주식 등을 과다하게 보유해서 투기 혐의가 있고 비생산적인 기업 운영 등으로 세금을 탈루한 법인
- 과다한 자금을 차입해서 기업 운영자금에 투자하지 않고 변태 유출해서 대표자의 사적 유용 등 다른 목적으로 사용한 혐의가 있는 법인

법인의 대표자 · 기업주 또는 그의 가족이 신고소득에 비해 소비 금액이 과다하거나 소비 조장업소 출입 또는 빈번한 해외관광 여행 등 호화 · 사치 생활을 하는 관련 법인

금융거래 세무조사 대처 포인트

예금에 대한 세무조사는 주로 예금 잔액과 예금잔액증명서 상의 대조를 통해서 예금의 적정성, 이자수익의 적정성 및 당좌계정 및 보통예금 계정의 수불내역을 검토하는 방식으로 이루어지므로 이에 대해서 기업이 주의해야 할 체크 사항을 살펴보면 다음과 같다.

예금 잔액과 예금잔액증명서 상의 일치 여부

❶ 실제 통장상의 잔액과 예금잔액증명서 상의 잔액이 일치하는지? 여부를 확인하고 불일치 시에는 그 원인을 파악해 두어야 한다.

조사 담당관은 실무자가 장부상의 잔액과 은행예금 잔액 증명서를 대조해서 작성한 잔액조정표에 의해서 검토하며, 이것이 이상이 있는 경우 조사 담당자가 직접 작성해서 검토하게 되므로 이상 원인에 대해서 회사 관리자가 충분한 답변을 할 수 있도록 준비를 해두어야 한다.

❷ 회사계좌와 대표자 개인 계좌를 분명히 구분해 두어야 한다. 즉, 불분명한 계좌관리에 주의가 필요하다.

소규모 법인과 개인회사의 경우에는 회사통장과 대표자 또는 사장의 개인 통장을 혼용해서 사용하는 경우가 많은 데 이 경우 회사자금을 개인이 유용한 것으로 오해를 살 수 있으므로 양 통장을 구분해 두어야 한다.

❸ 특수관계자 및 그 가족의 예금계좌에 주의를 요한다.

회사자금의 이상이 발생 시 대표자 개인뿐만 아니라 특수관계자에 대한 금융거래를 파악할 수 있으므로 사전에 특수관계자와 회사의 거래를 명확히 해두어야 한다.

예금이자 관리

예금의 장부상 잔액과 실제 잔액과의 차이를 검토하는 것이 1차 조사라면, 2차로 회사의 금융거래를 통해서 발생하는 이자수익을 조사하는 것이므로 담당자는 회사의 금융거래뿐만 아니라 특수관계자와의 거래에 있어서 적정이자를 수취하고 이를 적절히 기록하는 데 유의해야 한다.

예를 들어 특수관계자와의 거래 시 편법적으로 적은 이율을 적용해서 실질적으로 혜택을 주는 경우 동 내역이 적발되면 부당행위계산으로 세금을 추징당하게 되므로 특히 유의해야 한다.

우선 세무조사 시 이자수익에 대해서는

❶ 부외자산의 유무 확인

❷ 이자 계산서 및 통지서 내용 검토를 통한 이익률로 볼 때 별도예금의 존재 여부

❸ 이자수익과 제 예금의 감소액을 대조해서 적부 여부 검토

❹ 이자수익 기록상의 오류 여부 등을 주요 점검 사항으로 하고 있다는 점을 참고하기를 바란다.

예금거래 기록

예금거래의 기록과 관련해서는 기업이 가공매입을 통한 외상 대금을 지급하는 형식으로 비자금 조성을 많이 하므로 불분명한 입출금 기록이나 송금 오류로 인한 정정, 중복거래의 기록에 주의를 요한다.

예금거래기록에 대한 세무조사는 주로 불분명한 입·출금 여부, 대체거래, 중복·정정 거래, 거래 상대 거래처와의 거래 여부에 초점이 맞춰지므로 이 점에 유의해야 한다.

기업업무추진비의 세무조사 대처 포인트

법인세법상 기업업무추진비는 업무와 관련되어 지출한 접대비, 교제비, 사례금 등으로 과세처리상 특징은 한도액 내에서만 손금으로 인정하고 있다. 특히 세무회계에서는 업무 관련 지출이더라도 세법이 정한 한도까지만 손금산입하고 초과액은 손금불산입하고 있어 세무조사 시 주요 적출 대상이 되고 있다.

이에 국세청이 기업 세무조사 시 기업업무추진비와 관련해 어떠한 사안에 대해 집중적으로 조사를 하는지 살펴본다.

모든 기업업무추진비를 합산해 시부인 계산했는지?

국세청은 기업을 대상으로 세무조사에 착수하면 우선 기업업무추진비 시부인 계산에 있어서 계정과목에도 불구하고 모든 기업업무추진비를 합산했는지부터 조사한다.

기업이 비용으로 계상한 기업업무추진비와 재고자산, 건설 중인 자산, 고정자산 등의 자산으로 계상한 기업업무추진비를 비롯해 사용인이 조직한 법인인 단체에 지출한 복리후생비를 기업업무추진비 시부인 대상에 포함했는지? 여부도 면밀히 조사하고 있다.

국세청은 세무조사를 통해 기업업무추진비, 교제비, 사례금 기타 여하에 불과하고 이와 유사한 성질의 비용으로 사용된 거래처의 접대, 향응을 위한 것 가운데 법인의 업무와 관련해 지출한 경우 전부 합산해서 기업업무추진비 시부인 계산 대상에 포함됐는지? 여부를 꼼꼼히 조사하고 있다.

기업업무추진비를 가지급금, 선급금 등으로 이연 처리한 경우 지출한 사업연도의 기업업무추진비로 보아 손금산입하고, 동시에 기업업무추진비 한도액을 계산해서 손금으로 대체 처리한 사업연도에서 손금불산입하고 유보 처분했는지도 조사 시 살펴보는 대목이다.

판매장려금(품), 판매촉진비, 광고선전비, 회의비, 매출할인, 대손금, 여비교통비, 복리후생비, 수수료, 잡비 등 비용계정 내역을 검토해 지출 목적 및 지출 상대방 등을 기준으로 법인의 업무와 관련한 접대성 비용이 포함되어 있는지? 중점 조사를 벌이게 된다.

대손금 중 약정에 의한 매출채권 등의 포기 금액, 기업업무추진비 관련 부가가치 세액 등을 기업업무추진비에 합산했는지 검토하게 된다. 특히 국세청은 골프 접대, 여행, 음식, 콘도미니엄, 제품제공 등 현물접대의 경우에 시가에 적정한지? 여부를 꼼꼼히 조사하는 것이 내부 조사의 매뉴얼이다.

건설 중인 자산 등에 포함된 기업업무추진비가 있는지?

국세청은 자산으로 처리한 기업업무추진비를 포함해서 기업업무추진비 한도액을 시부인 계산했는지 면밀히 조사하게 된다.

기업업무추진비 한도 초과액이 당기에 손금 계상한 기업업무추진비보다 적은 경우는 기업업무추진비 한도 초과액만 손금부인해서 기타사외유출로 처분했는지 꼼꼼히 따져보게 된다.

국세청은 기업의 기업업무추진비 한도 초과액이 당기에 손금 계상한 기업업무추진비보다 많은 경우에는 기업업무추진비 한도 초과액을 손금불산입한 후 한도 초과액 중 당기 비용으로 계상한 기업업무추진비를 초과하는 금액은 자산 계상한 기업업무추진비에서 건설 중인 자산 ➜ 고정자산의 순서로 감액 처리했는지, 즉 손금산입하고 유보 처분했는지를 조사한다.

가공 기업업무추진비가 있는지 조사

기업업무추진비 지출자의 담당업무, 경비지출 관련 사규 등 제반 상관관계를 종합적으로 고려해서 업무관련성 유무와 가공계상 여부를 조사하게 된다.

국세청은 건별로는 소액이나 일별 또는 월별 합계액이 많은 거래, 업무수행 장소와

먼거리에 위치한 거래처, 고액 거래처 등에 대한 기업업무추진비의 경우 가공계상이나 위장거래 여부를 확인한다.

현물접대의 경우에는 세금계산서, 신용카드, 기타 관련 증빙이 동일한 거래에 대해 중복으로 계상되었는지? 여부도 조사 대상 항목이다.

실제로 지출한 것이 없이 가공으로 계상한 기업업무추진비는 기업업무추진비 시부인 대상 금액에서 제외해서 손금불산입(기업업무추진비 시부인)해야 한다.

이 밖에 귀속이 분명한 경우에는 귀속자에 따라 상여 등으로 처분하고 귀속이 불분명한 경우에는 대표자에 대한 상여로 처분했는지도 살펴본다.

1 사적 경비를 기업업무추진비 등으로 계상하였는지 조사

공휴일에 지출한 기업업무추진비가 있는 경우에는 그 원인을 규명하고 임원 등의 사적비용을 손비로 처리했는지 국세청은 면밀히 조사를 벌이고 있다.

현물접대의 경우에는 반출증, 영수 자의 성명 등 지출 증빙을 철저히 조사해서 업무 관련성 유무를 비롯해 임원 등의 사적 사용 여부를 상세히 조사하고 있다.

임원 등의 사적 경비를 기업업무추진비로 계상한 경우는 기업업무추진비 시부인 대상 금액에서 제외하고 손금불산입(상여 : 근로소득으로 보아 근로소득세를 추징) 등으로 처분하도록 하고 있다.

2 해외기업업무추진비의 적정 여부 조사

해외기업업무추진비는 지출 증빙이 없는 경우가 많고 업무와 관련성도 확실하지 않은 경우가 다반사이다.

국세청은 이런 경우에는 지출자별 해외기업업무추진비 명세, 지출증빙, 해외출장 계획서와 결과보고서 등을 확인, 업무 관련성 유무를 대조하는 조사를 벌이고 있다.

해외기업업무추진비 가운데 허위 또는 업무와 관련이 없이 지출한 경우는 손금불산입하고, 귀속자에 따라 상여 등으로 처분하고 있다.

만약 귀속이 불분명한 경우에는 대표자에게 상여 처분했는지 확인하는 것도 세무조사 항목 리스트에 포함돼 있다.

3 기업업무추진비 증빙 요건의 적정 여부 조사

국세청은 기업업무추진비의 경우 그 명목 여하에 불과하고 지출의 상대방, 지출목적, 지출금액, 지출내용 등을 고려해 법인의 업무와 관련이 있다고 인정될 수 있다고 보는 시각이 우세하다. 이에 따라 증빙서류와 내부통제 근거 등 객관적인 자료에 의해서 통상의 기업업무추진비는 물론 기업업무추진비 유사 비용에 대해서도 업무 관련성 여부를 자세히 검토하고 있다.

기업업무추진비 유사 비용은 당해 법인의 기장 내용, 거래 명칭, 거래 형식 등에 불구하고 그 거래의 실질 내용을 기준으로 기업업무추진비 해당 여부를 판단하는 경우가 대부분이다.

지출 증빙이 없거나 허위 또는 업무와 관련 없는 지출로 확인되는 경우는 손금불산입하고(기업업무추진비 시부인 대상 금액에서 제외) 그 귀속자에 따라 상여 등으로 처분하며, 그 귀속자가 불분명할 때는 대표자에게 상여 처분하도록 하고 있다.

외부에서 구입한 상품 등을 거래처에 현물 접대한 경우 건당 3만원 초과분에 대해 증빙을 미수취한 경우는 손금불산입하고 기타 사외유출로 처분하고 있다.

4 한도액 계산이 적정한지 조사

국세청은 기업업무추진비 한도액의 경우 1,200만 원(중소기업 3,600백만 원) × 사업연도 월수/12 + 수입금액 × 적용률의 산식으로 적정성을 구분해 조사하고 있다.

수입금액은 기업회계기준에 의해 계산한 매출액(영업수익)과 일치하는지 조사 대상이다. 이때 국세청은 특수관계인 자와의 거래나 소비성 서비스업에서 발생한 수입금액은 적정한지? 여부를 꼼꼼히 따져 보고 있다.

국세청은 수입금액에 포함되지 않는 금액으로 매출에누리, 매출환입, 매출할인, 부가가치세법상 간주공급(현물접대 포함), 간주임대료, 기업회계기준과 세법의 차이로 인해서 손익 귀속시기를 세무조정으로 익금산입한 금액, 부당행위 계산 부인에 따른 익금산입액 등을 꼽고 있다.

기업업무추진비 한도액 계산 시 중소기업 해당 여부, 사업연도 월수(신규법인 등) 적용률이 적정한지도 조사 시 검토하는 리스트 중 하나이다.

세무조사 적발 사례

자료상 세무조사 사례

자료상이란 부가가치세 등을 내지 않을 목적으로 허위로 세금계산서를 끊어주거나 받는 대가로 일정한 수수료를 챙기는 업체를 말한다.

1 가공자료에 대한 입증책임

사실과 다른 세금계산서에 대한 입증책임은 원칙적으로 과세관청에 있다. 단, 가공거래임이 과세관청에 의해 상당한 정도로 증명되는 경우는 해당 거래가 실제로 있었다는 것의 입증책임은 납세의무자에게 전가될 수 있다. 즉, 납세의무자가 가공거래가 아님을 입증해야 한다(대법원 2005두16406).

2 자료상 행위자의 부가가치세 환급 여부

자료상 행위자가 가공세금계산서를 발급하고 부가가치세 납부를 한 경우, 가공세금계산서가 부인되어도 납부한 세금은 돌려받을 수 없다. 단, 부분 자료상의 경우 가공매출에 대해 수정세금계산서를 발행하여 경정청구 한 경우에는 매출 감액으로 발생하는 환급세액은 환급받을 수 있다(부가가치세과-783, 2013.08.30.).

3 여러 계정과목에 증빙 없는 경비를 소액 분산

제조원가 명세서의 여러 계정과목에 증빙 없는 경비를 소액 분산하는 방식으로 가공 경비를 계상하여 법인세를 신고했다.
이 경우는 손익계산서에 직접 드러나는 비용계정을 직접 건든 것이 아니라, 제조원가 명세서를 건드려서 제품의 가액을 뻥튀기한 경우다. 물론, 해당 제품이 그대로 자산으로 남아 있지는 않았고, 매출원가로 손금으로 반영되어 있다.
조사국은 손익계산서와 제조원가명세서의 세금계산서 등 적격증빙을 수취해야 할 항목과 실제 수취 금액을 비교 분석해서 금방 혐의 금액을 도출해 냈다.
혐의금액 = 적격증빙 수취 대상 금액 - 적격증빙 수취 금액

4 자료수취자의 가공매입 관련 소득처분

가공매입과 관련해서 해당 금액이 사외유출 되었다면, 대표자 상여로 처분된다. 수정신고 기한까지 유출된 금액을 법인 내에 돌려놓고 수정신고를 한 경우 사내유보로 처분할 수 있다.
하지만, 과세 관청의 경정이 있을 것을 미리 알고 한 경우에는 상여 처분된다. 여기서 상여 처분된다는 것은 급여로 보아 세금을 납부해야 한다는 의미이다.

제조업 세무조사 사례

1 계정과목 처리에 유의한다.

A사는 목재보드를 생산하여 매출하는 업체로서 매출 부분은 계열회사의 물류업체에서 관리하고 있어서 수입금액을 누락할 가능성은 희박하였다. 다만, 고정자산 또는 원재료 가공계상을 통하여 회사자금을 부당하게 유출하고 있었다.
조사국에서 세무조사에 착수하여 각 계정과목별로 회계처리 내역을 조사하는 과정에서 임시 계정과목인 가지급금으로 계상된 금액이 많이 계상되어 있는 것을 보고 이 부분에 대해서 중점적으로 조사하였다.

그 결과, 업무추진비, 용역비 등의 명목으로 가지급금을 지출하고 정산하는 과정에서 증빙 없이 구축물 또는 원재료 등의 가공자산을 계상하는 방법으로 기업자금을 부당하게 유출해 왔다는 것을 적출하였고, 이에 대한 세액을 추징하였다.

위 사례는 가지급금 계정과목에서 의문점이 발생하여 이를 중점적으로 조사한 것으로 가지급금 및 가수금 계정과목은 조사국에서 1차로 검토하는 계정과목이므로 반드시 사전에 검토한 후 대비를 해야 한다.

2 가공의 인건비를 계상하였다.

신용불량자, 노숙자 등의 명의를 이용하여 가공의 인건비를 계상하고, 실제 지급하지 않은 증빙 없는 경비를 손익계산서 등의 기타 항목에 기재한 후 법인세를 신고했다.

조사국에서 세무조사에 착수해서 급여 지급내역과 소득자의 인적 사항, 외주비 지급내역과 사업자가 제출한 해명자료 등을 조사, 비교 분석하여 가공 인건비를 계상하고 있다는 것을 적출하였다.

그 결과 가공계상 급여와 외주비 등을 손금 부인하고 대표자 상여 처분되어 법인세뿐만 아니라 대표자의 근로소득세까지 추징당하는 결과가 발생했다.

3 불공제 세금계산서로 공제받은 경우

세금계산서 발행 능력이 없는 면세사업자, 간이과세자로부터 재화를 공급받고 세금계산서를 수취하여 부가가치세 신고 시 매입세액으로 공제하여 신고했다.

조사국에서는 면세사업자 및 간이과세자가 발급한 전자세금계산서 내역과 거래처의 부가가치세 신고내역을 비교·검증해서 매입세액을 부당공제한 사업자에 대하여 수정신고를 권장하는 등의 방법으로 부가가치세를 추징하였다.

인건비 부분이나 부가가치세 매입세액 부분은 상대방과의 비교·검증이 가능하므로, 직접 세무조사가 나오지 않더라도 서면조사만으로도 충분히 추징당할 수 있으니 신중하고 정확한 세무처리가 필요하다.

프랜차이즈 세무조사 사례

프랜차이즈 세무조사 시 가맹에 매출의 공급 시기는 맞는지, 원가 등의 경비에 문제점은 없는지, 가공 인건비를 계상했는지, 가맹본부로부터 매입하는 식자재 매입 단가와 가맹점 매출단가가 얼마인지, 포스시스템의 구조와 시스템 설치 업체는 어딘지, 면세매입을 과세매입으로 부당공제 받았는지, 가맹점이 일부 부담하는 광고비 등을 본사의 경비로 계상한 내역은 없는지 등 세무상 수많은 항목을 미리 점검한다.

❶ 본점이 가맹점으로부터 신규 개설 시 인테리어 공사 및 집기 비품의 설치와 관련하여 공사업체로부터 수취한 수수료를 대표자의 개인 통장으로 입금받고 법인 장부에 기장하지 않는 경우 추징

❷ 예치조사 시 전산실에서 대리점 등의 포스 시스템상 매출 관련 전산 파일을 확보하여 삭제된 부분을 복구하여 대리점 신고 내용 대사를 통해 각 대리점의 현금매출 누락 적출

❸ 프랜차이즈 가맹점에서 본사에 가맹점 매출액의 일정 비율로 로열티 수수료를 문서에서 확인하여 지급한 로열티 수수료로 매출 환산 금액과 가맹점 매출 신고 금액을 연계 분석하여 매출누락 적출

병원의 세무조사 사례

병원 개인 통합조사를 실시한 경우 세무조사 과정에서 간호사가 정리한 전산 자료와 원장이 개인적으로 사용하던 노트북에서 병원 수입금액으로 추정되는 자료를 발견하고, 세무공무원이 이를 확보하여 병원에서 신고한 수입금액과 전산상 대금들과 비교한바 상당 금액의 차이를 발견, 이를 매출누락으로 간주하여 종합소득세를 추징했다.

병의원의 탈세 내용을 대략 살펴보면

❶ 비보험 진료를 현금으로 20% 정도 할인 결재를 요구하는 경우

❷ 현금매출 수입금액을 탈루하는 경우

❸ 차명계좌를 통해 진료비를 받는 경우

❹ 명의 고용의사를 통해 수입금액을 분산 및 탈루

❺ 비보험 진료를 요구하거나 비보험 진료를 보험 진료로 위장하여 신고

❻ 미용 목적 의료용역을 제공하고 면세사업자로 위장하여 부가가치세를 탈루하는 경우

❼ 고가 의료기기 이중 계산 및 과다계상 후 감가상각비 과다계상 등이 있고, 관련 부서에서 점검하는 사항은 다음과 같다.

❶ 규모 대비 수입금액 신고가 적정한가?

❷ 유명도가 있는 병의원은 주변 사전탐문 검사

❸ 동일 업종의 평균 수입금액과 경비 증감 비율

❹ 리베이트, 장려금 수수 여부

❺ 의료 장비 및 기타 사업장 증빙 적정하게 되었는지 등이다.

참고로 병원의 필요경비 불인정 사항을 예로 들어보면 다음과 같다.

구 분	경비 불인정
복리후생비	영수증 및 신용카드를 검토한바, 실제 직원을 위한 비용으로 사용하지 않은 금액 불인정
기업업무추진비	장부 계상한 기업업무추진비 신용카드 내역을 검토한바 지역기관과 지역주민을 위한 경비로 업무와 관련된 것으로 볼 수 없는 기업업무추진비 불인정
차량유지비	구급차가 아닌 4,000cc 고급 승용차로 재무상태표 상 자산으로 계산된 사실이 없고, 업무와 관련하여 사용된 증빙이 없는 차량유지비 불인정
기타적출경비	병원 휴무일에 병원장 및 직원이 사용한 식대(주대) 또는 병원과 관련 없는 의류 구입, 가족회원 카드로 사용된 금액, 심야 시간에 유흥주점에서 지출한 금액은 병원 운영을 위해 사용하였다고 볼 수 없는 필요경비 등

유명 병원 의사로서 수술비 15% 할인을 조건으로 현금결제, 현금영수증 미발행을 유도하고, 전산 자료를 삭제 · 변조하는 방법으로 현금수입 신고누락

병원 인근 건물에 비밀사무실을 마련한 후 매출자료를 은닉, 별도 전산실에 전산 서버를 보관하면서 전산 자료를 변조 · 삭제

➜ 탈루소득에 대해서 소득세 등을 추징하고 조세범처벌법에 따라 고발조치

➜ 현금영수증 미발행 금액에 대해서 과태료 부과

성형 전문 의원을 공동 운영하는 의사로 소득세를 탈루하기 위해 본인들의 소득을 고용의사의 소득으로 분산 신고하여 소득금액 37억 원을 탈루

네트워크병원에 대한 시설 공사, 소모품 공급 등의 역할을 하는 병원시설관리 법인을 별도로 설립하여 수입금액을 신고 누락

네트워크병원 : 다른 지역에서 같은 상호를 쓰고, 주요 진료 기술 · 마케팅 등을 공유하는 병원

➜ 탈루소득에 대해서 소득세 등을 추징

여성 전문 의사로서 고액 비보험 진료기록부는 별도의 오피스텔에 숨기고 관련 전산 자료는 삭제한 후, 신용카드 결제 또는 현금영수증 발행 수입만 신고하는 방법으로 수입금액을 탈루

탈루한 수입금액 중 일부의 현금을 자택에 보관

➜ 탈루소득에 대해서 소득세 등을 추징하고 조세범처벌법에 따라 고발 조치

내국인뿐만 아니라 외국인 고객도 많이 찾는 유명 성형외과 의사로서 현금을 주로 사용하는 외국인과 신분 노출을 우려 해서 카드 결제를 꺼려하는 내국인의 수술비를 현금으로 받아 신고누락 하는 등 수입금액을 탈루

세무 당국의 금융추적을 피하려고 현금으로 받은 수술비를 계좌에 입금하지 않고 별도로 임대한 비밀창고에 은닉

➜ 탈루소득에 대해서 소득세 등을 추징하고 조세범처벌법에 따라 고발 조치

㈜ㅇㅇ는 임플란트 제조 법인으로 치과병원에 치과 기자재를 무자료로 공급하고 수입금액을 신고누락 하였으며, 치과의사에게 연구 목적으로 임플란트용 기구 등 7억 원을 무상으로 제공하고 부가가치세 신고누락

또한 당해 법인 사무실의 일부를 치과의사인 대표자에게 시가보다 낮은 가액으로 임대하여 2억 원을 신고누락

➜ 탈루소득에 대해서 법인세 등을 추징

제약회사의 세무조사

ㅇㅇㅇ약품㈜은 의약품 제조업체로서 자사 제품의 처방을 증대시킬 목적으로 병 · 의원 등에 개업 시 의약품 무상 지원, 체육행사, 해외연수 · 세미나 참석, 의료봉사활동 등 각종 행사 지원 명목으로 접대성 경비(속칭 리베이트) 175억 원을 제공하고, 판매촉진비, 복리후생비 등 일반 판매관리비 계정으로 분산 처리해서 손금을 계상함으로써 기업업무추진비 시부인을 회피하고 관련 세액 탈루

➜ 탈루소득에 대해서 법인세 등 추징

㈜○○약품은 주로 약국에 의약품을 매출하는 도매법인으로 세금계산서 수취를 기피하는 일부 약국에 의약품을 무자료로 판매하였고, 도매상 등에 허위 매출 세금계산서를 발행
의약품을 거래처로부터 무자료로 매입하고, 거래 사실이 없는 업체로부터 허위 매입 세금계산서를 수취 또한 거래처와 의약품을 교환하면서 무자료로 거래하고 부가가치세 신고 누락

➜ 탈루소득에 대해서 부가가치세 등 추징

㈜○○제약은 의약품 제조회사로서 당해 법인의 대주주인 법인이 경영권을 양도하는 과정에서 매출액을 부풀려 회사 가치를 높일 목적으로 가짜 매출 세금계산서 발행을 지시 당해 법인은 거래처에 가짜 매출 세금계산서 21억원을 발급

➜ 탈루소득에 대해서 부가가치세 등 추징

□□□□는 의약품 도매법인으로 병원 · 약국 등에 제공하는 리베이트를 손금처리하기 위해서 제약회사로부터 허위의 매입 세금계산서를 수취하고 어음을 발행어음 만기일 결제 후 제약회사로부터 현금을 되돌려 받는 수법으로 비자금을 조성하여 리베이트로 사용
허위세금계산서를 수취하여 매입세액을 부당하게 공제받고, 판매관리비 · 복리후생비 등으로 원가를 허위 계상해서 탈세

➜ 탈루소득에 대해서 부가가치세 등 추징

수출업의 세무조사

의류 도매업자, 해외 자료상, 환전상 등과 공모하고 무자료 의류를 저가로 신고하여 수출통관을 하거나 보따리상을 통해 밀수출 수출대금은 해외 차명계좌로 입금받아 가족 · 직원들을 통해 국내로 반입한 후 원화로 환전, 운송 수수료 차감 후 도매업자에게 물품 대금을 지급하는 수법으로 관련 세금을 탈루했다.

나이트클럽, 모텔의 세무조사

나이트클럽, 모텔 등을 운영하는 자로 나이트클럽의 현금수입은 친척 명의 차명계좌에 입금해서 관리하는 방법으로 현금수입 신고 누락

모텔 객실 하나를 비밀창고로 활용하여 숙박 장부, 일일매출표 등 모텔 매출 관련 서류를 은닉하는 방법으로 현금수입 신고 누락
조사 착수 시 모텔 객실을 일일이 확인하는 과정에서 매출 관련 서류가 보관된 객실 발견

➜ 탈루소득에 대해서 소득세 등을 추징하고 조세범처벌법에 따라 고발 조치

변호사 등 전문가의 세무조사 사례

법률사무소를 운영하는 변호사로서 성공보수 등 수임료를 친인척 명의 차명계좌로 입금을 받아 관리하는 방법으로 수입금액 신고 누락. 또한, 현금영수증 의무발행 업종임에도 이를 위반하여 현금 결제금액에 대해 현금영수증을 미발행

➜ 탈루소득에 대해서 소득세 등을 추징
➜ 현금영수증 미발행 금액에 대해서 과태료 부과

학원의 세무조사 사례

유명 미국 수학능력시험(SAT) 전문 어학원을 운영하는 학원 사업자로서 국내에서는, 미국대학 입학 준비 학생들을 상대로 소수정예 멘토 – 멘티 형식의 족집게 강의를 진행하면서 고액의 수강료(1과목당 월 150만 원 이상)를 받고, 미국 현지학원에서는 추수감사절 방학(10일) 기간동안에 한국 유학생을 상대로 숙식을 제공하며 특강을 실시하고 최소 4백만 원 이상의 고액 수강료를 받아 직원 · 배우자 명의의 차명계좌로 관리하면서 수입금액을 탈루하고 골프회원권 취득 및 고급주택에서 호화 · 사치 생활

➜ 탈루소득에 대해서 소득세 등을 추징하고 조세범처벌법에 따라 고발 조치

룸살롱 등 유흥주점의 세무조사 사례

수십여 명의 여성 접객원을 고용해서 호화 룸살롱을 운영하는 자로서 전표 등 원시자료를 파기하고 실제 매출기록은 개인 USB에 보관하는 방법으로 수입금액을 축소 신고하고 조작된 장부를 사업장에 비치. 또한, 현금 주대(酒代)는

직원명의 차명계좌에 입금하여 관리하고 봉사료를 허위 계상 하는 방법으로 수입금액 탈루

➜ 탈루소득에 대해서 소득세 등을 추징하고 조세범처벌법에 따라 고발조치

수백 명의 여성 접객원을 고용하여 유흥주점을 운영하는 자로서, 신용카드 매출전표를 위장가맹점(타지역 호프집, 동일 건물 소재 호텔 등) 명의로 변칙 발행

현금 주대(酒代)는 직원명의 차명계좌로 입금을 받아 신고 누락을 하는 방법으로 수입금액 34억 원을 탈루

➜ 탈루소득에 대해서 소득세 등을 추징하고 조세범처벌법에 따라 고발 조치

고급시계를 수입해서 판매하는 업체로 수입 시계를 임직원 등에게 시가 대비 40~50%로 할인판매하고 거래처에 선물로 무상 제공하는 등 소득금액을 과소신고 또한, 인건비를 가공계상하는 등 비용을 과다 계상하는 방법으로 소득금액을 탈루

➜ 탈루소득에 대해서 법인세 등을 추징

인터넷 쇼핑몰 등의 세무조사 사례

다수의 홈페이지를 운영하면서 의류 및 액세서리를 판매하는 유명 온라인쇼핑몰 운영자로서, 온라인쇼핑몰의 수입금액을 종업원 명의의 100여개 차명계좌에 입금하는 수법으로 수입금액을 신고 누락하고, 종업원 명의로 간이과세자 등록 후 매출이 증가하면 즉시 폐업하고, 다른 종업원 명의로 다시 간이과세자로 등록하는 수법으로 수입금액을 분산 신고해서 부가가치세 등을 탈루함

➜ 탈루소득에 대해 부가가치세 등을 추징하고 고발

온라인 포커, 고스톱 게임 등의 사이트를 개설해서 사이버 게임머니를 환전해 주는 불법 도박업체로서, PC방 가맹점을 통해 선불카드 및 이벤트 쿠폰 형태로 게임머니를 판매하고, 판매대가는 현금거래를 유도하거나 대포통장을 이용해서 입금받는 수법을 사용해서 소득을 은폐

➜ 탈루소득에 대해서 부가가치세 등을 추징하고 고발

용역 수수료 가공계상의 세무조사 사례

거액의 자금을 전주(錢主)들로부터 모집하여 고리로 재대여하는 사채중개업자로서, 유동성 위기에 몰린 부실기업에게 사채자금을 고리로 대여한 후, 이자를 유령회사를 설립한 후 유령회사를 통해 지급받음

전주들에게는 이자를 지급하고, 본인은 중개수수료를 신고 누락이 과정에서 부실기업 사주는 유동성 위기를 해소하고자 조달한 사채자금을 본인이 횡령하고, 부실기업은 결국 부도 처리

➜ 사채중개업자와 부실기업 사주에게 소득세를 추징하고 조세범처벌법에 따라 고발 조치

➜ 전주 100여명이 지급받은 이자에 대해서는 추가 세무조사 실시

상가 임대사업자로, 근무 사실이 없는 친인척을 임대관리인으로 꾸며 급여를 지급한 것으로 처리하는 등 인건비를 허위 계상하는 방법으로 소득금액을 탈루
자녀가 운영하는 특수관계 법인 등에 상가를 무상으로 임대해서 소득금액을 탈루

➜ 탈루소득에 대해서 법인세 등 추징

아무런 매입 증빙 없이 외주가공비 등을 지불한 것처럼 장부를 조작한 후, 동 자금을 유출해서 사주 본인의 차입금 상환 등에 사용 이외에도 사주에게 96억 원을 대여한 후 이를 회수하지 아니하고 부당하게 대손 처리함

➜ 허위로 원가를 계상하고 기업자금을 유출한 데 대해서 법인세 추징, 사주에게 소득세 추징

자녀 등에 대한 편법증여 세무조사 사례

사주 ○○○은 배당금 등으로 늘어난 재산을 자녀에게 이전하기 위해 사주 ○○○가 자녀들 명의로 일시 납입 보험료 210억 원을 대신 납입하고, 자녀들의 부동산 취득자금 180억 원을 현금으로 증여하는 등 총 400여억 원을 자녀에게 증여하였으나, 증여세 신고 누락
또한, 모기업이 취득한 고액의 기계장치를 자녀 소유의 법인에게 장기간 무상 대여하는 방법으로 부당하게 이익을 분여하고, 동 기계장치에 대해 투자세액공제까지 받는 등 법인세를 신고 누락

➜ 부당한 이익분여 등에 대하여 법인세, 증여세 추징

제조업체인 □□□는 해외 현지 법인에게 직접 수출하다가 자녀들에게 이익을 분여하기 위해서 자녀들이 대주주인 법인 3개를 설립한 후 이를 통해 부품을 우회 수출하면서, 수출대행 용역 수수료를 실제보다 높게 지급(평균수수료 대비 7배) 하는 방법으로 사실상 대주주인 자녀에게 이익을 증여. 또한, 신주인수권부사채를 자녀들이 대주주인 특수관계 법인으로 하여금 저가에 인수하도록 한 후, 고가에 주식으로 전환함으로써 전환이익을 주주인 자녀에게 증여

→ 부당한 이익분여 등에 대하여 법인세, 증여세 추징

해운업을 영위하는 A社의 사주 ○○○는 국내 발생 해운 소득을 자녀가 소유한 해외 위장계열사에 이전시키기 위해 조세피난처에 사주의 자녀와 직원 명의로 해외 위장계열사(B, C) 설립함
A社가 실제 용역을 제공함에도 불가하고 해외 위장계열사가 해외거래처와 선박 용·대선 및 화물운송 계약을 체결하고, A社가 제공한 용역대가를 해외 위장계열사가 수취하여 해외에 은닉
동 건은 사주가 A社의 거래처 · 영업망, 회사자원 그리고 신용을 통해 단기간에 B社를 급신장시키는 방법으로 2세에게 세 부담 없이 부를 변칙 이전한 사례임

→ 부당한 소득 이전 행위에 대하여 법인세 등 추징

제조업을 영위하는 중견기업 □□□ 의 사주 ○○○은 해외로 기업자금을 유출하기 위해서 미국과 홍콩 거래처에서 부품을 수입해서 제조하는 과정에서, 수입대금 및 수수료를 과다 지급하고, 유출된 자금은 홍콩 등에 개설된 사주의 계좌로 되돌려 받아 국내에 다시 반입해서 타 법인에 투자하는 등 법인자금을 부당하게 유출하여 사적으로 사용

→ 탈루소득에 대해서 법인세 등 추징

한의사 B씨는 출퇴근용 리스 차량의 경우 출퇴근 일지를 작성하지 않았다는 이유로 경비처리에서 제외되기도 했다.

→ 탈루소득에 대해서 소득세 등 추징

세무조사 때 이건 꼭 걸린다.

국세청에 가장 많이 적발되는 사례를 살펴보면 다음과 같다.

⊙ 접대성 경비를 복리후생비 등으로 분산처리

⊙ 근로를 제공하지 않은 기업주 가족(친인척)에게 인건비를 지급하고 비용처리

세무조사관이 세무조사를 나오기 전에 가장 먼저 파악하는 것이 그 사업주와 관련된 가족이다. 사업주의 가족, 친인척의 실제 근무여부를 가장 우선적으로 파악한다.

물론 실제 근무여부는 세무조사를 해봐야 알 수 있지만 해당 사업장에서 매달 신고한 급여 원천징수 신고자료를 바탕으로 그 가족의 명단과 지급내역 등 인건비를 파악한 후 리스트를 만든다.

① 법인계좌에서 가족에게 실제로 나간 급여내역

② 출퇴근 기록카드

③ 업무상 결제내역을 파악한다.

하물며, 지문인식까지 검증한다.

⊙ 개인적으로 사용한 신용카드매출전표

사용내역이 대표 또는 대표의 가족, 임직원의 사적경비로 볼 것인지 실질적인 업무용 지출인지를 검증한다.

특히 골프, 마사지, 피부과, 성형외과, 음주, 명품 구입과 관련해서는 주의해야 한다.

⊙ 재고자산 계상 누락 등을 통해서 원가를 조절하는 경우

⊙ 세무조사 후 신고소득률 하락 등

국세청은 기업소득 유출, 수입금액 누락, 소득 조절, 조세 부당감면 등으로 세금을 탈

루할 우려가 있는 자영업 법인, 취약 · 호황 업종의 신고내용을 개별 정밀 분석한 자료로 성실신고를 별도 안내한다.

⊙ 소비지출 수준을 통해 소득 추정분석

소득신고에 비해 해외여행 등 소비지출이 상대적으로 많은 경우 세무조사 대상이 될 수 있다.

⊙ 원가를 과대계상 한 경우

상호 증빙이 없이 세무조사만 안 받으면 걸리지 않을 거라는 생각에 임의적으로 원가를 과대계상 해 세금을 탈루하는 행위는 세무조사를 받을 확률이 높다.

⊙ 일요일에 마트에 가서 장을 보고 법인카드로 결제한 경우(음식점 등은 예외일 수 있음)

⊙ 적격증빙 사용내역을 확인하고 나온다.

사업자 명의 데이터를 분석해 세금계산서, 신용카드매출전표, 현금영수증, 계산서 등이 적절하게 수취되었는지 확인한다.

또한, 해당 적격증빙을 바탕으로 소득세나 법인세 및 부가가치세가 적절하게 신고가 되었는지까지 검증하고 나온다. 금융증빙까지도 파악한다.

결국, 증빙과 신고내역을 자세히 들여다보면 원칙에 어긋난 비용처리 사항이 파악되고 세무조사 과정을 통해 세금을 추징당하게 된다.

⊙ 특수관계자 간 거래내역을 파악한다.

개인사업자의 경우 친인척 또는 가족 간에 물품을 사고판 거래내역이 있는지 우선 파악한다.

법인의 경우 주주의 구성을 파악한 후 해당 주주와 다른 특수관계법인과의 거래를 더욱 면밀하게 검증한다. 즉, 해당 명단과 거래내역을 다 확정을 지어 나온다.

거래금액과 시기 및 실질적으로 대금이 오고 간 내역까지 검증한다.

TIP **부동산 취득을 시작으로 모든 세무조사의 연결고리가 완성된다.**

PCI는 국세청에서 재산, 소비, 소득의 3가지 요소를 분석하는 소득지출분석시스템을 말한다.
PCI에 의한 내가 신고한 소득보다 지출이 많고 취득한 재산이 많다고 하면 차이 나는 금액이 적정한지를 조사하기 위해 세무조사를 실시한다.
단순하게 내게 해외여행을 많이 다녔고, 외제 차를 샀다고 해서 세무조사를 받는 것이 아니다.
그 재산을 취득할 만한 자금에 대한 소득원이 되는지를 검증한다.
개인 통합 조사, 법인 통합 조사로 인해 걸리는 때도 있지만, 이보다는 부동산 취득으로 인해 세무조사 대상자로 선정이 되고 그것과 연동되어서 개인의 사업소득이나, 관련된 소득 누락이 적발되는 경우가 많다.
예를 들어 세무조사를 피하고자 법인 설립을 통해 부동산을 취득하는 경우 그 자금의 원천을 추적하다 보니 본인이 운영하는 회사에서 자금이 들어오는 것이 밝혀지고, 그 회사가 법인 설립을 통해 부동산을 취득할 자금 여력이 되는지 검증한다.
자금 원천인 본인이 운영하는 회사의 자금 여력을 검증하는 과정에서 홍보비, 인건비, 용역비 등 회사의 지출 상황을 자세히 들여다보게 되고 그 결과 탈세가 적발되게 된다.
결국에 모든 세무조사의 시작은 무엇인가를 취득하면서 시작되고 그 자금에 대한 출처를 조사하는 과정에서 사업과 관련된 탈세도 적발되는 경우가 많다.
참고로 일정 금액 이상은 국세청에 통보가 되므로 단순히 그 금액만 피하면 된다고 생각할 수 있다. 하지만 이는 잘못된 생각이다. 거래가 해당 금액 이하일 때 특별한 혐의가 안 보이면 문제가 없지만, 일정 금액 단위로 반복적으로 의심할 만한 거래가 발생하면 국세청은 해당 거래를 들여다 봐 세무조사에 착수할 수도 있다.
또한, 일정한 재산이 모이면 대다수는 주식이나 부동산 투자 등 재산의 취득 쪽으로 눈길을 돌리게 되는데, 국세청 PCI 검증 결과 평소 신고한 소득 대비 재산취득이 많으면 위에서 말한 바와 같이 자금출처조사를 하게 되고 그 조사의 영향이 회사의 불법 거래까지 확대되어 조사받게 된다.
지금 당장 걸리지 않았다고 그 수법을 반복적으로 사용하다가는 국세청 PCI에 적발될 가능성이 크며, 적발되지 않는다고 해도 임직원의 탈세 제보로 적발될 가능성이 크다는 점을 사업자는 항상 염두에 두기를 바란다.

법인카드 사적 사용에 관한 세무조사 대처 포인트

법인카드의 사적 사용

법인카드의 사적 사용은 기업 운영과 관련하여 매우 중대한 문제다. 일반적으로 법인카드는 회사의 업무를 수행하기 위해 발급된 카드로, 사용처는 회사의 공식 경비로 제한된다.

그러나 법인카드를 사적으로 사용하는 사례가 자주 발생한다. 예를 들어, 해외여행이나 접대 등의 사적 목적에 사용하거나, 개인적인 필요에 따른 소비로 이어지는 경우가 있다.

기업의 법인카드 사용은 주로 업무와 관련된 경비 처리의 투명성을 높이기 위한 목적이 있다. 일반적으로 법인카드는 물품 구매, 출장비, 회의비, 복리후생비 등과 같은 업무 관련 지출에 사용해야 하며, 사용자는 이를 적절하게 입증할 증빙을 갖추어야 한다. 만약 이 사용이 사적인 요소를 포함하면, 해당 경비는 업무와 전혀 관련 없는 지출로 간주되어 법인세 부과 대상이 될 수 있다.

사적인 이유로 법인카드를 사용했다면, 세무 당국에서는 이를 '가지급금' 으로 처리한다. 가지급금이란 불특정한 비용을 임시로 처리해 둔 계정이다. 임직원은 이 금액을 개인 비용으로 보지 않고 반드시 회사에 반환해야 하며, 그 과정에서 자칫 상여소득처분으로 이어져 개인의 세무 문제가 발생할 수 있다.

1 사적 사용의 확인

법인카드를 사용한 내역 중 사적인 지출을 확인하여 이를 분리해야 한다. 사적 사용이 확인되면 해당 금액을 정산해야 한다.

2 가지급금 처리

사적인 이유로 사용한 금액은 가지급금으로 처리해야 한다. 즉, 사적 사용 금액을 임직원에게 입금 요청한 후, 입금이 확인되면 가지급금을 소멸시키는 방식이다.

3 적격증빙 확보

사적 사용으로 인해 발생한 비용을 정리할 때, 적격증빙을 확보하는 것이 중요하다. 일반적으로 법인카드로 결제한 내역이면, 온라인에서 사용 내역을 조회할 수 있으므로 별도로 영수증을 챙길 필요는 없지만, 특정 조건을 충족해야 할 경우는 확인이 필요하다.

법인카드의 사적 사용이 발생했을 때 세무처리

1 부가가치세 처리

사적 사용으로 인한 지출은 부가가치세 신고 시 매입비용으로 인정되지 않기 때문에, 해당 건의 부가가치세를 공제받으면 안 된다.

2 법인세 처리

잘못 처리된 법인카드 사용은 돌려받지 않는 경우 법인세 신고 시 비용이 부인되어 법인세가 증가하고 가산세가 발생할 수 있으며, 해당 임직원의 상여로 처분된다.
법인카드 사용이 적법하지 않게 인정될 경우, 과세당국은 부정하게 처리된 비용을 다시 계산하여 법인세를 수정 신고하도록 요구할 수 있다.

3 소득세 처리

사적 사용이 임직원 개인의 소득으로 인정될 경우(상여처분) 소득세를 납부해야 한다.

법인카드의 사적 사용을 적발하는 국세청 방법

법인카드의 사적 사용을 적발하기 위한 국세청의 방법은 여러 가지가 있으며, 이러한 방법들은 법인카드 사용의 투명성을 확보하고 세금을 정확히 징수하기 위한 목적을 가지고 있다.

1 모니터링 시스템 활용

국세청 홈택스에서 법인카드 내역을 조회할 수 있다. 따라서 세무당국은 법인카드 사용내역을 실제 소속 법인보다도 더욱 상세하게 파악할 수 있다는 의미다.

국세청은 법인카드 사용 내역을 모니터링하기 위한 시스템을 운영하고 있다. 이 시스템은 기업들이 제출한 세무 자료와 국세청이 보유한 금융거래 정보를 비교 분석하여 사적 사용 가능성을 탐지한다. 예를 들어, 카드 사용 패턴이 일상적이지 않거나, 특이하게 발생하는 경우 이런 패턴이 포착될 수 있다.

법인카드를 사용하는 각 개인의 사용내역이 해당 사용자 권한 및 직무와 일치하는지 검토한다. 예를 들어, 관리직급이나 특정 부서에서의 비일상적인 사용이 발견되면 추가적인 조사가 이루어진다.

- 동일 일자 및 동일 거래처 중복 사용(분할 결제)
- 유가증권, 상품권, 귀금속 또는 사치성 물품 구매
- 해외지역 사용분(국내 면세점 포함)
- 법인카드 사용자가 근무지가 아닌 자택 인근 지역에서 사용하는 경우
- 미용실, 병원 등 업무 무관 장소에서 사용하는 경우
- 공휴일 및 법정공휴일 사용

- 업무 유관 지역을 현저히 벗어난 원거리 지역 사용
- 24시 이후 심야시간대 등 비업무 시간대 사용

구 분	집중적으로 검토되는 항목
업무 관련성	법인카드 사용 내역이 업무와 관련성이 있는지를 먼저 확인한다. 사적 사용이 의심되는 거래는 종종 기준 외의 장소에서 발생한 경우가 많다. 예를 들어, 미용실이나 병원 등 업무와 관련이 없는 곳에서의 사용 내역은 문제로 지적될 수 있다.
중복 및 분할 거래	동일한 거래처에서 같은 날 여러 차례 같은 금액으로 반복되는 거래는 조사 대상에 오른다. 이는 사적 비즈니스 지출을 숨기려는 의도로 해석될 수 있다.
특정 업종의 지출	고급 주류, 사치품, 상품권 등 현금화하기 쉬운 물품의 구매는 세무조사에서 주의 깊게 분석된다. 이러한 지출은 업무 관련성을 입증하기 어려운 경우가 많다.
지역 및 시간대	법인카드 사용자가 근무지와 현저히 멀리 떨어진 지역에서 사용한 경우, 또는 비업무 시간대(예 : 심야 시간)에 카드 사용 내역은 의심스러울 수 있다.

2 데이터 분석 기술

국세청은 빅데이터와 데이터 마이닝 기술을 사용하여 법인카드 사용 내역을 분석한다. 특정 업종이나 개인의 카드 사용이 비정상적으로 높거나, 다수의 거래가 발생하는 경우, 국세청은 이를 추가 조사 대상으로 분류할 수 있다. 이러한 기술적 접근은 사적 용도 사용을 식별하는데 효과적이다.

국세청은 AI와 빅데이터 분석시스템을 도입하여 탈세 분석 및 적발 시스템을 구축하고 있다. 이를 통해 세무 사례를 기계 학습하여 불성실한 납세자를 추출할 수 있는 기능이 포함되며, 결국 조사대상 선정의 정교성을 높이고 있다. AI를 활용하여 정기조사 선정을 더욱 고도화할 수 있게 되었다.

국세청은 데이터 마이닝 기법을 활용하여 대규모 데이터 속에서 숨겨진 패턴이나 이상 징후를 찾아내고 있다. 이를 통해 수상한 거래나 의심스러운 세무 행위를 식별하며, 탈세 가능성을 미리예측할 수 있는 효과적인 수단을 마련하고 있다. 이 과정에서 여러 데이터 소스를 통합하여 분석하는 방식 또한 사용된다.

3 연말정산 및 세무조사

법인카드 사용 내역은 연말정산 및 정기적인 세무조사 시 검토된다. 기업이 연말정산 자료를 제출할 때, 법인카드의 사용 내역이 과세자료로 포함되므로 이 과정에서 사적 사용이 노출될 가능성이 있다. 또한 세무조사 과정에서 법인카드 사용내역이 검토되어 사적 사용의 증거가 발견될 경우, 국세청은 해당 사항에 관해 조사를 실시한다.

4 세무신고서 및 회계감사

법인카드 사용 내역은 세무 신고서에 반드시 포함되어야 하며, 이를 누락하거나 부정확하게 신고할 경우 국세청의 조사를 받을 수 있다. 이렇게 제출된 서류가 회계감사나 세무조사에 의해 불일치가 발견되면 사적 사용이 적발될 수 있다.

국세청은 납세자들이 신고서를 제출할 때, 다양한 데이터 소스를 미리 분석하여 신고서의 기재 항목을 자동으로 채워주는 서비스를 제공하고 있다. 이와 같은 서비스는 고도의 데이터 분석을 통해 이루어지며, 납세자가 자의적으로 보고할 경우 발생할 수 있는 오류를 줄이는데 기여하고 있다.

국세청은 비정기적인 세무조사를 시행할 경우, AI 기반 프로그램을 통해 고위험 납세자를 사전에 식별하여 목표를 정할 수 있다. 최근의 세무조사 리스크가 증가함에 따라, 업종별 탈세유형에 따른 데이터 분석을 통해 특정 기업이나 개인의 조사를 효율적으로 진행할 방안을 마련하고 있다.

5 신고센터 운영

국세청은 사적 사용에 대한 민원이나 제보를 받을 수 있는 신고센터를 운영한다. 이러한 신고는 직원들이 내부적으로 범죄를 제보할 수 있는 공간을 제공하며, 국세청은 신고된 내용을 바탕으로 조사에 착수할 수 있다. 이처럼 외부의 제보는 적발에 중요한 역할을 한다.

또한, 국세청은 탈세 관련 제보를 받고, 이를 바탕으로 데이터 분석을 통해 특정 사건을 조사할 수 있는 근거 자료를 확보하기도 한다. 이를 통해 국민의 신고 행위를 더 널리 활용한다.

6 예방적 조치 및 기업의 책임

법인카드 사용에 관련된 규정 준수를 위한 예방이 매우 중요하다. 기업은 법인카드 사용에 대한 명확한 내부 정책을 마련하고, 모든 임직원에게 해당 정책에 관해 교육을 실시하여 사적 사용을 미연에 방지해야 한다. 이를 통해 국세청의 사후 관리에 따른 처벌을 피할 수 있다.
이같이 국세청은 법인카드의 사적 사용을 적발하기 위해 다양한 방법과 시스템을 구축하고 있으며, 기업들은 이를 사전에 인지하고 적절한 대처방안을 마련해야 한다.

법인카드 사적 사용 입증 증빙

1 적격증빙의 종류

법인카드를 사용할 때 인정받는 적격증빙은 주로 다음 세 가지다.
❶ 세금계산서 : 물품이나 서비스를 제공받을 때 발급받는 문서로, 부가가치세와 관련된 내용이 포함되어 있다.
❷ 현금영수증 : 현금으로 지불할 경우 발급되는 영수증으로, 결제한 사실을 입증할 수 있는 자료다.
❸ 신용카드매출전표 : 법인카드로 결제한 경우, 카드사에서 발급하는 매출전표로, 일반적으로 결제 시 자동으로 작성된다. 이 영수증은 온라인 조회를 통해 발급받을 수 있으며, 별도로 보관할 필요는 없지만 기록 관리가 여전히 중요하다.

2 필요한 추가 자료

법인카드 사용이 적법하게 인정받기 위해서는 다음과 같은 추가 자료가 필요하다.
❶ 거래명세서 : 특정 상품이나 서비스의 상세 내역이 포함된 문서로, 적격증빙과 함께 제공되어야 한다. 예를 들어, 출장비가 청구된 경우 출장 목적과 일자, 경비 내역

을 명확히 정리해 둔다.

❷ 사내 지출관리 기록 : 법인카드 사용 내역을 관리하기 위한 내부 문서로, 지출 관리대장을 작성하여 사용 내역을 기록한다. 이는 향후 세무조사 대응 및 내부 감사에 유용하다.

❸ 전표 관리 : 지출결의서나 내부 결재 문서로, 법인카드로 지출한 비용에 대해 사전 승인 받은 내용을 기록한다. 이 문서도 관련 법적 처리를 위해 보관해야 한다.

3 특정 조건에서의 증빙 요구

법인카드 사용이 의심스러운 경우, 더 많은 증빙자료를 요구할 수 있다. 특히 사적 용도로 사용되었거나 비정상적인 거래가 발견될 경우, 다음과 같은 추가 자료가 필요할 수 있다.

❶ 구매자 및 결제자 정보 : 해당 거래와 관련된 직원의 정보를 명확히 해야 한다.

❷ 업무 관련성 입증자료 : 해당 지출이 업무와 관련이 있음을 입증할 수 있는 자료를 준비한다. 예를 들어, 회의록, 출장 계획서 등이 해당할 수 있다.

세금 환급(경정청구 컨설팅)이 발생하는 대표적인 유형

기장 대행 세무사는 일반적으로 다양한 업종과 수많은 고객을 대상으로 세금 납부 서비스를 하므로 세액공제 대상을 일일이 반영하기 힘들고 관련 업무를 직접하는 세무 사무원의 능력 또한 천차만별이므로 각 사업자에게 완벽한 절세 컨설팅을 제공하기 힘들다. 따라서 사업자가 당연히 받아야 할 각종 감면과 세액공제를 놓치는 경우가 많다.

그리고 신고납부가 끝난 후에도 이를 점검해서 오류를 발견해 내기도 힘들고, 설령 찾았다고 해도 본인의 기장 및 신고 실수를 인정하는 것이기 때문에 경정청구를 하기가 현실적으로 쉽지 않다. 그래서 세금 환급을 전문적으로 하는 경정청구 컨설팅이 성행하는 것이다.

결국은 기장 대행 세무사가 체크하지 못한 내용을 경정청구 컨설팅 세무사가 찾아서 환급금을 받아주는 것이다.

연말정산 간소화 서비스를 너무 믿다가 발생하는 연말정산 환급

대표적인 연말정산 실수로 환급이 발생하는 경우는 바로 연말정산 간소화 서비스를 이용하는 경우다.

연말정산 간소화 서비스는 신용카드 내역, 의료비, 교육비 등 각종 지출 내역이 자동으로 기입되어 손쉽게 연말정산을 할 수 있도록 국세청에서 도와주는 서비스다.

국세청에서 제공해 준다는 이유로 100% 연말정산 간소화 서비스만 믿었다가는 받을 수 있는 세금 환급액이 줄어들 수도 있다. 간소화 서비스에 올라가지 않은 항목을 놓치기 쉽기 때문이다. 즉 국세청 간소화 서비스는 100% 정확한 것이 아니라 본인이 가장 정확한 것이다. 간소화 서비스는 단지 참고용으로 제공하는 자료라는 인식이 필요하다.

혹시 나도 환급받을 수 있지 않을까? 하는 생각에 환급 영업 사이트에 접속해 보고 환급이 뜨면 엄한 회사 직원에게 따지지 말고 본인의 실수라는 점을 미리 인지하기를 바란다. 주는 대로 신고한 사람은 무슨 죄가 있는가?

월세, 기부금, 의료비, 교육비 등 공제받을 수 있는 항목을 뒤늦게 발견했는데, 이미 소득·세액 신고서가 회사로 가버렸거나 회사에 수정 요청하기도 부담스럽고 이미 서류가 제출된 상태라면 수정 반영이 안 된다. 더군다나 월세 내역이나 부양가족 유무, 난임시술비 등의 민감한 개인 정보는 회사에 알리기 싫은 경우 본인이 직접 종합소득세 신고를 통해 수정한다.

채용을 늘리면 고용증대세액공제와 중소기업사회보험료 세액공제

고용인원이 늘어나면 고용노동부에서 지급하는 고용지원금과 세금 감면으로 고용증대세액공제와 중소기업사회보험료 세액공제를 받을 수 있다. 하지만 중소기업의 경우 채용을 늘렸는데도 이 사실을 몰라 공제를 받지 않은 경우가 많은데, 경정청구를 통해 세금 환급을 받을 수 있다. 다만 고용인원이 줄어드는 경우 다시 환급받은 금액을 내야 하는 경우도 생길 수 있으니 지금 당장은 수수료까지 주고 환급받았다가 토해낼 수 있으니 신중해야 한다. 수수료는 돌려주지 않는다.

경정청구 시 주의할 사항은 근로계약서의 완전성 있는 작성 여부 및 가공 인건비로 오인될 수 있는 내용이 있으면 해당 부분에 대한 보완이 필요하다.

사업용 자산을 구매했으면 통합투자세액공제 체크

투자와 관련한 세액공제를 누락하거나 잘못 적용한 경우 역시 통상적으로 발생하는 경정청구 사례다. 중소기업은 사업용 유형자산을 구매하거나 교체했을 때 통합투자세액공제를 받을 수 있다. 기계장치, 연구 인력 개발 시설, 안전시설, 근로자 복지 증진 시설 등을 마련하거나 업무용 특수 소프트웨어를 구매했을 때도 해당한다.

그러나 세법 개정으로 통합투자세액공제가 시행된 지 얼마 되지 않아서인지 상당수의 회사가 통합투자세액공제를 누락하고 있다. 이런 경우 경정청구를 통해 환급받을 수 있다.

투자세액공제 신청 시 주의할 사항은 토지 및 건축물 및 중고자산 취득의 경우는 해당 세액공제 대상에서 제외된다. 경락에 의해 취득하는 자산과 사업을 양수하면서 취득하는 자산은 중고자산에 해당한다. 또한 해외에서 매입하는 기계장치 등에 대하여도 중고 여부를 검토해야 한다.

창업한 스타트업일 때는 창업 중소기업 세액감면

정부는 창업한 지 얼마 되지 않은 중소기업 및 벤처기업에 세제 지원을 하고 있다. 창업 후 최초로 소득(매출-경비)이 발생한 해와 그 후 4년까지 총 5년간의 세액을 감면해 주고 있는데, 초기 창업과 영업준비에 바빠 이를 체크하지 않고 있다가 나중에 경정청구를 통해 환급받는 경우가 많다.

주의해야 할 사항은 과거 창업 경력이 있는지, 사업양수도 합병 등을 통하여 회사를 설립한 경우 창업으로 보지 않기 때문에 창업에 대한 검토가 필요하다.

세무조사 파생자료의 처리

과세자료의 내용

거래상대방의 세무조사 등의 사유로 인해서 과세자료가 발생한 경우는 조사처 관할 세무서의 조사 내용을 상대방 관할 세무서에 통지해서 과세자료로 활용하도록 하는 자료이다. 이 자료는 주로 조사처의 매출 누락자료, 자료상 혐의 자료(부당 매입세액 공제 등) 등으로 상대방이 확인한 내용으로 상당한 신빙성이 있으므로 적극적인 대처가 필요하다.

조사 파생 자료를 통보받은 관할 세무서는 자료 내용에 대한 사실 여부를 납세자에게 확인해서 사실관계가 맞는 경우는 과세하게 된다.

자료 내용이 사실인 경우 파생 자료 소명

과세자료 내용(거래처 매입자료)이 사실인 경우는 수정신고를 하는 방안이 최선의 방안이다. 수정신고를 하는 방법은 상품 매입액(누락)에 대한 매출 여부를 확인해야 한다. 만일 매입만 누락하고 매출은 정상적으로 신고가 이루어진 경우는 매입원가 누락 부분만 조정하면 된다.

그런데 일반적으로 매입이 누락되면 매출이 누락되는 경우가 대부분이다. 따라서 다음과 같이 세무조정을 통해서 수정신고를 하면 된다.

1 부가가치세 수정신고

당초 신고한 부가가치세 확정 신고서를 수정신고하면 된다. 당초 분은 적색으로 정정 분은 흑색으로 표시해서 신고와 동시에 자진납부해야 한다. 이 경우 신고불성실가산세, 납부불성실가산세, 세금계산서 미발급 가산세를 추가 부담한다.

2 법인세 수정신고

법인세 신고기한이 지났으므로 결산조정을 불가능하고 신고조정을 통해서 수정신고하면 된다.

매출누락 금액이 확인되지 않는 경우는 세무서에서 당해 업종평균 부가가치율, 매매총이익율, 당해 사업자의 평균부가율 등으로 매출을 환산해서 추계결정하게 될 것이다. 또한, 소득처분 시 매출 누락금액이 아직 회수되지 않은 매출채권으로 존재하는 경우는 소득처분은 유보로 하게 된다. 매출누락에 대한 상여처분은 부가가치세를 포함한 매출누락액 전액에 대해서 해야 한다는 견해와 매출총이익에 대해서만 해야 한다는 견해가 있으나 판례는 법인이 매출누락 사실이 있음에도 불구하고 그 매출액을 장부에 기재하지 않은 매출누락이 있는 경우에는 다른 사정이 없는 한 원가 상당액을 포함한 매출누락액 전액을 사외유출된 것으로 보아야 한다고 판시하고 있다. 이는 매출을 누락한 경우에도 비용은 누락 없이 전부 신고한 것이 통상적이라는 경험칙에 바탕을 두고 있다. 따라서 납세자가 매출누락금액 중에서 매출에 직접대응 되는 상품매입액을 지급한 경우에는 지급한 금액을 제외한 잔액만을 상여처분 해야 할 것이다.

3 인정상여에 대한 수정신고

수정신고 시 인정상여 처분 금액에 대해서는 대표자의 근로소득으로 해서 재 연말정산을 하고 다음 달 10일까지 원천징수해서 납부해야 한다. 이 경우 인정상여에 대한 근로소득공제가 가능하므로 근로소득공제를 재계산한다.

자료 내용이 사실과 다른 경우 파생자료 소명

자료 내용이 사실과 다른 경우에는 해명자료를 제출기한 내에 적극적으로 소명해야 한다. 제출기한 내에 소명하지 않으면 고지가 되어서 불복청구 등을 통해서 구제받아야 하므로 어려움이 따른다.

TIP 위장·가공 자료상 혐의자료 과세자료의 소명

1. 자료상임을 알고 수취한 경우

상대방이 자료상임을 알면서도 세금을 포탈할 목적으로 소정의 수수료를 지급하고 자료를 수취한 행위는 자료상과 비교해서 나을 것이 없으므로 모든 불이익을 감수해야 한다. 이 경우 자료를 수취한 자 또한 세무조사를 받을 가능성이 크다. 이 경우에는 수정신고 등을 통해서 적극적으로 대처하는 것이 필요하다. 이러한 사건이 결산 확정 전 또는 과세표준 신고 전에 발견된 경우는 결산에 반영하거나 세무조정을 통해서 가공비용을 비용계상하지 말아야 한다.

그리고 비용누락 된 부분이 있는 경우에는 그 비용으로 대체하는 방법도 고려해야 한다.

개인사업자의 경우 결산 확정 전에 가공자료가 발견된 경우 재무제표에 필요경비로 처리된 부분을 소득금액조정합계표 상에 필요경비불산입 하는 세무조정을 해서 그 내용을 표시해 주는 것이 좋다.

2. 자료상 자료임을 모르고 수취한 경우

거래상대방이 자료상임을 모르고 수취한 경우는 거래상대방으로부터 선량한 주의의무를 다했는가가 관건이다. 거래상대방이 정상 사업자인지를 사업자등록증, 사업장 현황, 명함 등을 확인하고 거래하는 등 최소한의 주의의무를 다한 경우는 위장거래임이 판명되더라도 매입세액공제를 받을 수 있다.

3. 사실상의 거래인 경우

자료상은 처음부터 모든 거래에 대해서 자료상 행위를 하는 것이 아니다. 처음에는 일부에 대해서 실거래를 하다가 어느 순간에 자료상으로 돌변하는 경우가 많다. 이 경우 자료상으로 판명되어 고발된 경우 처음 실거래를 하였다고 해도 자료상으로부터 세금계산서를 수취하였다는 혐의에서 벗어나기 어렵다. 따라서 이 경우에는 입증서류를 준비해서 적극적으로 소명해야 한다. 입증서류로는 세금계산서, 거래사실 확인서, 거래명세서, 입금표 등은 거래신빙성 입증에 도움이 되지 않는다. 따라서 대금결제 증빙(은행 입금내역, 어음, 수표 등), 운송일지, 설치장소확인증, 계약서, 배달증명, 입고확인서, 검수기록부, 실물 사진 촬영 등 가능한 객관적인 증빙을 확보해서 소명하면 세무상 불이익을 면할 수 있다.

4. 위장거래인 경우

실물거래는 있었으나 공급자가 제3자의 세금계산서를 가져다준 경우이거나 제3자로부터 수취한 경우이다. 이 경우에 실지 거래한 당사자에 대한 입증만 가능하다면 채무 상 불이익을 최소화할 수 있다. 즉, 매입세액은 사

실과 다른 세금계산서로 불공제되지만, 소득세나 법인세법상 필요경비 또는 손금으로 인정이 되어 추가적인 세금 문제는 발생하지 않는다. 다만, 실사업자에 대해서 부가가치세나 소득세 등 관련 세금을 추징하는 것은 당연하다. 위장 사업자와의 거래분은 손금으로는 인정되지만, 증빙불비가산세 2%는 부담해야 한다.

TIP 세금계산서 등 불부합 자료의 소명방법

1. 매출 과소혐의 자료

거래 및 신고 내용이 정당한 경우 거래상대방의 매입 신고 금액이 과다한 경우 세금계산서 사본, 거래명세서 사본, 거래상대방의 거래사실확인서를 첨부해서 정정신고분으로 소명하면 정상 거래임을 증명하는 데 무리가 없을 것이나 거래상대방의 폐업 등으로 확인서를 받을 수 없는 경우에는 대금 수령 증빙, 매출자, 상품수불부 등의 사본 등 객관적인 증빙으로 소명한다.

2. 매입 과다혐의 자료

거래 및 신고 내용이 정당해서 거래상대방의 매출 신고 금액이 과소한 경우 세금계산서 사본, 거래명세서 사본, 거래상대방의 거래사실확인서, 무통장입금증 사본 등 대금 지급 관련 증빙을 첨부해서 정정신고분임을 소명한다.

3. 전산 입력 오류 등

사업자등록번호 오류 기재, 다른 거래처 합산 입력 등 전산 입력 오류일 경우 수정신고서를 제출하고 사본을 첨부해서 단순 기재 오류로 정상 거래임을 소명한다.

4. 세무서 입력 오류

부가가치세 신고서 및 매출·매입처별 세금계산서 합계표를 검토해서 정정신고분으로 과세자료 오류발생분임이 확인되는 경우는 부가가치세 신고서 및 매출·매입처별 세금계산서 합계표 사본을 첨부해서 정상 신고분임을 소명한다.

TIP 탈세 자료의 처리

일단 세무서에서 상대방 거래처의 자료로 인한 해명자료의 제출안내문을 받은 경우는 받은 날로부터 10일 이내에 해명자료를 제출하지 않으면 고지 결정되므로 기한을 지켜야 하며, 부득이 시간이 필요한 경우는 그 사유와 기간을 정해서 세무서에 고지한 후 연기를 받아야 한다.

과세자료는 통상 수입금액 누락과 허위 경비 등인데 예전에는 거래상대방으로부터 과세자료 내용과 다르다는 확인서를 첨부하거나 완전한 누락이 아니고 실제로는 다른 사람과 거래하였다는 거래사실확인서 등을 첨부해서 소명하였으나 세무서에서는 이를 부인하고 금융 거래 사항이 확인되는 사인만 인정하고 있다.

예를 들어 갑에게 사 왔는데 세금계산서는 을이 발행한 것을 받았다는 식이다.

그러나 이때 쌍방의 확인서만을 제출한 경우는 세무서에서 이를 인정하지 않고 부가가치세 매입세액불공제와 경비를 인정받지 못하게 되고, 법인의 경우는 대표이사 상여처분까지 하게 된다.
이때는 실제로 돈을 갑에게 지불했다는 근거와 수불부 등의 기본 자료를 제출해야 하고 금융자료의 근거는 온라인 송금 전표나 수표의 이서 등을 관련 금융기관에서 확인해야 한다.
이때 금액을 일부 현금을 줄 수도 있으므로 전액이 확인되지 않더라도 어느 정도만 밝힐 수 있다면 인정받을 수 있을 것이다.

Chapter 05

경영상법 업무처리

실무자가 반드시 점검해야 할 정관 규정

정관은 회사의 조직과 활동을 정한 근본 규칙 또는 이를 기재한 서면을 의미한다.

법인정관은 절대적 기재 사항, 상대적 기재 사항, 임의적 기재 사항으로 구성된다. 절대적 기재 사항은 정관에 반드시 기재해야 하고, 만일 누락될 경우 정관이 무효가 되어 결과적으로 회사 설립 자체가 무효로 되는 기재 사항이다.

상대적 기재 사항은 정관의 기재가 빠지더라도 정관의 효력에는 영향이 없지만, 해당 내용이 구속력을 가지기 위해서는 정관에 반드시 기재해야 하는 사항들이 여기에 포함된다.

임의적 기재 사항은 정관의 효력에는 영향이 없으나, 회사 운영에 대한 사항 등을 정관에 기재하면 효력이 발생하는 기재 사항들이다.

꼭 점검해야 할 정관 규정

1 임원 보수와 상여금, 그리고 퇴직금 지급 규정

상법 제388조(이사의 보수)

이사의 보수는 정관에 그 액을 정하지 아니한 때에는 주주총회의 결의로 이를 정한다.

법인세법 시행령 제43조 제3항

법인이 지배주주 등(특수관계에 있는 자)인 임원 또는 사용인에게 정당한 사유 없이 동일 직위에 있는 지배주주 등 외의 임원 또는 사용인에게 지급하는 금액을 초과하여 보수를 지급한 경우 그 초과 금액은 이를 손금에 산입하지 아니한다.

민법상의 위임계약에 따라 임원의 보수는 무보수가 원칙이다. 따라서 정관에 보수나 상여금에 관한 규정이 없는 경우는 지급된 보수나 상여금이 세법상 임의로 지급된 가지급금이 될 수 있다. 즉 세법상 비용으로 인정받지 못하고 손금불산입 처분되어 법인세가 증가하는 원인이 된다.

법인 22601-921, 1985.03.27

주주인 임원에 대한 보수는 당해 임원이 현실적으로 기업에 종사하였는지? 여부에 따라 정관의 규정이나 주주총회 등의 의결에 의하여 정하여진 보수로서 지급할 수 있는 한도액까지를 말하는 것이나, 단순히 특정 임원의 개인사정을 고려하여 직책이나 임무의 중요도와 관계없이 인상 지급한 보수는 정당한 임원의 보수로 볼 수 없는 것이므로 법인세법 제20조 및 동법 시행령 제46조의 규정에 의한 부당행위계산 부인대상이 되는 것임.

국징 1234.21-659, 1967. 8. 16.

법인세법상 임원보수의 손금산입 한도에 대하여 제한하고 있지 않으나 상법 제388조에서 임원의 보수지급에 대하여는 정관에 그 한도액을 정하지 아니한 때에는 주주총회의 결의로 정하게 되어있으므로, 임원에 대한 보수 중 정관이나 주주총회의 결의에 의하여 정해진 한도액을 초과하는 것은 손금으로 인정되지 아니한다.

[예시]

주주총회의 결의 없이 대표이사의 급여를 임의로 1억원으로 책정하여 지급해 온 경우 세무조사 시 적발되면 급여가 가장 많은 근로자의 연간 보수액이 5천만 원이므로 그 차액 5천만 원을 손금 부인당하니 유의한다.

임원의 급여 한도액 등에 대한 세법의 규정은 없으나 상법의 규정에 의하여 임원의 보수를 지급하여야 하므로 정관에 그 금액을 정하여 지급하되, 정관에서 주주총회의 결의로 위임한 경우 임원 급여 및 상여금 지급에 대하여 반드시 주주총회 결의가 있어야 하므로 주주총회의 결의 내용에 대한 회의록을 작성하여 두어야 한다.

임원의 보수는 주주총회의 결의 또는 주주총회의 결의에 의하여 위임한 이사회에서 지급기준을 정하여 지급을 해야 한다. 임원의 급여지급기준은 실제 지급하는 금액보다 많이 책정하여 두어야 한다.

TIP **임원(대표이사) 급여를 인상 또는 인하하고자 하는 경우**

법인이 지배주주 등(특수관계에 있는 자를 포함)인 임원에게 정당한 사유 없이 동일 직위에 있는 지배주주 등 외의 임원에게 지급하는 금액을 초과하여 보수를 지급한 경우 그 초과금액은 손금에 산입할 수 없다.

따라서 임원의 급여를 인상하고자 하는 경우 해당 임원의 급여를 인상하는 정당한 사유 등을 주주총회의 결의 또는 주주총회에서 위임한 이사회 결의서 등에 임원 급여 인상의 구체적인 사유를 명시하여 두어야 할 것이다.

주주총회 승인 금액 내에서 인상하되, 주주총회에서 임원 급여에 대하여 이사회에 위임한 경우 이사회를 개최하여 인상하여야 하며, 임원 급여 인상에 대한 구체적인 사유를 의결하여야 한다.

임원에게 지급되는 상여는 법인세법에서 정관이나 주주총회 등에서 정한 상여금이 아닌 경우에는 전액 비용으로 인정하지 않겠다는 명문 규정이 있다.

법인세법 시행령 제43조 제2항
법인이 임원에게 지급하는 상여금 중 정관·주주총회·사원총회 또는 이사회의 결의에 의하여 결정된 급여지급기준에 의하여 지급하는 금액을 초과하여 지급한 경우 그 초과금액은 이를 손금에 산입하지 아니한다.
[예시] 임원상여금 지급규정에는 지급한도만 규정되어 있을 뿐 지급기준이나 성과평가방법 등의 구체적인 지급규정이 포함되어 있지 아니하고, 이사회에서 임원의 특별공로를 인정하여 지급하기로 한 상여금으로서 지급률이나 성과평가근거 및 목표, 배분방법 등에 있어서 불분명하게 되어 있고, 합리적인 지급기준을 제시하지 못하는 경우 정상적 의미의 상여금이라고 보기는 어렵다고 판시한바 있다(조심2008서3044, 2008.12.30.).

퇴직금 또한 세법상 한도를 계산할 때 정관의 규정을 반영하게 되어있으므로 퇴직이 발생하기 전에 정관을 반드시 정비해야 한다.
특히 지급 규정이 없이 퇴직금으로 지급된 금전에 대해서는 상여로 처분되어 고율의 소득세율을 적용받아 세금 부담이 많이 증가할 수 있다는 점 명심해야 한다.
그러나 정관은 외부에 유출되는 서류이다. 임원의 급여, 상여금, 퇴직금과 관련된 규정은 회사의 기밀 서류이다. 그런데 이와 같은 회사의 기밀과 관련된 사항을 정관에 바로 기재한다는 것은 "우리 회사는 회사의 기밀서류를 수시로 외부에 유출해도 무방하다" 라는 뜻이 된다.
법인세법에서도 정관에서 위임된 임원 퇴직급여 지급 규정이 따로 있는 경우에는 그 퇴직급여 지급 규정에서 계산된 모든 금액을 손금산입 처리하고 있다.
따라서 정관에서는 주주총회로 위임하고 주주총회에서 임원에 대한 보수지급 규정을 결의하면 세무상 문제가 없다.
따라서 실무에서는 별도로 위임 규정(임원 보수지급 규정)을 만들어 사용하고 있다.

정관의 정비

임원 보수 지급 규정을 만들려면 먼저 정관에 '임원 보수지급은 주주총회 결의에서 정한 별도의 임원 보수지급 규정에 따른다' 는 내용을 기재한다.

제40조(임원의 보수, 상여금, 퇴직금, 퇴직위로금, 유족보상금)
① 임원의 보수 및 상여금은 주주총회의 결의를 거친 임원 보수 지급 규정 및 임원 상여금 지급 규정에 의한다.
또는
제40조 (이사 및 감사의 보수와 퇴직금)
① 이사와 감사의 보수는 주주총회의 결의로 이를 정한다.
② 이사와 감사의 퇴직금 지급은 주주총회 결의를 거친 임원 퇴직금지급규정에 의한다.

임원 보수지급 규정을 만든다.

규정의 목적, 적용 범위, 보수의 종류, 연봉의 계산 및 지급 방법 등이 포함하여 규정 내용을 작성한다. 퇴직금과 상여금은 임원 보수지급 규정상 “별도의 임원 퇴직 지급 규정에 의한다” 고 명시한 뒤 별도의 지급 규정으로 운영할 수도 있다. 이때 ‘별도의 지급 규정’ 에는 적용 범위, 지급 시기, 계산 및 지급 방법에 대한 내용이 포함되어야 한다.

주주총회 결의

제작된 임원 보수지급 규정을 승인받기 위해 주주총회 결의가 필요하다.
주주총회에서 승인받은 뒤에는 임원 보수지급 규정을 토대로 보수지급을 하면 된다. 만약 실제 지급되는 임원 보수 총액이 규정에서 정한 임원 보수 한도를 초과할 것 같다면 임원 보수지급 규정을 변경해 주고, 이에 대한 주주총회 결의를 한 뒤에 새로운 규정을 토대로 보수를 지급한다.

2 중간배당 규정

보통 결산을 마치면 정기배당을 할 수 있게 되어있다.
하지만 회계연도 도중에 중간배당을 할 수 있는 규정이 있다면 미리 주주에게 배당함으로써 법인에 쌓이는 이익잉여금을 유연하게 관리할 수 있는 장점이 있다.
간혹 정관에 중간배당 규정이 없음에도 임의로 배당을 진행하는 경우가 있는데, 이는 업무무관 가지급금으로 간주하여 부당행위계산부인, 지급이자 손금불산입 등 세법상 불이익을 받을 수 있다. 더 나아가 금액이 큰 경우에는 적법한 절차 없이 해당 자금을 가져간 것으로 보아 횡령으로 볼 소지도 있다.
또한 법인에서 중간배당을 시행했는데, 해당 법인의 모든 주주들이 지분율에 따른 배당금을 지급받지 않고, 특정 주주에게 그의 지분율보다 높은 배당금을 주기로 합의한 초과배당을 진행한 경우라면 소득세 문제뿐만 아니라 초과배당에 따른 이익의 증여에 의한 증여세 문제도 검토해야 한다.

3 주식 양도 제한 규정

정상적인 경우는 큰 문제가 될 수 없지만, 차명 주주가 있거나 동업자 또는 기타 관리되어야 할 주식을 보유한 주주가 있을 경우는 이들 주주가 임의로 주식을 제3자에게 처분하는 경우 경영권 방어에 어려움이 생길 수 있어서 이에 대한 제한 규정을 두는 것이 필요할 수 있다.
또한 스톡옵션이라고 널리 알려진 주식매수선택권이나 본래의 주주가 아닌 제3자에게 신주를 발행하기 위한 절차도 정관의 내용이 있어야지만 효력이 발생하는 부분이다.

4 공증을 받아둔다.

정관을 개정할 때는 공증을 반드시 받아야 할까?
결론은 공중의 유무가 정관의 효력에 직접적인 영향을 주는 것이 아니다. 즉, 공증을 받지 않은 정관도 정관에 필요적 기재 사항 등의 필요한 요건을 모두 갖추고 절차상 하자가 없다면 유효하다. 다만, 정관 개정 당시 공증을 받는 이유는 이해관계자와 다툼이 생길 때 문제를 해결하기 위한 수단이다.
정관 규정과 관련해서 세무상 회사의 대표적인 이해관계자는 국세청이다.
예를 들어서 임원 퇴직금과 관련해서 세법상 한도를 계산함에 있어서 정관에 정하는 임원 퇴직금 지급 규정이 매우 중요한데, 개정 정관에 미리 공증을 받아둔다면 필요한 개정 시기에 대한 논란이 훗날에 발생한다고 하더라도, 공증을 통해 문제를 쉽게 해결할 수 있다.

정관의 변경이 필요한 시기

1 관련 법률이 개정된 경우

관련 법률은 주로 상법이 해당하는데, 이사 또는 감사의 수, 이사의 책임 감경 등 법률에 따라 정해진 사항이 개정된 경우는 그에 따라서 법에 위반되는 내용이 없는지 검토 후 개정해야 한다.

2 외부에서 투자를 받는 경우

투자금을 받고 주식을 발행하거나 사채를 발행할 경우, 그에 맞는 주식이나 사채의 종류를 규정하는 내용을 정관에 마련해 두어야 하는 경우가 있다.

3 법인자산을 활용할 경우

중간배당, 현물배당 등은 상법 규정에 보면 "정관으로 ~할 수 있다" 와 같이 되어 있다. 정관에 반드시 규정이 있어야만 행사할 수 있는 항목은 개정하여 신설한다.

4 임원 보수와 상여금, 퇴직금 등 변경의 경우

임원 보수, 퇴직금 규정, 배당 규정, 자기주식 취득 규정, 유족 보상금 규정, 주식양도 제한 규정, 주식매수선택권 규정 등 자본거래를 하기 위한 규정들이 이에 해당한다.

TIP 정관변경 시, 등기부등본 변경 등기를 해야 할 사항

자본금이 변경되는 경우, 발행 주식의 총수, 그 종류와 각종 주식의 내용과 수가 변경되는 경우, 주식양도 제한 규정을 신설하는 경우, 주식 매수 선택권 규정을 신설하는 경우, 지점의 소재지를 변경하는 경우, 회사의 존립 기간 또는 해산 사유를 정한 때에는 그 기간 또는 사유, 이익의 소각 규정을 신설하는 경우, 전환 주식에 대한 사항을 변경하는 경우, 이사, 감사 및 집행 임원의 성명과 주민등록번호가 변경되는 경우, 대표이사의 성명, 주민등록번호 및 주소가 변경되는 경우, 공동대표 이사를 정하는 경우, 명의개서 대리인을 둘 경우, 감사위원회를 설치할 경우는 법인등기부 등본을 변경 등기해야 한다.

대표이사가 합법적으로 법인의 돈을 가져가는 3가지 방법

급여로 가져가는 방법

급여는 법인세 신고 때 비용으로 처리되므로, 법인세 절감 효과가 있으나, 대표이사의 소득세와 국민연금, 건강보험의 부담이 발생한다.

대표이사의 보수는 상법 및 세법 규정에 따라 정해져야 하며, 규정에 맞지 않으면 국세청에서 비용으로 인정받지 못할 수 있으므로 주의가 필요하다.

상법과 세법 규정을 모두 만족하려면 정관이나 정관의 위임을 받은 주주총회의 규정에 따라 규정이 만들어지고 지급되어야 한다.

세법 규정에 맞는 임원 보수 기준이 없거나 보수 기준이 있더라도 그 기준과는 무관하게 대표이사에게 보수를 지급하는 경우는 국세청에서 대표이사의 보수를 법인의 비용으로 인정하지 않을 수도 있다는 점에 주의한다.

퇴직금으로 가져가는 방법

퇴직금은 급여하고 아주 밀접하게 관련되어 있는데, 그 이유는 바로 퇴직금이 급여의 비례에서 정해지기 때문이다.

퇴직금은 비과세와 달리 세금이 적게 부과되고, 국민연금이나 건강보험도 면제되는 점에서 법인의 자금을 개인화하는 데 유리하다.

퇴직소득은 보통 1년 이상의 장기로 소득이 형성되기 때문에, 매년 다른 소득과 합산되어 종합과세 되는 급여와 달리, 다른 소득과 합산되지 않고 퇴직소득만 별도로 구분해 세금이 계산되는 분류과세로 인해 상대적으로 세금이 적다.

그리고 대표이사의 퇴직금도 급여와 마찬가지로 법인세 계산 시 비용으로 인정이 되는데, 퇴직금이 정관에 정해진 퇴직금 규정에 따라 지급이 되거나, 정관의 위임 규정에 따라 이사회 결의로 이루어진 퇴직금 규정에 따라 퇴직금이 지급된 경우에 한해서 비용으로 인정된다.

다만, 임원 퇴직금 규정이 없다고 하더라도 퇴직 직전 1년 동안 받은 급의 10%에 근속연수를 곱한 금액을 한도로 비용 처리할 수 있다는 점은 참고로 알아두는 것이 좋다. 또한, 법인세법상 비용으로 인정되는 퇴직금이 하더라도, 퇴직 직전 3년간 평균급여의 10%에 근속연수를 곱한 금액의 두 배(세 배)를 초과하는 경우는 그 초과하는 금액은 퇴직소득이 아닌 근로소득으로 간주 되어, 높은 소득세가 부과될 수 있다는 점에 유의한다.

퇴직 직전 3년 평균 급여가 퇴직금 한도에 영향을 미치기 때문에, 몇 년 후 퇴직이 예상되는 경우는 대표이사의 급여 관리가 중요하게 된다는 점도 꼭 기억해 둔다. 또한 퇴직금의 경우, 거액이 지급되는 특성으로 인해 퇴직금 지급을 위한 자금 마련도 굉장히 중요하다. 실제로 대표이사가 퇴직할 때 지급되는 퇴직금이 몇억 단위인 경우가 많다는 점을 고려할 때, 평소에 자금을 미리 준비하지 않으면, 나중에 법인에서 퇴직금을 지급할 자금이 없는 경우가 발생할 수도 있다. 따라서 일반 직원들처럼 평소에 퇴직연금 가입을 통해 외부의 퇴직금 재원을 마련한다.

배당금으로 가져가는 방법

배당은 주주의 권리이기 때문에 법인의 대표이사라고 하더라도 회사의 주식을 보유한 주주가 아니라면 배당을 받을 수는 없다. 회사의 매출에서 비용을 차감한 것을 세전 이익이라고 하고, 여기에서 법인세를 빼고 난 이익을 당기순이익이라고 한다.

그리고 당기순이익이 매년 쌓이면, 이 누적 금액이 이익잉여금이다. 배당은 매년 쌓인 이익잉여금을 주주에게 환원해 주는 것을 의미한다. 배당은 앞서 설명한 급여와 퇴직금과 차이가 있다. 급여와 퇴직금은 법인의 비용처리가 가능하므로, 법인세를 줄여주는 효과가 있지만, 배당의 경우에는 세금을 낸 후에 지급되는 금액이라는 점이 다르다. 순이익을 주주에게 지급하는 것이기 때문에 비용처리는 되지 않는다.

주주가 법인으로부터 배당을 받게 되는 경우 연간 이자와 배당소득의 합계가 2천만 원을 넘지 않는 경우는 15.4% 소득세만 납부한다.

하지만 주주 한 명이 받는 이자와 배당 등의 금융소득이 연간 2천만 원을 넘는 경우에는 급여나 사업소득 등과 같은 다른 종합소득과 합산되어 소득세가 계산되기 때문에 높은 소득세가 부과될 수 있다는 점에 유의한다. 따라서 배당도 쌓아두었다 하지 말고 분산 지급하는 방법을 사용한다.

하지만 매년 이익이 충분히 나는데도 불구하고 배당에 대해 잘 몰라서 배당하지 않은 법인들이 의외로 많다. 세금을 줄이기 위해서는 배당을 주기적으로 실시해 금융소득을 분산시켜 세금을 최소화하고, 장기적으로 법인의 자금을 효과적으로 개인화할 수 있도록 한다.

급여와 배당보다는 세 부담이 적은 퇴직급여

급여와 배당, 퇴직급여 중 어느 쪽이 세 부담이 적을까? 급여와 상여는 근로소득으로 종합과세 대상이다. 배당소득도 많으면 종합과세가 될 수 있다. 현행 소득세법에서는 한 해 이자와 배당소득이 2천만 원을 넘으면, 2천만 원 초과 소득을 다른 소득과 합산과세를 한다. 소득세를 과세할 때는 누진세율이 적용된다.

퇴직소득에도 누진세율이 적용되지만, 세부담이 훨씬 적다. 급여와 배당은 다른 소득과 합산해 종합과세 하지만, 퇴직소득은 다른 소득과 합산하지 않고 분류과세하기 때문이다. 퇴직급여는 근로자가 입사 해서부터 퇴직할 때까지 장기간에 걸쳐 형성한 소득으로 근무기간이 늘어날수록 그 금액이 커진다. 그런데 퇴직급여를 퇴직 하는 해에 다른 소득과 합산해 과세하면, 장기근속자의 세 부담이 커질 수밖에 없다. 이 때문에 퇴직소득은 다른 소득과 분류과세한다. 따라서 상대적으로 세부담이 적다.

정기(현금) 배당의 절차와 방법

절 차	내 용
배당기준일 설정 및 공고	회사는 배당기준일을 결정하고, 이 기준일을 주주들에게 공고한다. 배당기준일로부터 2주간 전에 정관에서 정한 신문에 기준일 설정 공고를 해야 한다. 일반적으로 배당기준일은 결산일을 기준으로 한다.
이사회 개최 및 의사록 작성	이사회는 주주총회 개최일 최소 10일 또는 14일 전에 개최하여 배당 결의안을 논의한다. 이사회의 결의는 주주총회에서 승인되기 전에 이루어져야 한다.
주주총회 소집 및 결의	정기 주주총회는 배당결의를 위한 주주총회를 개최한다. 주주총회에서는 주주들이 출석하여 주식의 과반수 이상의 주주가 찬성하면 정기배당 결의가 성립한다. 주주총회의 사록을 반드시 작성하여 결의 사항을 문서화해야 한다.
배당금 지급	주주총회 결의 후, 배당금은 이사회에서 결정한 배당기준일에 지급되어야 한다. 일반적으로 배당금은 주주총회나 이사회 결의일로부터 1개월 내에 지급해야 한다. 단, 주주총회 또는 이사회에서 배당금 지급 시기를 따로 정할 수 있다.

사전 검토 및 준비

이익배당은 주주총회 결의로써 시행 여부와 그 규모가 정해지므로 주주총회에 상정하기 전에 이사회에서 그 내용을 승인받아야 한다. 따라서 재무제표 승인을 위한 이사회 결의일 이전에 다음과 같은 사항에 대한 충분한 검토와 준비가 필요하다.

1 배당가능이익의 유무

당해 연도의 영업실적 추정치에 따른 당기순이익과 임의적립금 등의 현황을 파악하고 주주에 대한 이익배당이 가능한지? 여부를 확인해야 한다.

2 배당 규모

회사의 자금 사정, 주주 가치의 증대 그리고 향후 배당압박 등을 고려하여 회사와 주주가 모두 만족할 만한 배당 규모를 모색해야 한다.

배당기준일 설정 및 공고

배당받을 권리 주주를 확정하기 위하여 배당기준일을 정해야 하며, 배당기준일로부터 2주간 전에 정관에서 정한 신문에 기준일 설정 공고를 해야 한다(상법 제354조).
다만 정관으로 배당기준일 정한 경우에는 공고를 생략할 수 있다.

이사회 결의

이사회에서는 주주총회에 상정하기 위하여 이익잉여금처분계산서(안)을 확정해야 한다.
이에 따라 이익잉여금처분계산서(안)을 승인하는 경우 이익배당이 동시에 결의된다.

이사회 결의내용 신고 · 공시

현금배당을 위한 이사회 결의 후 다음 날까지 금융감독원과 증권거래소에 신고해야 한다.

주주총회 결의

이익배당은 주주총회 보통결의 사항이다. 따라서 출석주식 수의 과반수 찬성으로 의결하되, 그 찬성주식 수가 발행주식총수의 4분의 1 이상으로 결의해야 한다.

배당통지서 발송

주주 별로 배당금, 배당금 수령 장소, 배당금 지급 시기 등을 표시한 배당통지서를 주주 및 질권자에게 발송해야 한다.
배당에 따른 통지 시한은 별도로 규정되어 있지 않다. 다만 주주 또는 질권자에게 도달되는 기간을 고려하여 늦어도 지급일로부터 1주 전까지는 발송해야 한다.

배당금 지급 및 원천세 납부

1 배당금의 지급 시기

회사는 재무제표에 대한 주주총회의 승인 결의가 있고 난 후 1월 이내에 배당금을 지급해야 한다.
그러나 정기주주총회에서 배당금의 지급 시기를 따로 정한 때에는 예외로 한다.

2 배당금의 지급장소

현금배당 지급처는 회사에서 임의로 정할 수 있다. 대개 명부 주주의 경우에는 대행기관을 통하여, 실질주주의 경우에는 거래 증권회사를 통하여 증권계좌로 입금된다.

3 원천징수세액 납부

원천징수세액은 징수일이 속하는 달의 다음 달 10일까지 관할세무서에 납부해야 한다. 배당소득에 대해서는 주총결의일부터 3개월이 경과하면 지급의제로 보기 때문에 이때는 미지급 배당금에 대해서도 원천세를 납부해야 한다.

중간배당의 절차와 방법

연 1회의 결산기를 정한 회사는 영업연도 중 1회에 한하여 일정한 날을 정하여 이사회의 결의로 그날의 주주에 대하여 금전으로 이익을 배당할 수 있음을 정관으로 정할 수 있다(상법 제462조의 3 제1항).

중간배당의 요건

요 건	내 용
정관의 규정	중간배당을 하려면 정관에 중간배당에 관한 사항이 명시적으로 기재되어야 한다.
이사회의 결의	중간배당은 이사회의 결의로 이루어지며, 이사회의 결의로 일정한 날을 정하여 그 날의 주주에 대하여 이익을 배당할 수 있다.
배당기준일	중간배당 기준일은 일반적으로 반기 결산 말일을 기준으로 하며, 이 기준일을 위하여 주주명부폐쇄 또는 기준일 설정하여 그 기간 또는 그날의 2주 전에 이를 공고해야 한다.

중간배당의 절차

절 차	내 용
배당기준일 확정	배당기준일 확정 후 배당일 2주 전에 공고
이사회 결의	이익처분에 관한 내용 확정

절 차	내 용
주주총회 개최	주주총회 소집, 1인 주주인 경우는 생략할 수 있음
배당금 지급	주주총회 결의일로부터 1개월 이내에 지급
원천징수 이행 및 지급명세서 제출	원천징수 세율 : 15.4%, 원천징수이행상황 신고서 및 지급명세서 제출 필수
종합소득세 신고	배당소득과 이자소득의 합계가 연간 2천만 원 이상인 주주의 경우

중간배당의 한도

중간배당은 직전 결산기에 관한 정기주주총회에서 이익잉여금을 처분하고 남은 잔액을 한도로 하여 중간배당을 할 수 있다(상법 제462조의 3 제2항).

중간배당 가능 금액 = 재무상태표상 자산총액 – (부채총액 + 직전 결산기의 자본액 + 직전 결산기까지 적립된 자본준비금과 이익준비금의 합계액 + 직전 결산기의 정기총회에서 이익으로 배당하거나 지급하기로 정한 금액 + 중간배당에 따라 적립하여야 할 이익준비금)
영업연도 중간에 이익소각을 한 경우에는 그 금액도 추가하여 공제해야 한다.

고려해야 할 법률문제

1 배당 기준에 미치지 못한 경우의 이사 등의 책임

당해 결산기의 재무상태표의 순자산액이 상법 제462조 제1항 각호의 금액의 합계액에 미치지 못하는, 즉 배당가능이익이 없는 경우 중간배당에 관하여 이사회 결의에 찬성한 이사는 당해 법인에 대하여 연대하여 그 차액(중간배당액이 그 차액보다 적은 경우는 중간 배당액)을 배상할 책임이 있다(상법 제462조의 3 제4항 본문). 다만, 그 이사가 상당한 주의를 하였음에도 불구하고 배당가능이익이 없게 될 우려가 없다고 판단함에 있어 주의를 게을리하지 아니하였음을 증명한 때에는 그러하지 아니한다(상법 제462조의 3 제4항 단서).

2 이사회 결의 시기

중간배당은 이사회 결의로 확정되며, 추후 주주총회의 승인을 필요로 하지 않는다. 그런데 우리 상법에서는 이사회 결의 시기에 대한 언급이 없다.

현행 증권거래법에서는 배당기준일로부터 45일 이내에 이사회 결의를 하도록 하고 있고 증권거래법상 분기 배당에 대하여도 동일하게 규정하고 있으므로 상장법인은 이에 따르면 된다(증권거래법 제192조의 3 제2항 참조).

3 기타의 법률관계

상법은 여러 곳에 이익배당에 관련된 규정을 두고 있는바 이들 경우에 중간배당을 이익배당으로 보도록 규정하고 있다(상법 제462조의 3 제5항). 구체적으로는 다음과 같다.

❶ 등록질의 효과

등록 질권자는 입질된 주식에 대한 이익배당을 받아 자기 채권의 변제에 충당할 수 있는데 중간배당에 대하여도 같은 권리를 행사할 수 있다(상법 제340조 제1항을 준용).

❷ 수종의 주식의 특례

회사가 이익의 배당에 관해 내용이 다른 주식을 발행할 수 있는데, 이때의 이익배당이란 중간배당을 포함한다(상법 제344조 제1항을 준용). 아울러 이익배당에 관한 우선주의 의결권의 제한 및 우선 배당을 하지 않을 경우 의결권의 부활에 관한 상법 제370조 제1항을 적용함에 있어 중간배당을 이익배당으로 본다.

❸ 영업연도 중 발행한 주식의 중간배당

영업연도 중에 발행한 주식에 대해서는 중간배당을 하지 않음을 원칙으로 하나 정관에 규정을 두어 직전 사업연도의 영업연도 말에 발행된 것으로 보아 다른 주식과 같이 균등하게 배당할 수 있다.

❹ 주주명부의 폐쇄 기간

배당받을 권리 주주의 확정을 위한 주주명부폐쇄에 관한 규정을 중간배당에도 이용할 수 있다.

❺ 이익준비금

중간배당을 할 때도 그 10분의 1에 해당하는 금액을 이익준비금으로 적립해야 한다(상법 제458조).

배당금의 세금 신고

중간배당을 지급하는 회사는 배당금을 지급할 때 배당금에 대한 원천징수(15.4%. 지방소득세 포함)를 하고 배당금 지급일이 속하는 달의 다음 달 10일까지 원천세 신고납부를 해야 한다. 다만, 법인주주에 대한 이익배당금은 원천징수 대상 소득에 해당하지 않으므로 원천징수 의무는 없다.

또한, 배당금 원천징수 내역에 대해서는 지급일이 속하는 과세기간의 다음 해 2월까지 지급명세서를 제출해야 하며, 지급명세서의 경우 개인주주에게 지급한 내역 뿐만 아니라 원천징수 하지 않은 법인주주에 대한 배당 내역도 포함되어야 하는 점에 주의한다.

세법에서는 기본적인 요건을 갖추지 않고 중간배당을 진행한 경우는 배당금으로 보지 않고, 업무무관 가지급금으로 간주하여 부당행위계산부인, 지급이자 손금불산입 등 세법상 불이익을 받을 수 있다. 더 나아가 금액이 큰 경우에는 적법한 절차 없이 해당 자금을 가져간 것으로 보아 횡령으로 볼 소지도 있다.

또한 법인에서 중간배당을 시행했는데, 해당 법인의 모든 주주들이 지분율에 따른 배당금을 지급받지 않고, 특정 주주에게 그의 지분율보다 높은 배당금을 주기로 합의한 초과배당을 진행한 경우라면 소득세 문제뿐만 아니라 초과배당에 따른 이익의 증여에 의한 증여세 문제도 검토해야 한다.

법인 대표이사 급여 책정은 얼마를 해야 하나?

과거에는 소득세와 4대 보험 부담을 줄이기 위해 대표이사 급여를 낮게 책정하는 경우가 많았다. 하지만 세금에 대한 이해가 높아지면서 급여를 낮게 책정하는 것이 항상 유리한 것은 아님을 알게 되었다.

직원들 급여는 최저임금을 기반으로 설정되나, 대표이사의 급여는 국세청의 많은 관심을 받으며 임원의 퇴직금 관련해서 규정을 명확히 해야 한다.

법인설립 시 주총에서 결정된 정관에 임원의 보수 한도가 정해져 있다. 이 한도 내에서 임원의 보수 계약서를 매년 작성해야 한다.

스타트업 대표가 무보수 근무를 희망할 경우, 보수 없는 직원으로 신고가 가능하다.

그러나 회사 상황에 따라 대표의 급여를 어떻게 책정할지가 중요하다.

일반적으로 많은 대표들이 원하는 급여로 월 500만 원을 언급한다.

대표이사 급여 처리의 특징

민법 686조 1항에 따르면, 특별한 약정이 없으면 임원은 보수를 청구할 수 없으며, 계약이 성립되지 않으면 무보수로 간주된다.

상법 제388조에 의하면, 이사의 보수는 정관에서 정하지 않을 경우 주주총회의 결의로 결정된다. 즉 주주총회에서 지급에 대해서 최종 결정을 해야 한다. 12월 말 법인의 경우는 3월에 법인세 신고를 하기 전에 매년 재무제표를 정기주주총회에서 승인하게 되어 있다. 따라서 임원 보수 결정은 정관, 주주총회, 계약서의 세 가지 요소에 기반하여 이루어지는 것이 중요하다.
대표이사는 근로기준법의 적용을 받지 않으므로 급여에 하한선이 없고, 무보수로 일할 수 있다.
급여의 상한은 법률로 규정되지 않지만, 절차를 지켜야 하며 상법에 따라 주주총회 결의로 정해져야 한다.
임원 보수를 지급할 때 그 절차를 거치지 않으면 부당이득에 해당하며, 세법상 비용으로 인정받지 못할 수 있다.
세무서에서 급여가 많다고 판단될 경우 이사회 서류를 요청받을 수 있으므로, 미리 관련 서류를 준비하는 것이 중요하다.

근로자 보수와 임원 보수의 차이점

근로자들은 근로기준법 제43조에 의해 보수지급에 대한 명확한 규정이 있어, 이를 따르지 않을 경우 위법한 상황이 발생한다.
근로자는 최저임금법 규정으로 인해 임금을 적게 주면 문제가 되며, 이는 강제 규정이다. 반면, 임원의 보수는 민법과 상법에 따라 특별히 규정되지 않으며, 자치 규정으로 운영되기 때문에 유연성이 있다.
그러나 임원의 보수를 자치 규정을 벗어나서 과도하게 지급할 경우 문제가 발생할 수 있는 경향이 있다.
❶ 영업이익에서 차지하는 비중, 동종업계 임원과의 급여 격차, 지급가능성, 급여변동 추이, 배당금 지급 여부가 포함된다.
❷ 급여가 법인의 영업이익에서 과도하게 특정인에게 집중된다면, 이는 문제가 될 수 있다.
❸ 임원 급여는 사회적 통념과 비교해 판단해야 하며, 동종업계와의 급여 격차도 고려되어야 한다.
❹ 기업의 경영 투명성은 임원 급여 결정에 중요한 요소로 작용하며, 투명성이 떨어지면 기업 건강에 부정적 영향을 미칠 수 있다.

대표이사 급여의 결정요소

대표이사의 급여는 법인의 이익 수준과 소득세, 건강보험료, 법인세 등을 고려하여 정해야 한다.

신설법인처럼 매출과 순이익이 없는 상황에서는 대표이사 급여를 책정할 필요가 없다. 수익 발생 전까지는 최저급여로 신고하고, 임원의 보수는 매달 조정할 수 있다.

법인의 이익 수준, 사업의 복잡성, 대표이사의 업무 범위, 시장의 경제 불확실성 등을 종합적으로 고려하여 적절한 수준으로 급여를 설정하는 것이 좋다.

임원 급여는 과도하게 높거나 낮지 않도록 주의해야 한다.

대표이사가 높은 월급을 받을 경우 법인세 측면에서는 높은 비용인정으로 법인세는 줄어들지만 개인소득세 및 4대 보험 납부가 증가하며, 이는 소득신고를 통해 개인 자산 형성에 영향을 준다.

대표자들이 저임금을 설정하는 주된 이유는 세금과 건보료 때문으로 추정된다. 하지만 소득세를 줄이기 위해 급여를 낮추면 오히려 법인세가 증가할 수 있다.

급여는 또한 퇴직금에 영향을 미치며, 퇴직소득세는 장기간 묶여 있던 금액을 일시에 지급받기 때문에 공제 혜택이 많다.

회사의 상황을 정확하게 파악하고 소득세 및 기타 법적인 요건과 조화를 이루는 적정 수준을 찾는 것이 중요하다.

❶ 임원의 보수와 관련된 첫 번째 문제는 손비 처리로, 법인세법의 규정에 따라 과다하거나 부당한 급여는 손금산입되지 않는다고 규정되어 있어, 적절한 급여를 설정해야 법인세 절감 효과를 볼 수 있다.

❷ 상여금의 경우, 임원이나 직원에게 지급된 이익처분은 손금불산입의 대상이 되어 손비 처리할 수 없으므로 규정 및 결의가 필수적이다.

❸ 특수관계자, 즉 가족이 주주인 경우는 형평성을 고려해야 하며, 초과 지급된 금액은 손비 처리되지 않는다고 명시하고 있어 주의가 필요하다.

❹ 퇴직금 또한 정관에 정해진 금액을 초과하여 지급되는 경우 손비처리되지 않으며, 임원 퇴직금의 경우 정해진 기준을 초과하는 경우 근로소득세로 과세되므로 세금이 급격히 증가할 수 있다.

기본원칙과 급여 책정의 중요성

회사의 자금 흐름에 대한 예측은 중요하며, 매출에 따라 주주들이 자금을 추가해야 할 수도 있다.

일반적으로 대표이사 급여는 월 500만 원이 많이 언급되며, 이는 대표이사의 급여를 최소화하여 월 500만 원, 연봉 6천 만원으로 설정할 경우, 소득세와 국민연금, 건강보험료가 최소화되어 절세효과가 있기 때문이다.

하지만, 이익이 주기적으로 발생하는 경우 미처분이익잉여금이 쌓여서 이 자금을 일시에 개인적으로 회수할 경우 종합소득세에 포함돼 누진세 체계로 인해 높은 세금을 부담해야 한다.

따라서 매월 급여를 높이고 퇴직급여도 증가시키면, 연간 근로소득세 부담이 늘어나는 대신 쌓인 미처분이익잉여금에 대해서 일시에 내야 할 세금은 줄어든다. 즉 대표이사의 급여를 결정할 때 단기적인 세금 부담만 고려해서는 안 된다.

법인의 월급 결정 과정은 절차상의 중요성을 가지며, 서류와 계약서의 철저한 작성이 필요하다. 이는 향후 세무조사 시 필요한 자료가 된다.

많은 대표이사가 퇴직 전에 급여를 갑자기 올려 퇴직금을 높이려는 경우가 있으나, 이는 국세청의 조사를 받을 수 있다. 대표이사 급여는 회사 운영에 맞춰 지속적으로 조정되는 것이 바람직하며, 세금 부담만을 고려해서는 안 된다.

❶ 임원이 급여를 적게 책정할 경우, 그로 인해 법인세가 증가하며, 퇴직금 부족 문제도 발생한다.

❷ 급여를 대폭 줄이면 대표의 신용평가 점수가 하락할 위험이 있으며, 이는 심각한 문제를 초래할 수 있다.

❸ 과도한 급여는 자금 출처에 대한 소명 리스크를 초래하며, 이로 인해 국세청의 주목을 받을 수 있다.

❹ 급여를 과도하게 많이 가져갈 경우, 소득세 및 건강보험료가 증가하여 재정적 부담이 커지며, 이는 임원의 고충으로 이어질 수 있다.

❺ 과다 지급된 급여는 배당 문제를 일으켜 주주 간의 이해관계에 따라 갈등을 불러일으킬 수 있다.

대표이사의 적정 급여 책정

❶ 급여와 퇴직금을 적정하게 책정하기 위해서는 정관과 주주총회에서의 근거, 지급 규정의 한도, 그리고 승인이 반드시 필요하다. 세무조사 때 이러한 정관과 주주총회 의사록, 이사회의사록 등을 요청하기 때문에 그 중요성이 더 크다고 볼 수 있다.

❷ 비상장 법인 대표의 급여는 이익에 따라 산정되며, 일반적으로 이익의 약 20% 정도를 보수로 가져가는 것이 적절하다고 여겨진다.

❸ 급여는 공평하게 책정되어야 하며, 같은 근무 기간과 역할을 가진 근로자 간에 형평성이 지켜지지 않을 경우, 손비 처리에서 문제가 생길 수 있다.

❹ 퇴직금은 세율이 낮고, 건강보험료가 부과되지 않아 중요한 출구 전략이 될 수 있으며, 지급 규정을 적절히 설정해야 한다.

❺ 개인소득세와 법인세를 비슷한 수준으로 맞추는 것이 중요하며, 이를 통해 손해를 보지 않도록 관리해야 한다.

대표이사 퇴직금 처리와 세금 전략 안내

대표이사의 퇴직금 지급 규정은 기업의 내부 규정으로 정관이나 주주총회의 결의에 따라 정해진다. 주주총회에서 퇴직금에 관한 구체적인 지급 규정이 정해지지 않았다면, 일반적으로 상법에 따라 퇴직금 지급이 이루어진다. 즉, 정관에 '퇴직금을 주주총회에서 정한다고' 구체적인 위임 규정이 명시되어 있는 경우, 주주총회의 결의로 금액을 결정할 수 있으며, 이는 법적으로 요구된다.

실무상 법인이 예상외의 과세 처분을 받거나 퇴직한 임원이 생각 외의 세금을 부과되는 일이 종종 벌어지는데, 그 원인 중 하나가 바로 '퇴직금' 이다.

임원의 퇴직금에 관한 정관에 명확한 규정이 없으면 임원은 퇴직소득으로 인정받지 못해 종합소득세가 늘고, 법인은 급여에 관한 손금으로 인정받지 못해 법인세 감면을 받지 못한다.

만약 정관에 규정이 없다면 주주총회에서 결의해야 한다.

법인의 자금을 대표이사 퇴직금으로 가져올 때, 퇴직소득 한도는 연도별로 다르게 적용되며, 2020년부터는 2배수 한도가 적용된다.

적법한 퇴직금 규정을 마련하지 않거나 세법상의 배수 규정을 제대로 반영하지 않으면, 퇴직금 규모가 크게 달라질 수 있으므로, 반드시 퇴직금 규정을 점검해야 한다.

실제 현실적 퇴직이 아닌데, 퇴직금을 지급하면 법인세와 소득세가 부과될 수 있으며, 세법에서 허용하는 예외적 사유에 해당해야만 퇴직금 지급이 가능하다.

근속기간에는 무보수 기간도 포함되어 퇴직금 산정에 영향을 미치므로, 이를 고려하여 계산해야 손해를 보지 않을 수 있다.

퇴직금 규정과 손금산입 한도

퇴직금은 기업의 비용으로 처리될 수 있으며, 손금산입 요건을 충족해야 한다.
세법상 기준을 초과하여 지급된 금액은 근로소득으로 간주되어 과세된다. 따라서 회사는 정관에 따라 퇴직금을 설정하고, 적절한 절차를 통해 지급해야 한다.
퇴직금이 법적으로 정해진 한도를 넘지 않는 경우는 전액 법인의 비용으로 인정받아 세금 부담을 줄일 수 있다.
2012년 전에는 회사 규정에 의한 퇴직금은 전액, 2012년부터 2019년까지는 퇴직금 배수가 3배수로 인정되었고, 2020년 이후에는 2배수 한도가 적용된다.
법인에서 적법한 퇴직금 규정을 만들어 놓지 않거나 세법상 배수를 잘 이해하지 못해 불이익을 겪는 경우가 있다. 따라서 적법한 퇴직금 규정을 만들어 두는 것이 중요하다.
대표이사가 퇴직금을 수령하기 위해서는 반드시 정관에 해당 규정이 명시되어 있어야 한다. 정관을 통해 퇴직금 지급 규정을 명확히 하지 않으면, 퇴직금 지급에 대한 법적 문제가 발생할 수 있다. 법인에서 지급되는 퇴직금이 상여로 간주될 경우, 추가적인 세금이 부과될 수 있어 주의가 필요하다.
법인의 정관에 임원 퇴직급여 지급 규정이 있으면, 규정에 따라 지급한 금액을 전부 손금에 산입할 수 있다. 지급 규정이 없으면, 임원이 퇴직한 날로부터 소급해 1년 동안 해당 임원에게 지급한 급여의 10%에 근속연수를 곱해 나온 금액만큼만 손금으로 산입할 수 있다. 이렇게 산출된 금액보다 많은 돈을 임원에게 퇴직급여로 지급하려는 법인은 정관에 퇴직급여로 지급할 금액을 정해두거나, 임원 퇴직급여 지급 규정을 따로 마련해 두어야 한다.
대표이사 입장에서 살펴보자. 퇴직급여로 받았다고 해서 전부 퇴직소득세 부과 대상은 아니다. 퇴직급여라고 해도 정해진 한도를 초과해 수령한 금액은 근로소득으로 과세한다. 퇴직소득 인정 기준은 시기에 따라 다르다. 2011년 12월 31일 이전에는 임원 퇴직급여 지급 규정에 따라 수령한 퇴직급여는 별다른 한도 없이 전부 퇴직소득으로 인정받았다. 상황이 이렇다 보니, 아직 지급 규정이 없는 법인은 규정을 만들고, 이미 만들어 둔 규정이 있는 회사는 지급 한도를 높이기 위해 지급 규정을 개정했다.

그러자 과세당국은 임원 퇴직급여 지급 규정과는 별도로 임원 퇴직소득 인정기준을 정해 2012년부터 적용하기 시작했다. 그리고 2020년부터 그 기준을 한층 강화했다.

회사 입장에서 처리		임직원 입장에서 처리
정관에 규정되어 있는 경우	정관에 퇴직금·퇴직위로금으로 규정되어 있는 규정액 범위 내의 금액과 근로기준법상 금액 중 큰 금액 범위 내에서 손금산입, 초과액은 손금부인	❶ 퇴직금 중간정산액·직원의 퇴직소득으로 비용 반영된다. ❷ 임원도 퇴직금 중간 정산 가능(비용처리). 단, 연봉제로 전환되면서 퇴직금이 없어지는 조건이다. ❸ 규정 범위 내 금액은 퇴직소득세 과세, 초과액은 근로소득세 과세 ❹ 조기 퇴직금(ERP)도 규정에 있는 금액은 퇴직소득, 규정 없는 임의성 금액은 근로소득으로 과세한다.
정관에 규정되어 있지 않은 경우	퇴직 전 1년간 총급여액(손금부인 상여금 제외) × 10% × 근속연수 주 주 1년 미만은 월수로 계산하고, 1개월 미만은 없는 것으로 본다.	

1. 2012년부터 2019년 사이 근무 기간에 대한 퇴직소득 인정 한도

2012년 1월 1일부터 2019년 12월 31일까지의 근무 기간은 연평균 급여의 10%에 근무기간을 곱해 나온 금액의 3배수에 해당하는 금액을 퇴직소득으로 인정받을 수 있다. 직전 3년 동안 지급받은 급여를 전부 더한 다음 3으로 나눠서 연평균 급여를 구한다. 이전 근무기간이 3년이 안 되면, 근무기간 동안 수령한 급여를 연환산해서 연평균 급여를 구한다. 이렇게 계산한 연평균 급여의 10%에 근무기간(연수)을 곱해 나온 금액의 3배를 퇴직소득으로 인정한다.

예를 들어 3억 6천만 원(근무기간 8년)의 급여를 받는 경우, 연평균 급여로 환산하면 1억 2천만 원이다. 이 금액의 10%(1,200만 원)에 근무기간 8년을 곱하면 9,600만 원 이 나온다. 이렇게 계산해 나온 금액의 3배인 2억 8,800만 원을 퇴직소득으로 인정한다.

2. 2020년 이후 근무기간에 대한 퇴직소득 인정 한도

이전에 3배수를 인정해 주던 것을 2배수만 인정해 주기로 개정되었다. 먼저 임원이 퇴직한 날로부터 소급해 3년 동안 지급받은 급여를 전부 더한 다음 3으로 나눠 연평균 급여를 구한다. 이때 2020년 1월 1일 이후 근무기간이 3년이 안 되면, 2020년 1월 1일 이후 수령한 급여만 가지고 연평균 환산액을 구한다. 이렇게 계산한 연평균 급여의 10%에 근무기간(연수)을 곱해 나온 금액의 2배를 퇴직소득으로 인정한다.

예를 들어 2024년 12월 31일 퇴직할 당시 연평균 급여는 1억 4천만 원이고, 2020년 이후 근무기간은 5년이다. 1억 4천만 원의 10%에 근무기간 5년을 곱하면 7천만 원이 되는데, 이 금액의 2배인 1억 4천만 원을 퇴직소득으로 인정받을 수 있다.

위 인정 한도 이내는 퇴직소득세, 초과 부분은 근로소득세로 과세된다.

대표이사 퇴직금 지급 시 유의 사항

1 대표이사라도 아무 때나 퇴직금을 지급하면 안 된다.

법인에서 대표이사 퇴직금은 현실적인 퇴직인 경우에만 지급해야 하며, 단순한 필요에 의해 임의로 지급할 수는 없다.

실제 퇴직하지 않은 경우 퇴직금을 지급하면 법인이 임원에게 자금을 빌려준 것으로 간주되어 법인세와 임원의 소득세가 부과된다.

현실적인 퇴직으로 인정되는 예외적인 사유는 법인의 조직 변경, 무주택 세대주 임원의 주택 구매, 임원의 가족 질병 치료 등이 있으며, 이에 따라 퇴직금을 지급할 수 있다.

주택구입을 위한 퇴직금 중간 정산은 중간 정산일로부터 3개월 이내에 주택 취득이 이루어져야 인정되므로 주의가 필요하다.

2 무보수 대표이사의 퇴직금 계산

법인 자금으로 퇴직금을 산정할 때, 무보수 기간도 근속기간에 포함되어야 한다는 사실이 중요하다.

법인설립 초기의 경영상 문제로 인해 대표이사나 임원이 무보수 기간을 가질 경우, 퇴직금 액수에 큰 영향을 미친다.

세법에 따르면 근속 연수는 법인에 고용되어 실제 근로를 제공한 기간으로 해석되며, 이에 따라 무보수 기간도 근속기간에 포함된다. 따라서 무보수 기간을 포함해서 퇴직금을 계산한다.

정관 또는 정관에서 위임한 퇴직금 지급 규정에 따라 퇴직금을 계산한다. 무보수 기간도 포함하여 근속연수를 계산하여 퇴직금을 지급할 수 있다.

법인 46012-487, 1998.2.26.

귀 질의의 경우 질의내용이 불분명하여 정확한 회신을 할 수 없으나, 임원에 대한 퇴직금 지급 기준을 정관 등에 정하고 있지 아니하는 법인의 임원이 1년 동안 급여 수령을 포기하고 무급여로 근로를 제공한 후 퇴직하는 경우 당해 임원에 대한 퇴직금을 계산함에 있어서 근속연수는 무급여로 근무한 기간을 포함할 수 있으며, 이 경우 임원퇴직금의 손금용인 한도액을 계산하기 위한 총급여액은 급여수령을 포기하기 전 1년 동안 지급한 총급여액으로 할 수 있는 것입니다.

3 퇴직금을 포기해도 퇴직소득세가 과세될 수 있다.

퇴직금을 받지 못할 경우에도 퇴직소득세가 발생할 수 있는 점에 유의해야 한다.
첫째, 대표이사가 급여를 반납하거나 급여를 삭감한 후 퇴직 사유가 발생한 경우 세법상 퇴직금 한도가 축소된다. 그동안 DC형으로 퇴직급여를 비용 처리하는 경우 퇴직시점에 한도 초과액이 비용 부인되어 법인세를 부담하게 된다.
대표이사의 경우 퇴직금 한도 초과액에 대해서는 퇴직소득세가 아닌 근로소득세가 과세되어 세 부담이 급증하게 된다.
둘째, 대표이사가 퇴직금을 포기하는 경우 법인은 그만큼 채무가 면제되는 이익이 발생한 것으로 보아 법인세를 부담하게 된다. 더 큰 문제는 대표이사가 예상치 않게 5년 이내 유고 시에는 수령하지도 않은 퇴직금이 상속재산에 포함되어 상속세가 부과된다.

퇴직금을 포기하는 경우 고려해야 할 세금

구 분	세무처리
퇴직소득세 원천징수	퇴직금을 포기한 금액에 대해서도 퇴직소득세가 과세된다. 이는 퇴직금을 수령한 것으로 간주되어 퇴직소득세를 원천징수 한다.
법인세 부담	법인은 퇴직금 포기로 인해 채무가 면제되는 이익이 발생한 것으로 보아, 그만큼의 법인세를 부담하게 된다. 퇴직금 포기 금액은 임원 퇴직금 한도 내의 금액을 손금에 산입하고, 초과 금액은 익금에 산입한다.
근로소득세 부담	퇴직금 한도 초과액에 대해서는 퇴직소득세가 아닌 근로소득세가 과세되어 세 부담이 급증하게 된다.
상속세 부과	퇴직금이 상속재산에 포함되어 상속세가 부과될 수 있다. 이는 대표이사가 예상치 않게 5년 이내 유고 시에는 수령하지도 않은 퇴직금이 상속재산에 포함되어 상속세가 부과될 수 있다.

법인의 대주주인 임원이 정관에 의해 만들어진 임원퇴직금 지급규정에 따라 퇴직금을 수령할 수 있음에도 퇴직금 전부를 수령 포기할 경우 퇴직소득세를 내야 한다.
법인의 대주주인 임원이 당초 퇴직 후 법인정관의 임원퇴직금 지급규정에 따라 지급 결정된 퇴직금을 수령 포기할 경우 퇴직금 포기 시 퇴직금을 수령한 것으로 보아 퇴직소득세를 원천징수하는 것임(서면-2021-원천-6635, 2023.02.09.).
1. 일부를 수령 포기할 경우에는 어떻게 되나?
전부를 받는 것으로 보아 일부 수령포기금액에 대해서도 퇴직소득세 원천징수를 해야 한다. 반면에 서울행정법원에 따르면 퇴직소득세 원천징수를 하지 않아도 된다는 판례(2014구합60986, 2014.10.08.)도 있으니 참고 바란다.
2. 대주주인 임원이 퇴직금을 수령 포기한 경우 법인은 어떻게 될까?
채무면제이익이 발생했으므로 법인세를 내야 한다. 이익이 크면 특정 법인과의 거래를 통한 이익의 증여규정도 별도로 검토한다.

대표이사 퇴직금 포기 대처법

회사 규정에 따라 퇴직금 수령 권리가 발생하나, 퇴직금을 포기할 경우 퇴직소득세가 부과될 수 있다. 이를 예방하기 위해 임원 퇴직금 규정을 변경하여 퇴직금을 받지 않는 것으로 명확히 해두는 것이 필요하다.
퇴직금 지급 규정은 정관에 명시되어야 하며, 이에 따라 퇴직금의 포기 여부 및 금액을 결정하는 정관변경 절차를 거쳐야 한다.
정관변경은 상법상의 절차를 거쳐야 한다. 이는 정관의 변경이 법인의 근본 규칙을 변경하는 것이기 때문이다. 따라서, 임원의 퇴직금 포기와 관련된 정관변경은 주주총회의 결의를 통해 이루어져야 한다.
임원의 퇴직금 규정은 임시주주총회를 통해 개정할 수 있다.
그러나, 이 경우에는 임원의 퇴직금 산정기준을 이원화하여, 감액 전 근로기간과 감액 후 근로기간의 퇴직금 산정기준을 명시해야 한다.
퇴직금 포기금액은 임원 퇴직금 한도 내의 금액을 손금에 산입하고, 초과금액은 익금에 산입한다.
퇴직금 포기와 관련된 모든 문서를 철저히 기록하고 문서화해야 한다. 이는 세무조사 시 필요한 자료로 활용될 수 있다.

상법상 이사(임원)에 관한 규정

주주총회에서 선임하는 등기이사

이사는 회사의 핵심 구성원이다. 이사는 회사의 주요 실무적 의사결정을 하는 이사회의 구성원으로서, 회사의 업무 집행과 의사결정에 대한 권한과 책임을 갖는 사람이다. 그런데 이사라고 해서 다 같은 이사는 아니다. CEO, COO, CFO 등은 보통 이사로 불리지만, CEO(대표이사)를 제외하고는 사실 상법상 이사는 아닐 수도 있다.
상법상 이사에 해당하는지? 여부를 가르는 기준은 바로 주주총회 선임과 등기이다.

상법상 이사 = 등기이사

상법상 이사는 반드시 주주총회를 거쳐 선임한 뒤 등기해야 한다(상법 제382조 제1항).
그래서 등기이사라고 불리기도 한다.
주주총회에서 적법하게 선임되었지만, 아직 등기하지 않은 이사도 상법상 이사(등기이사)다. 상법상 이사는 주주총회에서 적법하게 선임했는지가 요건이고, 이를 공시하기 위해 등기하는 것이어서, 상법상 이사(등기이사)를 선임한 후 2주 안에 등기하지 않으면 과태료가 부과될 수 있다.
상법상 이사를 선임하는 데 필요한 주주총회 결의방식은 보통결의로, 주주총회에 출석한 주주의 과반수가 찬성해야 하고, 나아가 찬성한 주주들이 가진 주식 수가 회사 전체 발행주식총수의 4분의 1 이상이어야 한다(상법 제368조 제1항).

상법상 등기이사의 종류

상법에서는 이사의 종류를 사내이사, 사외이사, 그 밖에 상무에 종사하지 아니하는 기타 비상무이사 3가지로 규정하고 있는데(상법 제317조 제2항 제8호), 주주총회에서 상법상 이사(등기이사)를 선임할 때, 어떤 종류의 이사인지도 구분해서 선임해야 한다.

1 사내이사

사내이사는 회사에 상근하면서 회사의 상무를 돌보는 사람이다. 회사의 내부에 있는 사람이라고 보면 된다. 하지만, 실제로 사내이사가 무조건 상근해야 하는 것은 아니기 때문에 상근하지 않는 자가 사내이사를 맡는 경우도 종종 있다.

2 사외이사

사외이사는 회사에 상근하지 않는 이사다. 사외이사는 경영의 객관성 확보를 위해 상근을 하지 않아도 임원으로 두도록 하는 것이다.
사외이사는 회사의 중요 의사결정을 하기 위한 이사회에만 출석한다. 사외이사들은 이를테면, 교수, 변호사, 회계사 등 외부 전문가들을 떠올리면 이해가 쉽다.
그래서 사외이사는 회사의 업무에 직접적인 관여를 하지 않고 독립적인 지위에서 회사 경영을 감시 및 감독하는 역할을 한다.
상장법인은 법적으로 일정한 수의 사외이사를 반드시 선임해야만 한다.
그러나, 비상장 법인의 경우 사외이사의 선임을 꼭 두어야 할 필요는 없다. 그렇다 보니 실무상 비상장회사는 사외이사를 거의 두지 않는다.

3 기타 비상무이사

기타 비상무이사 역시 사외이사와 마찬가지로 회사에 상근하지 않는 이사다.
사외이사와 비상무이사의 차이점은 바로 엄격한 요건을 갖추었는지? 여부다. 따라서 필요하다면 누구나 비상무이사가 될 수 있다.

임원에 대한 등기

임원은 법적으로 등기되어 법인등기부 등본에 기재된다. 이를 흔히 등기이사라고 한다. 따라서 이사가 사임을 했다거나, 감사가 새로 취임하거나, 기존 이사를 대표이사로 한다거나 등 변경이 있을 때는 임원 변경등기를 통해 이를 법인등기부 등본에 꼭 기재해야 한다.

임원변경등기는 선택사항이 아닌 필수사항이다. 이를 하지 않을 경우 500만 원 이하의 과태료가 부과된다.

1 취임등기

취임등기는 기존 임원의 임기 만료 등으로 새로이 이사를 선임하는 경우 해야 한다. 이사나 감사는 주주총회의 결의로 선임하며 대표이사는 이사회 결의로 선임한다. 단, 정관에 주주총회 결의로 하도록 했거나 이사회가 존재하지 않는 경우는 주주총회 결의로 대표이사를 선임한다.

필요서류	내 용
임원변경등기신청서	임원 변동 사항에 대한 등기신청서
주주총회의사록	해당 임원을 선임한다는 내용의 주주총회의사록으로 공증 필수
취임승낙서	취임하는 이사의 개인 인감을 날인하고 인감증명서 첨부 또는 본인이 기명날인 또는 서명하였다는 공증인의 인증 서류를 첨부
주민등록 증명서면	취임하는 이사의 주민등록 초본 혹은 등본
정관, 주주명부	회사의 최신 정관 및 주주명부
위임장	대리인이 신청하는 경우

2 중임등기

임원의 임기는 최대 3년이다. 상법상 임기 만료 후에도 임원의 직위를 유지하고 싶다면 임원 중임등기를 해야 한다. 즉, 중임이란 종전 임원이 임기만료 전 또는 만료일에 재선임되어 퇴임일과 취임일에 시간적 간격이 없는 경우를 말한다. 이 경우, 등기부상에 퇴임 및 취임 등기가 각각 기재되는 것이 아니라 중임등기 하나만 기재된다.

임기 만료 후 14일 이내에 임원중임등기를 하지 않는다면 최대 500만 원 이하의 과태료가 부과된다. 과태료는 등기하지 않은 기간만큼 매달 가산되므로 주의가 필요하다.

실무상 3월에 열리는 정기주주총회에서 임원을 선임하는 경우가 대부분이다. 따라서 임원의 임기가 만료되는 시기도 3월이 많다.

그러므로 정기주주총회가 3월인 법인은 3월을 전후해서 법인 임원의 임기를 꼭 한번 확인해야 한다. 확인 방법은 등기부를 확인하면 된다. 취임일로부터 3년 뒤가 임기 만료일이다.

임원 중임등기를 위해서는 우선 필요서류를 준비한 뒤, 이를 본점 관할 등기소에 제출하면 된다. 그리고 임기 만료 후 14일 이내에 임원 중임등기를 하지 못한 경우 중임등기 대신 퇴임등기를 하여 임원 결원 상태를 만들면 과태료를 피할 수 있다(퇴임등기 후 취임등기).

필요서류	내 용
임원변경등기신청서	등기소 접수할 때 제출하는 신청서
주주총회의사록	공증 필요. 주주 전원의 서면결의서로 대체 가능
중임 승낙서	중임하는 임원의 인감을 날인한 승낙서
중임 임원의 인감증명서	중임 승낙서 인감 날인의 본인 확인용
주민등록 증명서면(최근 5년의 주소변경 내역 포함)	중임하는 이사가 대표권이 있는 경우에만 준비
정관, 주주명부	회사의 최신 정관 및 주주명부
위임장	대리인이 신청하는 경우

3 퇴임등기

이사의 임기는 상법상 3년 이내이다. 따라서 정관에서 이사의 임기를 3년으로 정하는 경우가 많으므로, 3년에 한 번씩 취임한 날을 기준으로 퇴임등기나 중임등기를 해야 한다. 반면, 감사의 임기는 취임 후 3년 이내의 최종 결산기로부터 3개월 이내에 개최한 정기주주총회일에 만료가 된다. 예를 들어 2022년 8월 1일에 취임했다면 3년 이내 마지막 결산기는 2024년 12월 31일이다. 만일 정기총회를 2025년 2월 1일에 개최했다면 그날이 감사 임기 만료일이다.

원칙적으로 퇴임등기를 해야 하는 사유는 아래와 같다. 아래 사유가 발생하면 2주간 이내에 퇴임등기를 해야 한다.

- 임기 만료 이사가 임기를 모두 채운 경우
- 사임 이사가 임기 도중 나가는 경우
- 해임 주주총회 특별결의로 이사를 해임하거나, 재판으로 이사가 해임되는 경우
- 사망, 파산, 자격상실 사망하거나, 파산 확정, 정관 또는 자격상실 정지 형확정 등의 경우

만일 대표이사 1명, 이사 1명인 회사에서 이사가 퇴임하는 경우 퇴임한 일반이사는 퇴임등기를 하면 된다. 그런데 남아 있는 대표이사 직위에도 변동이 생겨 이에 대해 등기를 해야 한다. 대표이사도 이사이므로 회사에 이사가 1명만 남는 것인데, 이사가 1명인 경우 대표이사라는 명칭을 기재할 수 없다. 대표이사는 대표권 있는 사내이사로 직위가 변동된다. 따라서 기존 대표이사란은 말소되고 인감부도 폐지되므로 대표이사 퇴임 등기를 하고 기타 등기부 정리를 해야 한다.

퇴임 등기필요 서류를 준비한 뒤 본점 소재지 등기소에 제출하면 된다.

필요서류		내 용
임기만료	임원변경등기신청서	임원 변동 사항에 대한 등기신청서
	정관	등기소에서 요구하는 경우에만 제출
	위임장	대리인이 신청하는 경우
사임	임원변경등기신청서	임원 변동 사항에 대한 등기신청서
	사임서, 인감증명서	사임하는 임원이 인감날인한 사임서, 사임하는 임원의 인감증명서

필요서류	내 용
위임장	대리인이 신청하는 경우

4 임원 변경 등기 방법

일반적인 경우 본점 소재지 관할 등기소에서 2주 이내, 지점소재지에서는 3주 이내에 필요서류를 제출해 등기를 신청한다. 만일 이 기간 내에 중임등기를 하지 않을 경우, 중임등기는 불가능하고 퇴임등기 후 취임등기를 해야 한다.
취임 · 중임은 주주총회 또는 이사회의 선임결의 효력이 발생한 날 또는 취임 · 중임 승낙의 효력이 발생한 날 중 늦은 날을 기점으로, 사임의 경우 사임의 효력이 발생한 날을 기점으로 계산한다. 등기 변경 기한을 산정할 때는 첫날을 빼고 계산하는 초일 불산입의 원칙을 따른다. 예를 들어 10월 1일에 등기 변경 사항이 생겼다면 10월 15일까지 등기를 마쳐야 한다.

이사의 임기와 보수

1 이사의 임기

취임의 경우 이사의 임기

상법에 따르면, 이사의 임기는 최대 3년이나 임기를 정하지 않을 수도 있다. 다만 정관에 '임기 중 최종 결산기에 관한 정기주주총회 종결 시까지 연장할 수 있다(상법 제383조)' 라는 규정이 있다면 임기를 연장할 수 있다. 이는 임기 만료 후에 주주총회가 열리더라도 임기 중에 처리한 최종 결산을 마무리하고 퇴임하라는 의미이다.
대부분 회사는 위 조항에 근거해서 이사의 임기를 3년으로 정하고 있으며, 그 임기가 최종의 결산기 종료 후 당해 결산기에 관한 정기주주총회 전에 만료될 경우는 그 총회의 종결 시까지 그 임기를 연장한다고 정관으로 규정하고 있다. 따라서 이사의 임기가 12월 31일 전에 만료하는 경우는 연장 규정이 적용되지 않고, 12월 말 결산을 수행하고 연초(1월에서 3월 사이)에 만료되는 경우에만 연장 규정이 적용된다. 즉, 임기연장 규정은 사업종료일 이후부터 정기주주총회 기간 내(1월에서 3월 사이)에 임기가 만료되는 경우 적용되는 규정이다.

그런데 정기주주총회일이 매년 조금씩 달라지는 등의 사정으로 이사의 임기가 정기주주총회일 현재 수일 또는 1개월도 채 남지 않은 경우가 종종 있다. 이러한 경우 기업들은 다른 이사와의 임기개시 시기를 동일하게 하기 위하여 편의상 정기주주총회일에 사임하는 것으로 해당 이사의 사임서를 받고 다른 이사와 같이 선임하는 예가 많은 것으로 알고 있다.

위와 같이 정기주주총회 이전에 사임서를 받고 새로 이사를 선임하는 것이 실무상 애로사항이라면 이사의 임기를 감사의 임기와 같이 「취임 후 3년 내의 최종의 결산기에 관한 정기주주총회 종결 시까지」로 정관에 정하면 된다. 위 상법 제383조 제2항은 이사의 임기는 3년을 초과하지 못한다는 이사 임기의 상한선만을 규정하고 있을 뿐 다른 제한은 없기 때문에 가능하다.

그리고 3년에 한 번씩 취임한 날을 기준으로 퇴임, 중임 등의 등기를 해야 한다.

중임의 경우 이사의 임기

취임은 임기를 계산할 때 첫날을 빼고 계산하는 초일불산입의 원칙을 적용하는 반면, 중임은 첫날을 포함하여 계산한다.

예를 들면, 2024년 4월 1일에 취임한 경우, 2024년 4월 2일 0시에 임기가 기산되므로 2027년 4월 1일 24시에 임기가 만료된다.

그러나 만약 2024년 4월 1일에 취임이 아닌 중임한 경우, 첫날을 포함하여 2027년 4월 1일 0시부터 임기가 기산되므로 2027년 3월 31일 24시에 임기가 만료된다.

2 이사의 보수

이사의 보수란 월급과 상여, 연봉, 퇴직위로금 등이 모두 포함되는 개념이다. 명칭을 불문하고 이사 직무 수행에 대한 보상으로 지급되는 대가라면 모두 보수라고 볼 수가 있다는 대법원의 판결이 있다.

이사의 보수는 무보수가 원칙이고 정관에서 그 액을 정하지 아니한 때에는 주주총회 결의로 이를 정하도록 상법에 규정하고 있다(상법 제388조).

주주총회가 아니라 정관에 보수를 정하는 경우 보수가 바뀔 때마다 정관을 수정해야 해서 번거롭다.
대부분 회사는 유동적 운영을 위해 주주총회에서 보수 한도만 정하고 이사회에서 구체적인 액수를 결정한다. 보수의 한도는 말 그대로 한도이기 때문에 실제 보수와 차이가 있더라도 넉넉하게 정하는 것이 좋다. 이사가 3인 미만이라 이사회가 없다면 주주총회에서 액수까지 정한다. 이사의 보수는 무보수가 원칙이므로 사외이사에 대해서는 임금을 지급하지 않는 것도 가능하다.
감사에 대해서는 이사의 보수에 관한 상법 제388조가 준용되므로(상법 제415조) 이사의 보수에 관한 사항이 그대로 적용된다.

비등기이사

비등기이사는 간단히 말하면 주주총회에서 선임하지 않은 이사라 하겠다.
주주총회에서 선임하지 않았고 법인등기부 등본에도 등기되지 않은 비등기이사는 COO, CFO, 전무, 상무 등 사용하는 직함과 관계없이 상법상 이사라고는 할 수 없다.
비등기이사는 직함만 이사이기 때문에 법적으로 등기가 강제되지 않는다.
그래서 비등기이사는 회사의 경영 및 권리행사를 위하여 법적인 권리 및 의무가 없고, 상법상 규정된 이사의 권한을 행사할 수 없다. 즉, 편의상 직함만 이사를 사용하는 사람이 바로 비등기이사다.
물론 이사회 참여도 불가능하고, 당연히 의결권 행사를 할 수도 없다.
등기이사와 달리 비등기이사는 선임을 위한 복잡한 절차를 거치지 않아도 되는 장점이 있고, 법정 임기에 구속되지 않고 자유롭게 임기를 정할 수 있다.

등기이사와 비등기이사의 차이점

선임 방법(주주총회)도 중요한 차이점 중 하나이고, 이외에 이사회 참여 여부, 해임 조건 등에서도 차이가 있다.

상법상 이사(등기이사)는 이사회에 참석하고, 주주총회를 통해서만 해임할 수 있는데(상법 제385조 제1항), 비등기이사는 이사회에도 참석할 수 없고 대표이사의 의사결정만으로도 해임할 수 있다.

실무상 명칭은 임원

실무상 등기이사와 비등기이사를 통틀어 임원이라고 부른다.

임원이란 회사로부터 업무의 전부 또는 일부의 처리를 포괄적으로 위임받아 이를 처리하는 자를 말한다(대법원 1992.12.22. 선고 92다28228 판결). 등기부에 등재되어 있는지? 여부는 관계가 없다. 임원의 직함으로는 사장, 부사장, 전무, 상무, 본부장 등 여러 명칭이 사용된다.

임원과 회사와의 관계는 위임계약이다. 위임계약의 체결 시 대체로 그 기간을 약정한다.

그렇지만 각 당사자에게 해지의 길이 열려 있다(민법 제689조). 이 점에서 사용자가 임의로 해고할 수 없는 근로자와 임원은 크게 구별된다.

즉 임원은 일반적으로 회사와 근로관계가 아닌 위임관계에 있는 사람이다.

임원은 근로자가 아니어서 해임해도 부당해고에 해당하지도 않고 고용노동부의 규율도 받지 않게 된다.

근로자에 해당하는 경우	근로자에 해당하지 않는 경우
임원이 근로기준법상 근로자인 경우 임원의 해임은 해고에 해당하므로 근로기준법 및 취업규칙 등에서 정한 해고 규정을 준수해야 한다.	임원이 근로기준법상 근로자가 아닌 경우 임원과 회사와의 관계는 민법상 위임계약에 해당해 위임계약의 당사자는 언제든지 계약을 해지할 수 있도록 하고 있으며, 상법에서도 주주총회 특별결의에 의해 언제든지 해임할 수 있게 되어있다.

임원과 대비되는 사람은 근로자이다. 근로자는 임원의 지휘 · 감독을 받으면서 임금을 목적으로 회사에 근로를 제공하는 자다(근로기준법 제2조). 혹시 임원과 같은 명칭을

회사로부터 부여받았더라도 실제로 회사에 근로를 제공하는 사람은 여전히 근로자이다.

대법원 판례에 따르면, 명칭만 임원이고 실질적으로 대표이사의 지휘·감독을 받는 근로자로 볼 수 있다면 법적으로 근로자의 지위가 인정되기도 한다(대법원 2003. 9. 26. 선고 2002다64681 판결).

세법상 임원에 관한 규정

세법상 임원의 범위

임원의 범위는 다음과 같으며(법인세법 시행령 제20조 제1항 제4호), 임원에 해당하는지? 여부는 종사하는 직무의 실질에 따라 사실 판단할 사항이다(서면-2015-법인 22274, 2015.3.20.; 법인세과-349, 2012.5.31.; 서면 2팀-20, 2008.1.7. 외).

① 법인의 회장, 사장, 부사장, 이사장, 대표이사, 전무이사 및 상무이사 등 이사회의 구성원 전원과 청산인

② 합명회사, 합자회사 및 유한회사의 업무집행원 또는 이사

③ 유한책임회사의 업무집행자

④ 감사

⑤ 그 밖에 '①' 부터 '④' 까지의 규정에 준하는 직무에 종사하는 자

임원 보수지급 규정의 중요성

임원 보수지급 규정이 필요한 이유는 법인이 임원에게 지급하는 상여금 중 정관·주주총회·사원총회 또는 이사회의 결의에 의하여 결정된 임원 보수지급 규정에 따른 금액을 초과하여 지급한 경우 그 초과 금액은 이를 손금에 산입하지 아니하기 때문이다(법인세법시행령 43조 2항).

규정이 있는 경우	규정이 없는 경우
임원 보수 규정의 한도에서 손금 인정	임원 상여금 전액 손금불산입

임원 보수지급 규정은 정관에 근거를 설정하고 이사회 결의나 주주총회의 결의를 통하여 개별적 · 구체적 지급 기준인 임원 보수지급 규정을 정비하여 이를 바탕으로 매년의 성과보상액을 이사회 결의를 통하여 결정하는 과정을 거친다.

정관	주주총회	이사회
임원 보수지급 규정에 대한 근거 또는 위임범위를 정하고, 임원 보수의 총한도를 설정한다. 연간 지급 총액이 한도를 넘지 않아야 한다.	정관의 위임에 따라 주주총회 또는 이사회 결의로 회사의 설정에 맞는 임원 보수지급 규정(개별적 · 구체적 지급 기준)을 정한다.	회사의 임원 보수지급 규정에 따라 매년의 영업성과 보상액을 지급하되, 이사회에서 구체적인 지급 금액을 결정한다.

임원 보수지급 규정은 승인 절차를 거친다. 즉, 상법상 임원 보수지급 규정을 확정하여 이사회소집통지서를 발송하고, 이사회를 소집하여 이사회의사록을 작성해야 한다. 여기서 소집통지문은 회일의 일주일 전에는 통지해야 하고 구두로 통지해도 무방하다.

주의할 점은 이사 및 감사 동의서를 받아두어야 한다. 이렇게 이사회를 거치게 되면 이사회의사록을 작성해 둔다.

정관 규정의 경우는 공증받는 것이 일반적이지만 임원 보수지급 규정은 내부규정이므로 굳이 공증받지 않아도 무방하다.

이렇게 임원 보수지급 규정이 확정되면 임원의 기본급은 주주총회에서 승인된 금액의 범위 내에서 이사회에서 1년간의 연봉을 개인마다 각각 결정하게 된다. 실무상 연봉계약서 등은 이사회 결의 관련 서류와 함께 보관해 두어야 한다.

1 보수 한도

직위별 보수의 최대한도를 정해둔다. 최종 결정된 보수 한도를 수정할 수 없는 것은 아니지만, 주주총회 결의가 필요하다는 사실을 명시해야 추후 문제가 되지 않는다.
임원 보수는 기본연봉과 성과급 및 퇴직금으로 나누어 규정해 둔다. 또한 상근 임원과 비상근임원으로 나누어 규정을 만드는 회사도 있다.

2 급여(기본연봉)

임원의 직위별 지급 급여 기준표를 정하고 직위별 보수 한도를 초과하여 책정하면 안 된다.
또한, 기본급 외에 지급하는 각종 수당에 대한 지급 사유와 금액을 별표로 마련해 둔다. 출장으로 인해 발생하는 비용도 어떻게 정산하여 처리할지 빼놓지 말고 만든다.

3 상여금

기업 임원이 수령할 수 있는 상여금의 종류는 한 가지가 아니다. 특별상여금, 성과상여금 등 각각의 상여금의 무엇인지 명확하게 정해두어야 한다.

4 퇴직금

임원 퇴직금에 대한 부분은 따로 정해서 만들어 두는 것이 좋다.

임원의 인건비 처리 시 주의할 사항

임원의 인건비에 대해서는 법인세법에서 규제하고 있는바 잘못할 경우 부당과소신고가산세의 대상이 될 수 있으므로 조심해야 한다.

1 급여와 관련해서 주의할 사항

- 비상근임원(사외이사 등)에게 지급 시 과다 지급한 경우 부당행위계산부인 될 소지가 있음 ➜ 반드시 지급 규정을 만들고 그 범위 안에서 지급할 것

- 합명 · 합자회사의 노무출자 사원에게 지급하는 보수 : 노무출자사원은 노무 자체가 출자 대상이므로 향후 결산 마감 이후 이익처분을 통해 출자 대가를 받아야 하는 것임
- 지배주주 및 그와 특수관계 있는 임직원 등에게 정당한 사유 없이 동일 직위의 다른 임직원보다 많이 지급하는 경우 그 금액은 부당행위계산부인 대상

2 상여금 지급과 관련해서 주의 사항

- 임원상여금 중 급여 지급 기준 초과 금액은 손금불산입 되므로 반드시 정관, 주총, 이사회 등의 결의에 의해 결정된 지급 기준에 의해 지급할 것 ➜ 연초에 주총에서 임원에 대한 급여 상여 등의 총액을 결정해 주총회의록에 남겨놓는 방법이 가장 좋음
- 일반적인 성과급의 경우에는 근로자와 사전 서면 약정이 있고 이에 따라 근로자에게 지급될 시에는 비용으로 인정되나 임원이 아닌 사용인에 한함 ➜ 이 경우 성과급의 손금산입 시기는 성과급 책정 기준연도이며, 근로소득 수입 시기는 성과급 지급결의일 임 ➜ 결론적으로 이사의 경우 급여 지급 기준상의 상여 외의 일반적인 성과급 지급 대상이 되지 않음

3 퇴직급여 지급과 관련해서 주의 사항

- 정관이나 정관에서 위임된 퇴직급여 지급 규정을 반드시 만들 것
- 법인세법상 임원 퇴직금은 지급 규정이 없는 경우 퇴직 직전 1년간 총급여액의 10%에 근속연수를 곱한 금액 한도 내에서만 손금 인정이 된다.

소득세법상 2012년 1월 1일~2019년 12월 31일 기간분에 해당하는 퇴직금에 대하여 별도의 임원 퇴직금 한도 (퇴직 전 3년간 총급여의 연평균 환산액의 10% × 2012년 1월 1일 이후 근무 기간 × 3배)를 2020년 1월 1일 이후 기간분에 대해서는 한도 (퇴직 전 3년간 총급여의 연평균 환산액의 10% × 2020년 1월 1일 이후 근무 기간 × 2배)로 각각 구분하여 퇴직금 한도를 산출하여 초과분은 근로소득으로 과세한다.

3 기타 주의 사항

- 특정 임원을 위한 만기환급금 없는 종신보험을 법인이 가입하고 보험료 부담 또한 하는 경우 ➜ 손금불산입 되고 해당 임원에 대한 상여 처분됨
- 특정 임원에게만 업무성과에 따라 특별상여금 지급 시 ➜ 손금불산입 되고 상여로 봄
- 특정 임원들 골프장 이용료 대납 시 ➜ 손금불산입 되고 상여로 처분됨

대표이사 급여의 경비인정 범위

세법에서는 법인에 소속된 임직원의 급여액을 정확하게 규정한 바는 없다. 하지만 분명 객관적인 기준 유무에 따라 비용으로 인정하지 않을 수도 있다(과도한 급여 지급 시). 즉, 세법에서는 급여 인정 규정은 존재하지 않지만, 상식적으로 이해할 수 있는 정도의 급여가 지급되어야 한다.

보수에는 급여만 포함된 것이 아닌, 상여금, 성과급, 퇴직금 등도 함께 묶여 있는데, 특히 임직원의 상여금은 정관에서 정한 지급 기준 및 평가 방법에 따라 지급해야 한다. 퇴직금 또한 정관에서 정한 금액만큼 지급해야 한다.

정관이나 주주총회에서 합의된 내용에 따라 급여를 책정하고 지급한다면 아무리 적게 주어도, 많이 주어도 세법상 문제는 발생하지 않는다. 따라서 법인마다 매출이나 이익 규모가 다르므로 일괄 적용하기는 어렵지만, 회사 임원 급여 규정의 설계가 중요하다.

세법상 임원 보수 기준 한도 범위 내의 금액은 대체로 손금으로 인정해 주나 과도한 지급에 대해서는 손금불산입한다.

> 법인이 임원에게 직무의 집행을 대가로 지급하는 보수는 원적으로 손금산입 대상이 되지만, 보수가 법인에 유보된 이익을 나누기 위해 대외적으로 보수의 형식을 취한 것에 불과하다면, 이것은 이익처분으로 볼 수 있기에 손금불산입 대상이며, 상여금과 실질적으로 동일한 것이므로 손금에 산입할 수 없다(2015두60884).
> 해당 회사는 대표이사 자신의 보수를 별다른 제약 없이 자유롭게 정할 수 있는 지위였고, 다른 임원들과 달리 연봉계약서도 작성하지 않았으며, 회사의 영업이익에서 대표이사의 보수가 차지하는 비율이 대다수였으며, 동종업체 중 상의 업체 대표이사 연봉보다도 현격한 차이를 보이는 사례이다.

TIP 임원 퇴직금 한도 초과액의 원천징수이행상황신고서 작성법

임원 퇴직금 한도 초과액은 근로소득(상여 처분)으로 보므로 기존 근로소득에 합산해서 원천징수이행상황신고서상 아래와 같이 기재하면 된다.

5. 총지급액 : 임원 퇴직소득 한도 초과액

6. 소득세 : 상여로 처분되는 퇴직소득 한도 초과 금액 및 해당 초과 금액에 따라 추가 발생하는 세액을 기재한다. 다만, 해당 금액을 연말정산 시 반영하여 소득세를 부담한 경우는 추가 발생하는 세액은 기재할 필요가 없다.

그리고 원천징수영수증의 작성 방법은 아래와 같다.

관리번호	

[ ]근로소득 원천징수영수증
[ ]근로소득 지 급 명 세 서
([ ]소득자 보관용 [ ]발행자 보관용 [ ]발행자 보고용)

거주구분		거주자1/비거주자2	
거주지국		거주지국코드	
내 · 외국인		내국인1 /외국인9	
외국인단일세율적용		여 1 / 부 2	
외국법인소속 파견근로자 여부		여 1 / 부 2	
종교관련종사자 여부		여 1 / 부 2	
국적		국적코드	
세대주 여부		세대주1, 세대원2	
연말정산 구분		계속근로1, 중도퇴사2	

구분				
징 수 의무자	① 법인명(상 호)		② 대 표 자(성 명)	
	③ 사업자등록번호		④ 주 민 등 록 번 호	
	③-1 사업자단위과세자 여부	여1 / 부2	③-2 종사업장 일련번호	
	⑤ 소 재 지(주소)			
소득자	⑥ 성 명		⑦ 주 민 등 록 번 호(외국인등록번호)	
	⑧ 주 소			

	구 분	주(현)	종(전)	종(전)	⑯-1 납세조합	합 계
Ⅰ 근무처별소득명세	⑨ 근 무 처 명					
	⑩ 사업자등록번호					
	⑪ 근무기간	~	~	~	~	~
	⑫ 감면기간	~	~	~	~	~
	⑬ 급 여					
	⑭ 상 여					
	⑮ 인 정 상 여					
	⑮-1 주식매수선택권 행사이익					
	⑮-2 우리사주조합인출금					
	⑮-3 임원 퇴직소득금액 한도초과액					
	⑮-4 직무발명보상금					
	⑯ 계					

법인 대표이사 변경시 할 일

법인 대표이사가 변경된 후에는 다양한 절차를 거쳐 법적으로 변경 사항을 확정하고, 관련 기관에 신고해야 한다. 이를 소홀히 하면 법적인 문제가 발생할 수 있으므로, 아래 절차를 꼼꼼하게 확인하고 진행하는 것이 중요하다.

단계	할 일	기한	관련 기관/장소
1	대표이사 변경등기	변경일로부터 2주 이내	관할 등기소
2	법인인감 카드 계속 사용신청	변경등기 후	관할 등기소
3	사업자등록증 변경	변경등기 후	관할 세무서 또는 홈택스
4	4대 보험 관련 변경	변경등기 후	4대 보험 공단, 건강보험 EDI 사이트
5	영업신고증 변경	변경등기 후	시청
6	통신판매업신고증 변경(해당 시)	변경등기 후	시청 또는 정부24
7.	공장등록증, 중소기업확인서, 기업부설연구소 인정서 변경	변경등기 후	공장등록증 : 시청 또는 팩토리온 중소기업확인서 : 중소기업현황정보시스템 기업부설연구소 인정서 : 기업부설연구소 신고시스템
8	거래처에 대표이사 변경 공문 발송	변경등기 후	–
9	은행, 카드사 등 금융기관 신고	변경등기 후	해당 금융기관
10	기타 계약서 변경(법인차량, 법인 렌트/리스 차량 대표자, 인허가 등록증 등)	변경등기 후	해당 기관

단계	할 일	기한	관련 기관/장소
11	외국인 근로자 고용 사업장 정보 변동신고	변경일로부터 15일 이내	EPS 외국인고용관리시스템
12	SGI 서울보증보험 사업장 정보 변경		
13	명판 및 도장 제작		

법인등기 변경

법인 대표이사를 새로운 사람으로 변경하기 위해서는 기존 대표이사가 퇴임한 후 새로운 대표이사가 취임하는 과정을 거쳐야 한다.

대표이사 선출을 위해 정관에서 정한 대표이사 선임 방법을 확인한다.

대부분 대표이사의 취임은 이사회의 결의 사항이다. 이사회에서 대표이사를 선출하기 때문에 새로 대표이사를 뽑는다면 공증받은 이사회의사록이 필수다. 단, 자본금이 10억 미만이며 이사 3인 이하 법인은 주주총회에서도 대표이사를 뽑을 수 있다. 이 경우에는 주주 전원이 동의한 뒤 서면결의서에 도장을 찍은 주주총회 의결서가 이사회 의사록을 대신할 수 있다.

법인 대표이사 변경을 위해서는 대표이사로 선출하려는 사람이 먼저 이사로 등기가 되어있어야 한다. 이미 이사로 등기가 되어있는 사람이 대표이사가 된다면 대표이사 취임 등기만 하면 된다.

사임 및 취임 날짜는 동일하게 설정하는 것이 좋다.

사임하고자 하는 대표이사가 사임 의사를 명확히 밝히는 사임서를 작성한다.

사임서에는 사임하는 날짜, 사유 등을 기재하고 인감날인을 한다.

새로 취임하는 대표이사가 취임을 승낙하는 내용의 서면을 작성한다.

회사 자본금과 무관하게 이사가 3인 이상인 경우 대표이사 취임은 이사회의 권한 사항이므로 이사회의사록이 필요하다.

자본금 10억 미만인 회사에서 이사 3인 미만이라면 이사회가 없으므로 이사회 업무를 주주총회나 대표이사가 처리한다. 따라서 이때는 주주총회의사록이 필요하다. 만일 주주 전원이 동의했다면 주주 서면결의서로도 등기할 수 있다.

1 서류 준비(대표이사 사임 및 취임 등기)

① 법인등기신청서

② 위임장(법인인감 날인)-대표자 불출석 시

③ 재직증명서-대표자 불출석 시

④ 주주총회의사록(공증)/자본금 10억 미만 소규모 회사의 경우 주주 전원의 서면결의서로 대체 가능, 주주명부, 주주 전원의 인감증명서, 공증 필요

⑤ 이사회의사록(공증)-이사 3인 이상 중 대표이사 선임할 경우, 공증 필요, 주주 전원의 서면결의서로 대체 가능

⑥ 취임승낙서(대표이사 개인인감이 날인되어 있어야 함), 취임자 인감증명서, 주민등록등(초)본(과거 주소 변동 내역이 나와 있어야 함.)

⑦ 사임서, 사임자 인감증명서-임기 만료 퇴임의 경우 불필요

⑧ 정관 사본(법인 인감도장으로 원본대조필, 간인)

⑨ 인감신고서, 인감 대지

⑩ 등록면허세 영수필통지서 1통(관할 구청 세무과 또는 인터넷등기소에 납부 후 수령)

⑪ 등기신청 수수료

⑫ 출석 당사자 신분증, 도장, 대표자 본인의 경우 신고된 법인 인감도장

[주] 전자 등기 시 인감증명서, 인감도장은 필요 없다.

2 등기소 접수

등록세와 면허세 등 공과금을 납부한 후 등기 신청서를 제출하면 된다. 제출하는 방법에는 등기소에 직접 제출하는 서류 등기와 인터넷으로 접수하는 전자 등기가 있다.

법인인감 카드 계속 사용신청

법인인감 카드란 무인발급기에서 법인등기부등본과 법인인감증명서를 발급받을 수 있는 매체다.

대표이사 변경 등기를 하면 법인인감이 변경되지 않았더라도 기존 인감 카드를 사용할 수 없다. 동일인이 퇴임 후 재취임한 경우도 마찬가지다. 이 경우 반드시 인감 카드 계속 사용신청을 해야 인감 카드를 정상적으로 사용할 수 있다.

아래 준비물을 구비하고 가까운 등기소에 방문하여 신청할 수 있다. 대리인이 방문한다면 대리인 신분증도 준비해야 한다.

① 인감 카드 계속 사용신청서(등기소 비치)

② 법인 인감도장

③ 법인인감 카드

계속 사용신청서에 법인 상호와 주소, 등기 번호를 기재하고 인감 카드 번호와 비밀번호를 기재한다. 이전 비밀번호와 상관없이 앞으로 사용할 비밀번호를 기재하면 된다.

인감 제출자란에는 대표이사 정보를 기재한다. 종전 사용자는 변경 전 대표이사를, 계속 사용자는 변경 후 새로운 대표이사를 기재한다. 동일인이 퇴임 후 재취임했다면 전후 동일하게 기재하면 된다.

신청서 하단에는 현재 대표이사 이름과 법인인감을 날인한다. 대리인이 신청하는 경우 위임장 부분을 작성하고 마찬가지로 법인인감을 날인하면 된다.

사업자등록증 변경

1 세무서 방문 또는 홈택스

관할세무서를 방문하거나 홈택스(증빙서류 스캔본 등을 업로드)를 통해 사업자등록증 정정 신고를 한다.

2 서류 준비

① 사업자등록 정정신고서(세무서에 비치)

② 변경된 법인 등기사항전부증명서(말소 사항 포함)

③ 변경된 법인인감증명서

④ 법인 인감도장
⑤ 변경된 대표이사 신분증
⑥ 대리인 방문 시 위임장(법인인감 날인), 대리인 신분증, 대표이사 신분증

4대 보험 관련 변경

대표자 신규 입사나 퇴사가 발생하는 경우 사업장 변경 신고를 먼저 한 후 대표자 자격취득 또는 상실 신고를 해야 한다.
① 사업장 업무에서 내역변경신고를 한다. 내역변경신고에서 대표자 정보 변경을 하면 된다.
② 사업장 가입자 업무에서 새 대표의 자격취득 신고를 한다. 새 대표의 취득일과 전 대표의 상실일을 같은 날로 신청한다.
③ 전 대표이사의 국민연금, 건강보험 자격상실 신고를 한다.
대표이사는 건강보험, 국민연금 가입 대상이며, 고용보험, 산재보험은 가입 대상이 아니다. 형식상 대표이사로 등재되어 있을 뿐 의사결정권자인 실제 사업주의 지휘 · 감독하에 사용 · 종속적 관계에서 근로를 제공하고 그에 따른 임금을 지급받는 근로자라는 것을 적극적으로 입증하면 예외적으로 근로자에 해당할 수 있다.

[대표이사가 무보수일 경우]

구 분	업무처리
국민연금	연금보험료 납부예외 신청서에 사업장 가입자 예외' 사유로 12. 무보수 대표이사로 제출하면 국민연금 가입이 제외된다.
건강보험	정관에 대표이사는 무보수로 한다는 내용이 기재 되어있으면, 정관을 제출하거나, 대표자 무보수를 결의한 이사회 회의록과 법인 대표자 무보수 확인서를 관할 국민건강보험공단에 제출하면 건강보험 가입이 제외된다.
고용보험과 산재보험	가입 대상 아님

영업신고증 변경

공통으로 필요한 서류는 아래와 같지만, 업종이나 변경 내용에 따라 필요 서류 등이 달라질 수 있으니 방문 전에 미리 확인한다.

① 영업신고증 원본

② 변경신청서

③ (법인인 경우) 법인 등기부등본, 법인인감증명서, 법인 도장, 대표이사 신분증

④ (대리인 신고 시) 영업주 인감증명서, 인감도장, 위임장(법인인감 날인), 대리인 신분증

통신판매업신고증 변경(해당 시)

통신판매업 대표자 변경 시에는 관할 시 · 군 · 구청에 통신판매업 변경 신고를 별도로 해야 한다.

통신판매업 신고증은 정부 24 사이트에서 전자 변경할 수 있다.

통신판매업 변경 신고를 위해서는 다음과 같은 서류를 제출해야 한다.

① 통신판매업 변경신고서

② 변경된 사업자등록증 사본

③ 기존 통신판매업 신고증(원본)

④ 법인인감증명서(3개월 이내 발급 본)

⑤ 법인 등기부등본(말소 사항 포함, 3개월 이내 발급 본)

⑥ 법인 인감도장

⑦ 대표이사 신분증

⑧ 대리인 방문 시 위임장(법인인감 날인), 신분증

공장등록증, 중소기업확인서, 기업부설연구소 인정서 변경

① 제조업체라면 공장등록증명서를 변경해야 하며 팩토리온 사이트에서 전자 변경이

가능하다.

② 중소기업의 경우 중소기업 현황 정보시스템에서 중소기업확인서를 변경할 수 있으며 제출 서류는 따로 없다.

③ 기업부설 연구소가 있는 기업이라면 기업부설연구소 신고 시스템에서 변경 신고를 해야 하며 제출 서류로는 변경된 사업자등록증만 제출하면 된다.

각종 계약서 변경

은행, 보험 등 금융기관에 방문하여 대표자 변경 사실을 알리고, 관련 계약서를 변경한다.

은행에서 대표자 변경을 위해서는 다음 서류를 지참한 후 은행을 내점 해야 한다.

① 법인등기부등본(등기사항전부증명서)

② 사업자등록증(변경된 후)

③ 법인 인감도장

④ 법인인감증명서

⑤ 위임장

⑥ 위임받은 사람 신분증

⑦ 변경 후 대표자 신분증

임대차계약 : 건물주에게 대표자 변경 사실을 알리고, 임대차 계약서를 변경한다.

공급업체 및 거래처 : 거래처에 대표자 변경 사실을 알리고, 관련 계약서를 변경한다.

통신사 : 통신사에 연락하여 대표자 정보를 변경한다.

렌트카 및 리스 차량

법인차량을 렌트하고 있는 사업장이라면 해당 캐피털 고객센터를 통해 대표자 정보 변경을 진행해 준다. 참고로 연대보증인이 대표자로 되어있는 경우 연대보증인은 등기상 대표이사 취임일로부터 1년 이상이 지나고 회사 지분율 30% 이상 보유한 경우에만 변경이 가능하므로 최소 1년간은 새로운 대표자로 연대보증인을 변경할 수 없다. 따라서 이전 대표이사와 협의가 필요하다.

외국인 근로자를 채용하고 있는 사업장

외국인 근로자를 고용하고 있는 사업장이라면 대표자 변경은 외국인 근로자 고용 등에 관한 법률 제17조 제1항에 따라 15일 이내에 관할 고용센터에 신고해야 한다. 따라서 EPS 외국인고용관리시스템에서 사업장 정보 변동 신고를 한다. 이때 변경된 사업자등록증을 첨부서류로 제출한다.
외국인 근로자 고용 사업장이라면 임금체불보증보험 정보가 SGI 서울보증보험에 등록되어 있을 텐데 사업장 정보변경신청을 한다. 팩스로 변경된 사업자등록증과 법인등기부 등본을 제출하면 된다.

도장 변경

새로운 대표이사 명의로 법인인감을 새로 제작하고, 관련 기관에 등록한다.
그 외 명판 제작 등 대표이사가 기재된 물품 등을 변경해 준다.

원천세 신고 및 지급명세서 제출

전 대표이사가 퇴직하는 경우 퇴직 처리와 퇴직급여, 퇴사자 중도 연말정산을 한 후 다음 달 10일 원천세 신고를 하며, 지급명세서도 제출한다.

직원이 임원으로 승진할 때 업무처리

직원이 임원으로 승진할 때 인사 및 법률적 측면에서 고려해야 할 주요 사항은 다음과 같다.

근로자 지위 변경

임원 승진 시 근로자 지위가 변경될 수 있다. 이는 임원의 역할과 권한에 따라 달라진다.
등기임원이나 업무집행권을 가진 임원의 경우, 근로기준법상 근로자가 아닌 것으로 간주 된다. 즉 근로자성을 상실하게 된다. 다만, 단순히 명칭만 임원(비등기 임원)인 경우, 여전히 근로자로 볼 수 있다.

인사 발령 및 통지

❶ 임원 승진 결정 : 회사는 내부 평가, 성과, 자격 요건 등을 종합적으로 고려하여 임원 승진 대상자를 결정한다.
❷ 발령 통지 : 승진 대상자에게 공식적으로 임원 승진을 통지하고, 새로운 직책과 역할에 관해 설명한다.
❸ 내부 공지 : 회사 내부에 승진 사실을 공지하여 조직 구성원들에게 알린다.

새로운 계약 체결

1 계약 체결

직원에서 임원으로 승진할 때, 기존의 근로계약 관계에서 위임계약 관계로 변경된다. 이는 임원과 회사의 관계가 근로관계가 아닌 위임 관계에 기반하기 때문이다.

계약기간을 새로 정할 수 있으며, 임원이 이를 수용하면 새로운 계약조건이 적용된다.

❶ 위임계약 성립 : 임원으로 선임되고 본인이 이를 승낙하면 회사와 새로운 위임계약 관계가 성립한다.

❷ 계약 내용 : 새로운 계약에는 다음과 같은 사항들이 포함될 수 있다.

가. 임원의 직무와 책임

나. 보수 체계(기본급, 상여금 등)

다. 퇴직금 지급 규정

라. 계약기간

2 보수 결정

임원의 보수는 정관에 금액이 명시되어 있지 않은 경우, 주주총회에서 결정한다.

상여금의 경우 대부분 "주주총회 결의로 정한다."고 정관에 기재한다.

임원에게는 별도의 보수 체계가 적용된다. 연봉, 성과급, 스톡옵션 등 다양한 보상 방식이 사용될 수 있다.

3 퇴직금

정관에 구체적인 금액이나 계산 방법을 명시하지 않는 것이 일반적이다. 대신 "주주총회/이사회 결의로 임원 퇴직금 지급 규정을 정한다"고 명시하고, 별도의 규정을 만든다.

퇴직금 및 퇴직소득세 처리

1 퇴직금 처리

근로자 지위가 종료되는 경우, 임원 선임일을 기준으로 퇴직금을 정산하여 지급해야 한다.

근로자인 경우는 근로자퇴직급여 보장법의 적용을 받지만, 임원으로 승진 시 임원은 회사 자체적인 임원 퇴직금 규정을 따르기 때문이다.

임원 승진 시 퇴직금 처리는 중요한 고려 사항이다.

일반 직원이 임원으로 선임되었을 때 계속근로기간이 단절되는지 문제가 된다. 임금채권은 3년의 소멸시효가 있으므로(근로기준법 제49조) 임원으로 승진되고 퇴직금을 지급하고 있지 않다가 최종 퇴직 후 퇴직금을 청구하는 경우 소멸시효가 경과하는 문제가 발생할 수 있기 때문이다. 이에 대하여 고용노동부(2001.11.27., 임금 68200-814)는 상법 및 민법에 따라서 회사의 업무대표권 또는 집행권을 위임받아 업무를 수행하고 보수를 받는 등 근로기준법상 근로자로 볼 수 없는 임원으로 선임된 경우는 선임된 날을 기준으로 퇴직금 지급 청구권이 발생하고, 명칭만 이사일 뿐 사용자와 여전히 사용종속관계를 유지하고 있는 등 사실상 근로기준법상 근로자에 해당하는 경우 이사로서 퇴직한 날을 기준으로 퇴직금 지급청구권이 발생한다고 판단하였다. 만약, 임원이 근로기준법상 근로자가 아니라면 임원으로서 재직한 기간은 근로기준법상 퇴직금 지급 의무 또한 발생하지 않는다.

임원 선임일을 기준으로 퇴직금을 정산하여 지급해야 하지만 퇴직금을 즉시 지급하지 않은 경우, 나중에 퇴직 시 직원 근무 기간과 임원 근무 기간을 합산하여 퇴직금을 산정할 수 있다.

임원 승진 시 퇴직금 처리는 회사의 정관, 관련 규정, 그리고 법적 기준을 종합적으로 고려하여 진행해야 한다.

법원(대법원 2006.05.25. 선고 2003다16092, 2003다16108 판결)은 '회사의 직원으로 근무하면서 맺은 근로관계는 이사로 취임함으로써 종료되고 이후로는 회사와 새로이 위임 관계를 맺었다고 할 것이지만, 이사로 취임할 때 회사가 직원으로 근무한 데에 대한 퇴직금을 지급하지 아니하였고 퇴직한 다른 이사에게 퇴직금을 지급하면서 직원으로 근무한 기간까지 정관에 정하여진 근속연수에 계산하여 퇴직금을 산정하여 지급한 사례 등을 고려하여, 퇴직한 이사에 대하여 직원으로 근무한 기간과 이사로 근무한 기간을 합쳐서 퇴직금을 산정' 해야 한다고 판단한바, 있다. 즉, 임원의 근로자성이 부정되더라도 임원으로서의 선임 시 퇴직금 정산을 하지 않은 경우라면 직원으로서 근무한 기간도 고려해야 한다고 판단하고 있다.

임원 승진 시 퇴직금 지급 절차는 다음과 같다.

승진 전 퇴직금	승진 후 임원 퇴직금
임원으로 승진할 때, 근로자 지위가 종료되는 경우 임원 선임일을 기준으로 퇴직금을 정산해야 한다. 즉 임원 선임일을 퇴직일로 간주하여 퇴직금 지급 청구권이 발생하고 소멸시효가 시작되는 시점이 된다.	정관에 규정된 경우는 정관에 명시된 금액이나 계산 방식에 따라 퇴직금을 산정한다. 정관에 규정이 없는 경우는 다음 공식을 사용하여 계산한다. 퇴직급여액 한도 = 1년간 총급여액 × 1/10 × 근속연수 ① 정관 또는 퇴직금 규정 확인 : 주주총회의 승인을 받은 '임원 퇴직금 규정'이 있다면 이를 따른다. ② 근속연수 계산 : 사용인에서 임원이 된 경우, 사용인으로 근무한 기간도 근속연수에 포함할 수 있다. ③ 세금 처리 : 법인세법상 손금산입 한도를 고려해야 한다.

TIP **임원이 근로자성을 인정받아 근로자라면 발생하는 문제**

임원이 근로자라면 임원이 되기 전의 근속기간 + 임원으로서의 근속기간을 합하여 퇴직금을 산정해야 한다. 많은 회사에서 임원 승진 시 퇴직금을 받고, 임원으로서의 재직기간만 별도의 임원 퇴직금 규정을 통하여 퇴직금 산정에 고려되고 있는데, 임원이 근로자라면 퇴직금을 부당하게 중간정산한 셈이 될 수 있다. 또 근로자의 퇴직급여제도를 변경할 때 과반수 노동조합 또는 근로자의 과반수의 동의를 받아야 하는데(근로자퇴직급여 보장법 제4조), 임원이 근로자라면 퇴직급여제도를 바꿀 때 위 규정의 적용을 받는다.

2 세법상 퇴직소득세 규정

직원이 비등기 임원으로 승진 시 현실적인 퇴직으로 퇴직금 정산하여 퇴직소득으로 원천세 신고납부 및 지급명세서 제출을 하면 되며, 사직 사유는 임원 승진 등 적당한 내용을 기재하면 된다.

임원 변경 등기절차

임원 선임은 주주총회의 보통결의(출석 주주의 의결권 과반수 및 발행 주식 총수 4분의 1 이상 찬성)로 이루어진다.

이사 및 감사 선임은 정관으로 이사회에 위임할 수 없다.

대표이사 선임은 원칙적으로 이사회 결의(이사 과반수 출석 및 출석 이사 과반수 찬성)로 하지만, 정관에 따라 주주총회에서 선임할 수도 있다.

임원이 이사회 구성원이 되는 경우, 법인 등기부등본에 변경 사항을 반영해야 한다.

임원의 변경은 반드시 등기해야 하는 사항이다. 변경이 있을 때는 2주 이내에 변경등기를 진행해야 하며, 기한 내 등기하지 않으면 과태료가 부과될 수 있다.

필요 준비 서류는 다음과 같다.

① 임원변경등기 신청서

② 공증받은 주주총회의사록 또는 이사회의사록(대표이사의 경우)

③ 취임승낙서(선임된 임원당 1부)

④ 선임된 임원의 개인 인감증명서(선임된 이사당 1부)

⑤ 선임된 임원의 주민등록등(초)본(선임된 이사당 1부)

⑥ 정관(1부)

⑦ 주주명부

⑧ 등록면허세 영수필확인서(1부)

⑨ 대리인 신청 시 : 등기 위임장과 재직증명서가 추가로 필요하다.

준비된 서류와 등기신청 수수료를 가지고 관할 등기소에 방문하여 신청한다.

4대 보험 처리

1 적용 대상 4대 보험

건강보험, 국민연금 등 4대 보험 가입 여부를 재확인하고, 필요한 경우 변경 절차를 진행한다.

임원이라도 실질적으로 근로를 제공하고 지휘 · 감독을 받는 경우는 근로자로 간주되어 4대 보험에 가입해야 한다.

임원의 업무 내용이 경영 · 감독 업무에 국한되고, 사용자의 지휘 · 감독을 받지 않는 경우는 근로자가 아니므로 4대 보험 가입 의무가 없다.

무보수로 근무하는 임원은 국민연금 납부를 면제받을 수 있지만, 건강보험은 지역가입자로 전환되어 납부해야 한다.

등기임원	비등기임원
• 등기임원은 회사의 대표이사, 이사, 감사 등 법인등기에 등재된 임원이다. • 국민연금, 건강보험 : 의무가입 대상이다. 다만, 보수 체계의 변경으로 인해 보험료 산정기준이 달라질 수 있다. 무보수로 근무하는 경우는 국민연금 납부를 면제받을 수 있다. • 고용보험, 산재보험 : 일반적으로 가입 대상이 아니다. 다만, 근로복지공단에 신청하여 사실상 근로자로 인정받으면, 가입이 가능하지만, 실제로는 드문 경우다.	• 비등기 임원은 법인등기에 등재되지 않은 임원이다. • 일반적으로 기존의 근로자 신분을 유지하며 4대 보험에 가입한다. • 비등기 임원은 실질적인 업무 내용에 따라 근로자성이 인정되면 고용보험 가입 대상이 될 수 있다. • 비등기 임원이라고 할지라도, 출퇴근이 자유롭거나 경영상 지시를 내리는 등 사용자의 구체적인 업무 지시와 관련 없이 업무상 자율성이 있는 특별한 사정을 입증하면 근로자가 아니라 등기임원과 같이 사용자로 본다.

구 분		적용 여부
임원	국민연금과 건강보험	대표이사를 포함한 모든 임원은 근로자성을 불문하고 모두 가입 대상이다. 다만, 무보수 대표이사 외 다른 근로자가 없는 경우 사업장 가입자에서 상실 처리 후 지역가입자가 된다.
	고용보험과 산재보험	임원이라도 대표자의 지휘 및 감독을 받는 경우(근로자로 인정되는 경우)는 근로자에 해당하므로 고용보험과 산재보험의 가입 대상이며, 지휘 및 감독을 받지 않는 경우는 가입 대상이 아니다.
등기된 임원이 아닌 직책상의 임원		등기된 임원이 아닌 직책상의 임원인 경우는 근로기준법상 사용자의 지위와 근로자의 이중적 지위를 갖게 되므로, 산재 처리, 임금 및 퇴직금, 각종 휴가청구

구 분		적용 여부
		권 등은 일반 근로자와 같다. 즉, 국민연금, 건강보험, 고용보험, 산재보험의 가입 대상이다.
사외이사 등 비상근임원	국민연금	법인의 이사 중 소득이 없는 자는 적용 대상이 아니다. 근로소득이 발생하고 1개월 동안의 소정근로시간이 60시간 이상인 경우는 국민연금법상 근로자에 해당한다. 이 경우 가입대상이다.
	건강보험	근로의 대가로 보수를 받고, 대표이사의 지휘 및 감독을 받는 종속성이 있는 경우 가입대상이다. 단, 매월 정기적으로 보수를 받으나 이사회 참석 의결 이외에 다른 업무를 수행하지 않는 경우는 가입대상이 아니다.
	고용보험과 산재보험	근로자가 아니므로 가입대상이 아니다.

[주] 비상근임원은 법령 또는 조례에 따라 임명되는 위원 또는 임원이거나, 법인등기에 임원 또는 이사로 등기되어 있는 자 중 정관, 주주총회 또는 이사회 회의록에 비상근으로 명기되어 있는 자를 말한다.

2 직원에서 임원으로 승진 시 고용보험은 상실 신고

장기 근속한 근로자가 임원으로 승진하고 주주총회를 거쳐 법인등기부 등본상 상무(등기임원)가 되는 경우 고용보험 상실 사유가 된다. 즉 고용보험과 산재보험료를 내지 않아도 된다. 고용보험 비적용 코드도 "근로자로 고용돼 근로하다 법인의 임원 또는 대표이사로 취임하는 경우"를 고용보험 적용 제외 사유로 보고 있다.

그런데도 이 규정을 몰라 회사와 본인 모두 고용보험과 산재보험료를 과오납하는 사례가 빈번하다. 대표이사나 등기임원도 건강보험과 국민연금에는 적용 대상이고, 인사담당자들이 4대 보험 납부를 일괄적으로 하기에 신경 쓰지 않으면 흔히 발생하는 실수다.

임원으로 승진하면 급여가 상승해 고용보험 부과의 기준이 되는 평균 보수액이 일반 사원들의 몇 배에 이를 수 있으니 반드시 고용보험 상실 신고를 해야 한다.

상실 신고를 빠뜨려서 3년이 지나면 환급금은 돌려받지 못한다.

참고로 개인사업자와 그 아내 등 동거 친족, 법인사업자의 대표이사와 대표이사 동거 친족도 적용 제외 사유에 해당한다.

혹시 상실 신고를 빠뜨렸으면 돌려받는 방법은 간단하다. 임원으로 등기한 등기일을 피보험자격 상실일로 정해 피보험자격 상실신고서를 관할 근로복지공단에 접수하면 끝이다. 법인등기부 등본과 해당 임원이 근로자가 아니라는 점을 입증할 수 있는 임원 위촉 계약서도 첨부하면 된다.

환급금 소멸시효는 3년이므로 3년 치를 한꺼번에 돌려받으면 금액이 상당할 수 있는 반면, 3년이 지나면 되돌려 받지 못하니 주의해야 한다.

① 임원의 근로자성 판단과 새로운 계약 체결 : 근로자성은 실질적인 업무 내용과 권한을 기준으로 판단해야 한다. 임원으로 승진 시에는 새로운 계약을 체결해야 한다.

② 퇴직금 정산 : 임원 선임 일부터 퇴직금 지급 청구권의 소멸시효가 시작된다. 임원으로 승진 전 퇴직금을 정산해 지급한다.

③ 4대 보험 상실 처리 : 임원의 근로자성에 따라 사회보험 적용 여부가 달라질 수 있다.

④ 임원 변경 등기 : 임원 승진에 따른 임원 변경 사항을 등기한다.

⑤ 출퇴근 관리 : 임원의 경우 출퇴근 시간이 유연하게 운영되는 경우가 많으므로, 관련 규정을 확인하고 변경해야 한다.

⑥ 주식매수선택권 : 임원에게 주식매수선택권(스톡옵션)이 부여되는 경우, 관련 규정을 꼼꼼히 확인하고 행사 절차를 이행해야 한다.

가족회사 가족의 업무처리

가족회사의 상시근로자 수

근로감독 시 5인 미만 사업장으로 처리해 근로기준법 적용을 회피하고 싶다.
그런데 4명은 가족 1명은 일반 경리직원이다.
일반직원 1명이라도 있으면 가족도 상시근로자 수에 포함된다.
그런데 배우자와 아들은 출퇴근하는 것이 아니라 직원으로만 등록한 것으로 처리하고 싶다.
그러면 상시근로자 수는 5인 미만이 된다.
문제는 배우자와 아들은 실제로 출근은 안 하지만 급여는 나가는 것으로 세금 신고를 했다.
노동법적으로는 출근을 안 하는 가족으로 상시근로자 수에 포함되지 않고 싶고, 세법적으로는 출근을 안 해도 출근한 것으로 처리해 급여는 지급하고, 비용으로 인정을 받고 싶다. 상호 모순이 생기는 것이다.
물론 고용노동부와 국세청이 상호 업무협조를 하면 당장 걸리겠지만 여기까지 협조가 가능한지? 아직은 모르겠다. 하지만 5년 이내에 안 되라는 보장도 없다.

1 가족 4명에 가족이 아닌 직원 1명인 경우 상시근로자 수는?

사업주의 직계가족과 배우자는 원칙적으로 근로자에 해당하지 않기 때문에 가족끼리만 일하는 경우는 상시근로자 수 산정 의미가 없지만, 직계가족과 배우자가 아닌 직원이 1명이라도 있는 경우에는 직계가족과 배우자도 포함하여 상시근로자 수를 산정해야 한다. 즉, 동거 가족 4명과 일반 근로자 1명인 사업장은 동거 가족 4명까지도 상시근로자 수에 포함되므로 상시근로자 5인 사업장에 해당한다.

예를 들어 사업주 외에 자녀 2인과 배우자 그리고 가족이 아닌 직원이 2인이 있는 경우에는 상시근로자 수가 5인이 되어 근로기준법이 전면 적용되는 사업장이다. 따라서 연차휴가 및 시간외근로수당, 법정공휴일을 부여해야 하므로 인건비가 상승하게 된다.

참고로 단순히 고용보험 가입자 수로 상시근로자수를 계산하면 앞 예에서 가입자는 직원 2명밖에 없으므로 상시근로자수는 2명으로 보이지만 근로기준법상 상시근로자 수는 고용보험 가입자 수와 관계없이 직원이 1명이라도 있는 경우 직계가족과 배우자도 상시근로자 수에 포함하므로 5인이 된다.

2 상시근로자에 대표의 가족도 포함이 되나요?

근로기준법은 동거하는 친족만을 사용하는 사업 또는 사업장에는 적용하지 않는다(근기법 제11조 단서).

동거란 세대를 같이 하면서 생활을 공동으로 하는 것을 의미하며, '친족'이란 민법 제767조에서 규정하는 친족 즉, 8촌 이내의 혈족, 4촌 이내의 인척과 배우자를 말한다.

따라서 동거의 친족 이외의 근로자가 1명이라도 있으면, '동거의 친족만을 사용하는 사업장'이 아니므로 근로기준법이 적용된다.

예를 들어 대표이사의 친족 외 근로자가 1명 이상이 있는 사업장은 근로기준법이 적용되며, 배우자나 자식 등 친족들이 법인 대표의 지휘·명령하에 임금을 목적으로 근로를 제공하는 경우라면 근로자에 해당하므로 동거의 친족을 포함하여 5인 이상인지를 판단해야 한다.

세금 업무처리

배우자가 가족이 사장의 회사에서 근무하고 급여를 지급하는 경우 해당 배우자 또는 가족도 일반근로자(가족이 아닌 종업원)와 동일하게 급여에 대한 원천징수 후 신고 및 납부를 하면 된다. 또한, 사장입장에서는 가족 급여라도 해당 급여가 나중에 종합소득세 신고 및 납부 시 필요경비로 인정되어서 세금을 줄여주는 역할을 한다.
다만, 주의해야 할 사항은 배우자나 가족이라고 해서 동일한 직급이나 업무를 하는 다른 직원과 차별적으로 급여를 주어서는 안 된다. 즉, 동일한 업무를 하는 경우 가족이라고 더 주는 것이 아니라 제3자인 종업원에게 주는 급여와 같아야 한다는 점이다.
결과적으로 가족이라도 남에게 급여를 지급하는 것과 같이 지급해야 한다는 의미다.

증빙 업무처리

배우자나 가족 직원도 일반적인 근로자처럼 기록을 보관해야 한다. 따라서 인건비 지출 증빙은 근로소득원천징수부와 연말정산 한 근로소득 원천징수영수증, 4대 보험 납입영수증, 실지 급여를 지급받은 통장 등을 보관 및 관리해야 한다. 이를 통해 실질적인 근무 사실과 급여 수령 사실이 확인되어야 한다.
특히 가족을 세금 줄이는 목적으로 활용해 실제로 근무도 안 하면서 급여를 준다는 의심을 국세청은 기본적으로 갖고 있으므로 실무상으로도 근무일지를 작성하는 사인을 받아두는 것이 나중에 문제 발생 시 대처할 수 있다.

4대 보험 업무처리

동일세대원 가족을 직원으로 채용할 경우는 최저임금 적용 대상에서 제외가 되며, 고용보험이나 산재보험도 원칙은 가입하지 않아도 된다. 즉, 건강보험과 국민연금만 가입하면 된다.
결론적으로 사용자(법인 대표, 개인사업자)의 친족은 근로자인지와 무관하게 국민연금과 건강보험만 사업장 가입 대상자이다.
하지만 가족이라도 나중에 실업급여를 받고자 하는 것이 일반적이며, 이를 위해서는 고용보험에 가입해야 한다. 하지만 원칙적으로는 가입 대상이 되지 않는다. 즉, 고용보험에 가입하고자 하는 경우 해당 사업장에 근로하고 있는 사용자의 친족이 근로기준법상 근로자에 해당하는지에 따라 고용보험, 산재보험 적용대상자 여부가 결정된다. 여기서 친족은 민법상 친족(8촌 이내의 혈족, 4촌 이내의 인척 및 배우자)을 말하며, 동거 여부 및 친족 여부는 주민등록표나 가족관계증명서 등의 증빙서류를 통해 판단한다.

공단에서는 가족을 직원으로 채용하고 종업원 인건비 신고가 제대로 되지 않을 경우는 그 가족 직원을 비 채용한 것으로 간주하여 직장 가입에서 지역가입자로 전환시켜 정산해서 고지를 하게 된다. 따라서 가족 직원을 고용하더라도 모든 세무 업무를 정확하게 이행하고 급여를 지급할 경우 현금이 아닌 계좌이체로 지급해야 한다.

1 사업주와 동거하고 있는 친족의 경우

사업주와 동거하고 있는 친족의 경우에는 임금 및 고용 상태의 파악이 어렵고, 사회통념상 사업주와 생계를 같이하는 것으로 근로자가 아니므로 고용 · 산재보험을 적용하지 않는다.

2 사업주와 동거하지 않는 친족의 경우

사업주와 동거하지 않는 친족은 일반적인 근로자 판단기준에 따라 판단한다. 다만, 동거하지 않는 친족은 일반적으로 근로자로 인정하여 고용 · 산재보험을 적용한다.

고용센터에서 친족의 경우 근로자성을 판단하는 기준이다. 단, 예외가 있으나 일반적인 적용 기준이다.

구분	동거 여부	고용·산재보험
배우자	무관	비적용
배우자 외(형제 · 자매, 자녀 등)	동거	비적용
	비동거	적용

TIP 가족 인건비 처리 후 절세와 증빙관리

1. 가족 인건비를 계상하면 사장인 가족은 비용이 늘어 실질적인 과세소득이 줄어들고, 해당 비용으로 사용한 만큼 수익이 분산되기 때문에 세금이 절약된다.
많은 사업주가 가족 인건비를 비용 처리하여 세금을 줄여보려고 시도를 해보다가 4대 보험 납부액 발생과 장부기장의 번거로움 때문에 포기하시는 경우가 많다.
이러한 번거로움과 비용 때문에 실제 근무하는 가족에게 지급하는 인건비에 관한 경비 처리를 하지 않는다면, 법인세(종합소득세) 신고 시 세금을 줄일 수 있는 가장 명백한 사업상 비용인 인건비를 포기하는 것이다.
특히 배우자가 사업장에 나와서 일을 하고 매달 사업주에게 생활비를 받는 경우가 많은데, 많은 사업주들이 이것을 인건비로 미처 생각하지 못한다. 물론 반대로 일하지도 않는 가족에 대한 인건비를 계상해 탈세하는 경우도 있는데, 이는 세무조사 시 중점 검증 대상이다.
실제로 배우자가 사업장에서 일하는 경우 장부에 기장하여 인건비로 비용 처리해 세금을 조금이라도 줄이기를 바란다.
물론, 개인사업자가 혼자서 매달 급여 신고와 4대 보험 처리, 장부기장, 각종 서류까지 챙기는 일을 하는 것이 어려운 일임을 알지만, 본인이 챙기지 않으면 세금은 줄어들지 않는다.

2. 사업자의 부양가족이나 배우자가 해당 사업 관련 일에 종사하고 급여를 지급하는 경우 종업원으로 인정해 주며, 필요경비산입(비용으로 인정)이 되어 절세에 도움을 받으실 수 있다.
하지만 정상적으로 고용되어 관련 업무를 하고 있다는 증명으로, 근로소득에 대한 세금을 원천징수 해야 하고, 4대 보험료를 납부해야 한다. 즉, 정상적인 다른 종업원들과 똑같은 처리를 해주어야 한다.

3. 급여 수준에 정당성이 있어야 한다. 최소한 너무 적은 급여를 주거나 비용을 많이 올리려는 목적의 과도한 급여는 문제가 될 수 있다. 즉 같은 일을 하는 다른 직원보다 많은 급여를 주는 경우 문제가 발생할 수 있다.
정당성이라고 하면 주관적인 해석이 될 수 있고 세무조사 시에도 판단하는 조사관에 따라 달라지기 마련인데, 같은 업무를 가족이 아닌 다른 직원들이 했을 때 납득할 만한 급여인가를 생각해 급여를 지급하면 된다.

4. 위와 같은 점을 고려하여 추후 소명이 필요할 수 있으므로, 아래와 같은 자료들을 준비해 두면 좋다.
① 급여이체내역(그 외 통장 사본)
② 근무일지
③ 근로소득 원천징수부
④ 연말정산 근로소득 원천징수영수증
⑤ 4대 보험 납부영수증
일반적으로 다른 월급 나가는 직원들과 똑같은 서류가 있으면 되지만, 가족의 경우 실제 근무를 안 하면서 급여를 받아 가는 것으로 의심받을 가능성이 크므로 근무일지 등을 확실히 작성해 둔다.

국세청 법인세 결산조정 세무조사 경영상법 실무설명서 ⑩

지은이 : 손원준

펴낸이 : 김희경

펴낸곳 : 지식만들기

인쇄 : 해외정판 (02)2267~0363

신고번호 : 제251002003000015호

제1판 1쇄 인쇄 2025년 02월 14일

제1판 1쇄 발행 2025년 02월 28일

값 : 33,000원

ISBN 979-11-90819-46-6 13320

Korea Good Books

본도서 구입 독자분들께는 비즈니스 포털

경리쉼터(https://cafe.naver.com/aclove)

이지경리(https://cafe.naver.com/kyunglistudy)

에 가입 후 구입인증을 받으시기 바랍니다.

K.G.B

지식만들기

이론과 실무가 만나 새로운 지식을 창조하는 곳

서울 성동구 금호동 3가 839 Tel : 02)2234~0760(대표) Fax : 02)2234~0805